행동수정

Garry Martin · Joseph Pear 공저
임선아 · 김종남 공역

Behavior Modification
What It Is and How To Do It (9th ed.)

학지사

Authorized translation from the English language edition,
entitled Behavior Modification: What It Is and How To Do It, 9th Edition, ISBN: 0205792723 by MARTIN, GARRY L.; PEAR, JOSEPH, published by Pearson Education, Inc, Copyright © 2011 by Pearson Education, Inc., Publishing as Prentice Hall

KOREAN language edition published by HAKJISA PUBLISHER,

역자 서문

심리학을 공부하는 사람으로서, 우리는 마음의 어려움을 겪고 있는 사람들에게 도움을 주기도 하며, 때로는 치료적 접근에 대하여 학생들에게 강의를 하기도 한다. 시간이 갈수록, 어떤 치료적 접근도 단기간 동안 익혀서 실생활에 적용하는 것은 매우 어려운 일임을 실감하게 된다. 그러나 다른 치료적 접근에 비하여 기초가 되는 원리가 분명한 행동수정은 비교적 단기간에 배우고 실생활에 적용해 볼 수 있다. 이런 이유로 행동수정은 개발된 이래 지금까지도 치료적 접근으로 널리 사용되고 있다.

행동수정 강의를 하면서 적당한 우리말 교재가 부족하다는 것을 느껴 2003년 Garry Martin과 Joseph Pear의 *Behavior Modification: What It Is and How To Do It*의 7판을 번역하여 출간하였다. 이 책은 지난 9년 동안 행동수정의 기본적인 이론과 실제 적용방법을 제시한 좋은 교재가 되었다. 이후 Martin과 Pear가 8판을 출간하였으나, 역자들의 개인적인 사정으로 8판을 번역하지 못하고 2011년 출판된 9판을 뜻을 모아 다시 번역하게 되었다.

부모나 교사가 되면, 아이들이 잘못한 것을 지적하고 고치려 하는 반면, 잘하는 행동은 늘 당연한 것으로 여기는 경향이 있다. 부모나 교사들이 행동수정의 기본개념을 잘 이해하게 된다면, 잘하는 행동을 격려하고, 바람직하지 않은 행동을 할 기회를 감소시킴으로써 아이들의 바람직한 행동을 형성하도록 도움을 줄 수 있으리라 생각한다. 또한 일상생활에서 우리의 부적응이나 잘못된 습관을 고치려 할 때, 자신의 의지만으로 잘 되지 않는 경우에 행동수정 기법을 적용해 볼 수 있을 것이다.

이 책은 행동수정에 대한 원리와 절차를 비교적 쉽게 다루고 있으므로, 심리학 전공자나 강의 수강생뿐만 아니라 행동의 변화에 관심이 있는 사람들은 누구나 어렵지 않게 읽을 수 있으리라 생각된다. 임상심리학이나 상담심리학, 아동상담이나 특수교육 등에 적용할 수 있으며, 개인의 건강을 증진하기 위한 프로그램을 실시하는 데도 도움이 되리라 생각된다.

이 책의 7판을 함께 번역했던 이임순 선생님, 이은영 선생님께 먼저 감사드린다. 두 분 선생님의 수고로 9판의 번역을 시작할 수 있었다. 9판에서는 그동안 이루어진 최신 이론의 발전과 새로운 개념을 포함하고 있다. 행동수정 분야의 새로운 연구결과와 논쟁점들을 다루고 있어 7판에 비해 독자들에게 더 유용할 것으로 기대된다. 1~7장, 14~16장, 19장, 23장, 27장과 28장은 김종남 교수가 번역하였고, 8~13장, 17~18장, 20~22장, 24~26장, 29장과 30장은 임선아 교수가 번역하였다. 마지막으로, 원고를 훌륭한 책으로 만들어 주신 학지사 김진환 사장님과 편집부의 이현구 과장님께 감사를 드리고, 오랜 시간 동안 격려로 함께해 준 가족들에게도 고마운 마음을 보낸다.

2012. 9.
대표 역자 씀

저자 서문

이 책을 읽는 데 심리학이나 행동수정에 대한 사전 지식이 필요하지는 않다. 이 책은 아이들에게 생활에 필요한 기술을 가르치는 것에서부터 성인의 개인적인 행동 문제를 해결하는 데 이르기까지 일상생활에서 행동수정을 적용하고자 하는 사람이라면 누구에게나 유용하다. 물론 이 책의 주요 대상은 ① 행동수정, 응용행동분석, 행동치료, 학습심리학 및 이와 관련된 과목을 수강하는 대학생들과 ② 다양한 형태의 행동발달에 직접적으로 관여하는 전문 분야(즉, 교육, 상담, 임상심리학, 의학, 간호학, 정신의학, 정신과 간호, 사회복지, 언어치료, 스포츠 심리학, 물리치료, 작업치료 등)를 전공하는 학생과 임상가 등이다.

지난 43년간 위의 두 집단구성원(①과 ②)을 가르친 경험을 토대로, 우리는 이들에게 행동 원리를 적용하는 방법을 설명할 때 두 집단 모두 행동 원리들을 쉽게 이해할 뿐 아니라 효과적으로 적용하는 방법을 배울 수 있다는 점을 확신하게 되었다. 이런 이유로 이 책은 행동수정의 원리와 책략(즉, 특정 적용을 위한 규칙과 지침)을 모두 중요하게 다루고 있다.

우리의 목표와 그 목표에 달성하기 위하여 우리가 시도한 방식을 다음과 같이 요약할 수 있다.

1. 행동수정의 기초적인 원리와 절차 가르치기: 기본적인 원리와 절차로 시작하여 다양한 예와 적용방법을 보여 주며 점차 복잡한 내용을 다루게 된다. 각 단원의 연습문제는 본문 내용의 이해를 돕고, 본문에서 기술되지 않은 상황에 행동 원리와 절차를 일반화할 수 있는 능력을 증진시키며, 정규 과정 수업에서 시험 문제를 출제하기 위한 목적으로도 사용될 수 있다.
2. 관찰하고 기록하는 방법과 같은 실제적인 기술 가르치기; 강화, 소거, 처벌의 예를 생각해내고 이에 대한 장기적인 효과 인식하기; 행동 일화를 행동 원리와 절차로 해석하기; 행동

프로그램을 설계하고 실행하며 평가하기: 이를 위하여 적용연습을 제시하였는데, 자기 자신의 행동을 분석 및 해석하여 프로그램을 개발하는 데 도움을 주는 '자기-수정 연습' 부분과 다른 사람의 행동을 분석 및 해석하며 프로그램을 개발할 수 있도록 하는 '타인에 대한 적용연습' 부분을 세부적인 적용 지침과 함께 제시하고 있다.

3. 이 분야에서의 최근 연구를 참고문헌으로 제시하고 폭넓은 토론을 통하여 행동수정에 대한 경험적이고 이론적인 토대 제공하기: 이 내용은 각 장 마지막에 추가설명 및 심화토론에 제시된다. 이 부분을 생략하여도 책의 내용을 이해하는 데 문제가 되지 않는다. 추가설명에 대한 연습문제는 행동수정에 대한 이해의 폭을 넓히고자 하는 학생과 강사들에게 도움이 될 것이다. 심화토론에서 제시된 정보는 강사들이 새로운 강의 자료로 사용할 수 있다.
4. 여러 대상과 다양한 장면에서의 행동결핍과 행동과잉을 다루는 데 관심이 있는 임상가들이 손쉽게 사용할 수 있는 자료 제시하기

이 책은 6부로 나누어진다.

1부(1장과 2장)에서는 이 책의 행동적 입장(behavior orientation)을 소개하고, 여러 장면에서 개인의 다양한 행동을 증진시키기 위하여 행동수정 기법을 적용하는 주요 분야들을 기술하고 있다.

2부(3~16장)에서는 행동수정의 기본 원리와 절차를 다룬다. 각 장은 아동발달, 발달장애, 아동기 자폐증, 조기 교육, 코칭 분야 혹은 정상 성인의 일상생활 적응에서 나온 사례사(case history)로 시작한다. 수많은 예를 통하여 각각의 원리가 일상생활에서 어떻게 나타나는지와 이를 잘 알지 못하고 사용한 사람들에게 어떻게 이 원리가 불리하게 작용할 수 있는지 알아본다.

3부(17~19장)에서는 2부에서 다룬 기본 원리에 대한 관점을 자세하게 제시하고 있다. 17, 18장은 행동 원리를 통합하여 적용하는 방법들에 대하여 논의한다. 19장은 동기에 대한 행동적 관점을 제공하고 다양한 동기화 조작의 적용을 자세히 보여 준다. 17, 18, 19장 역시 사례사로 시작한다.

4부(20~22장)에서는 행동을 평가하고 기록하며 그래프를 그리는 세부 과정을 제시한다. 또한 단일 피험자 연구설계를 사용한 행동 처치의 효과를 평가하는 세부 절차도 제시한다. 많은 강사들은 이 부분을 강의 초반에 다루는 것을 좋아한다. 따라서 이 부분은 책의 나머지 부분과 무관하게 읽을 수 있도록 구성하였다. 학생들에게는

수업의 주요 과제를 수행하기 전에 이 부분을 먼저 읽을 것을 추천한다.

5부(23~28장)에서는 기본 원리, 절차, 평가 및 기록 기법을 효율적인 프로그램 전략에 통합시키는 방식을 다룬다. 행동수정은 엄격하게 과학의 본질을 유지하면서, 프로그램의 효율성을 경험적으로 타당화하는 데 강조점을 둔다.

6부(29~30장)에서는 행동수정에 대한 독자들의 조망을 확대시키고자 한다. 이 부분에서는 행동수정의 역사를 개관하고, 행동수정의 윤리 문제에 대하여 논의한다. 일부 강사들은 이 부분을 책의 처음에 소개해야 한다고 생각할 수 있지만, 우리는 행동수정에 대한 전반적인 지식을 획득한 후에야 독자들이 이런 내용을 받아들일 충분한 준비가 된다고 믿는다. 행동수정의 윤리 문제를 이 책의 마지막에 다루는 것은 이 주제가 다른 주제보다 덜 중요해서가 아니다. 오히려 우리는 이 책 전체에서 윤리 문제를 강조해 왔으며, 마지막 장에서 이런 중요한 주제에 대한 우리의 견해를 재차 강조하고 정교화하려는 것이다. 독자들이 마지막 장을 읽고 난 후, 행동수정은 일반적으로 사람들에게 특히 행동수정의 수혜자에게 유용할 경우에만 정당화될 수 있다는 점을 충분히 깨닫기 바란다.

9판에서의 변화

첫째, 학생들이 교재 내용을 숙달하도록 하기 위해 우리는 9판에서 책의 내용에 변화를 주었다. 각 장의 마지막에 있었던 연습문제는 본문 중간에 서너 곳에 나누어 놓았다.

둘째, 전판의 2부('기본 원리와 절차')의 '함정'에서 우리는 부족한 원리 혹은 절차에 대한 지식이 얼마나 큰 문제의 소지가 될 수 있는지를 기술하였다. 9판에서는 다섯 가지 구체적인 함정 유형을 소개하고 그 예를 들었다.

셋째, 우리는 전판의 2부('기본적 원리와 절차') 3~16장에서 사례사를 통해 다양한 원리가 일상생활에서 어떻게 작용하는지 보여 주었다. 우리는 9판의 17, 18, 19장에서 사례사를 추가하였다.

넷째, 우리는 3부(17, 18, 19장)의 제목을 '선행자극통제 절차 활용하기'로 수정하였다. 17, 18, 19장은 행동수정에 효과적으로 사용될 수 있는 선행자극통제 전략의 다섯 가지 다른 형태에 대하여 논하고 있다.

다섯째, 우리는 처벌에 대한 내용을 수록한 12장의 상당 부분을 수정하였으며, 처벌이 사용되어야 하는가에 대한 최근의 논의를 포함하였다.

여섯째, 우리는 27장 '인지행동치료, 자기-지시적 대처방법 및 ACT'에서 마음챙김에 대한 행동적 해석에 대해 설명하였다.

일곱째, 우리는 27장을 수정하였으며 인지행동치료와 ACT에 있어 최근의 발전 내용을 다루었다.

여덟째, 28장에서 우리는 외래환자들의 일반적인 임상 문제에 행동치료를 적용하는 최근의 동향에 대한 정보를 제공하였다.

아홉째, 우리는 행동수정의 역사에 대하여 기술한 29장을 수정하였는데, 강의자에 따라 1장 후에 29장을 읽도록 할 수도 있다.

열째, 책 전체에서 일상생활에서의 행동적 원리를 더 잘 예시하기 위해 예들을 추가하였으며, 행동수정 분야의 최근 발달을 반영하기 위해 최신의 참고문헌을 추가하였다. 또한 '추가설명 및 심화토론'에 새로운 추가설명을 추가하였고 예전의 추가설명은 삭제하였다.

열한째, 우리는 '용어풀이'를 대폭 수정하여 학생들로 하여금 행동수정 분야에서 사용되는 기술적 용어와 개념을 잘 이해하도록 하였다.

마지막으로, 확장된 행동수정 분야의 최근의 발전 내용을 담아내기 위해 모든 장을 수정하였고 읽기 편하도록 개선하였다.

우리가 수정을 한 장들은 다음과 같다. 1장에서는 응용행동분석과 행동치료, 인지행동치료와 행동수정을 비교하였다. 2장에서는 발달장애와 지적장애, 정신지체, 자폐증 등의 용어들의 의미를 분명히 하였다. 3장에서는 정적 강화의 다섯 가지 함정 유형에 대한 기술을 추가하였다. 즉 행동 원리를 알지 못한 채(의식하지 못한 채) 사용했을 때 일어날 수 있는 함정들을 기술하였다. 4장에서는 대학생들을 대상으로 한 토큰 강화 프로그램의 사례를 추가하였고 무조건 강화물과 조건 강화물, 지원 강화물 간의 정의와 그 차이를 명시하였다. 6장에서는 점진적 비율 강화계획에 대한 부분을 추가하였다. 7장에서는 DRL, DRO, DRI와 DRA에 대한 정의를 다시 내렸다. 우리는 8장을 재조직하여 독자가 읽기 쉽도록 하였다. 그리고 '두 조건 강화 수반성'과 '세 조건 강화 수반성'을 구분하도록 하였다. 그리고 규칙-지배 행동과 수반성-형성 행동 간의 구분을 명확히 하였다. 10장에서는 조형법의 세 가지 함정 유형을 구분하고, 우리가 의식하지 못한 채 어떻게 세 가지 함정 유형에 빠질 수 있는지에 대하여 설명하였다. 11장에서는 용암법, 조형법, 연쇄법 간의 차이를 명료화하고 연쇄법의 두 가지 함정에 대하여 설명하였다. 12장에서는 독자들이 알기 쉽도록 하기 위해 많은 부분을 다시 썼는데, '치료적' 처벌에 관해 보다 상세히 기술하기 위해 한 부분을 할애하여 많은 예를 추가하였으며, 처벌을 대신할 수 있는 기능적 의사소통훈련과 긍정적 행동 지원에 대해 논하였다. 또한 처벌이 사용되어야만 하는가에 대한 논의를 다시 쓰고 최신의 정보를 제공하였다. 14장에서는 주요 용어들의 정의를 명료화하였으며, 조작적 반응일반화를 프로그램으로 만드는 전략으로서의 행동 추진력(behavioral momentum)에 관한 내용을 16장에 추가하였다. 17장에서 경기에 나간 피겨 스케이트 선수에 효과적인 개입을 하는 사례를 추가하였다. 18장에서는 마음챙김에 기반한 처치를 공격성 치료를 위해 사용했던 새로운 사례를 추가하였다. 19장에서, 우리는 중학생 농구팀을 동기화하는 조작을 포함하는 사례를 추가하였고, 확립 조작과 제거 조작 간, 그리고 무조건 동기화 조작과 조건 동기화 조작 간의 구분을 명확히 하고자 새로운 표를 만들었다. 20장에서는 평가에서의 행동적 접근과 심리진단적 접근 간의 구분을 명확히 하였다. 21장에서 기록 전략의 다른 유형들을 요약 및 비교하는 새로운 표를 추가하였다. 22장(8판에서는 23장이었던)에서는 다양한 단일-피험자 설계에 대한 정의를 명확히 하고, 내적 타당화와 외적 타당화에 대한 논의를 포함하였다. 23장(8판에서 22장이었던)에서는 그림을 추가하고 조작적 행동 문제의 여섯 가지 다른 원인의 유형을 구분하고자 내용을 추가하고 그림을 추가하였다. 25장에서 토큰경제의 여러 측면을 예시하고자 토큰경제에서 발달된 행동 일반화에 대한 연구를 포함하였고, '성취장소(Achievement Place)'와 '가족교육 모형(Teaching-Family Model)에 대한 정보를 제공하고 논하였다. 27장에서는 인지행동치료와 ACT에 대한 논의를 최신의 정보를 포함하여 확장시켰다. 28장에서는 외래환자들의 일반적인 임상적 문제에 행동치료 처치를 하는 것에 대해 최신의 내용으로 수정하였고, 29장에서는 설명을 더 자연스럽게 하기 위해 역사적 사건의 순서를 바꾸었다. 30장에서는 더 읽기 쉽도록 하기 위하여 사소하지만 여러 문체의 변화를 꾀하였다.

감사의 글

이 책의 9판을 쓰는 데 많은 분들의 도움을 받았다. 매니토바 발달센터 치료진과 Carl Stephen 박사와 St. Amant 센터 치료진의 협조와 지지에 깊은 감사를 드린다. 이 책의 상당 부분은 필자들이 위의 기관에서 일하는 동안 이루어진 것이며, 이들 치료진들의 도움이 없었다면 아마도 이 책은 완성되기 어려웠을 것이다.

초기 판들에 대한 건설적인 피드백을 해 준 많은 학생들에게 감사드린다. 또한 Jack Michael, Rob Hawkins, Bill Leonhart, Iver Iversen과 그의 학생들이 초기 판들에서 개선되어야 할 내용들을 제안해 준 것에 대해 감사드린다. 또한 능률적으로 편집을 해 준 Kendra Thomson과 책 내용과 문체에 대한 의견을 준 Frances Falzarano에게 특별한 감사를 드린다.

유익한 비판으로 아홉 번째 개정판을 개선하는 데 도움을 준 비평가들(LaVerne 대학교의 Ngoc Bui, Southern California의 Vanguard 대학교의 Shirley Albertson Owens, West Minister 대학의 Kir Lunnen, Georgia State 대학교의 Page Anderson, Northern Iowa 대학교의 Otto H. MacLin, Texas 대학교 Arlington 캠퍼스의 Norman Cobb, Utica 대학의 Thomas Brown)에게도 감사를 드린다. 마지막으로, Prentice Hall의 유능한 편집 제작팀에게 감사드린다.

또한 캐나다 건강 연구소(Canadian Institute of Health Research)(Grant No. MOP-6353)로부터 G. L. Martin이 지원받은 연구비가 이 책을 완성시키는 데 많은 도움이 되었다.

학생들에게

이 책은 학생들이 행동수정을 배우고 이를 효율적으로 적용하는 데 도움을 주기 위해 쓰였다. 행동수정에 대한 사전지식이 없다고 하더라도 이 책을 처음부터 끝까지 읽고 이해하는 데 큰 어려움은 없을 것이다. 우리는 이 책이 행동수정을 처음 접하는 학생에서부터 경험이 풍부한 학생에 이르기까지 모든 수준의 학생들에게 유익한 정보를 제공할 것이라고 확신한다.

행동수정은 다양한 분파로 나뉘어 있는 넓고 복잡한 분야다. 일부 학생들은 행동수정에 대하여 좀 더 깊은 지식을 얻고 싶어 할 것이라는 것을 알기 때문에, 우리는 기본적인 내용과 더 많은 생각과 연구를 필요로 하는 내용을 분리시켰다. 전자는 이 책의 본문에 제시되어 있다. 후자는 각 장의 마지막에 추가설명 및 심화토론이라는 제목하에 제시하였다. 본문의 여백에 있는 숫자에 따라 해당숫자의 추가설명과 심화토론을 참조하면 된다. 이 부분을 사용하는 방법은 학생과 강사에 따라 다를 수 있다. 본문은 추가설명 및 심화토론의 내용과는 별개이므로, 여러분은 추가설명이나 심화토론을 참고하지 않더라도 여전히 행동수정의 원리와 책략들에 대해 충분히 많은 지식을 얻을 수 있다. 그러나 많은 학생들은 이 부분이 유익하다는 것을 발견하고, 많은 강사들 또한 이 내용이 수업 토론을 촉진시키고 추가적 배경 정보를 이해하는 데 유용하다는 것을 알게 될 것이다.

학생들이 내용을 쉽게 이해하도록 하기 위한 또 하나의 주요한 방식은 본문에서 논의된 모든 행동수정 방법의 사용에 대한 지침을 제시한 것이다. 이런 지침들은 여러분이 본문에 기술된 방법을 실제로 적용하는 데 도움이 될 뿐 아니라 내용을 요약하는 데도 유용하다.

대부분의 장에서 연습문제와 적용연습('자기-수정 연습'을 포함하여)을 제시하였다. 연습문제는 쪽지 시험이나 정규 시험에서 이 내용에 대한 지식을 검토하는 데 도움이 될 것이다. 적용연습과 자기-수정 연습은 행동수정 프로젝트를 효율적으로 수행하는 데 필요한 실제적인 기술 개발에 도움이 될 것이다.

생산적으로 즐겁게 공부하는 것을 돕기 위하여, 간단하고 흥미로운 내용에서 시작하여 보다 어렵고 더 복잡한 내용으로 전개하였다. 이런 방식은 우리의 글 쓰는 방식에서도 마찬가지다. 그러나 한 가지 주의할 점은 앞에 제시된 장들의 내용이 단순해 보이는 것 때문에 오해하는 일이 없어야 한다는 것이다. 몇 가지 단순한 행동수정 원리들을 배운 후에 자신을 숙련된 행동수정가라고 여기는 학생들은 유감스럽게도 '선무당이 사람 잡는다'라는 속담을 입증하게 될 것이다. 우리에게 개인적으로 이 책에서 가장 중요한 장을 지적하라고 한다면, 유능한 행동수정가의 특징을 행동수정에 대한 지식과 기술로 정의할 때, 우리는 아마도 24장을 선택할 것이다. 따라서 우리는 24장을 숙지하고 이를 근거로 하여 이전의 모든 내용에 숙달하기까지는 자신의 능력에 대한 판단을 유보할 것을 권하고 싶다.

30장에서 강조한 바와 같이, 행동수정을 주도해 온 협회(organizations)들은 지난 몇 년 동안 명성을 떨쳐 왔다. 만약 당신이 어떤 수준에서든지 행동수정을 적용하려 한다면 당신이 필요한 자격을 갖추었는지 확인하기 위하여 행동분석가 자격증 관리위원회(Behavior Analyst Certification Board)(www.bacb.com)에서 자격요건을 검토할 것을 강력하게 권한다.

염려의 말과 덧붙여, 흥미롭고 빠르게 확장되는 이 분야에 대하여 여러분이 즐겁게 공부하기 바란다.

Garry Martin
Joseph Pear

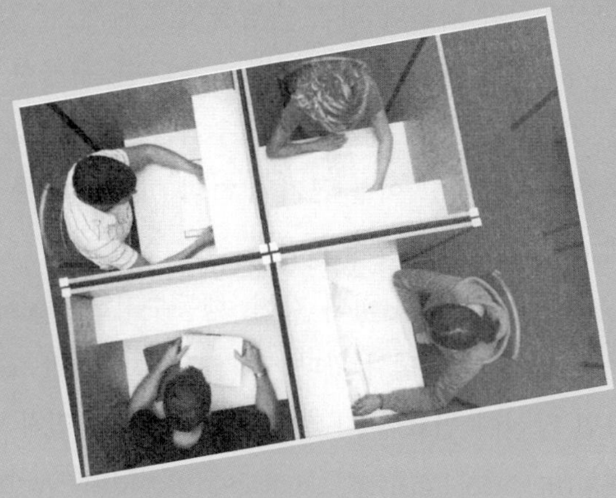

차례

역자 서문 / 3

저자 서문 / 5

PART 1 행동수정 접근

01 도입 27

행동이란 무엇인가 30
행동에 대한 요약 명칭 31
행동수정이란 무엇인가 35
행동평가란 무엇인가 37
행동수정과 응용행동분석 38
행동수정과 행동치료 및 인지행동치료 39
행동수정에 대한 몇 가지 오해 39
이 책의 접근 40

02 적용 분야: 개관 47

육아와 자녀 관리 47
교육: 유치원부터 대학까지 48
발달장애 51
정신분열증 54
행동치료: 임상 장면에서의 행동수정 55
개인적인 문제에 대한 자기-관리 56
의학적 건강 관리 57
노인학 59
행동적 지역사회심리학 60
기업, 산업 및 정부 61
스포츠 심리학 62
다양한 집단을 대상으로 한 행동수정 64
결론 65

PART 2 기본적인 행동 원리와 절차

03 정적 강화: 행동 증가시키기 71

"엄마, 여기 앉을래요?"

다렌의 협조 행동 강화하기 71
정적 강화 73
정적 강화의 효과에 영향을 주는 요인들 75
정적 강화의 함정 91
정적 강화의 효과적 적용을 위한 지침 94

04 조건 강화: 행동을 발달시키고 유지하기 101

"그렇게 무례하게 굴지 마! 점잖게 해야지!"

에린의 점수 프로그램 101
무조건 강화물과 조건 강화물 102
조건 강화의 효과에 영향을 주는 요인들 105
조건 강화의 함정 107
조건 강화의 효과적 적용을 위한 지침 108

05 소거: 행동 감소시키기 113

"루이스, 너의 편두통을 없애 보자."

루이스의 사례 113
소거 114
소거의 효과에 영향을 주는 요인들 117
소거의 함정 125

소거의 효과적 적용을 위한 지침 127

06 간헐 강화: 행동의 지속성 발달시키기 133

"쟝, 네가 수학 문제를 얼마나 많이 풀 수 있는지 볼까?"

수학 시간에 쟝의 학업능률 높이기 133
정의 134
비율 강화계획 136
단순간격 강화계획 139
제한 시간이 있는 간격 강화계획 142
지속기간 강화계획 146
행동을 증가시키고 유지하기 위한 여덟 가지 기본 간헐 강화계획에 대한 개요 147
동시 강화계획 149
간헐 강화의 함정 149
간헐 강화계획의 효과적 적용을 위한 지침 150

07 간헐 강화: 행동 감소시키기 155

"토미, 시끄럽게 굴지 않았으면 좋겠구나."

토미의 소리 내기 줄이기 155
이 장의 강화계획 156
저비율 차별강화 156
반응빈도 영 차별강화 158
양립 불가능한 행동 차별강화 160
대안행동 차별강화 161
행동감소를 위한 강화계획의 함정 162
행동감소를 위한 간헐 강화계획의 효과적 적용을 위한 지침 163

08 적당한 시간과 장소에서 적절히 행동하기: 자극식별과 자극일반화 167

"자, 얘들아, 제자리에서 공부해라."

선생님의 지시에 따르는 것을 학습하기 167
적절한 시간과 장소에서 반응하도록 학습하기 168
자극통제 유형: S^D와 S^Δ 170
자극식별 173
자극일반화 173
자극식별훈련의 효과를 결정하는 요인 178
자극식별훈련의 함정 181
자극식별훈련의 효과적 적용을 위한 지침 182

09 용암법: 행동통제 변화시키기 189

"피터, 네 이름이 뭐니?"

피터에게 자기 이름 가르치기 189
용암법 190
용암법에 사용되는 자극의 차원 193
용암법의 효과에 영향을 주는 요인들 195
용암법의 함정 198
용암법의 효과적 적용을 위한 지침 199

10 조형법: 새로운 행동 만들기 203

"프랭크, 달리기 했어요?"

프랭크의 운동 향상시키기 203
조형법 204
조형 절차의 효과에 영향을 주는 요인들 208

조형법의 함정 211
조형법의 효과적 적용을 위한 지침 214

11 행동연쇄법: 일련의 새로운 행동 형성하기 219

"스티브, 당신의 퍼팅 전 동작은 일관성이 없어요."

스티브에게 일관성 있는 퍼팅 전 동작 가르치기 219
행동연쇄법 220
행동연쇄를 가르치기 위한 방법 222
연쇄법과 용암법, 조형법의 비교 227
연쇄법의 효과에 영향을 주는 요인들 228
연쇄법의 함정 232
행동연쇄법의 효과적 적용을 위한 지침 233

12 처벌: 부적절한 행동 제거하기 237

"벤, 그렇게 거칠게 굴지 마라."

벤의 공격성 제거하기 237
처벌의 원리 238
벌칙의 유형 239
처벌의 효과에 영향을 주는 요인들 242
치료적 처벌의 예 247
잠재적으로 해로운 처벌의 부작용 249
처벌은 신중하게 사용해야 하는가 251
처벌의 함정 253
처벌의 효과적 적용을 위한 지침 254

13 도피 조건형성과 회피 조건형성: 바람직한 행동 형성하기 259

"제이슨, 그것은 너의 건강에 좋지 않아!"

제이슨의 꾸부정한 자세 교정하기 259
도피 조건형성 260
회피 조건형성 261
도피 조건형성과 회피 조건형성의 함정 266
도피 조건형성과 회피 조건형성의 효과적 적용을 위한 지침 267

14 반응적 조건형성: 원리와 절차 271

"나는 그 단어가 싫어!"

특정 단어에 대한 '불쾌한' 느낌 만들기 271
조작적 행동 대 반응적 행동 272
반응적 조건형성의 원리 273
고차 조건형성 277
반응적 소거 278
역조건형성 279
흔히 반응적으로 조건화되는 반응들 280
반응적 조건형성과 조작적 조건형성의 비교 283
반응적 조건형성의 적용 285

15 반응적 조건형성과 조작적 조건형성의 결합 291

"나는 학기말 리포트를 끝내야만 해!"

제출기한에 맞추어 반응하기 291
조작적-반응적 상호작용 292
정서의 반응적 요소와 조작적 요소 295

사고의 반응적 요소와 조작적 요소 300
사적 사고와 느낌: 더 많은 반응적-조작적 상호작용 302

16 행동변화의 일반화: 새로운 장면으로의 행동 전이와 유지 307

"안녕, 내 차에 네가 놀랄 만한 멋진 것이 있단다."

스탠이 스스로를 보호하도록 가르치기 307
일반화 308
조작적 행동의 일반화 프로그램의 효과에 영향을 주는 요인들 311
반응적 행동의 일반화 프로그램 설계 319
일반화의 함정 321
조작적 행동의 일반화 프로그램 설계를 위한 지침 322

PART 3 선행자극통제 절차 활용하기

17 선행자극통제: 규칙과 목표 329

"스케이트를 잘 타지 못하면 어쩌죠?"

수잔이 스케이트를 잘 타도록 돕기 329
선행자극통제 330
규칙 330
목표 340

18 선행자극통제: 모델링, 신체적 지도, 상황 유도 349

"제임스, 발바닥을 느껴 봐."

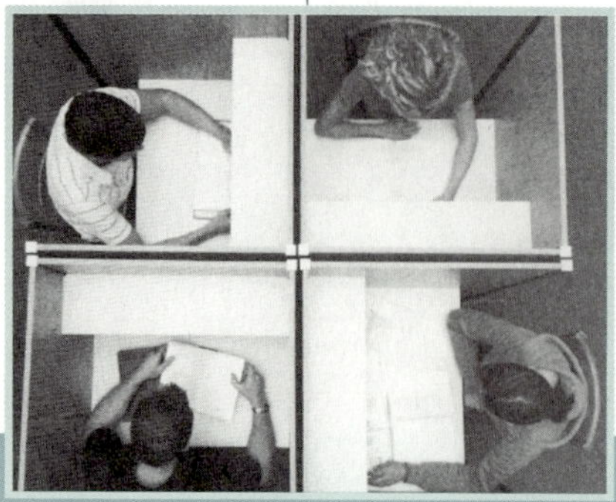

마음챙김 기반 개입방법을 공격성 치료에 적용하기 349
기존의 자극통제 활용하기 350
모델링 350
신체적 지도 355
상황 유도 358

19 선행자극통제: 동기 369

"좋아, 애들아! 독수리 노력상을 받을 수 있는 방법을 알려 주지."

도슨 코치의 동기부여 프로그램 369
동기에 대한 전통적 관점 370
동기에 대한 행동적 관점 371
동기화 조작의 응용 376
동기화 조작과 행동수정 379

PART 4 자료처리

20 행동평가: 초기 고려사항 385

프로그램의 최소 단계 385
프로그램 실시 이전의 평가를 위한 정보의 출처 388
자료! 자료! 자료! 왜 성가시게 하는가 396
행동평가와 전통적 평가의 비교 401

21 직접적 행동평가: 기록내용과 기록방법 405

기록되는 행동의 특징 405

행동기록 전략 417
관찰의 정확성 평가 421

22 행동수정의 연구방법 427

반전(ABAB) 설계 428
다중-기저선 설계 432
준거-변화 설계 436
교차-처치(혹은 다요인) 설계 437
자료분석과 해석 439

PART 5 효과적인 행동 프로그램 개발을 위한 통합

23 기능평가: 문제행동의 원인 찾기 449

기능평가 절차 449
문제행동의 주요 원인 453
문제행동의 의학적 원인 462
기능평가를 실시하기 위한 지침 463

24 행동 프로그램의 계획과 적용 및 평가 469

문제를 의뢰받았을 때 프로그램을 설계할 것인지 결정하기 469
평가 절차의 선택과 실행 473
프로그램 설계와 실행 전략 476
프로그램의 유지와 평가 481

25 토큰경제 485

토큰경제 설정의 초기 단계 488
구체적인 이행 절차 494
요강 준비하기 498
자연적 환경에 일반화되는 프로그램 설계하기 499
윤리적인 고려사항 500
토큰경제를 설계할 때 고려해야 할 사항들의 요약 500

26 자기-통제를 발달시키도록 돕기 505

자기-통제 문제의 원인 506
자기-통제의 행동 모형 509
자기-통제 프로그램의 단계 511
치료자 없이 스스로 행동수정하기 530

27 인지행동치료, 자기-지시적 대처방법 및 ACT 533

인지 재구성 방법 534
합리적-정서행동치료 536
자기-지시적 대처방법 542
마음챙김과 수용 전략 546
인지 재구성과 자기-지시적 대처방법, ACT에 대한 행동적 해석 549
결론 553

28 임상 행동치료의 분야 559

특정 공포증 560
기타 불안장애 566

우울증 570
알코올 문제 572
섭식장애 573
부부 문제 575
성기능 장애 576
습관장애 577

PART 6 역사적 관점과 윤리 문제

29 전반적 조망: 역사적 개관 583

Pavlov 학파와 Wolpe 학파의 접근 584
조작적 조건형성의 접근: 응용행동분석 586
두 가지 주요 접근의 통합과 분리 592
행동수정의 미래 597

30 행동수정의 윤리적 문제 601

윤리에 대한 행동적 견해 604
행동을 의도적으로 통제하는 것에 대한 논쟁 605
윤리지침 607
결론 614

용어풀이 / 619

참고문헌 / 629

찾아보기 / 677

PART

1

행동수정 접근

01 도입

02 적용 분야: 개관

01 도입

건강을 크게 위협하는 병(심장병에서 에이즈까지)과 사회에 해가 되는 사상(인종차별주의에서 테러리즘까지)뿐만 아니라, 뛰어난 사회적 업적들(훌륭한 예술작품에서 중요한 과학적 발견까지)도 확고하게 행동에 뿌리를 두고 있다. *Journal of the American Medical Association*에 실린 한 논문에 따르면, "흡연, 과식, 알코올 남용과 같이 수정 가능한 행동들이 미국 내 전체 사망률의 거의 1/3을 차지한다."(Loewenstein, Brennan, & Volpp, 2007, p. 2415). 미국 내 50개 이상의 과학학술단체에서 새 천년(2000년)의 처음 10년간을 '행동을 위한 10년(Decade of Behavior)'으로 선언한 것을 보아도 이런 사실이 공감대를 형성하고 있음을 알 수 있다. 그러나 행동이란 무엇인가? 이에 대한 답을 하기 전에 다음과 같은 상황들을 살펴보도록 하자.

1. 위축된 아동: 어린이집 아이들이 운동장에 있다. 대부분의 아이들은 놀고 있는데, 자폐증 진단을 받은 한 남자아이가 아무 놀이에도 참여하지 않고 혼자 조용히 앉아 있다. 전에도 그랬던 것처럼 교사가 그 아이에게 다른 아이들과 함께 놀도록 타이르지만, 아이는 변함없이 다른 아이들과 떨어져 외톨이로 있다.
2. 늑장 피우기: 발달장애아를 위한 특수학교에 다니고 있는 캐시는 시각-운동 협응 능력이 손상된 7세 소녀다. 캐시는 매일 아침 코트와 구두를 벗어 제자리에 놓는 데 1시간 이상이 걸린다. 교사들은 이로 인해 캐시의 자신감이 저하될까 봐 걱정하지만 이 상황에서 어떻게 처신해야 하는지 알지 못하며, 교사들이 아무리

재촉해도 캐시는 더 빨리 움직이려고 하지 않는다.

3. 어지르기: 톰과 셀리가 캠프 장소에 도착했을 때, 그전에 캠핑을 했던 사람들이 어질러 놓은 것을 보고 소스라치게 놀랐다. "그들은 환경에 대해 전혀 신경을 쓰지 않나 봐?"라고 셀리가 말하고, "계속 이런 식으로 방치한다면, 더 이상 우리가 즐길 수 있는 자연은 어디에도 남아 있지 않게 될 거야."라고 톰이 말한다. 그들은 서로 이 문제에 대해 무엇인가 해결책이 있어야 한다고 말하지만, 그들 둘 다 이것을 해결할 뾰족한 방법은 없다.
4. 비효율적인 공부: 다음 주까지 2개의 리포트를 내야 하고 중간고사가 겹쳐 있는데, 샘은 여전히 대학에서의 첫해를 어떻게 보내야 할까에 대해 생각하고 있다. 시험이 있기 전주에는 벼락공부를 하느라 매일 밤샘을 하지만, 가까스로 C-를 유지한다. 리포트를 기한보다 늦게 제출하면 감점될 것을 알면서도 리포트를 제때 하나도 끝내지 못한다.
5. 소설 쓰기: 카렌은 은행에서 근무하지만, 정말 하고 싶은 일은 소설을 쓰는 것이다. 저녁과 주말에는 비교적 한가하지만, 여전히 소설 쓰기를 시작하지 않는다. 대신에 여가 시간 대부분을 좋아하는 블로그를 방문하고, 친구에게 메시지 보내고, 요리하고, 운동하고, 데이트하는 데 보낸다. 불행히도 시간이 갈수록 카렌의 소망은 그 실현 가능성이 없어 보인다.
6. 과속: 플레즌트 시 근교 고속도로에서는 사고가 자주 발생한다. 감속 표지판이 분명히 붙어 있지만, 많은 운전자들이 시내에 들어갈 때까지 속도를 줄이지 않는다. 거의 사고 날 뻔한 적이 몇 번 있었지만 이제껏 과속으로 한 명의 아이만 목숨을 잃었다. 그러나 이런 상황이 지속된다면, 결국에는 여러 명의 아이들이 크게 다치거나 죽게 될 것이다.
7. 공포증: 앨버트는 정상적이고 건강한 청년이지만, 비행기를 두려워하는 이상한 버릇이 있다. 그렇지만 정작 그에게 비행기를 두려워하는 이유를 묻는다면 쉽게 대답할 수 없다. 이성적으로는 자신이 비행기 안에 있을 때 나쁜 일이 일어나지 않을 것임을 알고 있다. 앨버트는 비행기 공포증 때문에 불편할 뿐만 아니라, 비행기 타는 것이 두려워 친구들과 함께 휴가를 보낼 수 없다는 사실을 친구들이 이상하게 생각할 것 같아 매우 당혹스럽다.
8. 편두통: 가족들의 저녁식사를 준비하는 동안, 베티는 이상야릇하지만 익숙한 느낌이 엄습하는 것을 어렴풋이 깨달았다. 그때 갑자기 속이 울렁거렸다. 이제까지의 경험으로 미루어 무슨 일이 일어날지 알기 때문에, 베티는 두려워하며 주

위를 둘러보았다. "톰, 죠." 그녀는 거실에서 TV를 보고 있는 아이들을 불러서 "너희들이 저녁준비를 대신 해야겠다. 나는 또 심한 두통이 오는구나."라고 말하였다. 그리고 베티는 서둘러 침실로 가서, 재빨리 블라인드를 내리고 침대에 누웠다. 마침내 6시간 동안이나 거의 참을 수 없을 정도로 고통스러운 시간을 보내고 난 후에야 증상이 가라앉았으며, 그녀는 다시 가족들과 함께 지낼 수 있게 되었다. 그러나 베티의 가족들은 여전히 돌발적으로 나타나는 '엄마의 편두통' 에 대한 두려움에서 벗어날 수 없다.

9. 직원 관리: 여느 아침과 같이 잭과 브렌다는 그들이 운영하는 식당에서 커피를 마시고 있다. "저녁에 근무하는 직원에 대해 어떤 조치를 취해야 할 때가 됐어." 라고 브렌다가 말했다. "아침에 와 보니, 아이스크림 기계는 지저분하고 일회용 컵과 컵 뚜껑의 재고도 다시 채워 놓지 않았어. 그건 단지 빙산의 일각일 뿐이야."라고 잭이 말했다. "그럴 좀 봐! 아무튼 직원 동기부여 프로그램이 필요해. 뭔가 조치를 취해야만 해!"
10. 운동 수행: 젊은 여자선수가 훈련할 때에는 매우 잘하는데, 시합에서는 쉽게 산만해지고 자신의 수행에 초점을 맞추는 데 어려움이 있어 대부분 실력을 제대로 발휘하지 못한다. 그녀나 그녀의 코치나 이 문제를 해결할 방법을 알지 못한다.
11. 사설 요양원에 적응하기: 마리의 어머니는 88세로 지난 7년 동안 홀로 살았다. 불행하게도 그녀가 더 이상 혼자서 생활할 수 없음이 점차 분명해졌다. 마리는 어머니를 사설 요양원으로 옮기려고 하는데, 어머니는 '낯선 이들과 함께 사는 것' 에 대해 극도로 불안해한다. 마리는 어머니가 이런 불안에 대처하도록 도울 방법을 알지 못한다.

면밀히 살펴보면, 앞의 각 상황은 모두 인간의 행동에 관한 것임을 알 수 있다. 이런 모든 행동은 훈련받은 행동수정가들이 다룰 수 있는 문제의 범위를 예시한 것이다. 이런 유형의 행동 문제와 그 외의 다른 많은 문제들이 앞으로 논의될 것이다. 차츰 알게 되겠지만, 행동수정은 인간 행동의 전체 영역에 적용될 수 있다.

행동이란 무엇인가

행동수정에 관해 이야기하기 전에, 먼저 **행동**(behavior)이 의미하는 것이 무엇인가에 대한 개념 정의가 필요하다. 공통적으로 사용되는 행동의 동의어로는 활동(activity), 행위(action), 수행(performance), 반응(response, responding) 및 반작용(reaction)이 있다. 본질적으로, 행동이란 개인이 말하거나 행하는 어떤 것을 의미한다. 전문용어로는 행동은 유기체의 근육활동, 내분비선 활동 혹은 전기적 활동을 일컫는다(독자들에게: 중요한 용어는 진하게 표시하였다. 진한 글씨를 만나게 되면 그 정의를 정확하게 숙지하길 바란다.). 어떤 사람의 눈동자 색깔은 행동인가? 눈을 깜박이는 것은 행동인가? 누군가 입고 있는 옷은 행동인가? 옷을 입는 것은 행동인가? 첫 번째와 세 번째 질문에 대해 아니라고 대답하고 두 번째와 네 번째 질문에 그렇다고 대답했다면, 우리가 말하는 행동과 일치한다. 이 책의 목표 중 하나는 행동에 대해 명확하게 생각하고 말할 수 있도록 돕는 것이다.

행동수정 과목에서 A를 받거나 체중을 5kg 줄였다면 이를 행동이라고 할 수 있는가? 그렇지 않다. 그것은 행동의 산물이다. A를 받도록 만든 행동은 효과적으로 공부하는 것이며, 체중감소를 이끌어 낸 행동은 과식하지 않고 더 많이 운동하는 것이다.

걷기, 큰 소리로 말하기, 야구공 던지기, 누군가에게 소리 지르기 등은 모두 행동을 수행하는 사람 이외의 다른 사람에 의해서 관찰되고 기록될 수 있는 **외현적**(가시적) **행동**들이다. 책의 후반부에서 더 논의되겠지만, 행동이란 용어는 다른 사람에 의해서 쉽게 관찰될 수 없는 내현적(사적, 내적) 활동도 포함할 수 있다. 모든 행동은 잠정적으로 관찰 가능하다. 그러나 사적 혹은 내현적 행동은 목욕탕에서 옷을 벗는 것처럼 사사로이 이루어지는 행동을 뜻하는 것이 아니다. 이것은 시험에서 컨닝을 하는 것과 같이 비밀스러운 행위를 말하는 것도 아니다. 오히려 행동수정 분야에서, **내현적 행동**은 '개인의 내면에서' 발생하는 활동을 지칭하므로 다른 사람이 이 행동을 관찰하기 위해서는 특별한 도구가 필요하다. 예를 들어, 중요한 시합에서 얼음판 위에 발을 내딛기 직전에 피겨 스케이팅 선수는 '넘어지지 말아야지.' 라는 생각을 하면서 신경이 예민해지고 심장박동이 증가하는 것을 느낄 수 있다. 생각하고 느끼는 것은 사적인 행동이며 15장과 27장, 28장에서 더 논의될 것이다. 외현적 행동과 내현적 행동은 둘 다 행동수정 기법에 의해 영향을 받을 수 있다.

때때로 우리는 말로 사고를 하는데, 이는 앞 문장에 나온 피겨 스케이트 선수의 예에서처럼 사적인 자기-대화(private self-talk)라고 일컬어진다. 어떤 경우 우리는 상상을 하며 사고한다. 눈을 감고 약간의 하얀 솜털 구름이 있는 맑고 푸른 하늘을 상상하라고 요청하면 그렇게 할 수 있을 것이다. 상상하는 것과 사적인 자기-대화는 내현적 행동이라고 불리는 것에 더해서, 때로 인지적 행동이라고도 불린다(인지적 행동을 다루는 기법을 인지행동치료라고 하는데, 27장에서 논의된다.).

측정될 수 있는 행동의 특성을 행동 차원이라고 한다. 행동의 지속기간(duration)은 그것이 지속되는 시간의 길이를 말한다(예, 마리는 1시간 동안 공부했다.). 행동의 빈도(frequency)는 일정 시간 동안 발생하는 사건의 수를 말한다(예, 프랭크는 30분 동안 정원에 5그루의 토마토 나무를 심었다.). 행동의 강도(intensity) 혹은 힘(force)은 행동을 표출하는 데 드는 물리적 노력이나 에너지를 말한다(예, 마리는 악수할 때 손을 강하게 잡는다.). 행동 차원을 측정하는 전략들은 21장에서 논의된다.

연습문제

(독자들에게: 여러분은 각 장에서 연습문제를 만나게 될 것이다. 당신이 일련의 질문을 만나면, ① 읽기를 멈추고, ② 그 질문에 대한 답을 준비하고, ③ 그 답을 익히기를 바란다. 그렇게 하면 이 책의 내용에 정통하게 될 것이다.)

1. 일반적인 용어로 행동은 무엇이며, 전문용어로 행동은 무엇인가? 행동에 대한 동의어 3개를 들라.
2. 행동과 행동의 산물을 구별하라. 행동과 행동의 산물에 대한 예를 이 장에 없는 것으로 하나씩 들라.
3. 외현적 행동과 내현적 행동을 구별하라. 이들 각각에 대한 예를 2개씩 들라.
4. 인지적 행동이란 무엇인가? 예를 2개 들라.
5. 행동의 두 가지 차원을 설명하라. 각각에 대한 예를 들라.

행동에 대한 요약 명칭

행동에 대하여 말하는 다양한 방식을 학습했지만, 우리는 자주 일반적인 용어를 사용한다. 정직한, 부주의한, 열심히 일하는, 믿을 수 없는, 독립적인, 이기적인, 무능한, 친절한, 우아한, 비사교적인, 과민한 등과 같은 용어들은 인간의 행위에 대한 요약 명칭(summary labels)이지만, 특정한 행동을 언급하는 것은 아니다. 예를 들어, 당신이 어떤 사람을 과민하다고 묘사한다면 다른 사람들은 당신이 의미하는 것을 대부분 이해할 것이다. 그러나 당신이 그가 손톱을 자주 물어뜯고 의자에 앉아 있을 때 계속 안절부절못하며 이성에게 말을 걸 때 왼쪽 눈을 실룩거리는 등의 행동을 보이는 것에 대해 말하고 있다면, 다른 사람들은 당신이 의미하는 바를 알지 못할 것이다. 이후의 장에서 특정한 행동 차원을 측정하는 방법들에 대해 논의할 것이다.

행동수정가로 훈련받지 않은 전통적인 치료전문가들은 지능, 태도, 창의성과 같은 일반적인 요약 용어를 자주 사용한다. 그러나 행동수정가들은 일반적으로 행동에 대해 더 정확하게 말한다. 지적인 사람이라고 말할 때 의미하는 것은 무엇인가? 많은 사람들에게 지능은 '유전적으로 머리가 좋은 것' 혹은 '학습을 잘하도록 타고난 능력' 을 뜻한다. 그러나 이런 것을 관찰하거나 직접 측정할 수는 없다. 예를 들어, 지능검사는 단지 검사 실시 동안의 행동, 즉 질문에 대한 대답을 측정한 것이다. '지적' 이란 단어는 시험을 치는 것과 같은 특정 상황에서 사람들이 어떻게 행동하는지 기술하기 위하여 형용사 형태(예, "그는 지적인 연사다." "그의 연설은 지적이다.") 혹은 부사 형태(예, "그녀는 지적으로 글을 쓴다.")로 자주 사용되며, 명사로서 '어떤 것' 을 지칭하는 것이 아니다. 아마도 지적이라고 기술되는 사람은 다른 사람들이 어려워하는 문제들을 쉽게 해결하고, 대부분의 시험에서 높은 성적을 받고, 많은 책을 읽고, 많은 주제들에 대해 알아듣기 쉽게 이야기하거나 지능검사에서 높은 점수를 받을 것이다. 지능이란 단어를 사용하는 사람이 이들 중 어느 것을 의미하든지, 아무튼 지능이란 행동하는 방식에 대한 언급이다. 그러므로 이 책에서 우리는 지능이란 단어를 명사로서 사용하지 않을 것이다(지능에 대한 행동적 접근의 더 자세한 논의를 보려면, Williams, Myerson과 Hale[2008]을 참조하라.).

태도는 어떠한가? 쟈니의 선생님인 스미스가 학교에서 쟈니의 태도가 좋지 않다고 보고했다고 가정해 보자. 선생님이 말하고자 하는 의미는 무엇인가? 아마도 쟈니가 자주 학교에 결석하고, 출석해서도 수업에 잘 따라오지 않고, 선생님에게 대드는 것을 의미할 것이다. 쟈니가 '좋지 않은 태도' 를 보인다고 말할 때, 선생님이 실제로 참조한 것은 분명히 쟈니의 행동이다.

창의성 또한 개인이 특정 상황에서 보여 줄 가능성이 높은 행동을 언급한다. 창의적인 사람은 새롭고 독특하면서도 바람직한 효과를 가져오는 행동을 나타내는 사람이다(창의성에 대한 광범위한 행동적 접근을 보려면, Marr[2003]을 참조하라.).

발달장애(2장에서 자세히 논의함)와 자폐증 등의 심리학적 용어들도 특정한 행동 방식에 명칭을 붙인 것이다. 이러한 명칭들은 눈에 보이지 않는 정신적 이상을 언급하는 것이 아니다. 심리학자와 다른 치료전문가는 어떤 사람에게 발달장애가 있다고 어떻게 결정을 내리는가? 일차적으로 특정 연령의 아동에게서 다음과 같은 행동을 관찰할 수 있기 때문에 그런 결정을 할 수 있다.

- 신발 끈을 묶지 못함
- 변을 제대로 가리지 못함
- 식사할 때 손가락이나 숟가락만 사용함
- 지능검사를 실시했을 때 IQ가 75 혹은 그 이하임

전문가들은 아동의 자폐증을 어떻게 진단하는가? 그들은 자신이 관찰한 특정한 행동에 근거해서 결정을 한다. 예를 들어, 한 아이가 다음과 같이 행동하는 것을 관찰할 수 있다.

- 질문에 대해 적절하게 대답하려고 노력하기보다 질문을 그대로 따라 하는 경우가 많음(더 일반적으로, 손상된 의사소통을 보임)
- 이름을 부르면 반응을 보이지 않거나 부르는 사람으로부터 달아남(더 일반적으로, 손상된 사회적 행동을 보임)
- 몸을 앞뒤로 흔들고, 손가락으로 물건을 빙빙 돌리거나, 자기 눈앞에서 양손을 흔드는 등 다양한 자기-자극 행동을 함
- 옷 입기, 단정히 하기, 식사하기 등과 같은 다양한 자기-관리 과제에서 수행이 평균에 훨씬 못 미침

주의력결핍-과잉행동장애, 불안, 우울, 낮은 자존감, 심한 분노, 대인관계 곤란 및 성기능 장애 등을 포함하여, 심리적인 문제를 언급하는 데 다른 요약 명칭들이 흔히 사용되어 왔다. 심리학과 일상생활에서 행동 패턴에 대한 요약 용어 혹은 명칭들이 왜 그렇게 자주 사용되는 것일까? 첫째, 특정 요약 명칭이 붙여진 개인이 어떻게 수행할 것인가에 대한 일반적인 정보를 빠르게 제공할 수 있어 유용하다. 예를 들면, 심한 발달장애를 가지고 있는 것으로 진단된 10세 아동의 읽기 수준은 초등학교 1학

년에도 못 미칠 것이라고 기대할 수 있다. 둘째, 요약 명칭은 특정 치료 프로그램이 도움이 될 것이라는 점을 암시한다. 예를 들어, 심한 분노를 경험하는 사람은 분노조절 프로그램을 통해 도움을 받고, 주장적이지 못한 사람은 주장훈련 과정을 통해 도움을 받을 것이다.

반면에 요약 명칭을 사용하는 데 따른 불이익도 있다. 이런 불이익 중 하나는 행동에 대한 허위 설명(pseudo-explanation)을 가져올 수 있다는 점이다(여기서 pseudo는 잘못된 것을 의미함). 예를 들어, 'saw' 를 'was' 로 거꾸로 읽는 아이에게 난독증이라는 명칭을 붙일 수 있다. 아이가 단어들을 거꾸로 읽는 이유를 물을 때, '그가 난독증이기 때문이다' 라고 대답한다면, 그 행동에 대한 요약 명칭(난독증)이 그 행동에 대한 설명력이 없는 설명으로서 사용되었다고 할 수 있다(허위 설명에 대한 또 다른 이름은 순환론적 추론이다.). 명칭 붙이기의 두 번째 불이익은 명칭으로 인하여 개인을 대하는 데 부정적인 영향을 줄 수 있다는 점이다. 예를 들어, 정신지체로 진단된 아이에게 교사가 문제해결을 지속하도록 격려할 가능성은 적을 것이다(Bromfield, Bromfield, & Weiss, 1988; Bromfield, Weisz, & Messer, 1986). 명칭 붙이기의 또 다른 불이익은 개인의 강점보다는 개인의 문제행동에 초점을 맞추도록 영향을 줄 수 있다는 점이다. 예를 들어, 10대 자녀가 방을 깨끗이 정돈하지는 않지만, 잔디를 깎고 쓰레기차가 오는 날 쓰레기통을 거리에 내놓는 것은 착실하게 한다고 가정해 보자. 부모가 아들을 '게으르다' 고 기술한다면, 이 명칭으로 인해 부모는 긍정적인 행동에 대하여 칭찬하기보다 문제행동에 더 초점을 맞추게 될 것이다.

이 책에서 우리는 모든 문제행동을 **행동결핍**(behavioral deficits, 특정 행동이 너무 적음) 혹은 **행동과잉**(behavioral excesses, 특정 행동이 너무 많음)이라는 용어로 정의하는 것이 중요하다고 강조한다. 여기에는 몇 가지 이유가 있다. 첫째, 앞에서 언급한 일반적인 요약 명칭을 사용하는 데 따른 문제점을 피하려는 것이다. 둘째, 개인에게 붙여진 명칭에 관계없이 우리가 초점을 맞추는 것은 행동이며, 또한 문제를 경감시키기 위해 다루어야 하는 것도 행동이기 때문이다. 부모가 자녀를 위해 전문적인 도움을 구하게 되는 것은 부모가 보거나 들은 아이의 어떤 행동 때문이다. 교사들은 학생의 행동을 보거나 들음으로써 학생들에게 전문적인 도움을 받도록 권고한다. 보거나 들을 수 있는 행동으로 인하여 정부에서는 공공기관, 클리닉, 지역 치료 센터를 건립하고 특수 프로그램을 만들게 된다. 그리고 당신이 표출하는 특정 행동들 때문에 당신은 자기-증진 프로그램에 참여하게 될 수 있다. 셋째, 이제는 행동을 향상시키기 위한 구체적인 절차를 학교나 일터, 집에서 사용할 수 있다. 사실상 더 바람직한 행동을 확립할 필요가 있는 곳이라면 어디에서든지 사용할 수 있다. 이런 기법들을 통틀어 행동수정이라고 부른다.

연습문제

6. 행동적 견해에서 볼 때, 지능이란 무엇인가? 창의성이란 무엇인가? 각각에 대해 예를 하나씩 들라.
7. 개인이나 그의 행위를 지칭하는 데 요약 명칭을 사용함으로써 생길 수 있는 불리한 점 세 가지는 무엇인가? 각각에 대해 예를 하나씩 들라.
8. 행동결핍이란 무엇인가? 본문에 없는 예를 두 가지 들라.
9. 행동과잉이란 무엇인가? 본문에 없는 예를 두 가지 들라.
10. 행동주의 심리학자들이 특정한 행동결핍이나 행동과잉으로 행동 문제를 기술하려고 하는 이유는 무엇인가?

행동수정이란 무엇인가

행동수정의 가장 중요한 특징은 문제를 측정 가능한 행동 용어로 정의하고, 그 문제에 대해 도움을 받고 있는 정도에 대한 가장 좋은 지표로 행동측정치의 변화를 사용할 것을 강조한다는 점이다.

행동수정의 또 다른 특징은 개인의 환경을 변화시키는 치료 절차와 기법을 통해 개인이 충분히 제 역할을 해낼 수 있도록 돕는 것이다. 개인의 환경을 구성하는 물리적 변인들을 자극이라 부른다. 더 구체적으로, **자극**(stimuli)은 현재 개인이 즉각적으로 주변에서 마주치는 사람, 사물, 사건 등을 말하는 것으로, 개인의 감각수용기에 도달하여 행동에 영향을 미칠 수 있는 모든 것이다. 예를 들어, 교실 안의 교사, 칠판, 다른 학생 및 가구는 한 학생의 교실 환경 내에 존재할 수 있는 자극이다. 자신의 행동 또한 개인의 그다음 행동에 영향을 주는 환경의 일부가 될 수 있다. 예를 들어, 테니스에서 포핸드 스윙을 할 때, 가까이 다가오는 공을 보면서 백스윙하는 것은 당신이 포핸드 스윙을 마무리하고 공을 네트 위로 넘기도록 하는 자극이 된다. 치료자가 내담자에게 하는 말도 역시 내담자의 환경의 일부가 된다. 그러나 행동수정은 대화치료나 언어적 심리치료(정신분석이나 내담자 중심 치료와 같은)보다 훨씬 더 많은 것을 한다. 행동수정가와 '대화' 치료자(talk therapist) 모두가 내담자와 이야기하지만, 그들의 치료적 접근은 몇 가지 중요한 방식에서 다르다. 첫 번째 차이점은 행동수정가는 적절한 행동을 촉진하기 위하여 내담자의 과거 경험에 대해 논의하느라 많은 시간을 쓰기보다 내담자의 일상적인 환경을 재구조화하는 데 적극적으로 개입한다는 것이다. 내담자의 과거 경험에 대한 정보는 치료 프로그램을 설계하는 데 약간의 유용한 정보를 제공할 수도 있지만, 효과적인 행동치료를 설계하기 위해서는 내담자의 행동을 통제하는 현재의 환경 변인에 대한 정보가 필수적이다. 행동수정가와 대화치료자 사이의 두 번째 차이점은 행동수정가는 내담자에게 자주 과제를 내주어 치료목적에 맞게 자신의 일상 환경을 변화시키도록 한다는 데 있다. 이러한 과제 내주기는 26장과 27장, 28장에서 더 자세하게 다루어진다.

행동수정의 세 번째 특징은 방법과 이론적 근거를 정확하게 서술할 수 있다는 점이다. 행동수정가들은 동료가 사용하였던 절차를 자세히 읽고, 그 절차를 되풀이하면서 본질적으로 같은 결과를 얻을 수 있다. 따라서 다른 많은 심리치료 기법에 비하여 행동수정 절차를 가르치는 것이 한결 수월하다.

세 번째 특징의 결과라고 볼 수 있는 행동수정의 네 번째 특징은 행동수정 기법이 일상생활에서 자주 적용될 수 있다는 점이다. 2장과 28장, 30장에서 제시한 바와 같이, 일반적으로는 자격이 있는 전문가와 준전문가가 내담자를 돕기 위하여 행동수정을 사용하지만, 행동수정 기법에 대한 자세한 지침을 따라 한다면, 부모, 교사, 코치와 같은 사람들도 일상생활에서 다른 사람들을 돕는 데 행동수정을 적용할 수 있다.

행동수정의 다섯 번째 특징은 행동수정 기법들이 일반적으로 학습심리학의 기초연구 및 응용연구, 특히 조작적 조건형성과 고전적 조건형성의 원리에서 유래한다는 점이다(예, Pear, 2001 참조). 제2부에서 이런 원리를 상당히 세부적으로 다루고 이런 원리들이 다양한 유형의 행동 문제에 어떻게 적용되는지 보여 줄 것이다.

마지막 두 가지 특징은 행동수정에서는 특정 개입이 특정한 행동변화를 가져왔다는 사실을 과학적으로 증명하는 것을 강조하며, 행동수정 프로그램에 관여한 모든 사람들(내담자, 치료자, 관리자, 자문가 등)의 책임에 높은 가치를 둔다는 것이다.[1)]

따라서 **행동수정**(behavior modification)은 사람들의 일상적 기능을 높이기 위하여 개인의 내현적 · 외현적 행동을 평가하고 증진시키는 데 학습 원리와 기법을 체계적으로

1) 우리는 마지막 두 가지 특징에 관심을 기울이도록 도움을 준 Rob Hawkins에게 감사한다.

로 적용한다.

행동평가란 무엇인가

앞에서 우리는 행동수정의 가장 중요한 특징은 개인의 행동이 행동수정 프로그램에 의하여 향상되었는지의 여부를 판단하기 위하여 행동측정치를 사용하는 것이라고 하였다. 행동수정 프로그램에서 향상시키려는 행동을 자주 **표적행동**(target behavior)이라고 부른다. 예를 들어, 한 대학생이 1시간의 강의를 들은 후 2시간씩 공부하는 것을 목표로 삼았다면, 공부하는 것이 표적행동이 된다.

행동평가(behavioral assessment)는 다음을 위하여 정보와 자료를 수집하고 분석하는 것을 포함한다. ① 표적행동을 정하고 기술하기, ② 그 행동의 가능성 있는 원인을 찾기, ③ 적절한 행동 처치를 선택하기 위한 지침을 제시하기, ④ 처치 결과를 평가하기. 특별히 중요한 행동평가의 한 유형은 기능분석이라 불리는 것으로, 23장에서 다룬다. 본래 이 접근은 실험을 통하여 문제행동의 원인들을 파악하고, 또한 그 원인들을 제거하거나 전환시키는 것을 포함한다. 지난 50년 동안 행동수정에 대한 관심이 확대됨에 따라, 행동평가 수행지침에 대한 요구도 증가하였다. 행동평가에 대하여 보다 많은 정보를 얻으려면, 이 주제에 대해 자세히 다루고 있는 이 책의 20장과 21장, 23장이나 Bellack과 Hersen(1998)의 책을 참조하라. 추가설명 1

연습문제

11. 자극이란 무엇인가? 본문에 없는 두 가지 예를 들라.
12. 행동수정의 뚜렷한 일곱 가지 특징을 기술하라.
13. 행동수정의 정의는 무엇인가?
14. 표적행동이란 용어는 무엇을 의미하는가? 당신이 향상시키기 원하는 표적행동의 예를 하나 들라. 당신의 표적행동은 증가시켜야 하는 행동결핍인가, 감소시켜야 하는 행동과잉인가?
15. 행동평가를 정의하라.

행동수정과 응용행동분석

행동분석(behavior analysis)이란 인간과 다른 동물들의 행동을 지배하는 법칙에 대한 과학적 연구를 일컫는 용어다. 행동분석을 행동수정의 바탕이 되는 과학이라고 생각할 수도 있다. 행동수정과 밀접하게 관련된 용어로 응용행동분석이 있다. 사실 어떤 연구자들은 행동수정과 응용행동분석을 '사실상 동일한 분야를 일컫는 데 사용되는 두 가지 용어'라고 주장하기도 하였다(예, Miltenberger, 2008). 이와 유사하게, 다른 연구자들도 처음에는 자신을 행동수정가 혹은 행동공학자라고 부르던 많은 임상가들이 이제는 자신을 응용행동분석가라고 부른다고 지적하였다(Bailey & Burch, 2006). 그렇다면, 행동수정과 응용행동분석 사이의 차이점은 무엇인가? 그 차이점을 이해하기 위해서는 행동수정과 응용행동분석의 역사적 발달 과정을 살펴보는 것이 필요하다.

29장에서 보다 구체적으로 설명하였지만, 행동수정의 형성기는 1950년대와 1960년대다. 그 시대에 일부 임상가들은 자신을 행동수정가라고 불렀다. 책 제목에 행동수정이란 용어가 포함된 첫 번째 책이 1965년에 출판되었고, 1968년에 *Journal of Applied Behavior Analysis* 1권이 출간되었다. 이 저널의 논설에서, Baer, Wolf와 Risley는 **응용행동분석**의 차원에 ① 사회적으로 중요하며 측정 가능한 행동에 대한 초점(예, 어지르기, 양육기술, 발달장애아의 언어학습), ② 처치 전략을 개발하는 데 있어 흔히 조작적 조건형성(3~13장에서 논의된)이라고 불리는 학습 원리에 대한 강조, ③ 측정된 행동의 향상이 처치 때문이라는 점을 분명하게 증명하려는 시도, ④ 행동의 향상이 일반화될 수 있고 오래 지속됨을 증명하는 것 등의 내용이 포함된다고 밝혔다. 응용행동분석을 규정하는 이러한 특성은 '행동수정이란 무엇인가?' 부분에서 우리가 설명한 행동수정의 특징과 매우 유사하다. 그래서 이 책의 필자들은 자신을 행동수정가나 응용행동분석가로 부르는 데 매우 편안함을 느낀다. 그러나 앞에서 기술한 행동수정의 다섯 번째 특징에서 지적한 것처럼, 행동수정 기법은 조작적 조건형성과 고전적 조건형성(14장과 15장에서 기술하였음)의 원리들을 모두 사용하는 반면, 응용행동분석은 대체로 조작적 조건형성의 원리에 의존한다. 게다가, 이 장의 후반부에서(그리고 29장에서) 지적한 것처럼, 행동수정이라는 용어는 행동치료와 인지행동치료라는 용어를 포괄한다. 따라서 응용행동분석과 행동수정이라는 용어는 자주 상호교환적으로 사용되지만, 행동수정이 더 넓은 의미를 가지고 있다.

추가설명 2

행동수정과 행동치료 및 인지행동치료

행동수정의 역사를 간략하게 제시한 29장에서도 논의하였지만, **행동치료**라는 용어는 1950년대 후반에 불안장애를 치료하기 위한 방법으로 Pavlov 조건형성에 기반한 치료 절차를 언급하면서 등장하였다. 이후 행동치료라는 용어는 임상 장면에서 역기능적 행동(예, 불안장애, 우울, 결혼 불화)에 대하여 수행되는 행동수정을 뜻하게 되었다. 27장에서 논의한 것처럼, 1970년대에 인지치료자들은 역기능적 행동과 관련이 있다고 여겨지는 비생산적이고 무력하게 만드는 생각 패턴을 바꿈으로써 역기능적인 행동을 치료하는 데 초점을 맞추기 시작하였다. 이런 접근은 **인지행동수정** 혹은 **인지행동치료**라고 불리게 되었다.

이 부분과 앞부분을 요약하면 다음과 같다. 응용행동분석과 행동수정이라는 용어는 상호교환적으로 사용되지만, 후자가 더 광범위한 용어다. 행동수정은 응용행동분석과 행동치료, 인지행동치료를 포괄한다(이런 용어와 유사한 용어들의 사용에 대한 역사적 내용은 27장과 28장, 29장에서 논의된다.). 행동수정은 임상 장면과 비임상 장면, 통제변인이 분명하게 나타나는 행동과 그렇지 않은 행동, 개인의 내현적 및 외현적 행동을 증진시키기 위해 모든 행동 원리를 명백하게 적용한다.

우리가 접하게 되는 관련 용어로는 행동수정가, 행동분석가, 행동 관리자, 행동공학자, 수행관리자 등이 있다. 이런 용어는 행동을 향상시키기 위해 의도적으로 행동원리를 적용하는 개인을 일컫는 말로, 그는 교사나 부모, 친구, 룸메이트, 슈퍼바이저, 동료, 심리학자, 정신과의사, 사회복지사일 수 있고 혹은 자신의 행동을 수정하려는 사람일 수도 있다. 그러나 전문성을 가지고 행동수정을 적용하려는 사람은 각 직업 분야에서 취득해야 하는 자격증을 가지고 있어야 한다는 점에 유의해야 한다.

행동수정에 대한 몇 가지 오해

당신은 아마도 이 책을 읽기 전에 행동수정이란 용어를 접한 경험이 있었을 것이다. 안타깝게도 이 분야에 대하여 수많은 미신이나 오해가 있기 때문에, 당신이 들은 이야기 중 어떤 것은 사실이 아닐 수 있다. 다음의 문장들을 살펴보자.

- 미신 1: 행동수정가들이 행동을 변화시키기 위하여 보상을 사용하는 것은 뇌물이다.
- 미신 2: 행동수정에는 약물과 정신외과 수술 및 전기충격치료가 포함된다.
- 미신 3: 행동수정은 단지 증상만을 변화시키며 기저에 있는 문제에는 접근하지 못한다.
- 미신 4: 행동수정은 어린아이의 배변훈련이나 고소공포증을 극복하는 것과 같은 단순한 문제들에만 적용될 수 있으며, 낮은 자존감이나 우울증과 같은 복잡한 문제들을 변화시키는 데는 적용될 수 없다.
- 미신 5: 행동수정가는 냉정하고 감정이 없으며 내담자에게 공감을 보이지 않는다.
- 미신 6: 행동수정가는 단지 관찰 가능한 행동만을 다루며, 내담자의 사고나 느낌을 다루지 않는다.
- 미신 7: 행동수정은 시대에 뒤떨어진 것이다.

이 책의 여러 부분에서 이러한 미신 혹은 오해를 쫓아 버릴 수 있는 증거들을 만나게 될 것이다.

이 책의 접근

이 책의 주된 목적은 행동수정 기법을 재미있게 읽을 수 있고 실제로 적용할 수 있도록 기술하는 것이다. 이 책은 학생들뿐 아니라 다양한 치료전문직에 종사하는 사람들을 위한 것이므로, 우리는 단순히 독자들이 행동수정을 학습하도록 도울 뿐 아니라 더 나아가 행동수정을 적용하여 행동결핍과 행동과잉을 극복하도록 돕고자 한다.

누군가 "잠깐, 당신이 제시하는 많은 예를 보면, 이 책은 주로 심각한 장애를 가진 사람들의 관찰 가능한 행동에 관심이 있는 사람들을 위한 것으로 보입니다."라고 말할지 모른다. 이에 대하여 우리는 이 책에서 서술하는 행동수정 절차는 행동을 개선하려는 사람이라면 누구든지 사용할 수 있다는 점을 지적하고자 한다. 모든 면에서 정상적이거나 특별한 어려움이 없는 사람들에게도 일반적으로 그들이 개선시키고 싶어 하는 행동이 있을 수 있다. 개인이 개선시키기를 원하는 행동은 행동결핍 혹은 행동과잉으로, 또 외현적 혹은 내현적 행동으로 분류될 수 있다. 여기서 각 유형의 예들을 들어 보자.

행동결핍의 예

1. 아이가 단어를 분명하게 발음하지 않으며 다른 아이들과 어울리지도 않는다.
2. 10대 소년이 숙제를 끝마치지 않으며, 집안일을 돕지도 않으며, 바깥에 나가지도 않고, 문제나 어려움에 대해 부모와 의논하지도 않는다.
3. 성인이 운전을 하는 동안 교통신호를 지키지 않고, 다른 사람의 호의와 친절에 대하여 감사표현을 하지 않으며, 배우자와의 약속도 지키지 않는다.
4. 농구선수가 자유투를 넣기 직전에 농구 골대로 들어가는 공을 마음속으로 그려보라는 코치의 충고를 따를 수 없다.

행동과잉의 예

1. 아이가 밤에 자주 잠에서 깨어 심하게 짜증을 내고, 식사 때에 음식을 바닥에 내동댕이치며, TV 리모컨의 단추를 만지작거리며 논다.
2. 10대 청소년이 부모와 다른 어른들의 대화에 자주 끼어들고, 저녁에 몇 시간씩 메시지를 보내거나 전화통화를 하며, 욕을 한다.
3. 성인이 TV를 계속 보고, 사탕을 많이 먹으며, 식사 외에도 다른 군것질을 하고, 줄담배를 피우며, 손톱을 물어뜯는다.
4. 골프선수가 결정적 순간, 즉 공을 치기 전에 부정적인 생각(예, '내가 이번에 공을 넣지 못하면, 지고 말거야.')을 많이 하며, 상당히 불안해한다(즉, 심장박동이 빨라지며, 손바닥에 땀이 난다.).

행동과잉이나 행동결핍을 확인하려면, 그것이 발생한 맥락을 고려해야만 한다. 예를 들어, 아이가 종이에 그림을 그리는 것은 적당한 행동으로 볼 수 있지만, 가령 아이가 거실 벽에 반복해서 낙서를 한다면, 대부분의 부모들은 이것을 행동과잉으로 여길 것이다. 정상적인 10대 청소년이 동성 친구와는 자연스럽게 어울릴 수 있지만, 이성 친구와 이야기할 때 매우 당황해하고 어려워할 수 있는데, 이는 행동결핍으로 볼 수 있다. 자해행동과 같은 어떤 행동과잉은 맥락에 상관없이(자해행동이 적절해 보이는 극단적인 상황을 상상해 볼 수도 있겠지만) 부적절한 것이다. 그러나 대부분 특정 행동이

[그림 1-1] 어머니와 아이를 '돕고 있는' 전문가들

결핍인지 과잉인지는 무엇보다 문화적 맥락과 개인의 윤리적 견해에 의해서 결정된다. 문화적 관습, 윤리 및 행동수정과의 관계는 30장에서 자세히 다룰 것이다.

추가설명 3

요약하면, 행동수정 접근은 일차적으로 행동에 초점을 두고, 행동을 변화시키기 위하여 현재 환경(의학적, 약물 혹은 수술 등에 반대되는)을 조작하는 것이 포함된다. 발달장애나 자폐증, 정신분열병, 우울증, 불안장애가 있는 것으로 진단된 개인들은 행동결핍 혹은 행동과잉을 나타내는 사람들이다. 게으르거나 동기가 부족하거나 이기적이거나 무능력하거나 조화를 이루지 못한다고 불리는 사람들 역시 행동결핍 혹은 행동과잉을 나타내는 사람들이다. 행동수정은 개인이 자신에게 붙여진 명칭으로 덜 불리도록 행동변화를 일으키는 데 사용되는 일련의 절차다. 행동수정가로 훈련받지 않은 몇몇 전통적인 심리학자들은 개인에게 명칭을 붙이고 분류하는 데 지나친 관심을 나타낸다. 어떤 명칭이 붙여지든 개인의 행동은 여전히 똑같고 그들은 여전히 같은 환경의 영향을 받고 있다. 예를 들어 [그림 1-1]에서 아이의 엄마는 여전히 아이에게 무엇을 해 주어야 할지, 문제를 어떻게 다루어야 할지에 대해 염려한다. 바로 이런 경우가 행동수정이 도입되어야 할 상황이다.

다음 장에서는 행동수정이 적용되는 분야를 개관하고 2부(3장에서 16장까지)에서는 행동수정의 원리와 절차를 기술할 것이다. 본질적으로 원리는 지속적인 효과를 나타내는 절차이며, 이는 아주 단순하기 때문에 더 단순한 절차들로 나눌 수 없다. 원리는 과학에 있어서 법칙과 같은 것이다. 행동수정에서 사용되는 대부분의 절차들은 행동수정의 원리들을 결합한 것이다. 특히 언어능력이 발달된 사람에게 이런 원리를 실제로 적용할 때, 다른 원리와 독립적으로 사용되는 경우는 거의 없다. 그래서 우리는 각 장에서 논의되는 원리들을 더 잘 설명하기 위하여 비교적 단순한 도입 사례를 선택하여 2부의 각 장 첫 부분에 소개하였다. 각 사례에 포함된 원리를 설명한 후에, 이런 원리가 다른 유형의 문제에 어떻게 사용되는지에 대하여 자세히 설명하였다. 우리는 일상생활에서의 정상적인 행동에서 이런 원리들이 어떻게 영향을 미치는지에 대한 수많은 예를 찾아 제시하였다. 이 책의 나머지 부분에서는 2부에 소개된 원리와 절차로부터 매우 복잡한 프로그램이 어떻게 만들어지는지를 보여 줄 것이다. 세부적인 프로그램을 짜는 전략과 함께, 그런 전략을 사용하는 데 있어서의 윤리적인 문제들을 기술하였다. 우리는 이 책이 "감사합니다, 선생님들. 그럼, 이제 어떻게 하지요?"(이것은 [그림 1-1]의 예시 그림에서 어머니가 한 질문이다.)라고 묻는 교사, 상담가, 심리학자, 학생, 10대 청소년, 부모와 다른 사람들에게 만족스러운 대답을 제공할 수 있기를 바란다. 우리는 또한 행동수정을 시작하는 학생들이 행동수정 절차가 왜 효과적인지를 이해하는 데 이 책이 도움이 되기를 바란다.

연습문제

16. 행동분석이란 용어는 무엇을 일컫는가?
17. 응용행동분석의 네 가지 차원을 나열하라.
18. 이 책에서 용어를 사용할 때 응용행동분석과 행동수정 사이의 차이점은 무엇인가?
19. 일반적으로 행동치료라는 용어는 무엇을 의미하는가?
20. 일반적으로 인지행동치료의 초점은 무엇인가?
21. 행동수정에 관한 네 가지 미신 또는 오해를 나열하라.

적용연습

이 책의 대부분에서, 각 장에서 학습한 개념들을 적용하는 연습 부분을 제공할 것이다. 일반적으로 ① 다른 사람의 행동을 포함하는 연습과 ② 본문에서 학습한 행동수정 개념을 자신의 행동에 적용하는 자기-수정 연습이라는 두 가지 유형의 적용연습을 제시할 것이다.

A. 타인에 대한 적용연습
여러분 자신보다는 다른 사람의 행동을 고려해 보라. 당신의 입장에서 다음을 생각해 보자.

1. 그 사람이 극복해야 할 두 가지 행동결핍
2. 감소시켜야 할 두 가지 행동과잉

각각의 예에서 다음 중 무엇을 기술했는지 표시하라.

1) 구체적인 행동 혹은 일반적인 요약 명칭
2) 관찰 가능한 행동 혹은 내현적 행동
3) 행동 혹은 행동의 결과

B. 자기-수정 연습
위의 연습 A를 당신 자신에게 적용하라.

추가설명 및 심화토론

1. **행동평가**는 전통적인 심리진단 평가에 대한 대안으로 1960년대에 등장했다. 이상행동에 대한 정신분석적 접근은 Freud와 그의 제자들로부터 시작되었으며, 정신분석적 접근에서는 이상행동을 성격 안에 내재해 있는 정신적 손상으로 인해 나타나는 하나의 증상으로 간주하였다. 전통적 진단평가의 목적은 이상행동의 기저에 있다고 가정되는 정신장애의 유형을 밝히는 것이다. 치료자들이 추정되는 정신장애 유형에 따라 내담자를 진단하는 것을 돕기 위하여, 미국정신의학회는 『정신장애의 진단적 통계편람(Diagnostic and Statistical Manual of Mental Disorders: DSM-I)』(APA, 1952)을 개발하였다. 이후 이 편람은 1968년에 DSM-II, 1980년에 DSM-III, 1987년에 DSM-III-R(R은 '개정판'을 의미함), 1994년에 DSM-IV, 2000년에 DSM-IV-TR(TR은 '본문 개정판'을 의미함)로 수차례 개정되었다. 행동수정가들은 이상행동에 대한 Freud의 모형에 동의하지 않았고, 그 모형에 기반하고 있는 진단이 신뢰할 만하거나 타당하다는 증거가 거의 없었기 때문에, DSM의 처음 세 판을 거의 사용하지 않았다(Hersen, 1976). 그러나 **DSM-IV**는 몇 가지 면에서 초기의 편람에 비하여 상당히 개선되었다. 첫째, DSM-IV는 일차적으로 Freud의 이론보다는 연구에 기반을 두었다. 둘째, 개별 장애들(예를 들어, 강박장애, 범불안장애, 주요 우울증 등)은 문제행동 범주에 기반을 두었다. 셋째, DSM-IV는 다차원 기록체계를 사용하여 치료계획과 사례관리, 결과예측에 도움이 되는 부가적 정보를 제공한다. DSM-IV(지금은 DSM-IV-TR)가 개선됨에 따라 행동수정가들은 다양한 장면에서 내담자를 분류하는 데 DSM 체계를 점차 더 많이 사용하고 있다. 행동수정가들이 진단적 분류를 사용하는 부분적인 이유는 상담소, 병원, 학교 및 사회복지기관에서 치료하기 전에 공식적인 진단이 필요하고, 또 의료보험회사에서 DSM-IV-TR 진단에 기초하여 임상가들에게 진료수가를 지불하기 때문이다. 그러나 DSM-IV-TR 진단(자폐장애와 같은)은 개인의 행동을 지칭하기 때문에, 개인에게 낙인(예, '자폐적인')을 붙이게 되고, 그것은 이 장에서 언급된 낙인찍기(labeling)에 따른 손실을 가져올 수 있다는 점을 분명히 기억해야 한다. 더욱이 이는 암암리에 같은 명칭이 붙여진 모든 사람들이 같다는 것을 암시하는데, 사실은 그렇지가 않다. 낙인찍기와 관련된 문제를 피하려면, 문제가 있는 사람을 기술할 때 '사람을 먼저' 기술해야 한다. 예를 들어, 자폐증 사례에서, 우리는 내담자를 자폐아라고 하기보다는 자폐증을 가진 아이라고 기술해야 한다(Malott, 2008에서 표현한 것처럼, 훨씬 더 좋은 접근은 내담자를 자폐행동을 보이는 아동으로 언급하는 것이다.). 또한 개인에 대하여 DSM-IV-TR에 근거하여 진단하는 것과 함께, 우리는 항상 가장 효과적이고 개별화된 치료 프로그램을 설계하는 데 필요한 정보를 얻기 위하여 세부적인 행동평가를 수행해야 한다.
2. 만약 **응용행동분석**에 관심이 있다면, 국제행동분석학회(Association for Behavior Analysis International: ABAI)의 웹사이트(www.abainternational.org)를 방문해 보길 바란다. ABAI는 연구와 교육, 임상을 통해 행동분석 과학의 성장과 생명력을 계발하고 증진하고 지지함으로써

사회의 안녕에 기여하는 것을 사명으로 삼고 있는 조직이다(ABAI 뉴스레터, 2008, No. 3, p.1). 또한 행동분석 온라인(Behavior Analysis Online: BAO) 웹사이트를 방문해 보는 것도 좋다. BAO는 ABAI가 특별한 관심을 갖는 집단으로, 행동분석에 대하여 대중들을 교육하는 데 기여하고 응용행동분석과 관련된 전문가들에게 자원을 제공한다. BAO 웹사이트는 또한 응용행동분석의 다양한 하위영역에서 이루어지는 연구와 적용 내용을 실은 8개의 온라인 저널을 제공하고 있고, 더 많은 저널들을 발간할 계획 중에 있다.

3. 행동주의자들이 환경을 강조하기 때문에 행동을 결정하는 데 있어서 **유전**의 중요성을 부인한다는 비난을 자주 받는다. 이런 잘못된 인상은 부분적으로는 John B. Watson(1913)의 저서에 근거하는데, Watson은 그 시대의 내성주의 심리학에 대하여 불만을 표시하고, 심리학의 올바른 주제이자 유일한 주제는 오로지 관찰 가능한 행동뿐이라고 주장하였다. Watson은 또한 극단적인 환경결정론을 옹호하였는데, 그의 이러한 생각은 다음의 유명한(혹은 악명 높은) 주장에서 잘 나타난다.

> 나에게 12명의 건강한 유아를 맡겨 달라. 잘 형성된 나 자신의 특별한 세계에서 그들을 기른다면, 나는 개인의 재능이나 취향, 경향성, 능력, 직업, 조상의 인종과 관계없이 어느 누구를 선택하더라도 그 유아를 훈련시켜서 내가 선택한 어떤 종류의 전문가(의사, 법률가, 예술가, 최고의 상인, 심지어 거지와 도둑)라도 되게 할 수 있다(Watson, 1930, p. 140).

하지만 Skinner(1974)는 Watson도 이런 주장이 과장된 것임을 인정하였고 Watson이 유전의 중요성을 무시하지는 않았다고 지적했다. 행동수정가들이 유전의 중요성에 대하여 올바르게 인식하고 있음을 *Behavior Therapy*(1986, Vol. 17, No. 4) 저널의 행동유전학 특집호를 통해 밝혔다. 특집호에는 심장혈관 스트레스와 유전학, 아동기 비만과 유전학, 흡연과 유전학에 관한 연구논문들이 다수 포함되었다(Turner, Cardon, & Hewitt, 1995 참조). 그러나 유전의 영향력이 개인의 특정 행동, 비만 혹은 알코올 중독의 취약성을 증가시킬 수 있다고 해도, 개인의 환경은 여전히 이런 문제들을 발생시키는 행동의 발달과 유지에 커다란 역할을 한다.

▶ 추가설명에 대한 연습문제

1. DSM-Ⅳ-TR의 전체 명칭은 무엇인가? DSM-Ⅳ-TR을 두세 문장으로 설명하라.
2. 많은 행동수정가들이 DSM-Ⅳ-TR을 사용하는 다섯 가지 이유를 들라.
3. DSM-Ⅳ-TR을 사용할 때 나타날 수 있는 잠재적인 단점은 무엇인가?
4. 문제를 가진 사람을 기술할 때 '사람을 먼저' 기술하라는 밀의 의미는 무엇인가? 예를 들어 설명하라.
5. 행동수정가들은 유전의 중요성을 부정하는가? 이에 대해 논하라.

02 적용 분야: 개관

다양한 행동을 개선하는 데 행동수정 기법이 효과가 있다는 점은 수많은 연구 보고를 통해 충분히 드러나고 있다. 행동수정 기법은 심한 학습장애를 가진 사람에서부터 지적으로 매우 우수한 대상에 이르기까지, 아주 어린 아이에서부터 노인층에 이르기까지, 통제가 잘된 기관의 프로그램에서부터 통제가 약한 지역사회 프로그램에 이르기까지 성공적으로 적용되었다. 행동수정은 단순한 운동 기술에서부터 복잡한 문제해결 능력에까지 다양한 범위를 포함하고 있다. 교육학, 사회복지, 간호학, 임상심리학, 정신의학, 지역사회심리학, 의학, 재활, 경영, 산업체와 스포츠 등과 같은 분야에서 점점 더 행동수정의 적용이 증가하고 있다. 이 장은 행동수정이 확실한 기반을 가지고 있고 미래 전망도 밝은 주요 적용 분야들에 대하여 간략히 기술하고자 한다.

육아와 자녀 관리

부모가 된다는 것은 매우 어려운 일이다. 부모는 자녀의 기본적인 욕구를 충족시키는 것과 더불어, 자녀의 초기 행동 발달에 전적으로 책임을 져야 한다. 또한 초기 아동기, 청소년기, 성인기까지의 발달에 대한 책임을 교사나 다른 사람들과 함께 나누어야 한다. 부모에게 자녀 양육을 잘하도록 가르치는 행동수정 기법들은 무수히 많다. 행동 기법은 부모가 아이들의 걷기를 보다 더 효율적으로 가르치고, 초기 언어기술을 발달시키며, 배변훈련을 효과적으로 시키고, 아이가 집안일을 돕도록 하는 데 적용된다(Kendall, 2000; Meadows, 1996). 또한 부모들은 행동 전략을 배워서 아이들의 손톱 물어뜯기, 소리 지르고 울며 떼쓰기(temper tantrums), 공격적인 행동, 규칙 무시, 부모의 말에 불복종, 빈번한 다툼 등과 같은 문제행동을 감소시킬 수 있다(Schaefer & Briesmeister, 1998; Serketich & Dumas, 1996). Allen과 Warzak(2000)은 부모들이 자녀에게 효과적인 행동 프로그램을 유지하는 것을 강화 또는 약화시키는 조건들을 분석하였다. 아동과 청소년의 행동 문제가 상당히 복잡한 경우, 부모가 아이와 함께 작업하는 것을 도와주면서 행동주의 임상심리학자들(행동치료자라고 불림, 1장 참조)이 직접 문제행동을 치료하기도 한다(Blum & Friman, 2000; Christner, Stewart, & Freeman, 2007; Gimpel & Holland, 2003; Hersen & Last, 1999; Wahler, 2007). 또한 아동의 심한 행동, 정서 및 발달 문제를 예방하고 치료하는 데 효과적인 'Triple P 긍정적 양육(Triple P Positive Parenting)'과 같은 다차원 양육 프로그램도 있다(Graaf, Speetjens, Smit, Wolff, & Tavecchio, 2008). 또한 지역사회에서 아동 폭력을 예방하는 데 도움이 되는 행동 전략들이 개발되었다(Mattaini & McGuire, 2006).

교육: 유치원부터 대학까지

1960년대 초반 이래로, 교실에서의 행동수정은 여러 방면에 적용되었다. 초등학교에서 행동수정이 적용될 경우의 목적은 대체로 학업에 방해되거나 상반되는 행동을 변화시키기 위해서였고, 자리 이탈, 소리 지르고 울며 떼쓰기, 공격적 행동, 지나치게 주위 친구들과 떠드는 것 모두가 교실 상황에서 성공적으로 개선되었다. 그 밖에도 소리 내어 책 읽기, 독해, 작문, 철자법, 쓰기, 수학과 과학의 개념 이해 등 학업 행동을 직접 수정하기 위한 적용이 이루어졌다. 학습장애나 과잉행동, 주의력결핍을 보이는 아이들의 특수 문제에 대한 적용에도 상당한 성공을 거두었다(Barkley, 1998; Neef & Northup, 2007).

체육교육에서도 행동수정의 사용이 증가되었고, 다음과 같은 점에서 진전이 있었다. ① '체육관에서 무슨 일이 발생하는가?'에 대한 유용한 정보를 얻기 위하여 체육교사와 학생들의 행동을 모니터링하는 신뢰로운 관찰법이 개발되었고, ② 교사가 준비하는 프로그램 중 행동적 교수법의 중요성에 대하여 교사와 학교 행정가들이 더욱 인정하게 되었으며, ③ 체육 교사가 학생들의 다양한 행동 문제를 다루는 데 있어서 행동 전략을 많이 사용하게 되었다(Martin, 1992). 체육교육에서 행동수정에 대한 더 구체적인 논의를 보려면, Siedentop과 Tannehill(2000), Ward(2005)를 참조하라.

교수법에서 행동적 접근의 중요한 획기적 변화는 **개별화된 지도체계**(Personalized System of Instruction: PSI)의 도입이다. PSI는 대학교육에 대한 행동수정적 접근으로, 1960년대에 미국과 브라질에서 Fred S. Keller와 동료들에 의하여 개발되었다(Keller, 1968). 이는 후에 다양한 주제와 지도 수준으로 확산되었다(Keller & Sherman, 1982). 이 접근은 교수들이 강의실에서의 교수법을 증진하기 위하여 행동수정 원리를 효율적으로 사용할 수 있게 하는 많은 뚜렷한 특징들을 가지고 있다. 특히, PSI(Keller Plan으로도 알려져 있음)는 다음과 같은 특징을 가지고 있다.

1. 수업의 표적행동이나 학습 필수사항을 이 책 각 장의 마지막에 있는 질문들처럼 연습문제 형태로 확인한다.
2. 학생들이 숙달되기 전에는, 그들에게 적은 분량의 내용을 공부하도록 요구한다. 예를 들어, 한두 주 동안 한두 장(chapter) 정도를 공부하게 한다.
3. 학생들이 연습문제에 답을 할 수 있는 지식이 있는지 자주 시험(최소한 매주 혹은 격주에 한 번)을 치른다.
4. 학생들이 다음 단계로 넘어가기 전에 특정 단계까지 완전히 학습했는지를 판단할 수 있는 숙달준거를 정한다.
5. 시험에서 학생들이 학습내용을 숙달하지 못한 것으로 나타난다 해도 벌을 주지 않고, 단순히 다시 공부하여 재시험을 치르도록 한다는 점에서 비처벌적이다.
6. 여러 명의 학생조교(시험감독관이라고 불리는)를 활용하여 즉각적으로 채점을 하고 학생들에게 시험 성적을 피드백해 준다.
7. '개인별 수준에 맞추기' 라는 특성을 받아들여 학생들이 자신의 능력과 시간에 맞추어 진도를 나가게 한다.
8. 강의를 새로운 정보를 제공하는 주요 수단으로 사용하기보다 동기를 유발하고 시범을 보여 주는 수단으로 이용한다. 추가설명 1

Keller(1968)가 처음 고안한 PSI 과정의 운영에는 많은 노력이 요구되는데, 특히 대규모 강의에서는 PSI가 요구하는 기록이 광범위하기 때문에 많은 노력이 든다. 컴퓨터 공학이 발전하면서 어떤 강사들은 PSI 절차를 효율적으로 다루기 위하여 PSI 절차의 많은 부분을 자동화하였다. 어떤 강사는 PSI의 효율성을 높이기 위하여 비디오테이프나 비디오디스크, 컴퓨터를 이용한 개별지도 등 전자 지원 장치를 추가하였다(Crosbie & Glenn, 1993; Crowell, Quintanar, & Grant, 1981; Hantula, Boyd, & Crowel, 1989; Rae, 1993). 더불어 컴퓨터로 인해 학생들이 온라인으로 시험 답안을 쓰고 제출할 수 있게 되었으며 또한 교수와 학생조교, 학생들이 같은 장소에 있지 않아도, 같은 시간에 수강하지 않아도 교수와 학생조교가 답안지를 채점하고 신속하게 피드백을 줄 수 있게 되었다. 이는 거주 지역이나 직업 혹은 장애 때문에 수업에 참여하지 못하는 학생들에게 커다란 이득을 제공하였다.

매니토바 대학교에서는 여러 해에 걸쳐 몇몇 과목에서 컴퓨터를 이용한 PSI (computer-aided PSI: CAPSI)를 실시하고 있는데, 이 방식은 학교에 와서 강의를 듣는 학생이나 온라인 수업을 받는 학생 모두에게 인기가 있다(Kinsner & Pear, 1988; Pear & Crone-Todd, 1999; Pear & Kinsner, 1988; Pear & Martin, 2004; Pear & Novak, 1996; Springer & Pear, 2008). CAPSI의 혁신적인 특징은 수업 내용 중 한 단위를 이미 숙지한 학생을 그 수업 단위에 대한 동료 검토자로 활용하는 것이다. CAPSI로 학습하는 과정에서 동료 검토자 피드백의 정확성과 학생들이 피드백을 받아들이는 정도를 측정하는 연구가 이루어졌다(Martin, Pear, & Martin, 2002a, b). 아울러, CAPSI 과정에 있는 학생들은 전통적인 방법을 사용한 교수 과정에서 받을 수 있는 것보다 훨씬 더 많은 피드백을 받았다(Pear & Crone-Todd, 2002). 최근 연구는 CAPSI가 학습과 비판적 사고 모두를 증진시킴을 보여 준다(Svenningsen, 2009). CAPSI는 이제 대학에서 다양한 과정을 가르치는 데 사용되고 있다(더 많은 정보를 원하면 www.capsi.org를 방문하라.).

Alberto와 Troutman(2008), Cipani(2004a), 그리고 Schloss와 Schloss(2004)는 교사들을 위한 행동수정 기법의 사용법을 기술한 훌륭한 책자를 출판하였다. Ervin과 Ehrhardt(2000), Frederick, Deitz, Bryceland와 Hummel(2003)는 행동분석과 학교심리학에 대하여 논의하였다. L. Austin(2000b), Moran과 Malott(2004)에서 PSI를 포함한 대학교육의 행동적 접근에 대한 논의를 찾아볼 수 있다.

연습문제

1. 행동수정이 적용된 분야를 다섯 가지 이상 기술하라.
2. 부모가 행동수정을 실시하여 개선시킬 수 있는 아이의 행동 네 가지를 기술

하라.
3. 교육에 있어서 행동수정으로 변화될 수 있는 행동 네 가지를 기술하라.
4. PSI는 무엇이며, 그 창시자는 누구인가? PSI의 여덟 가지 특징을 말해 보라.
5. PSI가 컴퓨터공학을 어떻게 이용하는지 간략히 기술하라. 컴퓨터 공학을 이용하는 데서 오는 두 가지 장점을 말해 보라.

발달장애

1960년대 초반에 있었던 행동수정의 가장 극적인 성공사례 중 일부는 아동기의 비전형적인 발달에 기인한 심각한 행동상의 제약을 갖고 있는 개인들에게 행동수정을 적용한 경우였다. 행동수정가의 특별한 관심을 받은 비전형적인 발달의 두 가지 유형은 지적장애와 자폐증이다. 하지만 이런 영역에 대해 논의하기에 앞서 처음 읽는 독자들에게 다소 혼란을 일으킬 수 있는 몇 가지 밀접하게 관련된 용어들의 사용에 대한 역사를 간략히 소개하겠다.

20세기 후반기 동안 지적 손상을 가진 개인을 일컬어 **정신지체**라는 용어를 사용하는 것이 일반적이었고, 대상자들을 아주 심한 정신지체(IQ 20 또는 25 이하)와 심한 정신지체(IQ 20~25에서 35~40), 중등도의 정신지체(IQ 35~40에서 50~55), 경도의 정신지체(IQ 55~55에서 70~75)를 가지고 있는 것으로 분류하는 것이 연구자들의 일반적인 관행이었다(Conyers, Martin, Martin, & Yu, 2002; Hawkins & Cooper 1990). 1990년대 동안, 정신지체라는 용어에 대한 대안으로 자주 제안된 것은 **발달장애**라는 용어였고(Warren, 2000), 이 용어는 많은 전문가들이 정신지체 대신 흔하게 사용한 것이다. 그러나 미국의 발달장애 권리장전(미국 의회, 1984)은 발달장애를 다음과 같이 기술하였다. "1) 정신 혹은 신체적 손상에 의한 것으로 귀인할 수 있는, 또는 정신과 신체적 손상의 결합에 의한 것으로 귀인할 수 있는 장애, 2) 22세가 되기 전에 뚜렷하게 나타난 장애, 3) 끝없이 지속될 가능성이 높은 장애, 4) 다음과 같은 삶의 주요 활동 영역, 즉 ① 자기-돌보기, ② 수용성 및 표현성 언어, ③ 학습, ④ 기동성, ⑤ 자기-지시, ⑥ 독립적인 생활 능력, ⑦ 경제적 자립 중 3개 이상에서 상당한 기능적 제약을 초래하는 장애, 그리고 5) 평생 혹은 오랜 기간 지속되어야 할 개별적으로 계획되고 맞추어진, 특별한 다학제 간의 전반적인 관리, 치료, 또는 기타 서비스에 대한 개인의 필요성을 반영하는 장애." (p. 2664) 부분적으로는 이러한 고려사항 때문에 미국 지적장애 및 발달장애 학회(AAIDD; 이전에는 미국정신지체학회[AAMR]였으나 2006년에 학회 명칭이 바뀌었다.)는 역사적으로 정신지체로 불렸던 장애에 대해 지적장애라는 용어가 선호된다고 2007년에 명시하였다. 이런 역사를 살펴봄으로써 발달장애가 지적장애와 자폐증이라는 하위 영역을 포함하는 광범위한 개념임을 알 수 있다(발달장애의 이런 하위영역과 기타 하위영역에 대한 논의를 보려면, Graziano[2002]를 참조하라.).

지적장애

이제 AAIDD는 **지적장애**라는 용어를 선호하지만, 이 용어는 이전에 정신지체라고 정의되었었다. 즉 "지적 기능과 개념적 · 사회적 · 실제적 적응 기술에서 나타나는 적응적 행동 둘 다에서 심각한 제약이 따르는 장애로, 이런 장애는 18세 이전에 시작된다" (미국정신지체학회[AAMR], 2002, p. 8). AAIDD는 제한된 지적 기능을 '적합한 평가도구를 사용하여 평가했을 때 평균에서 적어도 2표준편차 이하인 지능점수를 받는 경우' 라고 정의하는데, 그것은 대략 지능지수 70 내지 75점 이하의 점수가 될 것이다. 이는 전체 인구의 약 2.3%에 해당된다.

1960년대 전까지는 모든 수준의 발달장애아를 위한 처치와 훈련 프로그램이 거의 없었고, 대부분 심한 수준과 아주 심한 수준에 대해서만 제한적으로 이루어졌다. 다행스럽게도 1960년대와 1970년대에 지적장애가 있는 사람을 위한 교육에 대변혁이 일어났는데, 그 세 가지 원동력은 다음과 같다. 첫 번째 원동력은 Wolfensberger(1972)와 같은 정상화 옹호자(normalization advocates)로, 이들은 지적장애인도 가장 정상적인 생활을 하도록 도움을 받아야 하며, 전통적인 대규모 보호시설은 정상적인 것이 아니라고 주장하였다. 이런 정상화 옹호자들의 활동은 탈시설화 운동으로 이어졌고, 지적장애인들을 위한 지역사회 생활선택권의 발전을 가져왔다. 두 번째 원동력은 시민권 옹호자와 지적장애아 부모들에 의하여 제안되었는데, 심한 지적장애인에게도 가능한 한 정상적인 교육을 받을 법적 권리가 보장되어야 한다는 것이다. 이는 지적장애인을 위한 교육 프로그램이 공교육에서 확립되어야 한다는 것을 의미한다. 세 번째 원동력은 기본적으로 행동수정가의 노력에 의한 것으로, 그들은 심하거나 아주 심한 수준의 지적장애인들의 행동을 극적으로 향상시킬 수 있는 기술을 새롭게 만들어 냈다.

과거 수십 년 동안의 많은 연구는 지적장애인에게 배변, 자조 기술(먹기, 옷 입기, 개인위생 등), 사회 기술, 의사소통 기술, 직업 기술, 여가 활동, 그리고 지역사회에서 생활하는 데 필요한 다양한 행동들을 가르치는 데 행동적 기법의 효과성을 입증해 주었다. 그것은 Carr, Coriaty와 Dozier(2000), Cuvo와 Davis(2000), Didden(2007), Konarski, Favell과 Favell(1997), 그리고 Williams(2004)의 문헌들에서 살펴볼 수 있다. 또한 *Journal of Applied Behavior Analysis*에 실린 논문들을 참조하라.

자폐증

자폐증이라고 불리는 자폐성 장애는 『정신장애의 진단 및 통계 편람(DSM-IV-TR)』(American Psychiatric Association, 2000)에 나오는 **전반적 발달장애**의 특징들을 보인다. 자폐증 외에 DSM-IV-TR에 올라와 있는 또 다른 두 가지 전반적 발달장애로는 아스퍼거 증후군과 달리 분류되지 않는 전반적 발달장애가 있다. 임상에서는 **자폐증 스펙트럼 장애**(Autism Spectrum Disorders: ASD)라는 용어가 자주 사용되는데, 이것은 앞의 세 가지 장애를 포괄한다. 그러나 ASD는 DSM-IV-TR이나 다른 국제적 분류체계에서 공식적으로 규정되지 않은 것이다. Fombonne(2007)에 따르면, ASD의 유병률은 현재 약 150명의 아동 중 한 명 정도다.

자폐증으로 진단된 아이들은 손상된 사회적 행동(예, 엄마가 방을 나가는데도 정서적 고통을 보이지 않는 것), 손상된 의사소통(예, 의미 없는 단어나 문장을 반복하는 것), 정상적이지 않은 놀이 행동, 그리고 반복적인 자기-자극 행동(예, 물건을 자신의 눈앞에다 놓고 돌리기) 등을 복합적으로 보인다. 그들은 또한 옷 입기, 옷매무새 단정히 하기, 먹기 등의 다양한 자기-관리에 있어서 평균보다 훨씬 낮은 점수를 받았으며 지적장애로 진단된 아이들과 비슷한 행동을 보이기가 쉽다.

1960년대와 1970년대에, Ivar Lovaas는 자폐아를 위한 행동적 처치를 개발하였다. **조기집중행동개입**(early intensive behavioral intervention: EIBI)이라고 불리는 접근을 사용해서, Lovaas(1966, 1977)는 사회 행동을 가르치고, 자기-자극 행동을 제거하며, 언어 기술을 발달시키는 전략에 초점을 맞추었다. EIBI는 30개월 미만의 자폐아에게 적용되었는데, 그 아이들 중 50%가 정상적인 교육 연령에 정규 학급에 입학할 수 있었고(Lovaas, 1987), 행동적 처치로 인한 지속적 효과가 장기적으로 나타났다(McEachin, Smith, & Lovaas, 1993). 다른 연구자들이 Lovaas 연구에서 실험설계의 제한점을 비판하였지만, 후속 연구는 EIBI가 비용과 효과성이라는 두 가지 측면에서 자폐아를 위한 최선의 처치방법임을 확인시켜 주었다(Frea & Vittimberga, 2000; Jacobson, Mulick, & Green, 1998; Matson & Smith, 2008; Ghezzi, Williams, & Carr, 1999). 현재 점점 더 많 추가설명 2

은 수의 정부 기금을 받는 프로그램들이 자폐아들에게 EIBI를 제공하고 있다. 예를 들어, 캐나다에서는 현재 10개 지역 중 8개 지역에서 EIBI 프로그램을 적용하고 있다.

정신분열증

> 정신분열증 환자들은 다른 사람들은 듣지 못하는 목소리를 들을 수 있고, 다른 사람들이 자신의 마음을 읽고 자신의 생각을 통제하거나 자신을 해치려고 음모를 꾸민다고 믿기도 한다. 이러한 경험은 두려움에 떨게 할 수 있고, 공포심이나 철수, 극단적인 초조를 일으킬 수 있다. 정신분열증 환자들은 앞뒤가 맞지 않는 말을 할 수도 있고, 움직이지 않고 몇 시간을 앉아 있거나 지나치게 말을 많이 할 수도 있으며, 그들이 정말로 생각하고 있는 것에 대해 말하기 전까지는 완벽하게 아무 문제 없는 것처럼 보일 수도 있다(국립정신보건원, 날짜 미상).

1950년대 몇 개의 사례연구를 시작으로, 1960년대와 1970년대 초기에 정신분열증이 행동치료자들의 주된 관심의 대상이 되었다(Kazdin, 1978). 그러나 1970년대 후반과 1980년대 초반 동안 이 분야에 대한 흥미가 감소되었고, 행동수정에서는 단지 소수의 논문만이 출판되었다(Bellack, 1986). 그럼에도 불구하고 이 집단에 대한 행동수정 처치가 성공을 거둔 명백한 증거들이 있다. 빈약한 사회적 관계는 정신분열증 환자들이 경험하는 낮은 삶의 질에 기여하는 중요한 요인이기 때문에, 사회 기술은 정신분열증 환자들의 변화를 위한 표적행동 중 하나였다. 관련 연구들은 행동수정 처치가 긍정적인 사회 기술과 의사소통 기술, 주장 기술, 직업 찾기 기술 등을 가르치는 데 상당한 성과가 있었음을 보여 준다(Bellack & Hersen, 1993; Bellack & Muser, 1990; Bellack, Muser, Gingerich & Agresta, 1997). 인지행동 기법도 정신분열증 환자들의 환각이나 망상을 제거 내지 감소시키는 데 효과적으로 사용되었다(Bouchard, Vallieres, Roy, & Maziade, 1996). 위의 연구와 그 외 몇몇 연구들은 행동치료가 정신분열증 환자의 치료와 관리, 재활에 중요한 기여를 한다는 것을 강력하게 지지하였다(Beck, Rector, Stolar, & Grant, 2008; McKinney & Fiedler, 2004; Wilder & Wong, 2007).

행동치료: 임상 장면에서의 행동수정

27장과 28장에서는 불안장애, 강박장애, 스트레스 관련 문제들, 우울, 비만, 부부 문제, 성적 역기능, 습관장애와 같은 문제들의 치료에 관하여 상세하게 다루고 있다. 이런 영역과 기타 영역의 임상치료에 관한 더 상세한 논의는 Antony와 Barlow(2004), Barlow(2008), Dougher(2000), Emmelkamp(2004), Hayes와 Bissett(2000), Hayes, Follette와 Linehan(2004), 그리고 Hofmann과 Otto(2008)에서 찾아볼 수 있다.

임상심리학자들이 행동치료를 어느 정도 사용하고 있는가? 1980년대 초반까지, 적어도 절반 정도의 아동임상심리학자가 행동적 입장을 취하였고, 성인을 치료하는 심리학자들 사이에서 행동치료는 가장 인기 있는 접근 2개 중 하나(정신분석 및 다른 형태의 정신역동적 접근과 거의 비슷한)가 되었다(O' Leary, 1984). 오늘날 많은 임상심리학자들이 그들의 입장을 순수하게 행동적인 것보다는 '인지행동적' 인 것으로 규정하기를 선호하나(인지행동치료는 27장과 28장에서 논의됨), 일반적으로 행동적 입장은 계속 발전하고 있다.

심리적 문제를 치료하는 데 행동적 처치가 얼마나 효과적인가? 많은 연구들을 통해 분명한 문제 영역들(예, 공포증, 강박장애, 우울증)에서는 특정한 행동치료 절차가 다른 심리치료 방법보다 우수함이 입증되었다(Barlow, 2008). 심리적 문제를 치료할 때 약물치료에 비해 행동치료의 효과는 어떠한가? 『미국에서 약 추방하기(*Taking America off Drugs*)』라는 도발적인 책에서, Stephen Ray Flora(2007)는 미국인들이 어떤 심리적 문제를 가지고 있든 그것을 치료할 약이 존재하는 것으로 믿도록 기만당했다고 주장한다. 하지만 실제로는 대부분의 심리적 문제, 즉 섭식장애, 공포증, 강박장애, 주의력결핍-과잉행동장애, 우울증, 정신분열증, 수면장애, 다양한 성적 장애는 '신경화학적 원인' 이나 '뇌의 문제' 가 아니라 행동에 문제의 원인이 있다고 주장한다. 나아가 그는 그러한 문제에 대해서 행동치료가 약물치료보다 더 효과적이라고 주장한다. 임상장애에 대한 행동적 처치는 27장과 28장에서 더 다루기로 한다.

연습문제

6. 역사적으로 정신지체라고 불렸던 장애에 대해 현재 선호되는 용어는 무엇인가?
7. 1960년대 이래로 지적장애인의 교육에 혁신을 일으킨 세 가지 원동력을 밝히고, 간략히 기술하라.
8. 지적장애인에게 행동수정을 적용함으로써 수정한 행동 네 가지를 기술하라.
9. 자폐아동에게 행동수정을 적용함으로써 수정한 행동을 네 가지 적어 보라.
10. 정신분열증 환자에게 행동수정을 적용함으로써 수정한 행동 네 가지를 적어 보라.
11. 행동치료가 심리적 문제에 얼마나 효과적인가? 간략히 논하라.

개인적인 문제에 대한 자기-관리

1장에서 기술한 몇 가지 문제들을 회상해 보자. 샘은 공부하는 것과 정해진 기한 내에 보고서를 완성하는 데 어려움이 있었다. 카렌은 그녀가 쓰기를 원했던 소설을 시작할 수가 없었다. 그리고 앨버트는 비행기 공포증이 있었다. 많은 사람들이 자신의 어떤 부분을 변화시키고 싶어 한다. 당신은 어떤가? 체중을 줄이기를 원하는가? 운동을 시작하고 싶은가? 좀 더 자기주장을 할 수 있기를 원하는가? 자신의 행동을 수정하기 위하여 배워야 할 기술들이 있는가? 자기-관리나 자기-조절, 자기-적응, 자기-수정, 자기-지시라고 불리는 분야에서 상당한 발전이 있었다. 성공적인 자기-수정을 위해서는 일련의 기술들을 배워야 한다. 그런 기술들에는 자신의 후속 행동을 통제하기 위하여 환경을 재배치하는 방법도 포함된다. 여러 심리학 문헌에 따르면 저축하기, 운동량 늘리기, 공부습관 증진시키기, 과도한 도박 통제하기 등과 관련한 수백 개의 자기-수정 프로젝트가 큰 성공을 거둔 것으로 나타났다(Logue, 1995). 개인적인 적응을 위한 자기-수정은 26장에서 더 상세히 다루기로 한다. 이러한 주제에 대한 광범위한 논의는 Watson과 Tharp(2007)에서 확인할 수 있다.

의학적 건강 관리

만성 두통, 호흡기 장애, 고혈압 등으로 고통받고 있는 사람들은 대체로 그런 문제에 대해 도움을 받기 위해 심리학자를 찾아가지는 않는다. 그러나 1960년대 후반에 내과의사와 함께 일하는 심리학자들이 그러한 질병과 그 외 다른 의학적 문제들(간질 발작, 만성 통증, 중독장애, 수면장애)을 치료하는 데 행동수정 기법을 사용하기 시작하였다(Doleys, Meredith, & Ciminero, 1982). 그리고 이를 통하여 건강과 질병 및 행동 사이를 연결해 주는 광범위한 다학제 분야인 **행동의학**(behavioral medicine)이 시작되었다(Searight, 1998). 행동의학 분야에서 일하는 행동심리학자들은 최근까지도 순수하게 의학적인 성질의 것으로 여겨졌던 문제들에 대해서 내과의사, 간호사, 다이어트 전문가, 사회학자와 다른 전문가들과의 긴밀한 협조 속에서 일하고 있다. 행동의학 내에서 **건강심리학**은 심리적 요인들이 어떻게 질병에 영향을 미치는지 혹은 질병을 일으키는지, 사람들이 건강 문제를 예방하기 위하여 건강한 행동을 실천하도록 어떻게 장려할 수 있는지 등을 다룬다(Taylor, 2003). 건강심리학자들은 다음과 같은 5개의 주요 분야에 행동 원리를 적용한다. 다음의 다섯 가지 영역에 더해서, Nisbet과 Gick(2008)은 건강심리학이 인류를 이롭게 하는 데 도움이 될 수 있다고 제안한다.

1. 의학적 문제에 대한 직접적 처치 당신은 편두통, 요통, 소화장애와 같은 문제로 고통받고 있는가? 한때 이러한 문제들은 순수하게 의학적 속성을 지닌 것으로 생각되었다. 그러나 때로는 이러한 문제들이 학습의 요소를 포함하기도 한다. 건강심리학자들은 1960년대 후반 이후로 계속해서 이러한 증상들을 직접 치료하는 행동 기법을 개발해 왔다(Taylor, 2003). 그런 기법 중 하나가 **바이오피드백**인데, 바이오피드백은 심박, 혈압, 근육의 긴장도, 뇌파와 같은 생리적 과정에 대한 즉각적인 정보를 그 개인에게 제공하는 것이다. 그러한 정보는 그 사람이 모니터되고 있는 생리적 과정을 통제할 수 있도록 도와준다. 바이오피드백은 고혈압이나 발작, 만성 두통, 불규칙한 심박 또는 부정맥, 삭맥(빠른 맥박) 또는 빈맥(잦은 맥박), 불안과 같은 다양한 건강 문제를 치료하는 데 성공적으로 사용되었다(Schwartz & Andrasic, 1998, p. 131 참조). 또한 행동적 처치는 파킨슨병과 뇌 손상과 같은 다른 의학적 문제의 증상을 완화시키는 데도 적용되었다(Jacobs, 2000).

2. **처치 지시에 대한 순응** 당신은 치과의사와의 약속을 항상 잘 지키는가? 당신은 항상 당신의 주치의가 지시한 대로 투약을 정확하게 하는가? 대다수의 사람들은 그렇지 못하다. 이러한 것은 하나의 행동이기 때문에, 의학적 처방에 잘 따르도록 행동수정을 적용하는 것은 자연스럽다(Taylor, 2003). 그러므로 건강심리학의 중요한 부분 중 하나는 주치의의 처방을 잘 따르도록 하는 것이다.

3. **건강한 생활 증진** 당신은 일주일에 적어도 세 번 정도 운동을 하는가? 당신은 몸에 좋은 음식을 먹고, 포화지방과 콜레스테롤 그리고 소금의 섭취를 최소화하는가? 당신은 술 마시는 것을 자제하는가? 당신은 니코틴과 다른 중독성 약물을 전혀 섭취하지 않는가? 당신이 이러한 질문들에 그렇다고 답할 수 있다면, 그리고 몇 년이 지나도 이러한 상태를 유지할 수 있다면, 당신은 수명을 상당히 연장할 수 있다([그림 2-1] 참조). 1장에서 보았듯이, 흡연과 나쁜 식습관, 알코올 남용과 같이 예방할 수 있는 행동이 미국인들의 사망과 관련된 근본 원인 중 1/3을 차지한다(*Journal of the American Medical Association*의 2004년 3월호와 *Behavior Modification*의 2003년 1월호 참조). 행동수정의 중요한 영역에는 적당량의 균형 잡힌 식사와 자주 운동을 하는 것 등 건강 유지를 위해 사람들이 자신의 행동을 관리하도록 돕는 데 행동수정 기법을 적용하는 것이 포함된다(Bandura, 2004; Taylor, 2003).

4. **보호자 관리** 건강심리학자들은 내담자나 환자의 행동뿐만 아니라 내담자의 의학적 상태에 영향을 미치는 사람들의 행동에도 관심이 있다. 그러므로 건강심리학자들은 내담자의 가족이나 친구들의 행동과 내담자의 건강에 관심이 있는 의료진의 행동도 취급한다. 환자에게 제공되는 서비스를 향상시키기 위해 의사와 간호사, 정신과 간호사, 작업치료사와 기타 의료진의 행동을 변화시키는 것에 대한 관심이 높아지고 있다(예, Clarke & Wilson, 2008; Engelman, Altus, Mosier, & Mathews, 2003 참조).

5. **스트레스 관리** 죽음이나 세금처럼, 스트레스는 당신이 살아가며 직면하게 되는 것 중의 하나다. 스트레스원(stressor)은 대처하는 데 어려움이 있는 상태나 사건이다(예, 교통체증, 수면 부족, 스모그에 노출, 임박한 시험, 부채, 이혼, 가족의 심각한 질병이나 사망). 스트레스 반응(stress reaction)은 스트레스원에 의하여 유발될 수 있는 피로, 고혈압, 궤양 등과 같이 생리적이고 행동적인 반응이다. 건강심리학의 중요한 영역은 스트레스원, 스트레스원이 행동에 미치는 효과, 스트레스원에 대처하는 행동 전략의

[그림 2-1] 행동 전략은 사람들이 신체 건강 프로그램을 지속하도록 돕는 데 효과적으로 사용될 수 있다.

개발에 대한 연구와 관련이 있다(예, Lehrer, Woolfolk, & Sime, 2007; Taylor, 2003). 이러한 전략에 대해서는 이 책의 후반부에서 기술하도록 한다.

행동의학이라는 광범위한 다학제 분야와 건강심리학이라는 하위 분야는 현대 의학과 건강 관리의 효율성과 효과에 상당한 기여를 할 수 있는 잠재력을 가지고 있다. 이 분야에 대하여 더 공부하기 위해서는 *Journal of Behavioral Medicine*의 논문들과 Cummings, O' Donohue와 Ferguson(2003)과 Taylor(2003)의 책을 참조하라.

노인학

당신은 늙는다는 것이 어떤 것인지 알고 싶은가? 그렇다면 "당신의 안경에 때를 묻히고, 귀에 두터운 헝겊을 대고, 커다랗고 무거운 신발을 신고, 장갑을 끼고서 보통 때처럼 하루를 지내 보라" (Skinner & Vaughan, 1983, p. 38). 노인 인구가 증가함에 따라 점점 더 많은 사람들이 나이가 든 것 때문에 혹은 만성적인 질병으로 인하여 독립적으로 기능하는 데 필요한 능력과 기술의 상실을 경험하게 되는데, 행동수정이 여기에 또 한 번 긍정적 기여를 할 수 있다. 예를 들어, 가정이나 직장에서 일상적으로 수행하는 습관적 방식이 더 이상 불가능하게 될 때, 새로운 방식의 습관을 개발하고 학습해야 한다. 대처할 수 없을지도 모른다는 두려움과 불안 또한 다뤄져야 한다. 요양원에서의 파괴적인 행동이 심각한 관심사가 될 수 있으며, 전문 관리요원들과 새로운 관계를 발달시켜야 할 수도 있다. 노인과 장기간의 보호가 필요한 환자들이 이러한 문제를 해결할 수 있도록 도와주기 위한 행동 기법의 사용이 증가하고 있다(Coon & Thompson, 2002; Derenne & Baron, 2002; Dick-Siskin, 2002; Spira & Edelstein, 2006; Wetherell, 2002; Wisocki, 1999).

연습문제

12. 개인적 문제에 대한 자기-관리 영역에서 행동수정으로 수정된 행동 네 가지를 적어 보라.
13. 건강심리학은 무엇인가?
14. 건강심리학 내의 다섯 가지 적용 영역을 기술하라.
15. 행동수정으로 증진되는 노인들의 행동 네 가지를 적어 보라.

행동적 지역사회심리학

29장에서 행동수정의 역사를 간략히 다루겠지만, 초기(1950년대)의 행동적 적용은 대부분 심각한 문제를 갖고 있는 사람들(발달장애인이나 정신과 환자)에게 초점이 맞추어졌고, 시설이나 그 밖의 매우 통제된 환경에서 이루어졌다. 그러나 1970년대에는 중요한 행동수정 프로젝트들이 다음과 같은 목표, 즉 공공 캠프장에서 어지르지 못하게 하기, 음료수병 재활용하기, 지역사회 문제를 해결하기 위해 공무원 도와주기, 대중교통 이용을 늘려 에너지 절약하기, 생활보호대상자가 자조모임에 참석하도록 장려하기, 협동주택 프로젝트를 통해 대학생들이 함께 살도록 도와주기 등을 달성하기 위해 수행되었다(이 분야의 초기 연구를 고찰하려면 Geller, Winett와 Everett[1982], Martin과 Osborne[1980]을 참조하라.). 그리고 행동수정의 영역은 개인 문제로부터 명백하게 지역사회 관심사로 확대되었다. 이러한 영역의 초기 연구들 중 하나는 **행동적 지역사회심리학**(behavioral community psychology)을 '개인의 행동이 전통적 의미에서 일탈된 것으로 간주되지 않는, 비구조화된 지역사회 상황에서 사회적으로 중요한 문제에 행동수정을 적용하는 것' 이라고 정의하였다(Briscoe, Hoffman, & Bailey, 1975, p. 57).

Glenwick(1990)은 지역사회에 행동수정을 적용함에 있어 다섯 가지 추세를 개관하였다. 첫째, 중재 과정의 모든 측면에서 표적 집단의 참여가 증가되었다. 예를 들어, AIDS 치료 프로그램에서의 전반적인 목표가 간호사들의 장갑 착용을 늘리는 것이라면(예, DeVries, Burnette, & Redmon, 1991 참조), 간호사들이 하위목표를 선택하고 중재법을 고르고 결과를 모니터링하는 것에 전적으로 참여하게 한다. 둘째, 표적대상인 개인 스스로의 통제(전문가에 의한 통제에 반대되는)를 지원하는 것이 증가되었다. 간호사들을 위한 프로젝트에서, 장갑 착용을 증가시키기 위하여 수간호사의 지시에 의존하지 않고 자기-통제 기법(26장에 기술됨)을 사용하도록 강조하였다. 셋째, 처치 결과를 평가할 때 주관적 평가를 포함하는 것이 증가되었다. 객관적으로는 간호사가 장갑을 더 자주 착용했는지 아닌지를 평가할 수 있다. 그러나 우리는 간호사들이 그들이 전반적 프로그램에 대하여 주관적으로 어떻게 느끼는지를 알고 싶다(주관적 평가는 22장에서 더 논의될 것이다.). 넷째, 결과적인 사건(장갑 낀 간호사를 칭찬하는 것과 같은)에 비하여 선행자극(간호사들에게 상기시켜 줄 수 있는 표시를 붙여 놓거나 고참 직원이 장갑을 끼고 있는 것)에 대한 강조가 증가되었다(선행자극과 결과적 사건에 관한 문제는 8장과 17장, 18장, 19장에서 논의될 것이다.). 마지막으로, 전문가들 사이에 다학제 간의 협조가 많아졌다. 지역사회 행동분석에 대하여 추가로 읽을 자료를 원하면, *Journal of Applied Behavior Analysis*의 논문들을 참조하라.

기업, 산업 및 정부

행동수정은 다양한 조직 상황에서 각 개인의 수행을 증진시키는 데도 적용되었다. 이러한 일반적인 영역을 **조직행동관리**(Organizational Behavior Management: OBM)라고 일컫는데, 그것은 조직 상황 내의 개인이나 집단의 행동을 연구하고 통제하기 위하여 행동 원리와 방법을 적용하는 것으로 정의된다(Frederiksen & Lovett, 1980). 조직행동관리와 함께 사용되는 다른 명칭들로는 수행관리, 산업행동수정, 조직행동수정, 조직행동공학, 조직행동분석이 있다. 전체적으로 볼 때 모든 응용 분야에서처럼, 조직행동관리는 자료를 중심으로 한다. 여기서는 성공적인 수행의 특징을 보이거나 성공적인 결과를 산출한 직원의 구체적인 활동을 강조한다. 또한 바람직한 행동을 한 직원에게 자주 피드백과 보상을 주는 것을 강조한다. 이런 조직 유형의 예에는 작은 사업체에서 대기업에까지, 그리고 지역사회의 작은 센터(행동적 지역사회심리학과 중첩되는 점에 유의하라.)에서 대형시립병원에까지 이르는 넓은 범위가 포함된다. 이처럼 조직행동관리는 크고 작은, 공적이거나 사적인 조직 모두에 적용된다.

조직행동관리 분야의 초기 연구들 중 하나는 에머리 항공회사에서 이루어졌다. *Organizational Dynamics* 저널의 1973년호에 실린 「B. F. Skinner와의 대화(Conversations with B. F. Skinner)」라는 제목의 논문에 따르면, 감독자의 칭찬이라는 정적 강화를 통하여 바람직한 행동(예, 고용인이 특정 용기 안에 소포 꾸러미를 넣는 행동)이 나타나는 비율이 45%에서 95%로 증가되었다고 한다.

그 이후의 연구들에서는 생산력을 증진하고, 지각과 결석률을 감소시키며, 판매량을 증가시키고, 새로운 사업체를 창업하며, 근로자 안전을 향상시키고, 직원의 절도 행위를 줄이고, 가게에서 물건 가져가기를 줄이며, 노사 관계를 증진시키는 등의 행동 변화를 위하여 행동 기법을 사용하였다. 이 분야를 추가로 공부하기 위해서는 Austin(2000), Daniels와 Daniels(2005), Johnson, Redmon과 Mawhinney(2001), Poling, Dickinson, Austin과 Normand(2000), Reid와 Parsons(2000)의 저서와 *Journal of Organizational Behavior Management*의 논문을 참조하라.

스포츠 심리학

1970년대 초기 이래로, 운동선수와 코치들에게서 응용 스포츠 과학 연구, 특히 스포츠 심리학에 대한 요구가 증가되었다. 응용 <u>스포츠</u> 심리학은 선수들과 스포츠에 관계된 사람들의 운동 수행과 만족을 증진하기 위하여 심리학 지식을 사용하는 것으로 정의된다(Blimke, Gowan, Patterson, & Wood, 1984). 행동수정은 이 분야에 수많은 기여를 하였다(Martin, 2007; Martin, Thompson, & Regehr, 2004).

운동선수의 기술 증진을 위한 기법

운동선수가 새로운 기술을 습득하고, 잘못된 운동 습관을 제거하며, 단순한 기술을 복잡한 실행양상으로 결합하도록 돕는 데 어떠한 방법이 가장 효과적인가? 운동선수의 기술을 효과적으로 증진하기 위해 행동수정 기법을 사용한 많은 연구가 이루어졌고(Martin & Tkachuk, 2000), 그 기법을 적용하는 실제적인 전략이 기술되었다(Martin, 2007).

연습 동기부여와 훈련유지 전략

운동선수의 연습 참여를 늘리고, 그들이 연습 시간에 최대한 많은 것을 얻도록 동기를 부여하며, 연습 시간을 잘 계획하여 쉬는 시간을 줄이려면 코치가 어떻게 하는 것이 효과적인가? 이러한 유형의 문제를 해결하는 기법들은 이 책에 기술되어 있는 원리에 기반하고 있으며 코치들이 쉽게 배울 수 있는 방법들이다.

코치의 행동변화

운동 코치는 매우 어려운 직업이다. 코치는 행동수정 방법을 사용하여 효율적으로 지도하고, 목표를 설정하고, 칭찬하고, 질책하며, 총체적으로 행동수정가로서 자신의 역할을 효과적으로 만드는 다른 활동들을 수행해야 한다. 이 분야에서도 수많은 연구가 수행되었다(Martin & Tkachuk, 2000).

경쟁에 대비하기 위한 '스포츠 정신력(sports psyching)'

우리는 모두 "그 팀이 진 이유는 정신력이 해이해져서 그래." 혹은 "최선을 다 하려면, 정신을 바짝 차려야 해."와 같은 말을 들은 적이 있을 것이다. 이러한 문장들이 의미하는 일반적인 개념이 무엇인지를 안다 하더라도, 일반적으로 그 의미를 아는 것과 운동선수에게 심리적 대처 기술을 가르치는 법을 배우는 것은 별개의 문제다. 시합에서 운동선수들이 심한 경쟁에 대비하도록 도와주는 많은 전략이 여러 문헌에서 기술되었다(*The Sport Psychologist*의 최신호와 Martin의 저서[2007], Martin, Toogood와 Tkachuk의 저서[1997]를 참조하라.).

다양한 집단을 대상으로 한 행동수정

지난 20년 동안 행동수정가들은 치료 효과에 영향을 주는 변인으로 문화, 성별, 인종, 성적 선호에 점차 더 많은 관심을 두게 되었다(예, Borrego, Ibanez, Spendlove, & Pemberton, 2007; Hatch, Friedman, & Paradis, 1996; Iwamasa, 1999; Iwamasa & Smith, 1996; Paradis, Friedman, Hatch & Ackerman, 1996; Purcell, Campos, & Perilla, 1996 참조). 이를테면, 동양의 문화적 배경을 가진 많은 내담자들은 무엇을 해야 하는지에 대하여 치료자가 구체적으로 말해 주는 것(비지시적 접근에 반대되는 것으로)을 선호한다는 사실을 치료자가 아는 것이 필요하다(Chen, 1995). 반면에, 히스패닉의 문화적 배경을 가진 내담자들은 친숙해질 수 있는 '소소한 이야기'를 먼저 해 주면, 목표 지향적인 구체적 제안에 보다 잘 따를 것이다(Tanaka-Matsumi & Higginbotham, 1994).

문화적 배경을 이해하는 것의 중요성을 잘 보여 주는 상당히 충격적인 사례를 사우스다코타 주의 배드랜드 근처 Lakota Sioux 인디언 보호구역에서 찾아볼 수 있다. Tawa Witko 박사는 그 보호구역에서 사는 심리학자인데, 다른 심리학자가 정신분열증으로 진단한 어떤 개인 사례에 대해 기술하였다. 정신분열증 진단을 내린 이유는 그 남자가 예배 시간 즈음에 어떤 목소리를 듣는다는 것이었다. Witko 박사는 만약 그 치료자가 그 내담자(환자)를 더 이해하려고 노력했다면 이런 현상이 미국 원주민 가운데에서 흔한 일이며 영적인 의미를 가지고 있고 그 자체로 정신병을 의미하지 않는다는 것을 알았을 것이라고 설명하였다(Winerman, 2004).

어떤 경우에는 문화적 요인이 특정한 행동을 가르치는 데 부정적으로 작용할 수도 있다. 예를 들어, 일부 미국 원주민들을 위한 사회기술훈련 프로그램에서 표적행동이 눈 맞추기라면 이는 부적절한 것일 수 있다. Navajo 문화에서 지속적인 눈 맞춤은 전형적으로 공격적인 것으로 간주된다(Tanaka-Matsumi, Higginbautham, & Chang, 2002). 문화적으로 다양한 내담자들을 대상으로 한 행동치료에 관심이 있는 독자들은 *Cognitive and Behavioral Practice*(1996, Vol. 3, No. 1)와 *The Behavior Therapist*(1999, Vol. 22, No. 10)에서 문화적 다양성을 다룬 특집호와 *Journal of Muslim Mental Health*와 *International Journal of Culture and Mental Health*의 논문들을 찾아보기 바란다.

내담자의 문화적 배경에 관한 정보가 치료자에게 도움이 될 수 있다고 하더라도, 특정 문화집단에 해당하는 사항을 과도하게 일반화시키는 것은 지양해야 한다(낙인찍기의 위험성에 대해 1장에서 논의한 것과 유사한 주의사항이 여기에도 적용된다.). 예를 들어, Iwamasa(1999)가 지적한 것처럼, 동양계 미국인 집단은 30개 이상의 다른 문화와 민족들로 구성되어 있고, 그들 각각은 고유의 모국어와 가치관, 생활방식, 미국에 적응하는 양상을 갖고 있다.

연습문제

16. 행동적 지역사회심리학은 무엇인가?
17. 행동수정을 지역사회에 적용하는 데 있어 다섯 가지 현재 추세를 기술하라.
18. 행동적 지역사회심리학 분야에서 행동수정으로 수정된 행동 네 가지를 기술하라.
19. 조직행동관리를 정의하라.
20. 기업, 산업, 정부 장면에서 행동수정으로 수정된 행동 네 가지를 기술하라. 각각에 대해 실제적인 행동 또는 행동의 산물을 말할 수 있는가?
21. 스포츠 심리학에서 행동수정이 적용되었던 네 가지의 일반적인 영역을 기술하라.
22. 행동수정가들이 다른 문화를 가진 사람들과 작업할 때 문화적 특성에 대해 아는 것이 어떻게 도움이 될 수 있는지 설명하라. 예를 하나 들라.

결론

행동수정은 인간의 광범위한 행동에 대한 성공적인 접근으로 괄목할 만한 발전을 이루었다. 수많은 책과 학술 논문들에서 행동 절차와 연구들이 기술되고 있는데, 자녀 양육에서부터 노년기 대처에 이르기까지, 그리고 업무에서부터 놀이에 이르기까지, 자기-개선에서 우리가 살고 있는 환경 보존에 이르기까지 그 범위가 넓다. 행동수정은 아주 심한 장애가 있는 사람에서 천재에 이르기까지 넓은 범위의 사람들에게 사용되었다. 행동수정의 기본 원리, 응용, 이론적 부분을 다루는 수천 권의 책이 출판되었다. 적어도 31개의 저널이 뚜렷하게 행동적 입장을 취하고 있다. 이러한 분야의 적용 예들이 다음에 나오는 장들에서 기술 및 예시되고 있다. 추가설명 3

추가설명 및 심화토론

1. 역사적으로 강의는 대부분의 대학에서 대학생을 가르칠 때(학기당 두세 번의 시험과 함께) 압도적으로 많이 사용되는 방법이다(Terenzini & Pascarella, 1994). 많은 연구들은 PSI가 전통적인 강의방법보다 학습 증진에 더 효과적임을 보여 주었다(Kulik, Kulik, & Bangert-Drowns, 1990). 사실상 PSI는 통계적으로 전통적인 접근보다 평균 19% 유의하게 높은 학습 효과를 나타냈다(Pascarella & Terenzini, 1991). 수업 평가에서 대부분의 학생들이 PSI 체계에 크게 만족하였고, 자주 보는 시험이 자신의 진도에 잘 맞으면서 광범위한 학습이 이루어지게 해 주었다고 하였다(Michael, 1991).
2. 자폐아동에게 EIBI를 실시하는 일반적인 전략을 **비연속-개별시도 교수**(discrete-trials teaching: DTT)라고 부른다. DTT는 전형적으로 각각 약 5~20초 동안 지속되는 일련의 개별지도 시도로 구성되어 있다. 각 시도에서 교사가 선행자극(지시와 정반응을 나타내게 도와주는 촉구)을 제공하고, 아동은 전형적으로 반응하고, 교사가 올바른 행동에 대해 보상을 주거나 실수 이후에 '안 돼'라고 말하는 것과 같이 적절한 결과를 즉각적으로 제공한다. 반복적인 DTT 시도는 일반적으로 시도들 간 짧은 간격을 두고 제시되며 12~20회씩 묶어서 제시된다. 교사와 부모가 EIBI 프로그램에서 DTT를 수행할 수 있도록 가르치는 다양한 전략들이 연구되었다(교수 전략에 대한 문헌을 고찰하려면, Thomson, Martin, Arnal, Fazzio와 Yu[2009]를 참조하라.). 자폐아동을 위한 EIBI 치료를 지원하는 공공 프로그램에 수백만 달러가 소요된 점을 고려하면서, 결과에 대한 문헌을 검토한 연구자들(예, Matson & Smith, 2008; Perry, Pritchard, & Penn, 2006)은 반드시 다루어질 필요가 있는 중요한 사항들을 알게 되었다. 그중 두 가지는 ① EIBI 개입법의 구체적인 구성요소의 효과성을 평가하기 위한 질적 평가체계와 ② 부모와 교사가 DTT를 실시할 수 있도록 가르치는, 연구에 기반한 경제적이고 빠른 훈련 절차의 개발이다. 첫 번째 필요성을 충족시키기 위한 단계는 개별시도 교수 평가양식을 개발하고 현장에서 검증하는 것이다(Babel, Martin, Fazzio, Arnal, & Thomson, 2008). 그리고 두 번째 필요성을 충족시키기 위한 단계는 자폐아동의 교사에게 DTT를 가르치기 위해 개발된 자기-지시 매뉴얼을 현장 검증하는 것이다(Arnal et al., 2007; Fazzio, Martin, Arnal, & Yu, 2009; Thiessen et al., 2009).
3. Wyatt, Hawkins와 Davis(1986)는 행동수정의 기본철학인 '행동주의'는 죽었다고 말한 일부 非행동주의 심리학자들의 주장을 비판하였다. Wyatt 등은 행동주의가 매우 활발하게 살아 있고 성장하고 있다고 주장하였다. 이 주장을 지지하는 증거 중 하나는 기본적으로 행동주의를 지향하는 많은 저널의 존재로, 다음과 같은 저널들이 있다. *Analysis of Gambling Behavior*(2007~), *Behavior Analysis for Social Action*(1980~)(이전 명칭은 *Behaviorists for Social Action*), *Behavior and Social Issues*(1991~), *Behavior*

Analysis in Practice(2008~), *Behavior Change*(1984~)(호주행동수정학회의 공식 저널로 1995년에 학회 명칭이 호주인지행동치료학회로 변경됨), *Behavior Modification*(1977~), *Behavior Research and Therapy*(1963~), *Behavior Therapy*(1970~), *Behavioral and Cognitive Psychotherapy*(1973~)(이전 명칭 *Behavioral Psychotherapy*), *Behavioral Counseling Quarterly*(1981~), *Behavioral Interventions*(1986~), *Behavioral Processes*(1981~)(이전 명칭 *Behavior Analysis Newsletters*), *Behavioral Residential Treatment*(1986~), *Child and Family Behavior Therapy*(1979~)(이전 명칭 *Child Behavior Therapy*), *Education and Treatment of Children*(1969~)(이전 명칭 *School Application of Learning Theory*), *European Journal of Behavior Analysis*(2008~), *Japanese Journal of Behavior Therapy*(1976~), *Journal of Applied Behavior Analysis*(1968~), *Journal of Behavior Therapy and Experimental Psychiatry*(1970~), *Journal of Behavior Analysis in Crime and Victim: Treatment and Prevention*(2008~), *Journal of Behavioral Analysis in Health, Sports, Fitness, and Behavioral Medicine*(2008~), *Journal of Behavioral Education*(1991~), *Journal of Early and Intensive Behavioral Intervention*(2007~), *Journal of Experimental Analysis of Behavior*(1958~), *Journal of Organizational Behavior Management*(1978~), *Journal of Psychopathology and Behavioral Assessment*(1979~)(이전 명칭 *Journal of Behavioral Assessment*), *Journal of Rational-Emotive and Cognitive Behavior Therapy*(1983~), *La Technologie du Comportment*(1977~), *Mexican Journal of Behavior Analysis*(1975~), *Research in Developmental Disabilities*(1987~)(1987년에 *Applied Research in Mental Retardation*[1980~1986]과 *Analysis and Intervention in Developmental Disabilities*[1981~1986]가 하나의 학술지로 통합됨), *Scandinavian Journal of Behavior Therapy*(1999~), *The Behavioral Development Bulletin*(2007~), *The Behavior Analyst*(1978~), *The Behavior Analyst Today*(2007~), *The Behavior Therapist*(1978~), *The International Journal of Behavioral Consultation and Therapy*(2007~), *The Journal of Speech-Language Pathology and Behavior Analysis*(2007~).

▶ 추가설명에 대한 연습문제

1. 대학생을 가르칠 때 전통적인 강의식 접근이 더 효과적인가, PSI가 더 효과적인가? 그 이유를 설명하라.
2. 자폐아동을 위한 EIBI 프로그램에서 연구가 필요한 두 가지 중요한 이유는 무엇인가?
3. 행동주의란 무엇인가? 행동주의는 죽었는가, 잠자고 있는가, 아니면 매우 활발한가? 그 이유를 설명하라.

PART

2

기본적인 행동 원리와 절차

03 정적 강화: 행동 증가시키기
04 조건 강화: 행동을 발달시키고 유지하기
05 소거: 행동 감소시키기
06 간헐 강화: 행동의 지속성 발달시키기
07 간헐 강화: 행동 감소시키기
08 적당한 시간과 장소에서 적절히 행동하기: 자극식별과 자극일반화
09 용암법: 행동통제 변화시키기
10 조형법: 새로운 행동 만들기
11 행동연쇄법: 일련의 새로운 행동 형성하기
12 처벌: 부적절한 행동 제거하기
13 도피 조건형성과 회피 조건형성: 바람직한 행동 형성하기
14 반응적 조건형성: 원리와 절차
15 반응적 조건형성과 조작적 조건형성의 결합
16 행동변화의 일반화: 새로운 장면으로의 행동 전이와 유지

03 정적 강화: 행동 증가시키기

"엄마, 여기 앉을래요?"

다렌의 협조 행동 강화하기[1)]

6세의 아이 다렌은 부모에게 상당히 비협조적이었다. 다렌의 부모는 명령조로 지나치게 많은 요구를 하는 다렌의 행동에 효율적으로 대처하는 방법을 배우려고 아이를 워싱턴 대학교의 가쩌트 아동발달치료센터(Gatzert Child Developmental Clinic)로 데리고 왔다. 부모 말에 의하면, 다렌은 언제 자야 하고, 무엇을 먹어야 하며, 부모와 언제 놀 수 있는지 등을 결정할 때마다 난리를 쳤다고 한다. 다렌의 협조적 행동과 비협조적 행동을 모두 직접 관찰하기 위해서, Robert Wahler 박사는 다렌의 어머니에게 병원의 놀이실에서 다렌과 함께 얼마 동안을 보내도록 요청했다. 놀이실은 자료 기록을 위한 관찰실 옆에 배치되어 있었다. 처음에 20분씩 두 회기 동안(기저선 단계[2)]) 다렌의 어머니는 "당신이 집에서 다렌과 노는 것처럼 해 보세요."라는 지시를 받았다. 다렌의 명령조의 요구행동은 어머니에게 하는 언어적 혹은 비언어적 지시로 정의되었는데, 예를 들어 어머니를 의자에 앉히거나, "엄마, 저리로 가. 내가 여기 있으래." "아니야, 틀렸어. 이렇게 하란 말이야."라고 말하는 것이 포함되었다. 협조적

1) 이 예는 Wahler, Winkel, Peterson과 Morrison(1965)의 논문에 기초한 것이다.
2) 기저선 단계(23장에서 다룰 것임)는 처치 프로그램을 사용하지 않은 상태에서 행동을 측정하는 단계다.

인 행동은 다렌이 의자를 가리키며, "엄마, 여기 앉을래요?"라고 말하는 것과 같이 명령조가 아닌 말이나 행동, 질문으로 정의되었다. 다렌의 행동의 일관성을 보여 주기 위해 [그림 3-1]에 10분 간격으로 연속해서 모은 자료를 그래프로 제시하였다. 다렌은 기저선 단계 동안 매우 낮은 비율의 협조적 행동을 보였다. 반면 그림에 나타나지는 않았지만, 명령조의 요구행동은 극히 높은 비율로 나타났다. 기저선 기간 이후 다렌의 어머니는 다렌이 협조적인 행동을 할 때 매우 긍정적이고 지지적으로 행동하도록 요구받았다. 동시에 다렌의 어머니는 아이의 명령조의 요구행동을 완전히 무시하라는 지시를 받았다. 그다음 두 회기 동안 다렌의 협조적인 행동은 꾸준히 증가하였다(동시에 그녀의 명령조의 요구행동은 '0'에 가깝게 감소하였다.). Wahler 박사와 그의 동료들은 이후 실험을 통해 다렌의 협조적인 행동에 뒤이어 어머니가 긍정적인 반응을 해 준 것이(동시에 명령조의 요구행동은 무시하면서) 다렌의 협조적 행동을 증가시켰다는 것을 입증하였다.

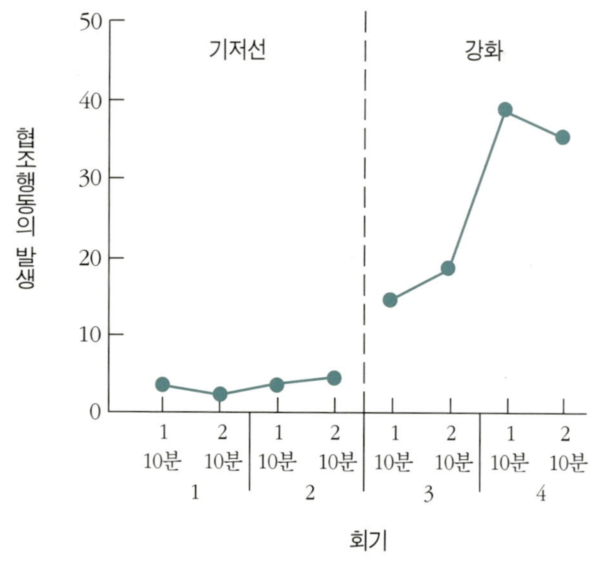

[그림 3-1] 다렌의 협조적 행동

각 점은 한 회기 내에서 10분 간격 동안 다렌이 보인 협조적 행동의 전체 발생횟수를 나타낸다. 기저선은 강화 기법을 사용하기 전의 관찰 단계를 말한다(주: R. G. Wahler, G. H. Winkel, R. F. Peterson, & D. C. Morrison. (1965). 자녀를 위한 행동치료자로서의 어머니. *Behavior Research and Therapy*, *3*, 117, 그림 1에서 재인용함. Elsevier Science로부터 재인용 허락 받음).

정적 강화

정적 강화물(positive reinforcer)은 어떤 행동 뒤에 즉각적으로 제시되어 그 행동의 발생 빈도를 증가시키는 자극이다. 정적 강화물이라는 용어는 **보상**이라는 단어와 대략 비슷한 개념이다. 어떠한 사건이 어떤 사람에게 특정 상황에서 정적 강화물로 작용하게 되면, 그 사건은 그 사람이 다른 상황에서 하는 다른 행동을 강화하는 데에도 사용될 수 있다. 정적 강화물의 개념과 관련하여, **정적 강화**(positive reinforcement)라고 불리는 원리는 '특정한 상황에서 어떤 사람이 무언가를 하고 즉각적으로 정적 강화물을 받으면, 그 사람은 그다음 유사한 상황에 접하게 될 때 같은 행동을 하게 될 가능성이 높아진다.' 는 것을 의미한다.

누구나 보상이라는 상식적인 개념을 알기는 하지만, 매일매일의 일상생활 속에서 정적 강화가 우리에게 얼마나 많은 영향을 미치는지를 인식하고 있는 사람은 매우 적다. 〈표 3-1〉에 정적 강화의 예를 제시하였다(정적 강화와 강화라는 용어는 자주 상호교환적으로 사용된다.).

〈표 3-1〉의 예를 보면, 사람들이 강화의 원리를 의식적으로 사용하는 것은 아니다. 그들은 단지 자연스럽게 행동했을 뿐이다. 각 예에서 강화된 반응이 분명히 증가(즉, 주위 사람들이 보기에도 눈에 띨 정도의 증가)하기까지는 강화가 여러 번 반복되었을 것이다. 강화의 원리를 의식적으로 사용하는 것이 아니었어도 행동증가의 효과는 있었다.

지난 1시간 동안의 당신 행동을 생각해 보라. 어떤 행동 뒤에 강화적인 결과가 즉각적으로 수반되었는가? 어떤 경우, 우리는 결과와 그 결과가 우리 행동에 미치는 효과를 인식하지 못할 수 있다.

어떤 행동은 결과가 나타나도록 환경을 조작하고 다시 그 결과에 의해서 영향을 받는데, 그런 행동을 **조작적 행동**(또는 조작적 반응)이라고 한다. 〈표 3-1〉에 제시된 각각의 반응들은 조작적 행동의 예다. 조작적 행동은 강화물이 수반되면 증가하고, 벌칙(punisher, 12장 참조)이 수반되면 감소된다. 다른 유형의 행동(반사 행동)은 14장과 15장에서 다루기로 한다.

우리가 자연현상에 대하여 생각하는 것과 동일한 방식으로 행동에 대해서 생각해 보는 것이 도움이 된다. 신발을 떨어뜨릴 때 무슨 일이 생기는가? 신발은 땅으로 떨어진다. 기온이 0도 이하로 떨어지면 호수에 무슨 일이 생기는가? 물이 언다. 이러한 현상은 우리가 모두 알고 있는 것이고 물리학자들은 그것을 집중적으로 연구하여 중

표 3-1 바람직한 행동에 대한 강화의 예들

상황	반응	즉각적인 결과	장기적인 효과
1. 어머니가 거실에서 다리미질을 하느라고 바쁘다.	3세 된 딸이 어린 남동생과 놀기 시작한다.	어머니가 금방 다리미질을 마치고, 잠시 동안 앉아서 딸과 어린 아들과 놀아 준다.	앞으로 어머니가 다리미질을 하고 있을 때 딸이 어린 남동생과 놀아 줄 가능성이 크다. 왜냐하면 자신이 남동생과 놀기 시작했을 때 어머니가 관심을 주었기 때문이다.
2. 당신이 복잡한 교차로에서 신호가 바뀌기를 오랫동안 기다리고 있을 때, 어떤 차가 오른쪽 좁은 공간에 멈추어 선다.	당신이 그 운전자에게 당신 차 앞으로 들어오라고 손을 흔들어 준다.	그 운전자는 감사의 표시로 고개를 끄덕이고 손을 흔들고, 당신 차 앞으로 들어선다.	그 운전자로부터 받은 기분 좋은 반응은 당신이 다음에 비슷한 상황에서 친절하게 행동할 가능성을 높여 준다.
3. 3학년 학생들에게 숙제를 내준다.	방해 행동이 심한 수지가 얌전히 의자에 앉아서 숙제를 한다.	교사가 수지에게 다가가서 어깨를 부드럽게 다독인다.	앞으로 수지는 수업 시간에 내준 숙제를 할 가능성이 높다.
4. 아버지와 아이가 무더운 오후에 백화점에서 쇼핑을 하고 있는데, 둘 다 매우 지친 상태다.	아이가 전과 달리 불평하지 않고 백화점에서 아버지를 얌전히 따라다닌다.	아버지는 아이를 돌아보며 '아이스크림 사 먹으면서 잠시 앉아 있자.' 라고 말한다.	앞으로 쇼핑하러 가면, 아이는 아버지를 얌전히 따라다닐 가능성이 높다.
5. 여자가 자신이 만든 수프의 맛을 보았는데 싱겁다.	그녀는 수프에 우스타 소스를 약간 넣는다.	그녀는 '맛이 톡 쏘고 진해졌군.' 이라고 자신에게 말한다.	앞으로 비슷한 상황에서 그녀가 수프에 우스타 소스를 넣을 가능성이 높아진다.
6. 남편과 아내가 옷을 갈아입고 잠자리에 들 준비를 하고 있다.	남편이 아내의 속옷을 집어서 빨래통에 넣는다.	아내가 남편의 등을 토닥이며 고맙다고 말한다.	이후 밤에 남편이 아내의 속옷을 빨래통에 넣을 가능성이 높다.
7. 이 책의 저자 중 한 명이 녹음기의 녹취내용을 들으면서 자료를 받아 적으려고 하는데, 녹음기가 작동되지 않는다.	그가 마이크 선을 가볍게 흔든다.	녹음기가 작동되기 시작한다.	앞으로 비슷한 상황에서 마이크 선을 가볍게 흔들 가능성이 높아질 것이다.

력의 법칙을 만들어 냈다. 정적 강화의 원리 또한 법칙이다. 과학적 심리학은 20세기 초부터 이러한 원리를 아주 면밀하게 연구하였고(예, Thorndike, 1911), 우리는 그 원리가 학습 과정에서 대단히 중요한 부분임을 알고 있다. 우리는 또한 강화의 원리가 행동에 미치는 영향력을 결정하는 많은 요인들에 대해서도 알고 있다. 바람직한 행동을 증가시키기 위해 정적 강화를 사용할 때 따라야 하는 지침에 그러한 요인들이 모두 포함되어 있다.

연습문제

1. 기저선은 무엇인가? 예를 하나 들라.
2. [그림 3-1]에서 세로축에 제시된 것은 무엇인가?
3. [그림 3-1]에서 가로축에 제시된 것은 무엇인가?
4. 정적 강화물이란 무엇인가?
5. 정적 강화의 원리는 무엇인가?
6. 조작적 행동이란 무엇인가? 예를 들고, 그 예가 어떻게 조작적 행동의 정의에 부합하는지 설명하라.
7. 정적 강화가 어떤 점에서 중력과 비슷한가?
8. 당신이 경험한 바람직한 행동에 대한 정적 강화의 예를 하나 설명하라. 상황과 행동, 즉각적 결과, 가능한 장기적 효과를 제시하라(〈표 3-1〉에 제시된 것처럼 하되, 예는 본문에 없는 것이어야 함).

정적 강화의 효과에 영향을 주는 요인들

증가시킬 행동의 선택

먼저 강화할 행동을 구체적으로 정해야 한다. 일반적인 행동 범주(예, 더 친절하게 대하기)로 시작한다면, 그 범주에 속하는 구체적인 행동(예, 미소 짓기)을 정해야 한다. 이와 같이 강화받을 행동을 구체화하는 것은 ① 행동의 발생과 빈도의 변화를 신뢰롭게 파악할 수 있게 하고, 그것은 강화물의 효과를 판단하는 데 도움이 된다. 또한 ②

강화 프로그램을 일관성 있게 적용할 가능성을 증가시킨다.

강화물 선정('사람이 다르면 강화물도 다르게')

어떤 자극은 모든 사람에게 실제적으로 정적 강화물이 된다. 음식은 몇 시간 동안 아무것도 먹지 못한 사람에게는 대부분 정적 강화물이 된다. 사탕은 대부분의 아이들에게 강화물로 작용한다. 반면에 어떤 사람들은 종종 다른 자극에 의하여 강화가 되기도 한다. 필자 중 한 사람이 수행한 프로젝트에 참여했던, 발달장애가 있는 6세의 소녀 다이앤의 사례를 살펴보도록 하자. 다이앤은 여러 단어를 따라 할 수 있었는데, 우리는 그녀가 그림의 제목을 말할 수 있도록 가르치고 있었다. 본 연구에서 사용한 2개의 강화물은 사탕과 저녁식사를 몇 숟가락 먹게 하는 것이었는데, 그것은 모두 다이앤에게 효과가 없었다. 다이앤은 사탕이나 저녁식사를 먹을 때마다 뱉어 냈다. 다른 가능한 여러 가지의 강화물을 사용해 본 후에 마침내 그녀에게 맞는 강화물을 찾아냈는데, 그것은 15초간 장난감 지갑을 갖고 놀게 하는 것이었다. 그 결과 몇 시간 동안의 훈련 후 그녀는 완전한 문장을 말할 수 있게 되었다. 또 다른 아이의 경우, 다른 강화물들은 실패하였으나 몇 초간 음악상자를 열어 음악을 듣게 하는 것이 효과적인 강화물인 것으로 판명되었다. 이러한 자극들이 모든 사람에게 강화물로 작용하지 않을지는 모르지만, 그것은 중요하지 않다. 중요한 것은 우리가 치료하고자 하는 그 사람에게 맞는 효과적인 강화물을 사용해야 한다는 것이다.

정적 강화물은 반응 뒤에 제시되거나 추가되었을 때 그 반응을 증가시키는 사건이라는 점을 명심해야 한다. 어떤 반응 뒤에 따라오는 사건을 제거하여도 그 반응을 강화시킬 수 있지만, 그것은 정적 강화가 아니다. 예를 들어, 부모가 10대 자녀에게 접시를 닦으라고 잔소리를 하는 경우가 있다. 아이가 말을 들으면 잔소리를 그만두게 된다. 접시 닦는 행동이 나오고 잔소리가 멈추게 되어 접시 닦는 반응이 강화가 되었다면, 반응을 강화한 것은 반응에 뒤따르는 잔소리의 제거(그것의 제시가 아니라)였다. (이것은 부적 강화 혹은 도피 조건형성 원리의 예다. 그것은 혐오자극이라고 불리는 어떤 자극이 있을 때, 어떤 행동의 출현 이후 즉각적인 혐오자극의 제거가 그 행동의 발생 가능성을 증가시킨다는 것을 의미한다. 이것은 13장에서 다루게 된다.)

대부분의 정적 강화물은 다소 겹치기는 하지만 다음과 같은 다섯 가지로 분류될 수 있는데, 소모할 수 있는(consumable), 활동(activity), 조작하는(manipulative), 소유하는(possessional), 그리고 사회적인(social) 강화물이 그것이다. 소모할 수 있는 강화물은 사탕이나 과자, 과일, 음료수와 같이 먹거나 마실 수 있는(즉, 소모할 수 있는) 품목들이다. **활동 강화물**의 예로는 텔레비전 보기나 그림책 보기, 심지어 창밖 내다보기가 포함된다. **조작하는 강화물**로는 좋아하는 장난감이나 물감을 갖고 놀 기회를 주거나 자전거 타기, 인터넷하기, 녹음기 만지작거리기 등이 있다. **소유하는 강화물**로는 좋아하는 의자에 앉게 해 주거나 좋아하는 옷 입기, 자기 방 갖기, (적어도 일시적으로라도) 그 밖의 물건을 자기 것으로 소유할 수 있는 것 등이 있다. **사회적 강화물**은 애정 어린 마음으로 등을 두드려 주거나 안아 주기, 칭찬하기, 고개 끄덕여 주기, 미소 짓기, 심지어는 한 번 살짝 쳐다보아 주기 혹은 다른 사회적 관심을 표현하기 등이 해당된다. 다른 사람으로부터 관심을 받는 것은 대부분의 사람들에게 매우 강한 강화물이다([그림 3-2] 참조).

[그림 3-2] 칭찬은 일상생활의 가치 있는 행동을 강화하고 유지하는 데 있어 강력한 정적 강화물이다.

각 개인에게 효과적인 강화물을 선정하는 데 있어 다른 사람들이 사용한 강화물의 목록을 참고하거나(〈표 3-2〉 참조) 강화물 조사를 해 보는 것이 도움이 된다. 그러한 조사지의 예가 [그림 3-3]에 제시되어 있다.

각 개인에게 적절한 강화물을 찾아내는 데는 상당한 시행착오를 거치게 된다. 다른 방법으로는 개인의 매일매일의 활동을 관찰하고 그러한 활동들을 얼마나 자주 하는가를 관찰하는 것이다. 이 방법은 **Premack 원리**(David Premack이 1959년 처음 이론화함)를 이용한 것으로, 높은 빈도로 발생하는 행동을 수행할 기회를 주는 것이 낮은 빈도로 발생하는 행동에 수반성을 갖게 되면, 낮은 빈도로 일어나는 행동이 강화될 수

표 3-2 다양한 근무 상황에 있는 근로자들을 위한 강화물

특별한 관심 강화물	금전적인 강화물
칭찬	승진
남들 앞에서 칭찬하기	유급 휴가
특수 임무 부여	회사 주식
개인 전용 주차칸	회사 차량
사무실 선택권	병가 미사용에 대한 수당지급
사무실 가구 선택권	초과근무수당
상사들 모임에 초대하기	특별 공연 초대권
근무복 선택권	복권이나 추첨권
사회적 교류 기회	사무실 가구 추가
의견 및 아이디어 요청	상품권
근무 파트너 선택권	좋은 식당의 가족식사권
융통성 있는 일	맞춤형 자동차 번호판
	맞춤형 선물
근무 시간 강화물	컴퓨터나 컴퓨터 프로그램 업그레이드
근무 관련 활동에 시간 제공	명함
개인적 일에 시간 제공	경비처리
추가 휴식 시간	
추가 식사 시간	**참여기회 강화물**
근무 시간이나 휴가일정 선택권	정책결정에 참여
	회사규율 결정에 참여
	더 많은 책임
	새로운 기술 학습 기회

출처: Beverly Potter(1980)의 '전환: 사람 경영을 위한 행동적 접근'(p. 45)에서 발췌함. 모든 권리는 New York: AMACOM, 미국경영학회 분과에 있음. 재인용 허락 받음.

있음을 말해 준다. 예를 들어, W. G. Johnson(1971)은 우울한 17세의 대학생이 긍정적 자기-진술의 빈도를 증가시키도록 하는 데 이 원리를 사용하였다. 그 학생은 소변보러 화장실에 가기(높은 확률의 행동) 전에 색인 카드에 나와 있는 진술문을 촉구로 삼아 긍정적 사고(낮은 확률의 행동)를 떠올리도록 요구받았다. 며칠 후에 학생은 색인 카드를 보지 않고도 소변보러 가기 전에 자발적으로 긍정적 자기-진술을 생각하게 되었다. 2주간의 이러한 절차를 거친 후 그 학생은 긍정적 사고가 높은 비율로 나타났고, 우울한 사고는 완전히 사라졌다고 보고하였다. Premack 원리의 제한점은 Timberlake와 Allison(1974), 그리고 Timberlake와 Farmer-Dougan(1991)을 참조하라.

이 질문지는 증진 프로그램에서 강화물로 사용할 수 있는 어떤 구체적인 활동, 대상, 사건 혹은 사람 등을 발견하도록 도와주기 위해 만들어졌다. 각 질문을 유의해서 읽고, 적절하다고 생각되는 것을 공란에 적으시오.

A. 소모 강화물: 어떤 음식을 먹고 마시기를 좋아하는가?
  1. 어떤 음식을 가장 먹고 싶은가?
    a. 규칙적인 식사 음식 ______
    b. 건강식품: 말린 과일, 콩, 시리얼 등 ______
    c. 과자: 팝콘, 감자 칩 등 ______
    d. 달콤한 것: 사탕, 아이스크림, 쿠키 등 ______
  2. 어떤 음료를 가장 마시고 싶은가?
    a. 우유 ______ c. 주스 ______
    b. 청량음료 ______ d. 기타 ______
B. 활동 강화물: 무엇을 하고 싶은가?
  1. 가정에서의 활동
    a. 취미 ______
    b. 수공예 ______
    c. 실내장식 고치기 ______
    d. 음식이나 음료 준비하기 ______
    e. 가사 ______
    f. 잡일 ______
    g. 기타 ______
  2. 마당이나 정원에서의 일
    a. 스포츠 ______
    b. 정원 가꾸기 ______
    c. 바비큐 ______
    d. 마당 치우기 ______
    e. 기타 ______
  3. 이웃과의 자유로운 활동(시장구경, 산책, 달리기, 자전거 타기, 드라이브하기, 골프 연습, 잡담 등)
    ______
  4. 야외활동(하이킹, 썰매 타기, 수영, 캠핑, 해변에 가기 등)
    ______
  5. 돈 내고 하는 활동(영화관람, 연극관람, 스포츠 경기 관전, 나이트클럽 가기, 술집 가기 등)
    ______
  6. 수동적 활동(TV 보기, 라디오 듣기, 음악 감상, 앉아 있기, 잡담하기, 목욕 등)
    ______

[그림 3-3] 개인의 강화물 결정을 도와주는 질문지

C. 조작 강화물: 어떤 게임 혹은 장난감을 좋아하는가?

1. 장난감 차 ____
2. 인형 ____
3. 움직이는 장난감 ____
4. 풍선 ____
5. 호루라기 ____
6. 줄넘기 ____
7. 색칠하기 ____
8. 물감세트 ____
9. 퍼즐 ____
10. 기타 ____

D. 소유 강화물: 무엇을 갖고 싶은가?

1. 화장솔 ____
2. 손톱깍기 ____
3. 머리핀 ____
4. 빗 ____
5. 향수 ____
6. 허리띠 ____
7. 장갑 ____
8. 신발 끈 ____
9. 기타 ____

E. 사회적 강화물: 다른 사람(누구인지 구체적으로 기술)으로부터 어떤 언어적 혹은 신체적 자극을 받고 싶은가?

1. 언어적 자극
   - a. '착하구나' ____
   - b. '일을 잘하는구나' ____
   - c. '잘했다' ____
   - d. '좋았어' ____
   - e. '지금처럼만 해라' ____
   - f. 기타 ____
2. 신체적 접촉
   - a. 안아 주기 ____
   - b. 뽀뽀하기 ____
   - c. 간질이기 ____
   - d. 같이 손뼉 치며 놀아 주기 ____
   - e. 레슬링 ____
   - f. 무릎 위에서 얼러 주기 ____
   - g. 기타 ____

[그림 3-3] 계속

각 개인으로 하여금 많은 강화물 중에서 자신에게 맞는 것을 선택하게 하는 것도 상당히 효과적인 방법이다(DeLeon & Iwata, 1996). 다양함이란 인생의 양념과도 같을 뿐만 아니라 훈련 프로그램에 있어서도 또한 가치 있는 자산이 된다. 예를 들어, 발달장애가 있는 사람을 위한 프로그램에서 얇게 자른 과일, 땅콩, 건포도, 다이어트음료 등을 담은 쟁반을 강화물로 제시하고, 한 가지 품목을 고르라고 지시한다. 이 방법의 장점은 선택을 통하여 얻어진 강화물은 더 강력하게 영향을 미칠 수 있다는 것이다. 만일 그들이 글을 읽거나 그림에 반응할 수 있다면, 강화물의 이름이나 그림을 '강화물 메뉴'의 형태로 제시하고, 음식점에서 식사 주문을 할 때처럼 좋아하는 강화물을 선택하게 할 수 있다. Matsen과 동료들(1999)은 심한, 그리고 아주 심한 발달장애가 있는 사람들을 위한 강화물을 선택할 때 프로그램 운영자가 사용할 수 있는 유용한 강화물 메뉴를 기술하였다.

각 개인을 위한 강화물을 어떻게 선택했든 간에 그것이 효과적인 강화물인지 아닌지를 말해 주는 것은 언제나 그 개인의 수행 정도다. 어떤 특정 품목이 강화물이 될 수 있는지 확신이 없을 때는 항상 이 장의 처음에 제시된 강화물의 정의로 되돌아가 실험적인 검사를 수행할 수 있다. 단순히 개인이 가끔 보이는 행동이나 강화물이 없이도 나타내는 행동을 선정하여, 그 행동이 여러 번의 시행에 걸쳐 강화 없이 얼마나 자주 나타나는가를 기록하고, 몇 번의 추가적인 시행 동안 그 행동에 대하여 강화 품목을 제시하고 어떠한 일이 발생하는가를 지켜보도록 하자. 개인이 그 행동을 좀 더 많이 보인다면, 당신이 선정한 품목은 실제로 강화물인 것이다. 그러나 수행이 증가하지 않는다면, 그것은 효과적인 강화물이 아니다. 경험상 효과적인 강화물을 사용하지 못하는 것이 훈련 프로그램에서 공통적으로 나타나는 실수다. 예를 들어, 교사가 자신이 사용하고 있는 특정 강화 프로그램이 실패하였다고 주장하기도 한다. 조사를 해 보면 사용했던 강화물이 학생들에게 강화물로 작용하지 않았던 것을 볼 수 있다. 한 품목이 어떤 사람에게 강화물인가 하는 점은 그 사람에게 그것이 강화물로 기능을 하는가를 보여 주기 전까지는 확신할 수 없다. 다시 말해서 하나의 물건이나 사건이 행동에 효과가 있어야만 강화물이라고 정의할 수 있다.

만일 당신이 어떤 사람의 행동을 강화하기 위하여 의도적으로 실질적인(외재적) 품목을 사용한다면, 행동을 수행하는 데 있어서 그 사람의 '내재적 동기(내적 소망이나 만족감)'를 훼손시킬 것인가? 행동수정에 대한 몇몇 비평가들(예, Deci, Koestner, & Ryan, 1999)은 외재적 품목의 사용으로 내재적 동기가 훼손될 수 있다고 시사한 바 있다. 어떤 사람들(예, Kohn, 1993)은 만일 부모가 자녀에게 독서에 대한 강화물로 돈을 준다면, 그 아이는 '순수하게 읽기 위한 독서'를 덜 하게 될 것이기 때문에 실제적인 보상을 절대로 주어서는 안 된다고 주장하기까지 하였다. 그러나 이러한 주제에 관한 실험적 문헌(Cameron, Banko, & Pierce, 2001)과 2개의 실험(Flora & Flora, 1999; McGinnis, Friman, & Carlyon, 1999)을 자세히 고찰하면, 그러한 견해는 근거가 없는 것이라는 점을 분명히 알 수 있다. 더구나 외재적 강화물이 내재적 동기를 훼손한다는 견해는 상식적이지 못하다(Flora, 1990). 예를 들어, 외재적 강화물이 내재적 동기를 훼손시킨다면, 자신의 직업을 진정으로 즐기는 운 좋은 사람들은 월급이 일의 즐거움을 파괴할 것이라는 두려움 때문에 월급을 받지 않아야 할 것이다. 또한 강화물을 외적-내적으로 구분하는 것은 타당하지 않다는 점에 주목할 필요가 있다. 모든 강화물은 외적(외재적) 자극을 포함함과 동시에 내적인(내재적) 측면을 가지고 있기 때문이다.

연습문제

9. 강화 프로그램을 위한 행동 선택에 있어 왜 특정한 행동을 골라야 하는가?
10. 식사 후 10대 자녀가 설거지를 하기 시작하고, 그 결과 부모는 설거지하라는 잔소리를 중단하게 된다. 이것은 정적 강화의 예인가? 만약 그렇다면 왜 그런지, 만약 아니라면 왜 아닌지를 정적 강화의 정의에 입각하여 설명하라.
11. Premack 원리를 기술하고, 예를 하나 들라.
12. '당신이 효과적인 강화물을 선택했는지 아닌지를 말해 주는 것은 언제나 그 개인의 수행 정도다.' 이것이 의미하는 바를 설명하라.
13. 정적 강화의 정의를 이용하여, 특정 품목이 어떤 사람에게 강화물이 되는지를 파악하는 단계를 기술하라. 예를 들어 설명하라.
14. 정적 강화의 정의를 이용하여, 철회된 아동에게 특정 성인의 사회적 관심이 강화적인지, 아닌지를 결정하기 위하여 당신은 어떤 절차를 수행할 것인가?
15. 외재적 강화가 내재적 동기를 약화시키는가? 이에 대해 논하라.

동기화 조작

대부분의 강화물은 강화물로 사용되기 전, 개인이 그것에 대하여 얼마 동안 결핍되어 있어야만 효과를 볼 수 있다. 일반적으로 결핍기간이 길수록 강화물로서 더 효과가 있다. 달콤한 강화물은 방금 사탕 한 봉지를 모두 먹은 아이에게는 강화물로서의 효력이 없다. 훈련기간 전에 지갑을 갖고 놀 수 있었던 다이앤에게 지갑을 갖고 노는 것은 효과적인 강화물이 되지 못한다. **결핍**(deprivation)이라는 용어는 훈련기간 전에 개인이 특정 강화물을 경험하지 못한 기간을 나타내기 위해 사용된다. **포화**(satiation)라는 용어는 일시적으로 더 이상 강화물로 작용하지 못할 정도로 특정 강화물을 경험한('충분한 강화를 받은') 상태를 일컫는다.

결핍이나 포화와 같은 사건 혹은 조건은 ① 일시적으로 강화물의 효과를 변화시키고, ② 그 강화물로 강화된 행동의 빈도를 변화시키므로, **동기화 조작**(motivation operation: MO)이라고 불린다(정의는 19장에서 더 자세히 논의되고 확장된다.). 그러므로 음식물 결핍은 음식을 먹지 못하였던 사람에게는 음식을 효과적인 강화물이 되게 할 뿐만 아니라, 음식으로 강화된 여러 가지 행동을 일시적으로 증가시킨다. 다른 예로 아이들에게 아주 짠 음식을 주는 것은 ① 그 아이에게 강화물로서 물의 효과성을 일시적으로 증가시키고, ② 또한 이전에 했던 물 먹기 전 행동들(예를 들어, 물을 달라고 하는 것, 수도꼭지를 트는 것)을 일으킬 것이기 때문에, MO가 될 것이다. MO는 하나의 동기 변인으로 생각할 수 있는데, 즉 행동의 발생 가능성과 방향에 영향을 주는 변인이다. 음식물 결핍이 강화물로서 음식의 효과성을 증가시키고 소금섭취가 강화물로서 물의 효과성을 증가시키는 것은 발생학적으로 결정된 것이기 때문에, 그러한 사건들을 무조건 동기화 조작이라고 부른다. 조건 동기화 조작의 개념에 대해서는 19장에서 다룰 것이다. 일반적으로 동기화 조작을 동기원(motivator)으로 생각할 수 있다. 일상생활에서 음식물 결핍은 사람들에게 음식을 먹도록 동기화한다. 그와 유사하게 짠 땅콩을 먹으면 물을 마시도록 동기화한다.

강화물 크기

강화물의 크기(양 혹은 정도)는 강화 효과에 영향을 미치는 중요한 결정 요인이다. 다음의 예를 살펴보자. 한 대규모 정신병원의 치료진은 입원한 여자 환자의 60%만이 이를 닦는다는 점을 발견하였다. 환자가 양치질을 하고 1개의 토큰(후에 담배, 커피, 간식과 같은 강화물로 교환됨)을 받았을 때, 양치질을 하는 환자가 76%로 증가하였다. 양치질 후 5개의 토큰을 받았을 때, 양치질하는 사람이 91%로 증가하였다(Fisher, 1979). 우리 주변에서 이와 같은 예를 찾아보자. 미네소타 주와 같이 북부 주의 청소년들은 25불(약 3만 원)을 주면 열심히 눈을 치울 것이지만, 25센트(약 300원) 정도로는 집 앞이나 도로변의 눈을 치우지 않을 것이다. 앞으로 6장에서 자세히 논의할 것이지만, 그 효과를 보장해 주는 강화물의 적정량은 다른 요인들, 이를테면 행동의 난이도, 대체 강화물을 얻을 수 있는 경쟁 행동의 활용 가능성과 같은 요인에 달려 있다. 현시점에서, 강화물의 크기는 증가시키기를 원하는 행동을 강화할 수 있을 만큼 충분해야 한다는 점을 명심해야 한다. 그와 동시에 목표달성을 위해서 한 회기 동안 여러 번의 시행을 거쳐야 한다면(예를 들어, 발달장애가 있는 사람에게 기본적인 언어 기술을 가르칠 때처럼), 매 시행마다 받는 강화물의 크기를 작게 하여 포화를 최소화하고 회기당 강화 횟수를 최대화하여야 한다.

지시: 규칙의 이용

추가설명 1

강화물을 통해 행동을 증가시키기 위해, 각 개인이 왜 강화를 받게 되는가에 대해 말하거나 설명할 필요는 없다. 그래서 이 원리는 말을 못하는 동물에게도 효과적으로 사용된다. 그럼에도 불구하고 일반적으로 지시를 사용하곤 한다.

행동에 대한 지시의 영향은 8장과 17장을 읽고 나면 이해하기가 좀 더 쉬워질 것이다. 현시점에서는 지시를 특별한 상황에서 특정 행동이 어떤 이익을 가져오게 하는지를 알려 주는 지침이나 어떤 규칙이라고 간주하자. 예를 들어, 강사가 "이 책에 나와 있는 연습문제를 모두 공부한다면 당신은 이 수업에서 A를 받게 될 것입니다."라는 규칙을 제안할 수 있다.

지시는 여러 가지 측면에서 행동변화를 촉진할 수 있다. 첫째, 특정한 지시는 개인의 학습 과정 속도를 높여 준다. 예를 들어, 테니스를 배우는 사람이 백핸드 샷 연습을 시작할 때 "집중하시오"라고만 말해 주면 기술의 향상은 거의 나타나지 않았다. 그러나 테니스볼 머신에서 다음 공이 나오기 직전에 "준비"라는 말을 듣고, 그 기계에서 공이 튀어나올 때 "공"이라는 말을 듣고, 공이 코트 바닥에 닿는 것을 보았을 때 "튕겨요"라는 말을 듣고, 백핸드로 스윙하면서 공이 라켓에 닿는 것을 관찰할 때 "치세요"라는 말을 들을 때, 테니스 실력이 빠르게 향상되었다(Ziegler, 1987). 둘째, 앞에서 시적했던 것처럼(그리고 17장에서 더 다룰 것임) 지시는 지연된 강화를 받는 사람에게 영향을 준다. 예를 들어, 이 책을 교재로 사용하는 수업에서 A를 받는 것은 학기 초로부터 몇 달 지연된 일이다. '각 장의 끝에 있는 연습문제에 답할 수 있게 되면 나는 A를 받을 것이다'라는 규칙을 매일 반복하는 것은 당신의 학습행동에 영향을 주게 될 것이다. 셋째, 강화 프로그램에 지시를 추가하는 것은 그 지시를 따라야 하는 사람들(예를 들면, 매우 어린 아동이나 발달장애가 있는 사람들)을 교육하는 데 도움이 될 수 있다(8장에서 자세히 다룰 것이다.).

어떤 비판자들은 행동수정가들이 뇌물을 사용한다고 비난하였다. 도박사가 유명한 야구 선수에게 월드시리즈에서 삼진아웃 당하는 조건으로 오십만 불(약 6억 원)을 주었다고 가정해 보자. 이는 뇌물의 정의(비도덕적 혹은 비합법적 행위를 저지르도록 누군가에게 제공하는 선물 혹은 보상)에 정확히 들어맞는다. 그렇다면 아이가 정해진 시간 내에 숙제를 다 했을 경우, 부모가 아이에게 5,000원을 준다고 가정해 보자. 이것이 뇌물인가? 물론 아니다. 부모의 제안은 바람직한 행동을 증가시키기 위하여 강화 프로그램에 관한 지시를 사용한 것이다. 이와 유사하게 다양한 직업을 가진 사람들의 경우 그들은 그들의 노동 대가로 얼마를 받을 것인지 미리 통보받지만, 그 또한 뇌물이 아니다. 행동수정가를 뇌물 사용자로 비난하는 사람은 바람직한 행동에 대한 강화물의 약속과 비도덕적 혹은 비합법적 행위에 대한 강화물의 약속을 구분하지 못하는 것이 분명하다.

강화물의 즉각성

강화물이 최대 효과를 내기 위해서는 목표반응 뒤에 즉각적으로 강화물이 주어져야 한다. 〈표 3-1〉의 예에서 남편이 아내의 속옷을 집어 빨래통 속에 넣었을 때, 아내가 즉각적으로 남편에게 고맙다고 하였다. 그녀가 다음날 아침에야 고맙다는 말을 하였다면 동일한 효과를 보기 어려웠을 것이다. 어떤 경우에는 행동이 지연된 강화에 의하여 영향을 받기도 한다. 아이에게 아침에 자신의 방을 치워 놓으면 저녁 때 아빠가 장난감을 사다 줄 거라고 이야기하는 것이 때로는 효과가 있기도 하다. 더 나아가서 어떤 사람은 매우 오랫동안 지연되는 목표, 이를테면 대학 학위와 같은 목표를 위하여 공부를 하기도 한다. 그러나 그러한 결과가 정적 강화 원리의 직접적 효과라고 보는 것은 잘못된 것이다. 동물의 경우, 반응 뒤에 30초 이상의 시간이 지난 다음 강화물이 주어진다면 강화물이 그 행동에 대해서 대체로 직접적 효과를 내기 어렵다는 것이 발견되었는데(Chung, 1965; Lattal & Metzger, 1994; Perin, 1943), 이는 인간의 경우에도 다르지 않은 것 같다(Michael, 1986; Okouchi, 2009).

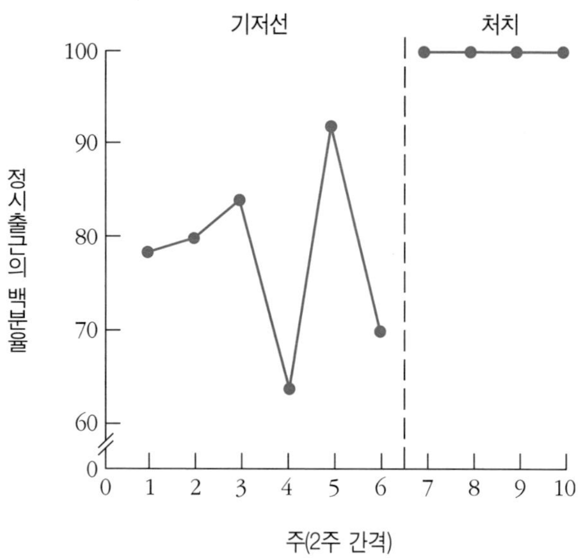

[그림 3-4] 정시에 작업장에 도착하는 페르난도의 예

각각의 점은 페르난도가 2주 동안 정시에 도착한 경우의 백분율이다(주: J. A. Hermann, A. I. Montes, E. Dominguez, F. deMontes, & B. L. Hopkins. (1973). 게으른 근로자의 정시 출근에 따른 보너스 효과. *Journal of Applied Behavior Analysis*, *6*, 568, 그림 2에서 재인용함. 재인용 허락 받음).

그렇다면 오랫동안 지연된 강화물이 인간에게 어떻게 효과를 나타내는 것일까? 답은 반응과 오래 지연된 강화물 사이를 중재하는 혹은 그 간격을 이어 주는 어떤 사건이 있어야만 한다는 것이다(Pear, 2001, pp. 246-249). 페르난도의 예를 생각해 보자.[3] 페르난도는 멕시코시 교외에 위치한 한 공장에서 일을 하였다. 그는 자주 지각하는 문제를 가진 12명의 근로자 중 한 명이었다. 이 공장에서는 일 년에 한 번 가장 출근성적이 좋은 40명의 근로자에게 상여금을 지급하는데 페르난도에게는 그것이 효과가 없었다. 징계면담이나 임금이 없는 하루 정직도 그가 정시에 출근하는 빈도를 증가시키지 못하였다. 사실 페르난도는 12주 동안 정시에 출근하는 것이 근무일의 80%도 안 되었다([그림 3-4] 기저선 기간 참조). Jaime Hermann은 공장 관리자의 지원을 받아 정적 강화물을 사용하는 처치 프로그램을 사용하기로 결정하였다. 그는 페르난도와 프로그램에 참석하는 다른 근로자들에게 개별적으로 프로그램에 대해 설명하

3) 이 예는 Hermann, deMontes, Dominguez, Montes와 Hopkins(1973)의 논문에 기초한 것이다.

였다. 어느 날 페르난도가 정시에 출근 카드 도장을 찍었을 때 2페소(약 500원)를 얻을 수 있는 종이쪽지를 즉각 그에게 주었다(2페소는 연구가 진행되는 시기에 페르난도에게 꽤 큰 돈이었다.). 매주 말에 페르난도는 그 종이를 현금으로 교환하였다. [그림 3-4]에서 보다시피 프로그램은 즉각적인 효과를 나타냈다. 페르난도는 프로그램을 실시한 처음 8주간 매일 정시에 출근하였다. 프로그램은 지각이 잦았던 다른 11명의 근로자에게도 유사한 긍정적인 효과를 나타내었다. 더불어 추가적인 실험기간 동안에도 처치에 의한 향상이 나타났다.

일견 페르난도의 향상은 정적 강화의 직접적 효과를 나타내는 사례로 보일 수 있다. 그러나 좀 더 자세히 분석해 보면 대안적인 해석의 필요성이 드러난다(Michael, 1986). 페르난도가 정시에 출근하는 것을 가능하게 하는 반응은 아침에 30분 일찍 집을 떠나는 것인데, 그러한 반응과 2페소를 얻을 수 있는 종이쪽지를 받는 것 사이의 시간간격은 30초보다 훨씬 길다. 그렇다면 다른 변인이 페르난도 행동에 영향을 주었나? 아마도 페르난도가 깨자마자 '나는 2페소를 더 얻기 위해서는 30분 일찍 집을 나서야 해' 라고 스스로에게 말하였고, 이러한 자기-진술이 결정적인 행동(30분 일찍 집을 나서는 행동)에 영향을 미쳤을 것이다. 프로그램의 긍정적 결과는 처치로 인한 것이었지만, 그 처치는 정적 강화물이 즉각적으로 수반되어 반응의 빈도를 증가시키는 것보다 더 복잡한 것이었다.

정적 강화물의 **직접효과**는 강화물을 즉각적으로 제공함으로써 반응의 빈도가 증가하는 것이다. 정적 강화물의 **간접효과**는 강화물(2페소 얻는 것)이 지연된다 하더라도 그 강화물에 의하여 반응(페르난도가 일찍 집을 나서는 것)이 강화되는 것이다. 지연된 강화물은 강화물을 받게 하는 행동에 관한 지시나, 행동과 지연된 강화물 사이를 중재하는 자기-진술(혹은 생각) 때문에 효과를 가진다. 예를 들어 효과를 내는 방식과 관련하여, 페르난도가 가외로 받게 될 페소를 어떻게 쓸 것인가에 대해 자기-진술(즉, 생각)을 하였을지도 모른다(정적 강화물의 간접효과에 대한 다른 설명은 17장에서 다루기로 한다.). 추가설명 2

정적 강화물의 직접효과와 간접효과를 구분하는 것이 임상가들에게는 중요한 의미가 있다. 만일 당신이 목표행동 이후 즉각적으로 강화물을 제공할 수 없다면 강화물의 지연과 관련된 지시를 제공해야 한다. 추가설명 3

연습문제

16. 행동수정가들이 결핍이란 용어에서 의미하는 것은 무엇인가? 예를 들라.
17. 행동수정가들이 포화라는 용어에서 의미하는 것은 무엇인가? 예를 들라.
18. 동기화 조작이란 무엇인가? 두 가지 예를 들되 그중 하나는 책에 없는 예로 하라.
19. 당신이 강화를 실시할 사람에게 프로그램 시작 전에 강화 프로그램에 대해 말해야 하는가? 왜 그런가 혹은 왜 그렇지 않은가?
20. 당신이 만약 누군가에게 그의 행동에 정적 강화 프로그램을 실시한다고 말한다면, 그것은 뇌물인가? 왜 그런가 혹은 왜 그렇지 않은가?
21. 정적 강화물의 직접효과와 간접효과를 구분하라.

수반적 강화 대 비수반적 강화

특정 행동이 나타난 이후에만 강화물을 받을 수 있다면 그 강화물은 **수반적**이라고 말한다. 앞선 행동과 무관하게 특정한 시간마다 강화물이 제공된다면 그러한 강화물은 **비수반적**이라고 할 수 있다. 이러한 구분이 중요한 이유를 설명하기 위해 제시된 다음의 예를 생각해 보자.[4] 키드웰 코치는 자신의 어린 제자가 마린 청소년 수영클럽에서 정규적으로 수영 연습을 하는 것을 지켜보았다. 코치는 중간에 멈추지 않고 계속 수영하는 것과, 수영장 양쪽 끝 전환점에서 빠르게 도는 연습의 중요성을 자주 강조하였다. 다른 코치의 조언에 따라 키드웰 코치는 훈련 과정에 하나의 보상을 추가하였다. 매 훈련의 마지막 10분 동안 수영선수들에게 각자 재미있는 활동(수영계주, 수구 등)을 선택하여 참여하도록 하였다. 그러나 결과는 여전히 같았다. 즉 어린 선수들은 전환점에서 자주 부적절하게 돌고 연습 동안 중간에 갑자기 멈추는 양상을 계속 보였다.

키드웰 코치가 한 실수는 행동수정을 처음 실시하는 사람에게 공통적으로 나타나는 것이다. 수영연습에 비수반적인 즐거운 활동을 하게 하는 것은 출석률을 높일 수는 있으나 수영훈련에는 큰 효과를 주지 못한다. 교육자들도 키드웰 코치와 같은 실수를 자주 저지른다. 그들은 즐거운 환경을 만들어 주는 것이 그 환경에서 학생들의

4) 이 예는 Cracklen과 Martin(1983)의 연구에 기초한 것이다.

학습을 향상시킬 수 있다고 가정한다. 그러나 행동을 증진시키기 위해서는 강화물이 특정 행동에 수반되어야만 한다. 그런 지적을 받았을 때 키드웰 코치는 즐거운 활동을 바람직한 훈련행동에 수반되게 하였다. 그와 같은 방법으로 몇 번 훈련을 하자, 선수들은 각 훈련의 끝에 강화물을 얻기 위해서 수영장의 양쪽 끝 전환점에서 빠르게 돌고 중간에 멈추지 않고 수영을 한다는 목표를 달성하였고, 그 결과 약 150%의 향상을 보였다. 이처럼 강화 프로그램의 효과를 극대화하기 위해서는 강화물이 향상시키기를 원하는 특정 행동에 수반되어야 한다.

비수반적인 강화물은 바람직한 행동을 증가시키지 못할 뿐만 아니라 강화물이 제공된 바람직하지 않은 행동을 증가시킬 수가 있다. 예를 들어, 쟈니가 침실 벽에 크레용으로 그림을 그리고 있다는 것을 모르는 상황에서, 부모가 '쟈니야, 아이스크림 사러 가자' 라고 말한다. 이런 우연한 수반성은 쟈니가 벽에 그림 그리는 행동을 강화할 수 있다. 즉 행동이 강화물을 실질적으로 얻게 한 것이 아니더라도, 우연하게 강화물이 제공된 행동은 증가될 수 있다. 이를 **우연적 강화**(adventitious reinforcement)라고 한다. 우연적 강화로 증가되거나 유지되는 행동을 **미신적 행동**(superstitious behavior)이라고 부른다(Skinner, 1948b). 또 다른 예로 한 남자가 과거에 손가락을 꼬자 우연히 잭팟이 터져 큰돈을 벌었기 때문에 슬롯머신을 하면서 손가락을 꼬는 경향이 생겼다고 가정해 보자. 그러한 행동도 미신적인 행동으로 간주될 수 있다.

강화 프로그램의 점진적 축소와 자연적 강화물로의 대체

정적 강화가 프로그램에 적용될 때 앞에서 다룬 요인들이 정적 강화의 효과에 영향을 준다. 그러나 강화 프로그램이 종료되고 각자의 일상생활로 돌아가면 행동에 어떤 일이 생기는가? 대부분의 일상적인 행동들은 그러한 행동을 증가시키거나 유지하기 위해 구체적이고도 세심하게 계획되지 않은 어떤 강화물에 의하여 증가되거나 유지된다. 교통표지판을 보는 것은 목표물이나 지시방향을 발견하게 됨에 따라 흔히 강화된다. 먹는 것은 음식의 맛에 의해 강화된다. 전기 스위치를 올리는 것은 방안이 밝아지는 것에 의하여 강화된다. 수도꼭지를 트는 것은 물이 흘러나오는 것에 의해 강화된다. 언어적 행동과 다른 사회적인 행동은 다른 사람의 반응에 의하여 강화된다. 개인이 정상적인 일상 기능을 수행하는(즉, 훈련을 위해 설계된 상황이 아닌) 장면을 **자연적 환경**이라고 부른다. 일상생활 속에서 행동에 뒤따르는(즉, 자연적 환경에서 일어나는) 강화물을 **자연적 강화물**이라 부른다. 행동수정 프로그램에서 심리학자나 교사, 기타 다른 사람들에 의하여 체계적으로 선택된 강화물을 임의적인, 고안된, 또는 **프로그램화된 강화물**이라고 부른다.

정적 강화를 적절하게 사용하여 행동을 강화한 후에는 그 사람의 자연적 환경 내에 있는 강화물로 행동을 유지하게 할 수도 있다. 예를 들어, 발달장애가 있는 아동의 물건 이름을 말하는 행동을 강화하기 위해서 음식물을 강화물로 사용할 수 있다. 그러나 아이가 교실을 떠나 집으로 돌아갔을 때 그들은 자신이 배운 단어를 말하고 부모로부터 커다란 관심을 받게 된다. 결과적으로 물건 이름을 말하는 아이의 행동을 강화시키는 데 음식물이 더 이상 필요치 않게 된다. 물론 이는 모든 훈련 프로그램의 궁극적 목표다. 행동수정가들은 훈련 프로그램에서 확립된 행동이 자연적 환경 속에서도 유지되고 강화될 수 있도록 하기 위해 노력한다. 강화 프로그램에서 증진된 행동이 최소한 가끔씩이라도 강화되지 않으면(임의적인 강화물이든 혹은 자연적인 강화물이든) 그 행동은 원래 상태로 되돌아가게 될 것이라는 점을 기억해야 한다. 바람직한 행동을 유지하는 문제는 매우 중요하기 때문에 6장과 7장, 16장에서 훨씬 더 상세하게 다루고자 한다.

연습문제

22. 키드웰 코치가 어린 수영선수들에게 훈련의 마지막에 재미있는 활동에 참여하기 위해서는 수행(수영실력)이 향상되어야 한다고 요구하자, 그들의 실력이 극적으로 향상되었다. 이것은 강화의 직접효과인가, 간접효과인가? 당신이 선택한 답의 근거를 들라.
23. 수반적 강화의 예를 본문에 제시되지 않은 것으로 들라.
24. 비수반적인 강화의 예를 본문에 제시되지 않은 것으로 들라.
25. 우연적 강화는 무엇인가? 미신적 행동은 무엇인가? 각각에 대해 예를 하나씩 들라.
26. 자연적 환경이란 무엇을 뜻인가? 자연적 강화물과 프로그램화된 강화물은 무엇인가?
27. 이 장에 제시된, 자연적 강화물을 포함한 행동 일화 세 가지를 기술하라. 그 선택의 근거를 대라.
28. 강화의 효과에 영향을 미치는 여덟 가지 요인 각각을 한 문장으로 간략히 기술하라.

정적 강화의 함정

정적 강화와 같은 행동 원리를 잘 알고 있는 사람은 바람직한 행동변화를 위하여 정적 강화를 사용할 수 있다. 원리나 절차에 대한 지식이 부족하면 다섯 가지의 문제가 생길 수 있다. 3~13장과 16장의 '함정' 부분에서, 이런 다섯 가지 함정 유형 중 일부를 생각해 볼 것이다. 이제 정적 강화의 원리 측면에서 이러한 함정들의 예를 제시한다.

함정 유형 1: 행동 원리를 사용하고 있음을 깨닫지 못하는 누군가에 의해 행동 원리가 잘못 사용될 수 있다

유감스럽게도 정적 강화를 모르는 사람들은 바람직하지 않은 행동을 강화하는 데 자신도 모르게 정적 강화를 사용하기가 쉽다(〈표 3-3〉 참조). 바람직하지 않은 많은 행동들이 간호사나 조무사, 친구, 교사, 부모, 의사 등의 사회적 관심을 유발하는데, 그러한 관심이 바람직하지 않은 행동을 유지시킨다. 이런 일은 그렇지 않을 것 같은 상황에서도 일어난다. 예를 들어, 사회적으로 심하게 위축된 아이를 생각해 보자. 그러한 아이의 행동특징 중 하나는 자신에게 이야기하는 사람을 보지 않는다는 것이다. 그들은 어른들을 피해 버리는 경우가 많다. 우리는 이러한 아이들이 사람들의 관심을 원하지 않는다고 결론을 내린다. 실제로 어른이 이야기할 때 위축된 아이들의 쳐다보지 않는 행동은, 어른이 이야기할 때 쳐다보는 행동보다 더 많은 사회적 관심을 이끌어 내며, 대부분 어른들은 자신이 이야기할 때 아이가 자신을 쳐다보게끔 만들려고 한다. 불행하게도 이런 행동은 아이의 위축된 행동을 강화할 가능성이 높다. 이와 같이 관심을 쏟는 이유는 아이가 위축된 상태로부터 벗어나려면 사회적 상호작용이 필요하다는 이론 때문이다. 실제로 적절하게 치료를 하려면, 위축된 행동에는 사회적 관심을 철회하고, 아이가 어떤 식으로든 사회적 상호작용(예, 상호작용하는 어른을 쳐다보는 것)을 시도할 때 관심을 주어야 한다. 행동수정을 적용할 때, 만약 다른 사람이 행동수정 처치를 받고 있는 개인의 잘못된 행동을 강화하게 되면, 적절한 행동 기법을 사용하는 행동수정가의 작업을 크게 방해하거나 완전히 불가능하게 만들어 버린다. 예를 들어, 아이와 상호작용하려는 다른 사람이 지속적으로 아이의 눈길을 돌리는 행동을 강화한다면, 위축된 아이의 눈 맞춤을 강화하려고 시도하는 보조치료자의 노력

표 3-3 바람직하지 않은 행동에 대한 정적 강화의 예

상황	반응	즉각적 결과	장기적 효과
1. 아이가 그림책을 갖고 놀다가 일어나서 거실을 둘러본다.	아이가 텔레비전 리모컨을 발견하고 리모컨의 버튼을 만지작거린다.	어머니가 즉각적으로 아이에게 가서 '혼자 놀기 싫증났구나. 산보하러 가자.' 라고 말한다.	앞으로 아이가 어머니의 주의를 끌기 위해 텔레비전 리모컨을 만지작거릴 가능성이 증가된다.
2. 아침에 출근준비를 할 때 남편이 깨끗한 셔츠를 찾지 못한다.	그는 '어이! 내 셔츠는 도대체 어디에 있어? 라고 소리친다.	아내가 즉각 남편의 셔츠를 찾아 준다.	앞으로 남편이 자신의 옷을 찾지 못할 때 크게 소리칠 가능성이 높아진다.
3. 아버지는 다리미질을 하느라고 바쁘고, 두 명의 아이들은 얌전히 놀고 있다.	형이 장난감 트럭으로 동생 머리를 때린다.	아버지가 다리미질하는 것을 중단하고 아이들과 잠시 놀아 준다.	앞으로 아이는 아버지의 주의를 끌기 위해 누군가를 때릴 가능성이 높아진다.
4. 어머니와 아이가 백화점에서 쇼핑을 하고 있다.	아이가 "나 집에 갈래. 집에 갈래. 집에 갈래." 라며 칭얼거린다.	어머니가 당황하여 물건도 사지 않고 아이와 함께 재빨리 백화점을 나온다.	앞으로 아이가 유사한 상황에서 칭얼거릴 가능성이 높아진다.
5. 심한 발달장애가 있는 사람들이 시설 식당에서 식사를 하고 있다.	한 여자아이가 빈 유리잔을 들고 '믐, 믐, 믐' 이라고 크게 웅얼거린다.	직원이 즉각적으로 와서 잔에 물을 채워 준다.	앞으로 그 여자아이는 물을 원할 때 빈 잔을 들고 비슷한 소리를 낼 가능성이 높아진다.
6. 아버지가 텔레비전에서 프로야구 결승전을 보고 있다.	두 명의 자녀가 옆에서 매우 시끄럽게 떠들고 논다.	아버지가 아이들에게 천 원씩 주며 텔레비전 보는 것을 방해하지 말고 가게에 가서 원하는 것을 사 먹으라고 한다.	앞으로 아버지가 텔레비전을 보는 유사한 상황에서 아이들이 시끄럽게 떠들고 놀 가능성이 높아진다.
7. 파티장에서 아내가 다른 남자와 즐겁게 춤을 추는 것을 보고 남편은 불쾌해진다.	남편이 질투하며 화가 나서 파티장을 나가 버린다.	아내가 즉각적으로 남편을 따라가 남편에게 온갖 관심을 쏟는다.	앞으로 남편은 비슷한 상황에서 파티장을 떠날 가능성이 높아진다.

은 거의 효과를 보지 못하게 될 것이다. 23장에서 문제행동이 정적 강화에 의하여 유지되는지를 평가하는 방법과, 만약 그렇다면 이를 어떻게 치료하는지에 관하여 논의할 것이다.

함정 유형 2: 개인이 행동 원리는 알고 있지만 그것이 효과적으로 적용되지 못하고 있는 이유를 깨닫지 못한다

'무식하면 용감하다.' 라는 속담이 있다. 예를 들어, 초보 행동수정가는 비수반적이라 하더라도 단순히 강화물을 제공하는 것이 특정 행동을 강화할 것이라고 가정한다. 이 장에서 앞서 기술한 키드웰 코치는 수영훈련 끝에 재미있는 활동을 제공하는 것이 바람직한 수영행동을 증가시킬 것이라고 가정하였다. 하지만 재미있는 활동이 특정 훈련행동에 수반되지 않았기 때문에 결과는 그렇지 못하였다.

함정 유형 3: 행동변화에 대한 지나치게 단순한 설명 때문에 행동 원리가 부정확하게 사용될 수 있다

한 대학생이 시험 준비를 하느라 월요일 밤에 3시간 동안 공부를 하고 화요일에 시험을 치르고, 목요일에 그 시험에서 A를 받았다고 가정해 보자. 그 대학생이 이후에 좋은 성적을 받은 것에 강화를 받아서 3시간 동안 공부했다고 말한다면 너무 단순한 설명이 될 것이다. 공부한 것과 A를 받은 것 사이에는 긴 시차가 존재한다. 행동을 설명할 때 우리는 항상 과거에 그 행동을 강화했을 즉각적인 결과를 찾아보아야 한다. 공부하는 행동과 관련해서 아마도 시험 전날 밤에 그 학생은 낙제에 대해 염려하였고, 그것이 불안을 느끼게 했을 것이다. 아마도 공부한 것의 즉각적인 결과는 불안의 제거였을 것이다(13장과 17장에서 더 자세히 논의할 것이다.). 또는 아마도 공부한 직후 그 학생은 A를 받을 가능성에 대해 생각했고 그것이 행동과 강화물 사이의 시차를 연결하는 데 도움이 되었을 것이다. 26장에서 논의하겠지만, 개인에게 행동이 나타난 직후에 그 행동에 대한 지연된 자연적 강화물을 떠올리게 하는 것이 행동을 강화할 수 있다. 정적 강화로 행동의 강화를 설명하려고 할 때, 항상 그 행동의 즉각적인 결과를 찾아야 함을 기억하라. 만약 강화물이 어떤 행동 이후 30초 이상 지연된다면, 그 행동이 증가한 이유에 대한 설명으로 단지 정적 강화의 제공을 드는 것은 지나치게 단순한 설명이 될 것이다(그러나 일부 연구는 특정 조건하에서 지연된 정적 강화가 행동과 강화물 사이의 시차를 연결하는 뚜렷한 자극이 없이도 효과적일 수 있음을 보여 준다. 예, Stromer, McComas, & Rehfeldt, 2000 참조).

함정 유형 4: 행동적 지식이 없는 사람이 때때로 사람들에게 부적절하게 낙인을 붙임으로써 행동이나 행동의 부족을 설명하려고 시도한다

10대 청소년이 계속해서 방을 엉망으로 만들어 놓고, 자신의 침대를 결코 정리하지 않고, 간단한 요리를 한 뒤 한 번도 부엌을 치우지 않고, 거의 공부도 하지 않고, 매주 여러 시간을 TV를 보거나 페이스북에 접속하면서 보낸다고 가정해 보자. 그 10대 청소년의 부모는 "저 아이는 게을러"라고 말하면서 자녀의 행동을 설명하려 한다. 자녀 행동에 대한 더 정확한 설명은 10대 청소년은 페이스북에서 친구들과 교류하면서 자주 강화를 받고, TV를 보면서 재미있는 장면을 자주 보게 되는 반면, 공부하는 것에 대해 교사에게서, 집안일을 돕는 것에 대해 부모에게서는 많은 강화를 받지 못하였기 때문이라고 할 수 있다.

함정 유형 5: 어떤 행동 절차들은 매우 복잡하고 특별한 지식이나 훈련을 필요로 하기 때문에 적용되지 못한다

예를 들어, 정적 강화 원리에 익숙하지 않은 부모는 버릇없는 자녀가 예의바른 행동을 보이는 드문 경우에 강화하지 못할 것이고, 그럼으로써 그러한 행동을 강화할 기회를 놓친다.

정적 강화의 효과적 적용을 위한 지침

다음의 지침은 정적 강화의 효과적인 사용을 보장하기 위해 제시되었다.

1. 증가시킬 행동 선택하기: 이 장의 앞부분에서 지적하였듯이 표적행동은 일반적인 범주(사회화와 같은)보다는 구체적인 행동(미소 짓기와 같은)이 되어야 한다. 또한 가능하다면 행동의 빈도가 증가된 후에 자연적 강화물에 의하여 통제될 수 있는 행동을 선택하는 것이 좋다. 마지막으로 이 장의 시작부분에 제시한 다렌의 예에서 보았던 것처럼, 강화물의 효과를 정확하게 판단하기 위해서는 그 행동이 당신의 프로그램 이전에 얼마나 자주 발생했는가를 추적해 보아야 한다.

2. 강화물 선택하기

1) 가능하다면 [그림 3-3]에 제시한 강화물 조사를 하고 다음과 같은 강력한 강화물을 선택하라.

① 쉽게 사용할 수 있는 것

② 바람직한 행동 후에 즉각적으로 제시할 수 있는 것

③ 금방 포화상태가 되지 않아 여러 번 사용해도 좋은 것

④ 소모하는 데 시간이 많이 걸리지 않는 것(강화물을 소모하는 데 30분이 걸린다면 훈련 시간을 크게 줄일 것이다.)

2) 가능하면 많은 강화물을 사용하라. 그리고 적절한 경우 강화물 쟁반이나 메뉴를 사용하라.

3. 정적 강화 적용하기

① 시작하기 전에 계획을 설명하라.

② 바람직한 행동 직후에 강화하라.

③ 강화물을 주면서 바람직한 행동을 말해 주어라(예를 들어, '네 방을 참 잘 치웠구나.').

④ 강화물을 줄 때 칭찬과 신체 접촉(이것이 강화물로 적절하고 강화적인 경우)을 많이 하라. 그러나 포화되지 않도록 사회적 강화물로 사용하는 말을 다양하게 하라. 항상 '잘했어' 라고 똑같은 말을 하지 마라(예, '아주 좋아' '대단해' '최고야' '굉장해').

4. 프로그램을 점진적으로 마치기(16장에서 자세히 다룸)

① 10번 정도의 기회 동안 행동이 바라는 비율만큼 발생한다면, 물리적인 강화물(음식이나 장남감 등)을 점진적으로 제거하고 사회적인 강화물로 그 행동을 유지시켜라.

② 일단 행동의 빈도가 증가되었다면 그 행동을 유지시킬 수 있는 다른 자연적 강화물을 환경 내에서 찾아라.

③ 가끔 강화를 주어서 행동이 바라는 빈도만큼 유지되게 하고, 프로그램을 종결한 후에도 주기적인 평가가 이루어지도록 계획하라.

연습문제

29. 위축된 아이가 타인의 관심을 좋아하지 않는다고 결론짓는 것이 올바른가? 이에 대해 설명하라.
30. 자신도 모르는 사이에 정적 강화를 적용하여 바람직하지 않은 행동을 강화하는 사람과 관련된 함정 유형 1의 예를 하나 들라.
31. 함정 유형 2에 대해 기술하라. 키드웰 코치는 어떻게 이 함정의 예가 되었는가?
32. 다음 문구를 잘 생각해 보라. '한 대학생이 그다음 주 시험에서 좋은 성적을 얻음으로써 주말에 3시간 동안 공부한 것이 강화되었다.' 이 문구는 어떻게 함정 유형 3의 예가 되는가?
33. 함정 유형 4를 기술하고 예를 하나 들라.
34. 이상적으로 강화물이 가져야 하는 네 가지 성질은 무엇인가(강화물로 기능하기 위한 필수적 성질을 제외하고)? (94~96쪽 참조)

적용연습

A. 타인에 대한 적용연습

1. 어린아이와 함께한 1시간 동안 당신은 사회적 인정(고개 끄덕이기, 미소, 상냥한 말)을 몇 번이나 주었는가? 몇 번이나 사회적 거부(찡그리기, 퉁명스러운 말 등)를 하였는가? 이상적으로는 사회적 인정을 제공하는 빈도가 사회적 거부의 네 배 혹은 다섯 배가 되어야 한다. 이런 비율이 될 때까지 계속 노력하라. 여러 연구들에서 질책에 비해 강화물을 위와 같은 비율로 제공할 때 효과가 있음을 보여 주었다(예, Madsen & Madsen, 1974; Stuart, 1971; Flora, 2000 참조).
2. 당신이 어떤 사람을 전적으로 인정하고 있음을 표현하기 위해 사용할 수 있는 말을 10가지 제시하라. 그 표현이 자신에게 자연스러워질 때까지 조금씩 바꾸어 연습하라.
3. 당신은 당신의 몸짓, 표정, 자세 그리고 신체 언어가 주변 사람들에게 일반적으로 어떤 영향을 미치는지 알고 있는가? 당신이 타인에게 인정을 표현할 때 보여 주는 한두 가지 이런 행동들(몸짓, 표정 등)에 대해 각각의 예를 다섯 가지씩 간단히 기술하라.

B. 자기-수정 연습

1. 일상생활에서 1분씩 다섯 번에 걸쳐 자신의 행동을 의식해 보라. 1분이 끝날 때마다, 상황, 구체적인 행동, 그 행동의 즉각적 결과를 기술하라. 결과가 유쾌했던(중립적이거나 불쾌했던 것은 제외하고) 행동들을 선택하여 보라.
2. 당신에게 적용되는 강화물 질문지([그림 3-3])를 완성하라.
3. 당신에게 가까운 누군가(남편, 부인, 친구 등)가 당신의 행동 중 하나(매일 침대 정리하기, 욕하지 않고 이야기하기, 혹은 책 읽기 등)를 강화하려고 한다고 가정해 보자. 앞에서 제시한 강화물 선택하기(95쪽)의 지침에 가장 잘 부합하는 두 가지의 강화물을 완성된 질문지에서 선택하라. 위의 지침이 충족되었는지 확인하라.

추가설명 및 심화토론

1. 사람들이 어떤 내용을 이해하지 못한 상태에서 학습을 할 수 있다는 생각, 혹은 의식하지 않은 상태에서 어떤 행동을 표출한 것에 대해 강화를 받는다는 생각이 이상하게 들릴지도 모르나, 다음과 같은 관찰을 고려하면 이해하기가 쉬울 것이다. 첫째, 기초실험에서뿐만 아니라 일상적인 경험을 통해서도 동물들이 자신의 행동변화를 이해하거나 의식하는 것을 언어화하지 못하지만 학습을 할 수 있다는 것은 분명하다. 이와 유사하게 말을 할 수 없는 아주 심한 발달장애인의 행동도 강화에 의해 증가될 수 있는 것으로 나타났다(Fuller, 1949 참조). 마지막으로, 정상 성인들 또한 언어화할 수 없을 때에도 강화의 영향을 받아 행동변화를 보인다는 사실이 많은 실험에서 입증되었다. 예를 들어, 실험에 참가한 대학생들에게 개별 낱말만 말하고 구절이나 문장은 말하지 않도록 지시하였다. 실험자가 특정 유형의 낱말(예, 복수명사)에 고개를 끄덕이거나 '으음'이라고 하였더니, 학생들이 그 특정 유형의 낱말을 말하는 빈도가 증가하였다. 하지만 실험이 끝난 이후 질문을 하였을 때, 학생들은 자신의 행동이 영향을 받았다는 사실을 인식하지(언어화하지) 못하였다(Greenspoon, 1951).
2. Michael(1986)은 행동변화가 강화물의 직접효과에 의한 것이 아니라, **간접효과**에 의한 것임을 알려 주는 3가지 지표를 확인하였다. ① 결정적 반응이 강화물보다 30초 이상 앞선다(페르난도의 경우, 결정적 반응은 평상시보다 더 일찍 집을 나서 출근하는 것이었다.). ② 첫 번째 결과가 나타나기도 전에 측정되는 행동의 강도가 일부 증가하였다(페르난도의 경우, 2페소를 받기도 전인 프로그램의 첫날 아침에 정시에 출근하였다.). ③ 결과를 한 번 받고 난 후 행동에 커다란 변화가 생긴다(페르난도의 경우, 처치 시작부터 100% 정시 출근을 유지하였다.). 17장에서 교사가 정적 강화물을 포함한 절차를 사용해서 간접적인 효과(indirect-acting effect)를 얻을 가능성을 증가시키기 위해 사용할 수 있는 전략들에 대해 자세히 논의할 것이다.
3. 당신이 심한 지적장애인에게 그릇 뚜껑 열기를 가르치려 한다고 가정해 보자. 한 조건의 각 시행에서 당신은 내담자에게 그릇을 건네주고 열어 보라고 한다. 내담자가 뚜껑을 연다면, 그에게 강화물로 음식물을 준다. 두 번째 조건에서도 모든 상황이 동일한데, 다만 음식물을 그릇 안에 숨기고 내담자가 열었을 때 음식물을 발견하게 한다. 연구결과, 심한 지적장애나 자폐증을 보이는 사람들이 두 번째 조건에서 더 잘 학습하는 것으로 나타났다(Koegel & Williams, 1980; Thompson & Iwata, 2000). 이 연구의 저자들은 첫 번째 조건을 **간접 강화 수반성**, 두 번째 조건을 **직접 강화 수반성**이라고 기술하였다. 강화물의 직접효과와 간접효과와의 혼동을 피하기 위해, 우리는 반응이 강화물을 드러나게 하는 경우(그릇 뚜껑을 여는 것이 그 안에 숨겨둔 음식물을 드러나게 하는 것처럼)를 **강화물-발견 수반성**(reinforcer-discovery contingency)이라고 부를 것을 제안한다.

▶ **추가설명에 대한 연습문제**

1. 사람들의 행동이 자각이 없이도 수정될 수 있음을 보여 주는 증거자료에 대해 논하라.
2. 행동변화가 강화물의 직접효과에 의한 것인지, 간접효과에 의한 것인지를 알려 주는 세 가지 지표는 무엇인가?
3. 일부 연구자들은 강화의 직접 수반성과 간접 수반성이라는 용어를 어떻게 사용하는가? 이 책의 필자들은 그런 사용에 대해 어떤 제안을 하였는가, 왜 그런 제안을 하였는가?

04 조건 강화: 행동을 발달시키고 유지하기

"그렇게 무례하게 굴지 마! 점잖게 해야지!"

에린의 점수[1] 프로그램

"에린, 그렇게 무례하게 굴지 마. 너는 모든 사람, 심지어 친구에게도 너무 기분 나쁘게 대해. 좀 더 친절하게 바꾸어 보는 것이 어때?"라고 에린의 친구, 칼리가 소리치며 나가 버리자, 에린은 자신의 행동을 바꾸어야겠다고 결심했다. 에린은 친구들에게 항상 올바른 소리만 하기보다 더 다정하게 대하고 싶었다. 하지만 무례하게 구는 것이 습관이 되어서 변화를 위해서는 또 다른 동기가 필요하다고 생각했다. 심리학 수업에서 자기-관리 전략에 대한 내용을 공부한 후, 에린은 자신에게 점수 프로그램을 실시하기로 결정했다. 그녀는 과제를 마친 후 페이스북이나 유튜브에서 시간을 보내는 것을 정말로 좋아했다. 그러나 지금부터는 페이스북이나 유튜브에서 시간을 보내기 위한 기회를 얻기 위해 점수체계를 사용하기로 했다. 그래서 아침에 집을 나설 때마다, 에린은 색인 카드와 펜을 소지하고, 자신이 친구들에게 어떤 친절한 말을 할 때마다 스스로 카드에 1점을 기록했다. 그리고는 그날 밤 과제를 끝마친 후, 자신의 색인 카드에 표시된 점수에 따라 '점수 메뉴'의 시간만큼 페이스북이나 유튜브를 하며 시간을 보냈다. 에린의 점수 메뉴는 다음과 같다.

1) 이 사례는 Watson과 Tharp(2007)의 설명에 기초한 것이다.

2점	20분
4점	40분
6점	60분
6점 초과	내가 원하는 만큼

일주일 후 칼리와 에린이 점심을 함께 먹는데, 칼리는 "네가 요즘 얼마나 다정해졌는지 믿을 수가 없어. 마치 다른 사람인 것 같아."라고 말했다. 에린은 "응, 그게 바로 내가 실시한 성격 조작이야."라고 농담처럼 답했다.

무조건 강화물과 조건 강화물

우리는 전에 학습하지 않았어도 어떤 자극에 의해 강화를 받을 수 있는 능력을 선천적으로 타고 났다. 생존이나 생물학적 기능에 중요한 자극 혹은 사건을 **무조건 강화물**(unconditioned reinforcers), 즉 조건화되지 않고도 강화하는 자극이라고 부른다. (때때로 일차 강화물 혹은 학습되지 않은 강화물이라고도 불린다.) 그 예로는 배고픈 사람에게 음식, 목마른 사람에게 물, 추위에 떠는 사람에게 온기, 성적 접촉이 박탈되었던 사람에게 성적인 접촉 등을 들 수 있다. 어떤 자극은 특정 학습경험 때문에 강화물이 된다. 이런 자극은 **조건 강화물**(conditioned reinforcers)이라고 불리는데, 본래 강화적이지 않은 자극이 다른 강화물과 짝지어지거나 연합되면서 강화물이 된 자극
추가설명 1 이다(이는 이차 강화물 혹은 학습된 강화물로도 불린다.). 조건 강화물의 예로는 칭찬, 사랑하는 사람의 사진, 읽고 싶은 책, 좋아하는 텔레비전 프로그램, 예쁜 옷 등이 포함된다.

어떤 자극이 다른 강화물과의 계획적인 연합을 통해 조건 강화물이 될 때, 그 강화물을 **지원 강화물**(backup reinforcer)이라고 부른다. 예를 들어, 씨월드라는 테마파크에서 돌고래에게 실시한 훈련 유형에 대해 생각해 보자. 초기에 조련사가 손바닥 치는 소리와 돌고래에게 물고기 주는 것을 짝지었다. 물고기가 지원 강화물이고, 물고기와 여러 번 짝지어진 후에 박수소리는 조건 강화물이 된다. 그 이후 돌고래에게 기교를 부리도록 가르칠 때, 박수소리는 즉각적인 조건 강화물로 제시되고, 계속해서 간헐적으로 물고기와 짝지어진다.

돌고래를 훈련시키는 이 예에서 지원 강화물인 물고기는 무조건 강화물이었다. 하지만, 다른 조건 강화물이 조건 강화물에 대한 지원 강화물이 될 수도 있다. 예를 들어, 에린의 프로그램을 생각해 보자. 에린이 자신에게 준 점수는 일차 강화물이 아니었다. 우리는 에린이 열심히 노력하는 것은 단지 일차 강화물을 얻기 위해서일 것이라고 생각했다. 그 점수는 페이스북이나 유튜브를 계속 할 수 있는 기회, 즉 지원 강화물과 짝지어졌기 때문에 조건 강화물이었다. 그러나 태어날 때부터 에린에게 페이스북이나 유튜브가 무조건 강화물이었던 것은 아니다. 오히려 이런 자극들은 어른과 친구들의 관심과 같은 다른 것들과 짝지어져서 조건 강화물이 되었을 것이다. 따라서 조건 강화물에 힘을 제공하는 지원 강화물은 무조건 강화물(돌고래에게 물고기와 같은)일 수도 있고, 다른 조건 강화물(페이스북이나 유튜브에서 시간을 보내는 것처럼)일 수도 있다.

연습문제

1. 무조건 강화물이 무엇인지 설명하라. 두 가지 예를 들라.
2. 조건 강화물이 무엇인지 설명하라. 두 가지 예를 들고 설명하라.
3. 지원 강화물이 무엇인지 설명하라. 두 가지 예를 들고 설명하라.
4. 에린의 프로그램에서 지원 강화물은 무엇이었는가?
5. 당신이 향상시키고 싶어 하고 에린의 프로그램과 같은 점수 프로그램에 적용할 수 있는 당신 자신의 표적행동(target behavior)을 기술하라. 당신은 점수에 대한 지원 강화물로 무엇을 사용할 것인가?

조건 강화물로서의 토큰

토큰은 모을 수 있고 지원 강화물로 교환될 수 있는 조건 강화물이다. 개인이 특정 행동을 함으로써 토큰을 받을 수 있고 토큰을 지원 강화물로 바꿀 수 있는 행동수정 프로그램을 **토큰경제**(token economy) 혹은 **토큰체계**(token system)라고 부른다. 예를 들어, 유치원 교사가 아이의 다양한 행동에 대해 금빛 별을 줌으로써 토큰경제를 수행할 수 있다. 휴식 시간에 친구들과 잘 놀면 각 아이에게 별 하나를 주고 수업 시간에 정답을 이야기하면 별 하나를 주는 식이다. 하루 일과가 끝날 때, 아이들은 모은 별을 지원 강화물과 바꿀 수 있다. 별 5개를 받으면 컴퓨터 게임을 할 수 있고 별 3개를 받으면 수업에서 추가로 5분간 이야기하는 시간을 가질 수 있다.

어떤 토큰경제에서는 개인이 원 모양 플라스틱(포커 칩처럼 생긴)을 받을 수 있는데, 지원 강화물로 그것을 바꿀 준비가 될 때까지 가지고 있을 수 있다. 다른 토큰경제에서 사람들은 벌어들인 금액과 그의 이름, 그에게 돈을 지불한 직원의 이름, 날짜, 그리고 그가 토큰을 얻기 위해 수행한 과제가 적혀 있는(이는 사용을 통제하고 기록을 촉진하기 위한 것임) '종이돈'을 받는다. 또 다른 경우, 에린의 프로그램에서처럼, 개인은 점수를 받는데, 점수는 차트나 색인 카드나 노트에 기록된다(토큰경제는 25장에서 더 자세하게 논의된다.).

토큰은 조건 강화물의 한 유형이지만(Hackenberg, 2009), 모을 수 없는 자극 또한 조건 강화물이 될 수 있다. 흔한 예가 칭찬이다. 자녀의 착한 행동에 기쁨을 표현하는 엄마는 아이를 향해 웃고 안아 주고 함께 놀아 준다. 때때로 식사나 장난감이나 아이가 좋아하는 것들이 엄마의 칭찬과 함께 제공될 수 있다. 칭찬은 보통 아동기에 형성되는 조건 강화물이지만 어른이 되어서도 조건 강화물로서 계속 유지된다. 일반적으로 사람들이 우리를 칭찬할 때 그들이 우리를 칭찬하지 않을 때보다 여러 면에서 우리에게 호의를 베풀 가능성이 더 크기 때문이다. 칭찬의 말은 모아 둘 수도 없고 지원 강화물로 교환될 수도 없다.

행동수정 프로그램에서 토큰이나 다른 조건 강화물을 사용하는 주요 이점은 조건 강화물이 지원 강화물보다 더 즉각적으로 주어지기 때문에, 행동과 그 뒤에 오는 더 강력한 강화물 사이를 연결시키는 데 도움이 된다는 것이다.

이 부분을 마치기 전에, **조건 처벌**(conditioned punishment)의 원리를 간략하게 언급하고자 한다. 조건 처벌의 원리는 조건 강화의 원리와 매우 유사하다. 강화물과 짝지어진 자극이 그 자체로 강화하는 힘을 갖게 되는 것처럼, 처벌과 짝지어진 자극은 그 자체로 처벌하는 것이 된다. "안 돼!"와 "하지 마!"라고 말하는 것은 조건벌칙(conditioned punisher)이 되는 자극의 예다. 왜냐하면 어떤 행동을 한 뒤 개인이 계속 "안 돼!"와 "하지 마!"라는 말을 듣게 되면 뒤이어 처벌을 받게 되기 때문이다. 더군다나 강화하는 토큰과 마찬가지로 처벌하는 토큰도 가능하다. 군대에서 사용하는 벌점 체계는 처벌 토큰체계의 한 예다. 하지만 처벌의 사용에는 문제점들이 있다(12장 참조).

연습문제

6. 토큰이란 무엇인가?
7. 토큰경제가 무엇인지 두 문장이나 세 문장으로 설명하라.
8. 돈은 토큰인가? 그 답을 설득력 있게 설명하라.
9. 조건 강화물인 자극(토큰이 아닌 것으로)의 예를 두 가지 들라. 그것들이 왜 조건 강화물인지 설명하라.
10. 조건 처벌이 무엇인지 설명하라. 예를 2개 들고 설명하라.

조건 강화의 효과에 영향을 주는 요인들

지원 강화물의 힘

조건 강화물의 강화하는 힘은 부분적으로 그것이 기반을 두고 있는 지원 강화물의 강화하는 힘에 달려 있다. 예를 들어, 페이스북이나 유튜브가 에린에게 강력한 지원 강화물이었기 때문에 점수가 효과적인 강화물로 기능한 것이다.

지원 강화물의 다양성

어떤 자극이 하나의 지원 강화물과 짝지어져서 조건 강화물이 될 수 있다. 이것은 동네에 들어갈 때 벨을 울리는 아이스크림 차의 예에서 찾아볼 수 있다. 몇 번 벨 소리와 아이스크림 차가 짝지어진 후에, 아이스크림 차의 벨소리는 그 지역에 사는 아이들에게 조건 강화물이 될 것이다. 하나의 지원 강화물과 짝지어진 조건 강화물을 **단순 조건 강화물**(simple conditioned reinforcer)이라고 부른다. 이와 대조적으로, 한 가지 이상의 지원 강화물과 짝지어진 자극을 **일반화된 조건 강화물**(generalized conditioned reinforcer)이라고 부른다. 예를 들어 인생 초기에 부모는 아기에게 먹을 것을 주고, 씻겨 주고, 함께 놀아 주고, 여러 면에서 그들의 욕구를 충족시켜 준다. 어른의 관심은 많은 종류의 강화물과 짝지어지기 때문에, 강력한 일반화된 조건 강화물이 된

[그림 4-1] 왜 돈이 일반화된 조건 강화물인가?

다. 이와 유사하게, 돈은 우리에게 강력한 일반화된 조건 강화물인데, 그것이 음식과 옷, 집, 교통수단, 오락, 다른 강화물들과 짝지어져 있기 때문이다([그림 4-1]을 참조하라.).

조건 강화물의 강화하는 힘은 부분적으로 조건 강화물로서 사용 가능한 지원 강화물의 수에 달려 있다. 이 요인은 앞의 요인과도 관련이 있는데, 만약 토큰으로 많은 다양한 지원 강화물을 얻을 수 있다면, 그 토큰은 프로그램에 참여하고 있는 개인에게 거의 언제나 강력한 강화적인 힘을 발휘할 것이다. 단순 조건 강화물과 일반화된 조건 강화물의 예를 〈표 4-1〉에 제시하였다.

흔히 조건 강화물로 인식되지 않는 자극 범주에는 중독성 약물들과 짝지어진 자극

표 4-1 조건 강화물의 예

단순 조건 강화물의 예	일반화된 조건 강화물의 예	무조건 강화물의 예
• 항공마일리지 • 레스토랑에서 "주문하신 음식이 준비되었습니다."라는 말을 듣는 것 • 지하철 승차권 • 햄버거 무료 쿠폰	• 돈 • 칭찬 • 레스토랑에서 사용할 수 있는 음식과 음료 시식권	• 음식 • 물 • 성행위 • 신체적 편안함 • 잠 • 새로움

들이 포함된다. 이런 조건 강화물들에는 약물(예, 니코틴)을 함유하고 있는 물질(예, 담배)의 냄새나 맛, 혹은 약물을 준비하거나 복용할 때 사용되는 도구를 보는 것 등이 포함된다. 추가설명 2

지원 강화물과 짝지어진 수

조건 강화물은 지원 강화물과 여러 번 짝지어질 때 더 강력해지는 것 같다. 예를 들어, 아주 어린 자녀가 바람직한 행동을 한 후 그에게 즉각적으로 '착한 소녀' 나 '착한 소년' 과 같은 말을 해 주는 것은, 그런 표현이 단 한 번 부모의 포옹과 짝지어지는 것과 대조적으로 부모의 포옹과 여러 번 짝지어질 때 더 강력한 조건 강화물이 될 것이다(다른 지원 강화물은 연관되지 않았다는 가정하에).

조건 강화물의 가치의 상실

조건 강화물이 효력을 유지하기 위해서, 적어도 가끔씩 적절한 지원 강화물과 연합되어야 한다. 앞에서 기술된 토큰 프로그램의 예에서 유치원 교사가 금빛 별로 교환할 수 있는 지원 강화물을 중단한다면, 아이들은 별을 받기 위해 적절하게 행동하는 것은 결국 그만두게 될 것이다.

조건 강화의 함정

3장에서 행동 원리에 대한 지식이 없거나 제한된 지식을 가진 사람들에게 효과가 없는 다섯 가지 함정 유형들에 대해 소개하였고, 이런 원리들이 어떻게 정적 강화 원리에 적용되는가를 보여 주었다. 여기에서는 조건 강화와 관련된 함정 유형들 중 두 가지에 대해 생각해 보고자 한다.

함정 유형 1

조건 강화의 원리에 익숙하지 않은 사람들은 자신도 모르게 여러 면에서 조건 강화의 원리를 잘못 적용할 수 있다. 한 가지 잘못된 적용은 처벌을 주려는 의도로 제공한 자극이 자신도 모르게 조건 강화물과 짝지어지는 것이다. 이런 잘못된 적용의 예로는 어른이 아이들의 잘못된 행동을 꾸짖는 경우를 들 수 있다. 이 경우에 문제가 되는 것은 ① 꾸지람 뒤에 어떤 형태의 '지원 벌칙(backup punisher)' (12장 참조)이 주어지지 않고, ② 이전에 강화물과 짝지어져 조건 강화적 가치를 획득했을 가능성이 높은 성인의 관심의 다른 측면들(예, 가까이 옆에 있으면서 말하는 것)이 꾸지람에 수반되는 데 있다. 이런 부정적인 언어적 자극에 수반되는 관심도 매우 강화적일 수 있는데, 특히 성인의 관심을 많이 받지 못한 발달장애를 가지고 있는 아동이나 개인에게 그렇다. 따라서 어떤 상황에서 꾸짖음과 다른 부정적인 언어적 자극("안 돼!"와 같은)은 조건 강화물로 기능하게 될 수 있고, 개인은 그것을 얻기 위해 부적절하게 행동할 것이다.

실제로, 보통 처벌로 작용하는 자극이 강력한 일차 강화물과 연합되어 조건 강화물이 될 수 있다. 대표적 예는 잘못된 행동을 한 아이를 때리고 난 후 아이가 불쌍하게 우는 것을 보고 죄책감을 느껴서 즉각 아이를 안아 주고 먹을 것을 주는 것이다. 이렇게 생각 없이 한 행동이 아이가 '매 맞는 것을 좋아하는' 결과로 나타날 수도 있다. 즉 때리는 것이 잘못된 행동을 소거하는 것이 아니라 유지하게 하는 조건 강화물이 될 수 있다.

함정 유형 2

조건 강화물을 지원 강화물과 짝짓는 것을 그만두는 것은 조건 강화물이 그것의 가치를 잃게 될 것임을 알지 못하는 사람에게는 불행한 결과를 가져올 수 있다. 이런 예로는 좋은 행실에 대해 금빛 별을 토큰으로 주었으나 효과적인 지원 강화물을 사용하지 못한 교사를 들 수 있다. 즉 별이 처음 도입되었을 때 가졌던 강화하는 힘을 결국 모두 잃어버리는 결과가 발생한다. 학생들이 때때로 보여 주는 동기부족은 토큰경제에서 효과적인 지원 강화물을 사용하지 못했기 때문으로 설명될 수도 있다.

조건 강화의 효과적 적용을 위한 지침

조건 강화를 적용하는 데 다음의 지침을 참고하여야 한다.

1. 조건 강화물은 당신이 사용하려는 상황에서 쉽게 관리되고 다루어질 수 있는 자극이어야 한다. 예를 들어, 에린의 프로그램에서 점수는 아주 적합하였다.
2. 가능한 한 개인이 일상생활에서 쉽게 접할 수 있는 조건 강화물을 사용하라. 예를 들어, 훈련 프로그램에서 인위적인 토큰을 실생활에서 통용되는 화폐로 바꾸거나 다른 사람들로부터 칭찬과 관심을 받는 것으로 바꾸어 가는 것이 바람직하다.
3. 조건 강화물을 형성해 가는 초기 단계에서, 조건 강화물이 제시된 후에 가능한 한 빨리 지원 강화물을 제시하여야 한다. 나중에는 필요한 경우, 조건 강화물과 지원 강화물 사이의 간격을 점차 늘려 나갈 수 있다.
4. 가능할 때마다 일반화된 조건 강화물을 사용하라. 또한 한 가지만이 아니라 여러 다른 유형의 지원 강화물을 사용하라. 이렇게 하면, 지원 강화물 중 적어도 하나는 어느 때나 조건 강화물의 힘을 유지시키기에 충분히 강력할 것이다.
5. 한 명 이상의 개인을 대상으로 한 프로그램(예, 별을 얻을 수 있는 유치원 수업의 아이들을 대상으로 한 프로그램에서처럼)에서는 조건 강화물과 지원 강화물을 얻기 위하여 격렬한 경쟁이 일어나는 것을 피하라. 만약 한 사람이 강화를 받는 것이 다른 사람에게는 손해가 되는 것이라면, 손해를 보는 사람은 강화를 받은 사람에게 공격적인 행동을 하게 되며, 그에 따라 강화받은 사람의 바람직한 행동이 소거될 수 있다. 이 규칙은 특히 어떤 사람이 다른 사람보다 조건 강화와 지원 강화를 더 많이 받는다는 사실이 문제가 되지 않도록 해야 함을 의미한다. 물론 사람들의 능력이 각기 다르기 때문에 각 개인의 수준에서 달성한 수행 정도에 따라 강화를 받도록 설계하면 좋지 않은 효과를 최소화할 수 있다.
6. 앞의 다섯 가지 규칙에 더해서, 정적 강화물(3장 참조)에 적용되는 것과 같은 규칙을 조건 강화물에도 적용해야 한다. 토큰경제를 실행하는 데 필요한 세부사항은 25장에서 기술된다.

연습문제

11. 단순 조건 강화물과 일반화된 조건 강화물의 차이를 구별하라. 왜 일반화된 조건 강화물이 단순 조건 강화물보다 더 효과적인지를 설명하라.
12. 칭찬은 일반화된 조건 강화물인가? 그 이유를 설명하라.
13. 에린의 프로그램에서 점수는 일반화된 조건 강화물인가? 그 답을 설득력 있게 설명하라.
14. 조건 강화물의 효과성에 영향을 미치는 세 가지 요인을 제시하라.
15. 조건 강화물의 가치를 잃게 만드는 것이 무엇인지 설명하라.
16. 조건 강화의 두 가지 함정 유형을 기술하고 각각의 예를 제시하라.

적용연습

A. 타인에 대한 적용연습

1. 다음의 상황 각각에 가능한 강화물은 무엇이며 어떤 행동이 강화되고 있는가? 이 강화물은 무조건 강화물인가, 조건 강화물인가? 각 사례에서 당신이 그렇게 답한 이유를 설명하라.
   1) 어떤 사람이 가을에 공원을 산책하면서 아름답게 물든 나뭇잎을 감탄하며 바라보고 있다.
   2) 어떤 사람이 5km 조깅을 하고 나서 '들뜬 기분'(두뇌의 엔돌핀 방출로 야기되는)을 경험한다.
   3) 10대 소년이 잔디를 깎고 나서 자동차를 사용해도 된다는 허락을 받는다.
   4) 아이가 목이 말라서 우유 한 컵을 쭉 들이킨다.

2. 앞의 상황과는 다른, 사람들이 강화받는 네 가지 경우를 관찰한 후, 각 경우들에 대해 앞의 질문을 적용하여 답하라.

B. 자기-수정 연습

1. 당신이 극복하려고 하는 행동결함(behavioral deficiency)을 정하라. 그다음에 당신이 행동결함을 극복하는 것을 도와주는 친구나 친척이 적용할 수 있는 토큰경제 체계를 상세히 기술하라.

추가설명 및 심화토론

1. 아기들이 관찰 가능한 강화물이 없는데도 어떻게 즉각적으로 새로운 말을 배우게 되는가? 이에 대한 부분적인 답은 **자동적인 조건 강화**(automatic conditioned reinforcement), 즉 조건 강화물에 대한 반응의 유사성 때문에 어떤 반응에 의해 만들어지는 강화적인 효과에 있다(Skinner, 1957). 부모가 강화(재미있게 해 주기, 쓰다듬어 주기, 박수 쳐 주기 등)를 제공하면서 아기에게 '엄마라고 말해 보렴'이라고 말한다고 해 보자. 이러한 시도를 몇 번 한 뒤, '엄마'라는 소리는 조건 강화물이 될 것이다. 이후에 아기가 침대에 혼자 있을 때, '엄마'라고 말하기 시작할 것이다. 왜냐하면 같은 소리를 냄으로써 받게 되는 자동적인 조건 강화 때문이다. 더 일반적으로 말해서 목소리를 내는 반응을 할 때 목에서 나오는 소리가 조건 강화물이 되기 때문에 목소리를 내는 반응의 빈도가 증가하고 목소리를 내는 반응을 자동적으로 강화하게 된다. 몇몇 연구들은 초기 언어 습득에서 자동적인 조건 강화의 이러한 역할을 분명하게 확인하였다(Smith, Michael, & Sundberg, 1996; Sundburg, Michael, Partington, & Sundberg, 1996). 자동적인 강화는 언어 습득에서뿐만 아니라 다양한 실제적 행동과 예술적 행동을 강화하는 데 중요한 것처럼 보인다(Skinner, 1957; Vaughan & Michael, 1982).
2. 흔히 알려져 있는 것처럼, 담배에 강화하는 힘을 주는 것은 담배에 집중적으로 들어 있는 중독성 약물 니코틴이다. 어떤 사람이 단지 입과 폐, 코에서 나오는 담배연기의 냄새와 맛, 감각을 경험하기 위해서 담배를 피운다는 것은 의심스럽다. 이러한 자극들이 혈류 속 니코틴의 강화적인 효과와 짝지어져 있기 때문에 조건 강화물이 된다는 점은 잘 알려져 있지 않다. 이런 사실은 무니코틴 담배와 일반적인 니코틴 함유 담배를 비교한 연구에서 밝혀졌다. Shahan, Bickel, Madden과 Badger(1999)는 흡연자에게 담배 두 모금을 빨기 위해 여러 번 폐활량 운동기구의 흡입부를 빨아들이도록 하였다. 흡연자는 회기당 여덟 번까지 강화를 받을 수 있다. 실험에서 두 가지 유형의 담배에 대한 반응을 비교하였다. 몇 번의 회기에서 흡연자들은 일반적인 니코틴 함유 담배에 반응을 하였고, 무선적으로 순서를 바꾸어서 다른 몇 번의 회기에서는 무니코틴 담배에 반응을 하였다. 흡연자가 매번의 강화에 따라 폐활량 운동기구의 흡입부를 빨아야 하는 횟수가 회기마다 점차 늘어났다. 흡연자는 첫 번째 강화를 얻기 위해서 두 번의 반응을 해야 했지만, 두 번째 강화를 얻기 위해서는 100번, 세 번째 강화를 얻기 위해서는 300번, 네 번째는 1,000번, 다섯 번째는 3,000번, 여섯 번째는 6,000번, 일곱 번째는 12,000번, 여덟 번째는 24,000번의 반응을 해야 했다. 실험 이후 선호도 조사에서 흡연자들은 일반적인 담배를 선호하는 것으로 나타났지만, 일반적인 담배와 무니코틴 담배에 대한 반응률 간에 탐지할 만한 차이는 없었다. 이와 관련된 한 연구에서, Juliano, Donny, Houtsmuller와 Stizer(2006)는 흡연 중단에 영향을 미치는 실수(다시 담배를 피운 것)의 효과를 조사하였다. 담배를 끊는 처치 동안 실수를 한다면(즉 한 개비나 몇 개비의 담배를 피운다면), 실수가 일어나지 않았을 때보다 담배를 끊는 데 더 긴 시간이 걸

린다는 점에서 그동안 얻은 이득은 오히려 역효과를 내게 된다. 이것은 다시 담배를 피우는 동안 흡연의 강화 때문이다. Juliano와 그의 동료들이 발견한 것은 다시 담배를 피울 때 무니코틴 담배를 피우는 것이 일반적인 담배를 피운 것과 똑같은 역효과를 낳는다는 것이다. 따라서 이 두 연구를 통해 볼 때, 니코틴과 연합된 자극들의 조건 강화적인 효과는 니코틴의 무조건 강화 효과와 비견될 수 있는 것처럼 보였다. 이것은 흡연과 다른 중독을 치료할 때, 치료자는 조건 강화가 치료 과정에 줄 수 있는 효과에 주의할 필요가 있다는 점을 잘 보여 준다.

▶ 추가설명에 대한 연습문제

1. 주위에 옹알거리는 행동을 강화하는 어른이 없을 때에도 아기가 모국어로 옹알거리는 행동을 보이는데, 여기서 조건 강화가 어떻게 옹알거리는 행동에 영향을 주는가?
2. 니코틴 중독에 조건 강화가 어떻게 관련되는지, 그러한 중독을 끊기 어렵게 만드는 데 있어 조건 강화가 어떻게 관련되는지 논하라.

05 소거: 행동 감소시키기

"루이스, 너의 편두통을 없애 보자."

루이스의 사례[1]

루이스는 13세 때부터 두통을 호소하였다. 그 뒤 몇 년 동안 루이스는 부모님과 다른 사람들, 전문가로부터 "불쌍한 내 아가, 얼마나 아플까?" "안아 줄게. 기분이 나아질 거야." "불쌍한 것……. 어쩌니? 내가 도울 일이 없을까?"와 같은 말을 포함해서 각별한 애정을 받았다. 게다가 두통을 호소할 때면 학교에 가지 않고 집에 있어도 되는 날이 자주 있었다. 이러한 결과는 두통이라는 문제를 강화시켰을 것이다. 26세가 되었을 때 루이스는 거의 매일 심각한 두통을 경험하였다. 이러한 두통은 전형적인 편두통의 증세를 보였다. 즉 시각적 증세('은색 반점'을 보는)와 이에 뒤따르는 관자놀이 부분이 쪼개지는 듯한 고통, 메스꺼움과 가끔 구토 증세를 보였다. 약물치료, 침, 카이로프락틱, 심리치료, 전기충격요법 등 다양한 치료를 받았지만 소용이 없었고, 일주일에 세 번 주치의로부터 받는 데메롤 주사가 일시적인 효과를 보일 뿐이었다.

몇 가지 의학적 검사를 실시했지만 루이스의 두통의 기질적인 원인을 밝히지는 못하였다. 행동치료자인 Peter Aubuchon 박사가 다양한 행동평가를 한 후에, 편두통이 강화에 의해 학습된 것일 수 있다는 말에 루이스는 동의하였고 행동치료 프로

1) 이 사례는 Aubuchon, Haber와 Adams(1985)가 보고한 사례에 기초한 것이다.

그램에 참여해 보겠다고 말하였다. 첫째, 루이스는 주치의가 더 이상 데메롤을 주사하지 않을 것이라는 점을 이해하였다. 둘째, 루이스와 그녀의 남편은 루이스가 통증행동(pain behaviors, 통증을 호소하며 침대로 가거나, 머리에 얼음수건을 올려놓는 일)을 나타낼 때 이를 남편이 기록하는 것에 동의하였다. 셋째, 루이스의 부모와 남편은 물론, 루이스가 정기적으로 방문하는 클리닉의 의사와 간호사도 모두 루이스가 보이는 모든 통증행동을 완전히 무시하기로 동의하였다. 또한, 그들은 '바람직한' 행동(예, 운동을 하거나 집안일을 하는 등)을 하면 칭찬과 그 외의 강화물을 제공하였다. 프로그램에 적극적으로 참여한다는 것을 보장하기 위해, 루이스는 프로그램에 동의함을 나타내는 진술서(행동계약서라고 불리기도 함. 24장과 26장에서 더 자세히 논의할 것이다.)에 서명하였다. 이 프로그램의 결과를 [그림 5-1]에 제시하였다.

소거

소거(extinction)에는 **조작적 소거**와 **반응적 소거**라는 두 가지 유형이 있다. 이 장은 조작적 소거에 관한 것이다(14장에서 반응적 소거에 관해 논의할 것이다.). (조작적) 소거의 원리는 다음과 같다. ① 만약 어떤 상황에서 개인이 전에 강화받았던 반응을 표출하였는데 그 반응에 강화물이 뒤따르지 않는다면, ② 그 사람은 다음에 유사한 상황에서 그와 같은 행동을 더 적게 할 것이다. 다시 말해서 만약 어떤 반응이 정적 강화를 통해 그 빈도가 증가했다면, 반응을 강화하는 것을 완전히 중지함으로써 반응의 빈도를 줄일 수 있다.

루이스와의 대화에서 루이스가 두통에 대하여 이야기하거나 두통의 뚜렷한 증상을 나타낼 때 많은 관심을 받았음을 알 수 있었다. 이러한 관심이 그녀가 통증행동을 높은 빈도로 유지하는 데 정적 강화물로 작용했을 가능성이 있다. 루이스의 통증행동이 더 이상 관심을 받지 못하였을 때 행동의 빈도는 낮은 수준으로 감소하였다. 소거
추가설명 1 는 루이스의 통증행동에 효과적인 치료방법이었지만, 그렇다고 해서 모든 통증행동이 다른 사람들의 관심에 의해서 유지되는 것은 아니다. 만성 통증이 있는 환자들의 행동에 영향을 줄 수 있는 다른 요인들에 대한 평가는 Turk와 Okifuji(1997)를 참조하라.

정적 강화와 마찬가지로, 우리는 일상생활에서 소거가 얼마나 빈번히 영향을 미치고 있는지를 깨닫지 못한다. 〈표 5-1〉에 소거의 예를 제시하였다. 이 표에 제시된 각

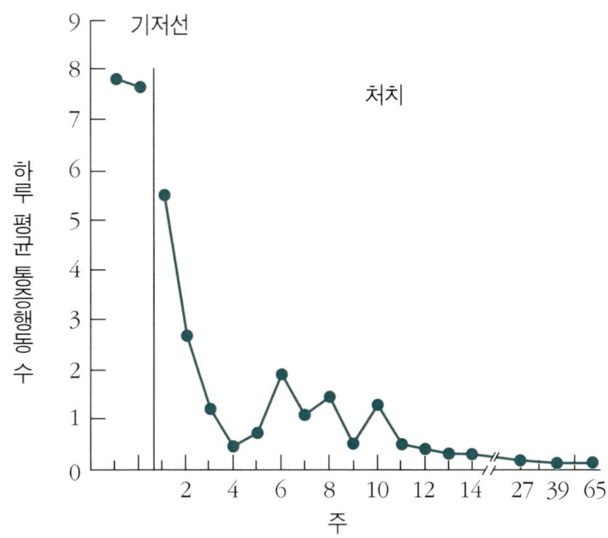

[그림 5-1] 루이스의 남편이 기록한 루이스의 하루 평균 통증행동 수

주: P. Aubuchon, J. D. Harber, & H. E. Adams. (1985). 조작적 통증 기법으로 편두통이 수정될 수 있는가? *Journal of Behavior Therapy and Experimental Psychiatry, 16*, 262에서 재인용함. Elsevier Science Ltd., The Boulevard, Langford Lane, Kidlington OX5 1GB, UK에서 재인용 허락 받음.

예를 보면, 개인은 단순히 일상생활에서 자연스럽게 나타나는 행동을 보이고 있다. 각각의 예에서 행동의 발생빈도가 확연히 감소하기 전에, 행동이 일어난 후 그 행동이 강화를 받지 못하는 일이 여러 번 반복되었을 것이다. 그럼에도 불구하고, 효과는 있다. 여러 번 시행을 해 보아도 더 이상 '보상을 받지 못하면' 그 행동은 점차 감소한다. 물론 이것은 일반적으로 매우 바람직하다고 볼 수 있는데, 소용없는 행동을 지속한다면 하나의 종으로서 인류는 빠르게 소멸되었을 것이기 때문이다.

소거는 행동감소의 여러 가능한 원인 중 하나일 뿐임을 명심하라. 예를 들어, 아이가 욕을 많이 해서 부모가 아이의 욕하는 행동을 감소시키는 프로그램을 실시하기로 결정하였다고 가정해 보라. 며칠 동안 아이가 욕을 할 때마다 부모는 즉각적으로 "그만!"이라고 소리를 질렀다고 가정해 보자. 그 결과, 욕하는 행동은 사라졌다. 이 사례에서, 욕하는 행동은 벌칙(질책)이 뒤따랐기 때문에 감소한 것이다. 이제 또 다른 가능성을 생각해 보자. 욕을 한 아이를 곧바로 질책하기보다 "방금 너는 일주일 용돈에서 300원을 깎였구나."라고 말하였고 이 절차에 따라 욕하기 행동이 제거되었다. 이 사례에서처럼 욕하는 행동에 수반하여 아동의 용돈을 삭감하는 것을 반응-대가 처벌

표 5-1 소거의 예

상황	반응	즉각적 결과	장기적 효과
1. 4세의 아이가 밤에 침대에 누워 있고, 부모는 손님과 거실에서 이야기를 나누고 있다.	아이는 침대에 누워서 동물 소리를 크게 내기 시작한다.	부모와 손님이 이를 무시하고 조용히 계속 이야기를 나눈다.	아이가 앞으로 이와 같은 상황에서 동물 소리를 낼 가능성이 감소한다.
2. 다음날 저녁, 4세의 아이와 아이의 부모가 식탁에서 저녁을 먹고 있다. 아이가 막 저녁식사를 마쳤다.	아이가 빈 접시를 들이밀며 "디저트! 디저트! 디저트!"라고 크게 소리친다.	부모는 아이가 큰 소리로 요구하는 것에 개의치 않고 계속 이야기를 나눈다.	앞으로 유사한 상황에서 디저트를 요구하는 행동이 나타날 가능성이 감소한다.
3. 남편이 직장에서 집으로 돌아오자마자 아내가 있는 부엌으로 와서 선다.	남편은 교통체증에 대해 불평한다.	아내는 계속 저녁식사를 준비하고 남편의 말에 관심을 기울이지 않는다.	앞으로 같은 상황에서 남편이 비생산적인 불평을 할 가능성이 감소한다.
4. 3학년 교실에서 한 아이가 방금 과제를 마치고 손을 들었다.	아이는 손가락을 꺾어 소리를 내기 시작한다.	선생님이 그 아이의 행동을 무시하고 손가락을 꺾어 소리를 내지 않고 손을 들고 있는 아이에게 반응한다.	앞으로 비슷한 상황에서 그 아이가 손가락을 꺾어 소리를 낼 가능성이 감소한다.
5. 퍼즐 조각을 맞추고 있던 3세의 아이가 틀린 곳에 조각을 끼워 넣으려고 하고 있다.	아이가 그 자리에 맞춰 보려고 조각을 이리저리 돌려 본다.	여러 번 조각을 돌려 보아도 조각은 여전히 맞지 않는다.	아이가 그 자리에 조각을 끼워 맞추려고 시도할 가능성이 감소한다.

이라고 부른다(질책과 반응-대가 처벌은 둘 다 12장에서 논의될 것이다.). 행동은 또한 망각 때문에 감소할 수 있다. 망각(forgetting)의 경우, 행동이 마지막으로 나타난 후에 시간이 경과하게 되면, 그에 따라 행동이 약화된다(기억에 대한 행동적 해석에 대해서는, Palmer[1991]을 참조하라.). 소거는 표출된 행동에 강화가 제공되지 않는 것의 결과로 행동이 약화된다는 점에서 이들과는 다르다.

연습문제

1. 소거 원리의 두 부분을 설명하라.
2. 어떤 사람이 사탕을 그만 먹으라는 말을 들었을 때 그 행동을 멈춘다면, 이는 소거의 예가 될 수 있는가? 소거의 정의에 기초하여서 소거의 예가 될 수 있는 혹은 될 수 없는 이유를 설명하라.
3. 아이의 행동을 무시하는 부모는 소거의 예가 될 수 있는가? 그 이유를 소거의 정의에 기초해서 설명하라.
4. 욕을 한 후 즉각적으로 부모가 아이의 일주일 용돈을 깎고 그 결과 욕하는 행동이 감소하였다고 가정해 보자. 이는 소거의 예가 될 수 있는가? 그 이유를 설명하라.
5. 망각과 소거의 차이점은 무엇인가?
6. 조건 강화물의 가치 상실(4장 참조)과 정적으로 강화된 행동의 소거 간 차이점을 절차와 결과의 관점에서 설명하라.

소거의 효과에 영향을 주는 요인들

감소시켜야 하는 행동에 대한 강화물 통제

무언가 원하는 것이 있을 때 심하게 칭얼거리는 행동을 하는 4세 여아인 수지의 사례를 생각해 보자. 수지 엄마는 수지의 칭얼거리는 행동을 없애고자 이를 무시하기로 결정하였다. 그날 오후 동안 엄마는 수지의 칭얼거리는 행동이 멈출 때까지 세 번 정도 그 행동을 무시하였다. 그리고 잠깐 동안이라도 칭얼거리지 않으면 바로 수지가 원하던 것을 주었다. 초저녁까지 소거가 잘 되는 듯하였으나, 아이의 아빠가 집에 돌아오면서 상황이 달라졌다. 엄마가 주방에 있는 동안, 수지는 엄마에게 와서 TV를 보면서 먹을 팝콘을 달라고 칭얼거리면서 말하였다. 엄마는 수지의 그런 행동을 완전히 무시했지만, 아빠가 들어와서 "여보, 애가 말하는 거 안 들려? 이리 와라, 수지야, 아빠가 팝콘 줄게."라고 말하였다. 이 일화가 앞으로 수지의 칭얼거리는 행동에 어떤 영향을 줄 것인지는 충분히 예상할 수 있다(엄마가 아빠에게 화를 낼 것은 차치하더라도).

다른 사람이나 물리적 환경으로부터 제시되는 강화물로 인하여 당신이 소거하려는 추가설명 2

시도가 수포로 돌아가는 경우가 생길 수 있다. 불행히도 정적 강화와 소거의 원리를 잘 알지 못하는 사람에게 이러한 문제를 납득시키기는 어렵다. 예를 들어, 여러 명의 유아원 교사들이 어떤 아동의 소리 지르며 울고 떼쓰는 행동을 무시하고 있는데, 다른 교사가 들어와서 "이런, 내가 울음을 그치게 해 봐야지. 자, 토미, 여기 사탕 줄게."라고 말한다. 그때, 토미는 그 순간 울음을 멈출 것이다. 그러나 우는 행동이 강화되었기 때문에 장기적으로는 아이의 우는 빈도가 증가할 것이다. 그러나 토미가 당분간 울음을 그쳤기 때문에 그 교사에게 소거의 중요성을 납득시키는 것은 아마도 어려울 것이다. 그런 경우 소거 절차를 방해하는 다른 사람들의 행동을 통제하거나 그들이 없을 때 소거 절차를 수행하는 것이 필수적이다.

행동의 소거와 대안행동에 대한 정적 강화의 결합

소거는 바람직한 대안행동에 대한 정적 강화와 함께 이루어질 때 가장 효과적이다(Lerman & Iwata, 1996). 따라서 루이스의 통증행동을 무시하였을 뿐만 아니라(소거), 대안행동(운동하기, 집안일 하기 등)을 정적으로 강화하였다. 이 두 가지 절차를 함께 사용할 때가 소거만 사용할 때보다 바람직하지 않은 행동의 빈도를 훨씬 더 빠르게 (그리고 가능한 더 낮은 수준으로) 감소시켰다.

당신이 아이의 부적절하게 우는 행동을 소거하고 동시에 바람직한 대안행동에는 정적 강화를 주려고 한다고 가정해 보자. 우는 행동 대신에 바람직한 행동(조용히 노는 것과 같은)을 하고 있을 때 몇 초 간격으로 이를 강화하는 것은 현실적으로 불가능하다. 그러나 처음에는 바람직한 행동에 대해 짧은 간격으로 강화하다가, 점차 그 간격을 늘려서 더 길고 실천하기 쉬운 간격으로 바꿀 수 있다. 예를 들어, 아이가 부적절하게 울면, 울음을 그치고 10초간 조용히 놀 때까지 무시한다. 10초가 지나면 칭찬으로 강화해 준다. 이후에는 아이가 울음을 그치고 조용히 노는 시간이 15초, 그다음 25초, 그다음 1분 등으로 더 길어질 때 강화를 제시한다. 바람직한 행동에 대한 요구 수준을 점진적으로 늘려 가는 것이 매우 중요한데, 그러지 않으면 바람직하지 않은 행동이 다시 나타날 가능성이 있기 때문이다. 또한 바람직하지 않은 행동(예, 울음)을 멈춘 후 즉각적으로 강화물을 제시하지 않도록 주의해야 하는데, 이는 우는 행동을 감소시키기보다 증가시키는 경향이 있기 때문이다.

또한 소거를 적용하는 동안에 당신이 보류하고 있는(혹은 제공하지 않는) 강화물이 실제로 바람직하지 않은 행동을 유지시키고 있는 것이어야 한다는 점이 중요하다. 이

[그림 5-2] 소거의 적용이 왜 실패하는지에 대한 극단적인 예. 항상 그 행동에 대한 실제적인 강화물이 제거되어야 한다.

것에 실패하면, 기술적으로 소거의 정의를 충족시킨다고 해도, 바람직하지 않은 행동은 [그림 5-2]에서 보는 것처럼 감소하지 않을 것이다.

소거는 때때로 사회적 관심이 가장 필요할 때에 이를 박탈하는 것이 잔인하다는 이유에서 비판받는다(이런 비판은 울거나 칭얼대거나 관심을 끌고자 하는 다양한 행동을 보이는 아이들이 보통 관심이 가장 필요한 시기에 있다고 가정한다.). 어떤 경우 이것은 타당한 비판일 수 있다. 많은 경우 울음은 상해나 정서적 괴로움, 다른 형태의 불편함을 시사한다. 이런 이유 때문에 어떤 행동을 감소시키고자 할 때 그 행동을 감소시키는 것이 바람직한지를 면밀히 검토해야 한다. 감소시키는 것이 바람직하다면, 소거가 좋은 방법이 될 것이다.

소거가 이루어지는 장면

앞에서 지적한 것처럼, 소거를 적용하는 장면에 변화를 주는 이유 중 하나는 당신이 감소시키려는 행동을 다른 사람들이 강화할 가능성을 최소화하기 위해서다. 또 다른 이유는 어떤 상황에서는 소거를 실시하는 것이 사회적으로 곤란하거나 심지어 불가능하기 때문이다. 예를 들어, 엄마가 아이의 울고불고 난리치는 행동 소거를 백화점에서 시작하는 것은 현명하지 않다. 백화점에서 쇼핑하는 사람들이나 점원이 아이가 넘어갈 듯이 우는 것을 보고 얼굴을 찌푸리며 쳐다보는 것은 엄마가 효과적으로 소거를 실시할 가능성을 감소시키게 될 것이다. 즉 소거가 이루어지는 상황을 고려하는 것은 ① 소거하려는 바람직하지 않은 행동에 대한 대안적인 강화물의 영향력을 최소화하고, ② 행동수정가가 프로그램을 끝까지 지속할 수 있는 가능성을 최대화하기 위해서 중요하다.

지시: 규칙 이용하기

행동수정을 받는 개인이 반드시 소거에 대하여 말할 수 있거나 이해해야 하는 것은 아니지만, 그 사람에게 처음에 "당신이 X를 할 때마다 Y(강화 품목)를 더 이상 제공하지 않을 것입니다."와 같은 말을 해 준다면 아마도 행동을 더욱 빠르게 감소시키는 데 도움이 될 것이다. 예를 들어, 〈표 5-1〉의 세 번째 사례를 생각해 보자. 매일 직장에서 집으로 돌아오자마자 남편이 교통체증에 대하여 심하게 불평을 한다. 부인이 만약 "조지, 교통체증은 매일 똑같아요. 교통체증에 대해 불평해 봤자 달라지는 것은 없잖아요. 나는 당신과 다른 것에 대해 이야기하고 싶어요. 이제부터 당신이 집에 와서 교통체증에 대해 지나치게 불평하는 말을 하면 그 말을 무시하겠어요."와 같이 말한다면, 소거에 지시적 통제를 더하게 되는 것이다. 조지가 몇 번 더 불평을 할 수도 있지만, 이런 말은 조지의 불평을 빠르게 감소시킬 것이다. 그러나 이러한 과정은 단순한 소거보다 더 복잡하다는 것을 기억하라(지시적 통제는 17장에서 더 자세히 다룰 것이다.).

연속 강화 후에 더 빨리 이루어지는 소거

엄마에게 칭얼거리는 수지의 사례를 다른 관점에서 보도록 하자. 엄마가 소거를 적용하기로 결정하기 전에는 수지가 칭얼거릴 때 무슨 일이 일어났는가? 어떤 때는 엄마가 전화를 받는 등 다른 일을 하느라 바빠서 아무런 반응도 하지 못할 수 있다. 그러나 어떤 때는 (수지가 대여섯 번 칭얼거리고 난 후에) 엄마가 수지에게 관심을 기울이고 수지가 원하는 것을 주었을 것이다. 수지의 칭얼거리는 행동이 매번 강화받지 못하고, 오히려 칭얼거리는 행동이 몇 번 있은 다음 가끔씩 강화되었다는 점에서, 이는 강화가 발생하는 전형적인 상황이라고 할 수 있다. 이것이 6장과 7장에서 자세히 논의될, 간헐 강화의 예다. 여기서 연속 강화와 간헐 강화에 대해 언급할 필요가 있는데, 둘 다 소거의 효과에 영향을 줄 수 있기 때문이다. **연속 강화**(continuous reinforcement)는 특정 반응이 나타나는 모든 경우에 강화가 주어지는 강화계획이다. **간헐 강화**(intermittent reinforcement)는 반응이 발생하는 모든 경우가 아니라 가끔씩만(즉, 간헐적으로) 강화를 주는 강화계획이다.

소거에 미치는 강화계획의 영향은 당신이 경험했던 작은 문제를 생각해 보면 쉽게 알 수 있다. 만약 당신이 볼펜을 쓰고 있는데 갑자기 나오지 않는다고 가정해 보자. 당신은 어떻게 하겠는가? 당신은 아마도 몇 번 흔들어 보고 볼펜이 나오는지 몇 번 더 써 볼 것이다. 그래도 볼펜이 나오지 않는다면 당신은 그 볼펜을 버리고 다른 볼펜을 사용할 것이다. 지금 당신이 다른 볼펜을 쓰고 있다고 가정해 보자. 이 두 번째 볼펜은 가끔 잘 나오지 않는다. 그래도 몇 번 흔들어서 써 보면 볼펜이 나온다. 당신이 볼펜을 흔들 때마다 조금씩 더 잘 써진다. 그러면 이런 질문을 해 보자. 당신은 어떤 상황에서 계속 볼펜을 흔들어 가며 다시 써 보려고 시도하겠는가? 두 번째 경우일 것이 분명한데, 왜냐하면 볼펜이 가끔 나오지 않지만 대개는 다시 써지기 때문이다.

어떤 행동이 항상 강화되었는데 그런 다음 그 행동이 갑자기 전혀 강화되지 않을 때(볼펜이 갑자기 나오지 않는 것처럼), 그 행동은 빠르게 소거된다. 그러나 간헐 강화에 의해 어떤 행동이 유지될 때(볼펜을 흔든 뒤, 다시 써지는 경우처럼), 그 행동은 느리게 소거될 가능성이 높다(Kazdin & Polster, 1973). 이러한 현상은 겉보기에는 단순하나 실제로는 복잡하며, 부분적으로 소거 동안 행동을 어떻게 측정하느냐에 따라 달라진다(Lerman, Iwata, Shore, & Kahng, 1996; Nevin, 1988). 여기에서는 일반적으로 간헐적으로 강화된 행동이 연속적으로 강화된 행동보다 더 느리게 소거된다는 점을 지적하는 것으로 충분하다. 느리게 소거되는 행동을 '**소거에 저항적**(resistant to extinction)' 인 행동이라고 한다.

이제 수지의 칭얼거리는 행동을 자세히 보도록 하자. 만약 수지의 칭얼거리는 행동이 완전히 무시되기 전에 가끔 강화를 받기도 하고 가끔은 강화를 받지 못하였다면, 항상 강화를 받았던 경우보다 소거를 통해 칭얼거리는 행동을 완전히 제거하는 데 더 오랜 시간이 걸릴 것이다. 다른 말로 하면, 간헐 강화 이후보다 연속 강화 이후에 종종 소거가 더 빨리 일어난다. 만약 당신이 간헐적으로 강화된 행동을 소거하려고 한다면, 당신은 소거하는 데 더 오랜 시간이 걸린다는 점을 염두에 두어야 한다.

연습문제

7. 정적 강화에 의해 유지되었던 행동이 한동안 한 번도 강화되지 않는다면 행동에 어떤 일이 일어날 것인가?
8. 아이의 과자 먹기 행동을 소거하려던 엄마의 시도가 왜 실패하였나([그림 5-2] 참조)?
9. 〈표 5-1〉을 잘 보라. 그 예들 중 어떤 것이 대안적 반응에 대한 정적 강화를 포함하고 있는가? 정적 강화를 포함하고 있지 않은 경우, 대안적 반응에 대한 정적 강화를 어떻게 적용할 수 있을지 밝히라.
10. 왜 당신의 소거 프로그램에 영향을 주는 요인으로서 상황을 고려하는 것이 필요한가?
11. 당신이 만나고 있는 아이에게서 감소시키고자 하는 어떤 행동을 기술하라. 당신의 소거 프로그램에 특별한 장면이 필요할까? 그 이유는 무엇인가?
12. 연속 강화를 정의하고 예를 하나 들라.
13. 간헐 강화를 정의하고 예를 하나 들라.
14. 행동 소거에 대한 저항에 미치는 연속 강화와 간헐 강화의 효과는 무엇인가?

좋아지기 전에 악화되는 소거행동

소거 동안, 소거하려는 행동이 감소되기 전에 증가할 수 있다. 즉 상황이 좋아지기 전에 악화될 수 있다. 소거 동안에 반응이 증가하는 것을 보통 소거폭발(extinction burst)이라고 부른다. 교실에서 한 아이가 교사의 관심을 끌기 위하여 손을 들고 손가락으로 딱 소리를 내는 행동을 계속 한다고 가정해 보자. 만약 교사가 한동안 그 학생이 손가락으로 딱 소리를 내는 행동을 어느 정도 했는지 기록하고 이후 소거를 하려고 한다면(즉, 손가락으로 딱 소리를 내는 행동을 무시한다면), 아마도 그 학생이 손가락으로 딱 소리를 내는 행동이 점차로 감소하기 전에 소거의 처음 몇 분 동안은 증가하는 것을 관찰하게 될 것이다. 그 이유는 무엇인가? 대부분 사람들은 만약 어떤 행동을 했을 때 더 이상 반응이 없더라도, 그 행동이 약간 증가하게 되면 다시 반응을 불러일으킬 수 있다는 것을 학습하였기 때문이다. 소거폭발은 기초연구에서 잘 연구되었고, 응용연구에서도 보고된 바 있다(Lerman & Iwata, 1995; Lerman, Iwata, & Wallace, 1999). 그래서 소거폭발은 소거 절차를 적용하려고 하는 모든 사람들이 알아야만 하는 것이다. 교사가 손가락으로 딱 소리를 내는 행동을 소거하기로 결정하고 그다음 몇 분 동안 이러한 행동이 증가하는 것을 관찰했을 경우에, 소거가 효과가 없다는 잘못된 결론을 내리고 도중에 프로그램을 포기할 수 있다. 그러나 교사가 소거 도중에 그만둔다면 오히려 행동이 더 나빠졌을 때 그 행동을 강화하는 효과가 생긴다. 여기에서 따라야 하는 규칙이 있다.

> 만약 당신이 소거를 하려고 했다면 계속 해라. 보통 좋아지기 전에 더 나빠진다. 그래도 계속 소거를 하라. 그러면 결국 소거가 될 것이다.

이 규칙의 예외는 소거폭발이 해로울 수도 있는 상황이다. 만약 그러한 가능성이 있다고 예상된다면, 예방적인 절차를 밟아야 할 것이다. 예를 들어, Brian Iwata와 동료들은 발달장애가 있는 어린 소녀의 머리 흔들기 행동을 줄이기 위한 소거 프로그램을 실행하기 전에, 소거 회기 동안 그 소녀에게 헬멧을 씌우기로 했는데, 이는 소거폭발 동안 머리를 다칠 수 있었기 때문이다(Iwata, Pace, Cowdery, & Miltenberger, 1994). 또 다른 대안으로 만약 소거폭발로 상해를 입을 것이 예상된다면, 소거를 사용하지 말라. 문제행동을 줄이기 위한 다른 전략이 이후 장에서 기술된다.

(프로그램을 방해하는) 소거할 때 생성되는 공격성

소거 과정에서 나타나는 또 다른 어려움은 소거 절차로 약간의 공격성이 나타날 수 있다는 것이다. 아마도 우리 모두 이러한 경험이 있을 것이다. 돈을 넣었는데 물건이 나오지 않는 자판기를 발로 툭툭 치거나 걷어차는 행동을 했던(혹은 적어도 그렇게 하고 싶은 욕구를 가졌던) 경험이 있을 것이다. 손가락으로 딱 소리를 내는 행동의 예를 다시 생각해 보아도, 약간의 공격성을 볼 수 있을 것이다. 만약 교사가 아동이 손가락으로 딱 소리를 내는 행동을 무시한다면, 아동은 손가락으로 더 큰 소리를 내고 어쩌면 이에 더해서 책상을 크게 치며 "여기요!" 하고 소리를 지를 수도 있다. 이러한 소거의 특징은 실험실 상황에서 폭넓게 연구되었으며 소거를 인간에게 적용한 실례나 응용연구에서도 보고된 바 있다(Lerman et al., 1999; Lerman & Iwata, 1996). 자해행동에 대한 소거 연구에서, 자해행동에 소거 절차만 실시하였을 때(소거가 유일한 개입이었을 때) 사례의 거의 절반에서 공격성이 관찰되었다. 하지만 소거가 대안적이고 바람직한 행동에 대한 정적 강화를 포함한 처치 프로그램의 한 부분으로 실시되었을 때 공격성은 현저히 낮아졌다. 공격성을 최소화하는 것이 중요한 이유는 공격성이 바람직하지 않을 뿐만 아니라, 공격성으로 인해 너무 빨리 프로그램을 중도에 포기하게 되는 경우가 생기기 때문이다. 그렇게 되면 바람직하지 않은 행동이 간헐적 계획으로 강화될 뿐만 아니라 공격성도 강화를 받게 된다.

또 다른 선택안은 어느 정도의 공격성이 감내될 수 있는 상황에서 소거 프로그램을 수행하는 것이 될 것이다. 예를 들어, 만약 부모가 울고불고 난리치는 자녀의 행동을 감소시키고자 소거를 적용하기로 결정하였다면, 깨질 수 있는 물건들을 모두 치운 뒤에 집에서 소거를 실시할 수 있다. 또 다른 예를 들자면, 심한 발달장애가 있는 소년의 공격적인 행동(할퀴고 때리고 차고 물어뜯는)을 줄이기 위한 소거 프로그램에서, Edward Carr와 동료들은 교사에게 두꺼운 코듀로이 코트와 고무장갑으로 된 보호의류를 입도록 하였다(Carr, Newsom, & Binkoff, 1980).

지연 후에 다시 나타나는 소거된 행동

소거의 또 다른 어려움은 소거 회기 동안에 완전히 사라졌던 행동이 일정 시간이 지난 뒤, 그러한 행동을 할 기회가 생겼을 때 다시 나타나는 것이다. 일정 휴지기간 이후 소거된 행동이 다시 나타나는 것을 **자발적 회복**(spontaneous recovery)이라고 부른다. 교실에서 손을 들고 딱 소리를 내는 사례를 다시 생각해 보자. 만약 교사가 점심 시간 후에 손가락으로 딱 소리를 내는 행동에 대한 소거 프로그램을 시작했다고 가정해 보자. 처음 한 시간 동안, 손가락으로 딱 소리를 내는 행동이 10번 나타났고 교사는(아마 다른 학생들도) 이를 무시하였다. 그 뒤 오후 나머지 수업 시간 동안 딱 소리를 한 번도 내지 않았다. 교사는 딱 소리를 내는 행동이 성공적으로 소거되었다고 생각할 것이다. 그러나 다음 날 아침 교사가 수업에 돌아왔을 때, 1교시 동안 다시 딱 소리를 내는 행동이 다섯 번 관찰되었다. 이것이 손가락으로 딱 소리 내기의 자발적 회복인 것이다. 보통 휴지기간 후 자발적으로 회복되는 행동의 양은 이전의 소거 회기 동안 발생했던 행동의 양보다는 적다. 몇 차례의 소거 회기를 추가적으로 실시하면, 자발적 회복은 보통 문제가 되지 않는다. 비록 이러한 자발적 회복의 특징이 기초연구(Pear, 2001)를 통하여 잘 알려져 있긴 하지만, 응용연구에서 공식적으로 연구되지 않았으며, 소거의 적용에서 자발적 회복이 발생한다는 매우 적은 수의 일화적(즉, 비공식적인) 보고만 있었다(Lerman & Iwata, 1996). 만약 자발적 회복이 발생한다 하더라도, 우리는 교사들에게 소거 프로그램을 계속 실시하기를 강력히 추천한다.

이 장과 3장의 내용을 정리하면, 다음과 같다. 만약 어떤 행동이 더 자주 일어나기를 원하면 그 행동을 강화하라. 만약 어떤 행동이 자주 일어나지 않기를 원하면 그 행동을 무시하라. 그러나 각별한 주의가 필요하다. 눈에 보이는 것보다 훨씬 더 많은 정적 강화와 소거가 존재해야 한다. 추가설명 3

소거의 함정

3장에서 조심하지 않을 때 잘못 작용될 수 있는 다섯 가지의 함정 유형을 소개하였다. 여기서는 소거와 관련된 함정 중 두 가지 유형에 대해 살펴볼 것이다.

함정 유형 1

중력의 법칙, 정적 강화의 원리나 다른 자연 법칙과 마찬가지로, 소거의 원리는 우리가 그것을 인식하든 안 하든 상관없이 작용한다. 유감스럽게도 소거에 대하여 잘 알지 못하는 사람들이 친구, 동료, 가족, 기타 다른 사람들의 바람직한 행동에 대하여 자신도 모르게 소거를 적용하게 된다. 〈표 5-2〉에는 소거가 장기적으로 어떻게 바람직한 행동을 감소시키는가에 대한 예들이 제시되어 있다.

함정 유형 2

몇몇 사람이 행동적으로 결함이 있는 사람을 돕기 위하여 행동수정을 적절히 적용한다고 해도, 소거에 대하여 잘 알지 못하는 다른 사람들이 이러한 노력을 헛수고가 되게 할 수 있다. 예를 들어, 발달장애아들을 위한 프로그램에서 도우미가 장애 아동이 혼자 옷을 입는 행동을 강화하였다. 그런데 그 도우미가 전근을 가거나 휴가를 가서 정적 강화와 소거의 원리에 대해 잘 알지 못하는 도우미로 교체되었다고 하자. 새로 온 도우미는 혼자서도 옷을 잘 입을 수 있는 아동과 혼자 옷을 입지 못하는 많은 아동들을 만났을 때, 옷을 잘 입지 못하는 아동들을 돕는 데 많은 시간을 보내는 반면, 옷을 잘 입는 아동에게는 관심을 주지 않기가 쉽다. 순조롭게 진행되는 상황에는

표 5-2 소거가 바람직하지 않은 예

상황	반응	즉각적 결과	장기적 효과
1. 당신은 친구에게 특정한 날 저녁에 전화해 달라고 부탁한다.	친구가 그날 당신에게 여러 번 전화한다.	벨이 울릴 때마다 당신은 이를 무시하고 계속 소설책을 읽는다.	당신이 전화해 달라고 할 때 친구가 당신에게 전화할 가능성이 감소한다.
2. 특수교육 교실에서 두 명의 교사가 대화를 하고 있는데, 한 학생이 다가와서 곁에 선다.	그 학생은 몇 분 동안 두 교사 옆에 서서 참을성 있게 기다리다가, 마침내 대화 중간에 끼어든다.	교사들은 학생이 참을성 있게 기다리는 동안 계속 이야기를 하다가, 학생이 끼어들자 대화를 멈추고 들어 준다.	교사 옆에 서서 참을성 있게 기다리는 반응은 앞으로 줄어들 것이며, 교사들이 대화할 때 끼어드는 반응이 앞으로 증가할 것이다.
3. 한 남자가 많은 짐을 들고서 백화점 출입문 쪽으로 걸어오고 있다. 출입문 옆에 서 있던 여자가 그 남자가 오는 것을 본다.	여자는 그 남자를 위해 문을 열어 준다.	그 남자는 한마디 말도 없이 황급히 나가 버린다.	다음에 유사한 상황에서 여자가 문을 열어 주는 행동을 할 가능성이 감소한다.
4. 3개월 된 아기가 우유 먹을 시간이 다 되었을 때 침대에 조용히 누워 있다.	아기가 옹얼거리는 소리('엄마'나 '아빠'라는 소리를 간절히 듣고 싶어 하는 부모에게는 그렇게 해석될 수도 있는 소리)를 내기 시작한다.	엄마는 우유병을 준비하느라 바빠서 아기의 소리를 무시한다. 아기가 소리를 내지 않고 조용히 있을 때(혹은 울기 시작할 때) 아기를 안아 준다.	엄마는 아기가 내는 말에 가까운 소리를 강화할 수 있는 기회를 놓쳤다. 대신에 엄마는 조용히 누워 있는 것(혹은 우는 것)을 강화했다. 따라서 옹얼거리는 소리는 앞으로 더 적게 일어날 것이다.

신경을 별로 쓰지 않고 문제 상황에 많은 관심을 쏟는 것이 일반적인 인간의 성향이다. 이러한 선택적 관심은 합리화되기 쉽다. 그 도우미는 "옷을 어떻게 입어야 하는지를 이미 잘 알고 그렇게 하고 있는 쟈니를 내가 왜 상화해야 하나요?"라고 말할 수 있다. 그러나 일단 확립된 혼자 옷 입는 행동을 유지시키려면 적어도 가끔씩은 그 행동을 강화해 주어야 한다. 바람직한 행동을 유지하기 위한 (그래서 원치 않는 소거를 막기 위한) 전략은 16장에 기술하였다.

소거의 효과적 적용을 위한 지침

다음의 규칙은 바람직하지 않은 특정 행동을 감소시키고자 할 때 효과적으로 소거를 사용하기 위한 점검표로서 활용될 수 있다. 3장에 제시한 정적 강화를 위한 지침과 마찬가지로, 이 규칙을 사용하는 사람들은 부모, 교사 내지는 행동 문제가 있는 개인들을 위해 일하는 사람이 될 것이다.

1. 감소시킬 행동 선택하기
   1) 구체적인 행동을 선택하라. 한 번에 주된 문제가 개선될 것이라고 기대하지 마라. 예를 들어, 교실에서 문제가 되는 쟈니의 행동을 모두 소거하려고 하지 말고, 교실에서 손가락으로 딱 소리를 내는 것과 같이 한 가지 특정 행동을 선택하라.
   2) 행동이 좋아지기 전에 종종 악화되고, 때로는 소거가 진행되는 동안에 공격적인 행동이 나타난다는 것을 기억하라. 그러므로 상황이 선택한 행동에 대하여 소거 절차를 끝까지 할 수 있는 상황인지 확인하라. 예를 들어, 어떤 행동이 자신이나 다른 사람에게 파괴적이라면 매우 조심해야 한다. 만약 그 행동이 악화된다면 소거 프로그램을 지속하는 것이 당신에게 해로울 것인지를 고려해야 한다. 또한 표적행동이 발생하기 쉬운 장면인지를 고려해야 한다. 그러나 레스토랑에서 심하게 떼쓰며 우는 아이의 행동을 소거하는 것은 현실적으로 불가능하다. 왜냐하면 당신은 커다란 사회적 압력을 견딜 수 없기 때문이다. 당신이 특정 행동을 감소시키고 싶지만, 이러한 고려사항 때문에 소거를 적용할 수 없다고 해서 절망하지 마라. 우리는 7장과 12장, 17장, 18장, 23장에서 행동을 감소시키기 위한 다른 절차들을 기술할 것이다.
   3) 현재 그 행동을 유지시키고 있는 강화물을 통제할 수 있는 행동을 선택하라.

2. 미리 고려해야 할 사항
   1) 만약 가능하다면, 소거 프로그램을 적용하기 전에 바람직하지 않은 행동이 얼마나 자주 일어나는지를 기록하라. 이 기록 단계 동안, 바람직하지 않은 행동에 제공되는 강화물을 보류하려고 하지 마라.
   2) 바람직하지 않은 행동을 현재 강화하는 것이 무엇인지 확인하여 처치기간

동안에 그 강화물을 보류할 수 있도록 하라(만약 이것이 불가능하다면, 실제적으로 프로그램에서 소거 절차를 사용할 수 없다.). 바람직하지 않은 행동의 강화 역사에 대하여 파악하면 소거하는 데 시간이 어느 정도 걸리는지 알 수 있을 것이다.

3) 그 사람이 할 수 있는 바람직한 대안행동을 정하라.

4) 그 사람의 바람직한 대안행동에 사용될 수 있는 효과적인 강화물을 정하라.

5) 소거가 성공적으로 수행될 수 있는 장면을 선택하라.

6) 프로그램을 시작하기 전에 어떤 행동이 소거되어야 하고 어떤 행동이 강화되어야 하는지 관련된 모든 사람들에게 분명히 밝히도록 하라. 그 사람과 접촉하는 모든 사람들에게 바람직하지 않은 행동은 무시하고, 바람직한 대안행동을 강화하도록 촉구하라.

3. 계획 실행하기

1) 시작하기 전에 계획에 대하여 그 사람에게 말하라.

2) 바람직한 대안행동에 정적 강화를 줄 때, 정적 강화가 효과적으로 이루어질 수 있도록 3장의 규칙을 따르도록 하라.

3) 프로그램이 시작되면 바람직하지 않은 행동 뒤에는 철저하게 강화물을 보류하고, 바람직한 대안행동은 일관성 있게 강화하라.

4. 서서히 프로그램 마치기(16장에서 더 상세하게 다룰 것임)

1) 바람직하지 않은 행동의 빈도가 '0' 수준으로 감소한 후에도, 우연히 다시 그 행동이 나타날 수 있으므로 이에 대비해야 한다.

2) 당신이 소거 절차에 실패했을 때, 실패한 이유로 생각해 볼 수 있는 세 가지가 있다.

① 바람직하지 않은 행동을 했을 때 당신이 관심을 보이지 않아도 그 행동이 소거되지 않는 이유는, 당신의 관심이 바람직하지 않은 행동을 지속시켰던 강화물이 아니기 때문이다.

② 바람직하지 않은 행동이 다른 곳에서 간헐 강화를 받고 있다.

③ 바람직한 대안행동이 충분히 강화되지 않았다.

만약 소거 과정을 성공적으로 끝마치는 데 시간이 오래 걸린다면, 이러한 요인들을 주의 깊게 검토해 보아야 한다.

3) 바람직한 대안행동을 강화하는 것과 관련하여, 3장에서 제시한 규칙에 따라 아동이 프로그램을 서서히 마칠 수 있도록 하라.

연습문제

15. 소거폭발은 무엇인가? 예를 하나 들라.
16. 자발적 회복이란 무엇인가? 예를 하나 들라.
17. 소거의 효과에 영향을 주는 여덟 가지 일반적인 요인에 대해, 각각 한 문장으로 기술하라.
18. 당신이 경험했던 두 가지 소거의 예를, 하나는 바람직한 행동을, 하나는 바람직하지 않은 행동을 포함하여 기술하라. 각각의 예는 〈표 5-1〉과 〈표 5-2〉에서 제시한 것처럼 상황과 행동, 즉각적 결과, 있을 수 있는 장기적 효과를 기술하라(예는 이 책에 없는 것으로).
19. 소거의 함정의 예를 하나 짧게 기술하라. 당신의 예는 소거의 함정 유형 1에 해당되는가, 함정 유형 2에 해당되는가?
20. 소거는 어떤 행동 혹은 어떤 상황에서는 적용되지 말아야 한다(126쪽 참조). 어떤 유형의 행동과 상황이 여기에 속할 것인가? 소거가 적용되지 말아야 하는 행동의 예를 하나 들라. 그리고 소거가 적용되지 말아야 하는 상황의 예를 하나 들라.
21. 소거 프로그램이 실패할 가능성이 있는 세 가지 이유는 무엇인가?

적용연습

A. 타인에 대한 적용연습

한 명이나 여러 명의 아이들과 상호작용하고 있는 어른을 대략 30분 동안 앉아서 살펴볼 수 있는 상황을 선택하라. 30분 동안 어른이 아이들의 바람직한 행동에 주의를 기울인 횟수와 어떤 바람직한 행동을 무시한 횟수를 기록하라. 이것은 우리가 주위 사람의 바람직한 행동을 강화할 수 있는 기회를 얼마나 자주 놓치는가에 대해 생각해 보도록 할 것이다.

B. 자기-수정 연습

1. 오늘 했던 행동 중 의도한 바와 달리 관심을 받지 못한 행동에 대해 생각해 보라. 〈표 5-1〉의 예와 같이 그 상황과 행동을 구체적으로 기술하라.
2. 당신의 행동과잉 중 하나를 선택하라(아마도 당신이 1장의 마지막 부분에서 목록으로 기록했던 것 중의 하나). 당신이 (친구의 도움을 어느 정도 받아서) 그 행동을 감소시키기 위하여 적용할 수 있는 하나의 완성된 소거 프로그램을 계획하라. 그 행동을 유지시키는 강화물을 보류할 수 있는 그런 행동을 선택하도록 하라. 당신의 프로그램이 효과적인 소거 적용을 위한 지침에 부합하도록 하라.

추가설명 및 심화토론

1. 루이스의 사례는 흥미로운 질문을 제기한다. 감소한 것은 단순히 통증에 대한 보고였는가? 통증(실제적인 두통)에 대한 그녀의 '감정' 또한 감소했는가? 두통이 일어나는 빈도에 대한 자기-감찰(self-monitor)을 하지는 않았지만, 루이스는 1년 추수회기의 몇 달 동안 단지 2번의 두통만을 경험했다고 보고하였다. 그녀의 행동들이 이런 점을 지지하고 있었다. 즉, 루이스는 이전에는 할 수 없었던 다양한 활동들(집안일, 직장일 등)을 할 수 있게 되었고, 루이스와 남편은 그들의 부부관계가 크게 좋아졌다고 보고하였다. 15장과 26장, 27장에서 자세히 논의하겠지만, 사적인 행동도 공적인 행동과 같은 방식으로 행동 기법의 영향을 받는다고 가정된다. 아마도 루이스의 사례에서 통증에 대한 공적인 불평과 사적인 통증행동이 모두 소거 절차를 통해 감소되었을 것이다.
2. 소거 프로그램에서 직면하게 되는 가장 큰 위험요소 중 하나는 소거 프로그램이나 소거의 원리를 이해하지 못하는 사람이 선의로 강화를 제공하는 것이다. 심하게 떼쓰며 우는 아이에게 소거를 적용한 초기 연구보고서에서 이러한 난관을 발견할 수 있다. C. D. Williams(1959)는 부모가 밤에 아이를 침대에 눕히고 방을 나오려고 할 때 소리 지르고 우는 21개월 된 유아의 사례를 보고하였다. 부모가 취침 시간에 재미있는 이야기를 해 주고 방을 나오려 할 때 아이가 아무리 소리를 지르고 날뛰더라도 다시 방에 들어가지 않기로 하고 프로그램이 시작되었다. 소거 절차의 첫날, 아이는 45분 동안 소리를 질렀다. 그러나 열흘쯤 지나자 더 이상 울지 않았고, 오히려 부모가 방을 나가려고 할 때 방긋 웃었다. 그러나 한 주쯤 뒤에 부모가 밤에 같이 부부동반 외출을 하였을 때, 부모를 대신해서 고모나 아이를 돌봐 주는 사람이 아이를 침대에 눕히자 소리를 지르고 난리를 쳤다. 고모는 침대로 다시 돌아가서 아이가 잠이 들 때까지 옆에 있어 줌으로써 소리 지르고 난리치는 행동을 강화하였다. 그 행동을 두 번째로 소거하는 데 첫 번째만큼이나 시간이 오래 걸렸다. Ayllon과 Michael(1959)은 소거 과정에서 원하지 않은 강화가 일어남으로써 생긴 부정적 효과를 관찰하고, 이를 '**은밀한 강화**(bootleg reinforcement)'라고 불렀다. 정신병원에서 다른 환자들이 그 환자를 조용히 시키기 위해 몇 번 때렸을 정도로, 계속해서 정신병적인(망상적인 것으로 분류되는) 이야기를 지껄이는 환자가 있었다. 정신병적인 이야기를 감소시키기 위해, 의사는 간호사에게 그 이야기를 무시하고 분별 있는 이야기를 할 때에만 주의를 주라고 지시하였다. 결과적으로 정신병적인 말의 비율이 0.91에서 0.25로 줄어들었다. 그러나 후에 다시 높은 수준으로 증가했는데, 이는 아마도 사회복지사의 은밀한 강화 때문이었을 것이다. 이러한 강화는 환자가 간호사 중 한 명에게 "당신은 내 말을 귀담아 듣지 않는군요. 나는 다시 '사회복지사'를 만나러 가야겠어요. 그녀가 내가 과거에 겪은 이야기를 듣는다면 도와줄 수 있을 것이라고 말했거든요."라고 말한 것에서 명백하게 드러났다.
3. 발달장애인의 바람직하지 않은 행동을 감소시키는 데 소거 외에 다른 대안적인 방법으로 **비**

수반적 강화(noncontingent reinforcement)가 있다. 예를 들어, 심하게 떼쓰며 우는 행동이 대개 어른들의 관심을 끌기 때문에, 발달장애아를 위한 치료센터에서 수지가 자주 심하게 떼쓰며 우는 행동을 보인다고 가정해 보자. 비수반적 강화 프로그램은 그 행동의 발생과 무관하게 30초마다 한 번씩 어른이 수지에게 관심을 주는 것을 포함할 것이다. 여러 연구를 통해 이런 처치가 싸움을 거는 행동을 감소시키는 데 효과적인 것으로 입증되었다(이런 연구에 대한 고찰은 Tucker, Sigafoos와 Bushell[1998]을 참조하라.). 이런 행동감소 전략은 잠정적으로 교육회기에 참가하고자 하는 내담자의 동기를 감소시킬 수 있다는 점에서 비판받고 있다(본질적으로 아무것도 하지 않아도 강화물이 자주 제공된다는 점을 고려할 때). 이에 더해서, 비수반적 강화가 높은 비율로 발생하는 모든 행동에 무차별적으로 영향을 미치기 때문에 바람직한 행동 또한 줄일 수 있다.

▶ 추가설명에 대한 연습문제

1. 루이스의 소거 프로그램이 그녀의 통증에 대한 '느낌'을 감소시켰는지에 대해 논하라.
2. 은밀한 강화는 무엇인가? 예를 하나 들라.
3. 비수반적 강화가 싸움을 거는 행동을 감소시키기 위해 어떻게 사용되는지 기술하라. 이러한 접근방법의 잠재적인 한계점은 무엇인가?

06 간헐 강화: 행동의 지속성 발달시키기

"쟝, 네가 수학 문제를 얼마나 많이 풀 수 있는지 볼까?"

수학 시간에 쟝의 학업능률 높이기[1)]

쟝은 13세이며 보통 수준의 지능을 가진 중학교 1학년 학생이다. 수학 시간에 쟝은 매우 산만하고 자주 실수를 하였다. 교사의 도움으로, 두 명의 행동수정가가 쟝의 학업능률을 증진하기 위한 방안을 시도하기로 하였다. 행동수정가 중 한 명은 수학 문제로 채워진 학습지를 쟝에게 주고, 매일 수학 시간에 쟝과 작업을 하였다. 처음 이틀 동안, 행동수정가는 쟝이 두 문제를 정확하게 풀 때마다, "잘했어" "훌륭한데"와 같이 말해 주며 긍정적인 반응을 해 주었다. 다음 이틀 동안은 쟝이 네 문제를 정확하게 풀어야 칭찬을 해 주었다. 그다음 이틀은 정확하게 8개의 문제를 풀어야 칭찬을 해 주었다. 마지막 이틀 동안은 쟝이 16개의 문제를 정확하게 풀고 난 뒤에야 칭찬을 해 주었다.

칭찬 강화계획은 쟝의 학업능률에 긍정적인 효과가 있어서 연구를 마칠 때에는 정확하게 문제를 푸는 비율이 연구를 시작할 때에 비해서 3배나 증가했다. 마지막 16개의 문제를 정확하게 풀고 난 뒤 칭찬을 해 주었을 때 학업능률이 가장 높게 나타났다. 더구나 연구가 끝날 즈음, 쟝은 수학 시간 내내 100% 집중하였다.

1) 이 사례는 Kirby와 Shields(1972)가 보고한 사례에 기초한 것이다.

정의

5장에서 언급한 것처럼, 간헐 강화는 어떤 행동이 발생할 때마다 매번 강화하지 않고 가끔(즉, 간헐적으로) 강화하는 강화계획을 말한다. 쟝이 수학 문제를 푸는 반응은 매번 강화되지 않았고 정해진 수의 문제를 정확히 푸는 반응을 했을 때 강화되었다. 이러한 강화계획에서 쟝은 매우 안정된 비율로 문제를 풀었다(주의: 반응비율과 반응빈도는 동의어다. 이 책의 이전 장들에서 반응빈도라는 용어를 사용했지만 이 장에서는 반응비율을 사용한다.).

간헐 강화에 대하여 언급하기 위해서는 먼저 강화계획을 정의해야 한다. **강화계획(schedule of reinforcement)**은 어떤 행동이 발생할 때 어떻게 강화할 것인가에 대한 구체적인 규칙을 정하는 것이다. 가장 단순한 강화계획은 5장에서 언급한 **연속 강화(continuous reinforcement)**로 특정 반응이 발생할 때마다 강화하는 경우다. 쟝이 문제를 풀 때마다 매번 강화를 받았다면, 쟝은 연속 강화계획에 놓여 있었다고 할 수 있다. 일상생활에서 많은 행동이 연속 강화계획에 의하여 강화된다. 당신이 수도꼭지를 돌릴 때마다 물이 나오고, 집이나 아파트 현관문에 열쇠를 꽂고 돌릴 때마다 문이 열림으로써 당신의 행동은 강화된다.

연속 강화의 반대 개념은 소거(extinction)다. 5장에서 논의한 것처럼, 소거계획에서는 특정 행동이 발생해도 전혀 강화되지 않는다. 그 결과, 행동은 점차 매우 낮은 수준으로 감소하거나 완전히 사라진다.

이 두 가지 극단(연속 강화와 소거) 사이에 **간헐 강화**가 있다. 자연적인 상황에서 많은 행동이 연속적으로 강화되지는 않는다. 당신이 공부를 하였다고 해서 항상 좋은 학점을 받는 것은 아닐 것이다. 시간제로 일하는 경우, 일주일 동안 일을 해야 주급을 받게 될 것이다. 행동을 강화하는 다양한 전략의 효과를 알아보기 위한 실험 연구가 강화계획을 주제로 하여 진행되었다. 무한히 많은 강화계획이 존재하며 각 계획이 나름대로 독특한 행동양상을 만들어 내기 때문에 적용 유형에 따른 적합한 강화계획이 필요하다. 또한 어떤 강화계획은 다른 계획에 비해 더 실제적이다(예, 어떤 계획은 다른 계획보다 더 시간이 많이 들거나 노동 집약적이다.). 추가설명 1

행동이 조건화되고 학습되는 동안을 습득(acquisition) 단계에 있다고 말하며, 학습이 잘 이루어진 후에는 유지(maintenance) 단계에 있다고 말한다. 보통 습득 단계 동안은 연속 강화를 제공하고 유지 단계에서는 간헐 강화로 바꾸는 것이 바람직하다.

간헐 강화계획은 행동을 유지시키는 데 있어 연속 강화계획보다 몇 가지 면에서 장점이 있다. ① 포화(satiation, 강화물에 싫증나게 되는 것)가 더 느리게 일어나므로 연속 강화보다 강화물의 효과가 더 오래 유지될 수 있다. ② 간헐적으로 강화되었던 행동은 연속적으로 강화되었던 행동보다 소거되는 데 더 오랜 시간이 걸린다(5장 참조). ③ 개인은 연속 강화계획에서보다 간헐 강화계획에서 행동을 더 꾸준히 한다. ④ 간헐적으로 강화되었던 행동은 실생활에서 얻을 수 있는 강화물로 대치되었을 때 더 잘 유지된다. 이 장에서 우리는 행동을 증가시키고 유지시키기 위한 네 가지 유형의 강화계획을 논의할 것이다. 비율(ration) 강화, 단순간격(simple interval) 강화, 제한 시간이 있는 간격(interval with limited hold) 강화, 지속기간(duration) 강화 등이 그것이다. 이들 각각은 고정/변동 강화계획으로 나누어지므로, 8개의 기본계획으로 제시된다(이러한 강화계획에 대한 기초연구는 Pear[2001]에 기술되어 있다.).

강화의 기본계획을 설명하기 전에, 먼저 자유-조작 절차(free-operant procedure)와 비연속-개별시도 절차(discrete-trials procedures)를 구분해야 한다. **자유-조작 절차**는 연속반응에 아무런 제한이 없다는 점에서 개인이 자유롭게 반복해서 반응할 수 있는 절차다. 예를 들어, 만약 쟝이 풀어야 하는 12개의 수학 문제가 있는 유인물을 받았다면, 쟝은 1분에 한 문제를 풀 수도 있고 1분에 세 문제를 풀 수도 있다. **비연속-개별시도 절차**에서는, 반응이 일어날 수 있는 기회 전에 하나의 자극이 제시되고 반응 후에 강화가 뒤따르며, 다음 반응은 또 다른 자극이 제시되기 전까지 일어날 수 없다. 따라서 만약 쟝의 선생님이 수학 문제 하나를 제시하고 쟝이 그 문제를 풀도록 잠시 기다리고, 이후에 교사가 또 다른 문제를 쟝에게 제시하고, 또 기다린다면, 이것은 비연속-개별시도 절차일 것이다. 비연속-개별시도 절차는 각 시도의 처음에 연속적인 자극이 제시되는 비율에 따라 반응의 비율이 제한된다는 것을 알 수 있는데, 각 시도는 반응이 일어나기까지 기다리는 시간에 의해 결정된다. 이 장에서 강화계획의 특징적 효과에 관해 말할 때, 달리 명시하지 않는 한 자유-조작 절차를 말하는 것이다(비연속-개별시도 교수에 대한 논의를 보려면 66쪽을 참조하라.).

연습문제

1. 간헐 강화를 정의하고 예를 하나 들라.
2. 강화계획을 정의하고 예를 하나 들라.

3. 연속 강화를 정의하고 예를 하나 들라.
4. 행동을 유지시키는 데 있어 연속 강화를 사용하는 것에 비해 간헐 강화를 사용하는 것의 이점 네 가지를 기술하라.
5. 자유-조작 절차란 무엇인가? 예를 하나 들라.
6. 비연속-개별시도 절차란 무엇인가? 예를 하나 들라.

비율 강화계획

고정-비율(fixed-ratio: FR) **강화계획**은 어떤 특정 반응이 일정한 수만큼 발생할 때마다 강화물을 제공하는 것이다. 쟝에게 적용한 강화계획이 FR 강화계획이었다. 프로그램 초기에 쟝이 수학 문제 2개를 풀 때마다 강화를 받았다는 것을 기억해 보라. 이러한 계획은 FR 2라고 줄여서 표기된다. 다음에 쟝이 강화를 받기 위해 4개의 수학 문제를 풀어야 했는데, 이는 FR 4로 줄여서 표기된다. 마지막으로 쟝이 16개의 문제를 제대로 풀어야 강화를 받았는데, 이는 줄여서 FR 16으로 표기된다. 강화계획이 단계적으로 증가하고 있는 점에 주목하자. 만약 쟝의 수학 문제를 푸는 반응이 처음부터 바로 FR 16에 놓여 있었다면(즉, 중간 FR 값 없이), 쟝의 행동은 안 좋아져서 마치 소거가 이루어진 것처럼 될 것이다. 너무 빠르게 FR 강화계획을 증가시켜서 반응이 나빠지는 것을 **비율긴장**(ratio strain)이라 한다. 최적의 반응 요구수준은 사람마다 다르며 과제에 따라 다르다. 예를 들어, 쟝은 FR이 16으로 증가되었을 때에도 반응비율을 증가시켰다. 다른 학생들은 FR 16에 이르기 전에 반응 감소를 보일 수도 있다. 일반적으로, 개인이 수행해야 한다고 기대하는 비율이 높으면 높을수록, 더 낮은 비율에의 노출을 통해 점진적으로 접근하는 것이 더욱 중요하다. 비율긴장을 일으키지 않으면서 높은 비율의 반응을 유지하는 최적의 비율 값은 시행착오를 통해 알게 된다.

FR 강화계획이 점진적으로 도입되면, 강화를 받을 때까지 높고 안정된 비율로 반응이 나타난다. 이후 **강화 후 휴식**(postreinforcement pause, 강화를 받은 후에 잠시 반응하기를 멈추는 것)이 뒤따른다. 강화 후 휴식의 길이는 FR 값에 달려 있다. FR 값이 커질수록 휴식기간이 길어진다(Schlinger, Derenne, & Baron, 2008). 또한 FR 강화계획에서는 소거에 대한 저항이 크다(5장의 121쪽 참조).

추가설명 2 일상생활에서 FR 강화계획의 예를 많이 찾아볼 수 있다. 축구 코치가 팀원에게

"모두 푸쉬-업을 20번 하고 쉬어."라고 말한다면, 그것은 FR 20이다. 또 다른 예는 특정한 수만큼 완수하였을 때 노동자에게 임금을 지불하는 것이다(성과급제라고 불림).

변동-비율(variable-ratio: VR) **강화계획**에서는 어떤 반응이 특정한 수만큼 일어난 후에 강화가 제공되는데, 한 번의 강화에서 다음 강화가 있기까지 강화를 받기 위해 요구되는 반응의 수가 예기치 않게 변한다. VR 강화계획에서 각 강화를 받기 위해 요구되는 반응의 수는 평균값을 중심으로 다양하게 변하는데, 이 평균값은 특정한 VR 강화계획이라는 이름으로 명시된다. 예를 들어, 외판원이 몇 달 동안 평균적으로 열 집을 방문하여 1개의 물건을 팔았다고 가정하자. 이것은 그 외판원이 정확히 10번째 집을 방문할 때마다 물건 1개를 팔았다는 것을 의미하지 않는다. 때때로 다섯 집을 방문한 뒤에 물건 1개를 팔 수도 있고, 때로는 연이어 두 집에서 물건을 팔기도 했을 것이다. 그리고 어떤 때는 수많은 집을 방문하고서야 물건 하나를 팔았을 수도 있다. 그러나 몇 달 동안 평균 열 집을 방문했을 때 강화를 받았다(물건을 판매하였다.). 평균 10번의 반응을 요구하는 VR 강화계획을 줄여서 VR 10으로 표기한다. FR과 같이, VR은 매우 안정된 반응비율을 생성한다. 게다가 VR은 강화 후 휴식이 전혀 일어나지 않거나 최소로 일어난다(Schlinger et al., 2008). 외판원은 언제 물건이 팔리게 될지를 정확히 예측할 수 없으므로 물건을 판매한 직후에도 물건을 팔기 위해 가정방문을 계속할 가능성이 크다. VR 강화계획 대 FR 강화계획의 효과 면에서 또 다른 세 가지 차이점은 다음과 같다. 첫째, VR 강화계획은 비율긴장을 생성하지 않으면서 FR 강화계획보다 강화받기 위해 요구되는 행동의 양을 어느 정도 크게 증가시킬 수 있다. 둘째, 반응을 유지시킬 수 있는 VR 값이 FR 값보다 다소 높다. 셋째, VR 강화계획은 같은 값의 FR 강화계획보다 소거에 대한 저항이 더 크다.

일상생활에서 변동-비율 강화계획의 많은 예를 찾아 볼 수 있다. 데이트를 신청하는 것은 VR 강화계획의 한 예인데, 왜냐하면 매우 인기 있는 사람도 상대방이 데이트를 수락하기까지 몇 명의 사람에게 데이트를 신청해야 할지 예측할 수 없기 때문이다. 슬롯머신(도박게임기)도 VR 강화계획에 따라 프로그램된 것이다. 도박꾼은 돈을 따기 위해 몇 번이나 슬롯머신에 돈을 넣고 손잡이를 당겨야 할지 예측할 수 없기 때문이다. 유사하게 낚시줄을 던지는 것도 고기를 잡기 위해 몇 번이나 낚시줄을 던져야 하는지 예측하지 못하기 때문에 VR 강화계획에 따라 강화되는 것이다.

비율 강화계획(FR과 VR 모두)은 높은 반응비율을 생성하고자 하며 각각의 반응을 모니터할 수 있을 때 사용된다(비율 강화계획에서는 강화를 주어야 할 때를 알기 위해 반응의 수를 세어야 하기 때문이다.). 행동 프로그램에서 VR 강화계획보다 FR 강화계획이 일반적으로 더 많이 사용되는데, 그 이유는 FR 강화계획이 실시하기가 더 쉽기 때문이다.

응용 장면에서 점차 더 인기를 얻고 있는 강화계획은 **점진적 비율**(progressive ratio: PR) **강화계획**이다. 실제로, *Journal of Applied Behavior Analysis*는 2008년 여름 특집호에서 이 주제를 다루었다. PR 강화계획은 FR 강화계획과 비슷하지만, 비율 요구수준이 각 강화물 이후에 정해진 양만큼 증가한다. 각 회기를 시작할 때, 비율 요구수준은 처음 값으로 돌아가서 시작된다. 여러 번의 회기 후에, 비율 요구수준은 개인이 반응하는 것을 완전히 멈추는 수준(휴식 지점 또는 쉬는 지점이라고 부름)에 도달하게 된다. PR 강화계획의 전형적인 결과는 각각의 연속적인 강화물 이후 점점 더 오래 쉬고, 휴식지점에 도달하면 무한히 오래 쉬는 것이다(Schlinger et al., 2008). PR 강화계획을 주로 적용하는 경우는 특정한 강화물이 특정 개인에게 얼마나 강력한지를 결정하고자 할 때다. 어떤 개인에게 강화물의 휴식지점이 높으면 높을수록, 그 강화물이 그 사람의 치료 프로그램에서 더 효과적일 가능성이 높다(Roane, 2008).

앞의 논의는 자유-조작 절차에서의 비율 강화계획과 관련이 있지만, 비율 강화계획은 또한 비연속-개별시도 절차에서도 연구되었다. 비연속-개별시도 절차에서 비율 강화계획을 사용하는 예로는, 발달장애아들에게 사물의 그림을 보고 이름을 맞히는 것을 가르치기 위해 고안된 과제를 들 수 있다. 교사는 아이에게 주의 깊게 계획된 순서에 따라 그림을 제시하면서 따라 할 수 있도록 가끔 그림의 이름을 말해 주고, 때때로 아이가 그림의 이름을 정확히 말하도록 요구한다. 정확한 반응에는 칭찬(예, "잘했어요.")과 아이가 좋아하는 것으로 강화해 준다. 연속적으로 아이가 좋아하는 것으로 강화를 해 줄 때보다 비율 강화계획에 따라 정확한 반응에 강화해 줄 때 그림의 이름을 더 많이 배우고 정확한 반응도 더 많이 하게 된다. 그러나 비율 강화계획에서 한 번의 강화를 받기 위해 너무 많은 정확한 반응을 요구하지 않는 것이 좋다. 반응 요구가 증가할수록 처음에는 수행이 증가하지만, 이내 비율긴장이 나타나기 시작한다(Stephens, Pear, Wray, & Jackson, 1975 참조).

연습문제

7. FR 강화계획이 무엇인지 설명하라. 일상생활에서 나타나는 FR 강화계획의 두 가지 예를 구체적으로 기술하라(적어도 하나는 이 책에 없는 것으로). 당

신의 예는 자유-조작 절차와 관련이 있는가 아니면 비연속-개별시도 절차와 관련이 있는가?

8. FR 강화계획의 세 가지 특징적인 효과는 무엇인가?
9. 비율긴장은 무엇인가?
10. VR 강화계획이 무엇인지 설명하라. 일상생활에서 VR 강화계획의 두 가지 예를 구체적으로 기술하라(적어도 하나는 이 책에 없는 것으로). 당신의 예는 자유-조작 절차와 관련이 있는가 아니면 비연속-개별시도 절차와 관련이 있는가?
11. VR 강화계획이 FR 강화계획과 절차상 무엇이 유사한지 기술하라. 그리고 절차상 무엇이 다른지 기술하라.
12. VR 강화계획의 세 가지 특징적인 효과는 무엇인가?
13. FR 강화계획이나 VR 강화계획이 훈련 프로그램에서 어떻게 적용되는지 두 가지 예를 기술하라(훈련 프로그램이란 누군가가 어떤 다른 사람의 행동을 의도적으로 증가시키거나 유지시키고 싶은 상황을 말하는 것으로, 자녀의 행동에 영향을 주기 원하는 부모, 학생의 행동에 영향을 주기 원하는 교사, 선수들의 행동에 영향을 주기 원하는 코치, 사원들의 행동에 영향을 주고 싶어 하는 고용주 등이 있을 수 있다.).
14. PR 강화계획이 무엇인지 설명하고, PR 강화계획이 응용 장면에서 주로 어떻게 사용되는지 기술하라.

단순간격 강화계획

고정-간격(fixed-interval: FI) 강화계획에서는 고정된(정해진) 시간간격 후에 특정 반응이 처음 발생하였을 때 강화물이 제공된다([그림 6-1] 참조). 개인이 강화를 받기 위해 필요한 유일한 요건은 일정한 시간이 경과하여서 강화를 받을 수 있게 되었을 때 그 행동을 하는 것이다. FI 강화계획의 크기는 강화를 다시 받기 위해 경과해야 하는 시간의 길이다(예, 만약 1분이 경과해야만 행동이 강화될 수 있다면 이런 계획을 FI 1분 계획이라고 부른다.). [그림 6-1]에서, FI 강화계획에서 강화가 일어나기 위해서는 정해진 양의 시간이 경과해야 하지만, 정해진 시간간격 후에 반드시 반응이 발생해야 한다는 점에 주목하라. 또한 간격이 끝난 뒤 어떤 반응이 강화받기 위해서 그 반응이 얼마나 오래 지속되어야 하는지에 대한 제한이 없다는 점에 유의하라. 마지막으로 특정 간격이 경과하기 전에 발생하는 반응은 전혀 강화를 받지 못한다는 점에 주목하자.

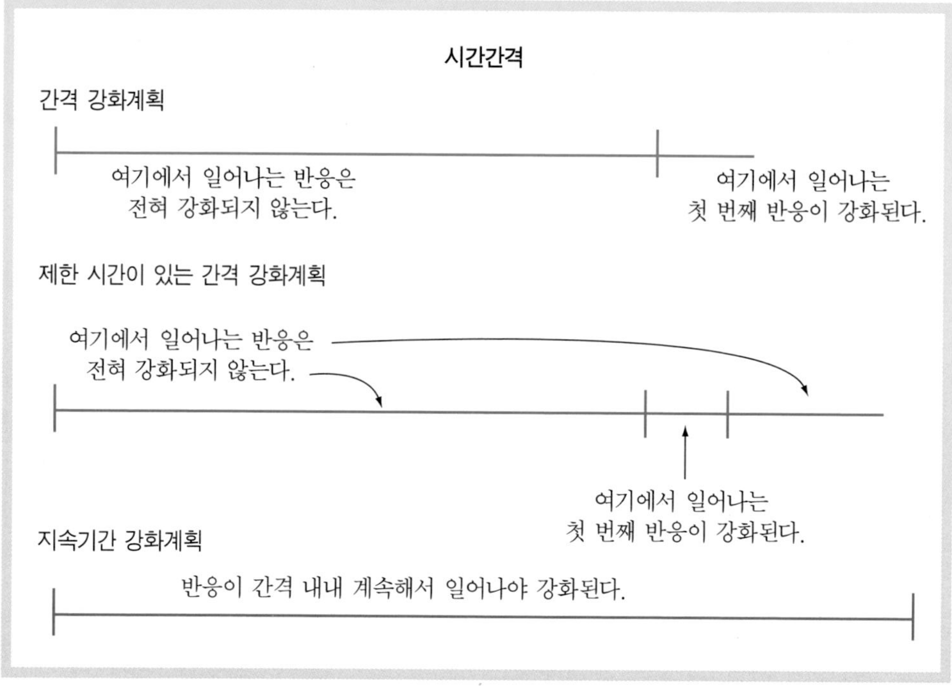

[그림 6-1] 본문에 제시된 시간에 기반한 강화계획 간의 차이를 예시하는 도식. 각 도식에서 수평선은 시간간격을 나타낸다.

FI 강화계획의 전형적인 효과는 다음의 예에서 볼 수 있다. 두 명의 어린 아이가 매일 아침 함께 논다고 가정해 보자. 아침을 먹고 약 2시간 후에 부모가 간식을 주고, 대략 2시간 후에 점심을 준다. 매번 2시간이 다 될 무렵, 아이들은 주방으로 자주 들락거리기 시작하면서 "먹을 거 다 됐어요?"라고 묻는다. 마침내, 2시간이 지나고 준비가 다 된다. 식사 후 그들은 다시 놀고, 아이들이 다시 주방에 들락거리기까지는 꽤 긴 시간이 흐른다. 주방에 들어오는 아이들의 행동이 FI 강화계획으로 강화된 행동의 특징이다. 시계를 보지 않거나 시간을 말해 주는 사람이 없다면, FI 강화계획에서는 ① 강화를 받을 수 있는 시간간격의 끝에 가까워지면 반응비율이 점차 증가하며, ② 강화 후 휴식이 발생한다. 여기서 휴식(pause)은 아무 행동도 일어나지 않는 것을 의미하지 않는다. 단지 부엌으로 들락거리는 것과 같은, 관심 행동(강화받을 수 있는 행동)이 일어나지 않는다는 것을 의미한다. 강화 후 휴식의 길이는 FI의 값에 따라 다른데, 값이 클수록(즉, 강화물 사이에 시간이 길수록) 휴식은 더 길어진다. 하지만 대부분의 사람들은 FI 강화계획에서 강화를 받는 행동을 언제 해야 하는지 알기 위해 시계를 본다. 우리는 보통 강화물을 받을 수 있을 때까지 기다리다가 반응을 하고 강화물을 받는다(그러나 시계를 보는 행동이 전형적인 FI 패턴을 따른다는 점에 주목하라. 당신은 그 이유를 알 수 있는가?).

어떤 행동이 FI 강화계획으로 강화된 것인지를 판단하려면, 두 가지 질문을 해 보아야 한다. ① 고정된 시간간격 후 강화를 받기 위해 단 한 번의 반응만을 요구하는가? ② 시간간격 동안 반응하는 것이 무엇인가에 영향을 주는가? 만약 첫 번째 질문에 그렇다고 대답할 수 있고 두 번째 질문에 아니라고 대답할 수 있다면, 그것은 FI 강화계획이다. 예를 들어, 학생들이 일주일에 한 번씩 시험을 보아야 하는 대학 수업을 생각해 보자. 학생들의 공부하는 패턴은 시험이 끝난 직후에는 전혀 혹은 거의 공부를 하지 않다가, 시험일이 다가왔을 때 공부를 많이 한다는 점(즉, 공부행동의 증가)에서 FI 강화계획에 반응하는 특징적인 패턴과 많이 닮아 있다. 그러나 앞의 두 가지 질문을 다시 생각해 보자. 학생들이 일주일이 지날 때까지 기다려서 '한 번' 공부하는 반응을 하고 좋은 성적을 받을 수 있는가? 아니다. 좋은 성적은 일주일 내내 공부하는 것에 달려 있다. 그러면, 간격이 끝나기 전에 반응하는 것이 무엇인가에 영향을 주는가? 그렇다. 그것은 좋은 성적을 받는 데 도움이 된다. 따라서 이것은 어떤 면에서 FI와 닮아 있지만, FI의 예가 아니다.

변동-간격(variable-interval: VI) **강화계획**에서는 어떤 시간간격 이후 특정 반응이 처음 나타났을 때 강화가 제공되나, 간격의 길이가 한 번의 강화에서 다음 강화까지 예기치 않게 변화한다. 더 간단하게 말하자면, VI 강화계획에서 반응은 예상할 수 없는 시간간격 후 강화된다. VI 강화계획에서 간격의 길이는 평균값을 중심으로 다양하게 변화하는데, 그 평균값은 특정한 VI 강화계획의 이름으로 명시된다. 예를 들어, 강화를 받기 위해 평균 25분이 요구된다면, 그 계획을 VI 25분으로 줄여서 표기한다. VI 강화계획은 중간 정도의 안정된 반응비율을 끌어내며 강화 후 휴식이 나타나지 않는다(혹은 대체로 매우 짧다.). 앞에서 논의된 간헐 강화계획에서처럼 VI 강화계획은 연속 강화에 비하여 소거에 대한 저항이 크다. 그러나 FR 강화계획이나 VR 강화계획에서보다 VI 강화계획으로 강화된 경우, 이후 소거 동안의 반응비율이 더 낮다.

편지나 메시지는 예측할 수 없는 때에 오거나 남아 있기 때문에, 우편함을 확인하거나 녹음된 전화 메시지를 체크하거나 컴퓨터로 이메일을 확인하는 것은 일상생활에서 찾아볼 수 있는 VI 강화계획의 예다.

행동수정 프로그램에서 단순간격 강화계획은 다음과 같은 이유로 자주 사용되지 않는다. ① FI 강화계획에서는 긴 강화 후 휴식이 발생한다. ② VI 강화계획에서 강화 후 휴식이 발생하지 않는다 해도, 비율 강화계획보다 더 낮은 반응비율을 보인다.

③ 단순간격 강화계획은 각 간격이 끝난 뒤에 반응이 일어날 때까지 행동을 계속적으로 관찰하는 것이 필요하다.

제한 시간이 있는 간격 강화계획

제한 시간(limited hold)이라고 불리는 것이 간격 강화계획에 더해질 때, 행동에 막대한 영향을 미칠 수 있다. 제한 시간이 있는 간격 강화계획이 어떻게 작용하는지 설명하기 위해 한 가족의 자동차 여행에서 아이들의 행동을 통제하기 위해 사용했던 효과적인 전략을 기술하도록 하겠다. 그것은 '좋은 행동 게임(The Good behavior Game)'(Tingstrom, Sterling-Turner, & Wilczynski, 2006)이라고 불리는 타이머 게임(The Timer Game)[2)]을 이용한 전략이었다. 필자 중 한 명은 두 아들이 어렸을 때, 자동차를 타고 가족 여행을 하곤 했었다. 앞좌석에 아빠와 엄마가 앉고, 뒷좌석에 두 아이가 앉았다. 두 아들 녀석의 끊임없는 말싸움은 하루 종일 계속되었다("내 자리에 앉지 마" "그것 내 놔" "건드리지 마" 등등). 유쾌하지 않은 여행을 몇 번 경험한 후에, 아내와 나는 타이머 게임을 약간 변형해 보기로 결정했다. 첫째, 25분까지 맞출 수 있는 타이머를 하나 샀는데, 맞춰 놓은 시간이 되면 '땡' 하는 소리를 냈다. 자동차 여행을 시작할 때, 아이들에게 새로운 규칙을 발표했다. "우리 약속을 하나 하자. 만약 타이머가 '땡' 하고 소리를 낼 때마다 너희가 싸우지 않고 잘 놀고 있다면, 숙소에서 밤늦게 TV를 볼 수 있는 시간을 5분씩 버는 거야(늦은 밤에 TV를 보는 것은 자동차 안에 DVD 플레이어가 있기 전에는 두 아이에게 강력한 강화물이었다.). 그러나 만약 너희들이 그때도 싸우고 있다면, 너희는 그 5분을 까먹게 될 거다. 숙소에 도착할 때까지 이 게임을 해 보자." 이후로 아내와 나는 여행 중에 무작위로 간격을 두고 타이머를 맞춰 놓았다. 결과는 매우 놀라웠다. 끝없이 말싸움을 하던 두 아이들은 협동 놀이를 하게 되었다. 강화물을 받기 위해서 '땡' 소리가 나는 순간에만 협동 놀이를 하면 되는 것이었지만, 아이들은 언제 '땡' 소리가 날지 알지 못했기 때문에 결과적으로 계속해서 협동 놀이를 하게 된 것이다. 이 경우에 적용된 강화계획은 제한 시간이 있는 VI 강화계획이었다.

제한 시간은 이떤 반응이 강화물을 받을 수 있는 한정된 시간이다. 제한 시간은 기본적으로 강화계획의 반응요구가 충족되어야 하는 정해진 기한이다. 즉 일단 강화물

---

2) 이 절차는 Wolf, Hanley, King, Lachowicz와 Giles(1970)의 연구에 기초하여 개발되었다.

이 정해지면 제한된 기간 동안에만 강화물을 받을 수 있는 가능성이 '열린다'. VI 강화계획에 따라서 타이머 게임을 하고 있는 아이들의 경우, 강화물을 받으려면 타이머가 '땡' 하고 울리는 순간에 잘 놀고 있어야 했기 때문에 제한 시간은 0초였다. 간격 강화계획에 제한 시간을 더하는 것은 강화계획 뒤에 약자로 '/LH'와 제한 시간의 값을 쓰는 식으로 표기된다. 예를 들어, 만약 FI 1분 계획에 2초의 제한 시간이 더해진다면, 이런 계획은 약자로 FI 1분/LH 2초로 표시된다.

제한 시간이 있는 간격 강화계획에서 만약 제한 시간이 짧다면, 비율 강화계획에 의해서 나타나는 것과 유사한 효과(간격크기가 갑자기 커질 때 긴장을 일으키는 것을 포함해서)를 일으킨다. 짧은 FI 강화계획에서, FI/LH 강화계획은 FR 강화계획에 의해서 나타나는 효과와 유사한 효과를 낳는다. VI/LH 강화계획은 VR 강화계획에서 나타나는 것과 유사한 효과를 낳는다. 그래서 짧은 제한 시간이 있는 간격 강화계획은 때때로 교사가 비율계획에 따른 반응을 생성하고자 하지만, 그 행동이 일어나는 빈도를 매번 세는 것이 불가능할 때(예, 교사가 주기적으로 혹은 일정하지 않은 간격을 두고 행동을 관찰할 수 있을 때) 사용된다.

일상생활에서, FI/LH 강화계획의 좋은 예는 버스를 기다리는 것이다. 보통 버스는 일정한 시간표에 따라 운행된다(예, 20분에 한 대). 버스 정류장에 일찍 도착한 사람과 버스가 도착하기 직전에 혹은 버스가 들어오고 있을 때 도착한 사람은 모두 버스를 탈 수 있다는 점에서 아무런 차이가 없다. 여기까지는 단순 FI 강화계획과 같다. 그러나 버스는 제한된 시간 동안만 정차해 있을 것이다(아마도 1분 정도). 만약 이 제한된 시간 안에 버스 정류장에 도착하지 못하면 그 버스는 출발하고 다음 버스가 올 때까지 기다려야 할 것이다. VI/LH 강화계획에 맞는 좋은 예는 통화 중인 친구에게 전화를 하는 것이다. 계속 통화 중이라면 몇 번이고 계속해서 전화를 걸어도 그 친구와 통화할 수 없고, 언제까지 그 친구가 통화를 할 것인지 예측할 수 없다는 점에 주목하자. 또한 전화를 끊은 후에 친구가 방을 나가거나 다른 전화를 받을지도 모른다. 어떤 경우이든, 친구가 집에 있으면서 통화하고 있지 않는 제한된 시간 동안에 우리가 전화를 하지 않는다면 친구와 이야기를 하는 강화를 놓칠 것이고, 또 한 번 예측할 수 없는 기간을 기다려야 강화를 얻을 기회를 가질 수 있다. 일상에서의 VI/LH 강화계획의 다른 예는 [그림 6-2]에서 볼 수 있다.

짧은 제한 시간이 있는 간격 강화계획은 행동수정 프로그램에서 흔히 사용된다. 예를 들어, 소란스러운 학생들의 학급을 맡아 가르치게 된 교사는 제자리에 앉아 있는 행동을 강화하기 위해 VI 30분/LH 0초 계획과 같이 변형된 타이머 게임을 사용할 수

반응: 공항에서 짐을 바라보고 있음
강화물: 짐을 찾음
수반성 배열: 예상할 수 없는 시간이 지난 이후, 짐이 컨베이어에서 나타남

반응: 완구용 나무 조각을 쌓아 올림
강화물: 나무 조각을 모두 쌓음
수반성 배열: 정해진 수의 반응 후에 모든 조각이 쌓임

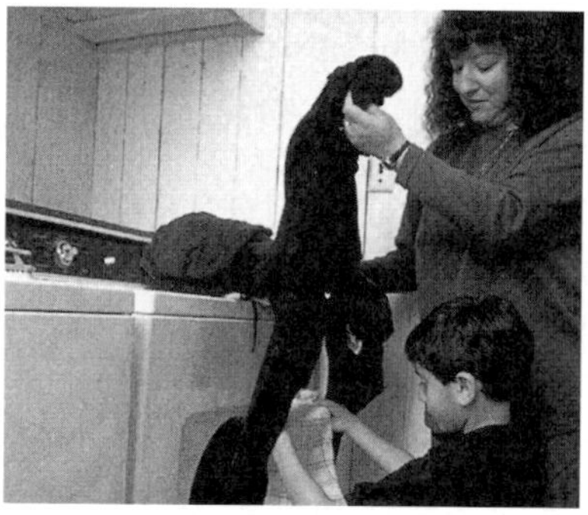

반응: 건조기에서 옷을 꺼냄
강화물: 옷이 건조됨
수반성 배열: 정해진(고정) 시간 후에 첫 반응이 강화됨

반응: TV 시청
강화물: 재미있는 장면을 봄
수반성 배열: 재미있는 장면이 예기치 않게 나왔다가 금방 지나감

[그림 6-2] 간헐 강화계획에 따라 반응하고 있는 사람들의 예

있다. 만약 아이들이 변동 30분 간격으로 타이머가 울릴 때마다 자리에 조용히 앉아 공부하고 있다면, 아이들은 점수를 모아서 자유 시간을 얻을 수 있듯이, 그들이 원하는 것을 받을 수 있을 것이다.

비율 강화계획에 제한 시간을 더하는 것 또한 가능하다. 예를 들어, 헬스 트레이너가 운동하고 있는 사람에게 "2분 동안 푸쉬업을 30번 한다면, 물을 한 모금 마실 수 있습니다."라고 말한다면, 그것은 FR 30/LH 2분이 될 것이다. 비율 강화계획은 이미 높은 반응비율을 일으키기 때문에, 제한 시간은 비율 강화계획보다 간격 강화계획에 더해지는 경우가 많다.

또한 실제로 제한 시간이 있는 간격 강화계획이 제한 시간이 없는 간격 강화계획보다 더 흔하다는 점에 주목하라. 예를 들어, 식품점에 가서 좋아하지만 익지 않은 과일을 산다면, 당신의 행동은 맛없는 과일 맛 때문에 강화되지 않을 것이며, 과일이 너무 익어버릴 때까지 오래 기다리는 것 또한 당신의 행동을 강화하지 않을 것이다.

연습문제

15. FI 강화계획은 무엇인가?
16. 어떤 행동이 FI 강화계획에 따라 강화된 것인지 아닌지를 판단할 때 질문해야 하는 두 가지 질문은 무엇인가? 그 질문에 대한 어떤 답이 그 행동이 FI 강화계획에 따라 강화되었다는 것을 나타내는가?
17. 어떤 교수가 매주 금요일마다 학생들에게 시험을 보게 한다고 가정해 보자. 학생들이 공부하는 행동은 금요일이 다가옴에 따라 점차 증가했다가, 시험이 끝난 후에는 공부하는 행동이 나타나지 않는다(강화 후 긴 휴식과 유사함)는 점에서 FI 강화계획의 특징적인 패턴과 매우 비슷할 것이다. 그러나 이것은 공부하기를 위한 진정한 FI 강화계획의 예가 아니다. 그 이유를 설명하라.
18. VI 강화계획은 무엇인가?
19. 단순간격 강화계획이 훈련 프로그램에서 자주 적용되지 않는 이유를 설명하라.
20. FI/LH 강화계획이 무엇인지를 설명하고, 일상생활에서의 한 가지 예를 구체적으로 기술하라. (힌트: 식사 시간에 도착하는 것, 비행기 출발, 요리하기 등 어떤 정해진 시간에 일어나는 행동을 생각해 보라.)
21. FI/LH 강화계획과 단순 FI 강화계획의 절차상의 유사점과 차이점은 무엇인가?
22. VI/LH 강화계획이 무엇인지 설명하라. 일상생활에서 일어나는 VI/LH 강화계획의 두 가지 예를 구체적으로 기술하라(적어도 하나는 이 책에 없는 것으로).
23. VI/LH 강화계획의 세 가지 특징적인 효과는 무엇인가?
24. VI/LH 강화계획이 훈련 프로그램에서 어떻게 적용될 수 있는지 두 가지 예를 기술하라.
25. 이 책에 없는 것으로, FR/LH 강화계획의 예를 하나 기술하라.

지속기간 강화계획

고정-지속기간(fixed-duration: FD) **강화계획**에서, 강화물은 행동이 고정된 시간 동안 지속적으로 일어날 때에만 제공된다. FD 강화계획의 값은 강화가 제공되기 전에 지속적으로 행동을 하고 있어야 하는 시간의 양이다(예, 만약 1분 동안 지속되어야 한다면 그 강화계획은 FD 1분 계획이라고 부른다.). **변동-지속기간**(variable-duration: VD) **강화계획**에서는 행동이 고정된 시간 동안 지속적으로 일어날 때에만 강화물이 제공되나, 이전 강화에서 다음 강화가 일어나기까지 행동을 계속하고 있어야 하는 시간간격이 예측할 수 없게 변화한다. 평균간격은 VD 강화계획의 이름에 명시된다. 예를 들어, 평균이 1분이라면 그 계획은 약자로 VD 1분으로 표기된다. FD 강화계획과 VD 강화계획 둘 다 연속적인 행동을 오랜 기간 유지하도록 한다. 그러나 FD 강화계획은 강화 후 휴식을 초래하는 반면, VD 강화계획은 그렇지 않다(기껏해야 아주 짧게 나타난다.).

추가설명 3

일상생활에서 지속기간 강화계획의 많은 예를 찾아볼 수 있다. 예를 들어, 시간제 급여를 받고 일하는 사람은 FD 강화계획에 있는 것으로 간주될 수 있다. 납땜하는 것 또한 FD 강화계획에 따른 행동의 한 예다. 납땜을 하기 위해선 일정한 시간 동안 계속해서 납을 납땜하는 쇠의 끝에 대고 있어야 한다. 만약 납의 끝이 녹아 없어지면, 납땜이 빨리 식으므로 다시 녹이기 위해서 같은 시간 동안 열을 가해야 한다. VD 강화계획의 예는 불씨를 만들기 위해 2개의 막대기를 마찰시키는 것에서 찾아볼 수 있다. 불씨를 일으키는 데 걸리는 시간은 막대기의 크기, 모양, 건조 정도 등에 따라 달라지기 때문이다. VD 강화계획의 다른 예는 복잡한 교차로를 지나기 전에 교통체증이 풀리기를 기다리는 것이다.

행동수정 프로그램에서 표적행동이 연속적으로 측정되고 그 지속기간에 기초해서 강화될 수 있을 때에만 지속기간 강화계획을 사용한다. 그러나 지속기간 강화계획이 모든 표적행동에 적용 가능하다고 가정해서는 안 된다. 아이가 한 시간 동안 공부를 하거나 피아노 연습을 할 때 강화를 주는 것은 효과가 있을 수 있다. 그러나 이것은 단지 책상 앞에 앉아 있거나 피아노 앞에 앉아 있는 것을 강화하는 것일 수도 있다. 특히 공부하는 것과 같은 경우에 그럴 수 있는데, 부모나 교사가 바람직한 행동이 발생하고 있는지 아닌지를 관찰하는 것이 어렵기 때문이다(아이는 공상에 빠져 있거나, 만화책을 보고 있을지도 모른다.). 피아노를 연습하는 것은 부모나 교사가 소리를 들을 수 있기 때문에 아이가 연습을 하고 있는지 아닌지를 관찰하기가 더 쉽다.

발달장애가 있는 아동을 훈련하는 프로그램에서, 눈 맞춤은 지속기간 강화계획에 의하여 흔히 강화되는 행동이다. 발달장애가 있는 많은 아동들이 타인과 눈 맞추기를 하지 않고, 어른들이 눈을 맞추려고 할 때 시선을 피한다. 눈 맞추기는 이후 사회성 발달에 중요한 필수조건이다.

연습문제

26. FD 강화계획이 무엇인지 설명하라. 일상생활에서 나타나는 FD 강화계획의 두 가지 예를 구체적으로 기술하라(적어도 하나는 이 책에 나오지 않는 것으로).
27. 만약 당신이 토스터에 식빵을 넣고 손잡이를 누를 때마다 식빵이 구워져서 나오는 데 30초가 걸린다고 하자. 이것이 FD 강화계획의 예인가? 그렇다면 왜 그러한가? 그렇지 않다면 왜 그렇지 않은가? 만약 ① 눌러진 토스터 손잡이를 유지시켜 주는 걸쇠가 고장났다면, 혹은 ② 시간이 되면 손잡이를 올려주는 타이머가 고장났다면, 이것은 FD 강화계획이라 할 수 있는가? 각각의 경우를 설명하라.
28. FD 강화계획이 왜 공부하는 행동을 강화하기에 아주 좋은 강화계획이 아닌지 그 이유를 설명하라.
29. FD 강화계획을 훈련 프로그램에 어떻게 적용할 수 있는지 두 가지 예를 기술하라.
30. VD 강화계획이 무엇인지 설명하고, 일상생활에서 일어나는 VD 강화계획의 예를 하나 구체적으로 기술하라.
31. [그림 6-2]에 있는 각각의 사진에서 작동되고 있는 것으로 보이는 강화계획을 제시하라. 각 경우에, 당신이 그 강화계획이 작동되고 있다고 선택한 이유를 제시하라.

행동을 증가시키고 유지하기 위한 여덟 가지 기본 간헐 강화계획에 대한 개요

우리가 이 장에서 논의한 여덟 가지 기본 간헐 강화계획과 그 특징적 효과가 〈표

표 6-1 행동을 증가시키고 유지시키기 위한 기본적인 간헐 강화계획의 특징적 효과와 적용

강화계획	고정	변동	적용
비율	높고 안정된 비율, 강화 후 짧은 휴식, 높은 소거 저항	높고 안정된 비율, 강화 후 휴식 없음, 매우 높은 소거 저항	덧셈, 뺄셈 문제를 정확하게 푸는 것 또는 스포츠 기술의 정확한 반복처럼 특정 반응의 비율을 증가시키고 유지하기 위해 적용됨
단순간격	점진적인 비율 증가, 강화 후 긴 휴식, 중간 정도의 소거 저항	중간 정도의 안정된 비율, 강화 후 휴식 없음, 어느 정도 높은 소거 저항	행동 프로그램에서 흔하게 사용되지 않음
제한 시간이 있는 간격	높고 안정된 비율 (짧은 간격 동안), 강화 후 짧은 휴식, 중간 정도의 소거 저항	높고 안정된 비율, 강화 후 휴식 없음, 높은 소거 저항	교실에서 아이들의 과제수행 행동이나 가족 자동차 여행에서 아이들의 협동적인 행동, 또는 수영수업에서 헤엄치기 등 행동의 지속기간이나 안정된 반응률을 증가시키고 유지하기 위해 적용됨
지속기간	연속적인 행동, 중간 정도의 소거 저항	연속적인 행동, 높은 소거 저항	피아노 연습과 같이 연속적으로 모니터될 수 있고, 일정 시간 내내 지속해야 하는 행동을 증가시키고 유지하기 위해 적용됨

추가설명 4

6-1〉에 예시되어 있다. 요약하자면, 그 여덟 가지 기본 강화계획은 FR, VR, FI, VI, FI/LH, VI/LH, FD, VD이다. 비율 강화계획(FR과 VR)은 정해진 수의 반응을 했을 때 강화가 수반된다. 단순간격 강화계획(FI와 VI)은 일정한 시간이 경과한 후에 나타나는 반응에 강화가 수반된다. 제한 시간이 있는 간격 강화계획(FI/LH와 VI/LH)은 강화를 받을 수 있게 된 이후 제한된 시간 내에 일어난 반응에 강화가 수반된다. 지속기간 강화계획(FD와 VD)은 일정 시간 동안 계속해 온 반응에 대해 강화가 수반된다.

그러므로 〈표 6-1〉의 왼쪽 끝에 제시된 강화계획 범주들은 강화가 일어나기 위해서 충족되어야 하는 요건들을 가지고 한다. 이러한 요건은 반응의 수(즉, 비율 강화계획) 혹은 시간과 반응(즉, 단순간격 강화계획, 제한 시간이 있는 간격 강화계획, 지속기간 강화계획)에 기초하고 있다.

동시 강화계획

대부분의 상황에서 우리는 하나 이상의 행동 선택안을 가지고 있다. 예를 들어, 어느 날 저녁 집에 있는 어떤 학생은 TV를 보거나 웹 서핑을 하거나 숙제를 하거나 전화통화를 하는 여러 선택안들을 가질 수 있다. 둘 이상의 행동이 동시에 각기 다른 강화계획에 의해 강화될 때 효과가 있는 강화계획을 **동시 강화계획**(concurrent schedules of reinforcement)이라 부른다. 앞의 학생을 위한 동시 강화계획을 고려할 때, 그 학생은 어떤 선택을 할까? 1961년에 Richard Herrnstein은 짝짓기 법칙(matching law)을 제안했는데, 짝짓기 법칙은 동시 강화계획에 있는 한 활동을 수행하는 데 사용하는 시간이나 반응률은, 다른 동시적 활동에 대한 강화비율에 비해 그 활동이 받게 되는 강화비율에 따라 달라진다는 것이다. 연구에 따르면, 몇 가지 강화계획 중 선택이 가능할 때 다음의 요인들이 우리의 선택에 영향을 준다. 즉 ① 작동되고 있는 강화계획의 유형, ② 강화의 즉각성, ③ 강화의 크기(예, 학생은 지루한 TV 쇼를 보는 것보다 성적에 50% 반영되는 시험에 대비하여 공부하는 것을 선택할 것이다.), ④ 다른 선택안을 수행하는 데 드는 반응 노력(Friman & Poling, 1995; Mazur, 1991; Myerson & Hale, 1984; Neef, Mace, & Shade, 1993; Neef, Mace, Shea, & Shade, 1992; Neef, Shade, & Miller, 1994)이 그것이다.

동시 강화계획에 대한 연구결과를 이해하는 것은 행동수정 프로그램을 설계할 때 매우 유용하다. 예를 들어, 당신이 바람직한 대안행동을 강화함으로써 바람직하지 않은 행동을 감소시키려고 한다면, 바람직한 대안행동을 위한 강화계획이 바람직하지 않은 행동을 할 때의 강화계획보다 더 즉각적으로 강화물을 주는지, 더 빈번하게 강화하는지, 더 강력한 강화를 제공하는지, 그리고 바람직한 대안반응을 하는 데 노력이 덜 드는지를 반드시 확인해야 한다.

간헐 강화의 함정

함정 유형 1

간헐 강화의 가장 공통적인 함정은 일관성 없이 소거를 사용하는 것으로, 이는 행동수정을 전혀 모르는 사람들뿐만 아니라, 행동수정에 대하여 어느 정도 지식이 있는 사람들도 자주 빠지는 함정이다. 예를 들어, 부모들은 자녀가 울고불고 난리치는 것을 처음에는 무시하다가, 아이가 계속 울고 보채면 마침내 체념하고 아이의 요구를 들어준다. 따라서 아이들은 VR 강화계획 혹은 VD 강화계획에 따라 강화를 받게 되며, 앞으로 더욱 끈질기게 울고 보채는 행동을 하게 된다. 많은 경우, 부모와 치료진들은 '소거가 효과가 없었기 때문에' 결국 아이들의 요구를 들어줄 수밖에 없었다고 말한다. 그러나 간헐 강화의 결과, 행동이 더 높은 비율로 나타나며 연속적으로 강화되었던 행동보다 소거하는 데 더 오랜 시간이 걸리게 된다.

간헐 강화계획의 효과적 적용을 위한 지침

바람직한 행동을 만들어 내고 유지하기 위하여 간헐 강화계획을 효과적으로 사용하려면, 다음의 규칙을 따르는 것이 중요하다.

1. 당신이 강화하고 유지하기를 원하는 행동에 적합한 강화계획을 선택하라.
2. 실제로 적용하기에 편리한 강화계획을 선택하라.
3. 행동을 강화해야 할 때를 정확하고 편리하게 결정할 수 있는 적합한 도구와 자료를 사용하라. 예를 들어, 당신이 비율 강화계획을 사용하려 한다면, 일종의 카운터기(손목 계수기, 계산기, 실에 꿴 구슬, 혹은 간단하게 종이와 연필)가 있는지 확인하라. 유사하게, 당신이 간격 강화계획이나 지속기간 강화계획을 사용하려 한다면, 그 계획에 적합한 정확한 타이머가 있는지 확인해야 한다. 만약 당신이 변동-비율 강화계획을 사용하려 한다면, 당신이 선택한 평균을 중심으로 무작위로 숫자를 배열하여 사용하는 것이 좋다.
4. 초기에 강화의 빈도는 바람직한 행동을 유지시킬 수 있을 만큼 충분히 높아야 한다. 그런 다음 한 번의 강화로 최종적인 목표행동의 양이 유지될 때까지 강화의 빈도를 점진적으로 감소시켜야 한다(장의 경우를 회상해 보라. 고정-비율 강화계획의 값이 처음에는 매우 작다가 점차 증가되었다. 톰이 처음에 강화를 반기 위해서는 두 문제를 풀면 되었지만, 나중에는 16개의 문제를 풀어야 강화를 받았다.). 항상 각 단계마다 그 행동이 강력하게 유지될 때까지 충분히 오래 머물러야 한다. 이것은 10장에 기술된 조형(shaping) 절차와 유사하다. 만약 너무 빠르게 요구량을

증가시킨다면, 그 행동은 퇴보하고 다시 회복하기 위해 당신은 초기 단계(아마도 연속 강화 단계)로 돌아가야만 할 것이다.

5. 내담자가 이해할 수 있는 언어로, 당신이 사용하고 있는 강화계획에 대하여 알려주라. 많은 연구(Pouthas, Droit, Jacquet, & Wearden, 1990; Shimoff, Matthews, & Catania, 1986; Wearden, 1988)에서, 실시되고 있는 강화계획과 관련하여 따라야 할 구체적인 규칙을 알고 있을 때 사람들이 더 효율적으로 수행한다고 지적하고 있다(17장의 규칙-지배 행동에 대한 논의를 참조하라.).

연습문제

32. 동시 강화계획은 무엇인가? 예를 하나 들어 설명하라.
33. 어떤 사람이 각기 다른 강화물로 다른 강화계획에 따라 강화되는 두 가지 이상의 행동 중 하나를 선택할 수 있다면, 그 사람이 선택할 행동을 결정할 때 중요한 네 가지 요인은 무엇인가?
34. 간헐 강화가 그 효과를 모르는 사람들에게 어떻게 잘못 사용될 수 있는지 기술하고 예를 하나 들라.
35. 행동 지속성을 발달시키기 위해 사용되는 여덟 가지 강화계획(이 장에서 설명된)은 무엇인가?
36. 일반적으로 어떤 강화계획이 더 높은 소거 저항을 일으키는 경향이 있는가? 고정계획인가, 변동계획인가(〈표 6-1〉 참조)?

적용연습

A. 타인에 대한 적용연습

다음의 행동이 확립되었다고 가정해 보자.

1. 룸메이트나 배우자의 설거지 하는 행동
2. 아이들의 집안 먼지를 털어 내는 행동
3. 학생이 수학 숙제를 하는 행동

이제 당신은 이러한 행동을 유지시켜야 하는 과제에 당면하였다. 간헐 강화의 효과적인 사용을 위한 지침에 따라 위 행동 각각에 가장 좋은 강화계획은 무엇인지, 그리고 이 강화계획을 각 행동에 어떻게 적용할 수 있는지를 상세히 기술하라.

B. 자기-수정 연습

만약 당신이 며칠 내로 200쪽의 책을 읽어야 한다고 해 보자. 당신을 위한 적절한 강화물을 선택하고, 이 강화물을 실시하기에 가장 적합한 강화계획을 정하라. 당신이 그 강화계획을 선택한 이유(특징적인 효과, 적용의 용이함 등)를 기술하라. 그리고 당신이 이 프로그램을 어떻게 실시해서 성공적으로 완수할 것인지 그 방법을 개략적으로 기술하라.

추가설명 및 심화토론

1. 다양한 강화계획은 주로 동물 연구에서 효과가 있었다. 이 주제로 Ferster와 Skinner(1957)가 쓴 권위 있는 고전적 연구에서는 주로 몇 초 동안 곡물을 먹을 수 있는 강화를 얻기 위해 나무 막대기를 쪼는 비둘기를 다루었다. 기본적인 강화계획에 노출되었을 때 다른 동물들이 보이는 반응양상을 인간도 보이는가를 확인하기 위해 많은 실험이 수행되었다. 예를 들어, 가장 흔하게 수행된 한 가지 절차는 지원자들이 돈이나 다른 강화 품목으로 교환될 수 있는 점수를 받기 위해 지렛대를 누르는 것이었다. 그러나 많은 경우 이러한 상황에서 반응하는 인간은 이 장에서 기술된 행동양상을 보이지 않는다. 특히, 인간은 동물이 전형적으로 보이는 반응비율의 감소나 반응에서의 휴식을 종종 보이지 않는다(Pear, 2001, pp. 74-75 참조).

   동물과 인간이 이러한 차이를 보이는 한 가지 가능한 이유는 인간이 반응하도록 조건화된 복잡한 언어행동과 관련이 있다. 즉 인간은 규칙을 언어화할 수 있는데(17장에 기술된 것처럼), 이는 여러 강화계획에 노출되었을 때 동물이 보이는 것과 다른 행동양상을 보이도록 영향을 줄 수 있다(Michael, 1987). 따라서 인간은 실시되고 있는 강화계획에 대하여 스스로 진술할 수 있고, 실제 강화계획 자체보다 그러한 진술에 반응한다. 예를 들어, 인간은 보통 낮은 반응비율을 일으키는 계획에서조차, 자신이 회기에서 높은 비율로 반응한다면 실험자가 기뻐할 것이라고 스스로에게 말할 수 있다. 그리고 이러한 자기 지시는 높은 반응비율을 일으킬 수 있다. 이러한 견해는 말을 배우기 전 아기들이 보이는 반응양상이 동물이 보이는 반응과 유사하다는 자료에서 그 증거를 찾을 수 있다(Beasty & Bentall, 1983). 그리고 아이가 점차 언어를 배우게 되면서 동물의 반응과 차이를 보이게 된다(Bentall, Lowe, & Beasty, 1985). 이에 더해서, 다양한 강화계획에 대한 반응비율과 반응양상에 지시가 매우 큰 영향을 줄 수 있는데(Otto, Torgrud, & Holborn, 1999), 특히 컴퓨터가 아니라 실험자가 지시를 할 때 그렇다(Torgrud & Holborn, 1990).
2. 소설가 Irving Wallace가 쓴 기록을 분석해 보면, 소설 쓰기는 고정-비율 강화계획의 패턴을 따른다는 것을 알 수 있다(Wallace & Pear, 1977). Wallace는 대체로 그가 쓰고 있는 책의 각 장을 완성한 후 즉각 글쓰기를 멈추었다. 하루 정도 휴식을 가진 후에 글쓰기를 다시 시작하여 다음 장이 완성될 때까지 높은 비율로(거의 쉬지 않고) 글을 썼다. 그리고 원고 초안이 완성된 후에 전형적으로 오랜 휴식이 일어났다. 책의 한 장 한 장이 완성되고 원고 초안이 완성되는 것이 소설 쓰기에 대한 강화이며, 이러한 강화는 FR 강화계획에 따라 일어난다고 볼 수 있다. 물론, 소설 쓰기는 복잡한 행동이며 다른 요인들 또한 관련된다는 점을 인정해야 한다.
3. FR 강화계획과 FD 강화계획이 모두 적용될 수 있을 때, FR 강화계획이 더 낫다는 입장을 지지하는 증거가 있다. Semb과 Semb(1975)는 초등학생을 대상으로 워크북 과제를 가지고 두 가지 강화계획을 비교하였다. 한 가지 방법은 '고정-페이지 과제'라고 불리는 것으로, 아

이들에게 15페이지를 마칠 때까지 공부하라고 지시하였다. 다른 방법은 '고정-시간 과제'인데, 아이들에게 선생님이 그만하라고 할 때까지 공부하라고 지시하였다. 고정-시간 과제를 받은 아이들이 공부하는 데 쓴 시간은 고정-페이지 조건의 아이들이 쓴 평균적인 시간의 양과 같았다. 두 조건에서, 과제의 내용 중 무작위로 선택된 20문제 중 적어도 18문제에서 정답을 말하는 아이는 자유 시간을 가질 수 있었다. 그렇지 못한 아이는 과제를 다시 해야 했다. 전반적으로 고정-시간 조건에 있었던 아이들보다 고정-페이지 조건에 있었던 아이들이 과제를 더 많이 완수하였고 정확한 반응도 더 많이 하였다.

4. 강화계획은 우리가 흔히 내적 동기 상태로 귀인했던 행동을 이해할 수 있게 도와준다. 예를 들어, 병적 도박자를 생각해 보자. 이들은 자신에게 도움이 되지 않는 방향으로 행동하기 때문에, 이런 사람은 때로 피학적인 내적 동기, 즉 자기-처벌의 욕구를 가지고 있다고 말해진다. 하지만 병적 도박자는 높은 VR 강화계획에 우연히 적응하게 된 희생자일 수 있다. 아마도 그가 처음 도박을 접했을 때, 연속해서 여러 번 크게 돈을 땄을 것이다. 그러나 시간이 경과함에 따라 돈을 따는 빈도가 줄어들고, 지금은 매우 드물게 강화를 받으면서 도박하는 행동을 높은 비율로 유지하고 있는 것이다. 높은 VR 강화계획(즉, 낮은 강화율)에 적응하여 바람직한 행동을 오래 지속하는 것도 설명할 수 있다. 예를 들면, 공부벌레, 사업가, 과학자 등이 이에 속한다.

▶ 추가설명에 대한 연습문제

1. 강화계획에 대한 권위 있는 고전적 연구는 누가 썼는가? 그리고 그 책의 제목은 무엇인가?
2. 동물기초연구에서 전형적으로 밝혀진 강화계획의 효과를 인간기초연구에서 얻는 데 실패한 이유는 무엇인가?
3. FR 강화계획이 어떻게 소설 쓰기에 적용될 수 있는지를 기술하라.
4. 거실 가구의 먼지를 털어 내고 있는 아이를 고정 시간으로 강화하는 것이 나을까, 아니면 먼지를 털어 낸 물품의 수대로 강화하는 것이 나을까? 당신의 답을 설명하라.
5. 흔히 내적 동기상태로 귀인되었던 행동을 이해하는 데 강화계획이 어떻게 도움이 될 수 있는지 간략하게 기술하라.

07 간헐 강화: 행동 감소시키기

"토미, 시끄럽게 굴지 않았으면 좋겠구나!"

토미의 소리 내기 줄이기[1]

토미는 11세의 발달장애아로, 교사가 보기에 교실에서 가장 방해가 되는 학생이었다. 토미는 수업 중에 자주 부적절하게 이야기를 하거나, 다른 소리 내기에 몰두하곤 하였다. 그런 행동 자체가 그렇게 큰 문제가 되는 것은 아니었지만, 그 행동이 너무 자주 일어난다는 것이 문제였다. 그래서 그 행동을 아예 없애기보다는 수업에 방해가 되지 않는 수준으로 감소시키기 위하여 프로그램을 시작하였다.

바람직하지 않은 행동인 '소리 내기'에 대해 다음과 같은 정확한 행동적 정의가 내려졌다. 즉 '교사의 허락 없이 교사나 친구들에게 말 걸기, 혼자서 말하거나 노래하거나 콧노래 부르기, 그리고 진행되고 있는 수업에 무관한 말하기'다. 실습교사가 매일 한 번의 50분 회기 동안 교실 뒤에서 토미의 소리 내는 행동을 기록했다. 관찰의 정확성을 보장하기 위해 다른 한 명의 훈련된 관찰자도 함께 기록했다.

프로그램의 1단계에서 10회기 동안 그 행동을 기록했다. 그 결과 토미는 평균 9분마다 한 번씩(또는 1분당 약 0.11회) 소리를 낸다는 사실이 밝혀졌다. 2단계에서, 토

1) 이 사례는 Deitz와 Repp(1973)에 기초한 것이다.

미에게 소리 내기의 정의에 대해 알려 주고, 50분간 수업 시간이 끝날 때까지 그가 세 번 이하(또는 17분당 1회 이하)로 소리를 낸다면 학교 수업이 모두 끝난 후 5분간 자유롭게 놀 수 있는 시간을 줄 것이라고 말했다. 수업 시간이 끝날 때마다 교사는 토미에게 세 번 이하로 소리를 내는 기준을 충족했는지 말해 주었다. 그러나 수업 중에 토미가 몇 번이나 소리를 냈는지는 전혀 알려 주지 않았다.

이 절차는 상당히 효과가 있었다. 15회기 동안 진행된 2단계에서, 토미의 소리 내기는 평균 54분에 한 번(분당 0.02회)꼴로 나타나게 되었다. 더군다나 그는 회기당 세 번이라는 한계선을 넘은 적이 한 번도 없었다.

마지막 3단계에서 강화계획이 제거되었고, 토미에게 소리를 적게 내더라도 더 이상 자유 시간이 주어지지 않을 것이라고 알려 주었다. 이 단계가 8회기 이상 진행되었고, 토미는 평균 33분에 한 번(분당 0.03회)꼴로 소리를 냈다. 이러한 비율은 처치 기간(2단계) 동안의 비율에 비하면 높은 것이지만, 절차가 도입되기 전 단계(1단계)의 비율에 비하면 훨씬 낮은 것이다. 따라서 치료가 종결된 이후에도 유용한 효과가 있는 것으로 나타났다.

이 장의 강화계획

이전 장에서 적절한 행동을 증가시키고 유지하기 위해 강화계획이 사용되었다. 이 장의 강화계획은 토미의 사례에서처럼, 부적절한 반응을 감소시키고 제거하기 위해 사용된다(O-Brien & Repp, 1990 참조).

저비율 차별강화

저비율 차별강화(differential reinforcement of low rates: DRL)는 특정 반응이 낮은 비율로 발생할 때에만 강화가 주어지는 강화계획이다. DRL의 한 유형인 **제한반응 DRL**(limited-responding DRL)은 강화물이 제시되기 위해 특정 시간간격 동안 최대로 허용 가능한 반응의 수를 명시한다. 이것이 토미에게 사용되었던 강화계획 유형이다. 그 사례에서 시간간격(50분)이 정해졌고, 그 간격 동안 반응이 특정 횟수(세 번의 소리 내기) 이하로 발생하면 그 간격의 끝에 강화가 제공된다.

추가설명 1

제한반응 DRL에서 강화가 제공되기 위해 필요한 최대 허용 가능한 반응 수를 한 회기 전체에 대하여 정할 수도 있고 한 회기를 분리된 간격으로 나누어 정할 수도 있다. 예를 들어, 토미의 경우 한 회기인 50분을 17분씩 세 번의 간격으로 나누어서 각 간격당 최대한 허용되는 반응횟수인 한 번 이내로 소리를 낸다면, 각 간격이 끝날 때 강화를 받게 된다.

제한반응 DRL은 두 가지 조건이 충족될 때 유용하게 사용된다. ① 어떤 행동이 참을 만하지만, ② 그 행동이 적게 나타날수록 더 좋은 경우다. 토미의 사례에서 교사는 한 회기당 세 번의 소리 내기는 그렇게 방해가 되지 않는다고 생각했다. 교사는 그런 행동이 전혀 나타나지 않는 것이 더 좋기는 하지만, 토미에게 그렇게 엄격한 요구를 하고 싶지는 않았다. 그래서 토미가 수업 시간에 세 번이나 두 번, 혹은 한 번 소리를 내거나 전혀 소리를 내지 않으면, 이후에 5분간의 자유 시간을 얻게 될 것이라고 말하였다.

DRL의 두 번째 유형인 간격반응 DRL(spaced-responding DRL)은 명시된 행동이 정해진 간격 동안 일어나지 말아야 하며, 일정 간격이 지난 이후에 그 행동을 한다면 강화를 받게 된다. 다른 말로 하면, 특정 행동의 발생은 시간간격을 두고 일어나야만 한다. 간격반응 DRL은 너무 높은 비율로만 발생하지 않는다면 감소시키고자 하는 행동이 실질적으로 바람직한 행동인 경우에 유용하다. 예를 들어, 교사의 질문에 대해 항상 정답을 먼저 이야기하는 학생은 다른 학생들이 질문에 답할 기회를 빼앗게 된다. 그렇다고 해서 이 학생이 교사의 질문에 대해 정답을 말하는 모든 행동을 제거하려는 것은 아니며, 다만 질문에 대답하는 행동을 보다 적절한 수준으로 감소시키기를 원하는 것이다. 다음과 같은 DRL 강화계획에 따라 행동을 정해 줌으로써 우리가 원하는 것을 이룰 수 있을 것이다. 즉 이전 표적반응이 있은 지 15분 후에 표적반응이 발생할 경우, 즉각적으로 강화한다. 그러나 이전의 표적반응이 있은 지 15분 이내에 발생한 표적반응에 대해서는 강화를 하지 않는다. 정해진 시간간격이 다 지나가기 전에 표적반응이 발생한 경우, 이때부터 간격을 다시 시작해야 한다는 사실에 주의하라. 이런 절차를 간격반응 DRL 1반응/15분 계획이라고 부른다. 이런 유형의 계획에서 강화를 받으려면 표적반응이 표출되어야 한다. 이와 달리 토미에게 사용되었던 제한반응 DRL에서는 강화를 받기 위해 개인이 어떤 반응도 할 필요가 없다.

간격반응 DRL을 사용한 또 다른 예는 너무 빠르게 말하는 학생에게 천천히 말하도록 강화하는 것이다. 그 학생은 "잘 지내니?" 혹은 "어디에 사니?"와 같은 질문에 일반적인 반응을 할 때 강화를 받을 것이다. 즉 그 대답이 특정한 최소한의 시간간격을 두고 이루어지고 그 간격이 교사가 정상적인 빠르기라고 수용할 수 있을 정도가 될 때에만 강화를 받는다. 따라서 기다림이 충분히 길다면, 일련의 반응-기다림-반응이 강화를 받게 된다. 또 다른 예로, Lennox, Miltenberger와 Donnelly(1987)는 건강을 해칠 만큼 너무 자주 식사를 하는 심한 발달장애가 있는 세 사람의 식사 비율을 줄이기 위해 간격반응 DRL을 사용하였다.

연습문제

1. 교실에서 시끄러운 소리를 내는 토미의 행동을 어떻게 감소시켰는지 한 항목씩 간단하게 기술하라.
2. 일반적으로 DRL 강화계획이 무엇인지 설명하라. 일상생활에서 나타나는 DRL 강화계획의 예를 들어 보라.
3. 제한반응 DRL을 정의하고 예를 하나 들라.
4. 간격반응 DRL을 정의하고 예를 하나 들라.
5. 간격반응 DRL은 FI 강화계획과 절차상 어떤 점에서 유사하고 어떤 점에서 다른가?
6. 간격반응 DRL과 FD 강화계획의 절차상 차이점은 무엇인가?
7. 행동 문제를 치료하는 데 DRL이 얼마나 유용한지 두 가지 예(적어도 하나는 본문에 없는 예)를 들어 상세히 설명하라.

반응빈도 영 차별강화

토미의 사례에서 토미의 소리 내기는 교사가 어느 정도 참을 수 있는 행동이었다. 그러나 9세의 게리의 경우를 생각해 보자. 게리는 지능은 정상이지만 자신의 피부를 너무 심하게 긁고 문질러서 온 몸에 상처가 나고 아물지 않았다. 이런 문제 때문에 게리는 대부분의 시간을 병원에서 보냈으며 학교에는 전혀 갈 수 없었다. 피부를 긁고 문지르는 게리의 행동은 전혀 참아 줄 수 있는 것이 아니었기 때문에 DRL 절차는 적절하지 않았다. 그래서 사용된 절차가 DRO(디-알-오라고 발음함)라고 하는 것이다. **반응빈도 영 차별강화**(differential reinforcement of zero responding: DRO)는 명시된 반응이 정해진 시간간격 동안 발생하지 않을 때에만 강화물이 제시되는 강화계획이다. 시간간격이 지나기 전에 표적반응이 발생하면 시간간격이 다시 시작된다는 점에 주의하라. 병원에서 간호사들과 함께 일하면서, 연구자들(Cowdery, Iwata, & Pace, 1990)은 DRO 2분이라고 불리는 절차를 시작했다. 긁는 행동이 2분 간격 사이에 한 번이라도 발생하면, 그 간격은 다시 시작되었다. 하지만, 몸을 긁는 행동이 2분 동안 한 번도 일어나지 않으면(즉, 반응빈도가 영이었다면) 게리는 토큰을 받았는데, 이 토큰은 나중에 TV 보기와 과자, 비디오게임하기, 다양한 놀이기구의 사용과 교환되었다. 며칠 후 DRO 간격은 4분으로 늘어났고, 그다음에는 8분, 15분, 마지막에는 30분으로 늘어났다. 처음에는 DRO가 짧게 적용되었지만, 이후에는 하루 종일로 확대되었다. 결국 게리는 병원에서 퇴원하였고 게리의 부모가 집에서 이 절차를 계속해서 시행하였다.

DRO 30분으로 강화될 때 게리는 긁는 행동 이외의 다른 행동을 하는 것에 대해 토큰을 받았다. 이런 이유에서 DRO는 때때로 다른 반응 차별강화(differential reinforcement of other responding)라고 불리기도 한다. 그러나 실제로 게리가 몸을 긁는 것 대신 뭐든지 해도 좋다는 것은 아니다. 예를 들어, 몸을 긁는 것 대신 유리창을 깬다면 행동수정가들이 분명히 개입했을 것이다. DRO 계획은 교실에서의 부적절한 행동(Repp, Deitz, & Deitz, 1976)과 자면서 엄지손가락을 빠는 아이들의 행동(Knight & McKenzie, 1974), 발달장애가 있는 사람들의 자해행동(Mazaleski, Iwata, Vollmer, Zarcone, & Smith, 1993)과 같은 다양한 표적행동을 감소시키는 데 성공적으로 사용되었다.

만약 바람직하지 않은 행동이 자주 그리고 오랜 시간 동안 발생한다면, 짧은 간격의 DRO로 시작하는 것이 현명할 것이다. 예를 들어, 아이들의 심하게 떼쓰며 우는 행동을 없애기 위해서 DRO 5분을 사용할 수 있다. 이런 절차는 아이들이 심하게 떼쓰는 행동을 보일 때마다 스톱워치를 0으로 다시 맞추고 그 행동이 멈추었을 때 초가 '시작되도록' 함으로써 실시될 수 있다. 심하게 떼쓰는 행동이 전혀 없이 5분이 흘렀을 때 강화가 주어진다. 이렇게 잘 통제되는 상황에서 표적행동이 발생하지 않게 되면 간격을 늘려야 하는데, 예를 들어 DRO 10분으로 늘릴 수 있다. DRO의 간격은 ① 행동이 거의 혹은 전혀 일어나지 않을 때까지, 그리고 ② 행동이 발생하지 않는 것에 대하여 주어지는 강화의 양이 최소가 될 때까지, 계속해서 늘려 나가야 한다.

양립 불가능한 행동 차별강화

DRO 계획에서 강화물을 받을 때 개인은 어떤 행동이든 수행하고 있다. 예를 들어, 게리가 몸을 긁지는 않지만, 30분 간격이 지나서 토큰을 받을 때마다 다른 어떤 행동을 하고 있을 것이다. 특정한 표적반응을 제거하는 데 있어 하나의 대안은, 강화를 받을 양립 불가능한 반응을 명백하게 기술하는 것이다. 양립 불가능한(incompatible) 반응이란, 표적행동과 동시에 표출할 수 없는 반응을 의미한다. 예를 들어, 일어서기와 앉기는 양립 불가능한 행동이다. 표적행동에 대한 강화물을 보류하고(우리가 강화물의 출처를 알고 차단함으로써) 양립 불가능한 반응을 강화함으로써 특정한 표적행동을 감소시키기로 결정했다면, 그러한 계획을 **양립 불가능한 행동 차별강화**(differential reinforcement of incompatible[DRI] behavior)라고 한다. 예를 들어, 당신이 초등학교 1학년 담임교사이고 주의력결핍-과잉행동장애가 있는 아동이 교실에서 뛰어다니는 행동을 제거하고 싶어 한다고 가정해 보자. 한 가지 가능성은 DRO 계획에 따라서 당신이 원하지 않는 행동을 제한하는 것이다. 그러나 이것은 역시 바람직하지 않은 다른 양립 불가능한 행동(예를 들어, 교실 바닥에 드러눕는 것)으로 대치될 수 있다. 이것을 피하기 위해서, DRO 대신에 강화를 받을 수 있는 양립 불가능한 행동을 명백히 기술하는 DRI를 사용할 수 있다. 예를 들어, 제자리에 조용히 앉아 있는 것을 강화할 수 있다. 더 좋은 선택은 학업 과제를 수행하는 것인데, 왜냐하면 이것이 아이들에게 더 유용하기 때문이다. 또 다른 예에서 Allen과 Stokes(1987)는 아이들이 치과 진료를 받는 동안 의자에 조용하게 가만히 앉아 있는 양립 불가능한 행동을 강화하는 데 DRI를 성공적으로 적용하였다. 표적행동에 대한 양립 불가능한 행동의 가능한 다른 예들을 〈표 7-1〉에 제시하였다.

표 7-1 표적행동과 양립 불가능한 행동의 예

감소시키려는 표적행동	증가시키려는 양립 불가능한 행동들
음주 운전을 함	택시를 타거나 친구에게 대리운전을 부탁하기
손톱을 물어뜯음	겨드랑이에 손을 넣고 있기
욕을 함	욕하지 않고 말하기
수업 시간에 지각을 함	수업 시간 전에 도착하기

연습문제

8. DRO 강화계획이 무엇인지 설명하라. 일상생활에 나타나는 DRO 강화계획의 예를 하나 들라.
9. 행동 문제를 치료하는 데 DRO 강화계획이 얼마나 유용한지 두 가지의 예(적어도 하나는 본문에 없는 예)를 들어 상세하게 설명하라.
10. DRO 강화계획에서 'O'는 어떤 두 단어를 나타내는가? 당신이 쓴 답을 설명하라.
11. DRI 강화계획이 무엇인지 설명하고 예를 하나 들라.
12. 때때로 DRI 강화계획은 왜 DRO 강화계획 대신에 선택되는가?

대안행동 차별강화

DRI의 대안으로 **대안행동 차별강화**(differential reinforcement of alternative[DRA] behavior)가 있는데, 이것은 문제행동의 소거와 함께 문제행동과 어느 정도 다르지만 반드시 양립 불가능한 것은 아닌 행동을 강화하는 것과 관련된 절차다(Vollmer & Iwata, 1992; Vollmer, Roane, Ringdahl, & Marcus, 1999). 심한 발달장애가 있는 4세의 소년 카일의 사례를 생각해 보자. 훈련회기 동안, 카일은 자주 공격적이었고 치료자를 때리거나 할퀴거나 차려고 시도하였다. 이 행동을 감소시키기 위해, Vollmer와 동료 연구자들은 DRA를 실시하였다. 훈련회기 동안, 그들은 요구되는 다양한 과제를 수행하는 순응적인 행동을 강화하였고 공격적인 행동은 무시하였다. 카일이 순응적인 행동을 보일 수 있지만 여전히 공격성을 보였기 때문에 DRI가 아니라 DRA를 선택했다는 점에 주목하자. DRA는 카일의 순응성을 증가시키는 것뿐만 아니라 공격성을 감소시키는 데에도 효과적이었다.

바람직하지 않은 행동을 제거하기 위해 DRA를 사용하는 것은 본래 우리가 5장에서 '소거는 바람직한 대안행동에 대한 정적 강화와 결합될 때 가장 효과적이다.'라고 말하면서 추천했던 것이다. 사실상, DRA(와 이 장에서 논의한 다른 강화계획들)는 바람직하지 않은 행동을 유지시키는 바로 그 강화물을 사용할 때 매우 효과적일 수 있다. 그러한 강화물을 확인하는 기법은 23장에 설명되어 있다. 대안행동을 강화하기 위한 계획을 선택하려면 6장에서 논의된 고려사항을 기반으로 해야 한다.

이 부분을 마치기 전에 DRI와 DRA가 바람직하지 않은 행동을 감소시키거나 제거하는 데 있어 정말로 단순한 소거보다 더욱 효과적인지에 관하여 몇 가지 의문이 있다는 점을 지적하고 싶다(예, Johnston, 2006 참조). 그러나 이 문제가 해결될 때까지는 더 안전한 과정으로 이 장에서 제시한 권장사항을 따르기를 바란다. 이에 더해서, DRI와 DRA는 단순한 소거보다 실시하기에 더 복잡하다는 단점을 가지고 있지만, 새로운 바람직한 행동을 개발하거나 오래된 바람직한 행동을 강화한다는 장점을 가지고 있다.

행동감소를 위한 강화계획의 함정

함정 유형 1

DRL(저비율 차별강화)에만 독특하게 나타나는 한 가지 함정은 자신도 모르게 DRL로 바람직한 행동을 강화하는 경향이 있다는 점이다. 그럼으로써 바람직한 행동을 높은 비율로 유지시키는 계획에 따라 강화하기보다, 오히려 바람직한 행동을 낮은 비율로 나타나게 만든다. 이것을 이해하게 된다면, 우리 사회에서 성취의 수준이 낮은 학생이 왜 그렇게 많은지에 대하여 더 잘 알 수 있게 될 것이다.

아동이 학교에서 수행을 잘하기 시작하면 어떤 일이 일어나는지 생각해 보자. 우선 교사는 상당히 깊은 인상을 받고 열정적으로 그 행동을 강화할 것이다. 그러나 그 행동의 비율이 증가하게 되면, 교사는 점차 그 학생에 대하여 강력한 인상을 덜 받게 될 것이다. 교사는 이 아이는 '명백하게 똑똑한 아이' 라고 생각하고 당연히 훌륭한 행동을 많이 보일 것이라고 예상하게 된다. 따라서 행동의 비율이 증가함에 따라 강화는 점차 감소하게 되고 어쩌면 강화를 전혀 하지 않게 될 수도 있다. 결국 아이는 자신이 훌륭한 행동을 낮은 비율로 보여 주게 되면 더 많은 강화를 받을 수 있다는 것을 학습하게 된다. 교사는 좋은 행동이 빈번하게 발생하는 것보다는 그런 행동이 드물게 일어날 때 더 깊은 인상을 받게 되기 때문이다. 아이들은 자신의 잠재력을 충분히 개발하기보다 단지 가끔씩 '총명함' 을 나타낼 것이다. 이렇게 DRL 강화계획에서 나타나는 의도하지 않은 함정을 피하기 위하여, 교사는 높은 비율로 유지하기를 원하는 바람직한 행동을 정확히 정의해 놓아야 하며, 적절한 계획에 따라서 그 행동을 강화해야 할 것이다.

DRO와 DRI의 함정은 강화(3장)와 소거(5장)에서 이미 논의한 함정들과 유사하다.

행동감소를 위한 간헐 강화계획의 효과적 적용을 위한 지침

1. 표적행동을 감소시키기 위하여 어떤 유형의 계획을 사용할 것인지 결정하라. 표적행동이 참을 만하지만, 적게 나타날수록 좋다면 제한반응 DRL을 사용하라. 표적행동이 너무 빨리 혹은 지나치게 자주 발생하지만 않으면 바람직한 행동인 경우에는 간격반응 DRL을 사용하라. 표적행동을 제거해야 하며, DRO 절차가 바람직하지 않은 대안행동을 강화할 위험이 없을 경우에는 DRO를 사용하라. 표적행동을 제거해야 하며, DRO가 바람직하지 않은 대안행동을 강화할 위험이 있을 경우에는 DRI나 DRA를 사용하라.
2. 사용할 강화물을 결정하라. 일반적으로 그 강화물이 당신이 감소시키려고 하는 행동을 유지시키는 강화물이면서 감소시키려는 행동에 보류될 수 있다면, 그 절차는 가장 효과적일 것이다(23장 참조).
3. 어떤 계획과 강화물을 사용할 것인지 선택하기 위해서 다음의 절차를 따르라.
   1) 제한반응 DRL을 사용할 경우
      ① 몇 회기 동안 각 회기당 표적행동의 발생 횟수를 기저선 자료로 기록하고, 이를 근거로 강화가 자주 일어날 수 있도록 DRL 강화계획의 초기값을 정한다.
      ② 절차 내내 강화가 빈번하게 이루어져 학생이 이 절차를 통해 충분히 향상된 것이 확실하다면, DRL에서 허용되는 반응비율을 점진적으로 감소시킨다.
      ③ ②에서 획득된 반응비율 이하로 반응을 감소시키기 위해 간격의 크기를 점진적으로 증가시킨다.
   2) 간격반응 DRL을 사용할 경우
      ① 몇 회기 이상 기저선 자료를 기록한 후에 반응 사이의 평균 시간을 결정하고, 이러한 평균 시간을 DRL 강화계획의 시작점으로 사용한다.
      ② 이 절차 내내 강화가 빈번하게 발생하여 학생들이 충분한 향상을 보였다는 확신이 들면, DRL 강화계획의 값을 점진적으로 증가시킨다.
   3) DRO를 사용할 경우

① DRO의 초기 간격을 얻기 위하여 여러 회기 동안 기저선 자료를 기록한다.

② 기저선 기간 동안 표적행동의 발생 간격의 평균과 유사한 수준을 DRO의 시작점으로 사용한다.

③ 이 절차 내내 강화가 빈번하게 발생하여 학생들이 충분한 향상을 보였다는 확신이 들면, 간격의 크기를 점진적으로 증가시킨다.

4) DRI를 사용할 경우

① 제거되어야 하는 행동과 양립 불가능하며 강화되어야 할 적절한 행동을 선택한다.

② 여러 회기 동안 적절한 행동의 기저선 자료를 수집하고, 적절한 행동이 부적절한 행동을 대치하는 수준까지 적절한 행동의 반응비율을 증가시키려면 적절한 행동을 얼마나 자주 강화해야 하는지 결정한다.

③ 적절한 행동을 증가시키기 위하여 적합한 강화계획을 선택한다(6장 참조).

④ 양립 불가능한 행동을 강화하는 동안, 소거에 대한 5장의 지침에 따라 문제행동을 소거한다.

⑤ 적절한 행동에 대한 DRI 강화계획의 요구조건을 점차 증가시키면서 부적절한 행동에 대한 강화빈도를 감소시켜 적절한 행동이 계속해서 부적절한 행동을 대치하도록 한다.

5) DRA를 사용할 경우, DRI에 제시된 지침을 모두 따르라. 단, 강화되는 행동이 제거되어야 하는 행동과 양립 불가능할 필요는 없다.

4. 가능하다면 당신이 사용하고 있는 절차에 대하여 이해할 수 있도록 설명해 주어야 한다.

연습문제

13. DRI와 DRA의 차이점은 무엇인가?
14. DRL이나 DRO, DRI, DRA 강화계획에서 강화의 빈도가 너무 낮거나 지나치게 빨리 감소된다면 어떤 일이 일어날까?
15. DRL의 효과를 모르는 사람에게 DRL의 함정을 설명하라. 예를 하나 들라.
16. DRL과 DRO, DRI, DAR의 효과가 6장에서 논의된 간헐 강화계획과 어떻게 다른지 설명하라.

적용연습

A. 타인에 대한 적용연습

1. 연습문제 3과 4에 제시된 DRL 강화계획의 두 유형 각각을 발달장애아를 위한 훈련 프로그램에 적용시켜 기술하라. 이런 상황에서 어떻게 DRL 프로그램을 계획하고 실시할 것인지 구체적으로 기술하라.
2. 유아교육 프로그램에서 DRO를 적용할 수 있는 두 가지 방법을 기술하라. 그런 상황에서 어떻게 DRO 프로그램을 계획하고 실시할 것인지 구체적으로 기술하라.

B. 자기-수정 연습

1. 더 적게 일어나기를 원하는 자신의 어떤 행동을 감소시키기 위해서 이 장에서 기술된 계획 중 하나를 선택하여 이를 어떻게 사용할 수 있을지 구체적으로 기술하라.

추가설명 및 심화토론

1. 토미의 예에서, 일과의 거의 마지막에 제공되는 5분간의 자유놀이 시간이 그날 훨씬 더 일찍 발생한 토미의 소리 내기 행동을 감소시키는 강화물로 기능했다고 생각할 수 있을 것이다. 그러나 3장을 회상해 보면 강화의 직접적 효과는 단지 매우 짧은 간격에서만 작용된다. 그러므로 토미의 개선된 행동이 교실에서 조용히 하는 행동에 대한 강화물로 약속된 자유놀이(거의 일과의 마지막에 주어지는)의 직접적인 효과라고 할 수는 없다. 오히려 토미가 조용히 할 때, 교사가 나타내는 칭찬과 관심이 즉각적인 결과가 되었을 것이다. 아마도 교사가 "아주 잘하고 있어, 토미야. 계속해서 잘하면 너는 5분간 자유놀이 시간을 가질 수 있어. 자유놀이 시간이 얼마나 재미있을지 생각해 봐."라고 말했을 것이다. 이런 칭찬은 토미의 수행이 증진된 것에 대한 강화물이 되었을 수 있다. 또한 몇 분간 조용히 한 바로 뒤에, 토미가 추가된 놀이 시간 동안 얼마나 재미있을 것인지 속으로 자신에게 말했을지도 모른다. 규칙에 대한 시연(앞에서 논의했고 17장에 자세히 설명됨)은 50분간의 수업 동안 바람직한 행동을 나타내는 것과 훨씬 뒤에 제공되는 추가 놀이 시간이라는 강화물 사이의 시간간격을 연결하는 데 도움이 되었을 것이다. 토미의 규칙 말하기는 결국 자유놀이에 의해 강화되었는데, 자유놀이가 그 규칙을 확인시켜주었기 때문이고 이렇게 규칙의 확인은 전형적으로 강화물이 된다.

▶ 추가설명에 대한 연습문제

1. 토미의 소리 내기에 적용된 지연된 강화 수반성의 효과를 어떻게 설명할 수 있을까?
2. 우리는 규칙을 속으로 말하는 것이 토미의 소리 내기 행동을 감소시켰을 것이라고 제안하였다. 규칙을 말하는 것이 어떤 계획에 따라 강화되었을 가능성이 높은가? 설명하라. (힌트: 규칙을 말하는 것을 강화한 것은 자유놀이 자체가 아니었다. 왜냐하면 자유놀이는 토미가 규칙을 말하는 것과 직접적으로 관련되어 있지 않기 때문이다. 규칙을 말하는 것을 강화한 것은 규칙의 확인이었다.)

08 적당한 시간과 장소에서 적절히 행동하기: 자극식별과 자극일반화

"자, 얘들아, 제자리에서 공부해라."

선생님의 지시에 따르는 것을 학습하기[1]

오클랜드 교외의 초등학교 3학년 담임교사에게는 해결해야 할 문제가 하나 있었다. 그녀는 학생들이 수업 중에 제자리에 앉아서 수업에 열중하고, 다른 시간에는 조용히 자습하기를 원했다. 34명의 학생들 중 아홉 명은 부주의하고 자리에 잘 앉아 있지 않는 문제를 가지고 있었다. 이 학생들은 자주 다투고, 소리치며, 다른 학생을 때리고 차기도 하고, 책상을 두드리며, 허락 없이 교실 밖으로 나가기도 했다. 그들은 아주 가끔 수업을 주의 깊게 듣고 조용히 공부하기도 하였지만, 교사가 원할 때에는 대체로 조용히 하지 않았다. 목표행동(경청하거나 조용히 공부하기)이 학생들의 행동목록에 있는 것은 분명하지만(즉, 학생들이 할 수 있는 행동이지만), 교사가 원하는 때에 그 행동이 나타나지 않았다.

며칠 동안 아침마다, 관찰자들이 아홉 명의 문제학생들의 과제행동을 기록하였다. 즉 수업 시간 동안 제자리에 조용히 앉아서 교사의 지시에 주목할 때와 자습 시간 동안 글짓기를 하거나 그림을 그리거나 교사가 지시한 활동을 수행할 때를 기록하였다. 일반적으로 문제학생들이 과제행동을 하고 있는 시간은 50% 미만이었다. 목표행동이

---

1) 이 예는 Glynn과 Thomas(1974)의 연구에 기초한 것이다.

원하는 시간에 일어나도록 하는 절차가 매일 아침 9시 30분에서 10시 20분까지 말하기와 쓰기 수업 동안 도입되었다. 교사는 커다란 차트를 만들어서, 한쪽 면에 빨간색으로 다음과 같이 썼다.

선생님 쳐다보기
제자리에 앉아 있기
조용히 하기

다른 쪽 면에는 초록색으로 다음과 같이 썼다.

제자리에서 공부하기
공책에 필기하기
칠판에 쓰여 있는 글 읽기

여러 번 차트의 양면을 번갈아 보여 주었다. 학생들은 각각 정사각형 모양의 칸이 그려진 가로 세로 10인치×12인치 색인 카드를 받았다. 카드 위 한 줄은 일주일 중 하루에 해당하는 것이다. 또 교사는 학생들에게 수업 시간의 과제행동과 자습 시간의 과제행동에 대하여 설명하였다. 학생들에게 그 수업 시간 동안에 몇 번 '삑' 소리가 날 것이라고 이야기했으며, 또 '삑' 소리가 날 때 그들이 '차트에 적힌 행동'을 하고 있으면 네모 칸 하나에 체크 표시를 해서 스스로 과제행동을 기록하도록 지시하였다. 삑 소리는 평균 2분에 한 번꼴로 울렸다. 또한 학생들에게 수업 시간이 끝난 후에 한 번 표시된 것은 1분으로 계산되어 다양한 게임과 장난감이 있는 옆방에서 자유롭게 놀 수 있는 시간으로 맞바꾸어진다고 말했다. 학급의 모든 학생들이 이 프로그램에 참여하였지만, 문제학생 아홉 명의 자료만 채택되었다. 매우 간단한 지시로 해야 할 일을 말해 주는 신호는 아이들의 행동에 강한 통제력을 발휘하였으며, 교사가 원하는 때에 학생들이 목표행동을 수행하도록 영향을 주었다. 프로그램을 통해 문제학생 아홉 명의 과제행동은 대략 91%로 증가하였다.

적절한 시간과 장소에서 반응하도록 학습하기

이 책의 초반부에서 살펴본 것과 같이, 행동은 그 결과에 의하여 강하게 영향을 받는다. 강화받은 행동은 증가하고, 강화받지 않은 행동은 감소한다. 그러나 어떤 행동은 적절한 시간과 적절한 상황에서 발생하는 경우에만 유익하다. 예를 들어, 교차로에서 차를 멈추는 것은 적신호에서는 바람직하지만, 청신호에서는 바람직하지 않다. 완벽한 이단 옆차기는 체육 시간에는 높은 점수를 얻을 수 있지만, 아마도 기업의 취업 면접 상황에서는 같은 효과를 낼 수 없을 것이다. 새로운 행동을 획득할 때, 이런 행동들이 적절한 시간과 장소에서 일어난다는 것도 배운다. 어떻게 우리가 이것을 성공적으로 학습하는 것일까?

이 과정을 이해하려면, 우선 행동이 강화되거나 소거될 때 항상 다른 사람들과 환경, 사물이 주변에 있음을 알아야 한다. 예를 들어, 쟈니가 친구들과 밖에서 놀면서 욕을 할 때 친구들이 관심을 보이고 웃는다면 그러한 웃음과 관심은 쟈니가 욕하는 것을 강화할 것이다. 그러나 쟈니가 할아버지, 할머니와 함께 일요일에 식탁에 앉아 있을 때, 욕하는 것으로 강화를 받을 것 같지는 않으며 오히려 벌을 받을 수 있다. 몇 번 이런 경험을 하고 나면, 강화를 받거나 소거가 이루어지는 동안 주변에 있던 사람들과 사물은 그 행동에 대한 단서가 된다. 쟈니가 밖에서 친구들과 함께 있을 때 욕을 할 가능성은 높아지고, 할아버지 집에서 욕을 할 가능성은 매우 낮아지게 될 것이다.

행동이 발생하는 상황은 세 가지 사건으로 분석될 수 있다. ① 그 행동이 발생하기 직전에 있었던 자극, 즉 선행자극(쟈니가 욕을 하기 전에 친구들과 함께 있는지 혹은 할아버지 집에서 저녁 식사 중인지), ② 행동 자체(쟈니가 욕을 함), ③ 그 행동의 결과(쟈니가 친구들에게 인정받거나 조부모에게 비난받음). 1장을 회상해 보면, 자극은 개인의 감각수용기에 작용하여 행동에 영향을 줄 수 있는, 주변 환경에 있는 사람이나 사물, 사건을 말한다. 책, 옷, 가구, 전등, 사람, 애완동물, 나무와 같은 시각적 대상은 모든 유형의 소리, 냄새, 맛이나 신체적인 접촉과 마찬가지로 모두 잠재적인 자극이다. 어떤 자극이나 특정 행동의 선행자극이 될 수도 있고 결과가 될 수도 있다. 특정 행동의 선행자극과 결과를 밝히는 것을 때로 ABC 평가(선행자극[antecedents], 행동[behavior], 결과[consequences])라고 부른다.

다른 자극은 없고 특정 자극만 있는 경우에 행동이 강화되면, 그 특정 선행자극은 그 행동의 발생에 대해 통제력을 발휘하기 시작한다. 예를 들어, 오클랜드의 초등학교에서 시행한 프로그램이 끝난 뒤에도, '선생님 쳐다보기' 등의 커다란 빨간색 글씨를 보게 되면, 아이들은 교사가 말하는 것에 주목하였다. 왜냐하면 그 선행자극이 있을 때 그렇게 하는 것이 강화되었기 때문이다. 이 경우에 그 자극은 그 행동에 대해 통제력을 갖게 되었다고 말한다. 어떤 행동이 특정 자극이 존재할 때 더 자주 발생하고 다른 경우에는 발생하지 않는다면, 그 행동은 그 특정 자극의 통제를 받고 있다고 말할 수 있다.

자극통제(stimulus control)라는 용어는 특정 자극의 발생과 뒤이은 반응의 발생 간의 상관의 정도를 말한다. **좋은(혹은 효과적인) 자극통제**는 특정 자극의 발생과 특정 반응의 발생 사이에 강한 상관을 보이는 것을 말한다. 즉 특정 자극이 발생하면, 그 반응이 뒤따라올 것이다. 예를 들어, 당신은 자동판매기에 돈을 넣고 나서 좋아하는 막대사탕 버튼을 찾아 그 막대사탕의 이름 옆에 있는 특정 버튼을 누를 것이다. 그 표시는 당신이 버튼을 누르는 행동에 대해 좋은 자극통제를 갖는다. 유사하게 이 장의 처음에 소개한 예에서 '선생님 쳐다보기' 등의 표시는 아이들의 주목하는 행동에 대한 좋은 자극통제를 발휘했다.

어떤 자극은 특정 행동이 반드시 강화를 받을 것에 대해 일관되게 예측해 주는 반면, 다른 자극들은 특정 행동이 강화를 받지 않을 것에 대해 일관되게 예측할 수 있게 해 준다. 자동판매기의 고장 표시는 그 기계에 돈을 넣는 행동이 강화되지 않을 것이라는 단서다. 빈 컵은 컵을 입에 가져가도 음료수를 마실 수 없을 것이라는 단서다. 경험을 통해서, 특정 자극이 있으면 행동이 강화를 받지 못한다는 것을 배웠기 때문에, 특정 자극이 있으면 그 행동을 수행하는 것을 자제하게 된다. 따라서 자극통제에는 두 가지 유형이 있으며, 이를 다음에서 기술하려 한다.

자극통제 유형: S^D와 S^Δ

식별자극(discriminative stimulus) 혹은 S^D('에스-디'라고 발음함)는 그 자극이 있는 경우에 반응이 강화되는 자극이다. 이를테면, S^D는 특정 반응이 보상받을 것이라는 단서다. S^Δ('에스-델타'라고 발음함)는 그 자극이 있으면 반응이 강화되지 않는 자극이다. 이를테면, S^Δ는 특정 반응이 보상받지 않을 것이라는 단서다. S^D는 **강화자극**(stimulus for reinforcement)으로, S^Δ는 **소거자극**(stimulus for extinction)으로 불릴 수 있다.

쟈니가 욕하는 예에서, 친구들이라는 자극은 욕하는 반응에 대하여 S^D가 되는데, 이는 그 반응이 친구들의 웃음과 관심으로 강화되었기 때문이다. 조부모라는 자극은 욕하는 반응에 대한 S^Δ가 되는데, 조부모가 있을 때 욕하는 것은 강화되지 않았기 때문이다. 이것은 다음과 같이 도식화할 수 있다.

(정적 강화의 예)

1. S^D ⟶	반응 ⟶	강화물
(또래 아이들)	(욕함)	(아이들의 인정)

(소거의 예)

2. $S^{\triangle}$ ⟶	반응 ⟶	강화물이 없음
(조부모)	(욕함)	(긍정적인 관심이 없음)

한 자극이 어떤 반응에는 S^D로 작용하는 동시에 다른 반응에는 $S^{\triangle}$로 작용할 수 있다. 즉 특정 자극이 있으면 어떤 반응은 강화되지만 다른 반응은 강화되지 않는다(예, [그림 8-1] 참조). 예를 들어, 당신이 친구들과 저녁을 먹고 있는데 누군가가 당신에게 "후추 좀 건네줘."라고 부탁하면, 그 말은 당신이 후추를 건네주는 반응에 대해 S^D가 되고, 소금을 건네주는 반응에 대해서는 $S^{\triangle}$가 된다. 그리고 오클랜드의 교사가 교실에서 '선생님 쳐다보기'의 표시를 제시할 때, 이 자극은 아이들에게 과제행동(제자리에 앉아서 선생님에게 주의를 기울이는 것)에 대한 S^D이며, 과제행동이 아닌 다른 행동(교실을 뛰어 다니는 것 등)에 대한 $S^{\triangle}$이다. 이것은 다음과 같이 도식화할 수 있을 것이다.

(정적 강화의 예)

1. S^D ⟶	반응 ⟶	강화물
(차트: 선생님 쳐다보기 제자리에 앉아 있기 조용히 하기)	(과제행동: 제자리에 앉아서 선생님에게 주목함)	(네모 칸에 ∨표 체크하기: 잠시 후에 놀이방에서 놀 수 있는 시간과 교환됨)

(소거의 예)

2. $S^{\triangle}$ ⟶	반응 ⟶	강화물이 없음
(차트: 선생님 쳐다보기 제자리에 앉아 있기 조용히 하기)	(과제행동이 아닌 행동)	(네모 칸에 ∨표 체크를 하지 못하여 놀이방에서 놀 수 없음)

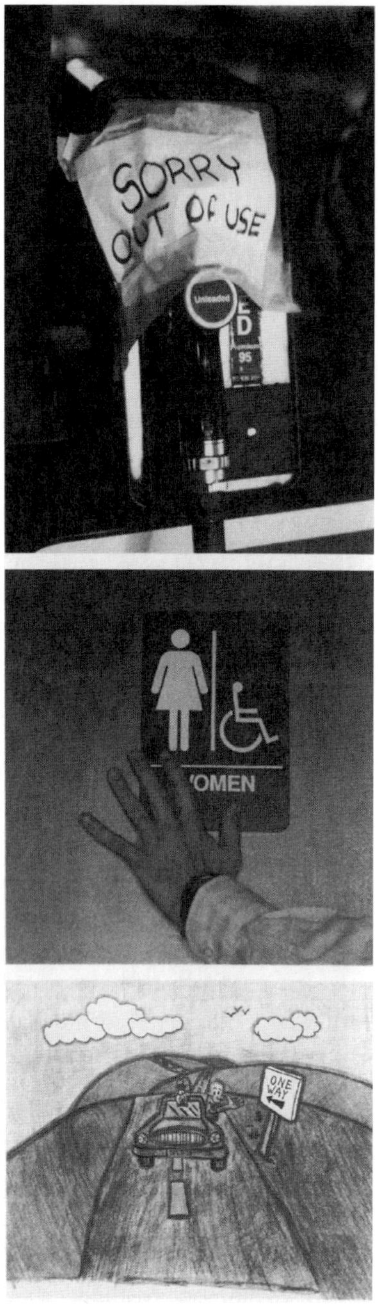

이 표시는 돈을 넣는 것에 대하여는 S^{Δ}이며, 고장나지 않은 다른 기계를 찾는 것에 대해서는 S^{D}이다.

이 표시는 여자가 화장실에 들어가는 것에 대해서는 S^{D}이며, 남자가 들어가는 것에 대해서는 S^{Δ}이다.

이 표시는 화살표 방향으로 운전하는 것에 대해서는 S^{D}이며, 화살표가 지시하는 반대 방향으로 운전하는 것에 대해서는 S^{Δ}이다.

[그림 8-1] 자극이 항상 적절한 반응을 통제하는 것은 아니지만, 많은 자극들이 한 반응에는 S^{D}가 되고 동시에 다른 반응에는 S^{Δ}가 된다.

출처: '당신은 악어를 소화전에 묶을 수 없을 것이다. 101가지 불필요한 법' 의 8-1c.

연습문제

1. 자극이란 무엇인가? 본문에서 제시하지 않은 두 가지 예를 들라.
2. ABC 평가란 무엇인가?
3. 자극통제를 정의하라.
4. 좋은 자극통제는 무엇인가? 본문에서 제시하지 않은 한 가지 예를 들라.
5. S^D를 정의하고 한 가지 예를 들라. 그 예에서 S^D와 반응은 무엇인가?
6. S^Δ를 정의하고 한 가지 예를 들라. 그 예에서 S^Δ와 반응은 무엇인가?
7. 자극과 식별자극 간의 차이는 무엇인가?
8. 한 행동에는 S^D가 되고, 다른 행동에는 S^Δ가 되는(본문에서 제시하지 않은) 자극의 예를 기술하라.
9. 다음에서 S^D와 S^Δ의 예를 식별하라. 〈표 3-1〉에서 2개의 S^D와 〈표 3-3〉에서 2개의 S^Δ, 〈표 5-1〉에서 2개의 S^Δ와 〈표 5-2〉에서 2개의 S^Δ를 찾아내라.

자극식별

자극식별훈련(stimulus discrimination training)은 S^D가 있을 때 반응을 강화하고, S^Δ가 있을 때 반응을 소거하는 절차를 말한다. 충분히 자극식별훈련을 했을 때 다음과 같은 효과가 나타난다. ① 좋은 **자극통제**(특정 자극과 특정 반응 간의 높은 상관), ② **자극식별**(S^D가 있으면 반응이 발생하고 S^Δ가 있으면 반응이 발생하지 않음). 예를 들어, 171쪽의 도식화한 예에서 오클랜드의 교사는 교실에서 아이들에게 자극식별훈련을 하였다. 결과는 자극통제, 즉 차트에 쓰인 글씨는 각기 고유한 행동에 대하여 통제를 하게 되었다.

자극일반화

자극일반화(stimulus generalization)는 어떤 자극이나 상황에서 반응을 강화하는 절차 후에, 그 효과로 다른 자극이나 상황에서도 그 반응이 나타날 가능성이 많아지는 것을 말한다. 다른 말로 하자면, 두 가지 자극을 식별하여 다르게 반응하는 대신에 개인이 두 가지 다른 자극에 대하여 같은 방식으로 반응하는 것이다. 따라서 자극일반화는 자극식별의 반대다. 자극일반화가 일어나게 되는 데는 몇 가지 이유가 있다.

상당한 물리적 유사성에 기인한, 학습되지 않은 자극일반화

사람과 동물은 이전에 특정 행동을 학습했던 상황과 유사한 상황에서 그 행동을 수행할 가능성이 높다. 많은 부모들에게 익숙한 경우를 생각해 보자. 유아는 귀가 축 늘어진 크고, 털이 많고, 네 발로 걸어 다니며 친근하게 짖어대는 동물을 '멍멍이' 라고 부르는 것을 배운다. 다음에 아이는 다른 종류의 큰 개를 보고 '멍멍이' 라고 말한다. 우리가 이런 식으로 진화한 것은 다행스러운 일이다. 원래 그 기술을 배웠던 상황과 다소 다른 상황에서 전에 학습한 기술을 수행할 수 없다면 생활이 어떻게 될 것인지 상상해 보자. 당신은 매번 새로운 부엌에 들어갈 때마다 조리하는 방법을 다시 배워야 할 것이다. 당신은 새로운 경사면에서 매번 스키 타는 법을 다시 배워야 할 것이다. 또한 각각의 노래에 맞춰 춤추는 것을 다시 배워야 할 것이다. 다행히 우리는 두 자극이 물리적으로 유사할수록 이 자극들 간에 자극일반화를 더 많이 하도록 진화되었다.

최소한의 물리적 유사성을 포함한, 학습된 자극일반화

아이가 커다란 독일 셰퍼드를 보고 '개' 라고 부르는 것을 배웠다고 가정해 보자. 그 아이는 조그마한 치와와를 보고 '개' 라고 즉각 말할 수 있을까? 아마도 그렇지 않을 것이다. 이 두 개는 어떤 특별한 물리적 유사성을 갖기는 하지만, 이들은 많은 점에서 매우 다르다. 치와와에 대한 자극일반화는 아이가 '개' 의 **자극 범주**(stimulus class)를 학습할 때까지 일어나지 않을 것이다. 자극 범주와 같은 의미로 더 자주 쓰이는 용어는 **개념**(concept)이다.

자극 범주 혹은 개념의 해당 구성원들(members)은 많은 특징을 공유한다. **공통요소 자극 범주**(common-element stimulus class)는 자극 세트로, 이들은 모두 공통되는 하나 이상의 물리적 특징을 가지고 있다. 행동수정가들은 일반적으로 이런 자극 세트를 자극 범주라고 부른다. 우리는 공통요소 자극 범주라는 용어를 뒤에서 언급할 **자극등가 범주**(stimulus equivalence class)와 구별하여 사용한다. 예를 들어, 자동차는 4개의 바퀴, 창문, 하나의 핸들 등을 가지고 있다. 아이가 자동차를 보고 자동차라고 말하는 것을 배울 때, 아이는 자동차라고 배우지 않은 다른 차들도 자동차로 인식하여 자극일반화를 보이며 또 다른 자동차들도 자동차로 인식할 수 있을 것이다. 그러나 다른 개념들의 경우에 그 구성원들이 단지 한정된 물리적 특징만을 공유하기 때문에 자극일반화를 하려면 일부 학습이 필요할 때도 있다. 아이에게 '빨강' 이라는 개념을 가르치려면 여러 가지 빨간색 물건에 대하여 빨강이라고 반응을 할 때 그 반응을 강화해야 하며, 빨갛지 않은 물건에 대하여 그렇게 반응하는 것은 소거해야 한다. 연필과 자동차는 여러 면에서 매우 많이 다르긴 하지만, 아이는 빨간 연필과 빨간 자동차는 둘 다 빨간 것이라고 알아차리도록 학습하게 된다. 또 다른 예로는 축축함의 개념을 가르치기 위하여 여러 젖은 물건을 축축하다고 할 때 그 반응을 강화하고, 건조한 물건에 대해 축축하다고 반응하는 것을 소거하는 것을 들 수 있다(그리고 건조한 물건에 대해 건조하다는 반응을 강화한다.).

개인이 하나의 공통요소 자극 범주에 속한 모든 구성원들에 대해 적합한 반응을 하고 그 범주에 속하지 않은 자극에는 그러한 반응을 하지 않을 때, 우리는 개인이 그 공통요소 자극 범주 혹은 개념 내의 모든 구성원들에 일반화하였다고 말한다. 예를 들어, 빨간 물건들이 빨갛다는 것을 알게 되면, 빨간 물건과 파란 물건 간의 공통요소 자극 범주를 식별한다. 개인이 이런 방식으로 빨강이라는 개념에 반응할 때, 그는 **개념적 행동**(conceptual behavior)을 보이는 것이다.

개념적 행동에 언어적 행동이 반드시 포함되어야 하는 것은 아니라는 점을 염두에 두는 것이 중요하다. 비둘기는 전혀 언어를 사용할 수 없지만, 상당한 범위의 개념을 습득할 수 있다. 비둘기에게 슬라이드를 제시하고 특정 개념의 예를 제시한 슬라이드를 쪼면 강화하고, 그 개념의 예가 아닌 슬라이드를 쪼면 강화하지 않았다. 이런 방식으로 연구자는 비둘기에게 사람과 나무와 같은 개념뿐 아니라 16 대 20과 같은 숫자 개념을 가르쳤다(Herrnstein & deVilliers, 1980; Herrnstein & Loveland, 1964; Herrnstein, Loveland, & Cable, 1976; Honig & Stewart, 1988; Lubow, 1974; Vaughan & Herrnstein, 1987). 비둘기가 물고기와 같은 개념을 학습한다는 증거는 비둘기가 전에 보지 못했던 새로운 유형의 물고기에 정확히 반응을 하는 것을 통해 알 수 있다.

자극등가 범주에 기인한, 학습된 자극일반화

가령 당신에게 당근, 계산기, 완두콩, 연필, 우유와 같은 수많은 품목을 보여 주고,

이 중에서 음식이 무엇인지 질문한다면, 당신은 분명히 이 중에서 음식을 찾아낼 것이다. 당근, 완두콩, 우유가 물리적으로 전혀 유사하지 않지만 당신은 음식이란 개념과 관련하여 개념적 행동을 보일 것이다. 당신은 이런 품목들이 하나의 자극등가 범주에 속하는 것을 학습하였다. 이 품목들은 개인이 분류하거나 혹은 함께 묶도록 배운 것과 전혀 다른 자극들이다(자극등가 범주는 때로 등가 범주로 줄여서 부르기도 하는데 자극등가 범주가 등가 범주보다 더 선호된다. 왜냐하면 등가 범주는 수학의 등가 범주의 의미와 혼돈을 가져올 가능성이 있기 때문이다.). 행동수정 연구자는 표본 간 짝맞추기훈련(matching to sample training) 동안 전형적으로 자극등가 범주를 형성하는 것에 대해 연구했다. 어린아이에게 3이라는 자극등가 범주를 가르치는 다음의 실험을 생각해 보자. 1단계에서 아이에게 [그림 8-2]에서와 같이 훈련 판넬 1을 가지고 여러 번 연습시킨다. 여러 번 시행하면서, ∴, IV, 7의 위치를 무작위로 변화시킨다. 적절한 촉구와 강화를 사용하여 아이가 3을 ∴과 짝맞추도록 가르친다. 다음에 2단계는 훈련 판넬 2를 가지고 유사하게 진행되고, 아이는 ∴을 III과 짝맞추는 것을 배운다. 다음은 아이가 자극등가 범주를 학습했는지 알아보기 위한 검사 단계다. 아이에게 검사 판넬을 보여 주고 III을 4, 6 혹은 3 중에서 짝맞추도록 시킨다. 이런 실험에서, 아이는 III을 3과 짝지을 것이다. 비록 전에는 III과 3이 짝지어졌던 적이 없지만, 이제 이 두 자극은 하나의 자극등가 범주를 이루며 자극등가 범주의 구성원은 모두가 같은 행동을 통제한다는 점에서 기능적으로 동등하다.

추가설명 1

성장하면서, 우리는 한 범주에 속하는 구성원이 물리적으로는 아주 다르지만 모두가 같은 반응을 통제하는, 많은 등가 범주들에 대해 알게 된다. 새로운 행동이 자극등가 범주의 한 구성원에 의해서 조건화될 때, 뚜렷한 훈련 없이도 범주 내의 다른 구성원이 그 행동을 통제하게 된다. 일상적인 말로 하면, 자극등가 범주에 속한 구성원은 같은 것을 의미하거나 공통된 의미를 공유한다. 우리가 3에 대한 다른 표상을 배울 때와 마찬가지로, 마시는 데 쓰는 그릇을 나타내는 여러 가지 다른 단어(예, 컵, 잔 등)를 배우며, 젖소, 고래, 박쥐와 같은 포유동물을 배우고, 사과, 배, 딸기와 같은 농작물을 과일이라고 하는 것을 학습한다. 또한 이들 자극등가 범주 각각을 하나의 개념이라고 부른다.

추가설명 2

누군가에게는 공동요소 자극 범주인 것이 다른 사람에게는 자극등가 범주가 되는 것에 주목하라. 예를 들어, 토마토는 식물학자에게는 과일 공통요소 자극 범주의 구성원이나, 요리사에게는 채소 자극등가 범주의 구성원이다. 동물학자에게, 포유동물 개념은 공통요소 자극 범주이지만, 생물학자가 아닌 평범한 사람에게 이것은 자극등

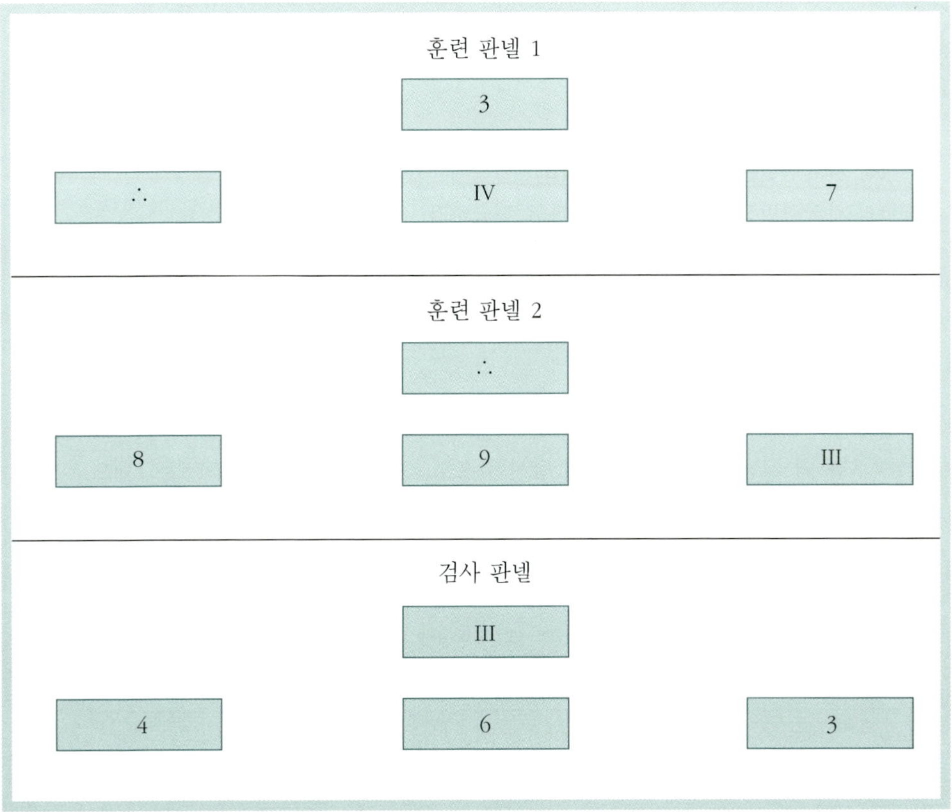

[그림 8-2] 자극등가 실험의 시각적 제시

가 범주다. 따라서 생물학자는 생물학자가 아닌 사람보다는 포유동물 개념의 새로운 예에 더 정확하게 일반화할 것이다.

요약하면, 한 자극에 대하여 강화를 받은 반응이 (학습되지 않은 일반화, 공통요소 자극 범주에 대한 학습 혹은 자극등가 범주에 대한 학습에 기인하여) 다른 자극에서도 발생한다면, 자극일반화가 일어났다고 말한다. 그러나 모든 경우에 자극일반화가 바람직한 것만은 아니다. 예를 들어, 털이 많고 네 발 달린 짐승을 '멍멍이' 라고 부르는 것을 배운 아이가 후에 고양이를 보고 '멍멍이' 라고 부를 수 있다. 이런 경우에 또는 이외의 무수한 경우에, 다음에서 다루게 될 식별을 가르칠 필요가 있다. 일반화를 증진하기 위한 전략은 16장에서 더 논의될 것이다.

연습문제

10. 자극식별훈련 절차를 기술하고 한 가지 예를 들라.
11. 자극식별훈련의 두 가지 효과를 진술하라.
12. 자극일반화를 정의하고 예를 들라.
13. 자극식별과 자극일반화의 차이를 예를 들어 진술하라.
14. 공통요소 자극 범주가 의미하는 것이 무엇인가? 개념적 행동이란 무엇인가? 각각의 예를 들라.
15. 아이에게 '정직한'이란 개념을 어떻게 가르칠 수 있을 지 기술하라. '정직한'의 개념을 가르치기 위해 당신이 프로그램을 고안한다면 그 프로그램으로 아이가 정직해지는 것을 배울 수 있을까? 왜 그런가 혹은 왜 그렇지 않은가?
16. 자극등가 범주는 무엇을 의미하는가? 예를 들어 기술하라.
17. 공통요소 자극 범주를 포함하는 자극일반화와 자극등가 범주를 포함하는 자극일반화 간의 근본적인 차이는 무엇인가?

자극식별훈련의 효과를 결정하는 요인

뚜렷이 구별되는 신호 선택하기

S^D를 뚜렷이 구별되는 자극으로 정하는 것은 특정 행동에 대한 자극통제를 발달시키는 데 있어 매우 중요하다. 예를 들어, 오클랜드의 초등학교에서 교사는 빨간색 큰 글자를 학생들이 교사에게 주목하도록 촉구하는 신호로, 초록색 큰 글자는 학생들이 제자리에서 공부하도록 촉구하는 신호로 사용하였다.

하나의 자극을 다른 사람의 행동에 대한 S^D로 설정하려고 할 때, 다음과 같은 질문을 스스로에게 해볼 수 있다.

추가설명 3

1. 이 자극은 적어도 한 차원 이상에서 다른 자극들과 다른가? 즉 위치, 크기, 색깔 및 감각 양식(시각, 청각, 촉각 등)에서 다른가?
2. 이 자극은 목표반응이 일어나야 할 경우에만 주로 제시되거나 혹은 유일하게 제

시되어, 목표반응이 일어나야 하는 상황이 아닌데도 불구하고 자극이 제시되는 혼동을 피할 수 있는가?

3. 이 자극이 제시될 때 개인이 자극에 주목할 가능성이 높은가?
4. 선택된 자극이 바람직하지 않은 반응들을 통제할 수 있는가? (그 자극에 뒤이어 바람직하지 않은 반응이 따라온다면, 이는 목표반응에 대한 새로운 자극통제의 발달을 방해할 것이다.)

이런 질문에 세심하게 주의한다면 자극식별훈련을 효율적으로 시행할 수 있을 것이다.

오류를 최소화하기

식별훈련 동안, S^{Δ}에 반응하거나 S^{D}에 반응하는 데 실패하는 것을 오류(error)라고 부른다. 전화벨이 울릴 때 수화기를 들고, 벨이 울리지 않을 때는 수화기를 들지 않는 것을 학습하는 예를 생각해 보자. 전화벨이 울리지 않는데 수화기를 들거나 전화벨이 울리는 데 수화기를 들지 않는 것은 오류다. 행동수정가가 오류를 범할 가능성을 최소화하면 자극통제는 효과적으로 일어날 것이다. 예를 들어, 부모가 아이에게 전화받는 것을 제대로 가르치려면, 전화벨이 울리지 않을 때 전화기를 아이의 손에 닿지 않는 곳에 두고 "전화벨이 울리지 않을 때는 수화기를 들지 말고, 전화벨이 울리기 시작하면 전화를 받아야 한다."라고 말할 것이다. 그다음에 전화벨이 울리자마자, 부모가 즉시 전화기를 아이 앞에 놓고, "전화벨이 울리고 있어. 이제 전화를 받아야지."라고 말한다.

이 시점에서 '우리는 자주 사람들이 미묘한 단서에 반응하도록 가르치기를 원하는데, 왜 뚜렷이 구별되는 신호를 주어야 하는가?'라는 생각을 할 수 있다. 단순하게 대답하자면, 뚜렷이 구별되는 단서를 선택하고 오류를 최소화하는 것이 그렇지 않은 경우에 비해 좀 더 빨리 자극통제를 이끌어 내기 때문이다. 9장에서 점진적으로 미묘한 단서를 포함하는 식별을 도입하는 기법에 대해 논할 것이다. 우선은 뚜렷이 구별되는 신호를 선택하고 오류를 최소화하는 것이 미묘한 단서를 포함시킨 식별 시도보다 더 빠르게 효과적인 자극통제를 발달시키며 신호를 구별하지 못하는 데서 오는 좌절을 줄일 수 있다는 점을 염두에 둘 필요가 있다.

시도 횟수 극대화하기

일반적으로 우리는 발달장애와 행동결핍을 나타내는 사람들에게 일관된 행동을 발달시키도록 하려면 아주 여러 번 강화를 주어야 한다는 것은 쉽게 인정한다. 그러나 새로운 식별을 획득할 때 우리에게도 이러한 사실이 똑같이 적용된다는 것을 많은 사람이 망각하고 있다. 예를 들어, 결혼한 지 몇 달 되지 않는 부부 중 한 사람이 사랑을 나눌 기분이 아니라는 미묘한 단서를 제시한다고 가정해 보자. 그러나 이 경우에 단지 한두 번의 시도로는 배우자가 미묘한 단서뿐만 아니라 명백한 단서에도 반응하는 것을 학습하지 못한다는 점을 깨달아야만 한다. S^D에 대하여 정확히 반응하는 것에 대해 수없이 많은 강화가 이루어지고, S^Δ에 대한 반응이 수없이 많이 소거된 후에야 S^D와 S^Δ는 뒤이은 시도에서 반응을 통제하게 될 것이다.

규칙 이용하기: 수반성 기술하기

3장에서, 우리는 수반적인 강화와 비수반적인 강화에 대해 소개했다. 일반적으로 수반성은 '~이라면, 그때에~' 식의 배열이다. 예를 들어, 당신이 정수기의 버튼을 누른다면, 그때에 물줄기가 나타나게 될 것이다. 물줄기가 나타나는 것은 버튼 누르기 반응에 수반하는 것이라고 말한다. 이것은 '두 조건'(행동-결과) 수반성의 예가 될 것이다. 우리가 행동의 선행자극도 기술한다면, '세 조건' 수반성을 확인하게 될 것이다. 스키너(1969, p. 7)는 다음과 같이 기술하였다.

> '개인'과 '그의/그녀의' 환경 간의 상호작용이 적절히 수립되기 위해서는 다음의 세 가지를 항상 구체적으로 명시해야 한다. ① 반응이 발생하는 특정한 때, ② 반응 그 자체, ③ 결과를 강화하는 것. 이들 간의 상호관계를 '강화 수반성'이라고 한다.

자극통제는 자주 세 조건 수반성에서 시행착오를 포함하면서 발달한다. 즉 S^D가 있을 때 행동하여 몇 번은 정적 강화를 받았고 S^Δ가 있을 때 그 행동을 하여 몇 번은 강화를 받지 못했다. 예를 들어, 쟈니의 욕하는 행동은 시행착오를 통하여 다른 아이들이라는 S^D의 통제 아래 있게 되었다(또 조부모의 존재는 S^Δ로 조부모와 함께 있을 때 그 행동을 하지 않게 되었다.). 행동의 즉각적인 결과 때문에 나타난 행동은 **수반성-형성 행동**(contingency-shaped behavior)이라고 부른다. 쟈니가 욕하는 행동은 수반성-형성

행동의 예다. 그러나 오클랜드의 초등학교에서 학생들은 별다른 시행착오를 거치지 않고 자극통제를 나타냈다. 선생님이 새로운 교실 규칙에 대하여 설명한 후 바로 첫 수업 동안에 적절한 신호(선생님 쳐다보기 등)의 글자가 제시되었을 때, 학생들의 과제 행동 수행이 갑자기 증가되었다. 따라서 오클랜드 초등학교에서 학생들의 행동은 규칙-지배 행동(rule-governed behavior)의 예다. 규칙(행동적 관점에서)은 행동이 결과를 이끌어 내는 상황을 기술한다. 따라서 규칙은 강화의 세 조건 수반성을 기술한다. 규칙-지배 행동은 규칙에 대한 진술문에 의해서 통제되는 행동이다. 특정 행동에 대한 좋은 자극통제를 발달시키고 싶다면, 당신은 항상 상대방에게 어떤 상황에서 어떤 행동이 어떤 결과를 가져올 것이라는 하나의 규칙 혹은 일련의 규칙들을 제공해야만 한다. 우리는 지시에 따라 행동하도록 하는 복잡한 조건형성을 학습해 왔기 때문에, 자극식별 프로그램에 일련의 규칙을 더한다면 즉각적인 행동통제를 가져올 것이다. 예를 들어, 아버지가 16세의 아들에게 "네가 금요일마다 잔디를 깎는다면, 토요일 밤마다 자동차를 사용할 수 있다."고 말한다면, 그 아들은 단번에 규칙을 충족시킬 가능성이 높을 것이다. 규칙의 사용은 17장에서 더 자세하게 다룰 것이다.

자극식별훈련의 함정

함정 유형 1

효과적인 어떤 방법이라도 부주의하게 잘못 적용될 수 있는데 자극식별훈련 또한 예외가 아니다. 필자 중 한 사람은 7세의 발달장애아에게 자극식별훈련이 잘못 적용된 예를 관찰하였는데, 이 아이는 어른이 손을 잡고 있지 않으면 딱딱한 바닥에 머리를 세게 부딪쳤다. 어른이 아이의 손을 놓자마자 아이는 즉시 바닥에 넘어지며 피가 많이 날 정도로 심하게 머리를 부딪치기 시작했다. 아이는 딱딱한 바닥이나 콘크리트 위에 서 있을 때만 이런 행동을 하였고 카펫이나 잔디에 서 있을 때는 이런 행동을 하지 않았다. 그래서 아이가 이런 행동을 하는 이유를 쉽게 짐작할 수 있다. 아이가 부드러운 카펫이나 잔디에 머리를 부딪치는 경우에는 다치지 않을 것이기 때문에 어떤 어른도 아이에게 관심을 보이며 달려오지 않았다. 그러나 아이가 딱딱한 바닥에 머리를 부딪쳤을 때 어른들은 아이에게 관심을 보일 수밖에 없었다. 어른들은 부주의하게 아이에게 다음의 식별을 가르쳐 준 것이다.

1. S^D ⟶ 반응 ⟶ 강화물
(딱딱한 바닥) (머리를 부딪침) (어른들의 관심)

2. S^{Δ} ⟶ 반응 ⟶ 강화물이 없음
(부드러운 바닥) (머리를 부딪침) (어른들의 관심이 없음)

사람들이 의도하지 않은 채로 다른 사람으로 하여금 특정 단서에 부적절하게 반응하도록 가르치는 예는 수없이 많다. 만약 사람들이 자신이 무엇을 하고 있는지 깨닫게 된다면 그들은 이런 식별을 가르치지 않을 것이다. 다음의 행동 일화는 어린아이가 있는 많은 가정에서 흔히 일어나는 일이다. 3세의 남자아이 테리는 TV 리모컨을 가지고 놀고 있다. 어머니는 "테리야, 그거 내려놓아야지."라고 조용히 말한다. 테리는 계속 리모컨을 만지작거린다. 몇 분 후에, 어머니는 약간 큰 소리로 좀 더 짜증내며 "테리야, 그거 내려놔."라고 고함친다. 테리는 계속해서 리모컨을 만지작거리고 채널을 마구 바꾼다. 이때 채널이 바뀌는 것은 테리가 리모컨을 만지는 행동에 대한 자연적 강화물이 된다. 1, 2분 후에, 어머니가 위협적으로 쳐다보면서 큰 소리로 "테리야, 이번이 마지막이야, 엄마가 정말 화내기 전에 리모컨을 내려놓고 TV에서 떨어져 앉아!"라고 고함친다. 마침내 테리는 TV로부터 떨어져 앉고, 어머니는 "그래, 이제 됐어, 테리. 엄마는 네가 말을 잘 들을 때가 예쁘더라. 너는 왜 내가 처음에 말할 때는 듣지 않는 거니?"라고 말한다. 당신은 세 번째 단계에서 어머니가 한 말에 테리가 반응한 것을 어머니가 강화했다는 점을 분명히 알 수 있을 것이다. 여기서 테리가 학습한 식별학습은 어머니가 진짜 화가 나서 위협을 할 때까지 기다렸다가 어머니의 요청에 따르는 것이다.

가령 상대방이 반응할 때까지 당신이 무엇인가를 여러 번 말해야 하거나 아무도 당신의 말을 경청하지 않거나 혹은 다른 사람이 적시 적소에 올바른 행동을 하지 않는다고 느낀다면, 자극식별훈련이 잘못 적용된 경우이므로 당신과 그들과의 상호작용을 면밀하게 검토해야 할 것이다.

자극식별훈련의 효과적 적용을 위한 지침

1. 명백한 신호 선택하기: S^D와 적어도 하나의 S^{Δ}를 상세히 기술하라(다른 말로 하자

면, 그 행동이 나타나야 할 상황들과 나타나서는 안 되는 상황을 상세히 기술하라.).

2. 적절한 강화물 선택하기: [그림 3-3]을 참조하라.

3. 자극식별 발달시키기

1) S^D가 있을 때 반응을 몇 번 강화하라.

① 규칙 내에 S^D→바람직한 반응→강화물 순서를 분명하게 자세히 기술하라. 특정 행동을 강화할 것을 암시하는 단서와 그 행동을 강화하지 않을 것을 암시하는 단서를 밝히고, 또 지시문을 사용하여 개인에게 어떤 상황에서는 특정 방식으로 행동하는 것이 적절하고, 또 어떤 상황에서는 그렇게 행동하는 것이 적절하지 않다는 것을 알려 주라.

② 처음에는 일정한 언어적 단서를 계속 사용하라.

③ 규칙을 눈에 잘 띄는 장소에 붙여 두고 정기적으로 점검하라.

④ 개인이 단서에 주의를 기울이지 않는다면, 그 행동에 대한 자극통제가 발달하지 않을 것임을 인식하라. 따라서 그 단서를 강조하는 촉구(9장에서 더 논의됨)를 사용하라.

⑤ 특정 시각에 개인이 어떤 행동을 하도록 가르치려면, 그 행동이 발생하기 직전에 정확한 수행에 대한 촉구를 제시하라.

2) S^{Δ}는 S^D와는 확연히 달라야 하며 문제행동을 소거하는 규칙에 따른다. 행동통제를 할 수 있는 자극은, 예를 들어 훈련 장소의 위치가 될 수 있다. 또한 가구의 물리적 특징과 위치, 장비 및 훈련이 이루어지는 방에 있는 사람들, 하루 중 훈련하는 시각, 훈련에 선행하거나 동반되는 사건들의 순서 등이 이에 해당한다. 이들 중 어느 하나가 변화해도 자극통제를 방해할 수 있다.

4. 점진적으로 프로그램 종료시키기(16장에서 세부적으로 다루어짐)

1) 그 행동이 적합한 장소에서 적절한 시간에 바람직한 비율로 나타나고 S^{Δ} 상황에서는 발생하지 않는다면, 점차 계획된 강화물을 감소시키고 자연적 강화물로 그 행동을 유지하는 것이 가능하게 될 것이다.

2) S^D가 있고 S^{Δ}가 없을 때 그 행동이 발생하게 되면, 환경 안에서 그 행동을 유지시킬 수 있는 다른 자연적 강화물을 찾아보라.

3) 프로그램이 끝난 뒤에 그 행동에 대한 정기적인 평가를 하도록 계획을 세워서 간헐적으로 그 행동을 강화하고, S^D가 있을 때 그 행동이 바람직한 빈도로 일어나도록 한다.

연습문제

18. 당신이 S^D로 설정하기 위하여 하나의 자극을 선별하려고 할 때, 당신 스스로 그 자극에 대해 물어봐야 할 네 가지 질문은 무엇인가(178-179쪽 참조)?
19. 당신 자신이나 친구의 행동에 대해 S^D로 규정할 수 있을 것 같은 자극을 기술하고 그 행동을 기술하라. 또 그 자극에 대해 질문 18에서 당신이 스스로에게 했던 네 가지 질문에 대답하라.
20. 자극식별훈련에서의 오류는 무엇을 의미하는가?
21. 일반적으로 말하는 수반성은 무엇인가? 이 장에서 제시하지 않은 한 가지 예를 기술하라.
22. 강화의 세 조건 수반성은 무엇인가? 이 장에서 제시하지 않은 한 가지 예를 기술하라.
23. 행동적 관점에서, 규칙이란 무엇인가?
24. 규칙-지배 행동과 수반성-형성 행동을 예를 들어 구분하라.
25. 오클랜드의 교실에서 규칙에 따라 아이들이 높은 비율로 과제행동을 수행한 것은 규칙-지배 행동과 수반성-형성 행동 중 어느 것인가? 당신의 선택의 근거를 들라.
26. 부모 혹은 돌보는 사람이 자극식별훈련에 대해 모르는 경우 아이 혹은 부모(혹은 돌보는 사람)는 어떻게 바람직하지 않은 행동을 하게 되는지 예를 들어 기술하라.

적용연습

A. 타인에 대한 적용연습

1. 당신이 다른 사람의 행동을 통제하는 데 S^D를 사용했던 다섯 가지 상황을 기술하라. 일반적인 상황, 통제력이 있는 S^D, 통제된 행동, 강화물을 분명히 밝히라.
2. 당신이 다른 사람에게 S^{Δ}를 제시했던 다섯 가지 상황을 기술하라. 일반적인 상황, S^{Δ}, 당신이 S^{Δ}를 제시한 행동 및 그 결과를 분명하게 밝히라. S^{Δ}가 그 행동을 적절하게 통제하였는지 여부를 간단히 기술하라.

B. 자기-수정 연습

1. 당신이 최근에 바람직한 방식으로 일반화했던 상황을 기술하라. 행동, 그 행동이 처음으로 강화되었던 상황(훈련 상황), 그 행동이 일반화된 상황(표적 상황)을 분명하게 밝히라.
2. 당신이 최근에 바람직하지 않은 방식으로 일반화했던(혹은 바람직하지 않은 성과를 낸) 상황을 기술하라. 또 행동, 훈련 상황, 표적 상황을 분명하게 밝히라.
3. 당신이 감소시키고 싶은 과잉행동 중 하나를 선택하라. 이삼 일 동안 그 행동이 발생하는 상황과 그 행동이 발생하는지 여부를 면밀하게 관찰하라. 그 행동을 통제하는 S^D와, 가능하다면 그 행동을 통제하는 S^{Δ}를 밝히라. 이런 정보는 당신이 이 책을 다 읽은 후 자기-통제 프로그램을 만들려고 할 때 매우 많은 도움이 될 것이다.
4. 이 책에서 지금까지 읽었던 내용에 근거하여, 당신이 이 책의 나머지 부분을 숙지하기 위해 필요한 식별학습을 증진시키기 위하여 당신의 학습행동을 구체적으로 통제할 수 있는 방법을 자세히 기술하라. (힌트: 자극통제, 강화, 소거, 양립 불가능한 행동 및 강화계획을 고려할 것)

추가설명 및 심화토론

1. 기술적으로 말해 **자극등가**는 세 가지 관계, 즉 반사(reflexivity), 대칭(symmetry), 이행성(transitivity)의 증거가 필요하다(Dymond & Rehfeldt, 2000; Sidman, 1994). 반사는 더 단순한 관계이며 단순히 자극의 예들을 인식하는 것을 포함한다. 다른 말로 하면 아이는 3을 3과, ∴을 ∴과, Ⅲ을 Ⅲ과 짝지을 수 있다. [그림 8-2]의 가장 위에 있는 판넬을 생각해 보자. 훈련 후, 아이에게 표본으로 '3'을 보여 주면 아이가 그 판넬에서 정확하게 '∴'을 누르는 것을 학습하였다고 가정해 보자. 훈련 후, 우리가 '∴'을 판넬의 맨 위에 두고, 그다음에 '3'을 다른 두 가지 선택 사항들과 무작위로 섞어 놓는다. 아이가 이번에는 '∴'을 보고 정확하게 '3'을 가려낸다면 아이는 대칭을 입증한 것이다. 이행성은 아이가 [그림 8-2]의 세 번째 판넬에서 시험에 통과할 때 입증된다. 다른 말로 하면 A와 B, B와 C를 짝짓는 것을 배운 결과, 개인이 다른 어떤 훈련을 받지 않고도 A와 C를 짝지을 수 있게 된 것이다.
2. Skinner(1957)가 언어를 행동주의 입장에서 설명한 책을 출판한 이래, 언어심리학자들은 조작적 조건형성으로 아이가 모국어를 습득하는 것을 설명하는 것이 적합하지 않다고 주장하였다(Brown, 1973; Chomsky, 1959; Pinker, 1994). 그들의 주장은 아이들이 대개는 직접적으로 훈련받거나 강화받지 않은 언어도 많이 학습한다는 견해에 기초한다. 그러나 자동적인 조건강화(4장의 추가설명 1에 기술된)를 통하여, 유아들은 직접적으로 강화를 받지 않고도 목소리를 내는 행동을 표출할 수 있다. 그리고 아이들은 자극등가훈련을 통하여 그 소리들이 같은 등가 범주에 속한다면, 물리적으로는 다른 소리여도 같은 것을 '의미'할 수 있다는 것을 학습할 수 있다. 이러한 요인들로 어떻게 사람이 전에 들어 보지도 못한 새로운 문장을 형성할 수 있는지를 설명할 수 있으며, 또한 언어발달에 대한 Skinner의 행동주의 입장은 경험적으로 지지된다(Stromer, Mackay, & Remington, 1996).
3. 어떤 형태의 자극통제에서는 단일 자극(청신호 혹은 간판)을 통제하는 것이 단일 반응(길을 건너가는 것 혹은 무엇인가를 사려고 상점에 가는 것)을 통제하는 것보다 훨씬 더 복잡하다. **맥락통제**(contextural control)라는 자극통제의 복잡한 유형은 일반적인 장면 혹은 맥락에 따라 개인이 특정 자극에 반응하는 방식이 변하는 것이다. 예를 들어, 당신이 영국에서 운전을 할 때, 고속도로의 분할선은 그 선에서 왼쪽으로 빠져나가라는 S^D인 반면, 캐나다에서 운전할 때는 그 선은 오른쪽으로 빠져나가라는 S^D이다. 이 예에서, 당신이 운전하고 있는 국가라는 맥락이 특정 자극에 대한 당신의 행동을 어떻게 통제할지를 결정한다. 맥락통제에 대한 지식은 효과적인 행동치료를 설계하는 데 있어 중요하다. 예를 들어, Haring과 Kennedy(1990)는 자폐아가 교실에서 활동할 때 자기-자극 행동을 감소시키는 데 효과적인 절차가 여가활동을 할 때는 효과적이지 않은 것을 발견하였다. 또한 역으로 여가활동을 하고 있을 때 아이의 자기-자극 행동을 감소시키는 데 효과적인 절차는 교실활동을 수행할 때 자기-자극 행동을 감소시키는 데에는 효과가 없었다.

▶ 추가설명에 대한 연습문제

1. 반사, 대칭, 이행의 의미를 예를 들어 설명하라.
2. 자극등가에 대한 연구가 어떻게 언어발달에 대한 행동주의 견해를 지지했는가?
3. 맥락통제라는 용어는 무엇을 의미하는가? 예를 들어 설명하라.
4. 캐나다를 방문한 영국인이 길을 건너기 바로 직전에 그의 오른편의 차도에 차가 없는지 살펴보고, 차도에 발을 내려놓았다가 차에 부딪쳤다. 맥락통제의 부족이 이 사고에 어떻게 포함되는지 설명하라.

09 용암법: 행동통제 변화시키기

"피터, 네 이름이 뭐니?"

피터에게 자기 이름 가르치기[1]

피터는 언어를 흉내 내어 반복하는 증상을 보여서 자폐증 진단을 받았다. 피터는 다른 사람들이 말하는 단어들을 흉내만 내어 따라 할 뿐 다른 언어행동은 거의 하지 않았다. 피터는 적절하지 않게 단어들을 따라 하곤 하였다. 예를 들어, "네 이름이 뭐니?" 하고 물으면, "뭐니" 하고 대답하곤 하였다. 때때로 피터는 질문 전체, "네 이름이 뭐니?"를 되풀이하였다. 질문(자극)이 적절한 대답을 유발하기보다는 흉내 내는 반응을 이끌어 내므로 이것은 자극통제의 문제였다.

대학생인 베로니카는 피터에게 "네 이름이 뭐니?"란 질문에 대하여 적절하게 반응하도록 가르쳤다. 먼저, 베로니카는 효과적인 강화물을 찾아냈다. 피터에게 플라스틱 칩을 사탕이나 팝콘으로 바꿀 수 있다고 먼저 가르친 후에, 베로니카는 플라스틱 칩을 강화물로 사용하기로 결정하였다.

조용한 방안의 작은 탁자를 두고 피터와 베로니카가 마주보고 앉았다. 베로니카는 매우 부드럽게 속삭이며, "네 이름이 뭐니?"라고 묻고 피터가 반응하기 전에 매우 크고 빠르게 "피터" 하고 소리쳤다. 피터는 "피터"라는 단어를 따라 했고 베로니카는

1) 이 사례는 Martin, England, Kaprowy, Kilgour와 Pilek(1968)로부터 인용된 것이다.

"잘했어"라는 말과 함께 플라스틱 칩을 하나 주었다. 당신은 피터가 단지 베로니카의 말을 흉내 내기만 하는데 무슨 진전이 있을지 의아해할 것이다. 그러나 몇 번의 시행 후에, 베로니카는 "네 이름이 뭐니?"라는 질문을 더 큰 소리로, "피터"라는 대답은 더 작은 소리로 말하기 시작하였다. 베로니카는 피터가 "피터"라고 하는 것에 대하여 계속 강화를 하였다. 마침내 베로니카는 "네 이름이 뭐니?"라고 큰 소리로 묻고, "피터"라는 소리는 내지 않고 단순히 입모양만으로만 흉내 내었다. 그럼에도 불구하고, 피터는 정확히 "피터"라고 대답하였다. 몇 번의 시도가 끝나고 베로니카는 "피터"라는 대답을 입모양으로 흉내 내지도 않았지만 피터는 "네 이름이 뭐니?"라는 질문에 대해 여전히 정확하게 반응하였다.

용암법

용암법(fading)은 반응을 통제하는 선행자극을 점진적으로 변화시키는 연속적인 시도를 통하여 결국 반응이 부분적으로 변화되거나 완전히 새로운 자극에 대해 반응이 일어나도록 하는 것이다.

처음에 피터는 자기 이름이 불릴 때만 자기 이름을 말하였다. 용암법 과정을 통하여, "피터"라는 반응에 대한 자극통제가 "피터"라는 선행자극으로부터 "네 이름이 뭐니?"란 선행자극으로 점진적으로 전이되었다. 피터가 자신의 이름을 말하는 것을 알았는지에 대한 의문이 생길 수 있다. 그러나 이것은 모호한 질문이므로 이것을 좀 더 행동적인 용어로 바꾸어 보자. 피터에게 자신의 이름을 포함하는 다른 질문들을 하였을 때 피터가 일관성 있게 정확하게 반응할 것인가? 예를 들어, 거울에 비춰진 피터의 모습을 가리키며 "이 사람이 누구지?"라고 물었을 때 피터가 일관성 있게 "피터"라고 대답할 것인가? 아마도 그렇지 않을 것이다. 그러나 "네 이름이 뭐니?"라는 질문에 대답하도록 가르치는 것은 피터가 자신의 이름을 묻는 질문에 대답하고 자신의 이름을 말하고 있다는 것을 알기 시작하는 중요한 출발점이었다.

용암법은 한 사람이 다른 사람에게 어떤 행동을 가르치는 여러 일상적인 상황에서 나타난다. 부모가 아이에게 걷거나 자전거 타는 것을 가르칠 때 도와주고 붙들어 주는 것을 서서히 약화시킬 것이다. 댄스 강사는 새로운 스텝을 지도하는 동안 처음에는 손을 강하게 붙잡고 이끌어 주면서 스텝을 익히도록 한 후에 점차 손의 압력을 약하게 할 것이다. 운전 교육생에게 운전교육을 하는 과정에서, 운전 강사는 교육생이 다양한 교통규칙에 주의를 기울이도록 하기 위하여 사용하던 언어적 힌트를 점차 줄여 갈 것이다.

자극이 반응에 대하여 강한 통제를 발휘하는 상황에서 용암법은 자극통제를 변화시키는 데 매우 유용하게 사용될 수 있다. 오류 없는 식별훈련은 오류 없는 학습이라 불리기도 하는데, 자극식별을 형성하는 용암법 절차로 오류가 생기지 않도록 하는 것이다. 용암법이 발견되고 발달함에 따라 학습 과정에 대한 교육자의 견해에 약간의 변화가 나타났다. 한때는 오류를 통해 하지 말아야 할 것을 알아 가게 된다고 여겼다. 그러나 오류를 범하지 않으면서도 하지 말아야 하는 행동과 해도 되는 행동을 식별할 수 있다. 오류를 범하지 않고 학습한 식별은 시행착오를 포함하는 식별 절차에 비해 적어도 세 가지 면에서 이점이 있다. 첫째, 오류를 범하는 것은 귀중한 시간을 허비한다. 둘째, 일단 오류가 발생하면, 실수가 소거되는 중에도 여러 번 오류를 범할 수 있다(5장에서 소거 동안, '좋아지기 전에 더 나빠질 수 있다' 고 한 것을 기억하라.). 셋째, 오류가 소거되는 동안 강화를 받지 못할 때 자주 소리 지르면서 떼쓰거나 공격적인 행동을 하거나, 그 상황으로부터 도피하려는 시도 같은 정서적인 부작용을 낳을 수 있다.

우리는 자폐증을 포함하여 발달장애가 있는 사람 및 매우 어린 유아들을 대상으로 하는 프로그램 등 많은 학습 상황에서 용암법 절차를 사용하였다. 이러한 학습자들에게 셔츠와 같은 옷의 명칭을 말하도록 가르치기 위해 교사들은 다음 단계를 따라 진행할 것이다.

1. 당신의 셔츠를 가리키면서 "셔츠"라고 말한다. 학습자가 지속적으로 아주 여러 번 "셔츠"를 따라 할 때까지 계속하고, 정확한 반응마다 즉시 강화를 해 준다. 이것은 학습자가 이 단어를 따라 할 수 있다는 것을 가정하며, 또한 그 학습자는 당신이 가리킨 품목을 쳐다보고 있다고 가정한다.
2. 그 학습자가 지속적으로 "셔츠"라는 말을 따라 할 때, 통제하기를 원하는 반응에 대한 자극을 제시하고, 동시에 점진적으로 "셔츠"라고 말하는 것을 서서히 약화시킨다. 즉 그 셔츠를 가리키면서 "이게 뭐니? 셔츠."라고 말한다. 이에 반응하여 그 학생은 "셔츠"를 따라 한다. 몇 번의 시도 후에, 점차 "셔츠"라고 말하는 강도를 영으로 감소시킨다. 그러면 결국에는 누군가가 셔츠를 가리키면서 "이게 뭐니?"라고 묻는 자극에 대해 그 학생은 "셔츠"라는 대답으로 반응할 것이다. 다시 학생이 적절하게 반응할 때마다 강화를 해 준다.

용암법은 또한 모양(예, 원, 선, 사각형, 삼각형)의 점선을 따라 그리기와 보고 그대로 따라 그리기, 그리기를 가르치는 데 사용할 수 있다. 아이에게 원을 따라 그리는 것을 가르치기 위하여, 교사는 진한 점선으로 원이 그려진 종이 여러 장을 준비하고, 교사는 아이의 손에 연필을 쥐어 주고, "점선을 따라 원을 그려라." 하고 말한다. 그리고 연필로 점들을 연결시킴으로써 원을 따라 그리도록 아이의 손을 이끌어 간다. 물론, 원을 완성한 다음에 아이는 즉각적으로 강화물을 받는다. 몇 번의 이런 시도 후에 교사는 아이가 점선을 따라 그리는 것을 통제하는 단서가 되는 손의 압력을 다음과 같이 서서히 줄인다.

1. 아이의 손을 몇 차례 가볍게 잡는다.
2. 아이의 손등을 몇 차례 손끝으로 건드린다.
3. 따라 그려야 할 점을 가리킨다.
4. 마지막으로, 단순히 "점선을 따라 원을 그려라."라는 지시를 한다("점선을 따라 원을 그려라."라는 지시를 단계 1, 2, 3에서도 주어야 함).

일단 교사가 아이에게 점선을 따라 그리는 것을 가르친 후에는 교사는 아이에게 따라 그리도록 하는 점선으로 된 단서들을 서서히 약화시킴으로써 보고 따라 그리기나 그림 그리기도 가르칠 수 있다. 예를 들어, 교사는 몇 개의 점선으로 된 원들이 그려진 종이를 사용할 수 있다. 이러한 종이에서 가장 왼쪽의 원을 이루는 점선의 점은 많고 오른쪽으로 갈수록 점의 갯수가 적어진다. 교사는 가장 많은 점으로 그려진 원을 가리키며, "점선을 따라 원을 그려라."라고 지시한다. 목표반응은 강화되고, 또 점점 더 적은 점으로 그려진 원에서도 되풀이된다. 다음 단계에서, 점이 없이도 아이가 원을 그릴 수 있도록 하기 위하여 점들을 점차 옅은 색으로 그리다가 없어지게 한다. 그다음에 새롭게 획득된 반응에 대하여 "원을 그려라."라는 지시를 서서히 도입하는 것은 간단한 문제다. 교사가 원을 가리키면서 "이 원을 보고 따라 그려라."라고 말하는 지시가 서서히 도입되어서 그 반응을 통제하게 될 것이다. 이런 방식으로 다양한 도형들을 보고 따라 그릴 수 있게 학습시키는 궁극적인 목적은 아이가 따라 그려 본 경험이 없는 도형들도 적절히 따라 그릴 수 있도록 하는 데 있다.

용암법에 사용되는 자극의 차원

일반적으로 자극의 한 차원은 연속선상에서 측정될 수 있는 어떤 특성이다. 이와 같이 용암법은 자극의 차원들에 따라서 발생하는데, 자극의 차원은 앞선 예에서 베로니카가 피터에게 질문하는 목소리의 크기, 아이가 원을 그리도록 손으로 잡고 이끌어 주는 교사의 손의 압력 또는 아이가 따라 그리도록 그려진 점들의 명료도에서 나타난다. 지금까지는 매우 특정한 자극 차원에 용암법을 적용하는 것에 대하여 언급했지만, 용암법은 일반적 상황 혹은 장면을 변화시키는 데도 사용될 수 있다. 예를 들어, 필자들이 시행했던 자폐아 프로그램에서 우리는 자폐아들이 교실 장면에서 적절히 반응하기를 원하였다(Martin, England, Kaprowy, Kilgour, & Pilek, 1968). 그러나 이 아이들은 특히 집단 장면에서 매우 혼란을 일으켰으므로, 우리는 처음부터 그들을 교실 장면에 들여 놓지 않았으며, 각각의 아이들이 개인적인 상황에서 목표행동을 획득한 후에 아이들을 교실 상황에 서서히 들어오게 하도록 결정하였다.

우리의 첫 훈련회기는 몇 개의 의자와 팔걸이 책상이 있는 작은 방에서 수행되었다. 두세 명의 교사들이 두세 명의 아이들과 마주 보고 개별적으로 수업하였다. 소거를 사용하여 소리 지르며 떼쓰는 행동을 제거하고 얌전히 앉아 있기, 적절한 언어행동, 그림 그리기, 보고 따라 그리기 및 기타 바람직한 행동들을 강화하는 절차를 포함하였다. 아이가 그 상황을 빠져나가기 어렵게 만들기 위하여 각 아이의 책상을 벽에 가까이 붙여 놓았다.

일주일 동안 아이들은 조용히 앉아서 공부하며 교사에게 주목하고, 언어훈련에서 단어들을 따라 하는 것을 학습하였다. 일반적 훈련 상황과 아이가 주목하는 것 간의 자극통제가 이루어졌다. 그러나 이번에 우리의 목표는 교실 앞에 한 명의 교사가 있는 정규 교실 상황에서 아이들이 적절히 기능하도록 가르치는 것이었다. 첫 주가 지난 후에 정규 교실 상황으로 곧바로 바꾸었다면, 아이들은 분명히 매우 부주의하고 혼란스럽게 행동하였을 것이다. 그러므로 4주에 걸쳐, 우리는 점차 세 명의 학생과 세 명의 교사가 있는 작은 방에서부터 일곱 명의 학생과 한 명의 교사가 있는 정규 교실로 점진적으로 상황을 변화시켰다. 용암법은 두 자극 차원들에서 발생하였다.

첫 번째 차원은 교실의 물리적 구조였다. 우리는 아이들을 작은 방에서 표준 크기의 큰 교실로 옮겼다. 그러나 처음에는 3개의 팔걸이 책상을 정규 교실의 벽에 가까이 붙여 놓음으로써, 마치 작은 방에 있는 것처럼 느끼도록 하였다. 교사들이 앉았던 의자 3개도 그대로 정규 크기의 교실로 옮겨 왔다. 교실의 나머지 공간은 비어 있었다. 마침내 며칠 후에 3개의 팔걸이 책상을 차츰 벽에서 떨어뜨려 교실의 중앙으로 옮겨 나란히 놓았다. 다른 책상들과 가구들도 한 번에 하나씩 추가해서 아이들은 마침내 정규 교실에서 필요한 교구가 갖추어진 교실의 책상에 앉게 되었다.

두 번째 차원은 교사당 학생 수다. 이 차원에서 용암법은 첫 번째 차원의 용암법과 동시에 수행되었다. 처음 몇 회기 동안은 교사 한 명에 한 명의 학생이 수업을 하였다. 그다음 몇 회기 동안은 교사가 두 명의 학생들과 함께 번갈아 질문을 하면서 수업을 하였다. 이런 방식으로, 교실 상황에서 한 명의 교사가 일곱 명의 학생들과 함께 수업하게 될 때까지 학생-교사 비율을 점차 증가시켰다.

연습문제

1. 용암법을 정의하고 그 예를 들라.
2. 오류 없는 식별훈련이 무엇인지 정의하라.
3. 오류를 범하지 않고 자극을 식별하는 것을 확립하는 것이 왜 이로운가?
4. 자극의 차원은 무엇을 의미하는가? 예를 들어 설명하라.
5. 이 장의 초반부에서 인용된 두 가지 예들에서 용암법이 적용된 세 가지 자극 차원을 밝혀라.
6. 이 장에서 제시한 예들 중에서 훈련 상황을 일정하게 유지하면서 특정 자극 차원에만 용암법을 적용시킨 예를 찾아 설명하라.
7. 일반적인 훈련 상황에 용암법이 적용된 예를 이 장에서 제시된 것으로 설명하라.
8. 애완견을 훈련하는 데 용암법을 사용하는 방법을 기술하라.
9. 당신의 18개월 된 아이가 '칩' 이라는 단어를 따라 하려고 한다고 가정해 보자. 예를 들어, 감자칩을 가리키면서 "이게 뭐니?" 하고 물을 때 아이가 '칩' 을 정확하게 알아맞히도록 가르치는 데 용암법을 어떻게 사용할 것인지 자세히 기술하라.

용암법의 효과에 영향을 주는 요인들

최종 목표자극

최종 목표자극을 신중하게 선택해야만 한다. 최종 목표자극을 선택하는 것이 중요한 이유는 일상생활에서도 특정 자극에 대한 반응이 일어나고 유지되어야 하기 때문이다. 몇몇 용암법 프로그램에서 자극을 제시할 때, 학생이 일상생활에서 자주 접하게 될 상황에 포함되어 있지 않은 자극을 사용하여 결국 용암법 프로그램을 중단하는 실수를 범하게 된다. 피터의 예를 생각해 보자. 베로니카가 크게 "네 이름이 뭐니?"라고 질문한 직후에 "피터"라고 입모양으로 흉내 내는 마지막에서 두 번째 단계에서 훈련을 중단하기 쉬울 수도 있다. 그러나 일상에서 다른 사람들이 피터에게 다가와서 "네 이름이 뭐니?"라고 물으면서 입모양으로 "피터"라고 흉내 내지는 않을 것이다. 그러므로 베로니카는 이 프로그램의 마지막 단계를 베로니카가 피터의 이름을 입모양으로 흉내 내지 않더라도 피터가 "네 이름이 뭐니?"라는 질문에 정확하게 반응하는 것으로 하였다.

시작자극: 촉구

용암법 프로그램을 시작할 때는 목표행동을 확실하게 일으키게 하는 시작자극(starting stimulus)을 선택하는 것이 중요하다. 베로니카가 피터에게 이름을 가르칠 때, 질문의 마지막 단어를 크게 말하면 피터가 그 단어를 흉내 낸다는 것을 알았기 때문에 피터에 대한 시작자극은 "네 이름이 뭐니?"라고 매우 부드럽게 말한 다음에 재빨리 "피터!"라고 소리치는 것으로 정하였다. 베로니카가 "피터"라고 소리치는 것은 피터가 정답을 말하도록 촉구하였다. **촉구**(prompt)는 목표행동을 통제하기 위한 최종 목표자극이 아니라 학습 프로그램 초기에 목표행동이 일어날 가능성을 증가시키기 위해 제시하는 부가적인 선행자극이다.

행동적 촉구 촉구로 사용되는 몇 가지 유형의 행동들을 구별할 필요가 있다. 신체적 촉구(physical prompt, 신체적 지도[physical guidance]라고도 불림)는 교사가 학생을 적절하게 지도하기 위해 신체의 일부를 가볍게 잡는 것으로 이루어진다. 아이가 새로운 행동을 학습하도록 도와주기 위하여 부모는 신체적 지도를 자주 사용하는데, 예를 들면 아이에게 걸음마를 가르치는 동안에 부모가 아이의 손을 붙드는 것이 있다. 춤을 배우기 시작하는 사람, 무술을 배우는 학생, 골프를 배우는 사람도 자주 '지도해 주는 손'이 도움이 된다는 것을 발견하곤 한다. 동작적 촉구(gestural prompt)는 교사가 학생의 손을 잡지 않고 정확한 단서를 가리키거나 신호를 주는 동작을 말한다. 예를 들어, 교사는 학생이 조용히 말하도록 하기 위해 손바닥을 펴서 아래로 향하여 내리는 동작의 촉구를 사용할 수 있다. 모델링 촉구(modeling prompt)는 교사가 정확한 행동을 시범으로 보일 때(모델링은 18장에서 더 자세히 논의됨) 나타난다. 수영 코치는 젊은 수영 선수들에게 자유형의 정확한 팔 움직임의 시범을 보인다. 골프 강사는 초보자들을 모아 놓고 골프채를 잡는 정확한 방법에 대하여 시범을 보일 것이다. 언어적 촉구(verbal prompt)는 언어적 힌트나 단서다. 운전 강사는 운전 교습생에게 "차가 나갈 때 왼쪽 어깨 너머를 체크하세요."라고 말하는 것과 같은 언어적 촉구를 사용한다. 아이들이 혼자서 옷 입는 것을 가르칠 때 부모는 자주 언어적 촉구(예를 들어, "이제 스웨터에서 머리를 빼라.")를 사용한다.

추가설명 1

환경적 촉구 환경적 촉구(environmental prompt)는 목표행동을 유발할 수 있도록 물리적 환경을 어느 정도 바꾸는 것이다. 건강식을 섭취하려는 사람이 신선한 과일 바구니를 손에 닿기 좋은 곳에 놓는 반면, 인스턴트 식품은 손이 닿기 어려운 선반 꼭대기 눈에 보이지 않는 곳에 두는 것이 그 예다. 다른 예는, 학생이 공부방에 공부와 관련된 물건과 교재들을 놓는 것이다.

모든 범주의 촉구는 학습자를 위한 환경의 일부분들이다. 그러나 물리적 환경의 다른 측면들과 행동적 촉구를 식별하기 위하여 우리는 앞서 기술한 것처럼 촉구의 각 범주를 정의한다.

자극 외 촉구와 자극 내 촉구 행동적 촉구와 환경적 촉구는 더 나아가 자극 외 촉구와 자극 내 촉구로 나뉜다. 자극 외 촉구(extra-stimulus prompt)는 정확한 반응을 더 많이 만들어 내기 위해 환경에 무엇인가를 부가하는 것이다. 가령, 부모가 저녁 식탁을 차리는데 자녀에게 나이프, 포크, 스푼을 적절한 위치에 놓는 것을 가르치려 한다고 가정해 보자. 한 가지 방법은 아이가 나이프와 포크, 스푼의 이름을 말하며 놓으려고 할 때 부모가 나이프와 포크, 스푼의 위치를 가리키는 것이다. 가리키는 것은 자극 외 행동 촉구다. 몇 번 반복한 후 자극 외 행동 촉구는 더 이상 주지 않게 된

표 9-1 촉구의 유형

행동적 촉구
신체적 지도: 신체적으로 학습자를 보조함 동작: 가리키기 혹은 움직임 모델링: 행동을 시연함 언어: 힌트나 단서가 되는 단어를 사용하거나 지시문 주기
환경적 촉구
환경적-물리적 환경을 재배치함
자극 외 촉구과 자극 내 촉구
자극 외 촉구: 유사한 반응이 나오도록 다른 자극을 추가하는 것 자극 내 촉구: S^D나 S^{Δ}를 더 인식하기 쉽고 구분하기 쉽게 하는 것

다. 다른 방법은 부모가 식탁용 매트의 적당한 위치에 나이프, 포크, 스푼을 그려 놓고 아이에게 나이프, 포크, 스푼을 정확한 위치에 놓으라고 하는 것이다. 선을 그려 놓는 것은 자극 외 환경 촉구로 점차 그림의 선을 지우거나 희미하게 만들 수 있다. 자극 내 촉구(within-stimulus prompt)는 S^D나 S^{Δ}의 특성을 변화시켜서 이들을 더 눈에 띄게 하여 식별하기 쉽게 만드는 것이다. 식탁을 차리는 예에서 일반적인 크기의 포크와 나이프는 제 위치에 놓여 있고, 커다란 나무 스푼이 훈련하는 항목이 된다. 이것이 자극 내 환경 촉구다. 처음의 초점은 아이에게 커다란 나무 스푼을 정확한 위치에 놓도록 가르치는 것이다. 횟수를 거듭하면서 스푼의 크기는 점차 일반적인 것으로 바뀔 것이다. 이 과정은 아이가 식탁을 정확히 차릴 수 있을 때까지 나이프와 포크를 사용하여 거듭 되풀이될 수 있다. 자극 내 촉구는 교사의 행동을 포함할 수 있는데 유사한 음이 나는 두 단어, 예를 들어 'pen'과 'pencil'(두 단어 다 'pen' 소리를 포함함)과 같은 두 단어에 적절히 반응하도록 아이를 가르친다고 할 때, 처음에는 'PEN!'이나 'pen-CIL!'과 같이 단어 소리의 차이를 과장해서 말하며 둘 중의 하나를 달라고 요구하다 점차적으로 정상적인 고저와 소리로 바꾼다. 촉구의 여러 유형을 〈표 9-1〉에 제시하였다. 몇몇 연구에서 발달장애아와 자폐아에게는 자극 내 촉구 용암법이 자극 외 촉구 용암법보다 더 효과적임을 지적하였다(Schreibman, 1975; Witt & Wacker, 1981; Wolfe & Cuvo, 1978).

교사는 정확한 반응을 확실하게 만들어 내기 위하여 여러 유형의 촉구를 제공할 수 있다. 예를 들어, 교사가 "너의 머리를 만져라"라는 지시를 하고, 그 지시가 적절한 자극통제로 작용하여 학생이 자신의 머리를 만지게 되기를 기대한다면, 교사는 자신의 머리를 만지면서 "너의 머리를 만져라. 손을 들어서 이렇게 머리에 올려놓아라."라고 말하는 것으로 훈련을 시작할 것이다. 이 예에서 "네 손을 들어 이렇게 머리에 놓아라."는 언어적 촉구이고, 자신의 머리 위에 손을 얹는 교사의 행동은 모델링 촉구다. 목표반응을 확실히 만들기 위해 여러 유형의 촉구를 함께 선택하는 것은 용암법 프로그램에서 오류를 최소화하고 성공을 극대화시킬 것이다.

용암법 단계

훈련 프로그램을 시작할 때 주어진 촉구에 의하여 목표반응이 확실히 발생한다면, 그다음에 촉구를 점차 제거해야 한다. 촉구를 제거하는 단계들은 주의 깊게 선택되어

추가설명 2

야 한다. 유감스럽게도 용암법의 효과적인 사용은 일종의 예술적 감각을 필요로 한다. 용암법을 실행하는 속도를 결정하기 위하여 학습자의 수행 정도를 면밀하게 관찰하는 것이 매우 중요하다. 용암법은 너무 빠르거나 너무 느리게 이루어져서는 안 된다. 만약 그 학습자가 오류를 범한다면, 촉구가 너무 빠르게 제거되었거나 용암법의 단계들이 너무 적게 구성되었을 것이다. 이때는 용암법을 진행시키기보다는 행동이 잘 확립되었던 이전 단계로 다시 돌아가는 것이 필요하다. 다른 한편으로 너무 많은 단계들이 도입되거나 지나치게 많은 촉구를 아주 여러 번 제공한다면, 학습자는 촉구에 지나치게 의존하게 될 것이다. 아이에게 머리를 만지라고 할 때 이에 따라 행동하도록 가르치는 예를 생각해 보자. 교사가 자신의 머리를 만지는 촉구를 아주 여러 번 시도한다면, 아이는 그것에 의존하게 되고 "너의 머리를 만져라."라는 지시에 덜 주목하게 될 것이다.

용암법의 함정

함정 유형 1

다른 행동 원칙과 절차에 익숙하지 않은 사람들이 이를 잘 모르고 잘못 적용할 수 있는 것과 마찬가지로 용암법도 잘못 사용될 수 있다. 그러나 단서들의 점진적인 변화가 우연히 발생하는 경우는 매우 드물기 때문에 용암법을 부주의하게 오용하는 경

우는 드물 것이다.

자기 머리를 딱딱한 바닥에 부딪치는 아동(8장에서 기술된)의 사례는 용암법을 잘못 사용한 결과의 예로 볼 수 있다. 아이가 처음에 잔디와 같은 부드러운 표면에 자기 머리를 부딪치는 것으로 주의를 끌기 시작했다고 가정해 보자. 처음에 아이가 이런 행동을 했을 때는 어른들이 아이가 자해를 했는지 알아보기 위하여 달려왔을 것이다. 어른들은 아이에게 상처도 나지 않는다는 것을 알게 되었을 때, 그 아이의 자해행동에 주의를 기울이지 않게 되었다. 그때 아이는 카펫을 깐 바닥과 같이, 약간 더 딱딱한 바닥에 같은 강도로 머리를 부딪치는 것으로 진행하였을 것이다. 아마도 잠시 동안 이 행동은 어른들의 관심을 끄는 양을 증가시키겠지만, 아이가 이런 방식으로도 자해를 하지 못한다는 것을 어른들이 알게 될 때 결국 관심은 감소할 것이다. 아이가 점차 자기 머리를 딱딱한 바닥이나 심지어는 콘크리트 바닥에 머리를 부딪쳤을 때에만, 이것은 실제로 심각한 자해를 야기하게 되고, 어른들은 아이에게 계속하여 관심을 보일 것이다. 이 예에서 바라지 않는 행동을 일으키는 자극에 점진적인 변화(바닥 표면의 유형)가 있었으며, 결국 이 행동은 가장 바람직하지 않은 자극에 의해서 일어났다. 따라서 이 예는 용암법의 기술적 정의에 적합하다.

용암법의 효과적 적용을 위한 지침

1. 최종 목표자극 선택하기: 마지막에 표적행동을 이끌어 내야 할 자극을 매우 명확하게 기술하라.
2. 적당한 강화물 선택하기(3장 참조)
3. 시작자극과 용암법 단계 선택하기
   1) 목표행동이 지금 발생하도록 하는 조건들, 즉 목표행동을 일으키려면 현재 어떤 사람, 단어, 신체적 지도 등이 필요한지 명확하게 기술하라.
   2) 목표행동이 일어나도록 하는 특정 촉구를 구체적으로 기술하라.
   3) 목표하는 자극통제에 도달하기 위하여 용암법을 사용해야 할 차원들(색깔, 사람들 및 방의 크기와 같은)을 명확하게 기술하라.
   4) 진행해야 할 특정한 용암법 단계들과 한 단계에서 다음 단계로 진행하기 위한 규칙들을 정하라.

4. 계획을 효과적으로 수행하기

1) 시작자극을 제시하고 정확한 행동을 강화하라.
2) 회기가 지나면서 단서들을 점차 줄일 때 가능한 한 오류가 거의 없도록 점진적으로 진행해야 한다. 오류가 발생하는 경우에는 몇 단계 이전으로 되돌아가서 부가적인 촉구를 제공하라.
3) 목표하는 자극통제를 획득하게 되면 앞의 장에서 제시한 프로그램을 종료하는 지침들을 재검토하라(더 자세한 내용은 16장에서 논의될 것이다.).

연습문제

10. 최종 목표자극은 무엇을 의미하는가? 예를 들라.
11. 시작자극은 무엇을 의미하는가? 예를 들라.
12. 촉구를 정의하라. 본문에서 제시되지 않은 예를 들라.
13. 행동적 촉구의 네 가지 주요 범주를 정의하고, 각각의 예를 들라.
14. 환경적 촉구를 정의하고 본문에서 제시되지 않은 예를 들라.
15. 자극 내 촉구를 정의하고, 본문에서 제시되지 않은 예를 들라. 당신이 든 예는 행동적 촉구인가, 환경적 촉구인가?
16. 자극 외 촉구를 정의하고, 본문에서 제시되지 않은 예를 들라. 당신이 든 예는 행동적 촉구인가, 환경적 촉구인가?
17. 특정 용암법 단계에서 얼마나 많은 시도를 강화한 이후에 자극을 변화시키는 것이 좋은가? (힌트: 이 장에서 제시한 예에서 어떤 제안을 하였나?)

적용연습

A. 타인에 대한 적용연습

1. 3세의 아이가 앞마당을 돌아다니기 시작하는 단계에 막 도달했다고 가정해 보자. 그 아이는 이미 몇 마디 말을 배웠으며, 당신은 그에게 "너는 어디서 사니?"라는 질문에 대답하는 것을 가르치고 싶어 한다. 이 질문에 대한 대답을 하도록 가르칠 수 있는 용암법 프로그램을 간단히 설명하라. 당신은 강화물로 무엇을 사용할 것인지, 각 용암법 단계에서 얼마나 많은 시도들을 할 것인지 등을 기술하라.
2. 당신이 심한 발달장애아 혹은 매우 어린 정상 유아에게 숟가락을 사용해서 음식을 먹는 것을 가르쳐야 한다고 가정해 보라. 다섯 범주의 촉구를 모두 사용한 프로그램을 설계하고 그 개요를 설명하라. 각각의 촉구를 가지고 어떤 방식으로 용암법을 적용할 것인지 설명하라.

B. 자기-수정 연습

당신은 브로콜리와 양배추 등의 야채를 싫어하지만, 이런 야채를 더 많이 섭취함으로써 심장병과 암의 발생률을 감소시킬 수 있다는 연구결과를 보고, 브로콜리와 양배추 등의 야채를 먹기로 결심했다고 가정해 보자. 당신이 야채의 섭취량을 증가시키기 위하여 사용할 수 있는 용암법 프로그램의 개요를 기술하라. (힌트: 프로그램이 장기적으로 지방 섭취량을 증가시키는 것이어서는 안 된다.)

추가설명 및 심화토론

1. **신체적 지도**의 사용은 잠정적으로 윤리적인 문제를 일으킬 수 있다. 발달장애인들을 위한 프로그램에서 교사가 신체적 지도를 사용하기로 결정했다고 가정해 보자. 더욱이 내담자가 신체적 지도에 대하여 저항한다고 가정해 보자. 이런 경우에 신체적 지도는 내담자의 권익을 제한하는 것으로 보일 수 있다. 그러나 30장의 윤리 지침에 대한 논의에서 시사하는 바와 같이, 행동수정가는 신체적 지도를 사용할 때 침입적이고 구속하는 개입을 가능한 한 지양해야 한다는 것이 일반적으로 합의된 사항이다. 따라서 이런 경우에 신체적 지도를 적용하는 교사는 반드시 윤리 지침 및 특정 기관에서 인정하는 기준에 부합된다는 것을 보증해야만 한다. 이 문제는 30장에서 더 논의된다.
2. 촉구를 점차 제거하는 데는 적어도 네 가지의 다음과 같은 방법들이 있다. ① 조력 감소, ② 조력 증가, ③ 점진적 지도, ④ 시간 지연. 조력 감소는 최종 목표자극에 의해서 반응이 유발될 때까지 그 반응을 유발하는 시작자극을 점진적으로 제거하거나 혹은 변화시키는 방법으로, 이 장에서 제시한 모든 예들에서 예시된 방법이다. 조력 증가는 이와 반대되는 접근이다. 교사는 최종 목표자극으로부터 시작하여, 그 학습자가 최종 목표자극에 적절하게 반응하는 데 실패할 경우에만 촉구를 도입한다. 학습자가 이전의 수준으로 반응하는 데 실패하는 경우, 학습자가 촉구에 반응하게 될 때까지 촉구의 수준이 점차 증가된다. 점진적 지도는 조력 감소 방법과 유사한데, 필요할 때마다 회기 내에서 교사의 신체적 지도가 조금씩 조정되고, 그런 다음 회기에 걸쳐 신체적 지도를 점차 줄인다는 것만 다르다. 예를 들어, 교사는 회기의 처음에는 학생의 손을 꼭 잡다가 회기가 진행되면서 학생의 손을 잡는 힘을 점차 줄여 나간다. 시간 지연에서는 최종 목표자극과 시작자극을 처음에는 함께 제시하고, 그다음에는 시작자극을 변화시키는 것이 아니라 최종 목표자극과 시작자극 간의 시간간격을 점진적으로 증가시켜서 마침내 개인이 최종 목표자극에만 반응하도록 하는 것이다. 많은 연구들은 이런 여러 촉구-제거 방법들 간에 효율성의 차이가 거의 없다는 것을 지적하였다(이에 대해 개관하려면, Demchak[1990]를 참조하라.).

▶ 추가설명에 대한 연습문제

1. 교수 프로그램에서 신체적 지도를 사용하는 데 윤리적 승인을 받아야 할 것으로 예상되는 예를 기술하라. 윤리적 승인이 요구되는 이유는 무엇인가?
2. 촉구-제거 절차들 중 어떤 것이 이 장의 초반부에서 제공된 용암법의 정의에 적합하고, 어떤 것이 이 정의에 적합하지 않은가? 그 이유를 설명하라.

10 조형법: 새로운 행동 만들기

"프랭크, 달리기 했어요?"

프랭크의 운동 향상시키기[1]

프랭크는 55세에 조기 은퇴하고 난 후 인생에 변화를 주기로 마음먹었다. 그러나 어디에서부터 시작할지 난감하였다. 그는 자신의 오랜 습관을 변화시킬 필요가 있다고 생각하고 지역전문대학의 행동수정 과정에 등록하였다. 그리고 의사의 충고에 따라 규칙적인 운동 프로그램을 시작하려고 결심하였다. 프랭크는 지금껏 소파에 앉아 TV만 보는 생활을 하였다. 그는 집에 돌아와 맥주 한 캔을 들고 TV 앞에만 앉아 있었다. 프랭크는 그의 아내에게 매일 400미터씩 달리기를 하겠다고 맹세를 하고 운동 프로그램을 시작하였다. 그러나 며칠 하고 난 후에 그는 또 다시 소파에 앉아 TV만 보는 생활로 되돌아갔다. 그는 빠른 시일 내에 너무 많은 것을 하려고 기대하였다. 그는 다시금 행동수정 과정에서 배웠던 조형법이라는 절차를 시행하기로 결정하였다. 그 절차를 요약하면 다음의 세 단계와 같다.

1. 최종 목표행동을 구체화하라. 프랭크의 목표는 매일 400미터를 달리는 것이었다. 그러나 오랫동안 운동을 안 하던 사람에게 그 목표는 무리였다.

---

1) 이 사례는 Watson과 Tharp(1997)에 기초한 것이다.

2. 최종 목표행동을 수행하기 위하여 시작점으로 사용할 수 있는 반응을 결정하라. 프랭크는 운동화를 신고 집 주변을 최소한 약 30미터 정도 걷기로 결정하였다. 이는 400미터에 비하면 턱없이 모자란 정도였지만 최소한의 시작은 되었다.
3. 시작반응을 강화하라. 그런 다음 최종반응이 나타날 때까지 최종반응에 가까운 행동을 강화하라. 프랭크는 강화물을 맥주 한 잔 마시는 것으로 결정하였다. 그는 그의 프로그램을 아내에게 설명하고 아내에게 자신이 맥주를 마시기 전에 운동을 해야 한다는 점을 일깨워 달라고 부탁하였다. 첫 번째 단계를 여러 번 거치고 난 후에 프랭크는 전의 두 배인 60미터 거리로 증가시켰고, 며칠 후에는 4배인 120미터, 그 후에는 6배인 180미터로 증가시켰으며, 점차적으로 400미터에 접근해 가서 결국에는 400미터를 달리게 되었다. 목표에 지속적으로 접근해 가는 반응을 강화하면서 프랭크는 규칙적으로 400미터를 달리게 되었다. (자기-통제를 향상시키는 행동수정 기법에 대한 적용은 26장에서 더 다룰 것이다.)

조형법

이전 두 장에서 자극식별훈련과 용암법이 어떻게 행동에 대하여 적절한 자극통제가 되는지에 관하여 기술하였는데, 자극식별훈련과 용암법은 최소한 이따금씩이라도 발생하는 행동들에 적용되었다. 그러나 만일 행동이 전혀 발생하지 않는다면 어떻게 해야 하는가? 그 행동이 나타나지 않는다면 행동이 발생할 때까지 기다렸다가 강화를 주어 빈도를 증가시킨다는 것은 불가능하다. 그러나 **조형법**(shaping)은 현재 수행되지 않는 행동을 형성하는 데 사용하는 절차다. 행동수정가는 전혀 보이지 않는 행동보다는 조금이라도 나타나면서 최종 목표반응과 비슷한 반응을 강화하면서 시작한다. 예를 들어, 프랭크의 집 주변을 걷는 반응을 강화하기 시작하였는데, 왜냐하면 그 반응은 간혹 나타났으며 또한 400미터 달리기를 하는 행동과 비슷한 반응이었기 때문이다. 행동수정가는 초기 반응의 빈도 수가 많아졌을 때 그에 대한 강화를 중단하고, 최종 목표반응에 좀 더 근접한 반응을 강화하기 시작한다. 그러므로 최종 목표반응은 점진적 근접행동이 강화되면서 결국 형성된다. 조형법은 목표행동에 좀 더 가깝게 근접하는 행동을 연속적으로 강화하면서 그 전의 행동은 소거하고 새로운 행동을 발달시키는 것이라고 정의할 수 있다. 이러한 점 때문에 조형법을 때로는 **'점진적 접근법'**이라고 부른다.

개인이 일생 동안 습득하는 행동은 다양한 원인과 영향에 의하여 발달한다. 개인이 어떠한 행동을 처음 시도하고 그 행동이 약간씩 변화될 때 여러 차례에 걸쳐 환경(물리적 환경 혹은 타인)의 강화를 받으면 하나의 새로운 행동이 발달하게 된다. 결과적으로 초기의 행동은 그와는 전혀 다른 형태의 행동으로 조형된다. 예를 들어, 대부분의 부모들은 아이에게 말하는 것을 가르칠 때 조형법 절차를 사용한다. 유아가 처음에 옹알이를 시작할 때 그 소리는 부모가 사용하는 언어와는 큰 차이가 있다. 옹알이를 할 때 부모는 항상 안아 주고 어루만져 주며 입맞춰 주고 웃어 줌으로써 아이의 옹알이 행동을 강화한다. "마"와 "바"라는 소리는 부모들에게서 많은 강화를 받는다. 이것이 결국 "음-마"와 "빠-빠"로 발전해서 강화를 많이 받게 되면서, "마"와 "바"는 소거된다. 다음 단계에서 아이가 "엄마"와 "아빠"로 말해야 강화를 받고, "음-마"와 "빠-빠"는 소거된다.

이와 동일한 과정이 다른 단어에서도 발생한다. 첫째, 아이는 부모의 모국어와 조금이라도 비슷하게 단어를 말하면 강화를 받는다. 다음에 '아기식의 말'(실제 단어에 조금 더 근접)이 강화받는 단계로 접어든다. 마지막 단계에서 부모나 다른 사람들은 강화를 주기 전에 연습을 통해 올바른 발음을 하도록 아이에게 요구한다. 예를 들어, 초기 단계에 아이가 "므-므"라고 하면 물 한 잔을 받게 되고, 그때 목말랐다면 물은 "므-므"라는 반응을 강화한다. 다음 단계에서는 "므-므"보다 "무우"라고 할 때 물로 강화를 받는다. 마지막에 가서는 아이가 물이라는 강화를 받기 전에 "물"이라고 말하도록 요구받는다.

물론 이러한 과정은 아이가 말을 배워 가는 과정을 너무 과도하게 단순화시킨 것이다. 그러나 이는 정상 아이들이 옹알이에서 아기식의 말, 그리고 마지막으로 사회에서 통용되는 말하기에 이르기까지 단계적 변화에 조형법이 중요하게 영향을 미친다는 것을 보여 준다. 자동적인 강화로 불리는 강화 과정은 4장(추가설명 1번)에서 다루었고, 자극등가라고 불리는 좀 더 복잡한 과정은 8장에서 다루었으며, 용암법은 9장에서 기술하였는데, 그러한 과정들은 언어 발달에 중요한 역할을 한다.

행동의 조형에는 움직임의 형태, 빈도, 지속기간, 잠재기간, 강도(혹은 힘)와 같은 다섯 가지 차원이 있다. **움직임의 형태**(topography)는 특정한 반응이 나타나는 공간적 형상이나 형태(즉, 동반되는 독특한 움직임)를 가리킨다. 단어를 그리는 것과 단어를 쓰는 것은 형태는 다르나 동일한 반응의 예다. **형태 조형법**은, 예를 들어 아이의 반응을 그리는 것으로부터 쓰는 것으로 전환시킬 때, "음-마" 대신 "엄마"라고 말하도록 조형할 때, 스케이트를 타는 데 짧은 보폭으로 걷는 것보다 점차 길게 밀고 나가도록 가르칠 때, 젓가락질의 적절한 손가락 동작을 하도록 조형할 때 이루어진다. 형태 조형법은 아이에게 안경 쓰는 것을 가르칠 때, 즉 아이가 안경에 손을 대고 안경을 집어들고, 안경을 눈 쪽으로 가져가고, 결국에 안경을 쓰는 과정을 점차적으로 강화시켜 안경을 쓰도록 가르치는 것을 그 예로 들 수 있다(Wolf, Risley, & Mees, 1964).

특정한 행동의 빈도나 시간을 때로 행동의 양(amount)이라고 부른다. 행동의 빈도(frequency)는 주어진 시간 내에 발생하는 행동의 횟수다. **빈도 조형법**의 예는 프랭크가 운동계획을 세우고 점차 걷는 거리를 늘려 가는 것이나 혹은 골퍼가 특별한 골프 기술을 반복 연습하는 횟수를 늘리는 것 등이다. 반응의 빈도를 조형법을 사용하여 감소시키기도 하는데, 다발성 경화증(multiple sclerosis) 환자에게 조형법을 사용하여 화장실 가는 시간간격을 점차 늘려서 화장실 가는 빈도를 감소시키는 것을 학습시키는 행동수정 프로그램이 있다(O' Neill & Gardner, 1983). 반응의 지속기간(duration)은 반응이 지속되는 시간의 길이다. **지속기간 조형법**의 예로는 쉬는 시간 전에 공부하는 시간을 점차 늘리는 것과 밀가루 반죽을 할 때 적절한 농도로 맞추는 시간을 점차 줄여 가는 것 등이 있다.

잠재기간(latency)은 자극이 발생하고 자극 때문에 반응이 나타날 때까지의 시간을 말한다. 잠재기간을 일반적인 용어로 말하면 반응시간이다. TV 퀴즈쇼에서 참가자가 질문을 듣고 버튼을 누르는 시간은 참가자가 질문에 대하여 반응하는 잠재기간이다. 달리기 경주에서 출발신호와 달리기 선수의 출발 사이의 간격은 출발신호에 대한 선수의 반응의 잠재기간이다. **잠재기간 조형법**은 달리기 선수가 출발신호에 좀 더 빨리 반응하도록 만드는 것과 퀴즈쇼에서 참가자가 버튼을 더 빨리 누르도록 하는 것이다.

반응의 강도(intensity) 혹은 힘(force)은 반응이 환경에 가하는 물리적 작용이다. 이 조형법의 예를 들기 위하여 농장에서 일하는 소년이 예전 수동식 펌프로 물을 길어 올리는 일을 생각해 보자. 펌프를 처음 설치했을 때는 기름이 잘 쳐져 있는 상태였기 때문에 소년이 물을 길어 올리기 위하여 어느 정도의 힘을 가하면 그 힘으로 쉽게 펌프질을 하여 물을 얻을 수 있었다. 그러나 펌프에 쳐진 기름이 부족하게 되어 녹이 슬게 되었다고 가정해 보자. 첫날 소년이 주었던 정도의 힘의 양으로 펌프를 작동시키려고 하면 그 힘으로는 물이 나오는 강화를 받지 못할 것이다. 녹이 슬어 펌프 조작이 어려워졌으므로 소년은 조금 더 힘을 세게 주어야 물을 얻게 된다. 몇 달 후에 펌프를 작동시킬 때에 매우 세게 누르게끔 소년의 행동이 조형되었는데, 펌프를 작동시키는 마지막의 행동(몇 달 후의 행동)은 초기의 행동과는 매우 다른 강도를 보인다. **강도 조형법**의 다른 예로는 손을 더 꽉 잡으면서 악수하는 것을 익히는 것, 가려운 부위를 긁을 때 피부에 상처를 주지 않도록 긁는 힘의 정도를 조절해 가는 것을 학습하

표 10-1 조형될 수 있는 행동의 차원

차원	정의	예
움직임의 형태	행동에 포함되는 신체적인 움직임	테니스에서 서브를 할 때 나타나는 움직임의 정도
행동의 양: 빈도	주어진 시간에 나타나는 행동의 횟수	5분 안에 닦은 접시의 수
행동의 양: 지속기간	행동이 지속되는 시간의 양	물에서 헤엄치는 시간의 길이
잠재기간	통제자극과 행동 사이의 시간	"몇 시입니까?"라는 질문과 손목시계를 보고 반응하는 사이의 시간
강도(힘)	행동을 하기 위해 소비되는 에너지의 양	권투에서 상대방을 때리는 힘

는 것이 있다. 행동수정 프로그램에서 강도 조형법의 예로는 사회적으로 위축되어 말하는 소리를 알아듣기 어려웠던 여자아이의 목소리를 점차 크게 내도록 하여 정상적인 목소리 크기로 말하게끔 가르치는 것을 들 수 있다(Jackson & Wallace, 1974). 행동 차원의 요약은 〈표 10-1〉을 참조하라.

조형법은 일상생활 속에서 통용되고 있어 많은 사람들이 이를 인식하지 못하고 지나친다. 때로는 조형 절차가 프랭크의 예처럼 체계적으로 적용되기도 하고, 아이가 적절히 발음하도록 할 때처럼 체계적이지 않게 적용되기도 하며, 팬케이크를 뒤집는 기술이 점차 완벽해지는 것처럼 환경 속에서의 자연스러운 결과에 의하여 발생하기도 한다. 추가설명 1

조형법과 용암법을 혼동하지 않도록 조심해야 한다. 둘 다 점진적 변화를 주는 절차다. 그러나 9장에서 기술했던 것처럼, 용암법은 어떤 자극을 약간씩 변화시키며 특정 반응을 강화하여 그 자극이 점차적으로 특정 반응을 통제하는 자극과 동일하게 되도록 하는 것이다. 반면 조형법은 한 행동이 약간씩 변화되는 것을 강화하여 그 행동이 점차 표적행동과 유사하게 되도록 만드는 것이다. 그러므로 용암법은 반응이 동일하게 유지되도록 하면서 자극에 점진적 변화를 주는 것이고, 조형법은 자극이 동일하게 유지되도록 하면서 반응에 점진적 변화를 주는 것이다.

연습문제

1. 이 장의 초반부에서 제시했던 조형법 절차의 세 가지 기본 단계를 예를 들어서 설명하라(프랭크나 자신의 예로).
2. 조형법을 정의하라.
3. 조형법의 다른 이름은 무엇인가?
4. 조형법이 정적 강화나 소거의 원리를 어떻게 성공적으로 적용하는지 설명하라.
5. 왜 귀찮게 조형법을 사용하는가? 행동을 증가시키기 위하여 간단히 정적 강화만을 사용하면 안 되는가?
6. 조형 절차의 세 가지 단계에 입각하여, 부모가 어떻게 아이들이 특정 단어를 말하도록 조형하는지 기술하라.
7. 조형될 수 있는 행동의 다섯 가지 측면을 기술하고 각각의 예를 두 가지씩 들라.
8. 당신의 행동 중에서 일상적인 환경에서 나타난 결과 때문에 조형된 행동이 있다면 그 행동을 기술하고 초기 근접행동 몇 가지를 쓰라.
9. 조형법과 용암법을 구분하라.

조형 절차의 효과에 영향을 주는 요인들

최종 목표행동을 구체화하기

조형법에서 첫 번째 단계는 최종 목표행동을 명확하게 정하는 것인데, 1장에서 기술한 바와 같이 그 행동을 흔히 표적행동이라고 부른다. 프랭크의 경우에 최종 목표행동은 매일 400미터를 달리는 것이었다. 이와 같이 구체적으로 정의해 놓으면 프랭크나 그의 아내가 프랭크의 달리기 수행 정도에 다른 기대를 갖지 않게 된다. 같이 일하는 다른 사람이 다른 것을 기대한다면, 혹은 어떤 사람의 훈련받는 기간이나 상황이 때에 따라 다르다면, 그 일의 진전은 느릴 것이다. 최종 목표행동을 정확하게 명시해 놓으면 그 행동에 연속적으로 근접해 갈 때 지속적으로 강화를 받을 기회가 증가한다. 최종 목표행동을 정할 때 행동과 관련된 특성들(움직임의 형태, 양, 잠재기, 강도) 모두에 대하여 기술해야 한다. 더불어 그 행동이 발생하는 혹은 발생하지 않는 조건이 기술되어야 하고, 일관되게 행동이 유지되기 위해 필요한 지침도 제시되어야 한다.

시작행동을 선택하기

최종 목표행동이 처음부터 발생하는 것이 아니고 최종 목표행동에 근접하는 어떤 행동을 강화할 필요가 있으므로 먼저 시작행동(starting behavior)을 정해야 한다. 시작행동은 주어진 시간 내에 강화를 충분히 받을 수 있을 만큼 자주 발생하는 행동이어야 하고, 최종 목표행동에 근접한 것이어야 한다. 예를 들어, 프랭크가 집 주변을 걷는 행동은 그가 간혹 해 왔던 행동이다. 그것은 프랭크의 행동 중 최종 목표인 400미터 달리기를 하는 행동에 가장 근접한 것이었다.

조형 프로그램에서는 표적행동뿐 아니라 현재의 수행 수준이 어느 정도인가를 이해하는 것도 중요하다. 조형 프로그램의 목적은 시작행동에서부터 최종 목표행동에 근접해 가는 데 지속적인 강화를 주어 하나의 행동(시작행동)으로부터 다른 행동(최종 목표행동)을 이끌어 내는 것이다(심지어 시작행동이 최종 목표행동과 전혀 다른 양상을 지닌다 하더라도). 고전적인 연구의 예로 Issacs, Thomas와 Goldiamond(1960)가 조형법을 사용하여 19년간 말을 안 하고 있던 긴장형 정신분열증 환자의 언어적 행동을 다시 발달시킨 것을 들 수 있다. 껌을 강화물로 사용하여 실험자는 껌 쳐다보기, 얼굴 움직이기, 입 움직이기, 입술 움직이기, 소리 내기, 단어 발음하기, 최종적으로 이해할 수 있는 말하기 등의 행동을 순차적으로 조형하였다.

조형 단계를 선택하기

조형 프로그램을 시작하기 전에 최종 목표행동에 접근하는 연속적인 근접행동이 무엇인지 틀을 짜는 것이 도움이 된다. 예를 들어, 조형 프로그램에서 최종 목표행동이 아이가 "아빠"라고 말하는 것이라고 가정해 보자. 아이가 "바"라고 말하면 그 반응이 시작행동이 된다. 이 "바"라는 시작행동에서 다음 단계, 즉 "빠" "빠-빠" 그리고 "아빠"라고 말하는 단계를 설정해 보자. 먼저 시작행동("바")이 나오는 경우에 강화를 준다. 그 행동이 반복적으로 나타나게 되면 훈련자는 2단계("빠")로 옮겨 강화를 준다. 이러한 단계적 절차를 계속하여 아이가 결국에는 "아빠"라고 말하게 된다.

근접행동은 얼마나 많아야 하는가? 단계의 적절한 크기는 어느 정도라야 하는가? 추가설명 2

다음 단계로 넘어가기 전에 각 단계에서 몇 번 정도의 시행에 강화를 주어야 하는가? 불행하게도 단계의 이상적인 크기를 정하는 데 특별한 지침은 없다. 행동수정가들이 초기 시작행동에서 표적행동에 이르기까지 행동 단계들을 구체적으로 결정하기 위해서 자신의 경우에는 어떤 단계를 거칠 것인가를 상상해 볼 수 있다. 또한 경우에 따라서는 이미 표적행동을 할 수 있는 학생들을 관찰하고, 그들에게 초기의 행동과 그 후의 행동들을 해 보도록 요구하는 것도 도움이 된다. 어떤 지침을 사용하거나 어떤 추측을 하든 간에 그것을 충실히 지키려고 노력하되, 훈련받는 사람이 기대한 만큼 빨리 진전이 되지 않거나 혹은 기대했던 것보다 훨씬 더 빨리 학습하게 되면 융통성을 발휘하는 것이 중요하다. 행동 프로그램을 진행하는 지침은 다음 단락에서 다루기로 한다.

적절한 속도로 진행하기

다음 근접행동으로 진행하기 전에 각 근접행동을 얼마나 강화해야 할까? 다시 말하지만 이 질문에 대한 모범답안은 없다. 그러나 최종 목표행동에 연속적으로 근접해 가며 강화를 하는 데에는 몇 가지 규칙이 있다.

1. 한 단계에서 다음 단계로 갈 때 적어도 몇 번은 강화를 주어라. 즉 조형 단계에서 강화를 너무 주지 않는 것은 피하라. 이전 단계가 충분히 습득되지 않은 상태에서 다음 단계로 이동하면, 전 단계의 행동이 소거되어 상실되고 다음 단계도 습득되지 않는 결과가 발생한다.
2. 각 조형 단계에서 너무 여러 번에 걸쳐 강화하지 않도록 하라. 앞의 규칙은 단계를 너무 빨리 이동시키지 말라는 주의다. 또한 너무 느리게 진행시키지 말아야 한다는 점도 중요하다. 한 단계에서 너무 오랫동안 강력한 강화를 받게 되면 새로운 단계의 행동이 발생할 가능성이 적어진다.
3. 단계를 너무 빨리 이동시키거나 단계를 충분히 세분화하지 않아 행동이 소거되면, 이전의 단계로 돌아가 다시 그 행동을 습득하도록 하라. 또한 한 단계 혹은 두 단계를 끼워넣을 필요가 있을 수 있다.

이러한 지침은 그다지 도움이 되지 못할 것 같다. 한편으로는 한 단계에서 다음 단계로 너무 빨리 이동시키지 말라고 하고, 다른 한편으로는 너무 천천히 이동시키지 말라고 한다. 이러한 지침을 수학적으로 공식화하여 단계의 적절한 크기를 계산하고 각 단계에 몇 번의 강화를 주어야 하는가를 정확히 알 수 있다면, 이 지침은 매우 유용할 것이다. 그러나 불행하게도 그러한 정보를 줄 수 있는 실험이 아직 이루어지지 않았다. 행동수정가는 행동이 적절하게 발달되지 않을 때마다 행동을 주의 깊게 관찰하고, 절차상의 변화를 어떻게 줄 것인가를(즉, 단계의 크기 변화, 단계를 천천히 진행할 것인지, 빨리 진행할 것인지 혹은 반복할 것인지를) 생각해야 한다. 조형법이 최대의 효과를 내기 위해서는 수많은 경험과 기술이 요구된다.

연습문제

10. 행동수정가가 조형 절차에서 다루는 표적행동은 무엇을 의미하는가? 예를 들라.
11. 행동수정가가 조형법 프로그램에서 시작행동이라고 하는 것은 무엇을 의미하는가? 예를 들라.
12. 조형법의 단계 혹은 연속적인 근접행동이 충분히 세분화되었는지를 어떻게 알 수 있는가?
13. 조형 단계에서 너무 강화를 적게 주는 것을 지양해야 하는 이유는 무엇인가?
14. 조형 단계에서 너무 여러 번 강화를 주는 것을 지양해야 하는 이유는 무엇인가?

조형법의 함정

함정 유형 1

다른 행동 절차나 과정처럼 조형법은 우리가 의식하건 의식하지 않건 간에 작동한다. 불행하게도 조형법인지 의식하지 못하고 자신도 모르게 친구나 아는 사람, 가족의 바람직하지 않은 행동을 발달시키는 데 조형법을 적용할 수 있다. [그림 10-1]의 예를 참조하라. 추가설명 3

[그림 10-1] 조형법의 잘못된 적용

조형법이 잘못 사용되는 함정의 다른 예를 생각해 보자. 9장에서 용암법을 부주의하게 잘못 사용한 것이 어떻게 아이가 딱딱한 바닥에 머리를 부딪히게 만들 수 있는지에 대하여 기술하였는데, 이러한 일이 조형법을 부주의하게 사용하는 사람들에 의해서도 일어날 수 있다. 아이가 적절한 행동을 하여도 가족들로부터 사회적 관심을 받지 못하는 경우를 생각해 보자. 어느 날 우연히 아이가 넘어져 딱딱한 마룻바닥에 머리를 가볍게 부딪쳤다. 아이가 심하게 다치지 않았음에도 불구하고 유난스럽게 걱정하는 부모가 재빨리 뛰어와 야단법석을 떨었다. 이러한 강화 때문에, 그리고 아이가 적절하게 행동할 때는 강화를 받지 못했기 때문에 아이는 마룻바닥에 머리를 가볍게 부딪히는 일을 반복하게 된다. 처음 몇 번 이러한 일이 일어날 때 부모는 강화를 줄 수 있다. 그러나 아이가 다치지 않은 것을 알고 나면 부모는 강화를 중단하게 된다. 그 행동이 소거를 받게 되면 행동의 강도가 증가하게 된다(5장 참조). 즉 아이는 머리를 더 세게 부딪히게 되고 가볍게 소리까지 질러 부모가 다시 뛰어오게 만들 것이다. 이러한 조형 과정이 계속된다면 결국 아이는 실제 상처가 날 만큼 세게 머리를 부딪히게 될 것이다. 이와 같은 폭력적인 자기-파괴적 행동을 제거하기 위한 소거는 상당히 어렵다. 아이의 부모가 의도하지 않게 아이의 행동을 계속 강화하여 강도가 증가되는 지점까지 그 행동이 발달하지 않았더라면 가장 좋았을 것이다.

바람직하지 않은 많은 행동들, 예를 들어 소리 지르고 떼쓰며 우는 것, 계속 꼼지락거리기, 다른 아이를 다치게 하는 것, 자의적 구토 등은 조형법의 부적절한 사용의 산물인 경우가 많다. 이러한 행동은 바람직하지 않은 행동에 대한 소거와 바람직한 행동에 대한 정적 강화를 함께 주며 제거할 수 있다. 그러나 유감스럽게도 그러한 일이 쉽지는 않은데 왜냐하면 첫째, 그 행동이 때로는 너무도 위험하여 소거의 기간 중에 단 한 번이라도 발생하게 그냥 둘 수 없기 때문이고, 둘째, 행동 원리에 무지한 다른 어른들이 이러한 원리를 시도하려는 사람들의 노력을 망쳐 버리기 때문이다.

23장에서 조형법을 통하여 우연히 발달된 문제행동을 어떻게 진단하고 치료하는지를 기술하였다. 의학에서는 가장 좋은 치료가 예방이라고 한다. 이상적으로는 다른 사람들은 돌보는 사람들이 행동 원리를 숙지하여 바람직하지 않은 행동을 조형하지 말아야 한다.

함정 유형 4

(3장의 함정의 다섯 가지 유형 참조) 아이가 제 나이에 말을 하지 못한다면 그 아이는 지적장애가 있거나 자폐증상이 있다고 진단될 것이다. 지적장애나 자폐증이 있는 사람 중 유전적 혹은 신체적인 결함이 없는데도 단지 효율적인 조형 절차에 노출되지 않아서 그러한 손상이 발생하였을 가능성도 있다. 신체적으로 정상인 아이가 정상적인 행동을 형성하는 데 필요한 조형을 받지 못하게 할 수 있는 변인들이 많이 있다. 학령기 전 아동이 어떻게 유전적이거나 신체적인 결함이 없는데도 연령에 맞는 언어기술을 습득하는 데 지체될 수 있는지에 대한 논의는 Drash와 Tudor(1993)를 참조하라.

함정 유형 5

함정의 다른 예는 바람직한 행동을 발달시키는 조형법을 잘못 적용하는 경우다. 예를 들어, 어떤 부모는 아이의 옹알이에 반응을 하지 않는다. 그들은 시작 단계부터 아이가 올바르게 발음하는 너무나 큰 것을 기대해서, 정상적인 언어가 아니면 강화를 주지 않는다. 예를 들어, 어떤 부모는 그들의 어린 아이가 처음부터 "아버지"라고 말하기를 바라고 "빠-빠"라고 하는 것에는 감동을 받지 않는다. 또한 반대의 경우도 있다. 어떤 부모는 일관성 없이 옹알이에 강화를 너무 많이 주곤 한다. 그들은 아이가 말을 하지 않고 말을 하기 위한 뭔가를 하지 않는데도 모두 강화를 준다. 이것은 아이가 대부분의 또래 아이들이 모국어의 말하기 형태를 다 익힌 나이가 되어서도 여전히 아기말을 하는 결과를 초래할 수 있다.

조형법의 효과적 적용을 위한 지침

1. 표적행동 선택하기
   1) 일반적인 행동(예를 들어, 교실에서 '잘' 하는 행동)보다 구체적인 행동(예를 들어, 10분간 책상에 앉아 공부하기)을 선택하라. 조형법은 새로운 형태의 움직임이 있는 행동을 발달시키는 것뿐 아니라 행동의 양, 잠재기간, 강도를 변화시키는 데에도 유용하다.
   2) 가능하다면 조형된 후에 자연적 강화물을 받을 수 있는 행동을 선택하라.
2. 적절한 강화물을 선택하라. 3장의 [그림 3-3]을 보고, 94~95쪽에 있는 '정적 강화의 효과적 적용을 위한 지침'을 참조하라.
3. 초기계획
   1) 시작행동부터 표적행동에 이르기까지 점진적인 근접행동의 목록을 작성하라. 시작행동을 선택하기 위해서, 이미 시작하고 있는 행동이면서도 표적행동과 가장 유사하고 관찰기간 동안 최소한 한 번이라도 발생한 행동을 찾아보라.
   2) 초기 단계나 그 이후의 점진적인 근접행동 단계에서 배운 내용을 생각하여 프로그램을 운용해야 하지만, 프로그램 동안 학습자들의 수행 양상을 지켜보며 프로그램을 수정할 수 있다.

4. 계획 이행하기
   1) 프로그램을 시작하기 전에 학습자에게 계획을 설명하라.
   2) 시작행동이 나오면 즉각적으로 강화를 시작하라.
   3) 학습자가 이전 단계를 충분히 익히지 못한 상태에서 새로운 근접행동으로 절대 옮기지 마라.
   4) 새로운 근접행동으로 옮겨야 하는지 아닌지 확신이 서지 않는다면, 다음과 같은 규칙을 이용하라. 현 단계에서 열 번 중 여섯 번을 정확히 수행하면 새로운 단계로 이동시켜라(대개 한두 번의 시행은 목표에 못 미칠 수 있고, 또 다른 한두 번의 시행은 현 단계보다 더 좋은 행동일 수 있다.).
   5) 한 단계에서 너무 여러 번 강화하지도 말고, 한 단계에서 강화를 너무 조금 주지도 마라.
   6) 학습자가 따라 하기를 중단한다면 당신이 너무 빨리 다음 단계로 이동한 것일 수도 있고, 그 단계들의 크기가 적절하지 않은 것일 수도 있으며, 강화물이 효과적이지 않은 것일 수도 있다.
      ① 가장 먼저 강화물의 효과성을 점검하라.
      ② 학습자가 집중하지 않거나 지루해하면 단계가 너무 세분화된 것일 수 있다.
      ③ 집중하지 못하거나 지루해하는 것은 단계가 너무 빨리 진행되었다는 것을 의미할 수도 있다. 그렇다면 이전 단계로 되돌아가 몇 번의 시행을 하고 현 단계로 다시 돌아오라.
      ④ 학습자가 이전 단계로 되돌아갔는데도 계속해서 어려워한다면, 어려워하는 시점에서 단계를 더 세분화하라.

연습문제

15. 자신도 모르는 사이에 조형법으로 바람직하지 않은 행동을 발달시키게 되는 함정 유형 1의 예를 들라. 당신의 예에서 조형 단계를 기술하라.
16. 함정 유형 5를 기술하라(3장의 94쪽 참조).
17. 조형법 적용의 실패가 어떻게 바람직하지 않은 결과를 가지고 오는지 함정 유형 5의 예를 들라.

18. 조형법이 아닌 절차를 이용하여 하나의 표적행동을 발달시킨 적이 있다면 그 경험의 예를 하나 들라(214쪽 지침 1.-1) 참조).
19. 새로운 근접행동으로 갈 때가 언제인지를 결정하는 규칙을 기술하라(215쪽 참조).
20. 왜 정적 강화와 소거는 원리라고 하고, 조형법은 절차라고 하는가(1장의 43쪽 참조)?

적용연습

A. 타인에 대한 적용연습

당신이 접하는 2세부터 7세까지의 정상아동(여동생, 남동생, 이웃)을 생각해 보라. 조형 절차를 이용하여 발달시키고 싶은 아이의 실제적인 표적행동을 구체화하라. 시작점, 강화물 그리고 연속적 단계를 결정하라.

B. 자기-수정 연습

1. 당신 자신의 많은 기술들(예를 들어, 대인관계, 연애, 공부)을 자세히 살펴보라. 다른 사람에 의하여 알게 모르게 조형된 두 가지 특정 기술을 파악해 보라. 일상생활에서 자연스럽게 조형된 2개의 특정 행동을 생각해 보라. 당신이 조형을 하는 행동에 줄 강화물과 조형 절차 동안에 수행할 가능성이 높은 근접행동들을 적어도 세 가지 정하라.
2. 당신의 행동결핍 중 하나를 선택해 보라. 당신이 그 행동결핍을 극복하기 위하여 사용한 조형 프로그램을 대략적으로 기술하라(동료의 도움을 받아도 좋다.). 당신의 프로그램이 이 장에서 논의된 '조형법의 효과적 적용을 위한 지침' 에 부합하는지 확인하라.

추가설명 및 심화토론

1. 조형법은 외현적 행동뿐 아니라 내현적 행동을 수정하는 데 있어서도 유용해 보인다. 예를 들면, Scott와 동료들(1973)은 조형법이 심장박동수 조절에 사용될 수 있음을 보여 주었다. 심장박동수를 모니터링하는 기계가 TV의 화면에 연결되었다. 실험 시에, TV 프로그램의 소리는 계속 나지만 화면은 심장박동수가 기저선보다 분당 수회 이상 변화했을 때만 보이도록 했다. 피험자의 변화된 심장박동수가 세 번의 연속된 회기 동안 지속될 때에만 화면이 강화로서 제공되었다. Scott와 동료들은 만성 불안으로 심장박동수가 증가된 정신과 환자의 심장박동수 감소를 조형하였다. 흥미롭게도 피험자의 심장박동수가 줄어들었을 때는 '덜 긴장되고 덜 불안해 보인다.' 그리고 '약을 달라는 주문이 줄었다.'고 간호사가 보고하였다.

   다른 연구에서는 심장박동수나 근육 긴장도 같은 생리적 과정에 대한 정보를 화면이나 피험자가 즉시 알아볼 수 있는 장치에 나타나도록 하였다. **바이오피드백**이라 불리는 이러한 기법은 관찰되는 생리적 과정을 피험자가 조절하도록 할 수 있다. 바이오피드백은 발작에 관련된 뇌파 활동을 조절하도록 함으로써 간질 발작을 줄일 수 있었고, 혈압을 낮춤으로써 고혈압 환자가 약을 덜 먹도록 만들 수 있었으며, 심장박동수와 불안감을 높이는 두통을 감소시킬 수 있었다(Schwartz & Andrasic, 1998).

2. 한 단계에서 다음 단계로 얼마나 빨리 옮겨가야 하는가? 단계들의 크기는 어느 정도여야 적절한가? 이러한 의문에 특정한 답이 없는 한 가지 이유는 단계의 구체적인 크기를 측정하고, 각 단계의 크기에 충분할 만큼 반응을 지속적으로 강화하는 것에 어려움이 있기 때문이다. 사람의 판단은 하나의 조형 절차와 또 하나의 다른 조형 절차를 비교하기에 충분할 만큼 빠르지도 않고 정확하지도 않다. 특히 조형되는 행동의 양상이 움직임의 형태일 경우에 더욱 그러하다. 하지만 컴퓨터는 빠르기도 하고 정확하기도 해서 어느 조형 절차가 가장 효과적인가 하는 근본적인 질문에 대한 답을 얻는 데 도움이 된다(Midgley, Lea, & Kirby, 1989; Pear & Legris, 1987). 예를 들면, Pear와 Legris는 새장 속에 있는 비둘기 머리의 위치를 감지하도록 설계된 컴퓨터에 두 대의 비디오 카메라를 연결하여 비둘기가 특정 방향으로 머리를 움직이도록 조형할 수 있다는 것을 보여 주었다.

   이 연구들은 조형 연구의 방법론을 제공할 뿐 아니라, 컴퓨터가 사람의 행동도 조형할 수 있다는 것을 암시하였다. 예를 들면, 움직임을 조형하는 장치는 사람이 중풍이나 사고로 인하여 마비된 사지를 다시 쓸 수 있도록 도울 수 있을 것이다(예, Taub et al., 1994 참조).

   그러한 장치는 정확성 면에서, 극히 빠르고 체계적인 피드백을 제공할 수 있다는 점에서, 그리고 싫증을 내지 않는다(즉, 컴퓨터는 지치지도 않고 판단하지도 않는다)는 점에서 사람이 하는 조형보다 장점이 있는 것 같다.

3. Rasey와 Iversen(1993)은 조형법이 잘못된 적응을 초래할 수 있다는 것을 실험 사례를 통해 밝혔다. 그들은 쥐가 판자의 모서리 바깥으로 코를 내밀도록 음식으로 강화하였다. 강화를 반

복해서 점점 더 모서리 바깥으로 몸을 내밀도록 하였다. 결과적으로 쥐들이 코를 너무 내민 나머지 판자 아래로 떨어졌다. 판자 아래에 있는 그물 때문에 쥐가 다치지는 않았지만 이 실험은 동물들뿐 아니라 사람도 자신을 해치는 행동을 하도록 조형될 수 있다는 것을 보여 주었다.

▶ 추가설명에 대한 연습문제

1. Scott와 동료들이 만성 불안을 보이는 환자의 심장박동수를 줄이기 위하여 어떻게 조형법을 사용하였는지 기술하라.
2. 바이오피드백은 무엇인가?
3. 컴퓨터 기술이 어떻게 마비된 사람의 사지 움직임을 조형할 수 있을 것인지를 기술하라.
4. 조형법을 더 정확히 연구하기 위해 어떻게 컴퓨터 기술을 사용할 수 있는지 설명하라.
5. 부적응 행동이 조형될 수도 있다는 사실을 증명한 실험에 대하여 기술하라.

11 행동연쇄법: 일련의 새로운 행동 형성하기

"스티브, 당신의 퍼팅 전 동작은 일관성이 없어요."

스티브에게 일관성 있는 퍼팅 전 동작 가르치기[1)]

스티브는 캐나다 PGA의 젊은 프로 골퍼다. 그는 골프를 상당히 잘 치지만, 일관성 없는 퍼팅 때문에 아직 프로대회에서 수상을 하지 못했다. 스티브는 프로 골퍼가 기술이 좋은 아마추어 골퍼보다는 퍼팅 전 동작이 일관성이 있으며, 기술이 좋은 아마추어 골퍼는 기술이 나쁜 아마추어 골퍼보다 퍼팅 전 동작이 일관성이 있다는 것을 알고 있었다. 심사숙고 끝에 스티브는 자신의 퍼팅 전 동작에 일관성이 없다는 생각을 하게 되었다. 그는 퍼팅 전에 공 양측면에서 그린의 경사를 항상 점검하지는 않았다. 특히 중요한 퍼팅일 경우에는 공을 치지 못하고 퍼팅 전에 더 오랫동안 공 앞에서 있는 경향이 있었다. 또한 시합과 같은 경쟁 게임에서 퍼팅에 일관성이 없었다. 스티브는 자신의 일관성 없는 퍼팅 전 동작이 일관성 없는 퍼팅을 하게 만든다는 결론을 내렸다.

퍼팅 전 동작 시 일관성 있는 일련의 반응들을 확립하기 위한 첫 번째 단계는 그가 매번 실행하기를 원하는 구체적인 단계들을 목록으로 만드는 것이었다. 그것들은 다음과 같다.

1) 이 사례는 G. Martin(1999)에 기초한 것이다.

1. 공에 접근할 때 점수를 잊고, 오직 현재의 퍼팅만을 생각하라.
2. 홀컵 뒤로 가서 공을 쳐다보고, 퍼팅 속도와 길을 추정하기 위하여 그린의 경사를 점검하라.
3. 공 뒤로 이동하여 공이 홀컵으로 가는 방향을 살펴보고, 경사를 재점검하라.
4. 공 뒤에 서서, 도움이 될 만한 지점을 보아 두고, 두 번의 퍼팅연습을 하며, 공이 홀컵으로 굴러가는 모습을 머릿속에 그려 보라.
5. 공 가까이 다가가서, 퍼터를 공 뒤에 내려놓고, 도움이 될 만한 지점에 맞추어 보라.
6. 퍼팅 라인에 발을 평행하게 놓고, 퍼터를 항상 하던 방법대로 잡고, "부드럽게 쳐라."라고 말하라.
7. 홀컵을 바라보고, 공을 바라보고, 정해 놓은 지점을 보고, 공을 보고서, 퍼팅을 하라.

스티브는 훈련 절차에서 모두 10번의 연습을 하였는데, 연습 경기장에서 짧은 퍼팅을 할 때도 그는 매번 퍼팅 전 동작의 일곱 단계를 모두 수행하였다. 짧은 퍼팅에서도 퍼팅 전 동작 전체를 실시한 이유는 일련의 동작 후에 퍼팅 성공이라는 강화물을 받기를 원해서였다. 각 연습에서 스티브의 친구가 스티브가 수행해야 하는 목록에 따라 점검을 하면서 만일 스티브가 한 단계라도 놓친다면 다음 단계로 진행하기 전에 그것을 수행하도록 촉구하였다. 10번의 연습 후에 스티브와 친구는 실제 필드에서 골프를 쳤고, 그동안 매번의 퍼팅에서 퍼팅 전 동작을 완수하도록 친구가 촉구하였다. 그다음 선수권대회 동안에는 캐디가 그에게 퍼팅 전 동작을 상기시켜 주었다. 3주 후 스티브는 경기에서 처음으로 승리하였다. 경기에서 승리한 데는 많은 요인이 있었지만, 스티브는 일관성 있는 퍼팅 전 동작으로 퍼팅 실력이 늘어난 것을 우승을 한 이유 중 하나로 꼽았다.

행동연쇄법

행동연쇄(behavioral chain)는 **자극-반응 연쇄**(stimulus-response chain)라고도 불리는데, 자극과 반응이 일관되게 연속적으로 일어나며 일반적으로 마지막 반응에 강화가 따라온다. 행동연쇄법에서 각 반응은 다음 반응의 S^D(후에 더 논의되는 바와 같이 이전 반응에 조건화된 강화물)가 된다. 스티브의 일관성 있는 퍼팅 전 동작 학습이 그러한 행동연쇄에 해당한다. 전 과정에서 첫 번째 자극(S^D_1)은 그린 위의 공을 향하여 걸으며 공을 보는 것이었다. 그 자극에 대한 반응(R_1)은 "나는 오로지 퍼팅에만 집중할거야."라고 말하는 것이었다. 그 말을 하는 것이 홀컵 뒤로 가서, 공을 쳐다보고, 퍼팅의 속도와 길을 추정(R_2)하기 위하여 그린의 경사를 점검하는 단서($S^D{}_2$)였다. 시각적 자극(시각적 자극과 함께 '퍼팅과 공의 속도를 상상하는 내적 자극')은 공 뒤로 걸어가서 그 각도에서 그린의 경사를 관찰(R_3)하기 위하여 홀컵을 바라보는 반응을 위한 단서($S^D{}_3$)였다. 이러한 식으로 전체 연쇄가 완성될 때까지 각 반응은 다음 반응을 위한 단서(혹은 자극)를 제공하였고, 스티브는 퍼팅 성공이라는 강화물을 얻었다. 이러한 절차를 자극-반응 연쇄라고 부르는 이유는 그 과정이 다음과 같이 기록되기 때문이다.

$$S^D{}_1 \rightarrow R_1 \rightarrow S^D{}_2 \rightarrow R_2 \rightarrow S^D{}_3 \rightarrow R_3 \cdots S^D{}_7 \rightarrow R_7 \rightarrow S^+$$

자극-반응 연결은 전체 연쇄가 유지되도록 연결시키는 역할을 한다. 흔히 말하듯 체인의 강도는 가장 약한 연결부에 달려 있는데, 만약 어떤 반응이 너무 약하여서 그 앞의 S^D에 의해 유발되지 못한다면, 그다음 S^D가 만들어지지 못할 것이고, 연쇄의 나머지도 일어나지 않을 것이다. 그래서 그 연쇄는 가장 약한 연결부에서 끊어지게 될 것이다. 연쇄를 수정하는 유일한 방법은 효율적인 훈련을 통하여 약한 자극-반응 연결을 강하게 만드는 것이다.

바로 위에 있는 도식에서 S^+라는 것은 연쇄의 마지막 반응 뒤에 정적 강화물을 받았다는 표시다. 이는 체인이 녹슬지 않고 견고하게 유지되도록 하기 위하여 정기적으로 쳐 주는 '기름'이라고 할 수 있다. 연쇄가 끝나는 때에 제공되는 강화물은 연쇄에서의 자극이 그 자극 이후에 뒤따르는 반응에 대한 효과적인 S^D가 되도록 한다(후반부에 언급되지만, 그 자극에 앞선 반응에 대한 효과적인 조건 강화물이 되도록 한다.).

모든 일련의 연속행동이 행동연쇄는 아니다

일상생활에서 하는 일련의 많은 행동들은 행동연쇄(behavioral chains)로 이루어진다. 악기를 가지고 특정 음악을 연주하는 것, 이를 닦는 것, 신발 끈을 묶는 것, 샌드위치를 만드는 것 등은 모두 행동연쇄다. 그러나 일련의 연속된 행동들이 모두 행동연쇄는 아니다. 학점을 얻기 위하여 시험 공부하기, 시험답안 쓰기, 다음 수업에 참석하기 등은 대학생들이 수행하는 일련의 행동들이다. 그러나 이러한 일반적인 일련의 행동들은 다양한 활동들(읽기, 암기하기, 쓰기 등)로 구성되면서, 중간에 끊기게 하는 일들(공부하고, 그다음에 자고, 그러고 나서 수업에 들어가는 것 등)이 많다. 이러한 행동에서는 시간적으로 가까운 자극과 반응이 연속적으로 연결되지는 않지만, 각 자극(마지막은 제외됨)은 다음 반응을 위한 S^D로 작용하게 된다.

연습문제

1. 스티브가 퍼팅 전 동작을 수행하는 데 사용한 연쇄법 절차를 간략히 기술하라.
2. 행동연쇄를 정의하거나 기술하라. 그리고 이 책에 나온 예가 아닌 다른 예를 들라.
3. 행동연쇄가 연쇄라 불리는 이유는 무엇 때문이라 생각하는가?
4. 연쇄인 일련의 행동과 연쇄가 아닌 일련의 행동을 구분하라. 연쇄가 아닌 일련의 행동들의 예를 들고 왜 그런지 설명하라.

행동연쇄를 가르치기 위한 방법

행동연쇄를 가르치는 방법에는 세 가지 중요한 방법, 즉 전체과제 제시법, 역행연쇄법, 순행연쇄법이 있다. 전체과제 제시법(total-task presentation)은 연쇄의 처음부터 끝까지 모든 단계를 시행하고, 모든 단계를 숙달할 때까지 전 과제를 계속한다([그림 11-1] 참조). 각 단계에서 필요한 경우 촉구를 제공하고, 마지막 반응을 정확하게 완료하면 강화물을 준다. 이는 스티브가 일관성 있는 퍼팅 전 동작을 익힐 때 사용하였던 전략이다. 다른 예로는 Horner와 Keilitz(1975)가 발달장애 청소년들에게 칫솔질을 가르치기 위해 이 전략을 사용한 예가 있다.

역행연쇄법(backward chaining)은 마지막 단계를 가장 처음에 하고, 마지막에서 두 번째 단계를 마지막 단계와 연결지어 배우게 하고, 마지막에서 세 번째 단계를 마지막에서 두 번째 단계와 연결지어 배우게 하는 등 연쇄의 끝에서부터 처음으로 진행된다([그림 11-1] 참조). 역행연쇄법은 연쇄가 수행되는 반대 순서로 연쇄를 구성한다. 역행연쇄법은 발달장애인들에게 옷 입기와 옷매무새 단정히 하기, 작업하기, 그리고 언어적 행동을 가르치는 많은 프로그램에서 사용되었다(예, Martin, England, & England,

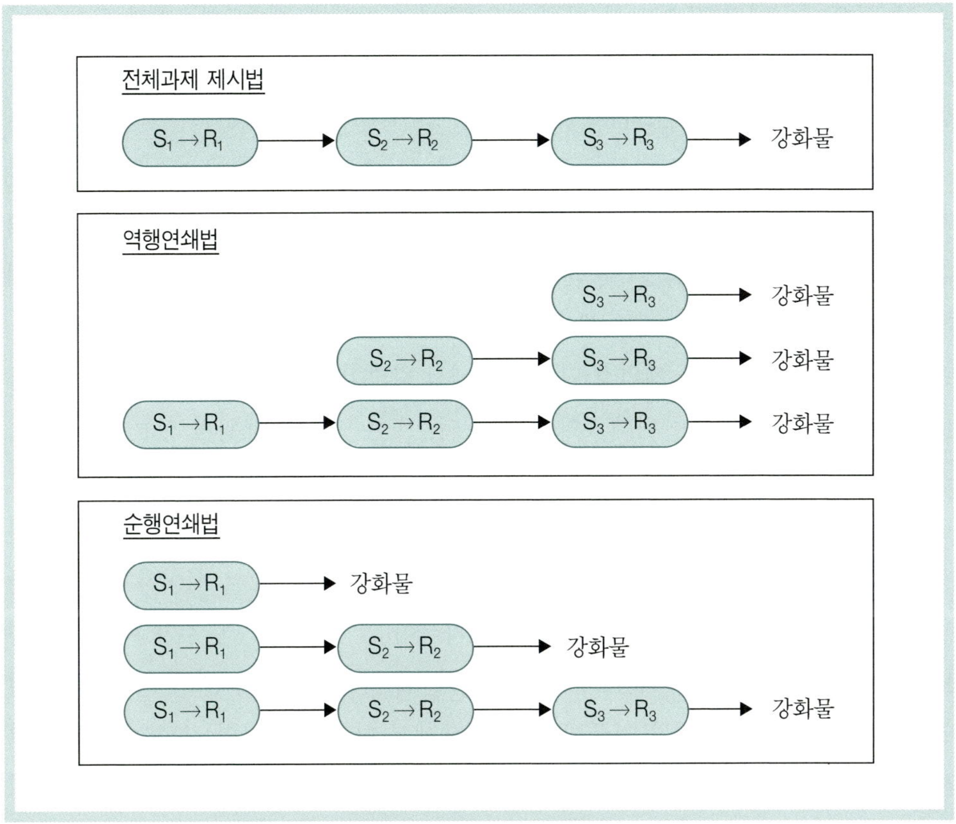

[그림 11-1] 세 가지 연쇄법의 도식

1971). 예를 들어, 발달장애아인 크레이그에게 바지 입는 방법을 가르칠 때 [그림 11-2]에 제시된 일곱 단계로 과제를 나누었다. 그런 다음 훈련자는 크레이그가 각 단계를 올바르게 수행하는 데 필요한 촉구의 유형을 결정하기 위하여 기저선을 평가하였다. 그러고 나서 마지막 단계(단계 7)를 훈련시키기 시작하였다. 훈련자는 단계 7을 제외하고 바지입기의 모든 단계를 완수하도록 도와준다. 그리고 크레이그에게 단계 7을 가르치는 여러 번의 실행을 한다. [그림 11-1]에서 보여 주고 있는 것처럼, 여러 번의 시행을 거쳐 크레이그가 혼자서 지퍼를 올리게 되면, 촉구는 점차 줄어든다. 그것을 다 배우고 나면 훈련자는 크레이그에게 단계 6으로부터 시작하여 거기서부터 단계 7까지 끝내도록 가르친다. 크레이그가 오류 없이 마지막 두 단계를 수행할 수 있을 때, 단계 5를 훈련하기 시작한다. 발목 주변에 바지를 내려놓고 그가 바지를 추켜올리도록(단계 5) 가르치는데, 그것은 단계 6을 수행하는 것의 S^D가 된다. 단계 6을 수행하는 것은 단계 7을 수행하는 것의 S^D로 제공된다. 각각의 실행에서 크레이그는 이전에 배웠던 모든 단계를 완수하였다. 훈련은 크레이그가 일곱 단계를 모두 수행할

수 있을 때까지 이런 식으로 한 번에 한 단계씩 추가하며 진행된다. 훈련 동안 올바르게 수행한 단계들을 칭찬해 주고, 단계 7을 완수하면 무조건 강화물 혹은 일차 강화물인 음식물로 강화를 준다(4장 참조).

학생들은 역행연쇄법이 이상하다고 여길 텐데, 왜냐하면 이름이 암시하듯 연쇄를 거꾸로 수행하도록 가르친다고 생각하기 때문이다. 그러나 이것은 사실이 아니다. 역행연쇄법을 사용하는 데는 그럴 만한 이론적 근거가 있다. 발달장애아인 크레이그에게 바지 입기를 가르치는 예를 생각해 보자. 단계 7부터 시작해서, '지퍼를 올리는' 반응은 지퍼 위에 단추가 채워져 있는 상태에서 강화되었다. 그러므로 채워진 단추를 보는 것은 지퍼를 올리는 단계 7의 S^D가 된다. 또한 단추가 채워져 있는 것을 보는 것은 크레이그가 지퍼를 올린 다음 받은 강화물(칭찬과 음식물)과 짝지어졌다. 그러므로 조건 강화의 원리에 따라 채워진 단추를 보는 것은 그것에 앞선 행동에 대한 조건 강화물이 된다. 단계 7을 여러 번 시행한 후 훈련자는 단계 6으로 넘어가게 된다. 단추를 채우는 행동은 채워진 단추를 본다는 자극이 있게 만든다. 단추가 채워진 것을 보는 것은 조건 강화물이 되었고, 그것은 단계 6을 마친 직후에 온 것이다. 즉 역행연쇄법을 사용할 때 적절한 자극이 있는 상태에서 마지막 단계의 강화는 여러 번의 시행을 통해 그 자극이 마지막 단계에 대한 식별자극이 되고, 마지막 바로 전 단계의 조건 강화물이 되도록 한다. 마지막의 바로 전 단계가 추가되면 그 단계의 S^D는 조건 강화물이 된다. 그러므로 연쇄의 마지막에 제시되는 정적 강화물의 위력은 연쇄에 추가된 각각의 S^D에게로 전이된다. 이와 같기 때문에 역행연쇄법은 내재된 조건 강화물을 항상 가지고 있다는 이론적 장점이 있는데, 이 강화물은 일련의 단계에 추가된 새로운 반응들을 증가시킨다. 전체과제 제시법과 순행연쇄법(다음 문단에서 기술되는)에서는, 첫 번째 자극 후의 매 자극이 다음 반응을 위한 S^D으로 기능하며 이전 반응에 대한 조건 강화물로 기능하지만, 역행연쇄법에서는 두 가지 기능(S^D와 조건 강화물)이 매우 체계적으로 발달된다.

추가설명 1

순행연쇄법(forward chaining)에서는 연결된 상태의 처음 단계를 처음에 가르치고, 그다음 첫 번째와 두 번째 단계를 함께 묶어 가르치고, 그다음 처음부터 세 번째 단계까지를 가르치는 식으로 전체 연쇄행동을 습득케 한다([그림 11-1] 참조). 예를 들어, Mahoney, VanWagenen과 Meyerson(1971)은 정상아동들이나 발달장애 아동들에게 배변훈련을 하는 데 순행연쇄법을 사용하였다. 연쇄법의 구성요소는 변기로 걸어가기, 속옷을 내리기, 변기에 앉거나 변기를 마주 보고 서기, 오줌 싸기, 바지 올리기를 포함하였다. 훈련은 첫 단계에서 시작해서 한 단계를 마치면 다음 단계를 도입하였

과제 바지 입기
내담자 크레이그
강화물 칭찬과 음식물

채점체계
3 = 촉구 없음
2 = 언어적 촉구
1 = 동작/모방 촉구
0 = 신체적 지도

식별자극	반응	기저선	훈련 시행									
1. "바지 입어라."	서랍에서 바지를 꺼낸다.	2										
2. 손에 들고 있는 바지	바지를 내담자 몸 앞에 허리가 위로 가도록 해서 든다.	1										
3. 허리가 위로 가게 들린 바지	바지에 한쪽 다리를 낀다.	1										
4. 한쪽 다리를 낀 바지	바지의 다른 쪽에 다리를 낀다.	1										
5. 양쪽 다리를 다 낀 바지	바지를 위로 추켜 올린다.	2									2	3
6. 끝까지 올린 바지	단추나 고리를 채운다.	0					0	1	2	3	3	3
7. 채워진 단추	지퍼를 올린다.	0	0	1	2	3	3	3	3	3	3	3

[그림 11-2] 발달장애인에게 바지 입기를 가르치기 위한 단순 과제 분석과 자료 용지

다. 각 단계마다 강화물이 제공되고 이후 다음 단계가 도입되었다.

역행연쇄법이 일상 행동의 자연스러운 순서와 역순이기 때문에, 순행연쇄법과 전체과제 제시법이 행동수정 상황이 아닌 일상생활 속에서 자주 사용된다. 순행연쇄법을 설명하는 예는 많이 있는데, 아이가 '밀크'와 같은 단어의 발음을 배워 가는 방법을 생각해 보자. 아이는 처음에 '므므'라고 하다가 그다음 '미', 그다음 '밀', 마지막으로 '밀크'라고 말하는 것을 배운다.

세 가지 연쇄법의 개요가 〈표 11-1〉에 제시되어 있다. 가장 효과적인 것은 무엇인가? Bellamy, Horner와 Inman(1979)은 전체과제 제시법이 발달장애인들을 가르치는 데 다른 방법보다 여러 가지로 실질적인 장점이 있다고 하였다. 전체과제 제시법은 훈련자가 훈련시킬 과제를 준비하는 데 시간이 적게 든다. 그것은 반응의 형태와 반응의 연결을 동시에 가르치므로 결과를 빨리 도출해 낼 수 있고, 특히 몇몇 단계가

표 11-1 세 가지 연쇄법의 개관

모든 연쇄법
• 과제분석을 한다.
전체과제 제시법
• 학습자는 한 번에 모든 단계를 다 시도해 보아야 한다. 그래서 숙달되지 않은 단계를 동시에 모두 배울 수 있다. • 교사는 숙달되지 않은 단계에서 촉구나 칭찬을 제공해야 한다. • 강화물은 마지막 단계 바로 직후에 제공되어야 한다. • 훈련은 모든 단계를 숙달할 때까지 계속되어야 한다.
순행연쇄법
• 처음 단계로 시작해서 각 단계는 다음 단계로 가기 전에 꼭 숙달되어야 한다. • 교사는 촉구와 강화물을 제공한다. • 각 시행에서 이전에 숙달한 모든 단계의 수행이 요구된다. • 한 번에 한 단계씩 배우며 마지막 단계까지 나아간다.
역행연쇄법
• 마지막 단계에서 시작해서 마지막 전 단계로 거슬러 가며 숙달되어야 한다. • 교사는 촉구를 제공한다. • 각 시행에서 이전에 숙달한 모든 단계의 수행이 요구되며, 각 마지막 단계에서 강화물을 받는다. • 한 번에 한 단계씩 배우며 마지막 단계에서 처음 단계로 거슬러 올라간다.

학습자에게 이미 익숙한 것일 경우에는 훈련 초기에 학습자의 독립성이 극대화된다. 여러 다른 연구에서도, 전체과제 제시법이 발달장애인들을 가르치는 데 역행연쇄법이나 순행연쇄법보다 더 좋거나 적어도 비슷한 효과를 낸다고 보고하였다(Martin, Koop, Turner & Hanel, 1981; Spooner, 1984; Yu, Martin, Suthons, Koop & Pallotta-Cornick, 1980).

발달장애가 없는 사람에게는 어떤 방식을 선택해야 하는가? 작은 단계로 이루어져 있는 비교적 단순한 과제들, 이를테면 스티브의 퍼팅 전 동작과 같은 행동에서는 전체과제 제시법이 선택될 가능성이 높다. 그러나 좀 더 복잡한 행동에서는 역행이나 순행연쇄법이 더 효과적일 수 있다. 예를 들어 Bailey, Hughes와 Jones(1980)는 폭탄을 투하하는 일련의 복잡한 행동을 비행사에게 가르치는 데 역행연쇄법이 전체과제 제시법보다 더 효과적이라는 것을 발견하였다. 심리학 개론 수강생들에게 피아노로 음악 과제를 수행하는 실험을 실시하면서 곡조와 타이밍 오류를 측정하였는데, 역행연쇄법과 순행연쇄법 모두가 전체과제 제시법보다 효과적이었고, 어떤 측정에서는 순행연쇄법이 역행연쇄법보다 더 효과적이었다(Ash & Holding, 1990). 그리고 어떤 과제를 가르칠 때는 실제적인 이유에서 역행연쇄법을 사용할 수도 있다. 예를 들어, 운전 교습을 시킬 때 가속 페달의 사용보다 브레이크 사용을 먼저 가르치는 것을 더 권장한다.

연습문제

5. 전체과제 제시법을 간단히 기술하라.
6. 역행연쇄법을 간단히 기술하라.
7. 순행연쇄법을 간단히 기술하라.
8. 침대정리를 할 때 세 가지 주요 연쇄법이 어떻게 사용되는지 기술하라.
9. 어떤 연쇄에서, 한 자극이 S^D이기도 하면서 조건 강화물이 된다. 어떻게 해서 그럴 수 있는가? 예를 들어 설명하라.
10. 발달장애인들을 가르치는 데 사용하면 좋다고 필자가 추천하고 있는 주요한 연쇄법은 무엇인가? 그 네 가지 이유를 들라.

연쇄법과 용암법, 조형법의 비교

연쇄법, 용암법, 조형법은 점진적 변화 절차라고 자주 불리는데, 그 이유는 각각의 방법들이 새로운 행동, 혹은 행동에 대한 새로운 자극통제, 혹은 자극-반응 단계의 새로운 순서를 만들어 낼 때 일련의 단계를 거치며 점진적으로 진행되기 때문이다. 이 세 가지 점진적 변화 절차의 분명한 차이점을 아는 것이 중요하다.

조형법에서는 단계들이 최종 목표반응에 좀 더 가깝게 근접할 때 강화되도록 구성된다(10장 참조). 용암법에서는 최종 목표반응을 위한 최종 목표자극에 근접해 가면서 최종 목표반응이 강화되도록 단계들을 구성한다(9장 참조). 연쇄법에서는 연쇄를 구성하는 특정한 자극-반응 연결이 강화되도록 단계들을 구성한다. 연쇄법의 하나인 전체과제 제시법은 훈련 초기부터 모든 연결들을 올바르게 가르치고, 조형법과 용암법

표 11-2 조형법, 용암법, 연쇄법의 공통점과 차이점

	조형법	용암법	연쇄법
표적행동	움직임의 형태, 양, 강도와 같은 물리적 차원의 새로운 행동	특정 행동의 새로운 자극통제	자극과 반응의 일관성 있는 새로운 순서
일반적 훈련 절차	학습자가 다양한 행동을 표출할 기회를 갖는 비구조화된 환경이 자주 포함됨	자극이 정확하게 통제받기 때문에 전형적으로 구조화된 환경임	전형적으로 반구조화되거나 혹은 구조화된 교육환경이 포함되는데, 자극과 반응이 정확히 순서대로 나타나게 됨
기타 절차상의 고려점	강화와 소거의 연속적 적용을 포함함	강화의 연속적 적용을 포함함. 소거가 사용되면 용암법이 적절하게 진행되지 않음	몇 단계에서 용암법이나 조형법이 결합된 언어적 및 신체적 촉구/신체적 지도를 자주 포함함

은 적절한 자극의 통제하에서 반응이 나타나거나 발달되도록 하는 데 사용된다. 조형법 혹은 용암법이 사용되는 절차는 점진적 변화 절차다. 〈표 11-2〉에서 세 가지 절차가 적용될 때 차이점과 공통점을 요약하였다.

연쇄법의 효과에 영향을 주는 요인들

과제분석하기

행동연쇄법의 효과를 최대화하기 위하여 일련의 행동들은 개개의 구성요소로 분리되어야 하고, 그 요소들의 적절한 순서가 유지되어야 한다. 훈련을 용이하게 하기 위하여 과제를 작은 단계 혹은 부분적인 반응들로 분리하는 작업을 **과제분석**(task analysis)이라고 한다. 복잡한 기술을 가르치는 과제분석의 예로는 아파트 유지 기술(Williams & Cuvo, 1986), 월경 관리 기술(Richman, Reiss, Bauman & Bailey, 1984), 테니스 기술(Buzas & Ayllon, 1981), 청소년 미식축구팀의 방어 기술(Komaki & Barnett, 1977), 여가 즐기기 기술(Schleien, Wehman & Kiernan, 1981), 그리고 도로에서 안전

하게 걷는 보행 기술(Page, Iwata & Neef, 1976) 등이 있다.

조형법 단계를 선택할 때처럼(10장에서 논의됨), 연쇄의 단계나 구성요소를 선택하는 것도 다소 주관적이다. 구성요소는 쉽게 배울 수 있도록 단순해야 한다. 심한 발달장애아에게 양치질을 가르치려 할 때, 치약을 칫솔에 묻히고, 이를 닦고, 헹궈 내는 세 가지의 큼직한 단계로 과제를 배우도록 하면 실패하게 된다. 아이에게 행동연쇄를 숙달시키려면 각 단계는 아주 작은 단계들로 세분되어야 한다. 각 부분이 완성되었다는 것을 알려 주는 분명한 자극들이 있도록 구성요소를 선택해야 한다. 그렇게 했을 때 그러한 자극들이 연쇄적으로 먼저 일어난 반응의 조건 강화물이 되고, 그다음 반응의 S^D가 된다. 예를 들어, 연쇄법을 이용하여 아이에게 올바르게 손 씻는 행동을 가르치려 할 때 구성요소 중의 하나로 세면대에 물을 받게 하는 것을 선택할 수 있다. 그때 중요한 점은 물받는 적정한 선을 구체적으로 정하고, 경우에 따라서는 특정한 구성요소(그것은 '물이 반 정도 세면대에 찰 때까지 수도꼭지를 잡고 있기' 라고 정할 수 있음)가 끝났음을 알려 주는 분명한 자극을 제공하기 위해 심지어 세면대의 반 정도에 금을 그어 놓을 수 있다(일시적으로라도).

과제분석을 완료한 후에 연쇄의 각 반응들에 대한 통제자극 혹은 S^D를 점검하라. 이상적으로는 각각의 S^D는 다른 S^D와 구분되어야 한다. 유사한 자극이 다른 반응을 통제한다면 내담자는 혼란스러워하고, 오류를 저지를 가능성이 커진다. 과제분석에서 2개의 통제자극이 유사해서 어떻게 해야 할지 방법을 찾을 수 없다면, 어떤 방식으로든 한 자극에 인위적으로 표식을 주어서 행동연쇄를 쉽게 습득하도록 해야 한다.

학습자가 스스로 촉구를 사용하도록 하기

스티브의 사례와 같이 많은 내담자들은 행동연쇄를 숙달하기 위하여 스스로 촉구를 사용할 수도 있다. 학생들이 글을 읽을 수 있다면, 내담자가 적절하게 행동연쇄를 완수할 수 있도록 문서화된 과제분석(written task analysis)을 사용하는 것이 효과적인 촉구가 될 수 있다(예, Cuvo, Davis, O'Reilly, Mooney & Crowley, 1992). 글을 읽을 수 없다면, 내담자에게 일련의 그림으로 된 촉구(picture prompts)로 행동연쇄를 지도해 주기도 한다. 예를 들어, Thierman과 Martin(1989)은 심한 지적장애인이 집안 청소를 잘하도록 하는 행동연쇄를 완수하게끔 그림 촉구를 준비하였다. 내담자들에게 적절한 단계의 그림을 보고, 그 단계를 수행하면 단계를 마쳤다는 표시로 스티커를 옮겨 붙이도록 가르쳤다. 그 전략은 꽤 효과가 있었다. 행동연쇄를 완수하도록 지도하는 데 촉구를 스스로 사용하게 하는 또 다른 전략은 자기-지시(self-instructions)를 말로 하는 것이다. 예를 들어, 발달장애인이 자기-지시를 말하도록 학습했는데, 그것은 그들이 직업상의 과제를 정확하게 완수하고(Salend, Ellis, & Reynolds, 1989), 수학 문제를 정확하게 다 풀며(Albion & Salzburg, 1982), 상자에서 정확하게 글자들을 골라내도록 촉구하였다(Whitman, Spence, & Maxwell, 1987).

모델링으로 미리 시범 보여 주기

발달장애인이나 어린 아동의 경우에는 내담자에게 일련의 반응 수행을 시키기 전에 모든 단계의 시범을 보여 주면서, 각 단계의 수행을 말로 설명해 준다(예, Griffen, Wolery, & Schuster, 1992 참조; 모델링에 대한 지침은 18장에 기술함). 과제를 훈련시킬 때 예가 하나밖에 없으면 시범을 보인 후 내담자가 과제를 수행할 수 있도록 과제를 분리하고 구성요소들을 재배치해야 한다. 아니면 과제의 다른 예를 사용하여 내담자를 훈련시킬 수도 있다.

행동연쇄 훈련하기

훈련은 내담자에게 과제를 시작하고 과제의 단계들을 완수하도록 요구하는 것으로 시작한다. 시작 단계는 당신이 전체과제 제시법, 역행연쇄법, 순행연쇄법 중 어느 것을 사용하는지에 따라 다르다. 만일 내담자가 반응을 중단하거나 산만해지는 단계가 있다면, "다음은 뭐지요?" 혹은 "계속 해 봐요."라는 촉구를 우선적으로 주어야 한다. 내담자가 반응을 틀리게 하거나, 적절한 시간 내에 반응을 시작하지 못하면, 그것을 교정해 주어야 한다. 내담자가 그 단계를 정확하게 수행하도록 지시나 신체적 지도를 해 준다. 오류가 교정된 후에 다음 단계로 진행한다.

충분한 사회적 강화물과 여러 다양한 강화물 사용하기

연쇄법을 완수한 후에 제시되는 자연적 강화물이 연쇄법을 통해 습득된 행동을 유지시키는 데 충분할 수도 있다. 이는 이 장의 처음에 기술한 스티브의 예에서 볼 수 있다. 그러나 발달장애아나 어린 아동들에게 행동연쇄를 가르칠 때, 초기의 훈련 시행 동안 각 단계를 옳게 완수하면 즉각적으로 칭찬해 주는 것이 바람직하다(예,

Koop, Martin, Yu, & Suthons, 1980 참조). 더불어 내담자가 행동연쇄의 마지막 단계를 성공적으로 완수하면 음식물과 같은 일차 강화물이나 무조건 강화물을 주어야 한다. 내담자가 그 단계들을 수행하는 데 있어 좀 더 기술이 좋아지면, 칭찬과 다른 강화물들을 점진적으로 제거할 수 있다. 행동연쇄를 유지하기 위한 부가적인 전략은 16장에서 기술하기로 한다.

각 단계에서 보조적 도움 주기

과제분석의 세부적인 측면에 따라 내담자가 오류를 교정하도록 추가 지시나 신체적 도움을 주는 것이 필요할 수 있다. 계속해서 수행을 시킨 후 이러한 보조적 도움은 가능한 한 빨리 없애야 한다. 내담자가 의존성이 생길 정도로 도움을 주지 않는 것이 중요하다. 즉 내담자가 특정 단계에서 오류를 범하거나 치료자의 도움을 기다리는 것에 강화를 주지 않도록 조심해야 한다.

연습문제

11. 조형법, 용암법, 연쇄법에서 전형적으로 형성된 표적행동의 유형을 구분하라.
12. 10대 청소년에게 자동차 바퀴를 교체하는 방법을 가르치려고 한다고 가정해 보자. 당신은 조형법을 사용하겠는가, 혹은 연쇄법을 사용하겠는가? 당신이 선택한 근거를 대라.
13. 과제분석이란 무엇인가? 3세의 아이에게 신발 끈 묶는 행동을 가르치는 데 적절한 과제분석을 기술하라.
14. 행동연쇄를 숙달시키기 위하여 개인이 스스로 촉구를 사용하도록 하는 세 가지 전략을 간략히 기술하라.

연쇄법의 함정

함정 유형 1

바람직하지 않은 비교적 단순한 반응들은 별 생각 없이 주어지는 정적 강화에 의하여 부주의하게 형성되는 경우가 많은데, 바람직하지 않은 요소를 하나 이상 포함하고 있는 연쇄 또한 그러한 경우다. 강화물을 얻는 데 기여한 몇 가지 구성요소와 그렇지 않은 구성요소(미신적 요소라 불림)를 적어도 한 가지 이상 가진 행동연쇄는 우연적 연쇄(adventitious chain)라고 불린다(3장의 89쪽의 우연적 강화를 참조하라.).

가장 흔히 나타나는 바람직하지 않은 우연적 연쇄는 강화를 받는 적절한 반응 전에 부적절한 반응이 나타났을 때 발생하고, 그 결과 적절한 반응과 부적절한 반응 모두 증가된다. 이러한 연쇄의 예는 말할 때마다 매번 '어어' 라는 말로 시작함으로써 주의를 산만하게 하는 습관을 가진 사람에게서 볼 수 있다. 이와 유사한 예로는 말하기 전에 기괴한 얼굴 표정을 짓는 경우에서도 찾아볼 수 있다.

많은 사람을 괴롭히는 자기-통제 문제들에서 함정 유형 1의 예를 볼 수 있다. 그러한 문제에 특징적인 바람직하지 않은 행동연쇄는, 모든 구성요소가 강화를 얻는 데 기여하기 때문에 우연적 연쇄가 아니다. 그러나 연쇄에서 하나 이상의 구성요소가 바람직하지 않다. 과식 문제를 생각해 보자. 과식에는 여러 가지 원인이 있겠지만, 가장 빈번한 원인 중의 하나는 바람직하지 않은 행동연쇄가 우연히 발달될 수도 있다는 것이다. 예를 들어, 비만인 사람들은 음식을 매우 빨리 먹는 행동을 보인다. 이에 포함된 행동상의 연결을 조사해 보면, 즉 숟가락으로 음식을 뜨고, 음식을 입 속에 넣고, 음식을 씹고 있는 동안 음식을 다시 떠서 입 속에 넣으며 동시에 음식을 삼킨다. 이러한 행동연쇄는 행동 사이의 간격을 늘리거나 지연시킴으로써 성공적으로 해체할 수 있다. 더 바람직한 행동연쇄는 다음과 같은데, 숟가락으로 음식을 뜨고, 입 속에 음식을 넣고, 숟가락을 내려놓고, 음식을 씹고, 삼키고, 3초간 기다린 후, 다시 숟가락으로 음식을 뜨는 등의 과정이다. 다시 말해서, 바람직하지 않은 연쇄에서는 현재 입안에 든 음식을 삼키기 전에 다음 숟가락을 뜨게 된다. 바람직한 연쇄에서는 이러한 구성요소들을 분리하고, 잠시 지연을 시킨다.

또 다른 바람직하지 않은 행동연쇄는 비만인 사람이 TV를 볼 때 나타나는데, 그들은 광고가 나올 때까지는 TV를 보다가 광고하는 동안 주방에 가서 간식을 갖고 오고

TV 프로그램을 다시 본다(TV 보는 것이 음식의 맛과 함께 간식을 갖고 오는 것을 강화한다.). 이러한 자기-통제 문제를 해결하는 데는 여러 가지 절차가 있으나 이는 26장에서 다루기로 한다. 여기서 기억해야 할 것은 바람직하지 않은 행동들이 우연히 발달된 행동연쇄의 구성요소가 되는 경우가 많다는 것이다.

함정 유형 2

겉으로는 잘된 것처럼 보이는 행동수정 절차에서도 행동수정가가 주의하지 않으면 바람직하지 않은 연쇄법을 조장할 수 있다. 이는 발달장애아에게 그림의 이름을 가르치기 위한 Olenick과 Pear(1980)의 프로젝트에서 살펴볼 수 있다. 아이들에게 이름을 말해야 할 그림을 보여 주고 "이게 뭐지?"라는 질문을 하고, 올바른 반응에는 강화를 주었다. 아이가 잘못 대답하면, 선생님이 다시 질문을 하고 즉시 답을 하여(예, "이게 뭐지? 고양이.") 그것을 모방하게 하였다. Olenick과 Pear는 일부 아이들이 그림 이름을 정확하게 말할 수 있는데도 자주 잘못 대답하는 것을 관찰하였다. 연구자는 이런 아이들이 질문에 대하여 대답을 잘못 해도 그에 대한 올바른 반응을 해 주고 모방하게 하며 그것에 강화를 해 주었기 때문에, 즉 질문에 대한 좀 더 쉬운 반응(모방)으로 강화를 받을 수 있게 해 주었기 때문에, 그것이 하나의 연쇄로 발달된 것이라고 하였다. Olenick과 Pear는 이 문제를 해결하기 위하여 모방에 의한 옳은 반응에는 강화율을 낮추고, 질문에 대한 올바른 반응에는 높은 강화율을 유지하였다.

행동연쇄법의 효과적 적용을 위한 지침

행동연쇄를 가르칠 때 다음과 같은 규칙을 따라야 한다.

1. 과제분석을 하라. 연쇄의 단위들(units)을 정하되, 그것은 행동연쇄를 배우는 사람에게 어렵지 않으면서 단순하게 습득할 수 있는 것이어야 한다.
2. 학습자가 독립적으로 스스로 촉구를 사용하기 위한 전략(예, 그림)을 짜도록 하라.
3. 필요하다면, 모델링으로 미리 시범을 보여 주어라.
4. 단위들을 적절한 순서로 가르쳐야 한다. 그렇지 않으면 자극통제가 잘 발달되지

않아 한 단계를 마친 것이 다음 단계의 식별자극이 되지 못한다. 또한 자극이 다른 단계를 통제할 수도 있다(예를 들어, 1, 2, 4, 3과 같이 아이가 수를 잘못 세도록 학습하게 된다.).

5. 학습을 촉진하기 위하여 내담자가 어떤 단계를 수행하는 데 필요로 했던 보조적 도움을 감소시키는 용암법 절차를 사용하라.
6. 역행 혹은 순행연쇄법을 사용하려면, 매번 시행할 때마다 그때까지 배운 전 과정을 한꺼번에 다 수행하도록 하라.
7. 훈련 초기에 각 단계에서 올바른 반응을 수행하면 충분한 강화를 주어라. 그 강화는 내담자가 행동수정 기술에 익숙해짐에 따라 점차 감소시켜라.
8. 연쇄의 끝 부분에 주는 강화가 3장에서 다루었던 정적 강화의 효과적 적용을 위한 지침에 부합되는지 확인하라. 마지막의 강화가 효과적일수록 반응의 연쇄는 더 안정적인 것이 된다. 그러나 이는 한 번 연쇄가 형성된 이후에 그것이 유지되기 위하여 매번 강화되어야 한다는 것을 의미하지는 않는다. 연쇄가 형성되고 난 후에는 그것이 단일 반응으로 간주될 수 있고, 필요하다면 그것에 간헐 강화 계획을 사용할 수 있다.

연습문제

15. 우연적 연쇄는 무엇인가?
16. 우연적 연쇄와 미신적 행동이 어떤 점에서 비슷하고, 어떤 점에서 다른가? (89쪽과 232쪽을 참조하라.)
17. 우연적 연쇄의 예를 이 책에 없는 것으로 들라. 미신적 요소를 분명히 밝히라.
18. 우연적 연쇄가 아닌 다른 연쇄법의 함정 1의 예를 들라. 이러한 함정을 어떻게 피할 수 있는지 설명하라.

적용연습

A. 타인에 대한 적용연습

1. 아이에게 신발 끈을 매도록 가르칠 때 어떻게 행동연쇄법을 사용하는지 기술하라.
2. 아이에게 매듭짓는 것을 가르치려 할 때 어떻게 행동연쇄법을 사용하는지 기술하라.
3. 아이에게 나비넥타이 매는 것을 가르칠 때 어떻게 행동연쇄법을 사용하는지 기술하라.
4. 위의 적용연습 1~3번의 연쇄법 프로그램을 적용해 보고, 어떻게 되는지를 관찰하라.

B. 자기-수정 연습

연쇄법 절차를 적용할 수 있는 당신의 행동결핍을 정하라. 연쇄법의 효과적 사용을 위한 지침을 이용하여 어떻게 하면 그 결핍을 극복할지 상세히 기술하라.

추가설명 및 심화토론

1. 연쇄에서 자극이 선행반응의 조건 강화물과 후속반응의 S^D로 기능한다는 이론은 많은 행동수정가들에게 받아들여졌는데, 왜냐하면 그 이론의 단순함 때문이다. 그러나 과거 50년 넘게 수행되어 온 동물연구는 이 이론이 과잉 단순화된 것임을 보여 주었다(예, Fantino, 2008 참조). 행동연쇄가 긴 경우 초기 자극은 조건 강화물과 S^D뿐만 아니라 다른 기능도 가지게 된다. 게다가 연쇄 마지막에 일차 강화물이나 무조건 강화물(4장 참조)을 받기 전에 상당히 긴 시간이 걸린다면, 조건 강화물은 S^Δ가 된다. 더 정확히 말해서, 행동연쇄에서 자극에서 일차 강화물을 받기까지의 시간적 거리가 늘어날수록, 자극이 S^D가 되는 정도가 감소하고 S^Δ가 되기 시작한다. 이것은 일차 강화로부터 시간적 거리가 늘어날수록 일차 강화와 관련이 없어지게 되기 때문이다. 다시 말해, 조건 강화물에 기반해서 S^D의 강도를 고려할 때 일차 강화에서 시간적 거리의 함수로서 S^D의 기능이 약해진다는 것(더 전문적으로 말해서, 억제적인 잠재력)을 고려해야만 한다. 이러한 억제 기능은 역행연쇄법이 조건 강화를 제공하면서 갖게 되는 어떤 이익도 상쇄시킬 수 있다. 이것이 응용연구에서 순행연쇄법보다 역행연쇄법의 우세함을 발견하지 못하는 이유다(예, Ash & Holding, 1990; Batra & Batra, 2005/2006; Hur & Osborne, 1993; Walls, Zane, & Ellis, 1981).

▶ 추가설명에 대한 연습문제

1. 행동연쇄에서 자극이 선행반응의 조건 강화물이며 후속반응의 S^D라는 이론이 어떻게 과잉 단순화되는지 설명하라.

12 처벌: 부적절한 행동 제거하기

"벤, 그렇게 거칠게 굴지 마라."

벤의 공격성 제거하기[1)]

심한 장애가 있는 벤은 공립학교 프로그램에 등록한 7세의 남자아이이다. 벤은 발달장애가 있는 것으로 진단되었고, 학교 선생님은 벤이 친구나 선생님을 공격적으로 때리는 빈도가 높다고 하였다. 사실 약 3주간의 기저선 관찰 동안 벤의 때리는 행동 빈도는 하루에 평균 30회가량 되었다. 무엇인가 조치가 취해져야만 했다. 치료자는 벤의 때리는 행동에 수반하여 운동을 하도록 요구함으로써 그러한 행동을 감소시킬 수 있을지를 확인해 보기로 결정했다.

수반성 운동이 벤의 건강을 해치거나 윤리적 문제를 초래하는 일이 없도록 하기 위해 많은 주의사항이 고려되었다. 부모에게 프로그램 절차를 충분히 설명하였고, 벤의 프로그램 참여에 대한 동의를 얻었다. 또한 그 절차에 대하여 학교 윤리위원회의 동의를 받았다. 프로그램은 벤이 등교하는 날 학교에서 시행되었다. 수반성 운동에 대하여 소개한 첫날, 벤이 때리는 행동을 처음으로 보였을 때 선생님은 "벤, 때리지 마라. 앉았다 일어났다 10번 해."라고 말하였다. 그러고 나서 어른이 벤의 손을 머리 위로 들어올려 일어나게 만들고, 그의 상체를 붙잡고 아래로 밀면서 앉게 만들며 동

1) 이 사례는 Luce, Delquadri와 Hall(1980)의 연구 논문에 기초한 것이다.

시에 "일어나, 앉아."라고 말하였다. 10번의 운동을 시키는 동안 벤이 언어적으로 저항을 몇 번 하였지만, 치료진은 단지 처음 몇 번의 훈련 시행 동안만 벤에게 신체적 촉구를 주는 것이 필요했다고 보고하였다. 다음 날부터는 운동과제에 대하여 말로만 상기를 시켜도 되었다. 기저선 동안 하루에 약 30번 정도 때리던 것이 운동 프로그램 첫날 11번으로 감소하였고, 두 번째 날은 10번, 세 번째 날은 한 번, 그리고 그 후로는 한 번 혹은 한 번도 나타나지 않는 결과를 보였다.

이 절차를 사용한 지 2주 후에 치료자는 수반성 운동 프로그램을 중단하고 벤의 때리는 행동을 관찰하였다. 4일 동안 때리는 빈도가 낮게 유지되었으나, 그 후부터는 증가하기 시작하였다. 치료자는 수반성 운동 프로그램을 재실시하였고, 때리는 행동의 빈도가 즉각적으로 '0'까지 감소하는 것을 관찰하였다. 벤은 자유롭게 뛰어놀았고 다른 아이들과 어울릴 수 있었으며, 과거의 공격적 특성은 더 이상 보이지 않았다.

처벌의 원리

벌칙(punisher)은 어떤 행동 뒤에 즉각적으로 제시되어 그 행동의 빈도를 감소시키는 자극이다. 벌칙은 종종 혐오자극 혹은 혐오스러운 것으로 불리기도 하는데, 일단 한 사건이 한 개인에게 특정 상황에서 특정 행동에 대한 벌칙으로 작용하면, 그것은 다른 상황에서 다른 행동을 감소시키는 데도 사용될 수 있다. 벌칙의 개념과 연합된 **처벌**(punishment)의 원리는 어떤 상황에서 행동 뒤에 곧바로 벌칙을 받게 되면 그 사람은 다음에 유사한 상황에 접하게 될 때 똑같은 행동을 다시 할 가능성이 적어진다는 것이다. 벤의 경우 수반성 운동이 공격적으로 때리는 행동에 대한 벌칙으로 작용하였다.

행동수정가들에게 있어 처벌의 의미는 상당히 특수하며 일반인들이 말하는 '처벌'의 의미와는 다르다는 점을 주지하기 바란다. 예를 들어, 우리 문화에서 일반적으로 처벌이라는 말이 사용될 때, 즉 범죄자를 '처벌'하기 위하여 감옥에 보내는 경우를 생각해 보자. 감옥에 가는 것이 범죄를 저지른 뒤의 즉각적인 결과가 아닌 경우가 많다. 많은 사람들은 '감옥'은 징벌의 형태라고 믿는데 도덕적 의미에서 감옥에 가는 사람은 그럴 만하다고 믿기 때문이다. 더군다나, 감옥에 보내는 것은 종종 잘못을 저지를 소지가 있는 사람들을 제지하기 위한 목적으로도 쓰인다. 그러나 행동수정가에게 있어서 '처벌'이란 단순히 특정 상황에서 특정 행동 뒤에 즉각적으로 제시하여 앞으로 그 사람이 특정 상황에서 그 특정 행동을 할 가능성을 감소시키는 데 적용되는 전문 용어다. 이것은 과속을 한 경우 속도위반딱지를 바로 받는 것처럼, 법적 체계의 결과가 전문적 의미의 처벌로 기능할 수 있다는 것을 부인하는 것은 아니지만, 범죄에 대한 법적 결과가 전문적 의미의 처벌로서 기능하지 않는 경우가 종종 있다. 일반적으로 입법자나 법관, 법 전문위원이나 일반 대중은 범죄에 대한 법적 결과를 그렇게 한정된 방식으로 생각하지 않는다.

정적 강화처럼 처벌도 일생 동안의 학습에 영향을 미친다. 뜨거운 난로를 만진 후의 즉각적인 결과는 다음에 다시는 그러한 행동을 하지 않게끔 가르쳐 준다. 어린아이가 몇 번 넘어져 타박상을 입으면 걸음마를 할 때 좀 더 균형을 잘 잡는 것을 배우게 된다. 그러나 행동수정의 영역 내에서도 처벌의 신중한 사용에 관한 논쟁이 있는데, 이는 처벌의 유형과 행동억제를 하는 데 있어 처벌의 효과에 영향을 주는 요인들을 살펴본 후에 다시 다루고자 한다.

연습문제

1. 벤의 공격적 행동을 어떻게 제거할 것인지 기술하라.
2. 벤의 사례에서 처벌 수반성의 중요한 부분이었던 자극통제는 어떻게 하였는가?
3. 벌칙은 무엇인가? 예를 들고 그 예에서 반응과 벌칙을 설명하라.
4. 처벌의 원리를 기술하라.
4. 행동수정에서의 처벌의 의미와 보통 사람들이 말하는 처벌의 의미는 어떻게 다른가?

벌칙의 유형

행동 후에 즉각적 결과로 주어지는 여러 가지 사건은 위에서 언급한 벌칙(punisher)의 정의에 적합하다. 그러한 사건은 ① 고통을 주는 벌칙, ② 질책, ③ 타임아웃, ④ 반응대가의 네 가지로 분류된다(Van Houten, 1983 참조). 이러한 범주들은 중복되는 부분도 있지만, 처벌 절차를 조직하는 데 유용하게 사용된다. 각각의 범주에 대하여 차례대로 살펴보기로 한다.

고통을 주는 벌칙

고통을 주는 벌칙(pain-inducing punisher)은 신체적 벌칙(physical punisher)이라 불리기도 하는데, 통증이나 다른 불편감을 유발하는 감각 수용기를 활성화시키는 행동에 즉각적으로 따라온다. 그 예로는 엉덩이 때리기, 꼬집기, 전기 충격, 암모니아 냄새 맡기, 찬물 목욕, 시끄럽거나 귀에 거슬리는 소리, 계속해서 간지럼 태우기, 머리카락 잡아당기기 등이 있다. 그러한 자극과 사건은 **무조건벌칙**(unconditioned punisher), 즉 사전 학습 없이도 처벌적인 자극이다.

질책

질책(reprimands)은 행동에 즉각적으로 수반되는 강한 부정적 언어자극이다. 예를 들어, 아이가 바람직하지 않은 행동을 할 때 즉각적으로 "안 돼! 그건 나쁜 짓이야!" 라고 부모가 말하는 것이다. 질책을 할 때는 항상 똑바로 쳐다보고 때로는 꽉 붙잡기도 한다. 4장에서 언급하였듯이 벌칙과 연합되는 자극은 그 자체가 하나의 벌칙이 되는데, 그러한 자극을 **조건벌칙**(conditioned punisher)이라고 부른다. 질책에서의 언어적 요인은 조건벌칙이 될 가능성이 많고, 꽉 붙잡는 것과 같은 다른 요소들이 무조건벌칙이 될 것이다. 어떤 경우에는 다른 형태의 벌칙과 연합함으로써 질책의 효과가 증가된다. 예를 들어, Dorsey, Iwata, Ong과 McSween(1980)은 발달장애아의 자해 행동을 억제하기 위하여 분무기를 뿌리며 질책을 하였는데 이러한 절차는 효과가 있었으며 후에 분무기를 사용하지 않고 질책만을 하는 조건에서도 효과를 나타냈다.

타임아웃

타임아웃(timeout)은 특정한 행동 뒤에 즉각적으로 강화물을 받는 기회를 상실하는 기간이다. 타임아웃의 유형으로는 배제하는 것과 배제하지 않는 것의 두 가지가 있다. **배제하는 타임아웃**(exclusionary timeout)은 특정 행동 후에 즉각적으로 그 행동을 한 개인을 강화가 있는 상황에서 잠깐 동안 제외시키는 것이다. 그러한 목적을 위하여 타임아웃 방이라고 불리는 특수한 방이 자주 사용된다. 타임아웃 방은 강화물이 될 만한 것이 없어야 하고, 자해를 방지하기 위해 보호벽을 치기도 한다. 타임아웃 방에 격리되는 기간은 길지 않아야 하는데, 보통 약 5분 정도가 적절하다(Brantner & Doherty, 1983; Fabiano et al., 2004). 윤리적 측면(목적이 수단을 정당화하는가? 30장 참조)과 실제적 측면(학습 환경으로부터 오랫동안 타임아웃되는 것을 피하는 것과 같은)이 특정한 타임아웃 기간을 선택하는 데 고려되어야 한다. 배제하지 않는 타임아웃(nonexclusionary timeout)은 특정 행동 후에 즉각적으로 그 상황 내에서 강화가 덜한 자극을 제시하는 것이다. Foxx와 Shapiro(1978)의 연구에서 이에 대한 예를 찾아볼 수 있다. Foxx와 Shapiro는 교실에서 아이들이 리본을 달고 있다가 말썽을 부리면 리본을 잠시 떼게 했다. 리본을 달지 않았을 때는 그 아이는 학급활동에 참여하지 못하며 교사에게서 관심을 받지 못하게 된다.

반응대가

반응대가(response cost)는 특정한 행동 뒤에 즉각적으로 일정량의 강화물을 제거하는 것이다(Reynolds & Kelley, 1997). 반응대가는 내담자가 강화물로 토큰을 받는 행동수정 프로그램에서 자주 사용되곤 한다(Kazdin, 1977a). 교실 장면의 예로서 Sullivan과 O' Leary(1990)는 과제에서 벗어난 행동을 할 경우 토큰(노는 시간 1분과 바꿀 수 있는)을 회수하여 그 행동을 현저하게 감소시켰다. 반응대가는 강화물을 받는 기회를 일시적으로 상실하지 않는다는 점에서 타임아웃과 다르다. 반응대가는 또한 소거와 혼동하면 안 되는데, 소거 절차에서는 이전에 강화받던 반응 뒤에 강화물을 주지 않도록 보류하고, 반응대가에서는 내담자가 소유하고 있는 강화물을 바람직하지 않은 반응 뒤에 회수한다.

일상생활에서 찾아볼 수 있는 반응대가의 예는 도서관 연체료, 교통위반딱지, 마이너스통장에 대한 이자 등이다. 그러나 전형적으로 이러한 벌칙은 잘못된 행동 뒤에 즉각적으로 주어지지 않는다. 3장에서 정적 강화의 직접적인 효과와 간접적인 효과를 구분했던 것처럼 처벌에 대해서도 유사한 구분을 한다면, 처벌의 직접적인 효과(direct-acting effect)는 즉각적 처벌의 결과 때문에 반응의 빈도가 감소하는 것이고 처벌의 간접적인 효과(indirect-acting effect)는 벌칙이 지연되어 나타난다 해도 뒤따르는 벌칙 때문에 반응이 약화되는 것이다. 교차로에서 속도를 내다 속도감지 카메라에 찍혀 일주일 후 속도위반딱지를 우편으로 받았다고 하자. 이로 인해 후에 속도를 내어 운전하는 행동은 감소하겠지만 그것은 처벌의 원리보다 훨씬 많은 것을 포함한다. 지연된 벌칙은 벌칙을 받게 만든 행동에 대한 지시나, 행동과 지연된 벌칙을 중재하는 자기-진술('생각')이나, 행동과 지연된 지원 벌칙을 중재하는 즉각적 조건벌칙 때문에 행동에 효과를 갖게 된다. 벌칙이 행동 뒤에 즉각적으로 따라오지 않을 때 행동이 감소하는 것으로 처벌을 과잉단순화하여 설명하는 것은 실수다. 처벌의 간접적인 효과에 대한 설명은 17장에서 더 논의된다.

연습문제

6. 무조건벌칙을 정의하고 그 예를 하나 들라.
7. 벌칙의 네 가지 유형을 기술하고, 각각을 예를 들어 설명하라.
8. 처벌의 네 가지 유형 중 벤에게 적용한 처벌 유형은 무엇인가? 당신이 그러한 선택을 한 이유를 들라.
9. 조건벌칙을 정의하고, 교재에 없는 예를 들어 보라.
10. 배제하는 그리고 배제하지 않는 타임아웃을 구별하라.
11. 부모가 아이에게 사용할 수 있는 반응대가 처벌의 일반적인 예는 무엇인가?
12. 소거, 반응대가, 배제하는 타임아웃의 절차상에 있어 차이점을 기술하라.
13. 처벌의 직접적인 효과와 간접적인 효과를 구분하고 각각의 예를 들라.
14. 행동을 감소시키는 데 지연된 벌칙이 효과적인 세 가지 이유는 무엇인가?

처벌의 효과에 영향을 주는 요인들

바람직한 대안반응의 조건

바람직하지 않은 반응을 감소시키면서 동시에 바람직한 대안반응을 증가시키면 효과가 극대화된다. 이를 위하여 제거되어야 할 바람직하지 않은 반응과 경쟁할 바람직한 반응을 정해야 한다(예, Thompson, Iwata, Conners, & Roscoe, 1999 참조; 대안적 견해를 참조하고 싶다면, Johnston, 2006을 참조하라.).

바람직한 행동이 나타날 가능성을 증가시키기 위해서는 바람직한 반응을 통제하는 S^D를 확인해서 이를 제시해야 한다. 바람직한 행동을 유지하기 위하여 효과적인 정적

[그림 12-1] 바람직한 대안행동에 대한 강화의 예

강화물을 효과적인 계획하에 제시해야 한다(예, [그림 12-1] 참조).

바람직하지 않은 행동의 원인

바람직한 대안행동이 발생할 가능성을 극대화하기 위하여 먼저 바람직하지 않은 행동의 원인을 최소화해야 한다. 여기에는 두 가지가 포함된다. 첫째, 바람직하지 않은 행동에 대한 현재의 S^D가 무엇인지를 파악하여 제거하여야 한다. 둘째, 바람직하지 않은 행동을 유지하는 강화물이 있는지를 확인하고 제거해야 한다. 행동의 선행자극과 결과가 무엇인지 결정하는 것을 기능평가(functional assessment)라고 하는데, 이에 대해서는 23장에서 상세히 다루기로 한다.

강조할 점은 처벌이 자주 필요하지 않다는 사실이다. 바람직하지 않은 행동의 원인을 최소화하고 바람직한 대안행동의 조건을 극대화해 주면, 바람직한 행동이 바람직하지 않은 행동과 경쟁하여 처벌 없이도 바람직하지 않은 행동이 상당히 감소되거나 완전히 없어지게 된다.

처벌하는 자극

처벌을 사용할 때, 벌칙이 효과적이라는 확신을 갖는 것이 중요하다. 일반적으로 처벌하는 자극이 강할수록, 바람직하지 않은 행동을 감소시키는 효과는 커진다. 그러나 효과적인 벌칙의 강도는 얼마나 바람직한 대안행동의 조건을 극대화하면서 바람직하지 않은 행동의 원인을 최소화하느냐에 달려 있다. 질책과 같은 가벼운 벌칙도 바람직하지 않은 행동에 대하여 강화물을 보류하거나, 바람직한 대안행동에 대하여 강력한 강화물을 사용하면 효과적일 수 있다. 예를 들어, Thompson 등(1999)은 발달장애 진단을 받은 네 사람의 자해행동에 대한 경미한 처벌로 질책과 함께 잠시 손으로 제지한 것의 효과를 평가하였는데, 이러한 경미한 벌칙과 함께 바람직한 대안행동에 대하여 강화물(장난감을 가지고 노는 것)을 주었을 때 자해행동이 감소하였다.

벤에게는 수반성 운동을 시키는 것이 꽤 적절한 벌칙으로 작용하였다. 그것은 바람직하지 않은 행동 뒤에 즉각적으로 제시되었고, 정적 강화와 연합되지 않는 방식으로 제시되어 상당한 효과를 보았다. 운동 과제를 선택할 때 교사들이 주던 관심과 주의를 확실하게 철회하였다. 운동 과제는 교사의 지시하는 목소리로 촉구될 수 있고, 다양한 상황에서 수행될 수 있으며, 불필요한 긴장 없이 벤을 빨리 지치게 하는 것으로 나타났기 때문에 교사는 벌칙으로 운동 과제를 선택하였다.

하나의 벌칙을 택하는 것보다 바람직하지 않은 행동에 여러 가지 벌칙을 연속적으로 다양하게 주는 것이 더 효과적일 수 있다. 예를 들어 Charlop, Burgio, Iwata와 Ivancic(1988)은 발달장애아가 보이는 공격성과 자해행동에 대하여 질책, 신체적 제지, 타임아웃, 커다란 소리 등을 벌칙으로 사용하였다. 어떤 경우에는 한 가지의 벌칙만 사용하였고, 다른 회기에서는 네 가지의 벌칙을 다양하게 사용하였다. 교사가 벌칙을 다양하게 제시한 회기에 아이들은 공격성과 자해행동을 덜 보였다.

처벌의 선행자극(언어적 규칙 포함)

8장에서 S^{D}가 반응이 강화될 때 존재하는 자극이라고 한 것을 상기하라. 이와 유사하게 S^{Dp}는 반응이 처벌을 받을 때 존재하는 자극이다.[2] 어렸을 때 우리는 부모님이 기분이 좋지 않을 때 무언가를 요구하면 자주 질책을 받는다는 것을 배웠다. '기분이 좋지 않은' 부모님의 행동 특성은 S^{Dp}를 구성했다. S^{Dp}의 효과에 대한 연구에 따르면, S^{Dp}가 있는 상황에서 일관성 있게 하나의 반응 뒤에 처벌을 받는다면, 그 반응은 S^{Dp}를 직면할 때 일어나지 않기가 쉽다(예, O' Donnell, Crosbie, Williams, & Saunders, 2000).

2) S^{Dp}를 소개한 Jennifer O' Donnell(2001)에게 감사한다.

행동분석을 이제 배우기 시작한 학생들은 S^{Dp}를 S^{Δ}와 혼동하곤 한다. 예를 들어, 아이가 욕을 하면 부모님이 아이의 용돈에서 300원을 제한다고 하자. 이러한 수반성의 결과로 욕하는 행동이 감소하였다. 이 예에서 부모님을 보는 것이 욕을 하는 행동의 S^{Dp}가 될 것이다. 반면 아이가 욕할 때 부모님이 이를 무시했고(즉, 관심이 강화물이 되는 것을 보류했고) 욕하는 행동이 감소하였다면 부모님을 보는 것이 욕하는 행동의 S^{Δ}가 될 것이다. 두 경우 모두 부모님이 있는 것이 아이의 욕하는 행동을 제거하였다. 그러나 행동변화의 이유는 다르다.

강화와 소거에서 기술한 바와 같이, 규칙을 적절하게 사용하는 것이 바람직하지 않은 행동을 감소시키고 바람직한 대안행동을 좀 더 빨리 증가시키는 데 도움이 된다(예, Bierman, Miller, & Stabb, 1987 참조). 3장에서 강조한 바와 같이, 행동하는 사람이 아니라 행동 자체를 강조한다는 점이 중요하다. 바람직하지 않은 것은 행동이지 사람이 아니다. 규칙의 적절한 사용은 17장에서 구체적으로 다루게 될 것이다.

벌칙 주기

처벌의 효과를 높이기 위한 몇 가지 지침이 있다.

지침 1-바람직하지 않은 행동 뒤에 벌칙을 즉각적으로 주어야 한다 벌칙이 지연된다면 벌칙을 주기 전에 바람직한 행동이 나올 수 있고, 바람직한 행동이 바람직하지 않은 행동보다 벌칙에 의해서 더 큰 영향을 받게 된다. 이러한 경우의 전형적인 예는 어머니들이 퇴근한 아버지에게 낮에 있었던 아이들의 잘못된 행동을 야단치게 하는 것이다. 이러한 요구는 이중의 문제를 야기한다. 하나는 아이가 현재는 행동을 잘하고 있는데도 처벌을 받아야 한다는 점이고, 또 하나는 아버지 역시 집에 오는 것이 즐겁지 않아 처벌받는다고 느끼는 결과를 낳는다는 것이다. 그렇다고 해서 지연된 처벌이 전혀 효과가 없다는 의미는 아니다. 17장에서 규칙-지배 행동을 다루며 지적하겠지만, 대부분의 사람들은 그들의 행동과 결과 간의 긴 시간간격을 연결하는 데 능숙하다. 그렇다고 하더라도 즉각적인 처벌이 지연된 처벌보다 더 효과적이다.

지침 2-벌칙은 바람직하지 않은 행동을 할 때마다 주어야 한다 간혹 주는 처벌은 바람직하지 않은 행동을 할 때마다 처벌을 주는 것보다 효과가 떨어진다(예, Kircher, Pear, & Martin, 1971; Lerman, Iwata, Shore, & Deleon, 1997). 행동수정가가 처벌받을 행동을 하는 모든 경우를 알아내기 어려운 상황이라면, 두 가지 이유에서 처벌의 절차를 시행하는 것이 가치 있는 일인지를 심각하게 고려해 보아야 한다. 첫째, 행동수정가가 바람직하지 않은 행동을 감지할 수 없는 경우에는 바람직하지 않은 행동이 정적으로 강화될 수 있기 때문에 그 행동이 유지될 수 있다. 둘째, 처벌 절차는 부정적인 부작용(후반부에서 논의됨)이 있으며, 이러한 부작용이 있는데도 효과적이지 않은 처벌 절차를 이행하는 것은 비윤리적이다.

지침 3–벌칙을 주는 것이 정적 강화와 짝지어져서는 안 된다 이 요건은 어른으로부터 관심을 받지 못한 아이에게 어른이 처벌을 줄 때 종종 나타나는 문제다. 만약 아이가 바람직하지 않은 행동을 보이기 전에 일정 기간 동안 어른으로부터 많은 애정 어린 관심을 받았는데 그 어른이 바람직하지 않은 행동 뒤에 바로 강한 언어적 질책을 하였다면 언어적 질책은 처벌이 된다. 그러나 만약 오랜 기간 동안 질책이 유일하게 어른으로부터 받은 관심이었다면 질책이 바람직하지 않은 행동을 강화할 것이다.

지침 4–벌칙을 주는 사람은 벌칙을 줄 때 냉정함을 유지해야 한다 벌칙을 주며 분노와 좌절을 보이면 바람직하지 않은 행동이 오히려 강화될 수 있고, 혹은 벌칙의 강도나 일관성이 부적절하게 변질될 수 있다. 차분하고 객관적인 접근을 하여 처벌 프로그램이 일관성 있고 적절하게 이루어지도록 해야 한다. 처벌을 분노나 다른 관련 없는 이유 때문에 받게 되는 것이 아님을 처벌을 받는 사람에게 분명히 해야 한다. 처벌의 효과에 영향을 미치는 요인에 대한 연구는 Lerman과 Vorndran(2002)을 참조하라.

연습문제

15. 책에 제시된 처벌의 효과에 영향을 주는 요인들 중 처음 두 가지 요인을 잘 다룬다면 처벌을 주지 않아도 된다. 그에 대하여 논하라.
16. 경미한 벌칙이 효과적이기 위한 두 가지 조건은 무엇인가?
17. 언어적 질책을 아이에게 벌칙으로 사용할지를 결정하기 위해 당신이 따라야 하는 단계는 무엇인가?
18. S^D와 S^{Dp}를 비교하고 각각의 예를 들라.

19. S^{Δ}와 S^{Dp}를 비교하고 각각의 예를 들라.
20. 벌칙을 줄 때 고려해야 할 네 가지 지침은 무엇인가?
21. '벌칙 주기' 단락에서, 만약 행동수정가가 처벌받을 행동을 파악할 수 없다면, 그들은 처벌 절차를 시행해야 할지 말아야 할지 의문에 빠지게 된다고 하였다.
    1) 위의 내용을 지지하는 두 가지 이유를 인용할 수 있는가?
    2) 행동수정가가 그러한 상황에서 할 수 있는 대안은 무엇인가(5장과 7장 참조)?

치료적 처벌의 예

치료 전략으로서 처벌을 사려 깊게 사용한 연구보고가 여러 행동학회지에 많이 게재되고 있다. 때로는 이를 **치료적 처벌**(therapeutic punishment)이라 부르는데 심각한 행동 문제를 가진 사람들을 치료할 때 사용된다. 우리는 몇 가지 예를 들 것이다.

한 예는 아기의 생명을 살린 치료적 처벌에서 찾아볼 수 있다(Sajwaj, Libet, & Agras, 1974). 6개월 된 산드라는 음식을 계속 토하는 문제로 정상체중을 회복하지 못하여 병원에 입원하였다. 아이는 저체중이었고 영양실조 상태였으며, 사망할 지경에까지 이르렀다. 예비관찰에서 보면 산드라는 우유병을 물린 후 몇 분 안 되어 게워내기 시작하였고 먹었던 우유가 다 없어질 때까지 20분에서 40분간 구토를 지속하였다. 역류된 우유는 입에서 계속 흘러내렸고 우유의 대부분은 삼키지 않아 Sajwaj와 동료들은 벌칙으로 레몬즙을 사용하기로 결정하였다. 그들은 처치 동안 산드라가 혀를 움직여 음식을 토하는 것을 보자마자 레몬즙을 입안에 넣었다. 레몬즙의 처벌을 16번 준 후, 토하는 행동이 현저하게 저하되었다. 이러한 효과가 처치 프로그램에 의한 것인지를 확인하기 위하여 두 번의 수유 동안 레몬즙을 주지 않았다. 그 결과 토하는 행동이 극적으로 증가하였다. 추가 처치를 받은 후 산드라는 퇴원하였고, 더 이상 필요하지 않을 때까지 부모가 집에서 처치를 지속하도록 하였다.

치료적 처벌의 다른 예는 이를 계속 가는 심각한 사례였다. 게리는 아주 심한 지적장애를 가진 16세 소녀였는데 영구치가 난 이후 계속해서 이를 갈았다. 치아는 심각하게 마모되었고 거의 다 손상될 위험에 있었다. 행동분석가들은 그 문제에 대해 자문을 받았고(Blount, Drabman, Wilson, & Stewart, 1982), 다양한 강화 절차를 고려하기도 하였지만, 결국 강화 절차를 사용하기보다 경미한 고통을 주는 처벌을 사용하기로 하였다. 게리가 이를 갈 때마다 연구원은 게리의 얼굴에 얼음 조각을 몇 초 동안 갖다 대었다. 게리의 이를 가는 행동은 처음 며칠의 치료 기간 동안 상당히 감소하였고 두 달 후에는 이를 가는 행동이 거의 완전히 멈췄다.

다른 예는 아주 심한 지적장애가 있는 15세의 톰인데, 톰은 먹을 수 없거나 영양분이 없는 물질을 먹는 이식증으로 고통받았다. 톰은 손에 잡히는 것은 담배꽁초나 플라스틱 물체, 머리카락, 페인트 조각, 먼지, 모래, 종이 조각을 포함해서 무엇이든 먹으려는 경향성이 있었다. 이식증은 납중독, 장폐색증, 장천공과 장기생충을 야기한다. Johnson, Hunt와 Siebert(1994)는 톰의 이식증을 치료하기 위해 밝은 노란색 플라스틱 식탁받침에 놓여 있는 것만 먹도록 가르쳤다. 톰은 식탁받침에 있는 것을 먹을 때마다 맛있는 음식과 직원의 칭찬으로 강화받았다. 받침대에 놓이지 않은 음식을 먹으면 즉각적으로 벌칙을 주었는데 톰의 얼굴을 15초간 찬 물수건으로 닦는 것이었다. 그 절차는 효과가 있어 톰의 이식증은 제거되었다.

지적장애가 있거나 자폐증이 있는 사람은 심한 자해행동을 해서(이를테면 눈을 후벼 파서 시력에 손상을 주거나, 귀를 손으로 때려 청각에 손상을 주거나, 딱딱한 물건에 머리를 부딪쳐 피가 나게 하거나, 식사 후 일부러 토해서 영양부족이 되게 하는 등) 자신을 상해하거나 죽음에 이르게까지 하는 위험에 처하는 경우가 있다. 여러 연구 문헌에서 이러한 행동은 고통을 주는 처벌로 제지해야 한다는 사실을 인정하였다(예, Favell et al., 1982; Linscheid, Iwata, Ricketts, Williams, & Griffin, 1990; Linscheid, Pejeau, Cohen, & Footo-Lenz, 1994). 자해행동을 제지할 때 정적 강화는 바람직한 대안행동을 유지시키기 위하여 사용될 뿐이며, 자해행동을 통제하지는 못한다.

앞선 예에서와 같이 고통을 주는 벌칙을 포함하여 반응대가, 타임아웃, 질책을 포함한 치료적 벌칙에 대해 보고한 연구가 많이 있다. 예를 들어, 유치원에서 아이들은 여러 다양한 바람직한 행동에 대해 토큰(별)을 받을 수 있다. 토큰은 매 회기 끝에 젤리나 사탕과 같은 다양한 강화물로 바꿀 수 있다(Conyers et al., 2004). 어떤 회기에서는 산만한 행동에 대해 어떤 결과도 따라오지 않았으나 다른 회기에서는 산만한 행동 후에 토큰을 잃었다(반응대가 처벌). 반응대가 절차는 산만한 행동을 감소시키는 데 효과적이었다. 다른 예로, Mathews 등(1987)은 1세 된 아기들의 위험한 행동(예, 전기코드 만지기)을 감소시키기 위해 아기들 엄마에게 질책과 함께 타임아웃을 사용하도록 가르쳤다. 엄마는 아기가 위험한 행동을 안 하고 놀면 칭찬을 해 주고, 위험한 행동을 하면 그에 수반하여 즉시 "안 돼"라고 말하고 짧은 기간 동안 놀이 울타리 안에 아기를 두었다. 그 개입은 효과적이어서 모든 아기들의 위험한 행동은 감소되었다.

앞에서 제시된 예에서뿐 아니라 다른 예들에서도 부모와 교사, 다른 사람들이 처벌을 적용할 때는 그 처벌을 받는 사람의 최선의 이익을 고려해야 한다. 그럼에도 불구하고 처벌의 잠재적인 해로운 부작용 때문에 상당한 논쟁이 있는데, 즉 행동수정가가 치료적 처벌 프로그램을 설계하고 이행해야 하는지에 대한 논쟁이 있다. 논쟁에 대해 논의하기 전에 우리는 처벌의 잠재적인 해로운 부작용에 대해 살펴보도록 하겠다.

잠재적으로 해로운 처벌의 부작용

공격적 행동 처벌은 공격적 행동을 야기할 수 있다. 동물 실험 결과에 따르면 고통스러운 자극은 다른 개체를 공격하는 반응을 일으키는데, 심지어 고통스러운 자극을 가하는 것과 관계없는 대상에까지도 공격성을 보인다(Azrin, 1967). 일부 연구자들은 이러한 결과는 인간에게도 해당된다고 주장하였다(Berkowitz, 1988, 1989). 이처럼 처벌받는 사람이 다른 사람을 공격한다고 하여도 그다지 놀랄 만한 일은 아닐 것이다.

감정적 행동 처벌은 바람직하지 않은 감정상의 부작용, 즉 울음이나 일반적인 두려움 등을 만들어 낼 수도 있다. 이러한 부작용은 관여된 모든 사람들에게 유쾌한 일이 아닐뿐더러 이 부작용은 또한 바람직한 행동을 자주 방해하기도 한다. 바람직한 행동이 복잡한 속성을 지닐 때는 특히 그렇다.

도피행동과 회피행동 처벌은 처벌을 받는 상황이나 불쾌한 자극을 주는 사람을 일종의 조건벌칙으로 만들 수도 있다. 예를 들면, 어린아이에게 읽기를 가르치려 할 때에 아이가 실수할 때마다 처벌을 가한다면, 이러한 상황과 연관된 그 어떤 것이든지(인쇄된 단어, 책, 처벌을 주는 사람, 처벌이 일어난 방과 유사한 곳) 모두 처벌적인 것이 되는 경향이 있다. 이 아이는 이러한 자극을 회피하려고 시도할 수 있다(13장 참조). 이와 같이 처벌은 어느 개인이 학습하도록 돕기보다 학습 상황과 연관된 모든 것으로부터 멀어지게 할 수 있다.

이와 같은 벌칙의 부정적 효과는 반드시 벌칙이 강하다고 해서 생기는 것은 아니다. 예를 들면, 우리가 아는 교사는 1학년 교실에서 벌칙으로 타임아웃 의자를 사용하였다. 교사는 다투는 아이들에게 '검은 의자'에 가서 앉으라고 하였는데(그때 그 의자 색이 검은색이었음), 검은 의자라서 그랬는지 이유는 잘 모르지만 그 의자는 학생들에게 공포의 대상이 되었다. 수년 후 모교 방문을 하러 온 학생들은 그 검은 의자에 앉아 있는 동안에 아무 일도 일어나지 않았음에도 불구하고 그 '검은 의자'를 매우 무서워했었다고 말하였다. 교사는 의자와 관련된 문제점을 발견하고서 절차를 변경하였다. 의자를 검정이 아닌 다른 색으로 바꾸고 그것을 부를 때도 '진정시키는 의자'라고 부르며, 교사 자신도 진정할 필요가 있다고 느낄 때에 그 의자에 앉음으로써 의자의 무해함을 보여 주기도 하였다.[3)]

새로운 행동을 형성하지 못함 처벌은 어떠한 새로운 행동도 형성하지 못한다. 다만 이전의 행동을 억제할 뿐이다. 즉 처벌은 개인에게 무엇을 할 것인가를 가르쳐 주지 못한다. 기껏해야 무엇을 하지 말아야 할 것인가를 가르칠 뿐이다. 예를 들면 발달장애인을 규정할 때 정상인 대다수에게는 있으나 이들에게 없는 행동이 그 특징이 되는데, 이들을 치료할 때에는 새로운 행동을 형성하는 것에 중점을 두어야지, 과거의 행동을 제거하는 데 중점을 두어서는 안 될 것이다. 새로운 행동을 형성할 때에는 강화가 필요하다.

처벌의 모델링 아동은 흔히 성인을 모방하고 모델로 삼는다. 성인이 아동에게 처벌을 가하면 아동도 다른 아동에게 같은 행동을 할 수가 있다. 불행하게도 아동을 처벌하는 것은 그 의도와 상관없이 아동이 다른 사람들에게 혐오자극을 가하는 것을 따라 하도록 모델을 제공하는 셈이 된다(Bandura, 1965, 1969). 예를 들어 게임을 배울 때 부정확한 행동에 대하여 벌금을 내면서 게임을 배운 아동들은 또래 친구들에게 게임을 가르칠 때에 벌금을 걸어 들였다(Gelfand et al., 1974).

처벌의 과용 처벌은 바람직하지 않은 행동을 신속히 억제하기 때문에 그 사용자들이 이것에만 매달리고 바람직한 행동에 주는 정적 강화를 무시하게 될 수 있다. 그러나 바람직하지 않은 행동은 일시적으로 억제된 후에 다시 나타날 수 있고 혹은 다른

3) 이 예를 인용하도록 해 준 Fran Falzarano에게 감사한다.

바람직하지 않은 행동이 발생할 수도 있다. 처벌을 사용하는 사람이 점차 더욱 강력한 처벌을 사용하게 됨으로써 재앙적인 결과를 초래하는 악순환이 일어나기도 한다.

연습문제

22. 산드라에게 레몬주스를 준 사례나 게리에게 얼음 조각으로 치료한 사례 중 하나를 두세 문장으로 기술하라.
23. 이식증은 무엇인가? Johnston과 그의 동료들이 이식증을 치료하기 위해 사용한 처벌은 효과적이었는데 처벌의 효과성에 영향을 준 요인은 무엇인가?
24. Mathews 등이 1세 된 아기들의 위험 행동을 감소시키기 위해 엄마들에게 가르친 절차를 간략하게 기술하라. 사용된 타임아웃은 배제하는 타임아웃이었나 배제하지 않는 타임아웃이었나? 둘 중 하나를 고르고 이유를 설명하라.
25. 처벌을 적용할 때 나타날 수 있는 여섯 가지 해로운 부작용을 기술하라.

처벌은 신중하게 사용해야 하는가

처벌의 사용에 대한 문제는 항상 많은 논쟁거리를 불러일으킨다. 심지어 행동수정이 시작되기 전부터도 그랬고, 특히 1980년대와 1990년대에 그에 대한 논쟁이 가열되었다. Feldman(1990)의 문헌고찰에 따르면, 두 가지의 반대 입장이 있었다. 하나는 효과적인 치료를 받을 권리가 있다고 보는 입장으로, 내담자는 효과적인 치료를 받을 권리가 있어서 대안행동에 정적 강화를 주어 처치하는 느린 행동수정 절차 대신 어떤 경우에는 빠른 처벌 절차를 사용할 수 있다는 견해다(Van Houten et al., 1988 참조). 반면, 해를 주어서는 안 된다는 입장에 있는 사람들은 수용하지 못할 행동을 제거하기 위하여 혐오스럽지 않은 방법을 사용하는 것이 처벌만큼 효과적이고, 고통을 주는 처벌을 사용하는 것은 정당화될 수 없다고 주장하였다(Guess, Helmstetter, Turnbull, & Knowlton, 1986). 1980년대와 1990년대에 해를 주어서는 안 된다는 입장의 옹호자들은 문제의 소지가 많은 행동을 치료하는 데 있어 처벌을 대신할 다양한 대안들을 기술하였다. 예를 들어, Carr와 Durand(1985)는 발달장애 아동들은 보호자의 관심을 받

추가설명 1
추가설명 2

기 위해 자해행동을 한다고 보고 직원의 관심을 받기 위해 발달장애 아동들이 자기-학대를 하는 것을 대신할 단순한 의사소통 반응(예, 벨 울리기)을 학습하도록 하는 '기능적 의사소통훈련' 이라 불리는 절차를 개발하여 자해행동을 효과적으로 제거하였다. 1990년에 Horner와 그의 동료들은 **긍정적 행동지원**(positive behavior support: PBS)이라 불리는 접근법을 기술했는데, 이는 문제행동을 나타내는 대상을 치료하기 위해 비혐오적인 접근을 강조한다. PBS는 많은 지지자들을 모집하여 지금은 연차학술대회를 개최하고 *Journal of Positive Behavior Interventions*와 그 외 여러 학회지들을 발간하고 있다(PBS에 대한 논의는 Anderson & Freeman, 2000; Bambara & Kern, 2005; Carr & Sidener, 2002; Filter, 2007; Johnston, Foxx, Jacobson, Green, & Mulick, 2006을 참조하라.). 더군다나 사람들을 돕는 데 관심이 있는 여러 기관에서는 처벌의 사용에 대하여 반대하는 공식적 문안을 만들었다. 예를 들어, 미국심리학회와 전국학교심리학자협회의 실무 이사회에서는 미국 의회에 정서장애아에 대한 체벌의 사용 금지령을 지지하는 성명서를 제출하였다('P.D. Supports Ban on Corporal Punishment', 1990). 1990년에 미국정신지체학회는 '신체적 상해와 고통 혹은 장애를 초래하는 혐오적 절차' 와 '사회적 불명예, 언어적 학대와 과도한 반응' 등의 비인간적인 절차를 비판하는 정책을 채택하였다(p. 5).

논쟁의 현 쟁점은 그래서 무엇인가? 한쪽에서는 20세기의 마지막 10년 동안 처벌 절차를 사용한 결과를 보고하는 논문의 출간 비율이 감소한 반면(Pelios, Morren, Tesch, & Axelrod, 1999), 다른 한쪽에서는 가혹하지 않은 개입만 주어질 때는 문제행동이 유의미하게 감소하지 않았지만 프로그램에 처벌이 추가되면 개선된다는 것을 인정하였다(예, Hagopian et al., 1998; Hanley, Piazza, Fisher, & Maglieri, 2005). 최근의 논쟁에 대한 개관을 보기 위해서는 Vause, Regher, Feldman, Griffiths와 Owen(2009)을 참조하라.

이제 처벌이 사용되어야만 하는가에 대한 질문을 다시 생각해 보자. 이 장의 초반부에서 우리는 처벌의 개념이 많은 사람들이 생각하는 것과 같이 징벌을 내리거나, 다른 사람을 제지하거나 잘못된 행동에 지연된 결과를 주는 것을 말하는 것이 아님을 강조하였다. 오히려, 문제행동 뒤에 즉각적으로 따라오는 벌칙을 일관되게 제시하는 기술의 사용에 대해 말하고 있으며 처벌을 실시할 때에 앞에서 논의된 처벌의 효과에 영향을 미치는 요인들을 모두 고려하고 있다. 그러나 처벌은 잠재적으로 해로운 많은 부작용을 낳을 수 있기 때문에 다음과 같은 경우에만 행동수정가들이 처벌 프로그램을 설계할 것을 권고한다.

- 행동이 매우 부적응적이며 빠른 행동변화를 일으키는 것이 내담자에게 최선의 이익을 가져온다.
- 다른 대안이 없어서 처벌에 의존할 경우에는 바람직한 대안 반응의 조건들을 최대화하고, 처벌받는 반응의 원인을 최소화시키기 위한 명백한 단계들이 먼저 이행되어야 한다.
- 내담자나 내담자의 부모 혹은 보호자는 서면 동의를 해야 한다(30장 참조).
- 개입은 윤리적 기준에 맞아야 한다(30장 참조).
- 처벌은 분명한 지침을 따라 사용해야 한다(254-255쪽 참조).
- 프로그램은 내담자를 보호하기 위해 안전장치를 포함하고 있어야 한다(30장 참조).

처벌의 함정

함정 유형 1

자신이 처벌을 사용하고 있다는 사실을 의식하지 못하면서 자주 처벌을 사용하는 사람들이 있다. 흔한 예로는 부적절한 행동을 하는 사람을 비난하거나 비웃는 것이다. 비난이나 비웃음은 일반적으로 처벌이며, 이후에 그 대상이 된 행동을 억제하기 마련이다. 게다가 비난과 비웃음을 받은 행동이 적절한 행동과 유사한 것일 수 있고, 그것을 억제하는 것은 어느 개인이 조형법을 통하여 목표행동을 형성할 기회를 없애는 것일 수도 있다. 쉽게 말하자면 어떤 개인이 용기를 잃고 바람직한 행동을 발달시키는 것을 포기할 수도 있다는 것이다. 더불어 그 개인은 비난과 조롱을 가한 사람을 회피하고 도피하려고 할 것이기 때문에(13장 참조), 그는 강화 효과를 얻을 많은 잠재적 기회들을 잃게 된다.

의식하지 못하고 처벌을 사용하는 사람의 다른 예는 "좋아, 그러나……."라고 말하는 사람이다. 10대 자녀가 부모의 설거지를 도울 적에 "고맙다. 그런데 좀 더 빨리 할 수 없겠니."라고 말하는 경우에서 볼 수 있다. 전술한 바와 같이, 부모는 그 10대 자녀에게 훨씬 더 효과적이고 즐거움을 주는 방식으로 반응하는 것이 좋다고 우리는 믿는다.

함정 유형 2

때로 자신은 처벌을 주고 있다고 생각하지만 사실상 강화물을 주고 있는 경우가 있다. 예를 들어, 부모는 바람직하지 않은 행동을 하는 아이에게 "안 돼! 이 녀석, 그만 해."라고 말하곤 한다. 아이는 바람직하지 않은 행동을 즉각적으로 중지하게 되고 어른은 질책이 효과적인 벌칙이었다고 결론짓는다. 그러나 앞으로 나타나는 바람직하지 않은 행동의 빈도를 살펴보면 언어적 질책은 벌칙이 아니라 강화물이었다는 사실을 발견하게 된다. 아이는 어른의 관심을 받기 위하여 다른 행동을 할 수 있기 때문에 일시적으로 바람직하지 않은 행동을 중단하였던 것이다. 여러 연구에서는 언어적 질책이 자주 정적 강화물로서 기능하여, 질책을 받게 되는 바람직하지 않은 행동의 빈도가 결과적으로 증가하게 된다는 사실을 지적하고 있다(예, Madsen, Becker, Thomas, Koser, & Plager, 1970). 이 말은 언어적 질책이나 위협이 절대로 처벌이 될 수 없다는 것을 의미하는 것은 아니다. 앞에서 논의한 바와 같이 질책이 가장 효과적인 상황은 언어적 질책에 다른 벌칙이 일관성 있게 지원되고, 바람직하지 않은 행동의 원인이 최소화되고, 바람직한 대안행동을 위한 조건들이 극대화되는 상황이다(Van Houten & Doleys, 1983).

처벌의 효과적 적용을 위한 지침

처벌의 효과적 적용을 위한 규칙들은 다른 원리의 규칙들보다 지켜지지 않는 경우가 많다. 행동수정 프로그램에 처벌을 포함하는 설계를 할 때는 매우 주의해야 한다. 프로그램이 적용되는 조건들이 분명하게 설명되고, 기록되며, 이행되어야 한다.

1. 반응 선택하기: 처벌은 가구 파손이라는 일반적 범위의 행동보다 소파 위에서 뛰는 것 같은 특정 행동에 더 효과적이다.
2. 바람직한(처벌받지 않는) 대안반응을 위한 조건을 극대화하기
   1) 처벌받는 행동과 경쟁하는 바람직한 대안행동을 선택하여 대안행동이 강화되도록 해야 한다. 가능하다면 강화 프로그램이 끝난 후에 일상적 환경에서 지속될 수 있는 행동을 선택하여야 한다.
   2) 바람직한 대안행동이 일어날 가능성을 높게 만드는 강력한 촉진자극을 제공하라.

   3) 적절한 계획에 따라 강력한 강화물을 사용하여 바람직한 행동을 강화하라.

3. 처벌받을 반응의 원인들을 최소화하기
   1) 늦어도 훈련 프로그램 초기에 바람직하지 않은 행동에 대한 가능한 한 많은 S^D들을 찾아내어 제거하라.
   2) 바람직하지 못한 행동을 강화할 수 있는 것들을 제거하라.
4. 효과적인 벌칙을 선택하기
   1) 바람직하지 않은 행동에 즉각적으로 수반되는 효과적인 벌칙을 선택하라.
   2) 벌칙은 바람직하지 않은 행동 뒤에 정적 강화와 짝지어져서는 안 된다.
   3) 바람직하지 않은 행동에 뒤이어 매번 제공할 수 있는 벌칙을 선택하라.
5. 분명한 S^{Dp} 제시하기
   1) 시작 전에 학습자에게 계획에 대하여 말하라.
   2) '경고'와 '주의'를 주라(예, "길을 건너기 전에는 엄마를 기다려라.").
6. 벌칙 주기
   1) 감소시켜야 할 반응이 나온 후 즉각적으로 벌칙을 제공하라.
   2) 감소시켜야 할 반응이 나타날 때마다 벌칙을 제공하라.
   3) 바람직하지 않은 행동에 대한 처벌이 정적 강화와 짝지어지지 않도록 주의하라.
   4) 벌칙을 침착하게 그리고 중립적인 태도로 제시하라.
7. 자료 수집: 처벌을 사용하는 모든 프로그램에서, 프로그램의 효과에 대한 자료를 조심스럽게 수집해야 한다.

연습문제

26. 벌칙 처치 절차를 신중하게 실시해야 한다는 기본 입장을 토대로, 효과적인 치료를 받을 권리와 해를 주어서는 안 된다는 입장을 간략히 기술하라.
27. 기능적 의사소통훈련의 예를 기술하라.
28. 처벌 프로그램을 설계하기 위해 행동수정가들이 확인해야 할 여섯 가지 조건을 목록화하라.
29. 처벌 사용에 대한 논쟁을 고려할 때, 당신은 벤에게 사용한 처벌 방식에 동의하는가? 당신의 의견이 옳다는 근거를 대라.
30. 사람들이 어떻게 의도치 않게 처벌을 주게 되는지 예를 들어 기술하라.

적용연습

A. 타인에 대한 적용연습

1. 우리 문화의 과속행동을 생각해 보자.
   1) 과속에 대한 현재의 강화 및 처벌 수반성을 간략히 정리해 보라.
   2) 과속에 대한 현재의 처벌 수반성과 처벌의 효과적 적용에 대한 지침을 비교해 보라. 입법자들과 법 집행자들이 무시하거나 적용하지 않는 지침들을 파악해 보라.
2. 고속도로 위에 쓰레기를 버리는 행위에 대하여 생각해 보자. 적용연습 1의 과속에 대하여 답한 것처럼 해 보라.

B. 자기-수정 연습

당신이 감소시키고자 하는 자신의 행동을 선택하라. 친구의 협조하에 그 행동을 감소시키기 위한 처벌 프로그램을 상세히 기술하라(최대한 실제적으로 프로그램을 만들되 적용은 하지 말라.). 당신의 처벌 프로그램은 처벌의 효과적 적용을 위한 지침과 일치해야 한다.

추가설명 및 심화토론

1. 부모가 자녀를 때려서 혼내는 문제는 *New York Times*와 *USA Today*뿐 아니라 많은 신문에서 대서특필되었다. 우리는 부모의 처벌 사용에 대한 논의에서 꼭 체벌이 포함될 필요가 없음을 지적하고 싶다. 처벌의 유형에는 그 밖에도 타임아웃, 반응대가, 질책이 있다. 또한 처벌에 대한 논의는 이 장의 행동적 접근에서 다룬 모든 내용이 고려된 후 이루어져야 함을 재차 강조하는 바다. 그런 의미에서, 부모가 처벌을 사용할 때 아이들에게 최선이 되기 때문에 사용하게 되는 상황들이 있다. 아이가 차도에 뛰어드는 경우나, 전기코드에 금속물체를 가까이 대는 경우, 벽에서 떨어진 페인트 조각을 먹는 경우 등이다. 그러나 처벌을 사용하기 전에 부모는 처벌의 효과에 영향을 미치는 요인들에 관해 알아야 한다. 부모들이 참고하면 좋을 책으로 Cipani(2004)가 있는데, 이 책에서는 처벌의 신화, 처벌의 기본적인 원리, 부모들을 위한 처벌의 사용 지침들을 기술하고 있다.
2. 여러 연구자들이 혐오적 통제를 효과적으로 대체할 수 있는 온화한 가르침(gentle teaching)이라고 불리는 방법들을 기술하였다(McGee, Menolascino, Hobbs, & Menousek, 1987). 대부분의 경우 그러한 방법들은 이 책의 3장부터 11장까지에 나오는 행동 원리에 입각한 것이다. 여러 연구자들이 혐오적 방법을 사용하기 전에 시도해 볼 수 있는 좋은 대안들을 제시하였지만, 그 방법들이 모든 경우에 혐오적 방법을 대체할 수 있는가는 분명하지 않다. 더구나 여러 연구자들(예, Bailey, 1992; Jones & McCaughey, 1992)은 이러한 접근에 있어 몇 가지 중요한 제한점을 제시하였다. 분명한 것은 고통을 유발하는 처벌의 사용에 대한 결정은 자격 없는 사람들에 의해서가 아니라 훈련을 받은 전문가에 의해서 이루어져야 한다는 사실이다(Griffith & Spreat, 1989).

▶ 추가설명에 대한 연습문제

1. 부모가 처벌을 사용해야 한다고 생각하는가? 이에 대해 논의하라.

13 도피 조건형성과 회피 조건형성: 바람직한 행동 형성하기

"제이슨, 그것은 너의 건강에 좋지 않아!"

제이슨의 꾸부정한 자세 교정하기[1)]

제이슨은 안나 주립병원에서 열심히 일하고 시간 엄수도 잘하고 환자들이 좋아하는 우수직원이었다. 그러나 불행하게도, 제이슨은 일하는 동안 꾸부정한 자세를 취하곤 했다. 꾸부정한 자세는 심각한 문제가 아닌 듯 보일 수 있으나 직원들이 보이는 꾸부정한 자세는 정신과 환자들에게 부적절한 역할 모델이 되었다. 나쁜 자세는 퇴원 후 사회로 돌아갔을 때 좋지 않은 인상을 주는 원인이 되었고, 많은 의료 관계자들은 좋은 자세가 건강에도 좋다고 믿고 있다.

다행스럽게도, 병원의 심리학자들이 행동공학 연구를 수행하고 있었는데, 그것은 행동을 변화시키기 위해 수반성을 관리하는 장치를 사용하는 것이었다. 제이슨은 특수 제작된 어깨 고정벨트를 착용하는 데 동의했는데 그 특수의상은 등 쪽에 고무줄이 장착되어 있었다. 그 고무줄은 경보기와 딸깍 소리를 내는 장치에 연결되었다. 제이슨이 특수의상을 착용한 후 셔츠나 스웨터를 입으면 특수의상이 외관상 전혀 보이지 않았다. 제이슨이 꾸부정한 자세로 있을 때 고무줄이 늘어나며 딸깍 소리를 내었다. 3초 후, 경보소리가 혐오스러울 만큼 크게 났고, 그 소리는 제이슨이 꾸부정한 자세

1) 이 사례는 Azrin, Ruben, O' Brien, Ayllon과 Roll(1968)의 사례에 기초한 것이다.

를 고칠 때까지 계속 울렸다. 소리가 난 후 좋은 자세를 보이면 소리가 멈춰 제이슨은 경보소리에서 도피할 수 있었다. 제이슨이 계속 좋은 자세를 보이면 그 경보소리를 계속 피할 수 있었다. 그 장치를 착용하기 전에 제이슨은 거의 60% 정도의 시간 동안 꾸부정한 자세로 있었는데 그 장치를 착용한 후 단지 1%의 시간 동안만 꾸부정한 자세를 보이는 놀라운 결과가 나타났다. 그 장치를 제거했을 때 제이슨의 꾸부정한 자세는 어느 정도(약 11%) 고쳐졌기 때문에 그 장치는 꾸부정한 자세를 고칠 수 있다는 희망을 주었다.

도피 조건형성

제이슨의 사례에 사용된 세 가지의 행동 원리는 도피 조건형성, 회피 조건형성, 그리고 처벌이었다. **도피 조건형성**(escape conditioning, **부적 강화**로도 불림)의 원리는 행동이 발생한 직후에 어떤 자극(혐오자극이라 불림)을 제거하면 그 행동이 나타날 가능성이 증가한다는 것이다. 제이슨에게 사용된 도피 절차에서 좋은 자세를 보이는 반응에 따라 커다란 경보소리가 멈추는 것은 경보소리가 날 때마다 제이슨이 좋은 자세를 취할 가능성을 증가시켰다.

둘 다 혐오자극을 사용한다는 점에서 도피 조건형성은 처벌과 유사하다. 그러나 절차상으로 볼 때는 행동의 선행자극과 결과에 있어서 도피 조건형성과 처벌은 다르다. 도피 조건형성에서는 혐오자극(제이슨의 사례에서는 경보소리)이 도피 반응보다 먼저 제시되어야 하지만, 처벌에서는 혐오자극(벌칙이라 불리기도 함)이 반응 이전에 제시되지 않는다. 반응의 결과의 측면에서 살펴보면, 도피 조건형성에서는 반응이 일어난 즉시 혐오자극이 제거되는데, 이에 반하여 처벌에서는 반응에 뒤이어 혐오자극(벌칙)이 즉각 주어진다. 결과적으로 처벌은 앞으로 표적반응이 일어날 가능성을 감소시키는 것인 반면, 도피 조건형성 과정은 표적반응의 발생 가능성을 증가시키는 것이다.

도피 조건형성의 다른 이름은 **부적 강화**다(Skinner, 1953). '강화'라는 용어는 반응을 증가시킨다는 면에서 정적 강화와 유사하고, '부적'이라는 용어는 반응이 혐오자극을 제거하기 때문에 강화하는 효과가 발생함을 가리킨다.

도피 조건형성은 일상생활에서 매우 흔하게 나타난다. 우리는 눈을 감거나 찡그림으로써 밝은 불빛을 피한다. 날씨가 매우 추우면 옷을 더 입음으로써 추위를 피한다([그림 13-1]). 매우 더울 때에는 선풍기나 에어컨을 켬으로써 더위를 피한다. 밖에서

도로공사를 하면 창문을 닫음으로써 소음을 피한다. 도피 조건형성의 다른 예들이 〈표 13-1〉에 있다.

연습문제

1. 도피 조건형성을 정의하고, 제이슨의 사례에서 도피 조건형성이 어떻게 사용되었는지를 기술하라.
2. 도피 조건형성이 처벌과 어떠한 점에서 유사한가? 절차상으로 볼 때 두 가지 차이점은 무엇인가? 그것들의 효과는 어떻게 다른가?
3. 절차상으로 볼 때, 도피 조건형성이 정적 강화와 다른 점 두 가지를 기술하라. 그것들의 효과는 어떠한 점에서 비슷한가?
4. 일상생활에서 나타나는 도피 조건형성의 두 가지 예를 기술하라. 한 가지 예는 이 장에 없는 것으로 들라.
5. 도피 조건형성의 다른 이름은 무엇인가, 왜 그 이름으로 불리는가?

회피 조건형성

도피 조건형성의 단점은 바람직한 반응이 일어나기 전에 혐오자극이 미리 있어야 한다는 것이다. 제이슨에게 사용된 도피 조건 절차에서는 제이슨이 좋은 자세를 보이기 이전에 경보소리가 제시되었다. 이처럼 도피 조건형성은 일반적으로 어떤 행동을 유지시키기 위한 마지막 수반성이 아니고, 회피 조건형성을 준비하기 전 단계의 훈련이다. 그래서 제이슨은 도피행동을 보인 이후에 회피 조건형성의 영향을 받았다.

회피 조건형성(avoidance conditioning)의 원리는 어떤 행동이 혐오자극의 발생을 방지한다면 그 행동의 빈도가 증가한다는 것이다. 제이슨에게 사용된 회피 절차 동안, 좋은 자세는 경보소리가 울리는 것을 방지하였다. 도피 조건형성이나 회피 조건형성 둘 다 혐오자극을 사용한다는 점에 주목해야 한다. 그리고 이 두 가지 조건형성 모두에서 특정한 행동이 발생할 가능성이 증가한다. 그러나 도피 반응은 이미 존재하는 혐오자극을 제거하는 반면, 회피 반응은 혐오자극이 일어나는 것 자체를 방지한다. 이것을 염두에 두면, 당신은 도피와 회피의 예를 구분하는 데 도움이 될 것이다. 만

[그림 13-1] 겨울에 옷을 따뜻하게 입는 것은 도피 조건형성에 의한 것이다.

약 당신이 쇼핑몰을 걷고 있는데, 당신 앞에 당신이 싫어하는 어떤 사람이 앞서 가다가 당신을 발견하고는 말을 건넨다고 하자. 당신은 약속 시간에 늦어서 가야 한다고 말하고 그 사람을 피해 걸어갈 것이다. 이것은 도피 조건형성의 예인데, 혐오자극이 있는 그 상황에서 그 혐오자극으로부터 도피하기 위해 반응하였다. 다음 날, 당신이 다시 그 쇼핑몰을 걷고 있는데 당신이 싫어하는 사람이 매장에서 나오는 것을 보았다. 그러나 그 사람은 당신을 보지 못하였다. 당신은 유쾌하지 않은 직면을 회피하기 위해 한 매장 안으로 들어간다. 이것은 회피 조건형성의 예다.

추가설명 1

도피 조건형성과 회피 조건형성의 두 번째 차이점은 회피 조건형성에는 **경고자극**(조건화된 혐오자극이라 불리기도 함)이 포함된다는 것이다. 경고자극은 앞으로 혐오자극이 있을 것이라는 신호를 보내는 자극이다. 쇼핑몰의 예에서, 당신이 싫어하는 사람이 먼발치에서 보이는 것은 경고자극이었고 당신은 그 사람을 회피하기 위해 매장 안으로 들어갔다. 제이슨이 구부릴 적에 그 장치가 냈던 딸깍 소리는 경고자극이었다. 그것은 3초 후에 커다란 경보소리가 울린다는 신호였다. 제이슨은 딸깍거리는 소리를 듣고 이에 뒤따라올 혐오자극인 경보소리를 피하기 위하여 좋은 자세를 취하는 법을

표 13-1 도피 조건형성의 예

혐오상황	도피 반응	혐오상황 제거	장기적 효과
1. 한 아이가 사탕봉지를 갖고 있는 어른을 쳐다본다. 아이가 "사탕, 사탕" 하며 소리치기 시작한다.	소리치는 것을 막기 위하여 어른은 아이에게 사탕을 준다.	아이가 소리치는 것을 멈춘다.	앞으로 어른은 도피 조건형성 때문에 소리치는 아이의 요구에 응할 가능성이 높다(그리고 아이는 소리치면 정적 강화를 받기 때문에 사탕봉지를 들고 있는 어른을 보면 소리칠 가능성이 높아진다.).
2. 교사는 발달장애아에게 30초 간격으로 촉진자극을 제시한다.	아이는 난리치며 떼쓰기 시작한다.	선생님이 훈련 프로그램을 중단한다.	아이는 선생님이 촉진자극을 제시할 때마다 난리치며 떼를 쓸 가능성이 높아진다.
3. 말을 못하는 아이가 발끝이 조이는 작은 신발을 신었다.	아이가 어른을 보고 큰 소리를 내며 자신의 신발을 가리킨다.	어른은 신발을 벗긴다(아마도 좀 더 큰 신발을 신겨 준다.).	앞으로 아이는 비슷한 상황이 되었을 때 큰 소리를 지르고 아픈 발(혹은 다른 아픈 부위)을 가리킬 가능성이 높아진다.
4. 달리기하는 사람이 바람부는 날 달리기할 때 입술이 쓰린 느낌을 받는다.	달리기하는 사람은 입술에 립밤을 바른다.	쓰라린 느낌이 없어진다.	달리기하는 사람은 입술이 쓰라릴 때 립밤을 바를 가능성이 높아진다.
5. 동물원 직원이 원숭이 우리 바닥에서 냄새나는 배설물을 보게 된다.	직원은 그것을 치우지 않고 가 버린다.	직원은 혐오스런 냄새를 피하고 배설물을 치우는 작업을 피한다.	앞으로 그 직원은 원숭이 우리에 배설물이 있을 때는 가 버릴 가능성이 높아진다.

즉각 배웠다. 이런 유형의 회피 조건형성은 뒤따라오는 혐오자극을 개인이 식별할 수 있도록 경고신호를 포함하는데, 이것을 **식별 회피 조건형성**(discriminated avoidance conditioning)이라고 부른다.

딸깍거리는 소리는 조건벌칙(뒤따르는 혐오자극과 연합됨)이 되었기 때문에 제이슨에게 사용된 절차는 처벌의 요소를 포함하게 되었다. 제이슨이 나쁜 자세를 취하게 되면 조건벌칙인 딸깍거리는 소리가 났을 것이다. 그러므로 제이슨이 그 장치를 착용하기 시작했을 때 도피 조건형성을 통하여 좋은 자세를 취하게 되었고, 좋은 자세는 회피 조건형성을 통하여 유지되었으며 나쁜 자세는 즉각적으로 처벌을 받았다. 극적인 결과가 나타났다는 것은 전혀 놀라운 일이 아니다.

회피 조건형성 역시 일상생활에서 흔하게 나타난다. 학생들은 낮은 성적 받는 것을 회피하기 위해서 시험을 볼 때 정답에 답하는 것을 배운다. 우리의 법체계는 대체로 회피 조건형성에 기초를 두고 있다. 우리는 감옥에 가는 것을 회피하기 위하여 세금을 낸다. 우리는 주차위반 딱지 떼는 것을 회피하기 위하여 주차 요금 계산기에 돈을 넣으며, 법정으로 소환되는 것을 회피하기 위하여 주차 요금을 낸다. 여러 회피 조건형성의 예를 보려면 〈표 13-2〉를 참조하라.

행동 이론가들은 회피 반응의 이론적 설명에 대하여 논쟁을 해 왔다. 정적으로 강화된 반응과 도피 반응의 증가, 그리고 처벌받은 반응의 감소는 모두 즉각적인 자극의 결과로 설명되었다. 그러나 회피 반응의 결과는 자극(혐오자극)이 발생하지 않는 것이다. 어떻게 자극의 발생 없이 특정 행동이 일어날 수 있는가? 행동 이론가들은 흔히 이러한 역설을 싫어하기 때문에, 다음과 같이 자신들에게 반문하였다. 관찰자들이 쉽게 간과하지만 거기에 회피 반응을 유지시키는 즉각적 결과가 있는 것은 아닐까?

몇 가지 가능성이 있을 수 있다. 식별 회피 조건형성에 있어서 한 가지 가능성은

표 13-2 회피 조건형성의 예

상황	경고자극	회피반응	즉각적 결과	혐오적 결과의 회피
1. 당신은 제한속도를 초과한다.	당신은 전방에 경찰차가 있는 것을 알게 된다.	당신은 바로 옆길로 들어간다.	더 이상 경찰차가 보이지 않는다.	당신은 속도위반딱지를 떼지 않게 된다(회피하게 된다.).
2. 앞마당에서 놀고 있던 아이가 옆집 개를 보고 불안감을 느낀다(전에 그 개가 아이를 넘어뜨리고 크게 짖어 댄 적이 있다.).	그 개가 아이에게 달려오기 시작한다.	아이는 집으로 들어간다.	아이는 개를 만나지 않게 되고 불안감이 감소된다.	아이는 개가 자신을 넘어뜨리는 것을 회피한다.
3. 필자 중의 한 명이 집으로 가기 위하여 사무실을 떠나려 한다.	그는 자신의 아들이 집에서 드럼 연습하는 것을 생각해 낸다.	그는 집에 전화를 걸어 아들에게 연습을 중단하라고 요구한다.	시끄러운 드럼소리를 듣게 될 것이라는 생각이 없어진다.	그는 집에 들어갈 때 매우 시끄러운 드럼 소리를 듣지 않게 된다(회피한다.).

회피 반응이 경고자극을 즉각적으로 없애기 때문에 증가한다는 것이다. 예를 들면, 제이슨의 사례에서 커다란 경보음은 혐오자극이었다. 딸깍 소리가 경보음과 짝지어졌기 때문에 딸깍 소리는 혐오자극이 되었다. 딸깍 소리가 날 적에 제이슨이 좋은 자세를 취하면, 즉각적 결과로 딸깍 소리가 멈췄다. 제이슨의 좋은 자세는 경보음에 대한 회피 반응이었지만, 그것은 딸깍 소리에 대한 도피 반응이기도 했다. 이것은 〈표 13-2〉에 있는 회피 조건형성의 첫 번째 예를 설명해 준다.

식별 회피 조건형성에 대한 두 번째 가능한 설명은 〈표 13-2〉의 두 번째 예에서 예시된 것처럼, 회피반응은 불안감으로부터 즉각적으로 도피할 수 있게 한다는 것이다. 개의 짖는 소리에 아이는 불안해졌다. 회피 반응 후 곧이어 아이는 덜 불안해졌다. 회피 반응이 불안으로부터 도피할 수 있게 해 주기 때문에 회피반응이 발생했을 가능성에 대하여는 15장에서 논의할 것이다.

세 번째 가능성은 회피 반응이 불쾌한 생각으로부터 즉각적으로 도피할 수 있게 한다는 것이다. 이는 〈표 13-2〉의 세 번째 예에 있는 회피 반응을 설명할 수 있다. 아마 아들이 내는 시끄러운 드럼소리를 들었던 기억이 혐오적이었을 수 있는데, 이러한 기억이 전화를 걸고 나서 사라졌다. 또는 이 예에 대한 설명은 17장에서 다루어질 규칙-지배 통제 행동과 관련될 수도 있다. 이런 설명들이 그럴듯하기는 하지만, 순전히 사변적인 것이다. 당신은 행동수정가들이 회피 반응을 즉각적 자극 결과의 측면에서 설명하려는 것에 대해 왜 혼동을 겪는지를 이해할 수 있을 것이다.

연습문제

6. 회피 조건형성을 정의하고 제이슨의 사례에서 회피 조건형성이 어떻게 사용되었는지를 기술하라.
7. 경고자극의 다른 이름은 무엇인가?
8. 경고자극을 포함하는 회피 조건형성 유형의 이름은 무엇인가?
9. 경고자극은 S^D와 어떤 점에서 같은가? 그리고 어떤 점에서 다른가?
10. 경고자극은 S^{Dp}와 어떤 점에서 다른가(12장 참조)?
11. 절차상으로 도피 조건형성과 회피 조건형성의 두 가지 차이점은 무엇인가?
12. 일상생활에서 나타나는 도피 조건형성의 두 가지 예를 들라. 그중 한 가지는 이 장에 없는 것으로 하라.
13. 회피 반응을 유지시키는 세 가지 유형의 즉각적인 결과를 기술하라.

도피 조건형성과 회피 조건형성의 함정

함정 유형 1

흔히들 잘 모르고 바람직하지 않은 행동을 증가시키는 데 혐오자극의 도피와 회피를 적용하곤 한다. 이러한 경우는 〈표 13-1〉의 예 2(Lalli et al., 1999)에서 볼 수 있다. 다른 예는 Snyder, Schrepferman과 St. Peter(1997)가 가족 상호작용을 관찰한 결과에서 나타나는데, 반사회적이라고 평가되는 아이들의 부모는 아이가 공격적 행동을 하였을 때 양보함으로써 그 공격적 행동을 증가시켰다. 흔히 자녀는 부모의 권위를 거스르는 행동을 한 후에 처벌받는 것을 회피하거나 도피하기 위하여 "잘 할게요. 다시는 안 그럴게요."라는 지킬 가망성 없는 약속을 하는데, 부모들이 의도치 않게 그런 지키지 못할 부적절한 언어 행동을 형성시킬 수 있다. 그런 간청이 성공하게 되면 그 간청 행동이 증가하여 비슷한 상황에서 더욱 자주 일어나게 되지만, 부모가 의도한 바람직하지 않은 행동의 감소는 거의 혹은 전혀 일어나지 않는다. 실현성 없는 언어 행동이 증가하고, 바람직하지 않은 표적반응은 지속되거나 증가할 수 있다.

이와 같은 함정의 또 다른 예는 죄수가 가석방되기 위하여 '올바르게' 진술하는 법을 배우는 것에서 볼 수 있는데, 이런 경우 수정된 것이 단순히 그들의 언어 행동인지 반사회적 행동(예, 폭행)인지를 결정하는 데 가석방 위원회는 어려움을 겪는다. 사과, 잘못의 고백, 그리고 뉘우치는 듯한 표정 등의 범법자들에게서 보이는 특징은 앞의 사례와 유사한 수반성을 보인다. 거짓말 혹은 허위 보고가 받아들여질 경우 그것은 처벌을 회피하는 수단이 된다(도피 조건형성에 의하여 바람직하지 못한 행동이 유지되는 예들이 23장에 제시된다.).

함정 유형 1의 두 번째는 의도하지 않은 조건 혐오자극을 형성하는 오류를 범하는 것인데, 개인은 그 혐오자극으로부터 도피하거나 회피하는 식으로 반응하게 된다. 예를 들면, 코치가 선수들에게 고함을 치거나 비난하거나 조롱을 한다면, 선수들은 코치의 분노를 회피하거나 도피하기 위한 기술을 우선적으로 발달시킬 것이다. 그러나 그 과정에서 조건 혐오자극이 되어 버린 '코치'를 회피하기 위해 운동장에 나타나지 않을 수도 있다. 그래서 코치의 전략이 지나치게 혐오적이면 운동과 관련된 모든 것이 혐오적인 것이 되어 일부 선수들은 심지어 운동 자체를 그만두게 될 수도 있다.

함정 유형 1의 세 번째는 의도하지 않은 도피 조건형성 및 회피 조건형성의 영향을 받아 타인의 바람직하지 않은 행동을 정적으로 강화하는 경우인데, 〈표 13-1〉의 첫 번째 예에서 이런 도피 조건형성의 예를 볼 수 있다. 회피 조건형성의 한 가지 예는 위협하는 행동이 강화되는 경우인데, 이는 위협하는 것이 더 혐오적인 행동을 방지하기 때문이다. 부모가 사탕을 주지 않을 때 아이가 우는 행동으로 부모를 위협함으로써 부모가 결국 아이에게 사탕을 물려 주는 예가 이에 해당한다.

도피 조건형성과 회피 조건형성의 효과적 적용을 위한 지침

다음 규칙들은 도피 조건형성과 회피 조건형성을 사용하는 모든 사람들이 잘 지켜야 하는 사항이다.

1. 행동을 유지시키기 위하여 도피나 회피 과정 중 하나를 선택해야 한다면, 후자를 선택하라: 여기에는 두 가지 이유가 있다. 첫째, 도피 조건형성에서는 혐오자극이 표적반응 이전에 주어져야 하지만, 회피 조건형성에서는 혐오자극을 표적반응이 일어나지 않을 때만 제공하면 되기 때문이다. 둘째로 도피 조건형성에서는 혐오자극이 없어지면 표적반응이 발생하지 않지만, 회피 조건현성에서는 혐오자극이 더 이상 없을지라도 반응이 매우 서서히 감소하기 때문이다.
2. 표적행동은 회피 절차를 따르기 전에 도피 조건형성에 의하여 먼저 형성되어야 한다: 이 장의 초반부에 나온 예에서처럼 제이슨은 시끄러운 소음을 회피하는 방법을 학습하기 전에 도피 방법을 학습하였다.
3. 회피 조건형성 동안 경고자극은 혐오자극이 곧 나온다는 것을 알려 주어야 한다: 이는 반응을 못하면 혐오자극이 나올 것이라는 경고를 줌으로써 조건형성을 증진시킨다. 일상생활에서의 예로는 주차미터기에 '위반' 이라고 쓰여 있는 경우인데, 그것은 운전자가 미터기에 동전을 넣지 않으면 주차딱지를 떼게 된다는 경고다. 제이슨에게 있어서는 딸깍거리는 소리가 그와 비슷한 기능을 하였는데, 제이슨이 좋은 자세를 취하지 않으면 3초 후 시끄러운 경보음이 날 것이라고 알려 주었다. 그리고 제이슨이 그 3초 내에 좋은 자세를 취한다면 시끄러운 경보음을 피할 수 있었다. 이와 유사하게, 주차미터기에 동전을 넣으면 '위반' 표시가 없어지고 딱지를 떼지 않게 된다.

4. 도피 조건형성과 회피 조건형성은 처벌을 사용할 때처럼 조심스럽게 사용되어야 한다: 이 절차는 혐오자극을 사용하는 것이므로 공격성이나 두려움 같은 해로운 부작용이 생길 수 있고, 또 그 절차와 관련된 사람이나 상황을 회피 또는 도피하게 되기 때문이다.
5. 도피 조건형성과 회피 조건형성에서는 표적반응에 대한 정적 강화를 함께 사용해야 한다: 이것은 바람직한 행동을 증가시킬 뿐 아니라 바람직하지 않은 부작용을 상쇄시키는 경향이 있다. 제이슨이 사용한 절차에서 좋은 자세를 위한 정적 강화가 추가되었다면 아마도 더 좋은 결과를 보였을 것이지만, 연구자가 도피 조건형성과 회피 조건형성 자체에만 관심이 있어 그 절차를 사용하지 않았다.
6. 이 책에서 기술한 모든 절차에 있어서, 현재 시행되는 수반성의 작용을 가능한 한 이해하기 쉽게 말해 주어야 한다: 그러나 모든 절차에서 그러한 것처럼, 도피 조건형성과 회피 조건형성이 효력을 갖도록 하기 위하여 반드시 사전설명이 필요한 것은 아니다.

추가설명 2

연습문제

14. 사람들은 잘 알지 못하면서 바람직하지 않은 행동을 할 때 혐오자극을 도피하거나 회피할 수 있게 함으로써 타인의 바람직하지 않은 행동을 강화한다. 이것이 어떻게 가능한지 예를 들어 기술하라.
15. 조건 혐오자극이 의도치 않게 형성되어 개인이 그 혐오자극을 도피하거나 회피하도록 할 수 있다. 예를 들어 기술하라.
16. 사람들이 다른 사람의 바람직하지 않은 행동을 왜 정적으로 강화하게 되는지, 당신 자신의 예를 들어 설명하라. (힌트: 〈표 13-1〉의 첫 번째 예 참조) 거기에 내포된 행동주의 원리를 밝히라.
17. 아이의 극단적인 사회적 철회 행동을 어른들이 자신도 모르게 정적으로 강화하는 데 있어 도피 조건형성이 어떻게 영향을 주는지를 설명하라.

적용연습

A. 타인에 대한 적용연습

성공적인 회피행동이라는 것은 수반되는 지원 혐오자극이 발생하는 것을 회피하도록 하는 경고신호에 반응하도록 조건화되었다는 것을 의미한다. 이는 지원 혐오자극이 나타나지 않도록 환경이 변화되어도 회피행동이 유지된다는 것을 의미한다. 이 효과를 설명하되, 자신보다 다른 사람에게서 관찰되는 예를 기술하라.

B. 자기-수정 연습

당신의 행동에 영향을 주는 도피 조건형성의 다섯 가지 예를 〈표 13-1〉과 같이 표로 만들어 보라. 각 예를 혐오 상황, 도피 반응, 혐오자극의 제거, 도피 반응의 장기적 효과로 구분하여 제시하라.

추가설명 및 심화토론

1. 어떤 유형의 회피 조건형성은 경고자극을 포함하지 않는 것도 있다. 이런 유형의 회피를 Sidman 회피라고 부른다(하등 동물의 회피를 연구한 Murray Sidman 이후 사용됨; 예, Sidman, 1953). 실험실 쥐를 가지고 실시한 전형적인 Sidman 회피 조건형성 실험에서는 경고자극 없이 30초마다 전기자극을 쥐에게 주었다. 쥐가 지정된 반응을 하였을 때 쇼크가 30초 동안 지연되었다. 이러한 조건에서 쥐는 적절한 회피 반응을 학습할 것이고 쇼크를 받지 않게 될 것이다. 이러한 유형의 회피 조건형성을 비식별, 무단서, 혹은 자유 조작적 회피 조건형성(nondiscriminated, noncued, or free operant avoidance conditioning)이라고 부른다. Sidman 회피는 인간에게서도 나타났는데(Hefferline, Keenan, & Harford, 1959), 그것은 일상생활에서의 예방적 행동에서 볼 수 있다. 예를 들어, 도로가 진흙투성이일 때 운전자는 창문 세정액을 많이 사용하는데, 그 액체가 떨어지는 것을 피하기 위하여 세정액이 떨어져 간다는 경고자극이 나오지 않아도 액체를 정기적으로 보충한다. 그러나 17장에서 논의한 바와 같이, 이러한 행동을 규칙-지배 행동으로 설명할 수도 있다.
2. 신경계가 우리와 다른 동물도 도피 조건형성과 회피 조건형성을 나타낸다. 예를 들어, 소라게(버려진 조개류의 껍데기 속에 살면서 그것을 끌고 다니는 동물)는 원래 사용하던 껍데기 안에 있을 때 전기충격을 받으면 원래 껍데기로 되돌아가기보다 그 껍데기를 버리고 다른 껍데기를 찾아 들어간다(Elwood & Appel, 2009).

▶ 추가설명에 대한 연습문제

1. Sidman 회피 조건형성은 무엇인가?
2. 햇빛차단제 혹은 방충제가 어떻게 Sidman 회피의 예로 적용되는지 설명하라. 일상생활에서 다른 예를 기술하라. (힌트: 일부 컴퓨터 장치는 Sidman 회피 조건형성의 정의에 맞게 컴퓨터에 내장된 타이머를 가지고 있다.)
3. 소라게를 통해 어떻게 회피 조건형성이 증명되는지를 기술하라. 소라게 연구는 도피 조건형성도 증명하고 있는가? 이에 대해 설명하라.

14 반응적 조건형성: 원리와 절차

"나는 그 단어가 싫어!"

특정 단어에 대한 '불쾌한' 느낌 만들기[1)]

수는 애리조나 주립대학교에서 심리학을 전공하는 1학년 학생이었다. 심리학 실험에 참가한 그녀는 한 번에 하나씩 제시되는 단어들의 목록을 기억하도록 요청받았다. 발목에 전선을 부착하고 헤드폰을 낀 채 편안하게 앉아서, 수는 제시되는 단어들, 즉 '의자' '미소' '작은' '커다란' (휙! 쾅! 수는 발목에서 약한 전기쇼크의 느낌과 헤드폰에서 들리는 시끄러운 '쾅' 소리에 놀랐다.)을 읽었다. 수는 계속하여 목록에 있는 단어들을 암기하였다. '커다란' 이라는 단어가 몇 번 나왔고, 그때마다 그 단어는 약한 전기쇼크와 함께 큰 소리와 짝지어졌다. 실험이 진행되는 동안 쇼크와 소리는 수에게 불안을 유발하였다. 불안은 피부전도반응으로 측정되었는데, 땀샘 반응 동안 발생하는 피부 전도율이 증가하였다. '커다란' 이란 단어를 약한 전기쇼크 및 큰 소리와 짝지은 결과, '커다란' 이란 단어를 듣는 것 자체만으로도 이제 수는 불안을 느끼게 되었다. 그 후, 수에게 목록에 있는 단어들에 대한 유쾌함의 정도를 평가하도록 하였을 때, 수는 다른 단어들보다 '커다란' 이라는 단어를 훨씬 더 불쾌한 것

1) 이 예는 Staats, Staats와 Crawford(1962)의 실험에 기초한 것이다.

으로 평가하였다.

주의: 실험이 끝나고 실험에 대한 설명을 듣는 회기에서, 수는 실험의 목적을 알게 되었다. 또한 수는 약한 쇼크와 큰 소리 없이 '커다란' 이라는 단어를 여러 번 말하면서 그 단어에 대한 불쾌감이 점차 사라지는 것을 발견하였다.

조작적 행동 대 반응적 행동

이 책의 앞부분에서는 주로 **조작적 조건형성**(operant conditioning)에 관한 원리와 절차를 기술하였는데, 이는 행동을 강화함으로써 증가시키는 과정 혹은 행동을 처벌함으로써 약화시키는 과정이다(Skinner, 1938). 다른 말로 하면, 조작적 행동은 그 결과에 의해서 수정될 수 있는 행동이다. 앞에서 본 것처럼, 행동이 증가하도록 만드는 결과를 강화물(reinforcer)이라고 부르며, 행동이 감소하도록 만드는 결과를 벌칙(purnisher)이라고 부른다. 결과를 만들어 내기 위하여 환경을 조작하고, 다시 그 결과에 의해서 통제되는 행동을 **조작적 행동**(operant behaviors)이라고 부른다. 차에 주유하기, 길 물어보기, 시험에 답안 작성하기, TV 켜기, 아침상 차리기 등을 예로 들 수 있다.

조작적 원리는 광범위한 적용이 가능하지만, 어떤 행동은 조작적 조건형성 모형에 맞지 않는 것 같다. 우리의 행동 중 일부는, 수가 약한 전기쇼크와 큰 소리에 대해 불안을 느끼고 피부전도율이 올라가는 것처럼 반사적인 것이다. 이런 행동을 **반응적 행동**(respondent behavior)이라고 부르는데, 반응적 행동은 앞선 자극에 의해 유발되며 결과의 영향을 받지 않는다. 식사준비를 할 때 나는 음식의 냄새를 맡았을 때 침이 나오는 것, 무서운 영화를 볼 때 두려운 느낌이 드는 것, 바지의 지퍼 혹은 블라우스의 단추가 끌러져 있다는 말을 들었을 때 얼굴이 붉어지는 것, 또 성인 영화를 보았을 때 성적으로 흥분되는 것 등을 예로 들 수 있다. 반응적 행동에는 다른 원리들이 적용되는 것 같다. 이 장에서는 이런 원리를 간단히 설명하고, 이 원리가 조작적 조건형성과는 어떻게 다른지 기술할 것이다. 부가적으로, 우리는 이 원리가 적용된 몇 가지 경우를 강조할 것이다.

반응적 조건형성의 원리

반응적 조건형성은 아래 정의된 것처럼, 무조건반사(unconditioned reflexes)에 기반하고 있다. **무조건반사**는 어떤 자극이 이전 학습과 관계없이 어떤 반응을 자동적으로 유발하는 자극-반응 관계다. 이런 반사의 예가 [그림 14-1]에 제시되어 있다.

[그림 14-1]에 제시된 반사는 이전의 조건형성 없이도 자극이 반응을 유발하기 때문에 무조건적이다. 다른 말로 하면 이미 설정된 혹은 타고난 것이다. 이전 학습이나 조건형성 없이 반응을 유발하는 자극을 **무조건자극**(unconditioned stimulus: US)이라고 부르며, 이런 자극에 의해 유발되는 반응을 **무조건반응**(unconditioned response: UR)이라고 부른다. 수가 참여한 실험에서, 약한 쇼크와 큰 소리는 US이고, 쇼크에 대한 수의 불안감과 피부전도 반응은 UR이다.

반응적 조건형성

[그림 14-1]에 제시된 각 반응을 유발하지 못하는 자극이 있는데, 그런 자극은 중립적인 것으로 고려된다. 예를 들어, 특정 자극(베토벤 5번 교향곡의 첫 소절과 같은)이 특정 개인에게 침 흘리기를 유발하지 않는다는 의미에서, 그 자극은 침 흘리기 반응과 관련하여 중립적이라고 가정된다. **반응적 조건형성의 원리**는 어떤 자극(베토벤 5번 교향곡의 첫 소절)이 UR(침 흘리기)을 일으키는 US(입 안에 있는 음식)와 시간적으로 근접하여 바로 전에 제시된다면, 이전에는 중립적이었던 자극(베토벤 5번 교향곡의 첫 소절)이 장차 침 흘리기 반응을 일으키게 될 것이라는 원리다. 물론, 베토벤 5번 교향곡의 첫 소절이 알아차릴 수 있을 만큼의 침 흘리기를 유발하려면, 음악 소리와 음식이 적어도 한 번 이상 짝지어져야 할 것이다. [그림 14-2]는 반응적 조건형성 과정을 잘 보여 준다. 반응적 조건형성은 **Pavlov 조건형성**(반응적 조건형성을 연구한 러시아의 생리학자 Ivan Pavlov의 이름을 따서) 혹은 **고전적 조건형성**(처음으로 확인된 조건형성이기 때문에)이라고도 불리며, 이 세 가지 용어가 함께 사용된다.

조건반사(conditioned reflex)는 어떤 자극이 이전의 반응적 조건형성 때문에 반응을 일으키는 자극-반응 관계다. 만약 침 흘리기 반응이 사실상 베토벤 5번 교향곡의 첫 소절에 조건화되었다면, 그 자극-반응 관계를 조건반사라고 말한다. 조건반사에서의 자극을 **조건자극**(conditioned stimulus: CS)이라 하며, 그 자극이 반응을 일으키는 또

무조건반사

무조건자극 ··········▶	무조건반응
소화계	
음식 ··········▶	침 흘리기
나쁜 음식 ··········▶	구역질, 메스꺼움
식도 내의 물체 ··········▶	구토
생식계	
성기 자극 ··········▶	질 윤활유 분비, 발기, 절정감
유두 자극 ··········▶	젖이 나옴(수유하는 여자의 경우)
순환계	
높은 기온 ··········▶	땀이 남, 얼굴이 달아오름
갑작스러운 큰 소음 ··········▶	창백해짐, 심장이 쿵쿵 뜀
호흡계	
콧속이 가려움 ··········▶	재채기
목구멍이 막힘 ··········▶	기침
알르레기를 일으키는 물질 ··········▶	천식 발작
근육계	
낮은 기온 ··········▶	덜덜 떨기
후 불거나 불에 뎀 ··········▶	뒤로 물러남
슬개건을 두드림 ··········▶	무릎 반사
눈에 빛을 비침 ··········▶	동공 수축
새로운 자극 ··········▶	반사적으로 자극이 있는 쪽을 향함
유아 반사	
볼을 어루만짐 ··········▶	고개가 돌아감
입술에 물체가 닿음 ··········▶	빨기
입안의 음식 ··········▶	삼킴
손안의 물체 ··········▶	꽉 잡음
수직으로 세워져 발이 땅에 닿음 ···▶	한 걸음 내디딤

[그림 14-1] 무조건반사의 일부 목록

출처: J. D. Baldwin, & J. I. Baldwin. (1986). 일상생활에서의 행동원리, 2판, 44쪽. Prentice Hall, Inc., Upper Saddle River, NJ의 재인용 허락 받음.

반응적 조건형성

절차: 중립자극과 무조건자극을 짝지음

여러 번 짝지음 { NS(고전음악 소리)
US(입안의 음식) → UR(침 흘리기)

결과: 중립 자극이 반응을 유발하는 능력을 획득함

CS(고전음악 소리) → CR(침 흘리기)

주: NS=중립자극
US=무조건자극
UR=무조건반응
CS=조건자극
CR=조건반응

[그림 14-2] 반응적 조건형성의 모형

다른 자극과 짝지어졌기 때문에 반응을 일으키는 자극으로 정의된다. 조건반사에서의 반응을 조건반응(conditioned response: CR)이라 하며, 조건자극에 의해 유발된 반응으로 정의된다. 예를 들어, 베토벤 5번 교향곡의 첫 소절은 조건자극(CS)이 되고, 교향곡의 첫 소절을 듣고 침을 흘리는 것은 조건반응(CR)이 된다. 수가 참여한 실험에서 '커다란' 이라는 단어는 CS가 되어 CR인 불안감과 피부전도반응을 유발하게 되었다. 반응적 조건형성은 어떤 단어들(예, 암) 혹은 심지어 어떤 단일 문자(예, 시험에서의 'F')에 대한 당신의 반응을 설명할 수 있다. 수가 '커다란' 이라는 단어를 불쾌한 것으로 평가한 것에서 시사하는 바와 같이, 이런 짝짓기는 개인적 수준에서 받아들이는 단어의 의미에 영향을 준다(Staats, 1996; Tyron & Cicero, 1989).

반응적 조건형성에 영향을 주는 요인들

조건반사의 발달에 영향을 주는 몇 가지 변인들이 있다. 첫째, 조건반사가 최대 강도에 도달할 때까지, US에 CS를 짝짓는 횟수가 많으면 많을수록 CS가 CR을 유발하는 능력이 더 커진다. 어떤 아이가 개가 큰 소리로 짖는 것을 보고 여러 번 놀랐다면, 아이가 개를 보고 단지 한 번만 무서움을 느꼈을 때보다 개를 볼 때 더 강한 두려움을 느끼게 될 것이다.

둘째, CS가 US에 0.5초 선행된다면, CS가 훨씬 더 먼저 제시되거나 US보다 뒤에 제시되는 것보다 더 강한 조건형성이 일어난다. CS가 US보다 나중에 제시되는 경우, 조건형성이 발생하기 어렵다. 만약 아이가 개를 보자마자 곧 개가 큰 소리로 짖는다면, 아이에게는 개를 보는 것이 두려움이라는 조건반응을 나타내게 하는 조건자극이 될 것이다. 반면에 보이지 않는 개가 큰 소리로 짖는 것을 듣고, 몇 초 후에 개가 건물 모퉁이에서 뛰어나오는 것을 본다면, 큰 소리로 짖는 것에 의해 유발된 두려움이 개를 보는 것에 조건화되지 않을 것이다.

셋째, CS가 US와 단지 가끔씩 짝지어지는 경우보다 US와 항상 짝지어지는 경우에, CS가 CR을 유발하는 능력을 더 많이 획득하게 될 것이다. 예를 들어, 부부가 평소에는 침실에 촛불을 켜지 않다가 성관계를 갖기 직전에 항상 촛불을 켠다면, 촛불은 성적 각성을 일으키는 조건자극이 될 것이다. 반면에 그들이 침실에 매일 밤 촛불을 켜두지만 성관계는 일주일에 단지 한두 번만 갖는다면, 촛불은 성적 각성을 일으키기에 약한 조건자극이 될 것이다.

넷째, 여러 개의 중립자극들이 US에 선행할 때는, US와 가장 일관되게 짝지어진 자극이 가장 강한 CS가 될 것이다. 어떤 아이가 먹구름이 끼고 번개가 번쩍인 후 곧 크게 천둥치는 소리를 듣고 두려움을 느꼈다. 다른 경우, 아이는 먹구름이 끼어 있는 것은 보았지만 그때 번개나 천둥은 없었다. 번개가 더 일관되게 천둥과 짝지어지므로 먹구름보다는 아이는 번개에 대해 더 강한 두려움을 갖게 될 것이다.

다섯째, 반응적 조건형성은 CS나 US, 혹은 CS와 US 둘 다가 약할 때보다는 강할 때 더 빠르고 강하게 이루어진다(Lutz, 1994; Polenchar, Romano, Steinmetz, & Patterson, 1984). 아이는 번개나 천둥이 상대적으로 약할 때보다 유난히 밝게 번쩍이는 번개와 아주 큰 천둥소리가 날 때, 더 강한 두려움을 갖게 될 것이다.

연습문제

1. 조작적 조건형성이라는 용어는 어떤 뜻인가?
2. 조작적 행동은 무엇인가? 예를 3개 들라.
3. 반응적 행동은 무엇인가? 예를 3개 들라.
4. 무조건반사를 정의하고 예를 3개 들라.
5. 반응적 조건형성의 원리를 기술하라. 이 책에 포함되지 않은 반응적 조건형

성의 예 하나를 도식으로 명확하게 나타내라. 반응적 조건형성의 또 다른 이름은 무엇인가?
6. 조건반사를 정의하고 예를 하나 들라.
7. 무조건자극, 무조건반응, 조건자극, 조건반응을 정의하고 각각의 예를 한 가지 들라.
8. 조건반사의 발달에 영향을 주는 다섯 가지 변인들을 각기 한 문장으로 간단히 기술하라.

고차 조건형성

누군가에게 아주 여러 번 베토벤 5번 교향곡의 첫 소절과 음식을 짝지어 음악소리에 침을 흘리도록 조건화시켰다고 가정해 보자. 그에 따라 베토벤의 5번 교향곡의 첫 소절은 침 흘리기 반응의 CS가 되었다. 이제 베토벤 5번 교향곡의 첫 소절을 들려 주기 직전에 여러 번 반복해서 노란 불빛을 켰다고 가정해 보자. 불빛과 베토벤 5번 교향곡의 첫 소절(침 흘리기 반응에 대해 확립된 CS)을 여러 번 짝지은 후에, 불빛 그 자체만으로도 침 흘리기를 유발할 수 있게 되었다. 무조건자극 대신 또 다른 조건자극과 짝지어져서 중립자극이 조건자극이 되는 절차를 **고차 조건형성**(higher-order conditioning)이라고 한다. 음악을 음식과 짝짓는 것은 일차 조건형성이라고 할 수 있다. 불빛을 음악과 짝짓는 것을 이차 조건형성이라고 할 수 있다. 삼차 조건형성이 보고되기도 하였지만(Pavlov, 1927), 이차 조건형성을 넘는 고차 조건형성은 일어나기 어려운 것으로 보인다. 고차 조건형성에 대한 모형을 [그림 14-3]에 제시하였다.

고차 조건형성이 일상생활에서 어떻게 적용될 수 있는지 알아보자. 한 아이가 고통스러운 자극, 이를테면 한 번은 뜨거운 난로에 데이고 다음번에는 날카로운 가시에 찔리는 것을 여러 번 경험하였다고 가정해 보자. 고통스러운 자극은 매번 두려움이라는 UR을 일으키는 US로 생각할 수 있다. 고통스러운 경험을 하기 직전에 부모가 매번 "조심해, 다친다!"라고 소리 질렀다고 가정해 보자. 부모로부터의 이런 경고는 두려움을 유발하는 CS가 될 것이다. 또한 부모가 후에 아이가 사다리를 올라가거나, 의자 위에 올라서거나, 주방 조리대에 올라가려 할 때 똑같이 경고했다고 가정해 보자. 이런 여러 활동과 경고의 짝짓기는 고차 조건형성을 통하여 아이가 높은 곳에 대한

일차 조건형성

짝짓기	NS(고전음악)		
	US(음식)	→	UR(침 흘리기)
	CS_1(고전음악)	→	CR(침 흘리기)

이차 조건형성

짝짓기	NS(노란 불빛)		
	CS_1(고전음악)	→	CR(침 흘리기)
	CS_2(노란 불빛)	→	CR(침 흘리기)

[그림 14-3] 고차 조건형성의 모형

일반적인 두려움을 갖도록 영향을 미칠 것이다.

반응적 소거

일단 반응적 조건형성이 일어나면, 그것이 영구히 지속되는가? 반드시 그런 것은 아니다. 그것은 반응적 소거(respondent extinction) 원리에 의하여 역전될 수 있는데, 반응적 소거란 US 없이 CS를 제시하여 CS가 점차 CR을 유발하는 능력을 잃게 되는 절차다. 아이가 커다란 개를 만지려 손을 뻗자마자 그 개가 매우 큰 소리로 짖어서 아이를 깜짝 놀라게 하는 상황을 가정해 보자. 큰 개를 보는 것과 큰 소리로 짖는 것이 짝지어짐으로써, 개를 보는 것만으로도 울고 몸을 떠는 반응을 일으킬 수 있다. 이것이 두려움이라는 이름의 Pavlov 조건반응이다. 이번에는 부모가 아이를 애완견 쇼에 데려간다고 가정해 보자. 커다란 개들이 주위에 있지만, 그 개들은 공연 동안 걷거나 조용히 앉아 있도록 훈련되어 있었다. 이러한 개들과(짖는 것과 짝짓는 것 없이) 반복해서 접촉하면 아이가 개를 보는 것에 대한 공포를 극복하는 데 도움이 될 것이다. 즉 개를 보는 것이 공포반응(CR)을 유발하는 CS로서의 능력을 잃게 된다. 우리가 어린 시절 동안 획득한 여러 가지 두려움, 즉 치과나 어두움, 번개 등에 대한 두려움은 반응적 소거를 거치게 되는데, 나이가 들면서 이러한 것에 반복해서 노출되어도 무서운 결과가 뒤따르지 않기 때문이다. [그림 14-4]는 반응적 소거의 과정을 보여 준

반응적 소거

절차: 조건자극을 무조건자극과 더 이상 짝짓지 않고 반복해서 제시한다.

반복된 시도 CS(개를 봄) ⟶ CR(두려움)

결과: 조건자극은 조건반응을 유발하는 능력을 잃는다.

자극 (개를 봄) ⟶ 아무런 두려움도 생기지 않음

[그림 14-4] 반응적 소거의 모형

다. 다행히 수의 경우, 더 이상 쇼크 및 소리와 짝지어지지 않는 '커다란' 이란 단어를 여러 번 접하게 하자, 점차 그 단어는 불안을 유발하지 않게 되었다.

고차 조건형성이 이차 조건형성을 넘어서 획득되기 어려운 이유는 반응적 소거 때문이다. [그림 14-3]의 예에서 이차 조건형성이 시도될 때, CS_1(베토벤 5번 교향곡의 첫 소절)은 더 이상 US(음식)와 짝지어지지 않는다. 따라서 베토벤 5번 교향곡의 첫 소절은 CS로서 소거를 겪게 되고, 베토벤 5번 교향곡의 첫 소절에 의해 유발된 침 흘리기는 처음에 음식에 의해 유발된 침 흘리기보다 더 약해진다.

역조건형성

대안적인 반응이 강화되면 조작적 소거가 더 빠르고 효과적으로 진행된다는 5장의 내용을 회상해 보라. 유사한 규칙이 반응적 소거에도 적용된다. 즉 이전의 조건반응이 소거되는 동시에 그 조건반응과 양립 불가능한 새로운 반응이 조건자극에 조건화된다면, 이전 조건반응이 더 효과적으로 소거될 것이다. 이런 과정을 역조건형성(counterconditioning)이라고 부른다. 학술적으로 말하자면, CS가 CR과 양립 불가능한 반응을 유발하는 자극과 짝지어지면, CS는 이전의 CR을 유발하는 능력을 잃게 된다. 이런 과정을 설명하기 위해 개를 보는 것에 대해 두려움을 갖게 된 아이의 예를 다시 생각해 보자. 그 아이는 친구와 노는 것을 좋아하는데, 여기서 친구는 행복한 느낌(CR)을 유발하는 CS라고 가정해 보자. 또한 그 친구는 큰 소리로 짖지 않는 귀여운 개를 가지고 있다고 가정해 보자. 아이가 친구와 함께 친구의 개와 놀게 되면서, 그 친구에 의해 유발된 긍정적 정서가 친구의 개에게 조건화될 것이다. 이런 긍정적인

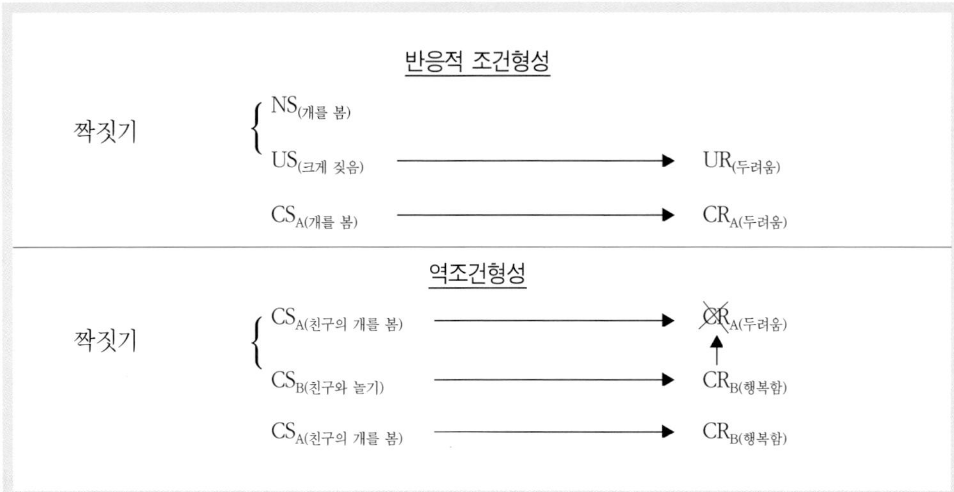

[그림 14-5] 역조건형성의 도식

조건 정서반응은 이전에 개에 의해서 유발되었던 부정적인 조건 정서반응을 상쇄할 것이며, 따라서 부정적 반응들을 보다 빠르고 효과적으로 제거할 것이다. [그림 14-5]는 역조건형성의 과정을 보여 준다.

흔히 반응적으로 조건화되는 반응들

진화의 결과로, 인간은 [그림 14-1]에 제시된 것처럼 수많은 무조건반사를 가지고 태어난다. 이런 반사는 생존과 출산, 일상적인 생물학적 기능에 중요하다. 또한 인간은 고전적 조건형성을 쉽게 할 수 있도록 진화되었다. 이전에 중립적이었던 자극에 반사반응이 조건화될 수 있다는 사실은 생물학적으로 적응적 가치가 있다. 예를 들어, 음식을 보고 침을 흘리도록 조건화될 수 있는 능력은 고전적 조건형성이 일어나지 않는 경우에 비하여 음식을 더 빨리 소화할 수 있도록 우리를 준비시킨다. 조건반사의 몇 가지 주요 범주를 좀 더 세부적으로 살펴보자.

소화계

침 흘리기 반사는 소화계(digestive system) 반사 중 고전적 조건형성을 일으키기 쉬운 유일한 반사다. 어떤 학생은 수업 중 발표하기 전에 배가 아픈 것(무언가 휘젓고 있는 듯한 느낌)을 경험한다. 항암치료를 받은 경험이 있는 환자는 치료를 받기 전에 치료실에서 기다리는 동안 토할 것처럼 메스꺼움을 느낀다. 침입자에게 칼로 위협을 받는 것처럼 매우 무서운 경험은 불안으로 인한 설사를 일으킬 수 있다.

순환계

심장박동과 혈류의 증가에는 많은 조건반사가 포함된다. 사회적 장면에서 어찌할 바를 모르는 느낌, 외설스러운 이야기를 우연히 듣게 되는 것, 사회적으로 부적절한 어떤 생각을 하는 것, 이 모두가 CS가 되어서 피부 표피에 혈류가 증가됨에 따라 많은 사람의 얼굴을 붉게 만든다. 순환계(circulatory system)는 혼자 집에 있을 때 예기치 않은 노크 소리가 나면 심장이 쿵쿵 뛰는 것과 같은 조건반사와도 관련이 있다. 순환계는 또한 나체 사진을 보면 심장박동이 증가하고 성기 부분에 혈류가 증가되어 음경이나 음핵의 발기를 일으키는 등 성적 자극에 의한 영향을 받는다.

호흡계

고전적 조건형성은 기침, 재채기, 천식발작과 같은 호흡계 반사와도 관련이 있다. 가령 어떤 사람이 천식발작을 겪고 있을 때, 아주 가끔 방문하는 숙모가 갑자기 왔다고 가정해 보자. 그 숙모의 출현은 천식 반응 중 기침과 쌕쌕거림에 대한 CS가 될 수 있다. Dekker와 Groen(1956)은 천식반응이 말, 새장 속의 새, 금붕어, 경찰차를 보는 것과 같은 CS에 의하여 유발된다고 보고하였다.

기타

비뇨기와 생식기 등 신체의 기타 기관들에도 고전적 조건형성이 일어나기 쉽다. 물론 신경계는 모든 조건형성과 관련된다.

반응적 조건형성에 영향을 주는 요인들

필자 중 한 사람은 16세 때, 파티에서 레몬이 든 진을 우연히 마셨다. 그는 어쩌다 맥주 한 잔을 마신 것 외에는 술을 마셔 본 경험이 없었다. 레몬진을 처음 몇 모금 마셨을 때는 아주 기분이 좋았고 취한 느낌이 즉시 일어나지는 않았다. 약 15분 동안, 100～200cc가량의 레몬진을 마셨다. 약 한 시간 후 그는 심하게 배가 아파 옴을 느꼈다. 그 이후로 그는 레몬진의 냄새를 맡거나 맛을 보는 즉시 속이 메스꺼워졌다. 심지어는 레몬진에 대해 생각하기만 해도 속이 아프기 시작한다. 이 예에서, 위 안에 있는 많은 양의 레몬진은 메스꺼움(UR)을 일으키는 US였다. 레몬진의 냄새와 레몬진에 대한 생각은 딱 한 번 메스꺼움과 구토라는 반사반응과 짝지어졌을 뿐이고, 이전의 중립자극(레몬진의 맛과 냄새)과 메스꺼움 경험 간에는 상대적으로 긴 지연이 있었음에도 불구하고, 고전적 조건형성이 일어났다. 레몬진의 맛과 레몬진에 대한 냄새는 메스꺼움 반사(sickness reflex)의 CS가 되었고, 그 결과 레몬진에 대한 혐오, 즉 조건화된 미각혐오(conditioned taste aversion)가 형성되었다. **조건화된 미각혐오** 현상은 CS와 US 간의 긴 지연이 있을 때 반응적 조건형성이 효과적으로 일어나지 않는다는 규칙의 예외가 된다. 독성 물질이 몸에 효력을 나타내는 데에는 시간이 걸리기 때문에, 이런 경우에는 CS와 US 간의 긴 지연도 영향을 줄 수 있다는 것이 진화를 통해 분명하게 드러났기 때문이다. 또한 단 한 번의 독성 물질을 먹는 것도 매우 위험하거나 치명적일 수도 있기 때문에, 조건화된 미각혐오는 강한 조건반사가 형성되기 위해서 여러 번의 조건형성 시도가 필요하다는 규칙의 예외가 된다.

Seligman(1971)은 어떤 종(species)의 구성원이 CS인 특정 중립자극에 더 빠르게 조건화되는 성향을 **생물학적 준비성**(biological preparedness)이라는 용어로 표현하였다. 생물학적 준비성의 한 가지 예로, 인간은 진화의 역사 속에서 생존에 덜 위협적이었던 자극(꽃 그림과 같은)에 비하여 더 위협적이었던 자극(뱀이나 곤충과 같은)에 대한 두려움을 더 빨리 학습한다는 점을 들 수 있다(Ohman, Dimberg, & Ost, 1984). 생물학적 준비성에 대한 또 다른 예로 조건화된 미각혐오가 있다. 예를 들어, 미각이 메스꺼움에 조건화되는 강한 경향성을 발달시킨 것은 아프게(어쩌면 죽게) 하는 음식을 사람이 반복적으로 섭취할 가능성을 크게 감소시킨다.

연습문제

9. 고차 조건형성의 한 가지 예를 도식으로 나타내라.
10. 반응적 소거 원리의 절차와 결과를 진술하라. 이 책에 없는 예를 하나 기술하라.

11. 역조건형성 과정을 기술하라. 이 책에서 제시하지 않은 역조건형성의 예를 하나 들라.
12. 소화, 혈액순환, 호흡의 각 범주에서 당신이 보이는 조건반사의 예를 한 가지씩 기술하라.
13. 조건화된 미각혐오의 예를 한 가지 들라.
14. 우리가 왜 조건화된 미각혐오에 민감하도록 진화되었다고 생각하는가?
15. 생물학적 준비란 무엇인가? 예를 하나 들라.
16. 모든 자극이 CS가 될 가능성이 같은지 논하라.

반응적 조건형성과 조작적 조건형성의 비교

반응적 조건형성과 조작적 조건형성 절차는 두 가지 다른 종류의 행동에 영향을 주는 것으로 보인다(Pear & Eldridge, 1984). 그럼에도 불구하고 이들 절차 사이에는 많은 유사점이 있다. 반응적 조건형성과 조작적 조건형성의 차이점과 유사점을 검토해 보자.

반응

반응적 행동은 앞선 자극에 의하여 자동적으로 일어난다는 점에서 반사적이며, 전형적으로 **불수의적**(involuntary)이라고 일컬어진다. 예를 들어, 명령에 따라 얼굴을 붉히거나 침을 흘리거나 눈물을 흘릴 수 있는 사람은 거의 없다. 훌륭한 배우는 이런 것을 할 수 있을지 모르지만, 그들도 자주 특별한 속임수를 사용한다. 예를 들어, 말론 브란도가 그렇게 했다고 전해지는 것처럼, 눈물을 흘리기 위해 은밀히 코털 중 하나를 뽑는 식이다. 이와 대조적으로, 조작적 행동은 결과에 의하여 통제되며, 때로 **수의적**(voluntary)이라고 일컬어진다. 예를 들어, 신체적으로 건강한 대부분의 사람들은 요청에 따라 일어서거나 앉거나 말하거나 속삭이는 등의 행동을 쉽게 할 수 있다. 반사반응은 대개 평활근과 내분비선을 포함하는데, 이것은 이를 테면 잠들기 전에 이완하고 위협적인 상황에 당면하였을 때 각성하는 등 신체내부 과정과 관련된 기능에 중요하다. 조작적 행동은 보통 골격근육과 관련되며 일반적으로 외부 환경과 상호작용하는 데 중요하다.

강화

고전적 조건형성 절차는 반응 전에 NS(중립자극)를 US(혹은 고차 조건형성에서는 CS)와 짝짓는 것이다. 고전적 조건형성의 강화 결과로 NS(이제 CS로 불림)가 반응(이제 CR로 불림)을 유발하는 능력을 획득한다. 조작적 조건형성 절차는 반응 이후에 즉각적으로 정적 강화물을 제시하거나 혐오자극을 제거하는 것으로 이루어진다. 그 결과 조작적 행동의 빈도가 증가한다.

소거

고전적 조건형성에서 소거 절차는 더 이상 US와 짝짓지 않고 CS를 제시하는 것을 말한다. 그 결과로 CS는 CR을 유발하는 능력을 잃게 된다. 조작적 소거 절차는 이전에 강화를 받았던 반응에 뒤이어 강화물을 주지 않는 것이다. 그 결과, 그 반응의 빈도가 감소한다.

CS와 S^D

CS와 S^D 둘 다 그것들에 조건화된 반응들을 이끌어 낸다는 점에서 같다. 그러나 CS와 S^D를 확립시키는 조건형성 절차는 다르다. 이에 더하여 CS와 S^D가 반응을 이끌어 내는 방식도 다르다. 흔히 CS에 의해서 만들어진 반응들은 보다 자동적이거나 일관되게 나타난다. 이런 차이를 표현하기 위하여 표준적인 행동용어로 CS는 그것에 조건화된 반응을 유발한다(elicit)고 하는 반면, S^D는 그것에 조건화된 반응을 일으킨다(evoke)고 말한다. 이에 더하여, 조작적 행동은 개인에 의해 표출된다(emitted)고 표현되는 반면, 반응적 행동은 자극에 의해 유발된다(elicited)고 표현된다. 이 책 전체에서 우리는 **유발하다**(elicit), **일으키다**(evoke), **표출하다**(emit)라는 용어를 일관되게 사용하려고 노력했다.

반응적 조건형성의 적용

반응적 조건형성과 소거는 알레르기 반응과 면역계 기능, 약에 대한 반응, 성적 각성, 메스꺼움, 혈압, 사고, 정서(특히 두려움과 불안)를 통제하는 것과 관련하여 적용 가능하다. 28장에서 공포증 치료에 반응적 원리를 적용하는 것에 대하여 논의할 것이다. 여기서는 몇 가지 다른 유형의 문제에 반응적 원리를 적용하는 것을 설명할 것이다. 추가설명 1

혐오치료

어떤 종류의 정적 강화물은 문제를 일으킬 수 있다. 살찌는 음식에 지나치게 강화를 받는(너무 좋아하는) 사람들은 그런 음식을 너무 많이 먹어서 체중과다에 이르게 되는 경향이 있다. 유사하게 담배나 술, 기타 해로운 기호식품들에 지나치게 강화를 받는 사람들은 이런 기호식품에 탐닉하여서 자신들의 건강이나 안녕을 해치게 되는 경향이 있다. 사회적으로 용납되지 않는 방식으로(예를 들어, 아동을 유혹하는 것처럼) 성적 강화(만족)를 얻는 사람들은 다른 사람들을 해로운 경험에 노출시킴으로써 그들을 위험에 빠뜨리거나, 자기 자신이 구속되거나 다른 사회적 처벌을 받을 위험에 처하게 되는 경향이 있다.

혐오치료는 대부분 바람직하지 않은(지나치게 탐닉하거나 타인을 위험에 빠뜨릴 수 있는) 강화물의 힘을 상쇄하려는 시도로서 개발되었다. 혐오치료의 방법을 기술하기 전에, 이 방법을 안전하고 효과적으로 사용하려면 특별한 전문 지식이 요구된다는 점을 독자들은 유의하길 바란다. 이 절차들은 **혐오치료**(aversion therapy)라는 명칭이 시사하는 것처럼, 혐오자극을 사용한다. 12장에서 우리가 살펴본 것처럼, 혐오자극을 사용하는 것에는 잠재적으로 해로운 부작용이 따를 수 있다. 따라서 혐오치료는 자격이 있는 전문가에 의해서만 사용되어야 한다.

기본적으로 혐오치료는 문제가 되는 강화물과 혐오사건을 반복적으로(여러 번의 시도에 걸쳐) 짝짓는 것을 포함한다. 혐오치료의 이론적 근거는 역조건형성이다. 즉 바람직하지 않은 강화물이 혐오자극에 의해 유발되는 것과 유사한 반응을 유발하게 되기 때문에, 더 이상 강화를 주지 못하게 될 것이라고 가정된다.

예를 들어, 알코올 중독을 치료하기 위하여 내담자에게 알코올 섭취 이후 디설피람(disulfiram, 술 끊는 약의 상품명)이라는 약을 주기도 한다. 알코올은 디설피람과 상호작용하여, 메스꺼움과 극심하게 불쾌한 효과를 만들어 낸다. 따라서 술을 보고, 냄새 맡고, 맛보면 금방 메스꺼움을 포함해서 부정적인 반응을 경험하게 된다. 여러 회기 동안 알코올과 메스꺼움의 짝짓기가 반복된다. 결국에는 알코올만으로도 메스꺼움을 유발하게 되며, 이 때문에 내담자는 알코올을 회피하게 된다. 특정 사례에서 치료가 얼마나 잘 되는가는 다른 요인들에 의해서도 영향을 받는다. 내담자가 퇴원 후에도 약을 계속해서 복용하는지, 치료 이후에도 파티나 음식점, 술집에서 술이 아닌 무알코올 음료를 선택했을 때 사회적 강화를 받는지와 같이 일상적인 환경에서 작동하는 조작적 과정들이 영향을 준다.

알코올 중독자들에게 다른 치료는 없이 음주와 디설피람만을 짝지었던 연구에서, 1% 미만의 내담자만이 병원에서 퇴원한 후에 약을 계속 복용하였다(Lubetkin, Rivers, & Rosenberg, 1971). 또 다른 연구에서는 환자의 7%만이 1년 후까지 디설피람을 계속 복용하였다(Ludwig, Levine, & Stark, 1970). 그러나 디설피람을 포함하는 혐오 조건형성은 알코올중독 치료에 단독으로 사용되는 것보다는 알코올중독 치료 프로그램에 부수적으로 사용될 때 더 효과가 있는 것으로 입증되었다. 예를 들어, 구직, 부부 상담, 사회 여가 프로그램, 친구 찾기 등의 절차를 실시하는 중다요소 행동치료 프로그램(multi-component behavior therapy program)에 부가적으로 실시되었을 때 효과가 있었다(Azrin, 1976; Azrin, Sisson, Meyers, & Godley, 1982). 유사한 결과들이 흡연에 대해서도 나타났다. 이 경우에 혐오 조건형성은 피험자들에게 담배 한 개비를 피우고 난 후에 메스꺼움이 일어날 때까지 빨리 한 개비씩 더 피우도록 하는 절차를 포함한다. 이런 방식으로 담배의 냄새와 맛이 혐오자극(메스꺼움)과 짝지어진다. 이런 절차는 **빠른 흡연 혐오치료**(rapid smoking aversion therapy)라고 불리는데, 이는 단기간 동안 금연하는 데는 성공적이었지만 장기간의 금연에는 효과적이지 않았다(Danaher, 1977). 그러나 금연을 위한 행동상담 프로그램에 빠른 흡연 혐오절차를 추가하였을 때, 행동상담 프로그램을 단독으로 실시한 경우에 비하여 단기 및 장기적 결과가 더 좋았다(Tiffany, Martin, & Baker, 1986).

혐오치료에서는 문제가 되는 강화물들(예, 담배, 알코올, 살찌는 음식 등)의 상징적인 표상(그림과 같은)을 실제 강화물보다 더 흔히 사용한다. 이것은 대개 편리함 때문이다. 문제를 일으키는 다양한 강화물에 대한 슬라이드, 비디오테이프 혹은 CD는 치료자의 사무실에 쉽게 보관될 수 있다. 더욱이 개별 사례들에 적합한 새로운 자극을 비교적 쉽게 만들 수 있다. 그다음으로 이런 자극들은 일정한 간격을 두고 일정 시간 동안 제시될 수 있으며, 정교하게 통제되는 방식으로 혐오자극의 시작 또는 종결과 연합될 수 있다. 이에 더하여 이런 상징적인 표상을 사용하면 치료 동안 실제로 바람직하지 않은 강화물을 사용했을 경우에 발생할 가능성이 있는 다양한 문제들을 사전에 예방할 수 있다. 극적인 예를 든다면, 소아기호증 환자(child molester)를 치료하기 위해 실제 아동을 데려오는 것은 허용되지 않지만, 다양한 자세를 취한 아동들의 사진을 사용하는 것은 일반적으로 허용된다. 하지만 이런 절차를 사용하기 전에 치료자는 치료 과정이 법에 위배되는지에 대해 자문을 구해야 한다.

혐오치료가 과도한 음주와 흡연과 같은 다양한 문제를 치료하기 위한 중다요인 프로그램에 가치 있는 부수적인 절차로 사용되기는 하지만, 실제 널리 사용되지는 않는다. Wilson(1991)이 시사한 바처럼, 치료에서 혐오자극을 사용하는 것에 대한 윤리적 관심이 늘어나고 있으며, 혐오치료를 하려면 입원하거나 치료자가 계속하여 감독해야 하므로 비용이 많이 들고, 혐오치료를 받는 내담자들이 치료에서 상당히 높은 탈락률을 나타낸다는 사실 등이 혐오치료를 사용하는 데 제한점으로 작용한다.

만성 변비의 치료

바람직한 반응에 대한 반응적 조건형성의 한 예는 Quarti와 Renaud(1964)에 의해 개발된 만성 변비에 대한 치료법이다. 변비의 경우, 목표반응인 배변은 설사제를 투여함으로써 유발될 수도 있다. 그러나 규칙적인 배변을 위하여 이런 약물에 의존하는 것은 바람직하지 않은 부작용을 고려할 때 건강한 해결책이 아니다. Quarti와 Renaud는 내담자들에게 스스로 배변하기 직전에 고통스럽지 않은 약한 전기자극을 주도록 하였다. 처음에는 배변(UR)이 설사제(US)에 의해 유발되었지만, 그다음에는 전기자극(CS)만으로 배변(CR)이 유발될 때까지 약을 점차 줄여 나간다. 그 후 매일 같은 시각에 전기자극을 주었고, 몇몇 내담자들은 마침내 전기자극 없이도 배변을 할 수 있게 되었다. 그 이유는 매일 같은 시간에 항상 존재하는 일상적인 환경자극이 배변 행동에 대한 통제력을 획득하게 되었기 때문이다. 따라서 이런 내담자들은 인위적인 자극을 지속적으로 사용하지 않고도 규칙적인 배변을 할 수 있게 되었다(Rovetto, 1979 참조).

야간형 유뇨증의 치료

바람직한 반응에 대한 반응적 조건형성의 또 다른 예는 야간형 유뇨증(침대에 오줌

추가설명 2

을 싸는 것) 치료를 위한 '벨소리 나는 기저귀(bell-pad)' 처치다(Scott, Barclay, & Houts, 1992). 어린아이들에게는 흔히 나타나는 문제이지만, 야간형 유뇨증에 대한 한 가지 가능한 설명은 아이가 잠이 들었을 때 소변을 보러 가도록 하는 방광의 압박이 아이를 깨울 만큼 충분한 자극을 주지 못한다는 것이다. 야간형 유뇨증이 있는 많은 아동들에게 효과적인 것으로 보이는 '벨소리 나는 기저귀'는 아이의 침대 커버 아래쪽에 까는 특별한 기저귀와 그 기저귀와 연결된 벨로 이루어져 있다. 이 장치는 소변의 첫 방울이 기저귀에 닿을 때 벨소리가 울려서(US) 아동을 깨우도록(UR) 만들어져 있다. 마침내 많은 경우에 아동은 오줌을 싸기 전에 잠에서 깨게 될 것이다. 왜냐하면 잠에서 깨는 반응이 방광의 압력이라는 자극에 조건화되었기 때문이다. 방광의 압력이 높아졌을 때 잠에서 깨게 되면, 잠에서 깨어나고 화장실로 걸어가고 변기에 소변을 보는 행동의 연쇄가 정적으로 강화되어야 한다(유뇨증과 유분증 치료에 대한 개관을 보려면, Williams, Jackson과 Friman[2007]을 참조하라.).

연습문제

17. 조작적 반응과 반응적 반응의 세 가지 차이점을 기술하라.
18. 조작적 강화와 반응적 강화의 절차와 결과를 기술하라.
19. 조작적 소거와 반응적 소거의 절차와 결과를 기술하라.
20. CS와 S^D는 어떤 면에서 유사한가? 이들의 두 가지 차이는 무엇인가?
21. 일반적으로 어떤 문제 유형에 혐오치료를 사용하는가? 그런 문제의 예를 세 가지 들라(그중 하나는 이 책에서 제시되지 않은 것으로).
22. 혐오치료의 기본 절차와 이론적 근거를 기술하라. 혐오치료의 예를 하나 들라.
23. 자격이 있는 전문가만이 혐오치료를 사용해야 하는 이유는 무엇인가?
24. 변비를 치료하기 위한 반응적 조건형성 절차를 기술하라. US, UR, CS 및 CR을 밝히라.
25. 야간형 유뇨증을 치료하기 위한 절차 중 반응적 조건형성의 구성요소를 기술하라. US, UR, CS 및 CR을 밝히라.

적용연습

A. 타인에 대한 적용연습

친척이나 친구 혹은 친지들과 면담하여, 대다수의 사람들은 그렇지 않은데 그들 자신에게만 공포나 메스꺼운 느낌을 유발하는 어떤 것이 있는지 알아보라. 그 사람이 이런 특이한 반응을 하도록 만든 사건을 기억할 수 있는지 알아보라. 이런 사건이 이 장에서 다룬 반응적 조건형성에 대한 설명과 일치하는지 논하라.

B. 자기-수정 연습

신선한 레몬을 네 쪽으로 자르라. 나흘 동안 매일 한 조각의 레몬을 짜서 즙을 만들어서 어떤 특정한 컵에 따르라. 그 컵에 든 레몬즙을 마시고(달게 하지 않은 채), 나머지 조각은 다음 날의 시행을 위해 냉장고에 보관하라. 시행을 거듭하면서, 이 장에서 기술한 것처럼 반응적 조건형성에 기인한 어떠한 반응을 보이게 되는지 기록하고 설명하라.

추가설명 및 심화토론

1. 고전적 조건형성 절차는 면역체계의 기능에 영향을 줄 수 있다. Ader와 Cohen(1982)은 쥐에게 사카린과 면역억제약물을 짝지어 제시하여 사카린이 면역억제를 유발하는 조건자극이 되는 것을 발견하였다. 몇몇 연구들 또한 다양한 종의 다양한 면역반응에 고전적 조건형성이 가능함을 입증하였다(Ader & Cohen, 1993; Maier, Watkins, & Fleshner, 1994; Turkkan, 1989). 인간의 사례에서, 암의 표준치료법인 항암요법에서는 면역억제력이 있는 화학제재를 사용한다. 난소암을 앓고 있는 여성에게 한 병원의 동일한 치료실에서 항암요법을 반복해서 받게 한 연구에서, 그 여성은 항암요법을 받기 전에 단순히 그 병원의 그 치료실에 들어가는 것만으로도 면역억제를 나타냈다(Bovjberg et al., 1990). 신체의 면역체계 기능에 조건형성 과정이 영향을 준다는 흥미로운 연구를 하는 분야를 **정신면역학**(psychoimmunology) 또는 **정신신경면역학**(psychoneuroimmunology)이라고 부른다(Daruna, 2004).
2. Boy's Town에 살고 있는 15세 소녀의 사례에서, Friman과 Vollmer(1995)는 소변 경보기(urine alarm)가 주간형 유뇨증(낮에 오줌 싸는 것)에도 효과적으로 사용될 수 있음을 입증하였다. 경보기의 습기에 민감한 부분이 소녀의 속옷에 부착되었고, 경보기는 그녀의 겉옷에는 전혀 드러나지 않았다. 이 절차는 거의 즉각적인 성공을 보였지만, 그 성공은 반응적 조건형성보다는 도피와 회피 조건형성에 기반한 것으로 보인다. 이것은 경보기가 울릴 때마다, 아이가 당황해서 재빨리 화장실로 갔다는 사실을 통해 부분적으로 시사되었다. 따라서 그녀가 옷에 소변보는 횟수가 줄어든 이유는 경보기가 울릴 때 발생하는 혐오적 사회자극에 의하여 통제되었기 때문일 수 있다.

▶ 추가설명에 대한 연습문제

1. 정신면역학 분야를 기술하라. 정신면역학을 적용할 때 잠재적인 중요성은 무엇인가?
2. 야간형 유뇨증과 주간형 유뇨증에 소변 경보기를 사용하는 경우, 어떤 행동 원리가 성공을 보장하는지 논하라.

15 반응적 조건형성과 조작적 조건형성의 결합

"나는 학기말 리포트를 끝내야만 해!"

제출기한에 맞추어 반응하기

릭은 매니토바 대학교의 심리학과 2학년 학생이다. 학기가 시작될 때, 학생들은 중간고사기간까지 내야 하는 리포트 과제를 받았다. 다른 학생들과 마찬가지로, 릭은 '파티'를 좋아했다. 제출기한 일주일 전까지 릭은 리포트를 시작하지도 않았다. 제출기한 5일 전에 릭은 약간 신경이 쓰이기 시작했다. 그러나 릭은 친구들이 술집에 가자고 전화했을 때, '뭐야, 아직 5일이나 남았잖아.'라고 생각했다. 술집에서 친구들에게 "앞으로 나흘 동안은 나에게 전화하지 마. 나는 전공 리포트를 끝내야 하거든."이라고 말했다. 릭은 다음 날 리포트를 시작하기는 했지만, 제출기한은 생각보다 빨리 다가왔다. 하루하루 시간이 지남에 따라 그는 제시간에 리포트를 끝낼 수 있을지 점점 더 걱정이 되었다. 다행히도 그 뒤 사흘 동안 연달아 밤늦게까지 작업을 해서 리포트를 끝마칠 수 있었다. 릭은 어깨에서 큰 짐을 내려놓은 것처럼 느꼈다.

조작적-반응적 상호작용

3장에서 13장까지, 우리는 조작적 조건형성의 원리에 대하여 이야기하였다. 14장에서는 반응적 조건형성의 원리에 대하여 이야기하였다. 이러한 논의는 당신에게 이 두 가지 조건형성이 한 번에 하나씩 일어난다는 인상을 주었을 수도 있다. 그러나 어떤 경우에는 반응적 조건형성과 조작적 조건형성이 동시에 발생하기도 한다. 릭의 사례를 살펴보자. 우리 모두와 마찬가지로, 릭도 제출기한에 맞추지 못해서 벌을 받은 경험이 있을 것이다. 처벌은 반응적 반응(respondent reaction)으로서 불안한 느낌을 유발한다. 처벌과 이전에 짝지어진 결과로, 제출기한이 임박한 것은 릭에게 불안(CR)을 유발하는 CS가 되었을 것이다. 제출기한이 가까워질수록, 제출기한에 맞추지 못하는 것은 처벌과 더 강하게 연합될 것이고, 그에 따라 조건반응으로서의 불안도 더 강해질 것이다. 리포트를 작성하는 것은 어떤가? 이러한 설명이 어떻게 적용될 수 있는가? 리포트 작성과 관련된 반응들(참고문헌 찾기, 예비자료 읽기, 필요한 것 적기 등)은 조작적 반응이다. 이런 반응을 하면서 릭은 제출기한에 맞추어 리포트를 끝낼 수 있으리라는 것을 깨닫기 시작하고 불안이 감소하였다. 따라서 제출기한에 대한 생각은 릭에게 불안을 느끼도록(반응적 반응) 만들었으며, 제출기한에 맞추려고 반응한 것(조작적 반응)은 불안을 줄이는 부적 강화에 의해 유지되었다. 이 예에서 분명히 다른 요인들도 릭의 행동에 영향을 미쳤을 것이지만, 위의 분석은 조작적 조건형성과 반응적 조건형성이 어떻게 동시에 발생할 수 있는지를 예시하고 있다.

반응적 조건형성과 조작적 조건형성 둘 다를 포함하는 행동연속(behavioral sequence)의 또 다른 예를 생각해 보자. 꼬마 아이가 커다란 애완용 개를 향해 뛰어간다. 아이는 개를 두려워할 아무런 이유도 없었으므로 개에 대하여 전혀 두려움을 보이지 않는다. 그러나 그 개가 아이에게 장난치며 뛰어오르다가 아이를 넘어뜨렸다고 가정해 보자. 당연히 아이는 아프기도 하고 개가 거칠게 구는 것에 놀라서 울기 시작할 것이다. 이 행동연속을 [그림 15-1]에서 예시하였는데, 가장 먼저 고려할 것은 이것이 어째서 반응적 조건형성의 예인가 하는 점이다. 이전에는 특정 반응(우는 것과 다른 유형의 공포반응)에 대한 CS가 아니었던 자극(개를 보는 것)이 그 반응을 유발한 US(갑자기 넘어짐)와 짝지어짐으로써 CS가 되었다.

이제 행동연속에서 조작적 조건형성이 어떻게 포함되는지 살펴보자. 아이가 개에게 접근하는 조작적 반응 후에 벌칙(아이가 넘어뜨림을 당함)이 뒤따랐다. 처벌의 원리에

행동연속

가까이 있는 개를 봄 - - - - - - - - - - - - - - - - →

아이가 개에게 다가감 → 아이가 넘어짐 → 아이가 울음을 터뜨림 ('불안'이나 '두려움'으로 불리는 정서적 불편감을 보임)

반응적 조건형성

짝짓기 { NS (가까이 있는 개를 봄)
US (넘어짐) → UR('불안')

결과: CS(가까이 있는 개를 봄)가 CR('불안')을 유발하게 됨

조작적 조건형성

S (가까이 있는 개를 봄) → R (개에게 다가감) → 벌칙 (바닥에 넘어짐)

결과 1: R은 다시 발생하지 않을 것이다.

결과 2: 가까이 있는 개를 보는 것이 조건벌칙이 될 것이다(넘어지는 것과 짝지어졌기 때문에). (개를 보는 것이 도식에서처럼 이제 불안을 유발할 것이기 때문에 적어도 부분적으로는 벌칙이 될 것이다.)

[그림 15-1] 반응적 조건형성과 조작적 조건형성을 모두 포함한 행동연속. 여기에서 자극은 조건벌칙으로 발달하게 된다.

따라, 아이는 장차 큰 개에게 접근할 확률이 적어진다. 더욱이 가까이 있는 큰 개를 보는 것은 조건벌칙(conditioned punisher; 넘어짐과 짝지어졌기 때문에)이 될 것이다.

조작적 조건형성과 반응적 조건형성의 상호작용의 결과로, 아이가 앞으로 큰 개를 도피 또는 회피하게 될 확률이 높다. 즉 아이가 큰 개가 근처에 있는 것을 본다면, 그것이 CS가 되어 불안을 유발하게 될 것이다. 아이가 도망을 간다면, 불안은 감소될 것이다. 따라서 큰 개로부터 달아나는 것은 아이가 가까이 있는 큰 개를 보는 것(조건화된 혐오자극)과 불안감 둘 다를 도피할 수 있게 한다는 점에서, 부적 강화 또는 도피 조건형성에 의해서 유지될 가능성이 크다.

조작적 조건형성과 반응적 조건형성은 정적 강화물을 포함하는 행동연속에서도 발생한다. [그림 15-2]에서 예시된 행동연속에서 알 수 있듯이, 종소리는 반응적 반응에 대한 CS가 되며, 동시에 조작적 반응에 대한 S^D가 될 것이다.

행동연속

아이스크림 차가 계속해서 종소리를 울리면서 접근한다. - - - - - - - - →

아이가 거리로 달려가서 아이스크림을 산다. → 아이스크림을 먹는다. → 아이스크림이 입에 있는 동안 침이 분비된다.

반응적 조건형성

짝짓기 { NS(종소리)
US(입안에 있는 아이스크림) → UR(침 흘리기)

결과: CS(종소리)가 CR(침 흘리기)을 유발하게 됨

조작적 조건형성

S^D(종소리) → R(아이가 거리로 달려나가 아이스크림을 산다.) → 강화물 (입안의 아이스크림)

결과 1: 다음에 S^D가 제시되면 R이 발생할 것이다.

결과 2: 종소리는 조건 강화물이 될 것이다(아이스크림과 적절하게 짝지어졌기 때문에).

[그림 15-2] 반응적 조건형성과 조작적 조건형성을 모두 포함한 행동연속. 여기에서 자극은 조건 강화물로 발달하게 된다.

연습문제

1. 대다수의 사람들에게 제출기한이 다가오는 것이 왜 불안(CR)을 유발하는 CS로서 작용하는지 설명하라.
2. 반응적 조건형성과 조작적 조건형성이 어떻게 상호작용하여 릭이 제출기한에 맞추어 기말 리포트를 쓰도록 하는 데 영향을 미쳤는지 기술하라.
3. 혐오자극을 포함하며 반응적 조건형성과 조작적 조건형성을 모두 포함하는 행동연속을 기술하라. 반응적 조건형성과 조작적 조건형성의 구성요소를 도식으로 나타내라.
4. 정적 강화물을 포함하며 반응적 조건형성과 조작적 조건형성을 모두 포함하는 행동연속을 기술하라. 반응적 조건형성과 조작적 조건형성의 구성요소를 도식으로 나타내라.

3장부터 13장까지 각 장의 처음에 제시한 사례에서, 우리는 조작적 행동에 초점을 맞추었다. 14장과 15장의 사례에서는 반응적 행동에 초점을 맞추었다. 하지만 각 사례에서 개인은 아마도 반응적 조건형성과 조작적 조건형성 둘 다를 경험하였을 것이다. 행동수정가로서 우리는 이들 중 하나를 선택하여 초점을 맞추기는 하지만, 대부분의 상황에 반응적 조건형성과 조작적 조건형성 둘 다가 포함되며 완전한 행동적 설명을 하려면 때때로 이들 모두를 고려할 필요가 있다는 사실을 잊어서는 안 된다(Pear & Eldridge, 1984 참조). 반응적 조건형성과 조작적 조건형성을 모두 고려해야 하는 분야 중 하나가 정서에 대한 연구다.

정서의 반응적 요소와 조작적 요소

정서는 우리 삶에서 중요한 역할을 한다. 이런 중요한 주제를 충분히 이해하기 위하여, 다음의 네 가지 영역에서 반응적 조건형성과 조작적 조건형성의 역할을 검토할 것이다. ① 정서를 경험하는 동안 개인이 느끼는 반응(예, 중요한 채용 면접 직전에 명치끝에서 느껴지는 '불편감'), ② 정서를 밖으로 표현하거나 감추는 것을 개인이 학습하는 방식(예, 긴장되는 것을 감추기 위해 악수를 세게 하는 것), ③ 개인이 자신의 정서를 깨닫고 기술하는 방식(예를 들어, '정말 화난다'와 이와 대조적인 '조금 신경이 쓰인다'), ④ 정서의 몇 가지 원인들.

정서의 반응적 요소: 감정

정서의 반응적 요소는 일차적으로 14장에서 다루었던 세 범주의 반응들(소화계, 순환계, 호흡계의 반사)을 포함한다. 이런 반사는 자율신경계라고 불리는 신경계에 의해 조절된다. 예를 들어, 굉장히 두려운 순간에 당신의 내부에서 어떤 일이 일어나는가? 부신선이 혈류로 아드레날린을 분비하고, 그것은 행동을 취하도록 당신의 몸을 물리적으로 각성시키고 움직이게 할 것이다. 심장박동은 극적으로 증가한다(순환계). 동시에 호흡이 더 빨라져서(호흡계), 혈액에 산소 공급이 증가하게 된다. 증가된 심장박동률을 통하여 몸에 산소가 급격히 증가하고, 근육에도 더 많은 산소가 공급된다. 땀이 나기 시작하며, 이것은 몸에서 에너지 생산을 증가시키기 위하여 준비하는 냉각 기제로 작용한다. 이런 변화가 발생하는 것과 동시에, 위장에서 '메스꺼운' 느낌이 들 수 있다(소화계). 위와 장에 있는 혈관이 수축되고, 소화 과정이 방해받으며, 내장 기관의 피가 근육으로 가게 된다. 타액선의 활동이 차단되므로 입이 마르게 된다. 심지어 일시적으로 대소변을 가리지 못하게 될 수도 있다(이는 원시인이 도망가기 위한 준비로 몸을 가볍게 하고 또 추적자들의 주의를 산만하게 하려는 반응임). 이런 신체 내부의 반응은 싸우거나 도망가도록 몸을 준비시킨다. 이런 반응들은 진화의 역사에서는 분명히 생존 가치를 가졌지만, 현대사회에서 항상 유용한 것은 아니다.

자율신경계가 모든 반응적 행동에 관여하는 것은 아니다. 일부 골격근 반사도 반응적 행동이다. 신생아의 무조건반사에 대한 연구에서, 신생아는 갑자기 지지물을 놓치거나 큰 소리가 나거나 별안간 누가 밀면(US), 갑자기 숨을 헐떡거리고 손을 단단히 혹은 꽉 쥐며 입술을 오므리거나 우는 등(UR) 우리가 '두려움' 이라고 지칭하는 반응을 나타낸다. 다른 한편으로 신생아의 움직임을 방해하는 것(US)은 울고, 소리 지르며, 신체를 뻣뻣하게 만드는 등(UR) 우리가 '분노' 라고 지칭하는 반응을 유발한다. 또 간질이고, 가볍게 흔들고, 토닥거리면(US) '행복감' 이라고 지칭되는 미소를 짓고, 기뻐서 크륵크륵 소리를 내거나, 쿠쿠쿠 하며 좋아하는 반응들(UR)을 보인다. 비교문화적인 증거들은 이런 반사적 반응들이 보편적임을 시사한다(Ekman, 1972). 우리는 정서의 이런 생리적 요소들을 감정(feeling)으로 기술하도록 학습하였다.

우리가 선천적으로 타고난 정서적 반사의 정확한 수는 더 많은 연구가 이루어져야 알 수 있겠지만, 새로운 자극에 정서의 생리적 요소를 덧붙이는 데 반응적 조건형성이 중요하다는 것은 의심할 여지가 없다. 자율신경계에 의해 통제되는 거의 모든 신체기관과 내분비선은 반응적 조건형성의 영향을 받기 쉽다(Airapetyantz & Bykov, 1966). 연구자들이 인간의 정서에 대한 반응적 조건형성을 증명하였을 때, 그들은 자주 생리적 변화의 명백한 신호를 근거로 삼아 학습이 발생했음을 입증하였다. John B. Watson과 Rosalie Rayner(1920)에 의한 고전적 실험을 생각해 보자. 그들은 고전적 조건형성의 절차를 통하여 두려움이 학습될 수 있다는 것을 증명하는 데 관심이 있었다. 그래서 '앨버트' 라고 불린 11개월 된 정상적인 유아에게 실험을 수행하였다. 앨버트의 엄마는 연구가 수행된 병원에서 유모로 일하고 있었기 때문에, 앨버트는 주로 그 병원에 있었다. 예비관찰 동안, 앨버트가 마루의 담요 위에서 행복하게 놀 때 그 옆에 놓인 다양한 사물 중 어떤 것도 두려워하지 않는다는 것을 알 수 있었다. 이 실험자들은 또한 쇠로 된 상자를 망치로 쳤을 때 나는 큰 소리가 두려움 반응을 유발한다는 것을 보여 주었다. 그들은 앨버트가 이전에 아무런 두려움을 보이지 않았던 흰 쥐를 도입하였고, 앨버트가 쥐를 가까이서 보고 있었을 때 실험자 중 한 명이 앨버트의 머리 바로 뒤에서 망치로 쇠막대기를 쾅 쳤다. 큰 소리에 앨버트가 크게 놀라서 울었으며 그 외에도 두려움을 나타내는 여러 가지 행동을 보였다. 거의 일주일 간격으로 두 번의 개별 회기 동안 흰 쥐와 큰 소음을 전부 일곱 번 짝지은 후, 앨버트는 쥐에 대하여 매우 강한 두려움 반응을 보였다. 쥐가 나타날 때마다 앨버트는 울며 떨었으며 두려움에 찬 얼굴 표정을 보였다. 앨버트는 흰 쥐와 유사성을 가진 것들(즉, 토끼, 개, 모피 코트)이 도입되었을 때, 이런 것들에 대해서도 두려움 반응을 보였다. 앨버트는 큰 소리가 흰 쥐와 짝지어지기 전에는 이런 것들에 대해 아무런 두려움도 보이지 않았기 때문에, 흰 쥐에 확립된 두려움이 이런 것들에도 확산된 것으로 보였다. 운이 나쁘게도 Watson과 Rayner가 이 두려움을 소거할 기회를 갖기도 전에 앨버트는 병원을 떠났다. 그러나 Mary Cover Jones(1924)는 Watson의 제의를 받아들여, 흰 쥐와 음식을 짝짓는 것과 관련된 역조건형성 절차로 흰 쥐에 대한 유아들의 두려움 반응을 제거할 수 있음을 증명하였다. 지금은 실험의 목적으로 유아들에게 혐오자극을 제시하는 것은 비윤리적인 것으로 간주된다. Watson과 Rayner 연구에 대한 절차상의 의문점도 제기되었다(Harris, 1979). 그러나 이런 일련의 실험을 통하여 두려움이 반사적 학습에 의하여 영향을 받는다는 점이 분명해졌다(현대 학습 원리와 연구가 불안장애의 원인을 어떻게 설명할 수 있는가에 대한 논의를 보려면, Mineka와 Zinbarg[2006]를 참조하라.).

다른 정서와 연합된 감정들도 반응적 조건형성에 의해 영향을 받을 수 있다. 예를 들어, 가족이 재회할 때 가족 구성원들은 많은 행복한 순간들을 경험한다. 몇 주 후에 그때 찍었던 사진들을 보면, 그 사진들은 '행복한' 감정을 유발하는 조건자극이 될 것이다. 그러나 우리가 느끼는 자율 반응보다 정서에는 더 많은 것이 있다. 다음에는 조작적 조건형성이 정서와 어떻게 관련되는지 살펴보자.

정서의 조작적 요소: 행위, 설명, 자각

정서를 일으키는 사건을 경험할 때, 우리의 몸은 즉각 생리적 반응과 그에 수반되는 얼굴 표정으로 반응한다. 그런데 그다음에는 무엇이 일어나는가? 그것은 당신의 조작적 학습경험에 달려 있다. 예를 들어, 분노를 야기하는 상황에서 어떤 사람은 깊게 심호흡을 하고 걸어 나가는 반면, 같은 상황에서 다른 사람은 주먹을 꽉 쥐고 욕을 할 것이다([그림 15-3] 참조). 아기 앨버트는 처음에는 울면서 떠는 것으로(이 장에서 앞서 언급한 신체 내부 반응과 함께) 두려움의 반응적 요소를 나타냈다. 반면 조작적

[그림 15-3] 이전에는 강화되었던 반응 뒤에 강화물이 따라오지 않으면 분노를 일으킬 수 있다. 분노에는 어떤 조작적 및 반응적 구성요소가 있는가?

두려움 반응 또한 나타냈다. 흰 쥐가 제시되었을 때, 앨버트는 가능한 한 빨리 흰 쥐로부터 멀리 기어갔다. 정서의 조작적 요소는 각자의 이전 조건형성 내력에 따라 달라지기 때문에, 이러한 정서의 이차적 표현은 사람에 따라, 또 문화에 따라 다르다. 예를 들어, 스포츠 경기에서 북미의 팬들은 정정당당하지 않은 플레이에 대하여 야유로 불쾌감을 나타내는 반면, 유럽의 팬들은 휘파람을 불어서 불쾌감을 표현한다. 우리는 과거에 모델링하였거나 조작적으로 강화받은 방식으로 정서를 표현하도록 학습한다.

우리가 정서를 자각하고 기술하는 것을 배울 때에도 조작적 조건형성이 관련된다. 우리가 성장함에 따라, 주변에 있는 사람들은 우리의 정서에 이름을 붙이도록 가르친다. 우리의 행동에 따라, 부모들은 "왜 그렇게 화가 났니?" 혹은 "재미있지 않니?" 또는 "기분이 어떠니?"와 같은 질문을 한다. 이런 경험으로부터 우리는 '화난 상태' '행복한 느낌'과 '슬픈 느낌' 등에 대해 배운다. 9세 정도가 되면 대부분의 아이들은 학습을 통해 그들 자신과 다른 사람들이 보이는 대단히 많은 정서적 표현들을 인식할 수 있게 된다(Izard, 1991). 그럼에도 불구하고 정서와 관련하여 쉽게 기술되거나 정의되지 않는 부분도 많다. 우리가 '정서적'이라고 부르는 행동에 이름 붙이는 것에 영향을 주는 다양한 원천을 고려해 봄으로써, 이런 어려움을 어느 정도 설명할 수 있다. 가령, 남동생이 누나의 장난감 기차를 빼앗아 도망가고, 누나는 소리 지르며 남동생을 쫓아가는 것을 당신이 보았다고 가정해 보자. 당신은 그 소녀가 화가 난 것이라고 결론지을 것이다. 다음날 당신이 집에서 나오는데, 같은 소녀가 소리 지르면서 남동생을 따라가는 것을 보게 된다면, 당신은 이번에도 그녀가 화가 난 것으로 결론을 내릴 것이다. 그러나 두 번째 경우에 아이들은 단지 술래잡기를 하면서 놀고 있는 중일 수도 있다. 이와 같이 정서에 이름을 붙일 때, 우리는 그 정서를 일으킨 사건과 내적인 느낌, 관련된 조작적 행동을 항상 알 수 있는 것이 아니다. 이는 우리가 정서를 언급하는 방식에서 나타나는 불일치를 설명해 줄 수 있다.

정서의 몇 가지 원인

강화물 제시와 철회, 그리고 혐오자극의 제시와 철회는 적어도 네 가지 주요 정서를 일으킨다. 강화물의 제시는 '기쁨' 이라고 부르는 정서를 일으킨다. 시험에서 'A' 받기, 칭찬 듣기, 지불수표를 현금으로 바꾸기, 재미있는 영화 보기, 이 모두는 정적 강화물의 제시와 관련이 있다. 강화물을 보류하거나 철회하는 것은 '분노' 라고 불리는 정서를 일으킨다. 우리 모두는 이러한 분노를 일으키는 사건, 예를 들어 돈을 넣어도 자동판매기에서 상품이 나오지 않는 것, 병원의 진료실 앞에서 계속 기다리는 것, 시험을 보는 도중에 펜이 나오지 않는 것, 표를 사기 위해 줄을 서 있는데 당신 바로 앞에서 표가 매진되는 것 등을 경험해 왔다. 혐오자극의 제시는 '불안' 이라는 정서를 일으킨다. 어두운 골목길에서 무섭게 보이는 낯선 사람이 접근하는 것, 빠른 속도로 당신을 향해 곧장 달려오는 차를 보는 것, 혹은 당신 바로 뒤에서 개 짖는 소리를 듣는 것은 모두 당신에게 불안을 느끼게 할 것이다. 마지막으로 혐오자극의 철회는 '안도감' 이라고 부르는 정서를 일으킨다. 예를 들어, 가슴에 몽우리가 있다는 검사 결과를 받은 여성이나 전립선 비대라는 평가 결과를 받은 남성이, 그것이 암이 아니라는 것을 알게 되면 그 사람은 안도감을 느낄 것이다.

정서는 매우 약한 것으로부터 매우 강한 것까지 연속선상에서 발생할 수 있다. 예를 들어, 강화물의 제시는 약간의 기쁨에서 황홀경까지 넓은 범위의 정서를 일으킬 수 있다. 반면, 보상의 철회는 약간의 짜증에서 극심한 분노에 이르는 다양한 정서를 일으킬 수 있다. 혐오 사건의 제시는 약간의 염려에서 심한 공포에 이르는 정서를 일으킬 수 있고, 혐오자극의 철회 효과는 약간의 안도감에서 거의 정서적 허탈감과 비슷한 정도의 강렬한 안도감에까지 이를 수 있다. 다른 정서는 이런 기본 정서 중 몇 가지가 혼합되어 나타나는 것이다(예, Martin & Osborne, 1993 참조).

요약하자면, 많은 정서들이 강화물이나 혐오자극의 제시 혹은 철회에 의해서 일어날 수 있다. 우리의 정서는 세 가지 중요한 특징을 갖는다. 첫 번째는 특정 정서를 경험하는 동안 당신이 느낄 수 있는 자율 반응으로(얼굴을 찌푸리거나 웃는 것처럼, 대체로 가시적인 징후를 동반하는), 이는 반응적 조건형성의 영향을 받는다. 두 번째는 정서를 겉으로 표현하는 것을 학습하는 방식으로(소리치고 방방 뛰는 등), 이는 조작적 조건형성의 영향을 받는다. 세 번째는 정서를 자각하게 되고 기술하는 방식으로, 이 또한 조작적 조건형성의 영향을 받는다. 27장과 28장에서 우리는 문제가 되는 정서들을 변화시키는 데 반응적 조건형성과 조작적 조건형성이 어떻게 사용되어 왔는지 예를 들어 논할 것이다.

연습문제

5. 당신이 몹시 두려움을 느끼는 순간에 경험하는 몇 가지 생리적 활동을 기술하라.
6. 두려움, 분노, 기쁨의 정서를 특징적으로 보여 주는 무조건반사를 기술하라.
7. 앨버트 실험에서 US, UR, CS 및 CR은 각각 무엇인가?
8. 정서에 대한 비교-문화 연구에 따르면 정서는 보편적인 요소와 문화에 따라 독특한 요소를 모두 갖고 있다. 이런 명백한 모순에 대하여 어떻게 설명할 수 있나?
9. 기쁨, 분노, 불안, 안도감 등의 정서에 대한 주요 원인이라고 할 수 있는 절차들을 기술하라.
10. 정서를 구성하는 중요한 세 가지 특징을 각각 한 문장으로 요약하라. 그리고 각 특징에 포함된 조건형성의 유형은 무엇인가?

사고의 반응적 요소와 조작적 요소

정서와 마찬가지로, 우리가 일상적으로 '생각'이라고 부르는 많은 것들이 반응적 조건형성과 조작적 조건형성 둘 다와 관련이 있다.

반응적 요소: 심상

다음의 연습을 따라 해 보라. 눈을 감고 당신이 더운 여름날 뒷마당 잔디 위에 놓인 의자에 앉아 있다고 상상해 보라. 당신은 고개를 들어 맑고 푸른 하늘을 본다. 약간의 하얀 뭉게구름이 천천히 떠다니는 것을(당신이 색깔을 선명히 볼 수 있을 정도로 분명하게) 상상해 보라. 따라서 사고의 한 가지 유형은 단어에 대한 반응으로 상상하는 것(때로는 그것이 거의 실제인 것처럼 볼 수 있을 만큼 아주 생생하게 상상하는 것)을 통해 이루어지는 것처럼 보인다. 이것은 아마도 반응적(고전적) 조건형성을 통해서 발생할 것이다. 당신이 실제로 맑고 푸른 하늘을 본다면, 마치 Pavlov의 실험에서 음식이 개의 침 흘리기를 유발하였던 것처럼, 그 색깔은 당신의 시각계의 활동을 유발할 것이다. 성장하면서, 당신은 '푸른 하늘' 이란 단어가 실제로 푸른 하늘을 쳐다보는 것과 여러 번 짝지어지는 경험을 했을 것이다. 그 결과, 눈을 감고 당신이 하얀 뭉게구름이 있는 푸른 하늘을 쳐다보고 있다고 상상할 때, '푸른 하늘' 이라는 단어는 당신이 실제 장면을 '보는' 행동을 경험할 수 있도록 뇌의 시각영역에서 어떤 활동을 유발할 것이다. 이것은 **조건화된 시각**(conditioned seeing)이라고 불렸다(Skinner, 1953). 좀 더 넓은 의미에서, 우리는 **조건화된 감각**에 대해 생각해 볼 수 있다. 즉 우리가 경험을 통하여 조건화된 시각을 획득하는 것과 똑같이, **조건화된 청각**, **조건화된 후각**, **조건화된 느낌**도 획득할 수 있다. Martin과 Osborne(1993)이 기술한 예에서, 어떤 사람이 아주 독특한 향수를 지속적으로 사용하는 배우자와 여러 번 열렬한 성관계를 경험하였다. 어느 날 백화점에서 같은 향수를 뿌린 사람이 그의 옆을 스쳐 지나가자, 그 사람은 갑자기 배우자의 모습을 떠올리며 상상하였고(조건화된 시각), 온 몸이 '흥분되는' 느낌을 받았고(조건화된 느낌), 심지어 배우자의 목소리가 들리는 것 같았다(조건화된 청각). 이런 것은 또한 공상을 하는 동안 경험하는 것들의 일부다(Malott & Whaley, 1983). 공상을 하거나 이야기를 읽거나 듣는 것은, 어떤 의미에서는 거기에 있는 것이다. 그것은 마치 당신이 이야기 속에 나오는 사람들이 보는 것을 볼 수 있고, 그들이 느끼는 것을 느끼며, 그들이 듣는 것을 듣는 것과 같다. 다양한 조건화된 감각 때문에 누구나 이렇게 하는 것이 가능하다. 단어를 실제 장면, 소리, 냄새, 느낌과 연합해 온 우리의 오랜 경험으로 인하여, 저자가 단어로 기술한 장면을 경험하는 것이 가능하다. 우리가 생각하고 있을 때 발생하는 내적 활동은 실제로 존재하는 것이다. 즉 우리가 그 단어들에 반응할 때 우리는 실제로 보거나 느끼거나 듣고 있다(Malott & Whaley, 1983; Pear, 2001, pp. 108-109). 그렇다고 해서 모든 사람이 동일한 조건화된

추가설명 1

감각반응을 경험한다는 뜻은 아니다. 조건화된 감각반응은 의심할 바 없이 각 개인에게 독특하다.

조작적 요소: 혼잣말

심상 떠올리기(조건화된 시각)와 그 외에 다른 유형의 조건화된 감각은 사고의 한 유형이다. 사고의 또 다른 유형은 자기에게 말하는 언어 행동, 즉 혼잣말이다. 우리가 이전 장들에서 지적했던 것처럼, 우리의 언어 행동은 조작적 조건형성을 통하여 다른 사람에게서 배운 것이다. 어떤 말을 한 것이 효과적 결과를 가져왔기 때문에 말하는 것을 배우게 된다. 어린아이였을 때, 우리는 좋아하는 음식을 달라고 요청하는 것을 배우고 좋아하는 만화를 보겠다고 말하는 것을 배운다. 또한 엄마, 아빠와 다른 어른들을 기쁘게 하는 말을 배운다. 소리 내어 말하는 것이 과제를 좀 더 효과적으로 수행하는 데 도움이 되기 때문에 우리는 생각을 소리 내어 말하는 것을 배운다(Roberts, 1979). 아이들이 처음 학교에 다니기 시작할 무렵에는 어려운 과제를 해내기 위하여 큰 소리로 자기 자신에게 규칙을 되뇌곤 한다(Roberts & Tharp, 1980). 그러나 아이들이 5~6세가 되면 소리 내지 않고 속으로 혼잣말을 할 수 있게 되는데, 이를 하위음성언어(subvocal speech)라고 부른다(Vygotsky, 1978).

생각하는 것을 소리 내어 말하면 벌칙을 받기 때문에, 우리는 대개 매우 어린 나이에 자신에게 조용히 말하는 것을 배운다(Skinner, 1957). 예를 들어, 생각을 소리 내어 말하는 것은 다른 학생들을 방해하기 때문에 학교에서 교사는 학생들에게 혼자 속으로 생각하기를 요구한다. 타인이 괴로워하는 반응을 보이면, 자연스럽게 우리는 생각을 속에 담아 두어야 한다는 것을 배우게 된다. 당신이 파티에 가서 안주인을 소개받았을 때, 당신의 첫 반응이 "와, 정말 안 어울리는 옷이네."였을 수 있다. 그러나 당신은 아마도 그것을 소리 내어 말하지 않을 것이다. 대신에 당신은 단지 '속으로 말하거나' 혹은 '생각할 것이다'(속으로 혼잣말을 하는 다른 이유는 그것이 더 적은 노력을 요하며 밖으로 말하는 것보다 더 빨리 일어날 수 있기 때문이다.).

사적 사고와 느낌: 더 많은 반응적-조작적 상호작용

우리가 일상생활에서 '생각'과 '감정'이라고 부르는 것들 중 많은 것이 다른 사람이 관찰할 수 없는 수준에서 일어난다. 1장에서 지적한 것처럼, 우리는 이런 활동을 내현적인(covert) 혹은 사적인(private) 것이라고 부른다. 사적 행동은 '포착하기'가 더 어렵지만, 한편에서는 사적 행동이 공적 행동과 동일하다고 간주한다. 즉 조작적 조건형성과 반응적 조건형성의 원리와 절차가 사적 행동에도 적용된다.

우리가 사적 행동이라고 부르고자 하는 것은 종종 사고와 정서의 반응적 및 조작적 요소를 모두 포함한다. 다음의 예(Martin & Osborne, 1993에서 기술된)를 고려해 보자. 필자 중 한 사람은 작은 도시의 변두리에 위치한 농가에서 자랐다. 그는 커서 도시에 있는 학교에 다녔으며, 그에게는 도시 아이들에게 받아들여지는 것이 매우 중요했다. 도시 아이 중 하나인 윌프는 자주 그에게 '농사꾼' '헤이, 촌놈'이라고 놀리곤 했다. 윌프는 "여기 농사꾼 게리가 왔네. 헤이, 게리, 구두에 쇠똥이 묻었지?"라고 말하였다. 이제 토요일 오후에 게리와 그의 가족이 시내로 막 들어가고 있는 장면을 상상해 보자. 게리는 토요일 오후에 가족과 함께 록시 극장에서 하는 오후 공연을 보러 가려고 한다. 농장에는 TV가 없었기 때문에 이것은 대단한 일이었다. 게리는 '윌프와 마주칠지도 몰라.'라고 혼잣말을 한다(조작적 사고). 게리는 윌프를 분명하게 그려볼 수 있었으며(조건화된 시각), 또 윌프가 그에게 농사꾼이라고 놀리는 것을 상상할 수 있었다(조작적 사고와 조건화된 청각). 혐오적 경험에 대한 생각들은 불쾌한 느낌을 유발한다(반사적으로 학습된 반응). 그래서 게리는 '세련되게' 보여서 윌프가 트집을 잡지 못하도록 차림새에 특별히 신경을 쓰는 반응을 보인다.

사고와 정서의 반응적 및 조작적 요소를 모두 포함하는 사적 행동의 또 다른 예를 고려해 보자. 미식축구에서 라인맨(미식축구에서 공격선 혹은 방어선에 서 있는 선수)이 공을 빼앗기려는 찰나에 상대편 쿼터백을 추격하려고 준비하고 있는 것을 상상해 보자. 라인맨은 '내가 저 녀석보다 훨씬 낫지! 저 녀석의 머리채를 잡아 뜯어 버리겠어! 나는 역사에 남을 거야.' 하고 생각한다. 이런 종류의 혼잣말(조작적 사고)은 라인맨이 공격성을 갖도록 하는 데(반응적 정서) 도움을 줄 것이다. 혹은 단거리 육상 선수가 출발신호소리를 기다리며 출발선에서 서 있는 동안 '뛰어나가는' 것을 생각한다고 가정해 보자. 혹은 피겨 스케이팅 선수가 음악과 안무에 맞는 기분을 연출하기 위하여 연습하는 동안 자신에게 '우아하게 음악을 느끼면서'라고 혼잣말을 한다고 가정해 보자. 이런 예들에서, 조작적 혼잣말이 특정한 기분(정서의 반응적 요소)을 유발하는 CS로 작용한다.

많은 심리학 개론 교과서에서 받은 인상과는 반대로, 당신은 행동수정가들이 개인의 내부에서 일어나는 것을 무시하지 않는다는 점을 알게 되었을 것이다. 행동수정에 관한 대부분의 연구는 관찰 가능한 행동에 관심이 있지만, 많은 행동수정가들이 사적 행동을 다루는 것에도 관심을 갖는다. Joseph Cautela와 그의 동료들의 연구에서 보여 주는 것처럼, 사적 행동으로서의 사고와 감정은 행동수정가들에게 적합한 주제이며, 또 사고와 감정을 조작적 조건형성과 반응적 조건형성 원리에서 사용하는 용어로 쉽게 설명할 수 있다(예, Cautela & Kearney, 1993). 우리는 27장과 28장에서 문제가 되는 사고와 감정을 극복하는 행동적 전략들을 기술할 것이다.

연습문제

11. 이 책에서 제시하지 않은 반응적 사고의 예를 하나 들라.
12. 이 책에서 제시하지 않은 조작적 사고의 예를 하나 들라.
13. 행동수정가들이 사적 행동에 대해 말할 때, 무엇을 일컫는 것일까?
14. 이 책의 저자들이 공적 행동과 사적 행동에 대하여 가지고 있는 기본 가정은 무엇인가?
15. 조작적 사고가 어떻게 정서의 반응적 요소를 유발하는 CS로 기능할 수 있는지, 이 책에서 제시하지 않은 행동을 예로 들어 기술하라.
16. 행동수정가들이 사고와 느낌의 존재와 중요성을 부인하는지, 그렇지 않은지에 대하여 논하라.

적용연습

A. 타인에 대한 적용연습

정서 중 하나(예, 분노)를 택한 후, 당신이 알고 있는 두 사람에게서 그 정서가 조작적으로 어떻게 나타나는지 관찰하라. 그 정서의 조작적 구성요소가 두 사람에게서 다른가 혹은 유사한가?

B. 자기-수정 연습

당신이 자주 경험하는 정서에 대해 생각해 보라. 그 정서를 경험하는 데 반응적 반응과 조작적 반응이 어떻게 포함되는지 설명하라.

추가설명 및 심화토론

1. 많은 행동 기법들이 심상에 의존한다. 28장에서 우리는 Wolpe가 심상을 체계적 둔감화에 어떻게 사용하였는지를 기술할 것이다. 심상을 포함하는 또 다른 절차는 **내현적 민감화**(covert sensitization; Cautela, 1966)라고 불리는 것으로, 이것은 본래 문제가 되는 강화물을 혐오자극과 반복적으로 짝짓는 혐오치료(14장 참조)의 한 형태다. 혐오치료가 역조건형성에 기반한다는 것을 상기해 보라. 혐오치료는 문제가 되는 강화물이 혐오자극에 의해 유발되는 것과 유사한 반응을 유발하게 되기 때문에 덜 강화적일 것이라고 가정한다. 내현적 민감화에서 내담자는 문제가 되는 강화물과 혐오자극 둘 다를 상상한다. 이 절차는 자극을 짝짓는 것이 단지 내담자의 상상 속에서만 일어나기 때문에(다른 말로 하면, 내현적인 것이기 때문에) 그렇게 이름이 붙여졌으며, 이런 내현적 짝짓기 과정에서 예상되는 결과는 바람직하지 않은 강화물이 혐오적인 것이 되는 것이다(즉 내담자는 그것에 민감해지게 된다.).

   이 절차는 Irey(1972)가 기술한 것처럼, 금연을 원하는 내담자들에게도 사용되었다. 특정 회기 동안, 내담자는 식당에서 저녁을 먹고 난 후 담배에 불을 붙이고, 한 모금 들이마시고, 그다음에 갑자기 심하게 속이 뒤틀려서 자신의 손과 옷, 식탁보와 그 식탁에 있는 다른 사람들에게 토하게 되는 것을 생생하게 상상하도록 지시를 받는다. 그는 계속해서 구토를 하고, 다 토해 내자 식당 안의 다른 사람들이 역겨운 듯 그를 응시한다. 간단히 말해서, 이 장면은 매우 현실적이면서도 혐오적이다. 내담자가 극도의 혐오감을 느끼게 될 때, 그에게 담배를 끄고 곧 기분이 좋아지는 것을 상상하도록 지시한다. 이 장면은 내담자가 담배 없이 욕실에서 씻고 매우 큰 안도감을 느끼는 것으로 끝난다. 내현적 민감화에 대한 연구는 Cautela와 Kearney(1993)에서 찾아볼 수 있다.

▶ 추가설명에 대한 연습문제

1. 내현적 민감화의 이론적 근거는 무엇인가?
2. 내현적 민감화의 예를 구체적으로 기술하라.

16 행동변화의 일반화: 새로운 장면으로의 행동 전이와 유지

"안녕, 내 차에 네가 놀랄 만한 멋진 것이 있단다."

스탠이 스스로를 보호하도록 가르치기[1)]

쉬는 시간에 4세인 스탠이 유치원 운동장 구석에서 인형을 가지고 놀고 있었다. 그때 낯선 사람이 스탠을 유심히 지켜보고 있었지만 스탠은 눈치채지 못했다. 선생님은 보이지 않았다. 그 낯선 사람이 점차 스탠 옆으로 다가왔다.

"안녕, 이름이 뭐니?"라고 낯선 사람이 물었다.
"스탠이에요."라고 답했다.
"날씨 좋지? 스탠."

그 낯선 사람은 스탠과 이런저런 이야기를 나누다가 유치원 주위를 둘러보더니, "스탠, 나랑 산보할까?"라고 아무렇지도 않은 듯 물었다.

그 낯선 사람은 친절해 보였고, 스탠은 어른들의 말을 잘 듣는 아이였다. 그래서 스탠은 일어나서 그 사람 옆으로 갔다. 바로 그때 선생님이 나타났고 낯선 사람은 재빨리 사라졌다.

1) 이 사례는 Poche, Brouwer와 Swearingen(1981)의 실험에 기초한 것이다.

그 낯선 사람은 아동유괴범이었을까? 그렇지 않다. 이 사람은 사실 어린아이들에게 자기-방어 기술을 가르치는 방법을 연구하기 위한 실험의 연구보조원이었다. 그리고 스탠이 실험에 적합한 아이인지를 판단하기 위해 스탠을 테스트한 것이었다. 스탠과 다른 두 아이(패티와 존)가 실험에 참여하였는데, 이들은 유괴범이 자주 사용하는 꼬임의 말에 쉽게 넘어갔다. 이 아이들이 유인하는 말(예, "선생님이 나랑 빨리 오라고 말씀하셨어." "내 차에 네가 놀랄 만한 멋진 것이 있는데, 가서 보지 않을래?")을 하며 접근하는 낯선 사람을 쉽게 따라가는지를 확인하기 위하여 몇 차례 테스트를 실시하였다. 그런 다음 훈련이 시작되었다. 두 명의 어른 모델이 투입되어, 아동을 유인하는 장면을 연출하였다. 즉 한 모델이 다른 모델에게 접근하여 유인하는 말을 하면, 다른 모델은 "안 돼요. 선생님께 여쭤봐야 해요."라고 반응하며 학교 건물 쪽으로 뛰어갔다. 그런 다음 아동은 첫 번째 모델의 유인하는 말에 두 번째 모델과 똑같이 반응하도록 지시받았고, 그렇게 했을 때 사회적 강화(예, 칭찬)를 제공받았다. 때때로 물질 강화와 활동 강화(예, 스티커, 그네 타기)가 수반되었다.

아이들은 하루에 한 가지씩 유인에 반응하는 것을 훈련받았다. 첫 번째 유인에 여러 번 바르게 반응하면, 두 번째 유인에 반응하는 것을 훈련받았고, 그다음에는 세 번째 유인으로 넘어갔다. 이런 식으로 다양한 유인에 대한 반응을 훈련받았으며, 각 회기마다 훈련 장소는 운동장 내에서 약 2m씩 이동하여 실시되었다. 훈련이 끝난 후, 훈련에서 형성된 반응이 새로운 환경에서도 수행될 것인지를 확인하기 위해 아이들을 지역사회 환경에서 테스트 하였다. 세 명의 아동이 모두 새로운 환경에서도 유인에 대해 바르게 반응하였다. 12주 후에 스탠과 패티가 지역사회 장면에서 다시 테스트를 받았다. 스탠은 배운 대로 완벽하게 반응한 반면, 패티는 말로는 바르게 표현했지만 여전히 낯선 사람 주위에 머물러 있었다.

일반화

훈련 상황에서 훈련된 행동이 일상적인 상황으로 전이될 때, 혹은 훈련 과정을 통해 특별히 훈련받지 않은 행동이 새롭게 발달될 때, 혹은 훈련된 행동이 일상적인 환경에서 오랜 시간 동안 유지될 때, 훈련이 일반화되었다고 말한다(Baer, Wolf, & Risley, 1968). 이 세 가지 방식에 있어서 행동변화의 일반화를 위한 프로그램 설계 전략을 살펴보기 전에, 자극일반화(8장에서 소개됨)와 반응일반화에 대해 살펴보는 것이 도움이 될 것이다. 이어지는 논의에서는 기타 조작적 행동에 대해 언급할 것이다.

자극일반화

자극일반화(stimulus generalization)는 어떤 자극이나 상황이 존재할 때 특정 반응을 강화하는 절차와, 또 다른 자극이나 상황이 존재할 때 그 반응이 일어날 가능성이 증가되는 결과를 모두 포함한다. 8장에서 논의한 것처럼, 자극일반화가 발생하는 데에는 몇 가지 이유가 있다. 첫째, 두 자극이 물리적으로 더 유사할수록, 두 자극(예, 비슷하게 보이는 베리[berry]류) 사이에 자극일반화가 더 많이 발생할 것이다. 이것은 본래부터 존재하는(학습되지 않은) 특성이다. 둘째, 두 자극이 공통요소 자극 범주(공통적인 물리적 특성들을 가지고 있는 자극의 세트)에 속하는 개체들임(예, 초록색 문이 있는 집과 초록색 양말을 신은 소녀)을 우리가 학습했기 때문에 한 자극에서 다른 자극으로의 자극일반화가 일어난다. 셋째, 두 자극이 등가 범주(equivalence class)에 속한다는 것을 우리가 학습하였기 때문에, 한 자극에서 다른 자극으로의 자극일반화가 일어난다. 등가 범주란 실제로는 전혀 다른 자극들임에도 그 자극들이 함께 묶이거나 연결되는 것으로 학습한 경우 그 자극들의 세트를 뜻한다(예, '잡종개' 라는 단어와 어떤 개의 그림). 그러한 자극들은 동일한 행동을 통제하며, 한 자극에 의해 통제되는 행동에서 변화가 일어나면 다른 자극에 의해 통제되는 행동에도 유사한 영향을 준다는 점에서 기능적으로 등가다. 공통요소 자극 범주와 자극등가 범주를 개념(concepts)이라고 부른다.

위 문단의 첫 문장은 조작적 조건형성의 자극일반화를 기술하고 있다. 반응적 자극일반화는 반응적 조건반응(CR)이 새로운 자극에 대해 일어날 때 발생한다. 이에 대해서는 이 장의 후반부에서 다루게 될 것이다.

반응일반화

반응일반화(response generalization)는 어떤 행동이 강화된 결과, 다른 행동이 일어날 가능성이 증가되는 것을 말한다. 자극일반화처럼, 반응일반화가 발생하는 데에는 몇 가지 이유가 있다.

반응의 물리적 유사성이 상당히 큰 경우 나타나는, 학습되지 않은 반응일반화 두 반응이 물리적으로 유사할수록, 둘 사이에서 학습되지 않은 반응일반화가 더 잘 일어날 것이다. 예를 들어, 만약 당신이 라켓볼에서 포핸드를 배운다면, 스쿼시나 테니스에서 포핸드를 쉽게 할 수 있게 될 것이다. 왜냐하면 관련된 반응들이 매우 유사하기 때문이다. 마찬가지로, 만약 당신이 이미 스케이트를 배웠다면, 롤러 블레이드를 상대적으로 쉽게 배울 수 있을 것인데, 이유는 두 활동에 포함된 반응들이 유사하기 때문이다.

반응의 물리적 유사성이 거의 없는 경우 나타나는, 학습된 반응일반화　서로 많은 다른 특징들을 가지고 있지만 한 가지 공통된 특징을 공유하는 커다란 자극 범주가 존재하는 것처럼, 한 가지 공통된 특징을 공유하는 아주 다양한 반응들이 있다. 학습된 반응일반화는 그러한 반응 집단 내에서 일어날 수 있다. 예를 들어, 사물이나 사건이 하나 이상 있음을 의미할 때 단어의 끝에 's'를 덧붙이는 것을 학습한 아이는 그러한 반응이 문법적으로 틀린 경우에도 단어 끝에 's'를 덧붙이는 반응일반화를 보일 수 있다(예, 두 다리가 있는 그림을 보면서, 'feet' 대신에 'foots'라고 말하는 것). 스탠의 경우, 낯선 사람이 스탠을 유인하려고 할 때, 스탠이 '선생님' 대신 "안 돼요. 엄마에게 물어봐야 해요."라고 말했다면, 이것은 학습된 반응일반화의 예가 될 것이다. 왜냐하면 두 문장이 다르기는 하나, 일부 같은 단어들을 포함하고 있고 공통된 문법 구조를 가지고 있기 때문이다.

기능적으로 등가인 반응이기 때문에 발생하는, 학습된 반응일반화　같은 결과를 낳는 다른 반응들을 **기능적으로 등가인 반응**(functionally equivalent responses)이라고 부른다. 어떤 자극에 대해 기능적으로 등가인 반응들을 학습했기 때문에 반응일반화를 보일 수 있다. 만약 당신이 불을 피워야 하는 상황이라면, 당신은 성냥을 구해 불을 피우거나, 담배 라이터를 가지고 불을 지피거나, 또는 이미 존재하는 불에 나뭇가지를 집어넣어 새로운 불을 피우고자 할 것이다. 심지어 2개의 나뭇가지를 문질러 불꽃이 생기도록 할지도 모른다. 또 다른 예로, '정직해야 함'을 배운 아이는 진실을 말할 것이고, 다른 사람이 떨어뜨리거나 두고 간 값나가는 물건을 되돌려 줄 것이며, 시험에서 다른 학생의 답안을 베끼는 행동을 하지 않을 것이다. 이러한 반응들은 모두 아이가 지역사회의 여러 사람들로부터 칭찬을 받을 수 있다는 점에서 기능적으로 등가다.

연습문제

1. 자극일반화를 정의하고 이 책에 없는 예를 하나 들라.
2. 자극일반화와 자극식별 간의 차이를 설명하라. 그 차이를 보여 주는 예들을 기술하라.
3. 학습되지 않은 자극일반화와 공통요소 자극 범주를 포함하는 학습된 자극일반화를 구분하라. 각각의 예를 하나씩 들라.
4. 공통요소 자극 범주를 포함하는 자극일반화와 등가 범주를 포함하는 자극일반화 사이의 주요 차이점은 무엇인가?
5. 반응의 물리적 유사성 때문에 나타나는, 학습되지 않은 반응일반화를 정의 또는 기술하라. 그리고 예를 하나 들라.
6. 반응의 물리적 유사성이 거의 없는 경우 나타나는, 학습된 반응일반화를 정의 또는 기술하라. 그리고 예를 하나 들라.
7. 기능적으로 등가인 반응이기 때문에 발생하는, 학습된 반응일반화의 예를 하나 들라.

조작적 행동의 일반화 프로그램의 효과에 영향을 주는 요인들

일반화에 대해 논의할 때, 우리는 다음의 두 가지 상황을 구분한다. ① 초기에 행동이 강화되는 훈련 상황과 ② 일반화가 일어나기를 원하는 표적(target) 상황. 일반화 프로그램을 계획하는 것은 행동이 조작적 행동인지, 반응적 행동인지에 따라 다소 다르기 때문에 각각을 분리해서 고려해야 한다. 조작적 행동변화의 일반화 프로그램에는 자극일반화와 반응일반화, 행동유지 등을 위한 프로그램 전략이 포함된다.

조작적 자극일반화 프로그램 설계

초기에 자극일반화가 일어나는 것은 무엇보다 훈련 상황과 표적 상황 간의 물리적 유사성에 달려 있다. 두 상황이 유사할수록, 자극일반화는 더 많이 일어날 것이고, 따라서 그들 간의 식별은 덜 발생하게 된다. 추가설명 1

표적 상황에서 훈련하기 자극일반화 프로그램을 시도하는 행동수정가가 가장 먼저 기울여야 하는 노력은 훈련 상황의 마지막 단계를 가능한 한 표적 상황과 유사하게 만드는 것이다. 두 상황을 똑같게 하는 가장 좋은 방법은 바로 그 표적 상황에서 훈련하는 것이다. 예를 들어, 부모가 사탕 한 봉지를 살 때 거스름돈을 정확하게 계산하는 것을 아이에게 가르치고자 한다고 가정해 보자. 이를 가르치기 위한 가장 좋은 장소는 사탕을 파는 가게 안이 될 것이다(물론 더 통제된 상황에서의 예비훈련이 필요할 수 있다.).

훈련 상황에 변화 주기 이 방법은 훈련회기에서 올바른 반응이 강화될 때 주변에 존재하는 자극을 거의 통제하지 않는 식으로 이루어질 수 있다. 훈련회기 동안 매우 다양한 자극의 통제하에서 행동이 일어나도록 한다면, 그런 자극의 일부가 표적 상황에도 존재할 가능성이 높아진다. 그래서 이 장의 맨 처음에 나온 스탠의 사례에서, 놀이터와 자동차 소음과 같은 배경자극을 통제하려는(기초연구에서는 배경자극을 통제하려고 할 수도 있겠으나) 어떤 시도도 하지 않았다.

공통 자극 설계하기 세 번째 책략은 훈련 장면과 표적 장면 모두에 존재하는 특정 자극에 대한 행동을 발달시킴으로써 의도적으로 공통 자극을 계획하는 것이다. 예를 들어, Walker와 Buckley(1972)가 기술한 프로그램에서, 아이들은 치료교실에서 사회적인 교실 행동과 학업 관련 교실 행동을 학습하였다. 그리고 치료교실과 정규 수업교실에서 동일한 수업 자료(즉, 공통 자극)를 사용함으로써, 정규 수업교실로의 자극일반화가 이루어지도록 하였다.

공통 자극을 설계하는 데 유용한 전략은 학생이 새로운 상황에서 시연할 수 있는(속으로 되풀이할 수 있는) 규칙이나 지시의 통제하에서 바람직한 행동을 하도록 만드는 것이다(Guevremont, Osnes, & Stokes, 1986; Stokes & Osnes, 1986). 스탠은 '만약 유치원 운동장에서 알지 못하는 어떤 사람이 다가온다면, 유치원 쪽으로 달려가야 한다.' 라는 규칙을 배웠다. 새로운 상황에서의 자극이 훈련 동안 있었던 자극과 물리적으로 다르더라도, 새로운 상황에서 적절한 규칙을 시연하도록 함으로써 목표행동을 하게끔 할 수 있다(행동에 대한 규칙의 통제는 17장에서 더 자세히 논의할 것이다.).

한 개인이 훈련 상황에서 몇 개의 특정 자극에 대하여 목표행동을 표출하도록 배운 뒤 스스로 그 자극을 표적 상황에 가지고 가서 사용한다면, 그는 자기가 중재한(self-mediated) 물리적 혹은 언어적 자극을 사용하고 있다고 말할 수 있다. Martin(2007)은 어린 피겨 스케이트 선수가 연습 상황에서 익힌 숙련된 스케이팅 수행을 경기 상황으로 전이하기 위해 이런 전략을 어떻게 사용하는지를 기술하였다. 어린 스케이트 선수는 연습에서는 계속해서 더블 악셀을 성공하였지만, 경기에서는 그 순간에 흥분해서 급하게 점프하다가 자주 실수를 저질렀다. 이 문제를 해결하기 위해, 그녀는 도약 시 속도를 조절하기 위한 촉구로서 도약하는 발을 구르기 바로 전에 '부드럽게'(매우 천천히 그리고 쭉 뻗기를 뜻함)란 단어를 떠올렸다. 연습에서 이 핵심 단어를 지속적으로 사용하다가 경기에서도 사용하자, 경기에서 그녀의 수행이 향상되었다(Stokes & Osnes, 1989 참조).

충분한 자극 예로 훈련하기 네 번째 전략은 '충분한 자극 예로 훈련하기'인데, 이것은 Stokes와 Baer(1977)가 일반화 프로그램에서 가장 가치 있는 전략 중의 하나라고 한 것이다. 이 접근은 훈련에서 실시된 많은 자극의 수와 유형 때문에, 새로운 자극과 상황에 적절한 일반화가 일어날 확률을 증가시킨다. 그래서 스탠의 훈련도 유치원의 여러 장소에서, 몇 가지 다른 유인방법을 사용하여 이루어졌다.

Horner와 동료들은 자신들이 일반적인 사례 설계하기(general case programming)라고 불렀던 것에 대해 기술하였는데, 이것은 '충분한 자극 예로 훈련하기'를 변형한 것이다(Horner, Sprague, & Wilcox, 1982). 이 접근은 학습자가 반응할 것으로 기대되는 적절한 자극 상황의 범위와 요구되는 반응 변형들을 교사가 파악함으로써 시작된다. 그런 다음, 훈련 동안 적절한 자극 범위에 속하는 표본의 통제하에서 학습자의 행동과 수용할 만한 반응의 변형들이 나타난다. Sprague와 Horner(1984)는 발달장애 청소년에게 다양한 자판기와 그것을 사용할 때 필요한 반응들을 알려 줌으로써, 그들에게 자판기를 사용하는 방법을 가르치는 데 이 접근을 사용하였다. 이 접근은 일반화를 이끌어 내는 데 매우 효과적이어서, 학습자가 이후에 접한 어떤 종류의 자판기도 조작할 수 있도록 만들었다.

조작적 반응일반화 프로그램 설계

자극일반화 프로그램 설계에 비하여 반응일반화 프로그램 설계에 관한 관심은 더 적었던 것으로 보인다. 그럼에도 불구하고, 반응일반화 프로그램 설계를 위한 몇 가지 전략이 있다. 다음은 이들 중 세 가지 전략에 대한 설명이다.

충분한 반응 예로 훈련하기 반응일반화 프로그램을 짜기 위한 한 가지 전략은 자극일반화를 확립하기 위해 사용된 '충분한 자극 예로 훈련하기'의 전략과 유사하다. 이것은 '충분한 반응 예로 훈련하기'라고 불린다(Stokes & Baer, 1977). Guess, Sailor, Rutherford와 Baer(1968)는 이 기법을 사용하여 발달장애가 있는 소녀에게 복수명사를 정확하게 사용하여 말하는 법을 가르쳤다. 그들은 촉구와 강화를 사용해서, 처음에 그 소녀에게 하나의 사물(예, cup)을 제시했을 때와 2개의 사물(예, cups)을 제시했을 때 단수와 복수의 표현을 정확하게 써서 사물의 이름을 말하도록 가르쳤다. 그들은 정확한 단수/복수 표현의 수많은 예들을 가르친 후에도, 심지어 물체의 단수 이름만을 배웠을 때에도 소녀가 새로운 사물의 복수 이름을 정확히 말할 수 있을 때까지 위의 방식을 계속 사용하였다. 결국 그 소녀는 반응일반화를 보였다.

추가설명 2

훈련 동안 수용할 수 있는 반응에 변화 주기 또 다른 전략은 훈련 동안 수용할 수 있는 반응에 변화를 주는 것이다. 예를 들어, 창의력 개발을 위한 연구에서 Goetz와 Baer(1973)는 어린이집 아이들이 전에 블록 쌓기를 했던 방식과 다르게 블록 쌓기를 한 경우 그 반응을 강화해 주었다. 이러한 전략은 아이들의 창의적인 블록 쌓기를 증가시켰다.

행동 추진력 이용하기 반응일반화 프로그램 설계를 위한 세 번째 전략은 **행동 추진력**(behavioral momentum)을 이용하는 것이다. 이것은 기능적으로 등가인 하나 이상의 반응이 강화된 결과로, 어떤 반응이 발생할 확률이 순간적으로 증가하는 것이다. 지시에 잘 따르지 않는 아동의 행동을 수정하는 문제에 대해 생각해 보자. 지시에 따르는 것은 기능적으로 등가인 다양한 반응들을 포함할 수 있다. 따라서 아이가 일반적으로는 따르지 않는 지시에 따를 가능성을 증가시키기 위해서, 먼저 아이가 따를 가능성이 높은 지시를 주고 그런 지시에 따른 것을 강화하는 것이 효과적인 경우가 종종 있다. 그런 다음 아이가 이전 지시보다는 따를 가능성이 낮은 지시를 이후에 곧 제시한다면, 아이가 후자의 지시에 따를 가능성이 크게 증가된다(Mace & Belfiore, 1990; Mace et al., 1988; Singer, Singer, & Horner, 1987).

추가설명 3

연습문제

8. 행동의 일반화를 위한 프로그램 설계에 대해 논의할 때, 훈련 상황 대 표적 상황의 의미는 무엇인가?
9. 행동의 일반화를 위한 프로그램 설계의 세 가지 측면을 들라. 각 측면의 예를 하나씩 들어 보라.
10. 아동에게 자기-방어 기술을 가르치는 실험이 어떻게 행동의 일반화를 입증하는지를 짧게 기술하라.
11. 조작적 자극일반화를 위한 프로그램 설계의 네 가지 전략을 짧게 기술하라. 각각의 예를 하나씩 들라.
12. 조작적 자극일반화를 위한 프로그램 설계 전략 중 어떤 것이 물리적 유사성 때문에 발생하는 자극일반화를 이용한 것인가? 당신의 답의 근거를 들라.
13. 규칙을 가르치는 것이 어떻게 조작적 자극일반화를 촉진할 수 있는가? 일반화를 위한 프로그램 설계에서 작용하고 있는 것으로 보이는 일반적인 요소를 진술하고 예를 한 가지 들라.
14. 피겨 스케이트 선수가 일반화를 위해 자기가 만들어 낸 중재의 예를 기술하라.
15. 일반적인 사례 설계하기라고 불리는 일반화 전략을 기술하고 그 예를 하나 들라.
16. 조작적 반응일반화를 위한 프로그램 설계의 세 가지 전략을 짧게 기술하라. 각각의 예를 들라.
17. 행동 추진력이라는 용어의 의미는 무엇인가? 예를 하나 기술하라.

조작적 행동 유지 프로그램

새로운 장면으로의 자극일반화나 새로운 행동을 위한 반응일반화를 계획하는 것과, 치료적으로 변화된 행동(새로운 장면에서 나타나거나 새로운 행동으로 나타난)을 지속시키는 것은 별개의 일이다. 지속성은 무엇보다 행동에 대한 강화가 계속해서 이루어지는지의 여부에 달려 있다. 행동을 유지시키는 문제는 일반적으로 네 가지 측면에서 접근해 볼 수 있다.

행동 트랩핑: 자연적 수반성에 의한 강화효과 얻기 행동 트랩(behavioral trap)은 프

[그림 16-1] 행동 트랩핑의 예

로그램화된 강화물을 주어 발달시켰던 행동을 자연적 환경에서의 강화물로 '강제하는' (즉, 유지시키는) 수반성을 말한다(Baer & Wolf, 1970; Kohler & Greenwood, 1986). 행동 트랩을 사용하면 행동유지 프로그램에 매우 효과적일 수 있다. 이런 접근에서 행동수정가는 자연적 환경에서 일어나는 수반성을 실제로 확인하고, 그런 다음 그러한 수반성에 의해 표적행동이 유지될 수 있도록 해야 한다. 대부분의 사회적 환경에서 자주 강화되는 대표적인 행동의 예로는 말하기가 있다. 훈련 상황에서 말을 배운 후에는 자연적 환경에서 말하기가 줄지 않고 지속되는데, 그것은 말하기에 대한 일상생활에서의 강화 수반성 때문이다. 실제로 단지 소리를 흉내 내거나 몇몇 물건의 이름을 말하게 하는 것만으로도 일상생활에서의 강화 수반성을 통해 더 나은 말하기 행동이 발달되게 할 수 있다. 다른 예로, 수줍음을 타는 아이에게 이를 극복하도록 돕기 위하여 행동 트랩핑을 사용할 수 있다. 다른 아이들과 함께 노는 행동은 점진적으로 조형될 수 있다. 일단 이 행동이 확립되면, 행동수정가는 아이들과 함께 어울려 노는 행동을 더 강화하는 것에 대해 염려하지 않아도 될 것이다. 왜냐하면 다른 아이들이 놀이 과정에서 보살펴 줄 것이기 때문인데, 이것이 바로 사회적 놀이의 특성이다. 행동 트랩핑으로 행동을 유지시키는 다른 예를 [그림 16-1]에서 볼 수 있다.

자연적 환경에 있는 사람들의 행동 변화시키기 일반화를 지속시키는 문제에 대한 두 번째 접근은 보통 첫 번째 접근보다 더 어렵다. 이 두 번째 접근은 훈련 상황을 넘어서서 일반화된 학습자의 행동을 유지하기 위하여 표적 상황에서 다른 사람들의 행동을 실제로 변화시키는 것이다. 이 접근법에 따라 일반화를 지속시키기 위해서는, 표적 상황에 있는 사람들, 즉 부모, 교사, 이웃, 기타 표적행동과 관련 있는 사람들과 협조하는 것이 필요하다. 행동수정가는 이들에게 어떻게 학습자의 바람직한 행동을 적절하게 강화하는가와, 어떻게 바람직하지 않은 행동을 적절하게 소거하는가를 가르쳐야 한다. 또한 행동수정가는 이들의 적절한 행동을 종종 강화해 주어야 하는데, 이러한 강화는 적어도 학습자의 표적행동이 개선되는 시점까지 계속되어야 한다. 이러한 방법은 이들이 적합한 절차를 계속해서 적용하도록 강화할 것이다.

두 번째 접근의 예로, 자주 심하게 짜증 내며 울어 대는 아동의 사례를 생각해 보자. 아마도 이것은 그 아이가 부모로부터 관심을 끌어내거나 다른 강화물을 얻어 내는 유일한 수단일 수 있다. 물론 훈련 상황에서 더 바람직한 행동을 확립할 수도 있지만, 그러한 행동은 집으로 돌아왔을 때 주어지는 수반성이 바뀌지 않는다면 계속 유지되지 않을 것이다. 행동수정가는 이러한 경우에 다음과 같은 계획을 적용해야 한다. 아이가 짜증 내거나 울지 않고 장난감을 가지고 노는 것을 가르치도록 설계된 훈련 상황에서, 행동수정가는 먼저 목표행동에 맞는 적절한 강화계획을 선택한다. 예를 들어, 강화해 주는 빈도가 낮은 VI/LH(제한시간이 있는 변동간격) 강화계획을 세울 수 있는데, 부모가 집에서 매우 자주 강화를 주는 것이 현실적이지 않을 것이기 때문이다. 강화계획이 완성되면, 행동수정가는 아이의 어머니에게 아이의 바람직한 행동과 바람직하지 않은 행동을 정확히 기록하는 방법에 대해 설명해 준다. 그런 다음 행동수정가의 격려와 도움을 받아, 어머니는 아이가 거실에서 장난감을 가지고 놀 때 자주 강화를 한다. 점진적으로 어머니는 강화의 빈도를 줄여 나갈 것이고, 아이와 관련이 없는 활동에 더 많은 시간을 쓸 수 있게 된다. 어머니는 아이에게 강화를 주는 것을 잊지 않기 위하여 주방용 타이머를 사용할 수 있다. 이러한 과정 내내, 행동수정가는 어머니가 아이의 행동을 적절하게 관리하고 기록했을 때 어머니를 강화해 준다. 그런 다음 행동수정가는 어머니가 기록한 것을 점검하기 위해 가정방문하는 횟수를 점차 줄이면서 그 상황에서 빠질 것이다. 그러나 만약 그 프로그램이 잘못 진행되어 상황이 안 좋아지면, 행동수정가는 서서히 개입을 줄여 나가던 것을 일시적으로 멈추고 잘못된 부분을 교정하기 위하여 훈련 상황에서 다시 충분한 시간을 보낼 것이다. 이상적으로 볼 때, 표적행동을 적절하게 강화하는 어머니의 행동은 아이의 좋은 놀이행동에 의해서, 그리고 찡찡대거나 울거나 심하게 떼쓰는 행동의 감소에 의해서 유지될 것이다.

표적 상황에서 간헐 강화계획 활용하기 행동이 표적 상황으로 일반화된 후에는, 간헐 강화계획을 사용하여 적어도 몇 번은 표적 상황에서 의도적으로 그 행동을 강화하는 것이 바람직할 것이다. 간헐 강화계획은 그 행동이 표적 상황에서 더 지속되도록 하고, 그럼으로써 행동이 계속 발생할 가능성을 높여 그 행동이 자연적 강화물의 통제하에 놓이게 될 수 있다.

통제권을 개인에게 주기 행동수정 내의 한 영역은 개인이 행동수정을 자신의 행동에 적용하도록 돕는 것과 관련이 있다. 이 영역을 자기-관리, 자기-수정, 행동적 자기-통제라고 하는데, 개인이 자신의 행동을 관리하는 데 도움이 되며 따라 하기 쉬운 '방법' 들을 설명한 책들이 많이 나와 있다. 이 영역은 26장에서 더욱 충분히 논의될 것이다. 표적 상황에서 행동을 유지하도록 하기 위해 개인에게 통제권을 주는 것에는 다음의 두 가지 방법이 있다. 첫째, 개인에게 자신의 일반화된 행동의 예를 평가하고 기록하는 방법을 가르치고, 그러한 행동에 특정한 강화 절차를 적용하도록 하는 것이다. 둘째로, Stokes와 Baer(1977)가 제시한 것처럼, 개인이 일반화된 반응을 유지할 수 있도록 하기 위하여 자연적 강화 공동체를 형성하도록 하는 것이다. 예를 들어, Hildebrand, Martin, Furer와 Hazen(1990)은 쉼터에 있는 발달장애 근로자들에게 생산성 목표치를 채우고 나면 감독관에게 그 사실을 알리도록 가르쳤다. 이렇게 하자 감독관들이 근로자들에게 강화를 주는 빈도가 증가되었고, 이것은 다시 근로자의 생산성을 높은 수준으로 유지하도록 도왔다.

반응적 행동의 일반화 프로그램 설계

앞에서 지적한 것처럼, 조작적 행동의 일반화를 위해 프로그램을 설계하는 것은 자극일반화와 반응일반화, 그리고 행동유지와 관련된 전략들을 포함한다. 반응적 행동을 다룰 때에도 자극일반화가 중요하다. 예를 들어, 공포증을 소거할 때, 단지 하나의 특정 자극에 대한 두려움만을 감소시키고자 하지는 않을 것이다([그림 16-2] 참조). 그러나 반응적 조건형성을 포함하는 여러 처치에서, 우리는 전형적으로 시간이 경과해도 학습된 조건반사를 유지시키는 것에 많은 관심이 있다. 14장의 반응적 조건형성의 두 가지 예는 이러한 이유를 이해하는 데 도움이 될 것이다. 14장에서 변비에 대한 반응적 조건형성의 결과, 특정한 시간이 CS가 되어 장운동(또는 배변)(CR)을 일으켰다. 각 사례에서 성인들에게는 아침에 일어나자마자 배변을 경험하는 것이 바람직했다. 그들은 자극일반화가 일어나서 배변이 하루 중 시도 때도 없이 자주 일어나기를 바랄까? 아니다. 그것은 매우 불편한 일이 될 것이다. 또한 특정한 시간이라는 CS에 의해 여러 형태의 장 운동이 유발되도록 반응일반화 프로그램을 계획하는 것이 중요한가? 아니다. 그것은 오히려 적응하기 힘들 것이다.

14장의 또 다른 예(야뇨증)에 대해 생각해 보자. 한밤중에 방광에 압박감이 오는 것이 조건화된 후에, 이것이 CS가 되어 자다가 깨는 CR이 일어났다. 그래서 이후로 아이는 이불에 오줌을 싸지 않고 일어나서 화장실에 갈 수 있었다. 그러나 자극일반화가 일어나서 약간의 압박이 느껴져도 잠에서 깨어난다면 바람직하다고 말할 수 있을까? 아니다. 소변을 참기 힘들 정도의 압박이 이상적인 CS이며 그것에 맞추어 훈련하는 것이 필요하다. 잠에서 깨는 반응의 일반화 프로그램을 설계하는 것이 필요했을까? 아니다. 필요한 때에만 잠에서 깰 수 있다면, 잠에서 깨는 다른 방식은 중요하지 않은 것처럼 보인다. 이러한 예에서 볼 수 있는 것처럼, 조건반사를 포함하는 행동관리 프로그램에서는 자극일반화와 반응일반화 프로그램 설계가 관심사가 아닐 때가 자주 있다.

그러나 바람직한 조건반사가 시간이 경과해도 유지된다는 것은 중요하다. 만약 더

[그림 16-2] 반응적 행동의 자극일반화 프로그램이 실패한 예

이상 US와 짝지어지지 않고 CS가 제시된다면, CS는 CR을 유발하는 능력을 잃게 될 것이다. 그래서 반응적 조건형성을 포함하는 프로그램에서는 시간이 지나도 목표반응을 계속해서 유발하기 위해, CS를 US와 주기적으로 짝짓는 것이 필수적이다.

일반화의 함정

함정 유형 1

적절한 상황에서 학습한 행동은 부적절한 상황에서도 자극일반화되어 나타날 수 있다. 이것의 뚜렷한 예는 발달장애가 있는 사람들이 인사를 하거나 애정을 표현하는 행동에서 자주 볼 수 있다. 물론, 이러한 행동이 적절한 상황에서 발생한다면 매우 바람직한 일이다. 하지만 완전히 낯선 사람에게 다가가거나 그를 포옹하는 것은 좋은 결과를 얻기 어렵다. 이 문제의 해결책은 반가움을 표시하거나 애정을 표현하기에 적합한 상황과 부적합한 상황을 식별하도록 가르치는 것이다.

바람직한 행동의 부적절한 자극일반화의 또 다른 예는 파괴적인 경쟁심이다. 파괴적인 경쟁심을 자주 드러내는 사람이 있으며, 자주는 아니더라도 우리 모두 가끔씩은 이러한 성향을 나타냈을 것이다. 이러한 파괴적인 경쟁심은 부분적으로 스포츠 경기에서 승리했을 때 받는 강력한 강화에 기인한 것인지도 모른다. '이튼의 경기장에서 전쟁에 이긴 것은 사실일지 모른다. 그러나 전쟁은 또한 거기서 시작되었다(공격성은 또 다른 공격성을 낳는다는 뜻임-역자 주)'라는 옛 속담이 이를 잘 나타내 준다.

함정 유형 1의 두 번째 종류는 어떤 상황에서 바람직하지 않은 행동이 자극일반화되어, 그런 행동이 바람직하지 않은 새로운 상황에서도 나타나는 것이다. 걸음마를 배우는 손자를 지켜보면서 손자가 넘어질 때마다 큰일이라도 난 것처럼 행동하며 과잉 보호하는 할머니와 할아버지를 생각해 보자. 그 결과 할머니와 할아버지 앞에서 손자가 넘어지는 빈도가 증가할 것이다. 아이가 부모 앞에서도 자꾸 넘어진다면, 이것은 아이의 넘어지는 행동이 부모가 있는 상황으로 일반화되었기 때문이라고 할 수 있다.

함정 유형 1의 세 번째 종류는 반응일반화와 관련이 있는데, 바람직하지 않은 반응이 강화되어 유사한 바람직하지 않은 반응의 발생빈도를 증가시키는 경우다. 이러한 함정은 아동이 욕을 할 때 그런 '깜찍한' 행동을 즐거워하는 어른이 그 반응을 강화하여, 아동이 그 욕의 다른 변형된 말을 표현하는 예에서 찾아볼 수 있다.

함정 유형 5

(이 함정의 내용을 살펴보려면 3장의 94쪽을 참조하라.) 때때로 사람들은 바람직한 일반화를 위한 프로그램을 설계하지 못한다. 이것의 한 예는 시험 전날 밤에 벼락치기하는 학생들의 공부 습관에서 찾아볼 수 있다. 학생들은 공부하면서 질문과 어떤 단서를 언어적으로 연결하여 암기한다. 그러나 한두 개의 질문보다 더 다양한 자극통제하에 학습한 지식을 연결시키는 것이 중요하다는 것을 그들은 미처 생각하지 못한다. 많은 사람들이 제 2외국어를 배우면서 비슷한 경험을 하였을 것이다. 필자들은 고등학교 4년 동안 제 2외국어를 공부하였으나, 졸업할 때까지 그 언어로 말하지 못하였다. 그것은 시험 문제에 답을 쓰고, 영어 저널을 제 2외국어로 번역하고, 제 2외국어로 된 저널을 영어로 번역하는 행동 레퍼토리는 있었지만, 이러한 레퍼토리를 전형적인 회화 장면의 자극통제하에 두지는 못하였기 때문이다.

바람직한 행동의 자극일반화 프로그램이 제대로 안 되는 또 다른 예는 부모와 자녀들 사이의 상호작용에서 찾아볼 수 있다. 음식점과 같은 다양한 사회적 상황에서, 부모는 집에서 식사할 때 자녀에게 주는 것과 같은 자극이나, 혹은 같은 강화 수반성을 제공하지 않는다. 결과적으로 아이들은 집에서 보였던 훌륭한 행동이나 식사 예절을 음식점이나 다른 사회적 장면으로 일반화시키지 못한다. 부모가 "나는 너에게 좋은 아이가 되기 위해 어떻게 해야 하는지 가르쳤다고 생각했는데, 지금 보니……."라며 한탄하는 것은 드문 일이 아니다. 그런 부모들이 이 책을 읽고 연습문제와 적용연습을 해 본 다음, 자극일반화 프로그램을 훨씬 더 잘 수행할 수 있게 되기를 바란다. 그렇지 않으면, 당신은 우리가 "나는 어떻게 하면 좋은 행동수정가가 될 수 있는지 가르쳤다고 생각했는데, 지금 보니……."라며 한탄하는 소리를 듣게 될 것이다.

강화계획과 관련하여 행동변화 유지를 위한 프로그램 설계에 존재하는 많은 함정들은 6장과 7장에 기술되어 있다.

조작적 행동의 일반화 프로그램 설계를 위한 지침

훈련 상황에서 실제 생활로의 자극일반화와 반응일반화가 분명하게 일어나고 행동유지가 확실하게 이루어지게 하려면, 행동수정가는 가능한 한 다음과 같은 규칙을 숙지하고 따라야 한다.

1. 실제 생활에서 강화받을 가능성이 매우 높기 때문에 학습자에게 분명하게 유용한 표적행동을 선택하라.
2. 행동이 발생하기를 원하는 실제 환경과 가능한 한 유사한 상황에서 표적행동을 가르쳐라.
3. 다른 상황으로의 전이를 위하여 관련 있는 자극들을 최대한 선별하고, 다양한 형태의 바람직한 행동을 강화하기 위해 훈련 상황에 변화를 주라.
4. 가능한 한 많은 상황에서 표적행동을 성공적으로 확립하되, 가장 쉬운 상황에서부터 가장 어려운 상황으로 진행하라.
5. 새로운 환경으로의 전이를 촉진하는 공통 자극(규칙과 같은)을 설계하라.
6. 훈련 장면에서 수용될 수 있는 반응을 다양하게 하라.
7. 강화의 횟수가 실제 환경에서 주어지는 정도보다 더 적어질 때까지, 훈련 장면에서 강화의 빈도를 점차적으로 줄여가라.
8. 새로운 상황으로 바뀔 때 강화 빈도를 늘려서 학습자가 훈련 상황과 새로운 상황을 식별하려는 경향성을 없애라.
9. 일상적인 환경 내에 표적행동을 유지하기에 충분한 강화가 반드시 있도록 하라. 이 규칙은 특히 표적행동을 훈련 상황에서 일상적인 환경으로 옮겨가는 초기 단계에서 세심히 주의를 기울여 시행해야 한다. 학습자뿐만 아니라 일상생활에서 표적행동을 유지시키는 데 책임이 있는 사람들(부모와 교사 등)에게도 강화를 필요한 만큼 주어라. 그런 다음 표적행동이 감소되는 것을 막기에 충분할 만큼의 강화만 주면서 강화를 서서히 줄여 가라.

연습문제

18. 행동 트랩핑을 정의하고 예를 하나 기술하라.
19. 조작적 행동의 유지를 위한 프로그램 설계의 두 가지 책략을 짧게 기술하라. 각각의 예를 하나씩 들라.
20. 반응적 행동의 일반화와 관련한 고려사항과 조작적 행동의 일반화와 관련한 고려사항이 다른 이유를 짧게 설명하라.
21. 자극일반화를 포함하는 함정 유형 1의 예를 2개 들라. 이 중 하나는 바람직한 행동을 부적절한 상황으로 일반화하는 것을 포함하고, 다른 하나는 바람직하지 않은 행동의 일반화를 포함해야 한다.
22. 반응일반화와 관련 있는 함정 유형 1의 예를 하나 들라.
23. 함정 유형 5를 진술하라(3장의 94쪽 참조).
24. 바람직한 일반화 프로그램 설계에 실패하는 함정 유형 5의 예를 기술하라.

적용연습

A. 타인에 대한 적용연습

이 책의 앞장들에 기술된 사례 중, 일반화 프로그램을 위해 아무런 노력도 하지 않은 사례를 하나 선택하라. 그 사례를 가지고 일반화를 하기 위한 구체적이고 가능한 프로그램을 설계하여 그 개요를 기술하라.

B. 자기-수정 연습

1. 최근에 바람직한 방향으로 당신이 일반화했던 상황을 기술하라. 행동과 훈련 상황(행동이 처음 강화된), 테스트 상황(행동이 일반화된)을 밝혀라.
2. 바람직하지 않은 방향으로 당신이 일반화했던(다시 말해서, 결과가 바람직하지 않았던) 최근의 상황을 기술하라. 그 행동과 훈련 상황, 테스트 상황을 기술하라.
3. 당신이 10장의 마지막 부분에서 행동결핍 때문에 개략적으로 짰던 조형 프로그램을 생각해 보라. 그 조형 프로그램이 성공적일 것이라고 가정하고, 일반화 프로그램을 설계하기 위하여 무엇을 할 것인지 논하라(이 장에서 논의했던 일반화의 효과에 영향을 주는 요인들을 참조하라.).

추가설명 및 심화토론

1. Welch와 Pear(1980)의 연구에서, 특수교실에서 심한 발달장애가 있는 4명의 아동이 사물의 이름을 말하는 반응을 하는 데 있어 사물과 사물의 그림, 사물의 사진 중 어떤 것이 훈련자극으로 나은가를 비교하였다. 4명 중 3명의 아동이 사물의 그림이나 사진보다 사물을 가지고 훈련받았을 때, 일상생활에서의 실제 사물로 일반화하는 경향을 보였다. 언어적으로 가장 능숙했던 네 번째 아동은 사용된 훈련자극의 유형과 상관없이 상당한 일반화를 나타냈다. Salmon, Pear와 Kuhn(1986)의 추수 연구는 사물을 가지고 훈련한 경우, 그림을 가지고 훈련했을 때보다 같은 자극 범주 내의 훈련하지 않은 사물로의 일반화가 더 잘 일어남을 보여 주었다. 이 연구결과는 사물로의 일반화가 필요할 때, 심한 발달장애가 있는 아동의 부모나 교사는 가능한 한 훈련 자극으로 사물을 사용해야 한다는 것을 시사한다.
2. 반응일반화의 발생(309-310쪽에 제시된 예 참조)은 이 장의 앞부분에 제시된 단순한 정의보다 약간 더 복잡하다. 이 예에서, 특정 반응을 강화했을 때 그와 유사한 반응이 발생할 가능성이 증가하는 것으로 나타났다. 하지만 새로운 형태의 반응(새로운 사물의 복수형)은 새로운 자극(복수의 새로운 사물)에 대해서 발생하였다. 따라서 자극일반화가 또한 포함된다. 반응일반화를 정의하는 문제에 대한 자세한 논의를 보려면, *Journal of Organizational Behavior Management*, 2001, 21(4)를 참조하라.
3. **행동 추진력**이라는 용어는 이중적인 의미를 가지게 되었다(Pear, 2001, p. 172; Plaud & Gaither, 1996). 이 책의 본문에서 기술한 것처럼, 행동 추진력은 기능적으로 등가인 하나 이상의 반응이 강화받은 결과로 어떤 반응이 발생할 가능성이 순간적으로 증가하는 것을 말한다. 그러나 또한 그것은 그 행동에 대한 방해요소가 있는 특정 상황에서 행동의 지속성에 관한 이론이기도 하다. 이 이론에 따르면, 어떤 상황에서 강화가 더 많이 일어날수록, 그 상황에서의 반응은 방해요소에 더욱 저항적일 것이다(예, Mace, McCurdy, & Quigley, 1990 참조). 이러한 사실은 적어도 두 가지 함의를 갖는다. 첫째, 6장에서 지적한 것처럼, 간헐적으로 강화된 어떤 반응은 연속적으로 강화된 반응보다 소거를 통해 감소되는 데 시간이 더 오래 걸린다. 하지만 이 이론에 따르면, 그것은 연속 강화를 받은 행동이 간헐 강화를 받은 행동보다 소거되는 데 더 방해를 받는다. 따라서 연속적으로 강화된 반응은 다른 형태의 방해들에 더 저항적일 것이다(Nevin, 1992). 둘째, 반응을 감소시키는 한 가지 방법은 강화를 비수반적으로(즉, 반응에 독립적으로) 제시하는 것이다(Tucker, Sigafoos, & Bushell, 1998). 하지만 반응을 감소시키는 이 방법은 그 상황에서 더 많은 강화를 주는 결과를 낳아서, 그 반응이 방해에 더 저항적인 것이 되게 만든다. 행동 추진력 이론은 여전히 논란이 되고 있으며 더 많은 검증을 필요로 하지만, 이 이론을 지지하는 근거는 늘어나고 있다(Nevin & Grace, 2000).

▶ **추가설명에 대한 연습문제**

1. 발달장애 아동에게 사물과 그림의 이름을 가르쳤던 연구는 자극일반화 프로그램의 어떤 규칙을 예시하고 있는가? 이에 대해 설명하라.
2. 행동 추진력이라는 용어가 행동 문헌에서 사용되었던 두 가지 방식을 기술하라.
3. 반응 방해와 관련하여 행동 추진력의 실제적인 함의를 적어도 한 가지 이상 설명하라.

PART

3

선행자극통제 절차 활용하기

17 선행자극통제: 규칙과 목표
18 선행자극통제: 모델링, 신체적 지도, 상황 유도
19 선행자극통제: 동기

17 선행자극통제: 규칙과 목표

"스케이트를 잘 타지 못하면 어쩌죠?"

수잔이 스케이트를 잘 타도록 돕기[1)]

12살 피겨 스케이트 선수인 수잔은 피겨 스케이트 지역예선전에 출전하여 스포츠 심리학자와 코치 옆에 서서 그녀의 순서를 기다리고 있다. 수잔은 스포츠 심리학자를 바라보며 극도로 불안한 얼굴로, "2회전 점프에서 넘어지지 말아야 할 텐데. 꼴등은 하지 말아야 할 텐데. 스케이트를 잘 타지 못하면 어쩌죠?"라고 걱정스럽게 말한다. 스포츠 심리학자는 수잔의 부정적인 혼잣말이 그녀를 불안하게 만들고, 이러한 불안감으로 인해 좋은 경기를 할 수 없게 될 것임을 알 수 있었다. 그러나 행동수정 프로그램을 시도할 시간은 없다. 심리학자는 수잔에게 " '나는 연습에서 점프 착지를 잘 했으니, 여기서도 모두 잘할 수 있어.' 라는 말을 따라 해 봐. 그리고 네가 지금 따라 하고 있는 말에 집중하도록 해."라고 말하였다. 수잔은 "연습 때 잘 하던 대로 내가 하는 동작들에 집중해서 한 동작 한 동작 한다면 여기서도 잘할 수 있을 거야."라는 스포츠 심리학자의 말을 따라 했다. 또 수잔이 "나는 웃으면서 즐겁게 하고, 심판원들 앞에서 스케이트를 잘 탈 거야."라는 말을 따라 하자, 심리학자는 또한 복부에서 숨을 깊이 들이 마시는 복식호흡이라 불리는 이완 요법을 하도록 하였다. 그리고 그

---

1) 이 사례는 Martin과 Toogood(1997)에 기초한 것이다.

녀는 숨을 내쉴 때마다 "r-e-l-a-x"라고 조용히 말하였다. 긍정적인 혼잣말과 복식 호흡은 수잔이 안정되고 자신감을 갖도록 하였다. 그 순간, 수잔 앞의 선수가 막 경기를 마쳤다. 곧 수잔은 얼음에 발을 딛고 시작자세를 잡았다. 그리고 경기를 훌륭하게 해내었다.

선행자극통제

어떤 선행자극에 반응하는 행동이 강화되었다면 그 자극(사람, 장소, 언어, 냄새, 소리 등)을 제시하기만 해도 행동을 통제할 수 있다. 조형법과 연쇄법 같은 전략을 포함하는 행동수정 프로그램을 설계하기 전에, '기존의 자극통제를 이용할 수 있을까?' 라고 묻는 것이 중요하다. 스포츠 심리학자는 수잔의 부정적인 자기-진술을 수정하기 위해 긴 조형 과정을 사용하지 않았다. 대신 심리학자는 지시에 반응했을 때 강화받았던 경험을 사용하였다. **선행자극**(antecedent stimuli 또는 antecedents)의 조작에 초점을 맞추는 처치에서는 규칙, 목표, 모델링, 신체적 지도, 상황 유도, 동기 등의 선행자극을 활용하는데, 우리는 이 장에서 규칙과 목표를 다루고, 다음 두 장에서 모델링, 신체적 지도, 상황 유도와 동기를 다룰 것이다.

규칙

8장에서 제시했듯이, **규칙**(rule)은 한 행동이 어떤 결과를 가져오는 특정한 상황을 기술한다. 쉽게 말해서, 어떤 행동은 특정한 상황에서 강화를 받을 것이라는 말이다. 유아에게 규칙은 의미가 없다. 그러나 성장하면서 규칙에 따르면 보상을 받고(예, '네가 야채를 먹는다면 후식을 먹을 수 있다.'), 벌칙을 피할 수 있다(예, '조용히 하지 않는다면 네 방으로 보낼 것이다.')는 것을 배우게 된다. 그래서 규칙은 S^D로서 기능하는데, 여기서 규칙은 그 규칙에서 정한 어떤 행동을 표출하면 정해진 강화물을 받고, 규칙을 따르지 않으면 벌칙을 받게 될 것이라는 단서다(Skinner, 1969; Vaughan, 1989). (19장에서 제시된 것처럼, 규칙은 동기화 조작으로 기능할 수 있다.)

때때로 규칙은 위의 예에서 본 것처럼, 규칙을 따르는 것과 관련된 강화물이나 벌칙을 분명하게 규정한다. 어떤 경우에는 행동의 결과가 암시된다. 부모가 아이에게 한 방향을 가리키면서 "와! 저것 좀 봐라."라고 격양된 어조로 말했을 때, 아이가 부모가 가리킨 방향을 쳐다보면 흥미로운 어떤 것을 보게 될 것이다. 충고의 형태로 진술된 규칙에서도 강화물이 암시된다. 예를 들어, "너는 교육을 받아야 한다."라는 충고는 전형적으로 그렇게 하는 것이 연봉이 높은 직장을 구하게 될 것이라는 것을 의미한다. 반면, 명령이나 위협의 형태로 주어진 규칙은, 그 규칙을 따르지 않으면 벌을 받게 될 것임을 의미한다. 예를 들어, "그 꽃병을 만지지 마."라는 명령은 꽃병을 만지면 불유쾌한 일(꾸중을 듣는 일과 같은)이 발생할 것임을 내포한다.

강화 수반성의 세 가지 측면 모두를 규정하지 않고 이 중 일부만 규정한 것을 **부분규칙**(partial rules)이라 부른다. 앞 단락의 예는 행동에 초점을 맞춘 부분규칙이다. 어떤 부분규칙은 선행자극(예, 학교구역 표지판)은 규정하지만, 행동(감속 운전)과 결과(아이를 치는 사고를 피하는 것)는 암시된다. 또 어떤 경우에, 부분규칙은 결과(예, '98% 지출')를 규정하고, 선행자극(이 '카지노에서')과 행동('슬롯머신에 돈을 넣기')은 암시된다. 다양한 학습경험으로 인해 부분규칙 또한 우리의 행동을 통제하게 된다.

수반성-형성 행동 대 규칙-지배 행동

바비가 가족과 교회에 갔는데 예배 시간에 누나에게 귓속말로 재미있는 이야기를 소곤거린다. 누나가 이를 무시하고 동시에 엄마가 바비의 손을 꽉 잡으면서 바비를 엄한 얼굴로 쳐다보면, 바비는 교회에서 예배 시간에 덜 소곤거리게 될 것이다. 지금 어린이 하키팀에서 코치가 게임 방식에 대해 설명하고 있는데, 바비가 옆 친구들에게 재미있는 이야기를 소곤거린다고 가정해 보자. 바비의 친구들이 웃으면 바비의 소곤거리는 행동은 그 장면에서 강화될 것이다. 이 예에서 바비의 소곤거리는 행동, 즉 직접적 결과에 의해 강화된 행동을 **수반성-형성 행동**(contingency-shaped behavior)이라고 부른다. 다음 연습 시작 전에 코치가 "바비, 만약 내가 팀원들에게 말하고 있을 때 네가 소곤거리지 않고 주의 깊게 잘 듣는다면, 연습 후에 팀원들 모두 5분 동안 놀 수 있게 해 주마."라고 말했다고 하자. 연습 중에 바비는 자주 그 규칙을 되풀이해서 말하고 연습 동안 소곤거리지 않는다. 그리고 연습 후 5분 동안 놀 수 있는 강화물을 받는다. 여기서 코치가 팀원들에게 말할 때 소곤거리지 않고 코치의 말을 주의 깊게 듣는 바비의 행동을 **규칙-지배 행동**(rule-governed behavior), 즉 규칙의 진술에 의해 통제된 행동이라고 한다.

수반성-형성 행동은 즉각적인 결과를 포함하며 그 행동은 시행착오를 통해, 더 정확하게는 즉각적 강화와 비강화를 통해 점차 강화된다. 그러나 바비가 몇 번 소곤거리는 행동을 시도할 때, 팀원들은 웃어 주는 즉각적인 강화를 주고 다른 행동에는 강화를 주지 않음으로써 바비의 행동을 통제하였다. 즉 팀원들의 반응은 S^D로서 작용하였다. 그러나 바비가 교회에서 소곤거리는 행동을 누나와 부모 앞에서 몇 번 시도하였을 때 누나와 부모는 반응을 하지 않았으므로 몇 번의 소거시행 후 누나와 부모의 존재가 S^Δ가 되어 교회에서 소곤거리는 행동은 점차 감소하였다. 수반성-형성 행동과 달리, 규칙-지배 행동은 자주 즉각적인 행동변화를 가져오는 반면 지연된 결과(강화)를 포함한다. 바비의 코치가 연습 중 소곤거리는 행동을 하지 말라는 규칙을 주었을 때, 바비의 행동은 즉각적으로 개선되었다. 규칙을 따랐을 때 주어지는 강화물이 연습이 끝날 때까지 지연되었음에도 불구하고, 행동에 관한 규칙이 주어졌을 때 몇 번의 시행착오 없이 행동이 즉각적으로 개선되었기 때문에 자극통제가 이루어졌음을 알 수 있다.

규칙-지배 행동에 대한 지식을 통해, 앞에서 제시하였던 강화물의 간접효과를 포함한 일부 적용 예에 대하여 더 충분히 설명할 수 있다. 3장의 페르난도의 경우를 생각해 보자. 페르난도는 정시까지 출근하면 즉각적으로 2페소(약 500원)로 바꿀 수 있는 종이 한 장을 받게 될 것이라는 말을 들었다. 페르난도는 연구 기간 동안에 직장에 한 번도 늦지 않았다. 이것은 강화의 직접효과 때문이 아니었다. 왜냐하면 페르난도는 직장에 가기 위해 집에서 일찍 나가는 행동을 한 후 많은 시간이 지난 뒤에서야 2페소의 강화물을 받게 되었기 때문이다. 대신에 페르난도가 규칙을 시연하는 것(예, '만약 조금 더 일찍 집에서 나간다면, 나는 정시에 직장에 도착하게 되고 2페소의 돈을 받을 수 있다.')이 아침에 30분 일찍 집에서 나오는 행동을 통제하였을 것이다.

강화의 직접효과에 의해 강화되는 행동이 부분적으로는 규칙-지배 행동에서 나온 결과인 경우가 자주 있다. 예를 들어, 아이가 막 방을 청소한 뒤, "방을 청소하다니, 예쁘기도 해라."라는 말을 듣는다면, 방을 청소하는 행동을 더 자주 하게 될 가능성이 높다. 이 예에서 "방을 청소하다니, 예쁘기도 해라."라는 자극은 강화물로서 작용한 것으로 보인다. 그러나 아이는 또한 '만약 방을 청소한다면, 나는 착한 아이가 될 거야.'라는 규칙을 갖게 되었고, 그러한 규칙이 칭찬의 직접적인 강화 효과와는 별개로 앞으로 방을 청소하는 행동에 대해 규칙-지배 통제력을 발휘하게 될 것이다.

연습문제

1. 규칙을 정의하고 예를 한 가지 들라.
2. 경기 전 피겨 스케이트 선수가 말했던 규칙의 예를 기술하라.
3. 2학년 담임을 맡은 교사가 "아이들에게 책상에 조용히 앉아서 공부를 하라고 말해도, 아이들이 전혀 듣질 않아요."라며 당신에게 고충을 털어놓는다고 하자. 교사가 반 아이들에게 제시하는 규칙과 관련하여 작동하고 있는 수반성을 기술하라.
4. 부분규칙의 예를 들라(이 장에 기술되어 있지 않은 것으로). 당신의 부분규칙이 규정하고 있는 것은 세 가지 수반성 중 어떤 측면인가? 부분규칙이 규정하지는 않았지만 암시하고 있는 것은 무엇인가?
5. 수반성-형성 행동을 정의하고, 예를 들라.
6. 규칙-지배 행동을 정의하고 예를 들라.
7. 규칙-지배 행동과 수반성-형성 행동의 두 가지 일반적인 차이를 기술하라.
8. 당신의 행동 중 강화물의 간접효과의 예를 하나 들라.

규칙은 특히 언제 도움이 되는가

여러 장에 걸쳐 우리는 언어사용에 어려움이 있는 사람들에게 적용하는 행동수정 프로그램에서도 규칙 형태의 지시를 포함해야 함을 주장하였다. 30장에서, 우리는 왜 행동수정 프로그램이 모든 내담자들에게 분명히 설명되어야 하는지에 대한 윤리적 이유를 다룰 것이다. 그러나 언어사용에 어려움이 없는 사람들을 대상으로 한 행동수정 프로그램에 규칙을 포함하는 것이 특별히 효과적인 상황들이 있다(Baldwin & Baldwin, 2000; Skinner, 1969, 1974).

빠른 행동변화가 바람직할 때 규칙을 올바르게 사용하면 조형법이나 연쇄법 혹은 시행착오 경험보다 행동변화를 더 빨리 일으킬 수 있다. 앞의 예에서 스포츠 심리학자는 피겨 스케이트 대회에 출전한 수잔을 돕기 위해 "만약 연습에서 스케이트를 잘 타고 있을 때 생각한 내용에 집중한다면, 실제 경기에서도 연습 때 했던 것처럼 모든 동작에서 착지를 잘할 수 있어."라는 규칙을 제시하였다. 규칙에 대한 시연은 수잔이 점프해서 착지할 때 집중하는 데 도움이 되었다. 규칙은 또한 연습 때 경험했던 편안한 느낌을 갖도록 하는 조건자극으로 기능함으로써 스케이트를 잘 타도록 통제하는 맥락 자극의 일부분이 되었다.

행동의 결과가 너무 지연될 때 만약 부모가 주중에 저녁마다 한 시간씩 아이에게 공부를 시키려고 한다면, 아이에게 주말에 늦게까지 영화를 보도록 해 주는 것이 적합한 강화물이 될 수 있다. 그러나 금요일 밤에 영화 관람하기는 월요일에 한 시간 동안 공부하는 것으로부터 너무 지연되어 있다. 부모는 '만약 네가 이번 주 내내 밤마다 한 시간씩 공부한다면 너는 금요일에 심야 영화를 볼 수 있다.' 라는 규칙을 말함으로써 지연된 강화물이 목표행동에 효과를 낼 가능성을 증가시킬 수 있다.

매우 간헐적인 자연적 강화물로 행동을 유지하고자 할 때 백화점에서 판매원들이 위탁판매를 하고 있는데 판매가 저조하다고 하자. 판매를 하면 더 많은 돈을 벌 수 있다는 사실 때문에 판매원들은 판매와 동시에 강화를 받지만, 판매원들은 하나의 물건을 판매하기 전에 많은 고객들을 상대해야 한다. 다시 말해서, 판매원들이 자주 강화받지 못해서 비율긴장이 발생할 것이다. 백화점 매니저는 판매원들에게 '계속하자! 바로 다음 고객이 물건을 살 수도 있어.' 라는 규칙을 시연하도록 격려함으로써 판매원들이 계속 물건을 판매하도록 할 수 있다.

어떤 행동이 즉각적이면서 호된 처벌을 초래할 때 비싼 대가를 치르고라도 배워야 할 때 규칙을 통해 적절한 행동을 하는 방법을 배울 수 있다. 예를 들어, 어떤 학생들은 기말 리포트에 참고문헌을 달지 않고 책의 내용을 그대로 갖다 쓰는 것이 용납될 수 없는 일이라는 사실을 깨닫지 못한다. 학생들은 대학에 가기 훨씬 전에 '인용 허락을 받지 않고 내용을 도용하는 것은 표절이고 심각한 학문적 불이익을 가져올 수 있다.' 는 규칙을 배워야 한다.

왜 규칙이 행동을 통제하는가

사람들이 왜 직접적인 결과가 기술된 규칙에 따르는 것을 학습하게 되는지 그 이유는 쉽게 이해할 수 있다. '새로운 아이스크림의 맛을 보면, 그 아이스크림을 좋아할 것이다.' 라는 규칙을 따르는 것은 아이스크림의 맛에 의해 즉각적으로 강화될 것이다. '모닥불에서 뒤로 물러서지 않으면, 화상을 입을 것이다.' 라는 규칙을 따르지 않으면 즉각적 벌칙이 따를 것이다. 그런데 왜 우리는 매우 지연된 결과를 정의하는 규칙들도 따르는 것일까? 몇 가지 생각해 볼 수 있는 이유가 있다.

첫째, 규칙에서 정한 강화물은 지연되더라도, 개인이 규칙을 따르거나 혹은 따르지 않았을 때 다른 사람들이 결과를 즉각적으로 제시해 줄 수 있다. 예를 들어, 부모가 아이에게 '만약 네가 이번 주 매일 밤 한 시간씩 공부한다면, 너는 금요일 저녁에 심야 영화를 볼 수 있다.' 라는 규칙을 말한다고 하자. 부모는 월요일 저녁에 아이가 한 시간 공부를 하였을 때, 즉각적으로 "잘했구나. 계속 이렇게 한다면 금요일 밤 늦게까지 영화를 볼 수 있을 거야." 라고 말할 수 있을 것이다.

둘째, 개인이 규칙에 따른 후 즉각적으로 자기 자신을 강화하는 진술을 하는 것이다. 3장의 페르난도의 사례에서, 페르난도는 아침에 직장에 가기 위하여 30분 정도 일찍 집을 나서는 것에 대한 규칙에 동의한 후에, 직장에 늦지 않았을 때 받게 되는 돈으로 무엇을 살까에 대해 이런저런 생각을 했을 것이다(26장에서 자기-강화를 더 다룰 것이다.). 반면, 규칙을 따르는 것에 실패하면 즉각적인 자기-처벌이 따라올 것이다.

세 번째 가능성은 조작적-반응적 상호작용(operant-respondent interactions, 15장 참조)이 규칙을 따르면 자동적으로 강화되고 규칙을 따르지 않으면 자동적으로 처벌을 받는 강화 경험을 제공하는 것이다. 만약 당신이 '나는 지금 행동수정 공부를 시작하는 것이 좋다. 그렇지 않으면 내일 시험을 망칠 것이다.' 라는 규칙을 스스로 정했다고 가정해 보자. 아마도 정해진 기한에 맞추지 못했을 때 처벌을 받았던 경험 때문에, 그 진술은 시험 공부를 하지 않는 것과 연합된 자극에 대한 혐오감을 증가시킬 것이고 불안감을 유발할 것이다. 당신이 규칙을 따를 때, 당신의 불안감은 감소하게 되며 회피 조건형성에 의해 규칙을 따르는 행동이 유지될 것이다. 매일 정해진 기한을 자주 언어로 시연하는 것은 당신을 불안하게 할 것이고, 정해진 기한에 맞추어야 한다는 규칙에 반응하게 되면 기분이 나아질 것이다(Malott, 1989). 물론 그러한 자동적인 결과가 규칙을 따르는 것에 계속적인 영향을 줄지의 여부는 규칙을 따르지 않거나 정해진 기한을 지키지 않았을 때 처벌을 얼마나 계속적으로 받아 왔느냐 하는 경험에 달려 있다.

많은 예를 통해 규칙이 어떻게 일반적으로 행동을 발전시키고 유지시키는지 보았지만, 이러한 일반화에 예외가 있다는 것을 아는 것이 중요하다. 어떤 상황에서는 규칙에 부가적인 자극과 반응을 도입할 경우 수반성-형성 행동을 방해하는 그물(net) 효과를 초래할 수도 있다. 이러한 환경에서 규칙을 말하고 따르려는 사람은, 어떻게 걸어다녔는지를 생각하다가 거미줄에 걸린 속담 속의 지네와 같게 된다.

효과적인 규칙과 비효과적인 규칙

규칙은 그 규칙에서 정한 행동을 하면 강화물을 얻고, 혐오스러운 자극을 도피 또는 회피할 수 있다는 것을 알려 주는 단서다. 그러나 모든 규칙이 동일하게 작용하지는 않는다. 어떤 규칙은 다른 규칙보다 더 따르기 쉽다. 규칙을 따르는 행동에 영향을 주는 다섯 가지 조건을 보도록 하자.

행동에 대한 명확한 기술 대 막연한 기술 행동에 대해 명확하게 기술하고 있는 규칙이 막연하게 기술하고 있는 규칙보다 더 따르기 쉽다. 예를 들어, 피겨 스케이트 선수에게 만약 연습을 열심히 한다면 더 좋은 선수가 될 것이라고 말하는 것보다, "만약 네가 매일 45분 동안 적어도 60번 정도 점프연습과 회전연습을 한다면 그만큼 연습하지 않을 때보다 더 좋은 선수가 될 것이다."라고 말하는 것이 더 효과적이다.

상황에 대한 명확한 기술 대 막연한 기술 어떤 행동이 일어날 특정 상황을 기술하고 있는 규칙은 그 상황을 막연하게 기술하거나 기술하지 않은 규칙보다 더 따르기 쉽다. 예를 들어, 어린아이에게 "'해 주세요' 라고 말하도록 해라."라고 말하는 것은 "네가 무언가 다른 사람에게 요청할 때 '해 주세요' 라고 말하도록 해라."라고 말하는 것보다 비효과적이다.

일어날 가능성이 높은 결과 대 일어날 가능성이 없는 결과 규칙에서 결과가 지연되더라도 그 결과가 일어날 가능성이 높다면 그 규칙을 따르기가 더 쉬워진다. 10대 아이에게 "만약 네가 월요일에 잔디를 깎는다면 토요일에 2만 원을 줄게."라고 말하고 규칙을 지킬 때 항상 2만 원을 준다고 가정하면, 그 아이는 월요일마다 잔디를 깍을 가능성이 크다. 그 아이가 잔디를 깎으면 돌아오는 토요일에 2만 원을 받을 것이 확실하기 때문이다. 반면, 아무리 즉각적인 결과를 제시하더라도 그 결과가 일어날 가능성이 낮다면 그 규칙은 비효과적이기 쉽다(Malott, 1989, 1992). 이러한 점은 대부분의 사람들이 카누를 탈 때 구명조끼를 입는 것이 생명을 구할 수 있다는 사실을 알고 있으면서도 구명조끼를 입지 않는다는 점을 통해 생각해 볼 수 있다. 그리고 사람들은 자전거를 탈 때, 헬멧을 쓰면 큰 사고에도 머리를 심하게 다치지 않는다는 것을 알고 있다. 그럼에도 불구하고 왜 많은 사람들이 구명조끼 없이 카누를 타거나 혹은 헬멧 없이 자전거를 타는가? (규칙을 따르지 않는) 이유 중의 하나는 바람직한 안전 행동이 즉각적인 처벌일 수 있기 때문이다(예, 구명조끼와 헬멧이 너무 덥고 불편하다.). 다른 이유는 그러한 규칙(카누를 타는 동안 구명조끼를 입고 자전거를 타는 동안 헬멧을 써야 한다는 규칙)을 따르지 않아도 사고가 날 가능성이 낮기 때문이다. 많은 사람들이 카누를 탈 때 카누가 뒤집히거나, 자전거를 탈 때 머리를 다치는 심각한 사고가 좀처럼 일어나지 않는다고 생각한다. 여기서 우리는 그러한 상황에서 규칙을 사용하지 말아야 한다는 것을 말하려고 하는 것이 아니라, 자전거를 타는 사람은 자전거를 타기 전에 "만약 헬멧을 쓴다면 나는 머리를 심하게 다칠 가능성을 줄일 수 있어."라고 시연해 보아야 한다는 것을 말하고자 함이다. 그러나 일어날 가능성이 거의 없거나 낮은 결과의 규칙을 기술할 때, 그 규칙을 효과적으로 만들기 위해서는 모델링(18장 참조), 셀프-모니터링(26장 참조) 혹은 행동계약(26장 참조)과 같은 행동 관리 전략으로 보완할 필요가 있다.

큰 결과 대 작지만 축적됨으로써 유의미해지는 결과 큰 결과를 기술하는 규칙은 효과적이기 쉽다. 앞에서 인용된 예를 들어 보면, 잔디를 깎고 2만 원을 받는 것은 10대들에게 큰 결과였다. 그러나 규칙을 따를 때 오는 결과가 매우 작다면 효과적이지 않을 수 있다. 예를 들어, '나는 디저트를 먹지 않을 거야.' '나는 매주 세 번 운동을 할 거야.' 라고 결심했다면, 왜 그러한 규칙이 비효과적일까? 그러한 규칙을 따르기 어려운 한 가지 이유는 그 규칙을 따르는 것과 양립 불가능한(동시에 존재할 수 없는) 행

[그림 17-1] 왜 어떤 규칙들('디저트를 먹지 않는 것'과 같은)은 따르기가 어려운 것일까?

동을 지지하는 직접적인 결과가 있기 때문이다. 디저트를 먹는 것은 즉각적으로 달콤한 맛에 의해 강화된다. 그리고 자주 운동하는 것은 즉각적인 벌칙(지루하고 불편하고 피곤한)을 받는다(운동을 하지 않으면 이러한 즉각적인 벌칙을 피할 수 있다.). 그러한 규칙이 효과적이지 않은 두 번째 이유는 규칙을 한 번 따를 때 오는 결과가 너무 작아서 알아차릴 수 없고 단지 축적되어야만 의미가 있기 때문이다(Malott, 1989, 1992)(26장에서 다른 가능성을 다룰 것이다.). 즉, 한 번 디저트를 먹었다고 해서 몸무게가 많이 늘어나지는 않는다. 여러 번 디저트를 먹을 때 몸무게가 늘어난다([그림 17-1] 참조). 이와 마찬가지로 운동을 한 번 한 것은 눈에 보이는 이익이 없다. 여러 번 운동을 한 것이 축적되어야만 결과적으로 눈에 보이는 결과가 나타난다. 축적되었을 때에만 해롭거나 이로워 보이는(축적될 때까지 결과가 나타나는 것이 오래 지연되는) 작은 결과를 기술하는 규칙은 26장에서 설명한 자기-관리 전략으로 보완하는 것이 효과적일 것이다.

정해진 기한이 있는 경우 대 정해진 기한이 없는 경우 유치원 교사가 아이에게 "만약 네가 늘어놓은 인형을 모두 치우면, 다음 주에 네가 해 달라고 하는 것을 해 줄게."라고 말한다면 아이가 지연된 강화물을 위하여 장난감들을 정리할 것인가? 교사가 아이에게 "만약 네가 인형 모두를 지금 당장 치운다면 다음 주에 네가 해 달라고 하는 것을 해 줄게."라고 말한다면 어떨까? 구체적으로 '지금 당장'이라고 말하는 것이 차이가 있는가? 놀랍게도 그렇다. Braam과 Malott(1990)는 4세 아동의 연구에서 정해진 기한이 없으면서 일주일 동안 강화물이 지연되는 행동에 대한 규칙은 상대적으로 비효과적이라는 것을 발견했다. 반면 정해진 기한이 있으면서 일주일 동안 강화물이 지연되는 행동에 대한 규칙은 매우 효과적이었다. 아주 어렸을 때부터 우리는 정해진 기한에 맞추면 강화되고 정해진 기한에 맞추지 않으면 불쾌한 결과를 얻는다는 것을 학습한다.

요약하면, 크고 일어날 가능성이 높은 결과를 가져오는 명확한 행동에 대하여 정해진 기한과 명확한 환경이 기술된 규칙은 결과가 지연된다 하더라도 효과적이다. 반면, 정해진 기한이 없으면서 작고 일어날 가능성이 없는 결과를 가져오며 막연하게 행동과 환경을 기술하는 규칙은 효과가 크지 않거나 비효과적이다.

추가설명 1

규칙을 효과적으로 사용하기 위한 지침

규칙을 효과적으로 사용하기 위한 일반적 지침은 다음과 같다.

1. 규칙은 규칙을 적용하는 사람들이 이해하는 범위 내에서 기술되어야 한다.
2. 규칙은 다음 사항을 분명하게 밝혀야 한다.
   1) 그 행동이 발생해야 하는 환경
   2) 개인이 수행해야 할 명확한 행동
   3) 그 행동을 수행하는 데 있어 정해진 기한
   4) 그 규칙을 따를 때 오는 명확한 결과들
   5) 그 규칙을 따르지 않을 때의 명확한 결과들
3. 규칙은 일어날 가능성이 희박하고 작은 결과를 제시하기보다 일어날 가능성이 높고 큰 결과를 제시하도록 기술해야 한다(일어날 가능성이 거의 없거나 작은 결과를 기술하는 규칙은 25장에서 기술된 절차에 의해 보충될 필요가 있다.).
4. 복잡한 규칙은 따르기 쉬운 단계들로 세분화되어야 한다.
5. 규칙들은 유쾌하고 호감을 주는 방법으로 전달되어야 한다.
6. 현재 그 행동을 통제하는 자극이 아닌 다른 자극을 사용하고 싶다면 기존에 사용했던 규칙을 서서히 없애기 위하여 용암법을 사용할 필요가 있다.

연습문제

9. 행동수정 프로그램에 규칙을 포함하는 것이 특히 도움이 되는 네 가지 상황을 짧게 기술하라.
10. 우리가 매우 지연된 결과를 제공하는 규칙에 따르는 세 가지 이유를 예를 들어 설명하라.
11. 당신에게 지시를 하는 사람의 목소리 음색이 당신이 적절하게 지시를 따를 것인지 따르지 않을 것인지를 결정하게 하는 이유(8장의 추가설명 4에서 기술된 것처럼 맥락 자극통제의 용어로)를 설명하라.
12. 헬멧을 쓰는 것이 심각한 사고로부터 머리 부상을 막아 준다는 것을 알고 있는데도 자전거를 탈 때 헬멧을 쓰지 않는 행동을 우리는 어떻게 설명해야 하는가?
13. "나는 단 음식을 이제 먹지 않을 거야."와 같은 규칙이 상대적으로 비효과적인 이유를 어떻게 설명할 것인가?
14. 행동을 통제하는 데 효과적인 규칙과 비효과적인 규칙을 두 문장으로 구별하여 써 보라.

목표

목표(goal)는 개인이나 집단이 해내고자 하는 수행 수준을 기술한다. 목표설정 프로그램은 산업이나 기업 장면에서 트럭에 짐 싣기, 안전행동, 고객 서비스, 타자 치기와 같은 영역에서 수행의 개선을 가져왔다(Locke & Latham, 1990). 스포츠에서 목표설정 프로그램은 달리기 완주, 농구에서의 자유투, 테니스에서의 서브, 양궁에서의 정확한 과녁 맞추기와 같은 영역에서 개선을 가져왔다(Gould, 1998).

일상적으로, 목표는 동기적인 것으로 생각된다(19장에서 더 논의됨). 목표는 성공을 달성하기 위하여 필요한 노력을 기울이고 전념하도록 하는 것으로 간주된다. 목표는 사람에게 목적 의식을 주고 목표한 것을 향해 나가도록 돕는다. 그러나 행동적 관점에서 목표는 일종의 규칙이다. 예를 들어, 농구 선수가 "나는 10번 연속해서 자유투를 성공할 수 있을 때까지 체육관에서 연습을 할 것이다."라고 말한다면, 그 선수는 환경(체육관에서)과 행동(자유투를 연습하는)과 강화물(연속적으로 10번 자유투를 성공시키게 되는 것에 더해서 실제 경기에서 자유투를 성공할 가능성이 높아지는 강화물이 내포되어 있다.)을 정한 것이다. 그리고 규칙을 사용할 때와 같이, 목표설정은 강화물이 지연되거나(근로 장면에서 보너스는 그 일이 완성된 후에 받게 된다.) 혹은 강화물을 즉각적으로 받을 수 있지만 매우 간헐적인 경우(농구 선수는 처음에는 30개의 자유투 중 단지 한 골만 넣을 수 있다.)에 개인의 수행을 향상시키려 할 때 자주 적용된다.

목표설정을 규칙을 정하고 사용하는 것으로 볼 수도 있지만, 목표설정을 적용하는 상황은 종종 이 장의 초반부에 기술되었던 것과는 다소 다르다. 앞에서 규칙을 사용하여 자극통제를 하게 되면 즉각적인 행동변화를 일으키는 것이 가능하다고 하였다. 예를 들어, 스포츠 심리학자는 수잔에게 장기목표를 주기보다 '바로 그 자리에서' 도왔다. 반면, 목표설정은 일정 기간 동안 혹은 수많은 연습 기회 동안 어떤 목표를 향해 가는 개인에게 영향을 주는 데 자주 사용된다. 우리는 농구 선수가 연속해서 10개의 자유투를 던지는 목표를 즉각적으로 달성하리라 기대하지 않는다. 그럼에도 불구하고 그러한 상황에서 연습 목표를 정하는 것은 선수가 특정 목표를 정하지 않고 자유투를 연습할 때보다 더 빠른 수행의 개선을 가져올 수 있기 때문이다.

효과적 목표설정과 비효과적 목표설정

만약 여러 조건들이 충족된다면, 수행증진 전략을 통해 목표설정의 효력이 생긴다(Gould, 1998). 목표를 크게 두 가지 형태로 구별하면, 행동을 위한 목표와 결과를 위한 목표가 있다. 전자의 예는 건강식을 먹고 운동을 더 많이 하는 것이며, 후자의 예는 5kg을 감량하는 것이다.

구체적 목표가 막연한 목표보다 더 효과적이다 부부는 '더 나은 관계에 이르기' 라는 막연한 목표를 설정하기보다는 함께 30분 정도 좋은 시간을 보내고, 매일 그들의 관계에 대해 느끼는 것을 세 가지씩 말하는 구체적인 목표를 설정할 수 있다. 다이어트를 하려고 하는 개인의 경우 5kg 감량을 원한다고 말하는 것이 약간의 몸무게를 감량하기 원한다고 말하는 것보다 더 효과적이다. 다른 예로 당신이 월급 중 구체적으로 몇 %를 저축하기를 원한다고 말하는 것이 '약간의 돈을 저축하기를 원한다.' 라는 목표를 세우는 것보다 더 효과적이다.

특정 기술의 학습에 관한 목표는 숙달준거를 포함해야 한다 숙달준거는 기술 수행에 대한 구체적인 지침으로, 그 지침이 충족되면 기술이 숙달된 것이다. 만약 개인이 어떤 기술에서 숙달준거에 도달했다면, 이는 그 사람이 필요할 때 그 기술을 정확하게 수행할 수 있을 정도로 충분히 그 기술을 익혔다는 것을 의미한다. 운동기술의 학습에 있어 숙달준거의 예로는 골프에서 4피트 퍼팅을 연속해서 6개 성공시키기, 테니스에서 연속하여 10번 백핸드 치기, 농구에서 연속하여 10개의 자유투 넣기 등이 있다. 학업기술에서 숙달준거의 예로는 연대기표 외우기나 실수 없이 세익스피어의 소네트를 세 번 암송하기 등이 있다.

목표는 바람직한 행동이 일어나는 상황을 정의해야 한다 레슬링 선수에게 테이크다운(상대를 매트에 쓰러뜨리는 일련의 기술) 연습을 하겠다는 목표는 막연하다. '세 번 연속해서 팔 잡아 테이크다운 연습하기' 라는 목표는 양의 차원은 포함되어 있지만, 그 행동이 일어나는 상황을 나타내 주지는 않는다. '상대 선수가 중간 정도의 반격을 가하는 상황에서 세 번 연속해서 팔 잡아 테이크다운 연습하기' 라는 목표는 수행을 둘러싼 상황을 정의하고 있다. 이와 유사하게, 약 30명의 낯선 사람들 앞에서 발표하기 목표와 두 명의 친구들 앞에서 발표하기 목표는 다르다.

현실적이고 도전적인 목표가 최선을 다하라는 목표보다 더 효과적이다 '최선을 다하라'는 문구는 경기 전에 코치가 선수에게, 부모가 협주에서 막 연주를 시작하려는 자녀에게, 교사가 시험 전 학생들에게, 직장에서 고용주가 직원에게 자주 사용하는 말이다. 그러나 많은 연구에서, 최선을 다하라는 목표는 수행을 증진시키기 위한 구체적인 목표만큼은 효과적이지 않은 것으로 나타났다. 최선을 다하라는 목표는 막연하기 때문에 비효과적일 수 있으며, 단순히 최선을 다하라고 지시받은 개인은 상대적으로 쉬운 목표를 세울 수 있기 때문이다. Locke와 Latham(1990)은 어렵고 도전적인 목표가 보통 수준이나 쉬운 목표보다 더 좋은 결과를 산출하는 경향이 있다고 하였다. 행동적 관점에서 볼 때, 학습자에게 구체적인 목표를 정해 주는 교사가 단순히 최선을 다하라는 목표를 정해 주는 교사보다 목표를 달성했을 때 강화물을 지속적으로 제공해 줄 가능성이 더 높다. 왜냐하면 교사와 학습자는 학습자가 최선을 다했는지 아닌지에 대해 동의하지 않을 수 있기 때문이다. 어떤 사람의 심리와 행동 능력에 대한 정보가 늘 완벽하지 않기 때문에 목표가 쉬운지, 어려운지에 대한 판단은 어느 정도 주관적이다. 그러나 그러한 판단의 정확성은 개인의 현 수행 수준과 비슷한 능력을 가진 다른 사람들이 유사한 과제에서 보이는 수행 정도를 고려함으로써 극대화시킬 수 있을 것이다.

사적 목표(private goal)보다 공적 목표(public goal)가 더 효과적이다 학생들에게 공부할 자료가 있는 똑같은 소책자를 나누어 주고 세 집단으로 나누어 공부를 시킨, 다음에 소개되는 실험을 생각해 보자. 첫 번째 집단은 공적 목표설정 프로그램에 참여했다. 각 학생들은 공부할 시간의 양에 대한 목표와, 프로그램의 마지막 회기에 보는 시험에서 받기를 희망하는 점수와 관련된 목표를 설정하였다. 이 학생들은 그들의 목표를 그 집단의 다른 구성원들에게 말하였다. 두 번째 학생 집단은 사적 목표설정 프로그램에 참여했다. 그들은 그들 스스로 목표를 정하고 다른 사람들에게 그 목표에 대해 말하지 않는 것을 제외하고는 첫 번째 집단과 같았다. 세 번째 집단은 어떤 목표를 설정하도록 요구받지 않은 통제집단이었다. 이 학생들은 단순히 첫 번째 집단과 같은 시간 동안 공부할 자료가 주어지고 실험 끝에 시험을 본다는 것을 알고 있었다. 그 결과 공적 목표실정 집단은 다른 두 집난보다 시험에서 평균 17% 더 높은 점수를 받은 것으로 나타났으며, 나머지 두 집단의 수행은 거의 같았다(Hayes et al., 1985). 공적 목표 대 사적 목표 효과에 대한 위의 실험 결과가 Seigts, Meertens과 Kok(1997)의 실험에서도 유사하게 나타났다. Hayes와 그의 동료들은 공적 목표를 세우면 수행 정도를 평가할 수 있는 공적인 기준이 생기고, 목표를 달성하거나 달성하지 않은 것에 대한 사회적 결과를 내포하게 된다는 이론을 세웠다.

자신 외의 다른 사람이 목표를 알고 있는 공적 목표일 때 자신만 목표를 알고 있는 사적 목표일 때보다 목표를 달성할 가능성이 높다. 그러나 공적 목표를 설정할 때, 몇 가지 주의해서 실행하여야 한다. 당신이 어떤 사람에게 지속적으로 운동하도록 돕는 행동수정 프로그램의 일부로서 목표설정을 권하면서 다른 사람에게 목표를 알린다고 하자. 이때 목표를 함께 알고 있는 사람은 그 사람이 목표를 달성하지 못했을 때 부드럽게 목표를 상기시켜서 촉구할 수 있고 진전이 있을 때 격려해 줄 수 있는 사람이어야 하며, 목표를 달성하지 못했을 때 죄책감을 주는 사람이어서는 안 된다 (이러한 사항은 30장에서 더 다룰 것이다.).

목표설정은 정해진 기한이 있을 경우 더욱 효과적이다 우리 모두는 정해진 기한에 맞출 때 강화되고 정해진 기한에 맞추지 못했을 때는 혐오자극을 경험한 일이 있을 것이다. 이러한 경험을 이용하면 목표설정의 효과가 증대된다. 만약 당신이 새해에 친구와 친척들에게 이메일을 자주 보내겠다는 목표를 세운다고 하자. 만약 당신이 2월 1일까지 특정한 몇몇 사람에게 편지를 쓰겠다고 정해 두고, 3월 1일까지 더 많은 사람에게 이메일을 보내겠다고 결심하는 등 기한을 정해 둔다면 당신은 이 목표를 좀 더 쉽게 이룰 수 있을 것이다.

목표설정과 더불어 피드백을 주는 것은 목표설정만 하는 것보다 더 효과적이다 목표에 도달하는 진행의 정도를 보여 주는 피드백이 있다면 목표를 달성하기가 더 쉽다. 피드백을 제공하는 한 가지 방법은 진행 정도를 그래프로 그리는 것이다. 20장에서 다룬 것처럼, 목표달성 정도를 그래프로 그리는 사람은 그래프를 통해서 개선 정도를 보고 강화를 받을 것이다. 피드백을 제공하는 다른 방법은 장기목표를 수많은 단기목표로 나누는 것이다. 만약 어떤 부부가 집 안팎을 새로 칠하려고 한다고 하자. 단기목표는 2월 말쯤까지 침실을 칠하고, 3월 말까지는 거실을 칠하는 것 등이 될 것이다.

목표설정은 개인이 목표에 전념할 때 가장 효과적이다 개인이 목표에 계속 전념한다면 목표는 효과적일 가능성이 크다. 여기서 전념이란, 목표가 중요하고, 목표를 향해 열심히 할 것이며, 그렇게 하는 것이 이익이 된다는 것을 인식하고 있음을 나타내는 학습자의 진술이나 행동을 의미한다. 전념하도록 하는 하나의 방법은 학습자에게 목표설정 과정에 참여하도록 하는 것이다. 연구결과에 따르면, 자신이 스스로 선택한 목표는 다른 사람에 의해 외적으로 부과된 목표와 비교했을 때 최소한 동등하거나 그 이상의 효율성을 가진다(Fellner & Sulzer-Azaroff, 1984).

목표설정을 위한 지침

일상생활에서 많은 사람들이 새해 목표를 세운다. 그러나 이때가 목표를 세우기에 가장 적절한 때라고 할 수는 없는데, 이는 목표와 명절활동 간의 경쟁 때문이다. 게다가 1월 1일에 존재하는 자극은 1년 중 다른 때에 존재하는 자극과 매우 달라서 일반화하기가 쉽지 않다. 또한 새해 첫날에만 목표를 세운다면 이것은 1년에 한 차례만 일어나는 연중행사가 된다. 목표설정은 1년 내내 여러 차례에 걸쳐 일어날 때 더욱 효과적이다. 이때 연중행사로 목표를 설정하는 것보다 더 효과적인 목표설정 방법이 몇 가지 있다. 예를 들어, 목표를 달성하기 위하여 정해진 기한이나 시간제한이 없고, 진행의 정도를 알 수 있는 피드백 기제가 없으며, 목표가 매우 막연하거나 '최선을 다하겠다'는 결심에 그친다면, 목표는 행동에 영향을 주지 못할 것이다. 반면, 다음의 지침에 따라 목표를 설정한다면 당신이 세운 목표는 당신의 행동을 수정하는 데 유용할 것이다.

1. 구체적이고 현실적이며 도전적인 목표를 세워라.
2. 목표를 달성하기 위해 발생해야 하는 분명한 행동과 환경을 정의하라.
3. 목표가 달성되었을 때 혹은 달성되지 않았을 때 발생할 수 있는 구체적인 결과에 대하여 분명히 하라.
4. 장기목표를 몇 개의 단기목표로 세분하라.
5. 목표가 복잡하다면, 목표를 달성하기 위한 행동계획을 설계하라.
6. 목표를 달성하기 위한 기한을 정하라.
7. 목표에 전념하도록 하라.
8. 학습자가 친밀한 지지자와 함께 목표를 공유하도록 격려하라.
9. 목표를 향한 진행의 정도를 모니터링하기 위한 체계를 설계하라.
10. 목표를 향한 진전이 있을 경우 정적 피드백을 제공하라.

연습문제

15. 일반적으로 목표는 무엇을 의미하는가? 이 장에 없는 것으로 행동적 목표의 예를 하나 기술하라.
16. 목표설정은 규칙 사용하기와 다른가? 이에 대해 논의하라.
17. 효율적 목표설정과 비효율적 목표설정을 비교하여 요약한 여덟 가지 조건 중 여섯 가지 조건을 짧게 목록화하라.
18. 숙달준거는 무엇인가? 이 장에 없는 예를 하나 들라.
19. 행동적 관점에서 현실적이고 도전적인 목표는 왜 최선을 다하라는 목표보다 더 효과적인가?
20. 행동적 관점에서 공적 목표가 사적 목표보다 더 효과적인 이유는 무엇인가?
21. 목표설정 맥락에서 저자들은 전념의 의미를 무엇이라 보고 있는가?

적용연습

A. 타인에 대한 적용연습

1. 부모가 아이의 행동을 변화시키려고 했지만, 그 행동에 대하여 분명하고 즉각적이며 자연적 강화물을 주지 않은 경우를 생각해 보라. 규칙을 효과적으로 사용하기 위한 지침에 따라 부모가 원하는 방향으로 아이의 행동이 변화되도록 하기 위해 규칙-지배 행동을 어떻게 이용할 수 있는지 그 방법을 기술하라.
2. 당신에게 친숙한 젊은 층의 스포츠 연습 장면을 생각해 보라. 코치가 젊은 운동선수들의 바람직한 연습행동에 영향을 주기 위하여 어떻게 목표설정을 사용하는지를 기술하라. 어떻게 코치가 목표설정을 위한 지침을 따랐는지를 지적하라.

B. 자기-수정 연습

1. 효과적으로 규칙을 사용하기 위한 지침을 생각해 보라. 지금 신체적으로 수행할 수 있는 행동을 생각해 보라. 그 행동에 관해서 규칙을 정하라. 그리고 규칙을 효과적으로 사용하기 위한 지침에 따라 수반성을 설계하라.
2. 당신의 행동 중 수반성-형성 행동일 것이라고 생각되는 행동을 몇 가지 정하라. 자전거를 타거나, 한 발로 서서 균형을 잡거나, 나이프와 포크 내지는 젓가락으로 먹거나, 휘파람으로 짧은 곡조를 불거나, 콤팩트로 얼굴을 두드리거나 하는 등의 행동일 것이다. 당신이 그 행동을 얼마나 잘 수행하는지에 대한 척도(예, 실수한 횟수)를 고안하고 그 척도를 사용해서 몇 번에 걸쳐 행동의 수행을 기록하라. 다시 행동을 수행하기 위한 규칙들을 기록하고, 규칙에 따라 주의 깊게 다시 수행하고 몇 차례 그 행동을 기록하라. 당신이 측정한 바에 따르면 규칙이 포함될 때 수행에 어떤 영향을 미치는가? 당신의 결과를 해석하라.

추가설명 및 심화토론

1. 불면증으로 고통받는 사람들은 약물로 그 문제를 치료할 수 있으며, 또한 규칙-지배 행동에 따른 행동수면치료를 받을 수 있다(Smith et al., 2002). 행동수면치료는 다음의 규칙을 포함한다. ① 규칙적으로 운동하되 늦은 저녁에는 피하라. ② 잠자리에 들기 전에 편안하게 이완하도록 하라. ③ 늦은 밤에 카페인이나 알코올을 섭취하지 말라. ④ 졸립다고 느낄 때 침대로 가라. ⑤ 10분 내에 잠이 들지 않으면 침실에서 나와 졸릴 때까지 책을 읽으라. ⑥ 침대에서는 자는 것 외에 다른 활동을 하지 말라. ⑦ 잠이 든 시간과 상관없이 매일 아침 정해진 시간에 기상하라. 불면증 환자 470명을 대상으로 한 22개의 연구를 개관한 결과, 행동수면치료가 약물치료보다 모든 결과치에서 더 효과적이었다. 이것은 행동치료가 만성 불면증의 치료에서 가장 좋은 치료방법임을 나타낸다.

▶ 추가설명에 대한 연습문제

1. 행동수면치료를 위한 다섯 가지 규칙을 목록화하라.

18 선행자극통제: 모델링, 신체적 지도, 상황 유도

"제임스, 발바닥을 느껴 봐."

마음챙김 기반 개입방법을 공격성 치료에 적용하기[1)]

제임스는 27세의 경도 지적장애인으로 몇 년 동안 정신병원 입원을 반복하였다. 제임스는 그룹홈에서 계속 살고 싶어 했지만 그의 공격적 행동 때문에 정신병원에 정기적으로 가게 되었다. 다양한 공격성 관리 치료를 받았지만 어떤 치료도 성공하지 못했다. 정신병원에 1년간 입원한 후에도 언어적 및 신체적 공격성을 통제하지 못했기 때문에 제임스는 마음챙김에 기반한 자기-통제 전략을 시도해 보는 것에 동의하였다. 마음챙김(27장에서 더 논의됨)은 오감, 사고, 느낌과 관찰 가능한 행동을 순간 순간 완전히 인식하는 것을 의미한다.

'발바닥' 이라 불리는 절차를 통해 제임스는 발바닥에 집중함으로써 그 순간 화나게 했던 것에서 주의를 분산시키는 것을 배웠다. 이렇게 함으로써 제임스는 화가 난 상황에서 벗어나 진정되고 웃을 수 있었다. 치료자는 제임스가 이 전략을 연습하도록 하기 위해 모델링과 역할연기를 병행하였다. 치료 회기 동안, 제임스는 항상 발을 편 채 바닥에 서 있거나 앉아 있었다. 치료자들은 제임스에게 화가 나서 언어적 또는 신체적 공격성을 나타냈던 때를 떠올려 보라고 하였다. 제임스가 그 순간 호흡이 가빠

1) 이 사례는 Wahler, Adkins와 Myers(2003)의 연구보고서에 기초한 것이다.

지면서 화가 난 신호를 보이면, 치료자는 "발바닥을 느껴 봐. 천천히 발가락을 움직여 양말을 느껴 봐. 너는 그걸 느낄 수 있니? 자 이제 발뒤꿈치를 신발 뒤쪽으로 움직여 신발에 뒤꿈치를 문질러 봐. 계속 천천히 숨을 들이쉬고 안정될 때까지 발바닥에 집중해 봐. 그리고 이제 미소를 짓고 그 상황에서 물러서 봐. 내가 하는 것처럼."이라고 말하며 말한 행동을 그대로 모델링해 준다. 그런 다음 치료자와 제임스는 웃으면서 걸어간다. 치료자는 이러한 훈련을 5일 동안 하루에 두 번씩 30분의 역할연기 시간 동안 하였다. 이것을 그다음 주 숙제로 연습하도록 하였고 제임스는 실제 상황에서 그의 언어적 및 신체적 공격성을 통제하기 위해 이 절차를 사용하도록 지시받았다. 이 절차는 매우 효과적이었다. 치료 전에 제임스는 한 달에 평균적으로 약 15번의 신체적 공격성과 10번의 언어적 공격성을 보였다. 치료 후 그룹홈으로 돌아가기 위해서는 정신과 병동에서 공격적 행동을 6개월 동안 하지 말아야 하는데, 실제로 6개월 동안 공격적 행동이 나타나지 않아 그룹홈으로 돌아갈 수 있었다. 제임스는 그다음 해에도 공격적 행동을 하지 않았고 그룹홈에서 계속 살 수 있었다.

기존의 자극통제 활용하기

우리가 앞 장에서 시사한 바와 같이, 행동수정 프로그램은 쉽게 따라 할 수 있는 규칙들로 이루어진 지시를 포함해야 한다. 그러나 때로는 지시로는 충분하지 않으며 제임스의 경우처럼 다른 형태의 선행자극을 도입하는 것이 필요하다. 이 장에서는 여러 형태의 자극통제를 이용하는 부가적인 전략들을 기술한다.

모델링

모델링은 행동 표본을 제시함으로써 개인이 유사한 행동을 하도록 유도하는 절차다. 규칙들과 마찬가지로 모델링도 아주 강력할 수 있다. 다음의 단순한 실험을 수행함으로써 이를 몸소 체험할 수 있다.

1. 하루 종일 속삭이면서 말해 보라. 그리고 주변 사람들이 당신과 마찬가지로 얼마나 자주 속삭이는지 주목하라.
2. 다른 사람이 있는 데서 눈에 띄게 하품을 하라. 그리고 다른 사람들의 하품하는

빈도를 주목하라.

3. 한 시간 동안 서서 하늘을 쳐다보라. 그리고 얼마나 많은 사람들이 멈춰 서서 하늘을 쳐다보는지 주목하라.

각각의 경우에 얻어진 자료를 유사한 상황에서 그 행동이 시범으로 제시되지 않을 때 얻어진 자료들과 비교해 보라.

규칙과 마찬가지로 모델링은 일반 대중에 의해 흔히 사용되지만, 모델링이 행동수정 절차라고 생각하는 사람은 거의 없다. 예를 들어, 많은 경우에 부모들은 아이들에게 공손하게 행동하기, 조심하기, 말하기 등의 행동을 가르치는 데 있어 체계적이지는 않지만 모델링을 매우 효과적으로 사용한다. 부모와 두 살짜리 아이 옆으로 개가 걸어올 때, 부모는 "멍멍이 봐라. '멍멍아' 라고 말해 볼래?" 라고 말한다. 혹은 아이에게 샌드위치 만드는 방법을 가르칠 때 부모는 샌드위치 만드는 방법을 시범으로 보여 주면서 "이렇게 하는 거야." 라고 말한다. 모델링은 어린 아동들뿐 아니라, 모든 연령대의 사람들의 행동에 영향을 미친다. 10대 청소년이 고등학교에 입학하였을 때 선배들이 옷 입는 방식과 말하는 것을 보고 곧 같은 방식으로 옷을 입고 표현하게 된다. 일상생활에서 우리는 모두 다른 사람의 활동을 관찰할 기회를 자주 얻게 되고, 다른 사람의 행동을 자주 모방한다.

모델의 행동을 모방할 것인지, 말 것인지의 여부를 결정하도록 하는 것은 무엇인가? 가능한 설명이 몇 가지 있지만, 모방행동이 강화를 받았는지 혹은 처벌을 받았는지의 과거력이 분명히 중요한 요인으로 작용한다. 우리 각자 다른 경험을 해 왔기 때문에, 모델이나 모델이 보여 준 행동이 모방을 이끌어 내는 S^D로 작용하는지 여부는 사람에 따라 다소 다를 것이라고 예상할 수 있다. 그럼에도 불구하고, 행동수정 기법으로서 모델링의 효과에 영향을 미치는 몇 가지 공통 요인들이 있다(Bandura, 1986). 다음의 규칙들은 이러한 요인들을 이용하고 있다. 추가설명 1

동료들을 모델로 정하라 사람들은 다양한 방식(연령, 사회경제적 지위, 신체적 외모 등)에서 그들과 유사한 사람들을 모방하려고 할 가능성이 높다. 친구와 동료들은 낯선 사람이나 동료가 아닌 사람들보다는 모방의 대상이 될 가능성이 더 높다. 따라서 가능하다면 행동수정 프로그램의 모델로 내담자의 동료를 택하라. 수줍음이 많고 다른 아이들과 거의 어울리지 않는 유치원 아동의 사례를 생각해 보자. 당신은 다른 아이가 또래집단 활동에 참여하는 모습을 그 아이가 관찰하도록 할 수 있다. 또래집단은 모델에게 강화하는 방식(예를 들면, 장난감을 주거나 말을 걸거나 웃는 등)으로 반응해야 한다. 모델링이 상황에 적절하게 발생하도록 하기 위하여, 어떤 아이들에게는 모델 역할을 하도록 지시하고 또래집단 내의 다른 아이들에게는 모델을 눈에 띄게 강화하도록 지시할 필요가 있다. 사회적으로 위축된 아동들에게 때때로 이런 일화가 많이 담겨 있는 비디오테이프를 보여 주는 것은 편리하고 효과적이다(O' Connor, 1969 참조). 영화, 비디오테이프 및 다른 매체로 모델링 장면을 제시하는 것을 상징적 모델링이라 부른다. 이런 상징적 모델링이 때로 실제 모델링과 마찬가지로 효과적이라는 것을 보여 주는 연구들이 있다(예, Poche, Yoder, & Miltenberger, 1988).

효과적인 것으로 보이는 모델행동을 제시하라 당신이 논리적으로 주장하는 기술을 증진시키고 싶어 한다고 가정하자. 당신은 일관되게 자신의 주장을 관철하는 친구와 논쟁에서 지기만 하는 친구 중 누구의 논쟁 전략을 더 모방하겠는가? 모델이 목표 달성에 효과적인지의 여부는 행동수정 기법으로서의 모델링의 효과를 결정짓는 하나의 요인임이 분명하다. 심지어 아이들도 결과를 얻어 내는 데 서투른 친구보다는 다양한 행동으로 능숙하게 결과를 얻어 내는 친구를 더 많이 모방하는 것 같다(Schunk, 1987). 행동수정 프로그램에서 모델링의 이런 요인을 이용하려면 모델이 목표행동을 표출할 때 강화물을 받는 것을 내담자가 관찰하도록 안배해야 한다.

사회심리학 연구자들은 고위직에 있는 유명 인사들이 하위직에 있거나 별로 유명하지 않은 사람들보다 더 많이 모방된다고 하였다(예, Asch, 1948; Henrich & Gil-White, 2001). 이는 능력 요인의 하위 범주로 해석될 수 있다. 인기 있는 10대 청소년은 다양한 행동에서 자주 긍정적인 결과를 받는 것이 관찰되기 때문에 친구들이 그를 모방하게 될 것이다.

다수의 모델을 사용하라 35세의 부동산 중개인이면서 대학 공부를 병행하고 있는 사라는 여섯 명의 다른 여학생들과 동네 술집에서 금요일 오후에 정기적으로 맥주를 마셨다. 그들 모두 행동수정 과목을 수강하고 있었지만, 사라는 자신의 음주행동이 연구되고 있다는 것을 깨닫지 못하였다. 기저선을 측정하는 처음 몇 회기 동안 그녀는 변함없이 한 시간에 거의 맥주 2,000cc를 마셨다. 실험의 첫 단계 동안, 함께 맥주를 마시는 학생들 중 한 사람이 사라의 음주량의 반 정도를 마시는 행동을 보였다. 사라의 음주량은 영향을 받지 않았다. 두 번째 실험 단계 동안 두 명이 사라의 음주량의 절반씩 마시는 행동을 보여도 사라의 음주행동은 영향을 받지 않았다. 그러나 세 번째 실험 단계에서 네 명이 사라의 음주량의 절반을 마시는 행동을 보였을 때, 사라의 음주량도 절반으로 줄었다(Dericco & Niemann, 1980). 분명히 특정 행동을 하는 모델의 숫자는 그 행동이 모방될 것인지의 여부를 결정하는 하나의 요인이다.

규칙과 모델링을 결합하라 모델링은 규칙 및 다른 행동 전략과 결합될 때 가장 효과적인 것으로 보인다. 다음의 치료회기 발췌문(Masters, Burrish, Hollon, & Rimm, 1987, pp. 100-101)은 이를 잘 보여 준다. 치료를 받고 있는 내담자는 데이트 신청하는 데 어려움을 보였다. 이 발췌문에서 내담자는 효과적인 데이트 신청을 연습하고 있다. 치료자가 지시와 조형법을 어떻게 모델링과 연합시키는지 주목해 보라.

내담자: 그런데 (잠깐 멈춤) 당신은 토요일 밤에 외출하고 싶지 않나요?

치료자: 실제로 데이트를 신청하는 거라면 아주 훌륭했어요. 그러나 내가 그 여자라면, 당신이 '그런데' 라고 말했을 때 기분이 약간 상했을 것 같군요. 그것은 당신이 그녀에게 데이트 신청한 것이 그냥 한 번 해 본 소리로 들려요. 또한 당신이 질문하는 방식은 그녀가 당신과 함께 데이트하는 것을 원하지 않는다는 것을 암시하고 있어요. 내가 당신이라고 가정해 봅시다. 자, 이렇게 말한다면 어떨까요. "이번 주 토요일에 대학 극장에서 내가 보고 싶은 영화를 상영해요. 만약 다른 계획이 없다면, 당신이 함께 가면 아주 좋을 것 같아요."

내담자: 좋아요. 당신처럼 자신감이 있다면 그녀도 역시 좋아할 것 같아요.

치료자: 그럼 당신이 한번 해 볼래요?

내담자: 대학 극장에서 영화를 하는 거 아나요? 그래서 나는 가고 싶은데, 당신에게 다른 더 좋은 일이 없다면 함께 토요일에 영화 보러 가고 싶어요.

치료자: 네, 확실히 더 나아졌어요. 음색이 특별히 좋았어요. 그러나 마지막에, '당신에게 다른 더 좋은 일이 없다면' 이라고 말하는 것은 당신이 적극적으로 요청하고 있지 않는 것처럼 들리는군요. 다시 한번 해 보겠어요?

내담자: 나는 토요일에 대학 극장에서 하는 영화를 보려고 하는데요, 당신에게 다른 계획이 없다면, 당신과 함께 가고 싶어요.

치료자: 많이 좋아졌어요. 사실은, 훌륭해요. 당신은 확신에 차 있고 설득력 있고 솔직했어요.

이 예는 또한 **행동시연**(behavioral rehearsal) 혹은 **역할연기**(role-playing)라 불리는 기

법을 보여 주고 있는데, 이는 내담자가 실제 생활에서 특정 행동(즉, 역할을 하는 것)을 적절히 해낼 가능성을 증가시키기 위해 치료 장면에서 이를 연습하는 것이다. 앞의 예에서 내담자는 데이트 신청하는 것을 시연하였다. 역할연기는 또한 제임스가 분노하지 않고 자신의 발바닥에 집중하도록 가르치기 위해 사용되었다. 지시, 모델링, 행동시연 및 결과 관리의 결합은 사회적 기술훈련(Huang & Cuvo, 1997), 주장훈련(Schroeder & Black, 1985) 및 분노조절훈련(Larkin & Zayfert, 1996)과 같은 다양한 영역에서 수행을 증진하는 데 사용되었다.

모델링의 사용 지침

모델링을 효율적으로 사용하기 위한 몇 가지 일반적인 지침이 있다. 모든 상황에서 모든 지침을 따라 하기는 불가능할 수 있지만, 다음의 지침을 따를 때 모델링은 더욱 효과적이게 된다.

1. 가능하면 내담자에게 지위와 명성을 가진 능력 있는 사람으로 비춰지는 모델을 내담자의 친구나 동료 중에서 선택하라.
2. 가능하면 한 명보다는 여러 명의 모델을 사용하라.
3. 모델행동의 복잡성은 내담자의 행동 수준에 맞게 조정하라.
4. 모델링과 규칙을 결합하라.
5. 내담자로 하여금 모델이 행동을 수행하고 강화받는 것(자연적 강화물이 더 좋음)을 보게 하라.
6. 가능하다면, 모델행동을 내담자가 정확하게 모방했을 때 자연적 강화물을 받도록 훈련을 설계하라. 이것이 가능하지 않다면 모델의 행동을 정확하게 모방한 것에 대한 강화를 받도록 하라.
7. 행동이 아주 복잡한 경우에는 처치를 받고 있는 사람이 매우 쉬운 것에서부터 더 어려운 것으로 접근할 수 있도록 모델링 순서를 배열하라.
8. 자극일반화를 높이기 위하여, 모델링 장면을 되도록 현실적으로 구성하라.
9. 모델을 사용하지 않고 다른 자극이 목표행동을 통제할 수 있도록 필요한 만큼 용암법을 사용하라.

연습문제

1. 모델링을 정의하라. 모델링이 제임스의 치료회기에서 어떻게 사용되었는가?
2. 행동수정 기법으로서의 모델링의 효과에 영향을 주는 네 가지 전략을 들라.
3. 당신이 모델링의 영향을 받아 행동을 표출했던 최근의 상황 두 가지를 기술하라. 각각의 예에서, 모델링의 효과에 영향을 주는 네 가지 요인이 작용했는지의 여부를 기술하라.
4. 상징적 모델링이 의미하는 바는 무엇인가? 도시에 거주하는 아이가 뱀에 대한 공포를 학습하게 되는 것을 상징적 모델링이 어떻게 설명하는지 기술하라.
5. 유아원에서 다른 아이들과 전혀 어울리지 않는 아이의 극심한 철회행동을 극복하도록 모델링을 사용하는 데 있어 수행해야 할 특정 단계들을 기술하라. 당신의 프로그램에서 적용되는 기본적인 원리와 절차를 밝히라.
6. 데이트 신청을 하는 데 어려움을 겪고 있는 내담자와 치료자 간의 대화에서 다음을 간단히 설명하라.
   1) 모델링이 어떻게 도입되었는가?
   2) 지시가 어떻게 도입되었는가?
   3) 조형법이 어떻게 도입되었는가?
7. 행동시연(혹은 역할연기)을 정의 혹은 기술하고, 그 예를 하나 들라.

신체적 지도

신체적 지도(physical guidance)는 개인이 목표로 하는 동작을 만들어 내도록 돕기 위하여 신체적 접촉을 적용하는 것이다. 신체적 지도가 흔히 사용되는 경우의 예로는, 댄스 강사가 새로운 스텝을 가르치기 위하여 학생과 함께 춤을 추며 동작을 이끌어 가는 것, 골프 강사가 초보자의 팔을 잡고 움직이면서 스윙 동작을 가르치는 것, 또 부모가 아이에게 길을 안전하게 건너는 것을 가르치기 위하여 아이의 손을 잡는 것 등이 있다. 신체적 지도는 교수 절차의 구성요소 중 하나일 뿐이다. 댄스 강사와 골프 강사는 지시(학생에게 어떻게 하라고 말하고 지침을 주는 것), 모델링(적당한 신체적 자세와 동작의 시범을 보임) 및 정확한 반응이나 이에 근접하는 동작에 대한 강화(예, "훌륭해요." 혹은 "훨씬 좋아요.")도 사용할 것이다. 마찬가지로, 부모가 아이에게 길을 안전하게 건너는 것을 가르치는 경우에도 규칙(예를 들면, "양쪽을 모두 살펴봐라."라고 말하는 것)과 모델링(예를 들면, 양쪽을 모두 살펴보는 동작을 크게 함)을 사용할 것이다.

행동수정 프로그램에서 신체적 지도를 사용하는 몇 가지 경우가 9장에 제시되었다. 예를 들어, 신체적 지도와 용암법을 사용하여 아이가 지시에 따라 자신의 머리를 만지도록 가르칠 수 있다. 일반적으로 신체적 지도는 개인이 지시에 따르도록 하거나 혹은 모델의 행동을 모방하도록 가르치는 보조 수단으로 사용되며, 그 후에 지시 혹은 모델링을 사용하여 신체적 지도 없이도 다른 행동들을 확립할 수 있게 된다. 예를 들어, 지시에 따르도록 가르치는 과정에서 아이를 교사의 맞은편 의자에 앉게 한다. 처음 시도에서 교사는 "쟈니, 일어서."라고 말하면서 아이를 붙들어 올려 일어서게 한다. 그다음에는 마치 아이가 스스로 그 반응을 수행한 것처럼 즉시 강화한다. 다음에 교사는 "쟈니, 앉아."라고 말하면서 아이의 어깨를 부드럽게 눌러서 아이를 의자에 앉힌다. 이번에도 즉시 강화를 제공한다. 신체적 지도를 점차 줄여 나가는 동안 이런 과정은 수없이 많이 반복된다(Kazdin & Erickson, 1975 참조). 이런 일련의 지시를 학습시킨 후에, 행동수정가는 다른 일련의 행동(예를 들어, '이리 와'와 '저리 가'와 같은)을 유사한 절차를 사용하여 가르친다. 연속적인 지시 따르기를 가르치는 데 신체적 지도를 사용할 필요성은 점점 더 적어져서, 결국에는 꽤 복잡한 지시 따르기 행동도 신체적 지도를 거의 사용하지 않고 가르칠 수 있게 될 것이다.

지시에 따르는 것을 가르치는 경우와 마찬가지로, 아이가 모델을 모방하도록 가르치기 위하여 신체적 지도를 사용하는 교사는 아주 간단한 모방(머리 만지기, 손뼉치기, 책상 두드리기, 일어서기, 앉기 등)으로 시작하여, 앞의 사례를 통해 학습한 것처럼, 새로운 행동들을 추가하며 모방하도록 할 수 있다. 반응을 모델링하는 동안 교사는 매번 "이렇게 해 봐."라고 말하면서 아이가 그 반응을 수행하도록 지도한다. 정확한 반응은 강화되고 신체적 지도는 시행을 거듭하면서 줄인다. 이것은 일반화된 모방의 발달을 촉진한다. 개인은 수많은 행동을 모방하는 것(아마도 조형법, 용암법, 지도 및 강화를 함께 사용하여서)을 학습한 후에 **일반화된 모방**(generalized imitation)에 의하여 별다른 강화 없이도 새로운 반응을 모방하는 것을 학습하게 된다(Baer, Peterson, & Sherman, 1967).

신체적 지도는 개인이 두려움을 극복하도록 돕는 데도 적용할 수 있다. 예를 들어, 물을 두려워하는 사람의 손을 잡아 수영장의 얕은 쪽으로 점차 이끌어 가서 그가 물에 뜰 때까지 잡아 줄 수 있다. 처음에는 특정 상황에서 두려움을 유발하는 정도가 가능한 한 낮은 행동이 도입되어야 하며, 좀 더 많은 두려움을 유발하는 행동들은 이후에 매우 점진적으로 도입되어야 한다. 결코 개인이 안전하다고 느끼는 것 이상을 하도록 강요하지 말아야 한다. 개인이 더 두려워할수록 과정은 더 서서히 시도되어야 한다. 매우 두려워하는 사람의 경우에, 여러 회기 동안 그를 단지 수영장 주변에 다른 사람과 함께 앉아 있도록 해야 할 것이다(내담자가 극심한 두려움을 극복하도록 돕기 위하여 모델링과 다른 절차들을 사용하는 것에 대해서는 28장에서 더 자세히 다룰 것이다.).

신체적 지도의 사용 지침

신체적 지도를 효율적으로 사용하기 위한 몇 가지 일반적인 지침은 다음과 같다.

1. 내담자와 접촉하고 지도하는 동안에 내담자가 편안하게 이완되어 있는지 확인하라. 이런 상태에 도달하기 위하여 처음에는 약간의 이완훈련이 필요할 수도 있다.
2. 당신이 행동을 통제하기를 원하는 자극이 무엇인지 결정하라. 신체적 지도를 하는 동안에 이 자극들이 뚜렷하게 드러나게 하라.
3. 신체적 지도를 하는 동안 사용할 규칙들과 단서가 되는 단어들을 생각해 내어 그 규칙들과 단서 단어들이 결국에는 그 행동을 통제할 수 있게 하라. 예를 들어, 오른손잡이 초보 골퍼에게 골프 스윙을 하는 동안 어깨를 적절히 돌리도록 가르칠 때, 강사는 초보 골퍼가 백스윙과 다운스윙을 하는 동안 '왼쪽 어깨를 턱으로, 오른쪽 어깨를 턱으로'라는 단서 단어들을 말할 것이다.
4. 지도받은 행동이 성공적으로 완료된 직후에 강화하라.
5. 신체적 지도는 내담자가 처치를 받고 있는 동안 매우 손쉬운 행동으로부터 점차 어려운 행동으로 넘어가야 한다.
6. 신체적 지도가 아닌 다른 자극이 행동을 통제할 수 있도록 용암법을 사용하라.

연습문제

8. 신체적 지도는 무엇을 의미하는가? 신체적 지도가 동작적 촉구와 어떻게 다른지 설명하라(9장의 195-196쪽 참조).
9. 당신이 신체적 지도의 영향으로 수행하게 된 행동이 있다면 무엇인지 밝히라. 지도가 어떻게 도입되었는지 기술하라.
10. 일반화된 모방이란 무엇인가? 그 예를 하나 들라.

상황 유도

대체로 우리는 강화와 벌에 대한 비슷한 경험을 가지고 있기 때문에, 대다수의 사람들은 여러 가지 사회적 상황에 따라 그에 맞는 행동을 하게 된다. 예를 들어, 우리는 교회, 박물관, 도서관 같은 특정 공공장소에서는 크게 소리 내서 말하는 것을 자제하는 경향이 있으며, 파티에서는 사교적이며 유쾌하고 즐겁게 행동하는 경향이 있다. 유행하는 노래를 들으면 흥얼거리며 노래를 하게 되고, 방청객들의 웃음소리(실제 방청객들이 웃는 소리이건, 녹음해 놓은 소리이건)는 계속적으로 TV시트콤을 시청하도록 유도한다.

상황 유도(situational inducement)라는 용어는 특정 행동에 대해 이미 통제를 발휘하는 상황을 사용함으로써 행동에 영향을 주는 것을 말한다. 이 기법의 기원은 선사시대로 거슬러 올라가야 할 것이다. 노래하고 춤추는 모임은 오늘날 대부분의 문화에서와 마찬가지로 고대 부족의 일체감을 증진시켰을 것이다. 수도원과 수녀원은 수 세기 동안 교리책을 읽고 명상하는 분위기를 제공해 왔고, 대형 상점과 백화점은 구매를 유발하는 여러 가지 상황적 특징을 사용한다. 이런 상황적 특징으로는 상품 진열로 주의를 끄는 방식, 상품을 매력적으로 보이게 하는 사진 등이 있다. 고급 식당에서는 만찬을 느긋하게 즐길 수 있도록 편안한 분위기를 제공한다. 식당이 붐벼서 사람들이 좌석이 나기를 기다리고 있다면 빠른 음악을 연주하여 식사를 빨리 하도록 유도할 수 있다.

상황 유도는 집에서도 일어날 수 있다. 대다수의 사람들은 흥미로운 예술품 같은 품목들을 눈에 띄게 진열하는데, 이는 때로 손님이 방문했을 때 대화의 소재를 유도

(자극)하기도 한다. 만약 손님이 이런 대화를 하는 데 서투르다면, 예술품에 대한 교양이 부족한 손님에게는 주인이 마실 것을 건넴으로써 상황을 유도할 것이다.

행동수정 프로그램에서 상황 유도는 표적행동을 증가시키거나 감소시키는 경우에, 또 표적행동을 적당한 자극통제하에 두기 위하여 기발하고 효과적인 많은 방식으로 사용되었다. 상황 유도의 예들은 편의상 ① 주위 환경을 재배치하기, ② 장소를 옮겨서 활동하기, ③ 사람들을 재배치하기, ④ 활동 시간을 변경하기의 네 가지 다소 중복되는 범주로 나눠 논의될 수 있다.

주위 환경을 재배치하기

주위 환경의 재배치에 관한 흥미로운 예로는 선구적인 행동주의자 Israel Goldiamond (1965)가 보고한 사례에서 살펴볼 수 있다. 불화를 겪고 있는 한 부부가 Goldiamond 에게 의뢰되었다.[2] 부부가 함께 집에 있을 때, 남편은 아내가 그의 가장 절친한 친구와 한 번 잠자리를 했던 것에 대해 아내에게 소리 지르며 화내는 것을 자제할 수가 없었다. 치료 목표 중 하나는 소리 지르며 화내는 것을 예의 바른 대화행동으로 대치하는 것이었다. Goldiamond는 남편이 소리 지르며 화내는 것은 집이라는 S^D의 통제하에서 나타난 것이기 때문에, S^D를 변화시키면 그 상황에서의 행동도 약화될 것이라고 추론하였다. 그러므로 그는 부부에게 방을 재배치하고 가구를 재배치하여 아주 다른 집처럼 보이도록 꾸미라고 지시하였다. 아내는 한 단계 더 나아가서 새로운 스타일로 자신을 꾸몄다. 그런 다음에 Goldiamond는 소리 지르며 화내는 것과 강하게 연합되지 않은 새로운 S^D가 있는 장소에서 예의 바르게 대화를 시도하는 행동에 대해 강화를 주었다(그가 어떻게 그렇게 했는지에 대해서는 다음 단락에서 설명된다.). 가능한 한 빨리 이렇게 하는 것이 중요한데, 왜냐하면 소리 지르며 화내는 것이 새로운 S^D가 있을 때마저도 자주 발생한다면 소리 지르며 화내는 것이 이전의 S^D에 조건화되었던 것처럼 새로운 S^D에도 조건화되기 시작할 것이기 때문이다.

주위 환경을 재배치한 또 다른 예는 책상에 앉아서 공부를 더 열심히 하고 더 오래 하도록 하기 위하여 방의 물건들을 바꾸는 것이다. 예를 들어, 조명을 밝게 하고, 상관없는 물건들을 치워서 책상을 정돈하고, 침대를 되도록이면 책상에서 멀리 떨어뜨려 놓고, 책상과 침대가 마주보지 않도록 배치할 수 있다. 더 좋은 방법은 침대가 수

2) 부부행동치료에 대한 추가적 논의는 28장을 참조하라.

면을 위한 S^D이므로 가능하다면 침대를 책상과 같은 방에 놓지 않는 것이다. 새로운 자극에 공부와 관련 없는 행동이 조건화되지 않도록 하려면, 재배치된 환경에서는 공부만 하도록 해야 한다(Goldiamond, 1965 참조).

새로운 장소로 옮겨서 활동하기

Goldiamond가 보고한 사례에서 가구를 재배치함으로써 남편의 소리 지르며 화내는 행동을 유발하는 S^D가 모두는 아니지만 어느 정도 제거되었다. 그래서 Goldiamond는 부부관계 개선을 위해 새로운 장소로 옮기는 방법을 실행하였다. 집의 가구를 재배치한 후에, 부부간의 교양 있는 대화를 유도할 수 있는 장소로 즉시 가도록 부부에게 지시하였다. 새로운 장소에서의 부부간의 예의 바른 행동이 집에 돌아올 때까지 지속되고, 그다음에는 이런 행동이 집에서의 새로운 자극통제하에 있게 되기를 기대하였다.

Goldiamond의 보고(1965, p. 856)를 인용하자면 다음과 같다.

> 남편이 그의 아내에게 소리를 지르지 않고는 대화하는 것이 불가능했으므로, 우리는 월요일, 화요일, 수요일 저녁에 각기 다른 장소로 가서 저녁 시간을 보내는 프로그램에 대하여 논의했다.
>
> "오, 당신은 우리(부부)가 함께 있기를 원하는군요. 목요일에는 볼링을 하러 갈 거예요."라고 그는 말했다.
>
> "그것보다는," 나는 말했다. "나는 당신이 소리를 지르지 않고 대화를 해 볼 수 있는 장소를 찾는 데 관심이 있어요. 볼링장은 이 경우에는 적합한 것 같지가 않군요."
>
> 나는 또한 일단 이야기를 시작하면 계속 아내와 대화할 수 있는 주제가 있는지 물었고, 그는 장모님이 열을 올리고 있는 농사짓기에 대해 아내와 계속 대화할 수 있다고 말했다. 그다음에 그는 색인 카드를 받았고, 거기에 '농사'라고 쓰고 그 카드에 지폐를 붙이라는 지시를 받았다. 그 돈은 목요일에 식당의 종업원에게 지불하는 데 쓰였는데, 지불과 동시에 '농사'에 대한 대화를 시작해서 택시를 타고 오는 내내, 또 집에 와서도 계속 아내와 장모의 농사짓기에 대해 이야기하였다.

활동하는 장소를 바꾸는 것은 공부를 개선하는 한 가지 접근방법이다([그림 18-1] 참조). 이런 접근법을 사용하는 학생은 공부에 도움을 받게 되는데, 공부 이외의 다른 행동과는 연합되지 않은 자극이 있는 특별한 장소를 선택해야만 한다. 조명시설이 잘

[그림 18-1] 상황 유도의 예

되어 있고 적당한 활동 공간이 있는 조용한 장소도 좋지만, 이런 목적으로는 대학 도서관의 칸막이가 있는 개인 열람석이 이상적이다. 학생의 공부 행동과 관련하여 얼마나 많은 행동결핍이 있는지에 따라, 이 책의 2부에서 논의된 행동수정의 기본 절차와 새로운 장소로 옮겨서 활동하는 것을 결합하는 것이 필요할 수 있다. 공부를 전혀 하지 않는다면 좋은 학습 기술들을 통합하는 행동이 우선 조형되어야 하고, 그다음에 정한 장소에서 공부하는 행동을 짧은 지속기간 강화계획 혹은 저비율 강화계획에 따라 강화해야 할 것이다. 그 행동을 최종 목표수준으로 유지시키려면 강화계획의 지속기간이나 비율의 값을 점차 증가시켜야 할 것이다. 적당한 강화(친구와 함께 커피 마시기 같은)는 그 강화계획의 요건이 충족된 직후에 즉각적으로 발생하도록 배열되어야 한다. 만약 어떤 학생이 공부하는 장소에서 공상을 하거나 공부하지 않고 다른 행동을 하게 된다면, 그는 좀 더 효과적으로 공부해야 하므로 그때는 공상이 공부하는 장소의 자극에 조건화되지 않도록 하기 위하여 즉시 그 자리에서 떠나야 한다. 이와 유사하게, Goldiamond에 의해 보고된 사례에서 남편의 소리 지르며 화내는 행동이 제거된 후, 남편은 집에 있을 때 최근에 강화된 대화행동이 위협받을 때마다, 즉 심술나는 것이 느껴질 때마다 창고로 가서 특별히 '심술 의자'로 정해진 의자에 앉아 있도록 지시를 받았다.

사람들을 재배치하기

상황 유도의 세 번째 범주는 사람들을 재배치하는 것이며, 이것은 Goldiamond의 사례연구에서 예시되지 않았다. 그 사례에서 사용된 절차들이 효과적이었으므로 부부가 별거할 필요는 없었다. 참여자들을 재배치하는 것은 일반적으로 그들 각각의 관계를 유지하기를 원하는 사람들에게 사용하는 마지막 수단이지만, 어떤 상황에서는 때로 가장 실제적인 책략이 된다. 당신이 어떤 사람과 잘 지내기가 어렵고, 또 당신이 그와 어떤 식으로든 교제할 특별한 이유가 없다면, 당신이 왜 그와 함께 지내기 위해 노력해야 하는가? 두 사람이 서로에게 일정한 거리를 유지한다면 아마도 더 행복할 것이다. 사람들을 재배치하는 것은 또한 반대의 결과를 낳는 데 사용될 수도 있다. 즉 사람들을 결합시키기 위해 사용될 수 있다. 예를 들어, 많은 대학생들은 데이트 신청을 하는 데 어느 정도의 문제를 가지고 있다. 이 문제를 다루기 위하여 치료자들은 내담자들에게 데이트를 하고 싶은 이성과 자주 마주치고 만날 수 있는 기회를 만들도록 충고한다.

유아원 교사는 학생들이 가까이 있으면 소란스럽기 때문에 학생들을 재배치하기 위하여 좌석을 자주 바꾼다. 이는 일반적으로 바람직하지 않은 상호작용을 제거하기 위해 강화 혹은 처벌 프로그램을 설계하고 수행하는 것보다 훨씬 더 수월하다.

활동 시간을 변경하기

상황 유도의 마지막 범주는 특정 자극과 행동 경향성이 시간이 경과함에 따라 예측 가능하게 변화한다는 사실을 이용한 것이다. 예를 들어, 부부는 밤보다는 아침이 성관계를 하기에 더 좋다는 것을 깨달을 수 있다. 활동 시간을 변경하기는 체중-조절 프로그램에도 효과적으로 사용되어 왔는데, 가족을 위하여 요리하는 사람들은 음식을 준비하면서 '조금씩 먹고' 저녁식사 시간에 또 먹기 때문에 체중이 증가한다. 저녁이 가까워서 저녁식사 준비를 하기보다는, 점심식사를 하고 난 직후에 먹고 싶은 생각이 상대적으로 약할 때에 나중에 익히기만 하면 되도록 저녁식사 준비를 한다면 이 문제는 부분적으로 해결될 것이다(LeBow, 1981, 1989 참조).

상황 유도의 사용 지침

상황 유도는 광범위한 절차들을 포함한다. 그러므로 상황 유도를 사용하는 것은 이 장에서 논의된 다른 방법들을 사용하는 것에 비하여 훨씬 더 복잡하다. 다시 말하면, 상황 유도를 효과적으로 사용하려면 매우 많은 상상력이 요구된다. 우리는 다음의 지침을 제시한다.

1. 강화해야 할 목표행동을 분명히 정하고, 가능하면 감소되어야 할 바람직하지 않은 행동도 정하라.
2. 목표행동이 과거에 발생했던 때와 목표행동이 일어날 수 있는 모든 가능한 주위 상황의 배치에 대하여 다양하게 생각해 보라. 상황들과 자극을 통제하는 것은 무엇이든(사람, 장소, 시간, 날짜, 사건, 대상 등) 좋다는 것을 기억하라.
3. 과거에 표적행동을 통제해 왔던 자극들의 목록 중에서 표적행동을 통제하기 위하여 쉽게 도입할 수 있는 자극을 찾아내라.
4. 학습자가 원하는 방식으로 표적행동을 통제하는 자극들을 접하도록 배치하고, 이런 통제를 하지 않는 장소와 배치는 피하라.
5. 바람직한 행동을 강화하기 위하여 도입된 상황에서는 바람직하지 않은 행동들이 절대로 발생하지 않도록 하라.
6. 새로운 배치가 이루어진 후에 바람직한 행동이 발생할 때, 그 목표행동은 확실히 강화를 받을 수 있도록 하라.

7. 원하는 자극통제하에서 행동이 일어나도록 하기 위해 용암법을 사용하라.

연습문제

11. 상황 유도라는 용어가 당신에게는 무엇을 의미하는가? 이 책의 앞부분에서 같은 의미로 사용된 용어는 무엇인가(9장의 196쪽 참조)?
12. 상황 유도의 네 가지 범주를 각각 기술하라.
13. 상황 유도의 네 가지 범주 각각에 대하여 당신의 경험을 예로 들어 설명하라.
14. 다음의 예들에 가장 적합한 상황 유도의 범주를 밝히고 그 이유를 말하라.
    1) 운동애호가인 어떤 여자는 토요일 오후에 나른해져서 역기를 들고 싶지 않았다. 그녀는 역기를 들기 위하여, (그녀가 일반적으로 운동을 하는) 연습실 가운데 역기를 놓고, TV 채널을 토요일 오후의 레슬링 경기에 맞추어 놓고, 그녀가 좋아하는 보디빌더가 나오는 Muscle Beach 잡지를 펼쳐 놓았다.
    2) 유명한 소설가 Victor Hugo는 자신이 작업을 할 때 하인에게 그의 옷을 가져가게 하여 해가 저물기 전에는 가져오지 말라고 시킴으로써 자신의 작업 습관을 통제하였다(Wallace, 1971, pp. 68-69).
    3) 금주를 위하여 알코올 중독자는 익명의 알코올중독자 모임(AA)의 구성원들하고만 어울리고 술을 함께 마시던 이전 친구들과 만나는 것을 중단하였다.
    4) 운동애호가인 어떤 사람은 매일 밤 잠자기 전에 1.5km씩 조깅을 하기로 결정하였다. 그러나 유혹에 빠지기는 너무 쉬웠다. 늦은 밤에 재미있는 TV 프로그램과 포도주를 곁들인 저녁식사, 그 외에도 다른 즐거움이 조깅할 시간을 빼앗아갔다. 여러 날 저녁 조깅을 하지 않았기 때문에, 세 달이 지나도록 그는 여전히 체중과다이며 건강이 좋지 않았다. 따라서 그는 순서를 바꾸어서 매일 귀가해서 저녁을 먹기 전에 먼저 조깅을 하기 시작하였다.
    5) 대학교 안에서 이 책을 쓰면서 많은 방해를 겪게 되자, 우리는 저자들 중의 한 사람의 집에서 이 책을 쓰기 시작하였다.
15. 규칙, 모델링, 신체적 지도의 사용 지침에 따르면,
    1) 세 가지 절차 모두에 사용되는 한 가지 행동 원칙은 무엇인가?
    2) 세 가지 절차 모두와 관련하여 함께 사용될 가능성이 있는 두 가지 행동 절차는 무엇인가?

적용연습

A. 타인에 대한 적용연습

부모가 2세 된 아이에게 "네 신발을 가져오렴." 이라는 지시에 지속적으로 반응하도록 가르치는 프로그램을 간략하게 기술하라. 프로그램에서 규칙, 모델링, 신체적 지도를 어떻게 사용할 것인지 설명하고, 프로그램에서 이 방법들을 적용하기 위한 지침을 어떻게 따르고 있는지 설명하라.

B. 자기-수정 연습

다음 목록에서 당신이 나타내는 두 가지 행동을 선택하라.

1. 식사 후 바로 설거지하거나 식기세척기에 그릇들을 넣기
2. 자명종이 울릴 때 일어나기
3. 행복감 느끼기
4. 매주 두 번씩 방 청소하기
5. 매일 운동하기
6. 공부 시간 늘리기

적어도 규칙, 모델링, 신체적 지도, 기존의 주위 환경을 재배치하기, 새로운 장소로 옮겨서 활동하기, 사람들을 재배치하기, 활동 시간을 변경하기의 책략 중 네 가지를 연합하여서 당신이 각각의 행동에 어떤 영향을 줄 수 있는지 기술하라. 각 상황에서 당신의 입장을 가장 설득력 있게 설명하라.

추가설명 및 심화토론

1. 역사적으로 모방에 의한 학습은 행동주의뿐만 아니라 여러 다른 심리학 이론에서 중요한 위치를 차지하였다. Freud의 이론(정신분석 이론)에서, 소년은 아버지와의 동일시를 통하여 '남성적' 행동양상을 전형적으로 발달시키는 반면, 소녀는 어머니에게 동일시함으로써 여성의 행동양상을 발달시킨다. 따라서 소년이 동일시할 강한 남성상이 없고 과도하게 어머니에게 동일시한다면 (프로이트 이론에 따르면) 여성적 성격특성이 만들어질 수 있으며, 심지어 동성애를 초래할 수도 있다. 형태(Gestalt) 심리학자들은 모방학습을 고등동물이 선천적으로 타고나는 것으로 생각하였으며, 그 예로 침팬지가 다른 침팬지들이 문제를 해결하는 것을 관찰함으로써 문제해결을 배울 수 있다고 설명하였다. Bandura(1977)는 **관찰학습**(**대리학습**으로도 불림)을 모델의 행동이 강화되거나 처벌받는 것을 봄으로써 모델의 행동과 유사한 행동이 증가되거나 감소되는 것으로 정의하였다. Bandura는 이런 유형의 학습은 관찰자에게 외적 강화가 없이도 발생할 수 있다고 믿었다. 만약 그렇다면, 학습의 기본 유형으로서 관찰학습을 추가해야만 할 것으로 보인다. 그러나 많은 행동주의 심리학자들은 이 책의 3장에서부터 15장에 기술된 행동적 학습 원리들이 관찰을 통해 획득된 행동도 설명할 수 있다고 확신한다.

   관찰되거나 모방된 행동이 학습되는 데는 몇 가지 과정이 있다. 첫째, 개인은 다른 사람이 표출한 것과 동일한 행동을 표출했을 때 자주 강화를 받는다. 그러므로 다른 사람의 행위는 동일한 행위를 하게 만드는 S^D가 되는 경향이 있다. 예를 들어, 누군가가 밖으로 나가려고 문을 여는 것을 보는 아이는 같은 행동을 수행할 때 밖으로 나가는 강화를 받는다. 둘째, 다른 사람들이 우리에게 강화를 주는 정도에 따라, 그들의 행위는 조건 강화의 속성을 획득하게 된다. 그러므로 우리가 같은 행위를 수행할 때 조건 강화를 받게 된다. 셋째, 가능성은 일단 우리가 단순한 반응들을 모방하는 것을 배우게 되면 더 복잡한 행동들도 모방할 수 있게 되는데, 이는 복잡한 행동은 보다 단순한 반응들로 구성되기 때문이다. 예를 들어, 개인이 단음절로 혹은 여러 단어들의 작은 단위로서 '앨'과 '리', '케이'와 '터'를 모방하는 것을 배웠다면, '앨리게이터(alligator: 악어)'를 처음 들을 때 그것을 모방할 수 있을 것이다(Skinner, 1957). 넷째, 모방행동은 분리된 자극-반응 관계의 한 쌍이 아니라 그 자체가 일종의 조작적 반응이다. 다른 말로 하자면, 일단 개인이 몇 가지 행동을 모방한 것이 강화를 받는다면, 심지어 강화받았던 모방행동과 공통요소가 없는 행동이라 할지라도, 그 사람은 다음에 다른 행동들을 모방하는 경향을 보이게 될 것이다. 이 장에서 지적한 것처럼, 이것을 **일반화된 모방**이라 부른다. 최근의 행동주의 접근에서 대리학습에 대한 더 세부적인 해석을 알고 싶다면, Masia와 Chase(1997)와 Pear(2001, pp. 95-100)를 참조하라.

▶ **추가설명에 대한 연습문제**

1. Bandura는 관찰학습을 어떻게 정의하는가? 관찰학습의 다른 명칭은 무엇인가?
2. 모방행동이 학습되는 네 가지 과정을 기술하고, 각각에 대하여 예를 들라.

19 선행자극통제: 동기

"좋아, 얘들아! 독수리 노력상을 받을 수 있는 방법을 알려 주지."

도슨 코치의 동기부여 프로그램[1]

농구연습 시간에 짐 도슨은 "자, 조금 더 집중해 보자. 훈련 중 결코 레이업을 놓쳐서는 안 돼!"라고 소리쳤다. 도슨은 오하이오 주 콜럼버스에 있는 클린턴 중학교 농구팀의 코치였다. 그는 연습 시작 때마다 실시했던 기술훈련에서 선수들이 보여 준 수행에 대해 걱정하였다. 그리고 태도의 문제도 있었다. '저들 중 몇 명은 팀플레이를 하지 않아. 어떤 애들은 태도도 좋지 않아.' 라고 그는 속으로 생각했다.

오하이오 주립대학교의 다릴 시덴탑의 도움으로, 그는 선수들이 매일 하는 연습 중 레이업 훈련과 점프슛 훈련, 자유투 훈련에서의 성과에 대해 점수를 얻을 수 있게 하는 동기부여 체계를 개발하였다. 이에 더해서, 선수들은 팀원에게 지지적인 말을 하는 등 '팀 플레이어'가 되면 점수를 얻을 수 있었다. 만약 도슨 코치가 볼 때 선수들이 몸싸움을 잘하지 못하거나 나쁜 태도를 나타내면, 점수는 줄어들었다. 팀 매니저로 일하는 자원봉사 학생들이 점수를 기록하였다. 먼저 선수들에게 이 동기부여 체계를 자세하게 설명해 주었다. 연습 끝에, 코치는 다른 선수보다 많은 점수를 얻은 선수뿐만 아니라 이전 연습에서보다 향상된 선수라면 누구에게나 칭찬을 해 주었다.

1) 이 예는 Siedentop(1978)의 연구보고서에 기초한 것이다.

이와 함께, 높은 점수를 얻은 선수들은 체육관으로 이어지는 복도에 붙어 있는 '독수리 노력' 게시판에 자신의 이름을 올릴 수 있었다. 게시판에 이름이 올라간 선수들은 또한 시즌 후 연회에서 '독수리 노력' 상을 받았다. 전반적으로 이 프로그램은 매우 효과적이었다. 레이업 훈련에서의 수행이 평균 68%에서 80%로 향상되었고, 점프슛의 수행은 37%에서 51%로 향상되었다. 연습에서 자유투는 59%에서 67%로 향상되었다. 하지만 가장 극적인 향상은 '팀 플레이어' 영역에서였다. 선수들이 팀원에게 한 지지적인 말의 수는 매니저가 전부 모니터할 수 없을 정도로 많아졌다. 게다가 도슨 코치에 따르면, 처음에는 팀원들이 나누는 지지적인 말의 대부분이 피상적인 수준(예, '귀염둥이')이었지만 시즌이 지나면서 그들은 점차 더 진지해졌다. 시즌이 끝날 무렵, 선수들은 현저하게 긍정적인 태도를 반영하는 행동을 보이고 있었다. 도슨 코치의 말로 하자면, "우리는 내가 상상할 수 있었던 것 이상으로 더 협동적인 팀이 되었다."

동기에 대한 전통적 관점

초등학교 3학년인 수지와 잭의 행동을 생각해 보자. 수지는 언제나 숙제를 완수하고, 다양한 수업 활동에 열심히 참여하고, 선생님의 말을 주의 깊게 듣고, 다른 학생들과도 잘 지낸다. 수지의 담임선생님은 "수지는 동기 수준이 매우 높기 때문에 좋은 학생입니다."라고 하였다. 한편 잭은 그 반대다. 잭은 숙제를 끝까지 해 오는 일이 거의 없었고, 선생님이 말하는 동안 장난을 치고 수업에 열중하지 않는 것처럼 보였다. 잭의 담임선생님은 잭에게 동기가 부족하다고 믿는다. 이런 예들이 보여 주듯이, 많은 사람들은 동기를 우리 내면에 존재하면서 우리로 하여금 행동하도록 만드는 어떤 '것'이라고 개념화한다. 이런 전통적인 관점과 일치하게, 웹스터 대사전은 동기(motive)를 '한 개인이 특정 방식으로 행동하도록 만드는 어떤 내적인 추동'이라고 정의한다. 더군다나, 많은 심리학 개론 교과서들은 동기(motivation)를 우리의 행동을 일으키는 내적인 추동, 욕구, 소망에 대한 연구로 설명한다.

동기에 대한 전통적 관점의 개념적 혹은 논리적 문제는 그것이 순환론적인 추론을 포함한다는 것이다. 동기와 추동 등으로 불리는 이런 내적인 것은 대개 그것이 설명해야 하는 바로 그 행동으로부터 추론된다. 수지는 왜 열심히 공부하는가? 수지는 높게 동기화되어 있기 때문이다. 수지가 높게 동기화된 것을 어떻게 아는가? 수지가 열심히 공부하기 때문이다. 이런 순환론적인 설명에 더해서, 동기를 행동의 내적인 원인으로 개념화하는 것에는 몇 가지 실제적인 문제점이 있다. 첫째, 행동의 원인이 환경보다는 오히려 우리의 내면에 있다는 제안은 이전 장들에서 설명한, 행동을 변화시키는 원리들과 그런 원리들을 적용하여 행동을 효과적으로 수정할 수 있다는 것을 보여 주는 막대한 양의 자료를 무시하도록 할 수 있다. 둘째, 동기를 행동의 내적 원인으로 개념화할 경우, 표준 이하의 수행에 대해 동기의 부족이나 게으름의 탓으로 귀인함으로써, 개인의 수행을 향상시킬 수 있도록 도와주기보다 수행이 부족한 개인들에 대한 비난을 조장하는 결과를 초래할 수 있다. 셋째, 동기를 행동의 내적 원인으로 개념화하는 것은 사람들이 다양한 행동을 나타내지 못한 것에 대해 자신의 수행을 향상시킬 수 있는 자기-관리 전략들(26장 참조)을 검토하기보다 오히려 자신을 비난하도록(예, '나는 다이어트를 계속하도록 동기화되지 못했다.') 만들 수도 있다.

연습문제

1. 행동주의자나 행동수정가가 아닌 많은 사람들은 어떻게 동기를 개념화하는가? 예를 들어 설명하라.
2. 동기에 대한 전통적 관점이 갖는 개념적 문제는 무엇인가? 예를 들어 설명하라.
3. 동기를 행동의 내적 원인으로 개념화하는 것이 갖는 세 가지 실제적인 문제에 대해 기술하라.
4. 만약 '누군가가 어떤 것을 하도록 동기부여하는 것'이 그 개인으로 하여금 특정한 방식으로 행동하도록 영향을 주는 선행자극을 조작하는 것을 의미한다면, 17장과 18장을 참조하여 그런 과제를 수행할 수 있도록 하는 각각의 전략들을 나열하라.

동기에 대한 행동적 관점

한 사람이 어떤 행동을 표출하는 방법을 아는 것과 그 사람이 그런 행동을 표출하기를 원하는 것은 다른 일이다. 동기에 대한 전통적인 심리학 이론은 내적 추동을 가정함으로써 '소망의 과정'에 대해 설명하였다. 하지만, 행동주의 심리학자들은 이런 접근을 취하기보다 선구적인 행동주의자 Jack Michael(1982, 1993, 2000, 2007)이 소개하고 개발한 동기화 조작(motivating operation)의 개념을 채택하였다. 3장에서 동기화 조작의 개념에 대해 다루었지만, 이제 그것에 대해 더 깊이 있게 논의하고자 한다. **동기화 조작**(MO)은 ① 강화물이나 벌칙의 효과성을 일시적으로 바꾸고(가치를 변화시키는 효과), ② 강화물이나 벌칙을 받게 하는 행동에 영향을 주는(행동을 변화시키는 효과) 사건이나 조작이다(Laraway, Snycerski, Michael, & Poling, 2003). 먼저 강화물과 관련된 MO에 대해 자세히 살펴보자. 예를 들어, 무조건 강화물인 음식에 대해 생각해 보자. 음식을 박탈당하면 음식은 강력한 강화물이 되고, 우리는 다양한 음식 찾기 행동에 참여하게 될 가능성이 높다. 하지만 과식을 한 직후에는 음식은 일시적으로 강화물로서의 효과성을 잃으며, 우리는 음식 찾기 행동에 덜 참여하게 될 가능성이 추가설명 1 높다. 따라서 음식의 박탈과 포만이 MO다.

MO는 또한 벌칙에도 영향을 미친다. 12장에서 논의했던 타임아웃 벌칙에 대해 생각해 보자. 리틀 리그 야구경기에서 잭슨 코치가 욕하거나 야구방망이를 던지는 등의 잘못된 행동을 한 선수에 대한 전형적인 벌칙(타임아웃)으로서 더그아웃에 혼자 5분간 앉아 대기하도록 요구한다고 가정해 보자. 어떤 중요한 시합에서 잭슨 코치는 선수들에게 경기를 잘하면(공을 잡거나 안타를 치는 등) 점수를 얻을 수 있고, 가장 많은 점수를 얻은 다섯 명의 선수는 메이저리그 야구경기를 참관할 수 있는 티켓을 상으로 받게 될 것이라고 발표했다. 이 발표는 즉시 선수들에게 점수가 강화물이 되도록 하였고 이에 더해서 벌칙의 효과성을 증가시켰다. 왜냐하면 선수들이 잘못된 행동으로 더그아웃에 앉아 있게 되면 점수를 얻을 수 없기 때문이었다.

이런 예들에서 두 가지 주된 유형의 MO가 있음을 알 수 있다. **동기화 확립 조작**(Motivating Establishing Operation: MEO)은 일시적으로 강화물이나 벌칙의 효과성을 증가시켜, 강화물을 얻을 수 있도록 하는 행동의 발생 가능성을 증가시키거나 벌칙을 받게 하는 행동의 발생 가능성을 감소시키는 사건이나 조작이다. **동기화 제거 조작**(Motivating Abolishing Operation: MAO)은 일시적으로 강화물이나 벌칙의 효과성을 감소시켜 그러한 강화물을 받을 수 있게 하는 행동의 발생 가능성을 감소시키거나 그러한 벌칙을 받게 하는 행동의 발생 가능성을 증가시키는 사건이나 조작이다. 음식 박 추가설명 2 탈은 MEO이고 포만은 MAO다. 점수 프로그램에 대한 잭슨 코치의 발표는 그것이 점수의 강화 효과를 증가시켰기 때문에 점수에 대한 MEO이며, 타임아웃의 벌칙으로서의 효과성을 증가시켰기 때문에 타임아웃(더그아웃 대기)에 대한 MEO다.

무조건 동기화 조작 대 조건 동기화 조작

MEO와 MAO를 구분하는 것에 더해서, 우리는 무조건 동기화 조작과 조건 동기화 조작을 구분한다(Michael, 1993). [그림 19-1]을 보라. **무조건 동기화 조작**(UMO)의 경우, 가치를 변화시키는 효과는 생득적이다. 따라서 음식의 박탈은 이전 학습 없이도 강화물로서의 음식의 효과성을 증가시키기 때문에 **무조건 동기화 확립 조작**(UMEO)이다. 포만은 이전 학습 없이도 강화물로서의 음식의 효과성을 감소시키기 때문에 **무조건 동기화 제거 조작**(UMAO)이다. 하지만 UMO의 행동을 변화시키는 효과는 학습된 것이다. 예를 들어, 누군가 배가 고플 때, 냉장고를 들여다보는 행동이나 패스트푸드 가게로 가는 것은 학습된 행동이다. 다른 UMEO에는 물, 수면, 활동, 산소와 성적 자극의 박탈이 포함된다. 이런 것들 각각의 포만은 UMAO이다. 추가설명 3

어떤 MO는 이전 학습으로 인해 강화물(또는 벌칙)으로서의 결과의 효과성을 변화시킨다. 그러한 MO는 **조건 동기화 조작**(CMO)이라고 불린다. 도슨 코치의 프로그램 발표는 선수들에게 점수를 강화물로 확립시켰고 강화물을 얻기 위해 바람직한 연습행동을 할 가능성을 높였기 때문에 MEO였다. 더 구체적으로, 프로그램에 대한 발표는 **조건 동기화 확립 조작**(CMEO)이었는데, 이전 학습에 의해 점수가 조건 강화물로 확립

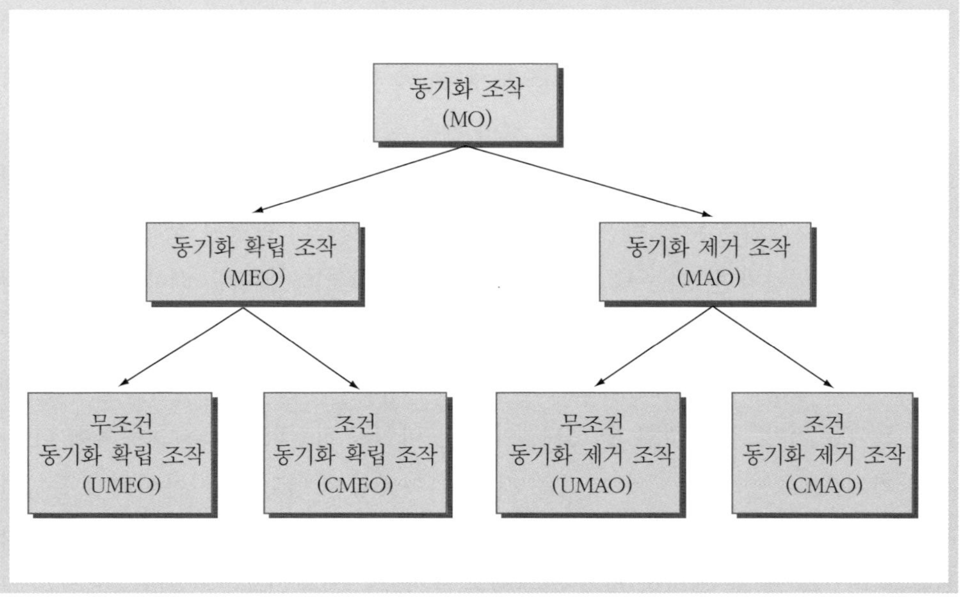

[그림 19-1] 동기화 조작의 유형들

되었기 때문이다. 만약 선수들이 이전에 그러한 발표에 반응하는 것을 학습하지 못하였다면, 그 발표는 동기화 조작으로서 효력을 발휘하지 못했을 것이다.

Martin(2007)은 한 젊고 유능한 골프 선수가 혼자 퍼팅 연습을 하는 것을 동기화하기 위해 사용했던 전략을 설명했다. 그 골프 선수는 긴박한 경기 분위기를 만들어 내기 위해 심상을 사용했다. 퍼팅을 연습할 때 그는 자신이 전미오픈대회(the U.S. Open)의 마지막 날 토너먼트에 진출했다고 자주 상상하곤 했다. 매 18번의 연습 퍼트에서 그는 선두를 유지하기 위해 퍼트를 해야 하는 것인 양 생각했다. 이 예에서, 선수는 스스로 긴박한 경기를 상상하면서 CMEO를 실시하고 있었다. 경기의 긴박감은 조건 강화로서의 퍼팅의 가치를 증가시켰고 퍼팅할 때 적절하게 집중할 가능성을 증가시켰다.

앞에서도 언급하였듯이, UMO의 가치를 변화시키는 효과는 생득적인 반면, 행동을 변화시키는 효과는 학습된 것이다. 하지만, CMO의 경우, 가치를 변화시키는 효과와 행동을 변화시키는 효과는 모두 학습에 의한 것이다. Sundberg(2004)가 지적한 것처럼, 심리학 개론 교재에서 동기라는 제목하에 논의된 많은 주제들, 예를 들어 '획득된 추동' 이나 '사회적 동기' 와 같은 것은 CMO와 관련된다.

CMEO와 S^D

행동에 대한 자극통제를 고려할 때 식별자극, 즉 S^D와 CMEO의 개념을 혼동하기가 쉽다. 행동에 영향을 주는 선행 변인으로서 둘 중 하나를 신뢰롭게 효과적으로 사용할 수 있으려면 이 둘 다에 대해 아는 것이 매우 중요하다. S^D는 특정 행동을 하면 강화물을 얻을 수 있는 것과 관련이 있는 자극이다. S^D를 제시하여 개인의 행동에 영향을 주려면, 그 개인은 S^D에 반응하는 것과 연관된 강화물이 박탈된 상태여야만 한다. 더 쉽게 이야기하자면, S^D는 당신이 원하는 것을 얻기 위해 무엇을 해야 하는지를 당신에게 말해 주는 단서다. 한 가족이 추운 가을밤에 캠핑을 하고 있다고 가정해 보자. 부모는 떨고 있는 아이에게 "침낭을 화톳불에 더 가까이 옮겨 봐라. 그러면 더 따뜻하게 느껴질 거야."라고 말할 수 있다. 이 말은 아이가 자신의 침낭을 화톳불에 더 가까이 가져오도록 만드는 S^D가 되었을 것이다. 따뜻함은 떨고 있는 아이에게 분명한 강화물이었다. CMEO는 순간적으로 조건 강화물의 가치를 증가시키고 과거에 그 강화물을 얻도록 해 준 행동의 발생 가능성을 증가시키는 동기유발인자다. 더 쉬운 말로 하자면, CMEO는 당신이 어떤 것을 원하게 만들고, 그것을 얻기 위해 무엇을 해야 하는지를 말해 주는 단서다. 부모가 10대 딸에게 "네가 잔디를 깎을 때마다 3점을 받을 수 있고, 울타리를 다듬을 때마다 2점을 받을 수 있단다. 만약 20점까지 모으면 주말에 우리집 차를 사용할 수 있지."라고 말한다고 가정해 보자. 이 예에서, 부모가 제시한 규칙은 CMEO다. 그 규칙은 10대 딸에게 점수를 조건 강화물로 확립시켰고 그것을 어떻게 얻을 수 있는지 말해 주었다.

CMAO와 S^{Δ}

S^{Δ}와 조건 동기화 제거 조작(CMAO)의 구분은 S^{D}와 CMEO의 구분과 비슷하다. S^{Δ}는 이것이 있을 때 반응이 강화된 적이 없는 자극이다. 또한 개인은 특정 강화물에 박탈되었던 것으로 가정된다. 더 쉽게 설명하자면, S^{Δ}는 특정 행동을 하면 원하는 어떤 것을 얻지 못하게 될 것임을 말해 주는 단서다. 과거에 쇼핑을 하는 동안 아이가 "사탕 먹고 싶어."라고 소리 지르자 부모가 사탕을 사 주었었다고 가정해 보자. 그리고 쇼핑을 나서기 전에 그 부모가 자녀에게 "네가 소리를 지르면 사탕을 사 주지 않을 거야."라고 말했다고 가정해 보자. 만약 부모가 이 규칙을 지킨다면 이 지시는 소리 지르기에 대한 S^{Δ}가 될 것이다. 이와 대조적으로, CMAO는 잠시 조건 강화물의 가치를 감소시키고 과거에 그 강화물을 얻게 해 주었던 행동의 발생 가능성을 감소시키는 자극이다. 더 쉬운 말로 하자면, CMAO는 어떤 사람이 더 이상 특정 결과를 원하지 않도록 영향을 주어 그 결과를 얻게 해 줄 행동을 감소시킨다. 찰리가 채소가게에서 물건을 사면 영화 티켓으로 교환 가능한 쿠폰을 받을 수 있기 때문에 특정 채소가게에서 채소를 구매했다고 가정해 보자. 어느 날 그 가게는 쿠폰은 앞으로 서부극 CD로만 교환될 수 있다고 발표했다. 찰리는 서부극 팬이 아니었기 때문에 다른 가게에서 물건을 사기 시작했다. 그 가게의 발표는 찰리에게 CMAO였다. 즉 쿠폰의 가치를 떨어뜨리고 그 쿠폰을 얻기 위해 했었던 행동을 감소시켰다.

연습문제

5. 동기화 조작을 정의하라. 이 정의의 두 측면을 잘 보여 주는 예를 기술하라.
6. 동기화 확립 조작과 동기화 제거 조작은 어떤 두 가지 측면에서 다른가?
7. 무조건 동기화 조작의 가치를 변화시키는 효과와 행동을 변화시키는 효과는 학습된 것인가, 아니면 생득적인 것인가? 예를 들어서 논하라.
8. CMO의 가치를 변화시키는 효과와 행동을 변화시키는 효과는 학습된 것인가, 아니면 생득적인 것인가? 예를 들어서 논하라.
9. 당신은 농구 선수들에게 실시한 도슨 코치의 점수 프로그램에 대하여 UMEO 또는 CMEO 중 어느 것으로 설명하겠는가? 당신의 선택의 근거를 제시하라.
10. 풋볼 팀이 뜨거운 태양 아래 물도 없이 한 시간 동안 연습하고 있다고 가정해 보자. 코치는 선수들 중 한 명에게 "여기 내 자동차의 열쇠가 있다. 트렁크로 가서 물병을 가져와라."라고 말한다. 이 요청은 물을 얻는 것에 대한 S^D인가 아니면 CMEO인가? 당신의 선택의 근거를 제시하라.
11. 어떤 피아니스트가 한 곡을 연습하기 위해 다음과 같은 목표를 세운다고 가정해 보자. '내가 연습을 멈추기 위해서는 이 곡을 처음부터 끝까지 한 번도 실수하지 않고 연속해서 10번 연주해야만 한다.' 이 목표는 S^D와 CMEO 중 어떤 것으로 가장 잘 개념화되는가? 당신의 선택의 근거를 제시하라.

동기화 조작의 응용

자폐아동에게 요청어(mand) 가르치기

자폐아동과 다른 발달장애 아동을 위한 많은 언어개입 프로그램에서는 집중적인 행동개입과 Skinner(1957)의 언어행동 분석을 결합함으로써 상당한 성공을 거두었다(Sundberg & Michael, 2001; Sundberg & Partington, 1998; Verbeke, Martin, Thorsteinsson, Murphy, & Yu, 2009). Skinner는 언어 공동체의 문법적 관행보다는 개인 화자의 언어행동을 연구하는 데 관심이 있었다. 그는 언어행동을 다른 사람의 중재를 통해 강화되는 행동으로 정의하였는데, 이때 강화를 제공하는 사람은 이미 그러한 강화를 제공하도록 구체적으로 훈련을 받았다. 언어행동은 비언어적 행동과 대비되는데, 비언어적 행동은 물리적 환경과의 접촉을 통해 강화되는 행동이다. Skinner는 여러 유형의 기초적인 언어반응 중에서 반향어(echoics)와 명명어(tacts), 요청어(mands) 세 가지를 구분하였다. Skinner의 정의를 보다 쉽게 말하자면 반향어는 사회적 강화에 의해 발달되고 유지되는 언어적 모방 반응을 뜻한다. 부모가 "'물' 이라고 말해 봐."라고 말하자, 자녀가 '물' 이라고 말하고 칭찬을 받는다면, 아동의 '물' 반응은 반향어다. 명명어는 사회적 강화에 의해 발달되고 유지되는 이름 붙이기 반응이다. 만약 부모가 한 잔의 물을 가리키면서 "이것이 무엇이지?"라고 묻자, 아동이 '물' 이라고 말하고 칭찬을 받으면, 아동의 '물' 반응은 명명어다. 요청어는 동기화 조작의 통제하에 있는 언어 반응으로, 상응하는 강화물에 의해 혹은 상응하는 혐오자극의 제거에 의해 강화된다. 만약 아동이 목이 말라서 부모에게 '물' 을 달라고 한다면, 아동의 '물' 반응은 요청어다. 물이라는 똑같이 표현된 단어가 그것의 통제변인에 따라 다른 언어반응(예, 반향어, 명명어, 또는 요청어)으로 간주된다.

관찰을 통해 아동이 획득하는 첫 번째 유형의 언어적 행동이 요청어임을 알 수 있다(Bijou & Baer, 1965; Skinner, 1957). 따라서 언어행동을 훈련할 때 요청어로 시작하는 것이 자연스럽다. MO는 자폐증이나 발달장애가 있는 아동을 위한 요청어 훈련 프로그램에서 효과적으로 사용되어 왔다(Sundberg & Michael, 2001). 구조화된 요청어 훈련은 전형적으로 아동에게 높은 동기적 가치를 가진 강화물(특정 음식이나 좋아하는 장난감과 같은)을 요청하도록 가르침으로써 시작한다. 아동에게 주스를 요청하도록 가르치기 위해, 부모는 첫 번째 시도에서 아동에게 한 모금의 주스를 줄 것이다. 그런 다음 아동이 보는 앞에서, 부모는 주스를 탁자 아래로 숨기고 아동에게 "무엇을 먹고 싶니? '주스' 라고 말해 봐."라고 요구한다. 만약 아동이 정확하게 반응하면, 아동은 주스를 한 모금 더 마시게 될 것이다. 여기에서, 어쩌면 당신이 알아차렸겠지만, 아동은 반향적 언어행동을 보이고 있는 것이다. 그다음 시도에서 주스를 숨기면서, 부모는 단순하게 "무엇을 먹고 싶니?"라고 말하고, 주스를 달라는 요청을 강화할 것이다. 추가설명 4
이런 유형의 훈련을 어느 정도 한 후에, 아동은 주스를 먹고 싶을 때 '주스' 라고 말하는 행동을 다른 상황으로 일반화할 확률이 높다. Sundberg와 Partington(1998)과 Sundberg(2004)는 요청어 훈련에 MO를 사용하는 또 다른 전략들을 설명하였다.

노인 운전자들에게 안전벨트 사용을 동기화하기

'즐거운 계곡(Pleasant Oaks)' 은 버지니아 주 내 노인 공동체 주거단지(일종의 실버타운)다. 그곳에 사는 노인들은 근처 샤롯스빌로 자동차 여행을 자주 가는 등 삶을 즐기는 라이프스타일을 가지고 있다. 즐거운 계곡에 사는 사람들 중 많은 이들이 65~74세 노인들의 우발적인 사망의 가장 큰 원인이 자동차 사고임을 잘 인식하고 있었다. 안전벨트를 착용하는 운전자 중에서는 상해와 입원, 사망이 유의하게 적었지만, 즐거운 계곡에 들어오고 나가는 운전자와 방문객의 30%가 안전벨트를 매지 않았다. 버지니아 대학교의 건강과학센터의 Brian, Amanda, 그리고 Daniel Cox는 즐거운 계곡의 더 많은 거주자들이 안전벨트를 착용하도록 장려하기 위해 간단한 절차를 실시하기로 결정했다. 이 연구자들은 그 공동체의 출구마다 있는 멈춤 신호판에 "안전벨트를 매고 안전을 지키세요."라는 메시지를 붙였다. 안전함을 느끼는 것은 노인들에게 중요한 관심사이기 때문에, 연구자들은 그 신호판이 안전벨트를 착용하는 행동의 강화적 가치를 증가시키는 CMEO의 기능을 할 것이라고 가정하였다. 그들이 옳았다. 그 메시지를 붙인 이후로, 벨트를 매는 노인들의 비율이 70%에서 94%로 증가하였다. 그 메시지가 붙은 신호판을 세운 지 6개월 후, 노인들의 88%가 계속해서 적절하게 안전벨트를 매었다(Cox, Cox, & Cox, 2000).

관심으로 유지되는 자해행동 줄이기

브렌다는 아주 심한 지적장애를 가진 42세의 여성으로, 발달장애인들을 위한 공공 거주시설에 살고 있었다. 그녀는 심한 머리 부딪치기와 머리 때리기를 포함하여 자해행동의 긴 과거력을 가지고 있었다. 관찰결과, 그녀의 자해행동이 좋은 의도를 가진 한 직원의 반응에 의해 유지됨이 드러났다. 브렌다가 자해행동을 하면, 그 직원이 "브렌다, 그러지 말아요. 그러면 다치잖아요."라고 말하곤 하였던 것이다. 브렌다의 자해행동을 치료하기 위해서, Timothy Vollmer와 그의 동료들은 직원의 관심에 대한 MAO를 포함한 프로그램을 도입하였다. 치료회기 동안, 처음에는 매 10초마다 관심이 주어지는 비수반적인 강화계획이 실시되었다. 이러한 잦은 관심에 브렌다는 싫증이 나게 되었고, 이전에는 관심에 의해 강화되었던 그녀의 자해행동이 즉시 매우 낮은 수준으로 줄었다. 자해행동에 더 이상 관심이 주어지지 않는다는 점에서 소거 또한 치료의 일부로 포함되었다. 몇 회기를 지나면서, 비수반적인 관심의 빈도를 점차 줄여, 처음에는 분당 여섯 번이었으나 마지막에는 5분마다 한 번이 되었으며, 자해행동은 매우 낮은 수준에 머물렀다. 브렌다 외의 다른 두 사람에게서도 비슷한 결과가 나타났다(Vollmer, Iwata, Zarcone, Smith, & Mazaleski, 1993).

동기화 조작과 행동수정

이 장에서 우리는 강화물이나 벌칙으로서의 결과의 효과성을 일시적으로 변화시켜서, 그러한 결과에 의해 영향받는 행동의 출현에 일시적으로 영향을 주는 선행변인(MO)에 대해 논의하였다. 행동수정 프로그램을 설계할 때 MO를 고려하는 것이 프로그램의 효과성을 높일 가능성이 있다.

연습문제

12. 반향어를 정의하고 책에 나오지 않은 예를 하나 기술하라.
13. 명명어를 정의하고 책에 나오지 않은 예를 하나 기술하라.
14. 요청어를 정의하고 책에 나오지 않은 예를 하나 기술하라.
15. 동기화 조작이 어떻게 아동을 대상으로 한 요청어훈련으로 통합될 수 있는가를 예를 들어 기술하라.
16. 노인 운전자의 안전벨트 사용을 동기화하기 위해 CMEO가 어떻게 사용되었는가?
17. 아주 심한 지적장애가 있는 여성의 자해행동을 감소시키기 위해 MAO가 어떻게 적용되었는가?

적용연습

자기-수정 연습

당신이 자신의 공부하는 빈도를 높이고 싶어 한다고 가정해 보자. 몇 가지 전략들이 이 책의 연습문제에 정확하게 답하도록 당신을 동기화하는 데 도움이 될 것이다. ① 지금 강의 시작일과 기말 시험이 있는 날을 적어 두라. 그리고 하루가 지날 때마다 매일 × 표시를 하라. ② 한 친구와 정기적으로 공부할 약속을 하라. ③ 당신이 특정한 공부 목표를 완수한다면 특정 강화물이 제공될 것이라고 명기한 계약서에 친구나 친척과 함께 서명을 하라. ④ 공부하기 위한 단서를 제공하고 양립할 수 없는 행동(예, TV 보기)의 단서를 제거하는 식으로 당신의 공부환경을 재배치하라. 세 가지 전략을 선택하고 그들 각각에 대해 간단하게 기술하라. 각 전략들이 S^D나 S^Δ, CMEO, CMAO를 포함하는지 밝히라. 각 경우에 그렇게 선택한 근거를 제시하라.

추가설명 및 심화토론

1. Poling(2001)이 지적한 것처럼, 특정한 MO가 많은 행동에 영향을 줄 가능성이 높고, 어떤 행동은 여러 MO의 영향을 받을 가능성이 높음을 기억하는 것이 중요하다. 예를 들어, 음식 박탈이라는 MEO를 생각해 보자. 음식박탈은 음식의 강화적 가치를 증가시키고 다양한 음식을 찾는 행동을 하도록 할 뿐만 아니라, 물의 강화적 가치를 높이고 따라서 물 섭취를 증가시킨다(Poling, 2001). 따라서, 행동 관리도구로서의 MO 개념을 최대한 유용하게 사용하려면, 연구자들은 MO를 분리하여 중요한 행동에 예측 가능한 방식으로 영향을 줄 수 있는 방법들을 고안해야 한다.
2. 29장에서 설명한 것처럼, 응용행동분석의 역사에서 1950년대의 주요한 두 가지 교재는 『심리학의 원리(*Principles of Psychology*)』(Keller & Schoenfeld, 1950)와 『과학과 인간행동(*Science and Human Behavior*)』(Skinner, 1953)이었다. 두 교재는 동기라는 주제에 대한 행동적인 접근에 관하여 논의하였고, 박탈과 포만과 같은 변인에 대해 기술하였다. Keller와 Schoenfeld는 그러한 변인을 언급하기 위해 확립 조작(establishing operation)이라는 용어를 도입하였다. 하지만 1970년대에 행동수정 교재들(Fantino & Logan, 1979; Martin & Pear, 1978; Powers & Osborne, 1976; Whaley & Malott, 1971)은 더 이상 동기라는 주제를 강조하지 않았다. 1980년대 초에, Michael은 일련의 논문(1982, 1988, 1993, 2000, 2007)에서 행동주의 심리학자들이 동기라는 주제에 더 많은 관심을 기울일 필요가 있다고 주장하였다. Michael은 Keller와 Schoenfeld의 용어인 확립 조작을 채택하였다. Michael에 의해 정의된 것처럼 확립 조작은 강화물의 효과를 감소시킬(즉, 제거할) 뿐만 아니라 강화물의 효과성을 증가시키는(즉, 확립하는) 것을 포함하였기 때문에, Michael과 그의 동료들(Laraway et al., 2003)은 확립 조작이란 용어를 동기화 조작으로 바꿀 것을 제안하였고, 동기화 조작을 확립 조작과 제거 조작으로 구분하였다. 약간 수정을 하였지만 그것들이 우리가 이 책에서 채택한 용어다. 우리는 확립된 것 혹은 제거된 것을 나타내기 위한 확립과 제거 앞에 동기화라는 단어를 넣었다. 예를 들어, 조건 확립 조작(CEO) 대신, 우리는 조건 동기화 확립 조작(CMEO)을 사용한다. 응용행동분석에서 동기를 다룬 역사에 대한 자세한 논의를 보려면, Sundberg(2004)를 참조하라. 조직행동 관리에서 동기화 조작의 응용에 대한 논의는 Agnew(1998)와 Olsen, Laraway와 Austin(2001)을 참조하라. 문제행동의 치료와 예방에서 동기화 조작의 역할에 대한 논의는 McGill(1999)과 *Journal of Applied Behavior Analysis*의 특집호(Winter, 2000)를 참조하라.
3. 약물 섭취나 약물 주사 또한 동기화 조작의 기능을 한다(Pear, 2001, p. 281). 예를 들어, 암페타민은 음식의 강화적 효과를 감소시키는 UMAO로서 기능한다. 최음제는 성적 자극의 강화적 효과를 증가시키는 UMEO로서 기능한다. 하지만 이 책에서 우리는 개인의 외적 환경에 존재하는 동기 변인에 초점을 맞춘다.

4. 만약 당신이 Skinner(1957)의 언어적 행동분석에 친숙하다면, "무엇을 원하니?"라고 부모가 묻고 자녀가 '주스'라고 답할 때 아동의 반응이 내적 언어(intraverbal, 자극과 반응 사이에 일대일 대응이 없으며 선행 언어자극의 통제하에 있는 언어 반응)일 수 있음을 인식할 것이다. 하지만 아동의 '주스'라는 반응은 적어도 부분적으로는 요청어다. 왜냐하면 특정한 박탈 상태의 통제하에 있기 때문이다. 따라서 언어적 행동의 다른 범주와의 중복이 일어날 수 있다. 명령어를 훈련할 때, 약간의 내적 언어 훈련이 시작될 필요가 있다. 이상적으로 아동은 결국 요청을 촉구하는 선행 언어자극 없이도 요청하는 것을 배우게 될 것이다. 그 시점에서 아동은 순수한 요청어를 표출하게 될 것이다.

▶ 추가설명에 대한 연습문제

1. 1980년대에 행동주의 심리학자들이 동기 개념을 새롭게 강조하기 시작할 때 영향을 준 사람은 어떤 심리학자인가?
2. 특정한 MO가 한 가지 이상의 강화물의 가치에 영향을 주고 많은 행동의 출현에 영향을 줄 수 있음을 보여 주는 예를 기술하라.
3. 약물이 어떻게 MO로서 기능할 수 있는지를 보여 주는 예를 기술하라. 그것은 MO의 어떤 하위 유형인가([그림 19-1]을 참조하라.)? 당신의 답의 근거를 제시하라.
4. 반향어와 내적 언어를 구분하라. 이 책에 없는 예를 들어 각각을 설명하라.

PART

4

자료처리

20 행동평가: 초기 고려사항
21 직접적 행동평가: 기록내용과 기록방법
22 행동수정의 연구방법

20 행동평가: 초기 고려사항

지금까지 행동수정 절차의 효과를 보여 주는 많은 예들을 제시하였다. 이 예들은 특별한 절차를 적용하였을 때 행동이 변화(증가 또는 감소)한 것을 보여 주는 그래프와 함께 제시되었다. 또한 그래프 중 몇몇은 그 프로그램이 끝난 후에 변화된 행동이 유지되는지를 나타내는 추수관찰을 포함하였다. 단지 자료에 대한 이해를 돕기 위하여 그래프들을 제시한 것이 아니다. 행동에 대한 자세한 기록은 행동수정 절차와 분리될 수 없는 부분이다. 실제로 행동수정의 주된 공헌이 주관적인 인상보다는 특정 행동을 정확하게 기록하고, 기록된 자료에 근거하여 결정하는 것을 강조하는 데 있다고 주장하는 사람들도 있다.

1장에서 지적한 바와 같이, 행동수정 프로그램에서 증진시키려고 하는 행동들을 표적행동이라고 부른다. 행동평가(behavior assessment)는 ① 표적행동을 확인하고 기술하며, ② 그 행동의 가능한 원인들을 찾고, ③ 그 행동을 수정하기 위한 적절한 처치 전략을 선택하며, ④ 처치 결과를 평가하기 위하여 정보와 자료를 수집하고 분석하는 것을 포함한다.

프로그램의 최소 단계

성공적인 행동수정 프로그램은 전형적으로 표적행동을 확인하고, 정의하며, 기록

하는 동안에 전형적으로 다음의 네 가지 단계를 포함한다. ① 선별 단계 혹은 접수 단계, ② 프로그램 실시 이전의 평가 단계, ③ 처치 단계, ④ 추수 단계. 이 단락에서는 각 단계들을 간략하게 제시할 것이다.

선별 혹은 접수 단계

내담자가 임상가나 기관과 최초로 상호작용하는 것을 흔히 **접수 단계**(intake phase)라고 부르며, 이 단계에서 내담자는 대체로 접수 양식(intake form)을 완성하도록 요청을 받는다. 이런 서식에는 내담자의 이름, 주소, 생년월일, 결혼 상태 등에 대한 일반적인 정보를 쓰도록 되어 있으며, 또한 내담자가 치료센터나 임상가를 찾는 이유를 기술해야 한다.

선별 단계(screening phase)의 한 가지 기능은 특정 기관 혹은 특정 행동수정가가 잠정적으로 내담자의 행동을 다루는 데 적합한지를 결정하는 것이다(Hawkins, 1979). 만약 적합하지 않다면, 이 단계에서 어느 기관이나 개인이 이 내담자의 치료를 담당할 것인지를 제안해야 한다. 예를 들어, 학습 곤란 아동을 위한 센터에서는 아이들의 학업기술이 정규 학교교육 외에 다른 프로그램을 필요로 할 정도로 심각하게 문제가 되는지를 결정할 수 있다. 두 번째 기능은 치료 제공과 관련된 것으로, 그 기관이나 임상가의 방침과 절차에 대하여 내담자에게 알려 주는 것이다. 이 단계의 세 번째 기능은 즉각적인 개입이 요구되는 위기 상황(예, 아동학대, 자살 위험 등)이 존재하는지 알아보는 것이다. 선별 단계의 네 번째 기능은 표준화된 정신장애 범주, DSM-IV-TR로 알려진 『정신장애의 진단 및 통계 편람』(American Psychiatric Association, 2000)의 정신장애 표준 범주에 따라 내담자를 진단하기 위하여 내담자를 면담하거나 지능검사와 같은 심리검사를 통하여 충분한 자료를 수집하는 것이다. 1장의 추가설명 1에서 제시한 것처럼, 치료가 제공되기 전에 치료센터, 병원, 학교 및 해당 기관에서 이런 진단을 요구하는 경우가 있고, 또 의료보험회사에 치료비를 청구하기 위해 필요한 경우도 있다. 선별 단계의 다섯 번째 기능은 어떤 행동들이 평가되어야 하는지에 대한 구체적인 정보를 제공하는 것이다. 이런 초기 평가를 하기 위하여, 행동수정가는 위에 제시된 모든 정보에 더하여 교사의 보고서와 여러 다양한 전통적인 검사결과, 특정 표적행동을 정확히 잡아내는 데 도움이 되는 기타 평가도구를 사용할 것이다.

프로그램 실시 이전의 평가 단계

평가 단계 동안 행동수정가들은 표적행동을 평가하여 프로그램 혹은 처치가 도입되기 전의 표적행동 수준을 결정하고, 그 개인의 현재 환경을 분석하여 변화시키려는 행동을 통제하고 있다고 생각되는 변인들을 찾아낸다.

행동수정가들이 표적행동을 직접 측정하고, 이 측정치의 변화를 문제의 개선 정도를 알아보는 좋은 지표로 사용한다는 점에서 프로그램 실시 이전의 평가 단계는 중요하다(1장 참조). 예를 들어, 아이가 학교에서 어려움을 겪고 있다면 행동수정가는 아이의 지능검사 점수보다는 문제(예를 들면, 읽기 결함, 파괴적 행동)를 구성하는 특정 행동과잉 혹은 행동결핍에 대한 기저선에 훨씬 더 관심이 많을 것이다. 프로그램 실시 이전의 평가 단계에 대한 더 자세한 정보는 이 장의 후반부에 제시된다.

처치 단계

프로그램 전 평가를 자세히 한 후, 행동수정가들은 바람직한 행동변화를 가져오기 위하여 효과적인 처치 프로그램을 설계할 것이다. 교육 장면에서는, 이런 프로그램을 전형적으로 훈련 혹은 교육 프로그램이라고 부른다. 지역사회와 임상 장면에서는 개입 전략 혹은 치료 프로그램이라 부르는 경우가 많다.

행동수정 프로그램에서는 훈련 혹은 처치기간 동안에 주로 표적행동을 관찰하고 모니터링하게 된다. 이런 면에서 행동수정과 다른 접근들은 정도에 있어 차이를 나타낸다. 전통적인 교육실습에서는 대체로 교수 프로그램 동안 학생들의 수행을 감독할 목적으로 정기적인 평가를 한다. 특정 임상 처치 프로그램에서는 다양한 간격으로 내담자를 평가한다. 또한 행동수정에 속하는 일부 프로그램에서는 주로 사전-사후 측정만을 하며 처치 동안의 지속적이고도 정확한 기록을 소홀히 한다. 그럼에도 불구하고 다른 접근들에서는 찾아보기 드물 정도로, 많은 행동수정가들은 치료나 개입 전략을 적용하는 전체 기간 동안 행동을 모니터링할 것을 강조하였으며 이를 실행한다. 또한 행동수정가들은 평가 결과, 일정 기간 내에 목표한 행동의 변화가 일어나지 않는다면 프로그램을 바꿀 것을 강조한다.

추수 단계

마지막으로, 추수 단계는 처치 동안 이루어진 행동증진이 프로그램이 종료된 후에도 유지되고 있는지 결정하기 위하여 수행된다. 어떤 경우에는 그 행동이 발생할 것으로 예상되는 실제 환경이나 상황에서 그 행동이 발생하는지 자세히 관찰하거나 평가할 수 있다.

연습문제

1. 표적행동이란 용어가 의미하는 것은 무엇인가? 이 책의 앞부분에서 제시한 예를 들어 설명하라.
2. 행동평가를 정의하라.
3. 행동수정 프로그램의 네 단계를 기술하라.
4. 행동수정 프로그램 접수 단계의 다섯 가지 기능은 무엇인가?
5. 행동수정 프로그램의 프로그램 전 평가 단계에서 전형적으로 하는 두 가지 일은 무엇인가?
6. 훈련 프로그램, 치료 프로그램, 개입 전략의 용어는 일반적으로 어떤 상황에서 사용되는가?
7. 행동수정 프로그램의 추수 단계의 목적은 무엇인가?

프로그램 실시 이전의 평가를 위한 정보의 출처

표적행동을 명백하고 완벽하게 측정 가능한 용어로 정의하는 것은 행동수정 프로그램 설계와 실행에서 중요한 전제조건이다. 표적행동을 정의하고 모니터링하기 위하여 정보를 수집하는 행동평가 절차는 간접평가 절차, 직접평가 절차 및 실험평가 절차의 세 가지가 있다.

간접평가 절차

행동수정 프로그램이 적용될 수 있는 많은 상황에서, 행동수정가들(예를 들면, 간호사, 교사, 부모, 코치)은 관심 있는 행동(표적행동)을 직접 관찰할 수 있다. 그러나 당신이 다른 전문치료자들처럼 사무실에서 정해진 약속에 따라 정기적으로 내담자들을 만나는 행동치료자라고 가정해 보자. 표적행동이 발생하는 상황에서 정기적으로 내담자를 관찰한다는 것은 실행하기 어려운 일이다. 더욱이 내담자들이 타인이 관찰할 수 없는 그들의 생각과 느낌을 변화시키고 싶어 한다면 어떻게 할 것인가? (15장과 27장에서 논의한 바와 같이, 행동수정가들은 사고와 느낌을 사적 혹은 내현적 행동으로 정의한다.) 이런 상황에서 행동치료자들은 간접평가 절차를 많이 사용해 왔다. 여기서 보통 사용되는 것은 내담자와 중요한 타인들과의 면접, 질문지, 역할시연, 내담자를 의뢰한 전문가로부터 얻은 정보 및 내담자의 셀프-모니터링 자료 등이다. 간접평가 절차는 사용이 간편하고 시간이 많이 걸리지 않으며 내현적 행동에 대한 정보를 얻을 수 있다는 점에서 유리하다. 그러나 한편으로 간접평가 절차에는 제공된 정보가 정확하게 기억하지 못하는 관찰내용일 수 있으며, 편견이 작용하여 부정확한 자료를 제공할 수 있다는 단점이 있다.

내담자와 중요한 타인들과의 면접 행동치료자들과 다른 이론적 접근을 채택한 치료자들을 무선표집하여 이들의 초기 면접을 관찰한다면, 서로 유사한 점이 많을 것이다. 많은 내담자들이 치료자와 처음 만날 때 불안해하기 때문에, 치료 초기에는 대체로 치료자가 이야기를 많이 하게 된다. 치료자는 자신이 주로 다루는 문제 유형들을 간단하게 소개하는 것으로 시작한다. 그다음에 치료자들은 내담자의 배경에 대하여 간단히 질문하거나, 내담자에게 간단한 기본 인적 사항을 적도록 요청한다. 치료자는 그다음에 내담자에게 문제가 무엇인지를 기술하도록 요청할 것이다(〈표 20-1〉 참조). 초기 면접 동안에 행동치료자들과 다른 전통적인 치료자들은 내담자가 편안하게 느끼도록 돕고 문제에 대한 정보를 얻기 위하여 훌륭한 청취자가 되며, 개방적인 질문을 하고, 명료화를 요청하며, 내담자의 느낌과 문제에 대하여 그 타당성을 인정하는 등의 비슷한 기법들을 사용할 것이다.

내담자와 중요한 타인들(내담자의 배우자, 부모 혹은 내담자의 복지와 직접적으로 관련된 다른 사람들)과의 면접에서, 행동치료자들은 다른 전통적인 입장의 치료자들과 마찬가지로 내담자와 다른 중요한 타인들 사이의 라포(즉, 상호신뢰 관계)를 형성하고 유

표 20-1 접수면접에서 행동치료자가 일반적으로 묻는 질문의 예

1. 문제가 무엇이라고 생각하세요?
2. 문제를 경험할 때 당신이 주로 하는 행동이나 말을 기술해 보세요.
3. 얼마나 자주 그 문제가 일어납니까?
4. 얼마나 오랫동안 그 문제가 발생합니까?
5. 어떤 상황에서 그 문제가 발생합니까?
6. 문제가 일어난 직후 무슨 일이 일어나곤 합니까?
7. 그 문제가 발생할 때 당신은 주로 무슨 생각을 하고 어떤 느낌을 갖습니까?
8. 지금까지 그 문제를 해결하기 위해 어떤 노력을 해 왔습니까?

지하려고 시도한다. 이런 관계는 내담자가 자신의 문제를 기술하는 동안 치료자가 이를 경청하며, 내담자에 부당하게 영향을 줄 수 있는 개인적 가치의 표현을 절제하고, 내담자의 느낌을 이해하고 있다는 것을 표현함으로써 공감을 나타내며, 내담자-치료자 관계의 비밀 유지를 강조함으로써 촉진될 수 있다(Sarwer & Sayers, 1998).

어떤 행동치료자들은 첫 면접 동안 일반적인 수준에서 논의를 지속한다. 어떤 행동치료자들은 당면 문제를 좀 더 직접적으로 다룬다. 이런 관점에서 볼 때 행동치료자들 간에 개인차가 있기는 하지만, 행동치료자들은 치료적 관계에서 비교적 빨리 내담자의 문제와 연관된 행동들에 초점을 맞출 것이다. 이것은 문제와 그 문제를 통제하는 변인들에 대하여 여러 가지 질문을 함으로써 이루어진다(Sarwer & Sayers, 1998 참조). 면접 과정의 어느 시점에서, 행동치료자는 ① 내담자의 주요 문제 영역을 확인하고, ② 치료 초기에 초점을 두어야 할 한두 가지 영역을 선택하며, ③ 문제 영역을 특정 행동결핍이나 행동과잉으로 바꾸어 말하고, ④ 문제행동을 통제하는 변인들을 밝히려고 시도하며, ⑤ 다루게 될 몇 가지 구체적인 행동목표를 정하도록 도와줄 것이다. 특정 행동질문지와 역할연기가 이 과정을 촉진하는 데 사용될 수 있다.

질문지 잘 고안된 질문지는 내담자의 문제를 평가하고 내담자에게 적합한 행동 프로그램을 개발하는 데 유용한 정보를 제공할 수 있다. 이런 질문지들은 매우 다양하다. 예를 들어, Fischer와 Corcoran(1994)은 광범위한 문제를 가진 내담자들을 평가하고 치료하는 데 도움이 되는 질문지를 300개 이상 수집하여 출판하였다. 행동치료자들은 몇 가지 유형의 질문지를 매우 유용하게 사용한다.

생애력 질문지는 결혼 상태, 직업 상태, 종교와 같은 인구통계학적 자료와 이성관계 및 성 관련 정보, 건강 및 학력과 같은 개인적 배경 자료들을 제공한다. 이런 질문지의 유명한 한 가지 예는 다면적 생애력 질문지(The Multimodal Life History Inventory; Lazarus & Lazarus, 2005)다. 자기-보고 문제점검표(Self-report problem checklists)는 내담자로 하여금 세부적 문제 목록에서 자신에게 적용되는 문제들을 선택하도록 한다. 이런 질문지들은 치료를 받으려는 내담자의 문제를 치료자가 충분히 파악하는 데 특히 유용하다(Jensen & Haynes, 1986). 이런 질문지의 예로는 행동 자가-평정 점검표(Behavior Self-Rating Checklist; Upper, Cautela, & Brook, 1975)를 들 수 있다. 또 다른 예는 [그림 20-1]의 행동점검표다. 이 행동점검표는 피겨 스케이트 선수를 대상으로 스포츠 심리상담을 해 준 상담가가 개발하였다. 자가-보고에 대한 종합적 논의는 Stone 등(2000)을 참조하라. 추가설명 1

조사질문지(survey schedule)는 치료자가 내담자에게 특정 치료 기법을 실행하는 데 필요한 정보를 얻는 데 도움이 된다. [그림 3-3]의 질문지(3장의 79-80쪽 참조)는 정적 강화 절차들을 적용하는 데 유용한 정보를 제공한다. 다양한 유형의 조사질문지는 각기 다양한 행동 절차를 사용하기 위한 예비 정보를 얻기 위하여 제작된 것이다. 다른 유형의 조사질문지들은 Cautela(1977, 1981)에 제시되어 있다.

제3자의 평정 척도는 내담자와 연관된 중요한 타인들과 전문가들이 특정 행동의 빈도 혹은 질을 주관적으로 평가하는 것이다. 이러한 점검표의 예로는 발달장애인에게 사용하는 심한 정신지체자 혹은 중증도 정신지체자를 위한 객관적 행동평가(Objective Behavioral Assessment of the Severely and Moderately Mentally Handicapped: The OBA)(Hardy, Martin, Yu, Leader, & Quinn, 1981)가 있다. OBA는 내담자를 잘 알고 있는 정보제공자로 하여금 내담자가 셔츠를 입거나 신발 끈을 매는 것과 같은 다양한 작업을 수행할 수 있는지를 평가하도록 하는 도구다. 경우에 따라 OBA는 직접 관찰 도구로 사용될 수도 있다.

역할연기 만약 문제가 발생하는 실제 상황에서 치료자가 내담자를 관찰하는 것이 가능하지 않다면, 대안으로 사용할 수 있는 방법은 치료자의 사무실에서 그 상황이나 적어도 그 상황의 어떤 중요한 측면들이라도 재현하도록 하는 것이다. 그것이 역할연기, 즉 내담자와 치료자가 내담자의 문제와 관련된 대인 간의 상호작용을 연기하는 것의 이론적 근거다(18장에서 기술됨). 예를 들어, 치료자는 면접자의 역할을 하고 내담자는 취업을 위하여 면접을 받고 있는 장면을 연기한다. 역할연기는 문제를 평가하는 행동면접을 위해 자주 사용될 뿐 아니라 문제를 치료하는 데도 사용된다(예, 18장의 353쪽 참조).

이름 ________ 날짜________

도움이 필요하거나 개선될 필요가 있습니까?	잘 모름	전혀 그렇지 않음		어느 정도 그렇다		매우 그렇다
프리 스케이팅 연습 시						
1. 모든 연습 시 구체적인 목표를 설정합니까?	( )	1	2	3	4	5
2. 매 연습 때마다 최선을 다하겠다고 다짐하며 경기장에 갑니까?	( )	1	2	3	4	5
3. 연습 전에 항상 스트레칭을 하거나 준비운동을 합니까?	( )	1	2	3	4	5
4. 점프를 하고 회전을 할 때 더 집중해야 합니까? (최선을 다하지 않고 되는 대로 점프나 회전을 하곤 한다면 '네' 라고 대답하시오.)	( )	1	2	3	4	5
5. 연습이 잘 안 될 때도 긍정적이며 사기가 저하되지 않습니까?	( )	1	2	3	4	5
6. 연습 시간을 최대로 활용합니까?	( )	1	2	3	4	5
7. 고난도의 점프를 하는 데 대한 두려움을 극복했습니까?	( )	1	2	3	4	5
8. 이미 착지를 잘할 수 있는 점프도 계속 개선해 나가고 있습니까?	( )	1	2	3	4	5
9. 고난도 점프를 할 수 있는 당신의 능력에 대해 확신하고 있습니까?	( )	1	2	3	4	5
10. 다른 선수들이 무엇을 하든지 신경 쓰지 않습니까?	( )	1	2	3	4	5
11. 당신이 현재 새로운 점프를 잘 익히고 있는지 모니터링하는 방법을 알고 있습니까?	( )	1	2	3	4	5
12. 더 완성도 높은 프로그램을 하기 위해 당신의 기량을 충분히 발휘합니까?	( )	1	2	3	4	5
13. 프로그램 동안 당신의 착지율을 계산합니까?	( )	1	2	3	4	5
14. 새로운 점프를 연마할 때마다 비디오 피드백을 사용합니까?	( )	1	2	3	4	5
15. 앞으로 차고 나가는 동작을 할 때 더 나은 모습으로 하기 위해 힘차게 밀고 나갑니까?	( )	1	2	3	4	5
16. 당신의 목표가 달성되었는지 당신의 향상 정도를 기록합니까?	( )	1	2	3	4	5

[그림 20-1] 스포츠 심리학 프로그램에서 피겨 스케이트 선수에게 도움이 될 만한 영역들을 평가하기 위한 질문지

프리 스케이팅 경기 시						
1. 다른 선수들이 스케이트를 타는 것을 볼 때에도 당신이 연습한 것에 대한 확신을 가집니까?	( )	1	2	3	4	5
2. 연습 시, 다른 선수들에 대해 잊고 스케이트 타는 것에만 집중합니까?	( )	1	2	3	4	5
3. 다른 선수들이 연습을 하는 것을 볼 때 압박감을 느끼지 않으려고 합니까?	( )	1	2	3	4	5
4. 다른 선수들의 기량에 신경 쓰지 않는 방법을 알고 있습니까?	( )	1	2	3	4	5
5. 당신의 순위에 대해 걱정하지 않는 방법을 알고 있습니까?	( )	1	2	3	4	5
6. 전체 경기 동안 잘 조직화된 시간관리계획을 가지고 있어서 잘 먹고, 잘 쉽니까?	( )	1	2	3	4	5
7. 경기 전 2~3주 동안에도 스케이트를 잘 탔습니까? (즉, 당신의 잠재력을 최대한 발휘하며 스케이트를 탔습니까?)	( )	1	2	3	4	5
8. 경기 30분 전에 (지나치게 긴장하지 않고) 편안한 상태를 유지합니까?	( )	1	2	3	4	5
9. 몸풀기 시간 동안 (지나치게 긴장하지 않고) 편안한 상태를 유지합니까?	( )	1	2	3	4	5
10. 당신의 경기 순서를 기다리면서 몸을 푼 후 (지나치게 긴장하지 않고) 편안한 상태를 유지합니까?	( )	1	2	3	4	5
11. 당신의 순서가 되어 경기장에 들어갈 때 (지나치게 긴장하지 않고) 편안한 상태를 유지합니까?	( )	1	2	3	4	5
12. 몸풀기 전에 스트레칭을 하는 동안 당신의 스케이트 실력에 대해 확신합니까?	( )	1	2	3	4	5
13. 다른 선수들에 의해 예민해집니까?	( )	1	2	3	4	5
14. 몸풀기 동안 당신의 스케이트 실력에 대해 확신합니까?	( )	1	2	3	4	5
15. 몸풀기 후에 당신의 순서를 기다리는 동안 당신의 스케이트 실력에 대해 확신합니까?	( )	1	2	3	4	5
16. 당신이 경기를 하는 중에 한 번에 한 동작씩만 합니까? (앞에 할 동작을 생각하거나 어려운 고난도 동작을 생각하지 않으면서)	( )	1	2	3	4	5
17. 어려운 동작뿐만 아니라 쉬운 동작에도 집중합니까?	( )	1	2	3	4	5
18. 당신이 중간에 넘어졌더라도 경기를 하는 내내 긍정적으로 임하고 잘 타려고 노력합니까?	( )	1	2	3	4	5

[그림 20-1] 계속

의뢰한 전문가들로부터의 정보 다른 전문가들(의사, 물리치료사, 교사, 간호사, 사회복지사)이 그 문제와 관련하여 어떤 방식으로든 내담자와 관계를 맺고 있었다면, 치료자는 그들로부터 관련된 정보를 얻어야 한다. 내담자의 문제가 의학적 요인과 관련되어 있다면 내담자의 주치의가 그 문제를 다루는 데 매우 중요한 정보를 제공할 수 있다. 그러나 이런 단계를 밟기 전에 내담자에게 항상 사전허락을 받아야 한다.

내담자의 셀프-모니터링 셀프-모니터링, 즉 내담자가 자신의 행동을 직접 관찰하는 것은 치료자가 직접 관찰하는 것 다음으로 좋은 방법이다. 그러나 치료자가 문제를 직접 관찰하는 것이 아니기 때문에 이것도 간접평가 절차에 포함된다. 따라서 다른 간접평가 절차와 마찬가지로 이 경우에도 관찰결과를 훈련받은 관찰자가 관찰한 것과 동일하게 신뢰할 수는 없다.

셀프-모니터링이 가능한 행동특징들은 훈련된 관찰자에 의해 직접 관찰될 수 있는 행동특징들과 동일하며, 이에 대해서는 21장에서 논의할 것이다. 셀프-모니터링은 23장에서 논의되는 것처럼, 문제행동의 원인을 발견하는 데 도움이 된다. 셀프-모니터링의 부가적 예들은 26장에 제시될 것이다.

직접평가 절차

3장부터 14장까지 각 장의 초반부에 제시한 사례를 보면, 내담자의 특정 행동이 다른 사람에 의해서 자세히 정의되고 직접 관찰되었다. 이렇게 어떤 사람의 행동이 다른 사람에 의해 관찰되는 것은 직접평가 절차로 정의된다. 직접평가 절차의 주요 장점은 간접평가 절차에 비하여 더 정확하다는 점이다. 직접평가 절차의 단점은 시간이 많이 소요되며, 관찰자들을 적절하게 훈련시켜야 하고, 내현적 행동을 모니터링하는 데는 사용할 수 없다는 것이다. 21장에서 직접평가 절차들에 대하여 논의할 것이다.

실험평가 절차

실험평가 절차는 문제행동을 통제하는 선행자극과 문제행동을 유지시키는 결과를 명확하게 밝히기 위하여 사용된다. 이런 절차를 실험적 기능분석, 더 간략히는 기능분석이라고 부르는데, 이는 행동을 통제하는 변인들과 행동 발생 간의 함수관계를 밝히는 것이다. 이런 절차들은 23장에서 세부적으로 논의된다.

컴퓨터를 이용한 자료 수집

컴퓨터 기술의 발달로 자료의 수집은 점점 더 용이해지고 있다(Haynes, 1998; Thompson, Felce, & Symons, 2000). 컴퓨터를 사용함으로써 비용이 증가하였지만, 직접적 행동관찰과 셀프-모니터링 자료를 수집하고 분석하는 것이 훨씬 간편해지고 정확해졌다(Farrell, 1991). 직접평가 절차에서 전산화 관찰체계의 예들은 Brown과 동료들(2006), Bush와 Ciocco(1992), Hile(1991), McIver, Brown, Pfeiffer, Dowda와 Pate(2009), Richard와 Bobicz(2003)에서 기술되었다. Brown과 동료들, McIver와 동료들은 관찰자가 아이의 다양한 신체적 활동을 실시간으로 입력하기 위해 바코드와 라이트 펜을 사용하는 정교화된 간이 이동식 컴퓨터 시스템에 대하여 기술하였다. 관찰자료를 수집하는 데 대하여 Kahng과 Iwata(1998)는 15개 전산화 관찰을 요약하여 제시하였다. 노트북 컴퓨터는 내담자가 셀프-모니터링하는 데도 사용되고 있다. 예를 들어, Taylor, Fried와 Kenardy(1990)의 연구에서 내담자들은 공황과 불안 증상, 인지적 요인 및 배경을 기록하는 데 노트북 컴퓨터를 사용하였다. Agras, Taylor, Feldman, Losch와 Burnett(1990)의 연구에서 비만 환자들에게 노트북 컴퓨터를 사용하여 그들의 체중, 칼로리 섭취, 운동, 하루의 목표 및 목표달성 여부를 모니터링하도록 하였다. 자동적으로 자료를 수집하고 기록하는 기제는 또한 계속 발전하고 있으며 응용 현장에서도 사용되고 있다. 그 하나의 예는 신체활동을 측정하고 자료를 저장하는 데 가속도 측정기를 사용하는 것이다(Sirard & Pate, 2001). 이 장치를 허리에 착용하여 신체의 가속도를 감지하고 측정하고 기록한다.

연습문제

8. 행동수정 프로그램의 설계와 실행에서 중요한 전제조건은 무엇인가?
9. 직접평가 절차와 간접평가 절차를 간단하게 구별하라.
10. 간접평가 절차를 사용해야 하는 두 가지 상황을 기술하라.
11. 간접평가 절차의 사용에 있어서 유리한 점과 불리한 점을 간단히 기술하라.
12. 간접평가 절차들의 다섯 가지 주요 유형을 열거하고 간단히 기술하라.
13. 행동평가에서 사용되는 질문지의 네 가지 유형을 열거하고 간단히 기술하라.
14. 직접 평가 절차의 사용에 있어서 유리한 점과 불리한 점을 간단히 기술하라.

자료! 자료! 자료! 왜 성가시게 하는가

정확한 자료를 기록하는 데는 여러 가지 이유가 있다. 첫째, 이 장의 초반부에서 지적한 바와 같이, 정확한 행동평가는 행동수정가가 처치 프로그램을 설계하는 데 자신이 적임자인지를 결정하도록 한다. 이것과 관련하여 고려할 사항들은 24장에 더 세부적으로 기술된다.

두 번째 이유는 문제라고 생각했던 것이 때로 정확한 기저선을 통해 실제로는 문제가 아닌 것으로 밝혀질 수 있다. 예를 들어, 교사가 "나는 쟈니를 어떻게 대해야 할지 모르겠어. 쟈니는 항상 다른 아이들을 때리지."라고 말할 수 있다. 그러나 기저선 자료를 얻은 후에 교사는 그 행동이 거의 나타나지 않았으므로 특별한 프로그램을 실시할 필요가 없다는 것을 발견할 수 있다. 필자들은 이런 현상을 한 번 이상 경험하였다. Greenspoon(1976)의 다음 예와 유사한 경험을 다른 사람들도 할 수 있다.

> 어떤 부인이 우연한 관찰에 근거하여 자신의 남편이 식사하는 동안 그녀에게 거의 말을 걸지 않는다고 심리학자에게 호소하였다. 남편이 말을 걸지 않는 것은 그녀를 점점 더 무시하는 행동이므로, 그녀는 무엇인가 조처를 취하고 싶다고 말했다. 심리학자는 그녀에게 차트를 준비하고 차트에 남편이 대화를 시작하거나 그녀가 보인 언어적 행동에 남편이 반응한 횟수를 기록하라고 지시하였다. 그 지시에 따라 한 후, 그녀는 자신이 잘못 알았다고 이야기하면서 스스로 매우 놀랐으며 기뻤다고 심리학자에게 말하였다. 남편은 매우 높은 비율로 그녀에게 말을 걸기 시작했고 그녀의 언어적 표현에 대해서도 반응하였다는 것이 밝혀졌다(p. 177).

세 번째 이유는 초기 평가 과정에서의 자료수집은 행동수정가가 행동의 원인을 알고 최상의 처치 전략을 고안하는 데 도움이 되는 경우가 많기 때문이다. 예를 들어, 개인의 행동과잉이 다른 사람에게 관심을 받는 것으로 강화되는지, 불쾌한 작업을 회피하도록 하는지, 또는 어떤 다른 변인에 의해서 통제되는지를 확인하는 것은 잠재된 강화물을 찾아내고 효과적인 개입 프로그램을 설계하는 데 도움을 준다. 앞에서 기술한 것처럼 행동의 원인을 분석하기 위하여 기저선 정보를 사용하는 것을 기능평가라고 부르며 이는 23장에서 더 논의될 것이다.

프로그램 동안 정확한 자료를 기록해야 하는 네 번째 이유는 프로그램 실시로 목표하는 행동변화가 분명히 일어나고 있는지를 결정하기 위한 수단을 제공하기 때문이다. 때로 사람들은 행동에 바람직한 변화가 발생했는지 알아보기 위하여 기록을 해야 할 필요가 없다고 주장한다. 물론 많은 경우에 이런 기록이 필요하지 않다. 어머니는 아이가 대소변을 충분히 잘 가린다고 말하기 위하여 자료 용지나 그래프를 작성할 필요가 없다. 그러나 모든 사례가 그렇게 즉각적으로 명확하게 나타나는 것은 아니다. 가령 아이가 배변행동을 매우 천천히 획득한다고 가정해 보자. 부모는 프로그램이 효과가 없다고 생각하고 프로그램을 조급하게 포기할 수 있다. 정확한 자료가 있다면 이런 실수는 피할 수 있다. 이런 점은 다음 사례에서 잘 예시된다.[1] Caldwell 박사에게 의뢰된 6세 남아의 어머니는 아이에 대하여, "아이가 식당을 나갈 때마다 식당 문을 계속해서 쾅 닫는 것 때문에 내가 벽으로 밀려 나갈 지경이에요."라고 호소하였다. Caldwell 박사는 아이의 어머니에게 냉장고에 종이를 붙여 놓고 그런 경우가 발생할 때마다 빗금을 하나씩 그음으로써 표적행동의 기저선을 얻도록 요청하였다. 사흘 동안, 문을 쾅 닫는 총 횟수는 123번이었다. Caldwell 박사는 어머니에게 아이가 문을 쾅 닫지 않고 나갈 때마다 칭찬을 하라고 지시하였다. 그러나 아이가 문을 쾅 닫을 때에는 짧은 타임아웃을 실시하도록 하였다. 즉 다시 들어오게 하여 아이가 방금 나온 방에서 3분간 머물러 있게 한 뒤(그 시간 동안 어머니는 아이를 모르는 척하였다.) 아이에게 문을 쾅 닫지 말고 나가라고 요구하도록 어머니에게 지시하였다. 이런 절차를 사흘 동안 적용한 후에, 어머니는 빗금을 그은 종이를 Caldwell 박사에게 가져와서, "이 따위 행동수정은 소용없어요."라고 호소하였으며, 자료 용지에 빗금 친 표시가 많은 것을 지적하면서 "아이는 이전과 똑같이 행동해요."라고 말했다. 그러나 빗금 친 숫자를 세어 봤을 때, 기저선 기간의 사흘 동안 문을 쾅 닫는 행동이 123번 나타난 것에 비하여, 처치 사흘 만에 그 행동은 단지 87번 나타났다. 이런 관찰에 힘을 얻어 어머니는 프로그램을 지속하였고, 아이의 행동은 닷새 후에는 수용할 만한 수준으로 빠르게 감소하였다.

정확한 자료가 없다면 정반대의 실수도 할 수 있다. 프로그램이 효과가 있다고 부정확하게 결론을 내리거나 사실상 비효과적이어서 프로그램을 중단하거나 수정해야만 할 때에도 프로그램을 지속하는 경우가 있다. 예를 들어, Harris, Wolf와 Baer(1964)는 유치원에 다니는 소년의 사례를 기술하였는데, 아이는 어른들을 꼬집어서 괴롭히는 습관을 가지고 있었다. 아이의 교사들은 아이의 꼬집는 행동을 토닥거리

1) 이 사례는 Lynn Caldwell이 1차 매니토바 행동변화 컨퍼런스(Portage la Prairie, Manitoba, Canada, 1971)에서 발표한 것이다.

는 행동으로 변화시키기 위해 행동수정 절차를 사용하기로 결정하였다. 이 절차의 효과가 한동안 지속된 후에 교사들은 꼬집는 행동이 토닥거리는 행동으로 성공적으로 대치되었다는 것에 동의하였다. 그러나 그들이 외부의 관찰자에 의해 기록된 자료를 보았을 때, 토닥거리는 행동은 기저선 동안의 수준보다 상당히 높아졌지만, 꼬집는 행동이 기저선 수준에서보다 저하되지는 않았다는 것이 명백히 나타났다. 아마도 절차 자체나 토닥거리는 행동에 집중함으로써 교사들은 꼬집는 행동이 그 절차를 도입하기 전만큼 많이 일어났다는 것을 미처 알아차리지 못한 것으로 보인다. 어떤 경우이든 기록된 자료가 없었다면, 교사들은 비효과적인 절차를 수행하는 데 더 많은 시간과 노력을 낭비하였을 것이다.

행동을 정확하게 기록해야 하는 다섯 번째 이유는 그래프나 도표의 형태로 공표된 결과들은 행동수정가가 프로그램을 수행하는 것을 강화하고 촉구할 수 있기 때문이다. 예를 들어, 치료 절차의 효과를 명백하게 보여 주는 차트와 그래프를 눈에 띄게 붙여 놓으면 발달장애아 훈련 센터의 치료진은 종종 그 절차를 적용하는 데 좀 더 성실해진다(예, Hrydowy & Martin, 1994 참조). 마찬가지로 부모와 교사들도 아이의 행동이 증진되는 것이 그래프로 제시되면 아이들에 대한 행동수정에 더 많은 노력을 기울이게 된다.

자료를 기록하는 마지막 이유는 처치 프로그램과 별개로 자료를 제시하는 것만으로도 학습자의 목표행동을 증진시킬 수 있기 때문이다. 이 과정은 **반응성**(reactivity)이라고 알려진 현상의 예다(Tyron, 1998). 사람들은 자신의 행동이 다른 사람이나 자기-기록에 의하여 관찰되는 것을 알게 될 때 관찰되는 행동을 변화시키게 된다. 이를테면, 자신이 공부하는 행동을 그래프로 그리는(예를 들면, 매일 공부한 단락이나 쪽의 분량을 기록함으로써 혹은 공부한 시간의 양을 기록함으로써) 학생들은 그래프에서의 증가를 통해 강화를 받는다([그림 20-2] 참조). 적절하게 제시되는 자료는 심지어 어린아이들에게도 강화가 될 수 있다. 예를 들어, 특수학교의 작업치료사가 매일 아침 자신의 외투를 벗고 거는 데 지나치게 시간이 걸리는 7세의 소녀를 필자에게 의뢰하였다. 교사들은 아이가 옷걸이 앞에 있을 때 아이에게 주목하지 말라는 말을 납득할 수 없는 것처럼 보였다. 필자는 작업치료사에게 아이가 매일 아침 옷걸이 앞에 머무는 시간의 양을 그래프로 그려서 아이에게 영향을 주도록 시도해 보라고 지시하였다. 작업치료사가 고안한 절차는 독창적이며 효과적인 것으로 밝혀졌다.[2] 그는 커다란 차트를 벽

2) 자세한 절차상의 정보를 제공해 준 Nancy Staisey에게 감사드린다.

[그림 20-2] 수행을 모니터링하고 차트를 그리는 것은 적어도 여섯 가지 기능을 할 수 있다. 당신은 이 기능에 대해 설명할 수 있는가?

에 걸었는데 그 차트에는 잔디를 표현하기 위해 초록색으로 바탕이 칠해져 있고 그 바닥에는 당근이 그려져 있었다. 날짜는 차트의 아래쪽에 기록하였고 옷걸이 앞에 머물러 있는 시간의 양은 옆쪽에 표시하였다. 매일 아침에 사물함의 옷걸이 앞에서 소비한 시간의 양은 차트에 동그라미로 표시하였고, 마지막 동그라미에 조그만 종이토끼를 붙였다. 작업치료사는 쉬운 말로 아이에게 절차를 설명한 뒤, "토끼가 이 아래로 내려와 당근을 먹을 수 있을지 보자."라는 말로 마쳤다. 토끼가 당근이 있는 바닥까지 내려갔을 때, "토끼가 당근 옆에 더 오래 있을수록, 더 많이 먹을 수 있다는 걸 기억해라."라는 말로 아이가 거기에 계속 머물도록 격려하였다. 추수 관찰을 통해 증진된 행동은 1년이 넘도록 지속되었음이 입증되었다.

행동을 수정하는 데 행동 기록이 유용하다는 사실을 행동수정가들이 가장 먼저 발견한 것은 아니다. 다른 많은 '새로운' 심리학적 발견들과 마찬가지로, 실제적인 명성은 아마도 위대한 문학가들에게 돌아가야만 할 것이다. 예를 들어, 소설가 Ernest Hemingway는 문학작품을 계속 저술하기 위하여 자기-기록법을 사용하였다. 다음은 Hemingway와 대담한 내용 중 일부다(Plimpton, 1965, p. 219).

> '자신을 속이지 않기 위하여' 그는 포장용 종이상자로 만든 커다란 차트를 박제된 가젤(아프리카 영양의 일종)의 코 아래에 붙여 두고 매일의 진행 경과를 계속 기록한다. 매일 쓴 단어들의 숫자를 기록한 차트에는 450, 575, 462, 1250에서 다시 512 등 각기 다른 숫자가 적혀 있다. Hemingway는 평상시보다 많은 작업을 해서 많은 숫자를 써넣은 다음 날은 하루 종일 바다에서 낚시를 하며 보내더라도 가책을 느끼지 않았다.

잘 알려진 작가 Irving Wallace도 자기-기록법을 사용하였다. 그의 저술 방법을 다룬 책(Wallace, 1971, pp. 65-66)에서 그는 다음과 같이 언급하였다.

> 나는 19세에 첫 번째 책(발간되지 않은 채 남아 있지만)을 쓸 때부터 작업 차트를 기록하기 시작하여 처음 출판된 네 권의 책을 쓰는 동안 계속 작업 차트를 기록했다. 이 차트에는 내가 각 장을 쓰기 시작한 날짜, 끝낸 날짜와 그 시기에 쓴 페이지의 분량이 기록되어 있다. 다섯 번째 책부터는 주중에 매일 몇 페이지를 썼는지를 보여 주는 좀 더 자세한 차트를 기록하기 시작했다. 내가 이런 기록들을 시작했던 이유는 확실치 않다. 프리랜서 작가로서 고용주나 마감 시간이 없이 완전히 독립적으로 일했기 때문에 스스로를 규제할 수 있는 규칙을 만들고 싶었던 것 같다. 벽에 붙어 있는 차트 속의 숫자들은 나를 꾸짖거나 격려하는 규칙으로 작용하였다.

차트의 예를 보기 위해 Wallace와 Pear(1977)를 참조하라.

연습문제

15. 기저선 단계 동안 그리고 프로그램 내내 자료를 정확히 수집해야 하는 여섯 가지 이유를 들라.
16. Caldwell 박사와 문을 쾅 닫는 아이의 어머니 사례에서 예시된 오류는 무엇인가? 정확하게 자료를 기록하는 것이 이 오류를 어떻게 상쇄할 수 있는지 설명하라.
17. 어른들을 계속하여 꼬집었던 소년의 사례에서 예시된 오류는 무엇인가? 자료를 정확하게 기록하는 것이 이 오류를 어떻게 방지할 수 있는지 설명하라.
18. 행동평가에서 반응성(reactivity)은 무엇을 의미하는가? 예를 들어 설명하라.
19. 아이를 위하여 토끼가 당근을 먹을 수 있도록 하는 기발한 발상의 그래프를 그리는 방법의 세부사항을 간단히 기술하라.

20. Ernest Hemingway와 Irving Wallace가 그들의 저술 행동을 유지하기 위해 사용했던 자기-기록법에 대해 간단히 기술하라.

행동평가와 전통적 평가의 비교

2장에서 지적한 바와 같이, 전통적인 심리진단평가는 이상행동에 내재된 것으로 가정되는 정신장애의 유형을 알아내는 것이다. 전통적인 심리진단평가 접근들의 가정에 대해 비판하는 행동주의 입장의 심리학자들이 1960년대와 1970년대에 행동평가를 개발했다(Nelson, 1983). Barrios와 Hartmann(1986)이 행동평가와 전통적 평가의 목적, 가정 및 적용에서의 몇몇 차이점들을 기술하였다(〈표 20-2〉 참조).

표 20-2 평가에 대한 행동적 접근과 심리진단적 접근의 몇 가지 차이점

행동적 접근	심리진단적 접근
기본 가정	
• 점검표에서 수행은 개인이 특정 자극에 대하여 반응하는 하나의 표본이다. • 내현적 행동(생각과 느낌)은 (그들을 통제하는 변인의 측면에서) 외현적 행동과 같고, 다른 특별한 상태가 부여되지 않는다.	• 검사 수행은 영구적인 심리내적 특질 혹은 성격변인의 징후(sign)로 본다. • 내현적 행동(예를 들면, 인지)은 외현적 행동과는 기본적으로 다를 것으로 간주한다.
평가 목적	
• 행동과잉이나 결핍 찾아내기 • 현재 문제행동의 원인 밝히기	• 개인을 진단하거나 분류하기 • 행동에 대한 심리내적 혹은 성격 특질과 관련된 원인을 밝히기
평가 방법	
• 구체적인 행동에 대한 직접 관찰을 선호함	내재된 성격특질과 심리내적 요인들에 대한 직접평가는 (정의상) 불가능함
평가 빈도	
• 개입을 적용하기 전, 중간, 후의 연속적인 평가를 선호함	• 대체로 표준화된 검사에 근거한 평가를 치료 전과 후에 실시함

연습문제

21. 행동적 접근의 평가에서 검사 혹은 점검표 수행에 대한 기본 가정은 전통적 접근과 어떻게 다른가?
22. 행동적 접근에서의 평가 목적을 전통적 접근과 비교하여 두 가지 차이점을 기술하라.
23. 행동적 접근과 전통적 접근에서의 평가 방법의 차이점을 비교하여 기술하라.

추가설명 및 심화토론

1. Martin, Toogood와 Tkachuk(1997)는 스포츠 심리학 자문을 해 주기 위해 자기보고식 문제점검표를 개발하였다. 예를 들어, 야구선수들을 위한 스포츠 심리학 질문지에서는 다음과 같은 질문을 한다. '시합 전이나 시합 도중에 당신은 부정적 사고를 무시하고 이완 상태를 유지하며 지나치게 신경이 날카로워지지 않도록 개선할 필요가 있는가?' 그리고 '당신은 경기운영능력(경기의 흐름을 파악하고 상대선수의 약점을 알아내어 역습하는 등)을 개선할 필요가 있는가?' 요강(manual)에는 21개 종목의 스포츠를 위한 문제점검표가 포함되어 있다. 각 점검표는 운동선수가 경기 전과 도중에 개선해야 할 필요가 있는 영역들을 확인하기 위한 20문항, 운동선수가 경기 종료 후 평가에서 개선할 필요가 있는 영역을 확인하기 위한 5문항, 운동선수가 연습 시에 개선할 필요가 있는 영역들을 확인하기 위한 17문항으로 구성되어 있다. 이런 행동점검표들은 웩슬러 성인용 지능검사(WAIS-R; Wechsler, 1981) 혹은 16-성격 요인 검사(16PF; Cattell, Eber, & Tatsuoka, 1970)와 같은 전통적 심리검사와는 다르다. 행동점검표는 규준(norm)이 없으며 또 성격특질을 측정하기 위하여 만들어진 것이 아니다. 오히려, 이런 행동 평가도구는 구체적인 상황에서 운동선수 개개인의 행동결핍이나 행동과잉을 수정하기 위하여 효과적인 개입방법을 마련하는 데 필요한 정보를 제공한다. 이런 검사 양식에 대한 공식적인 연구는 아직 부족하지만, 정식으로 연구되어 온 점검표들은 높은 검사-재검사 신뢰도와 높은 안면타당도를 나타냈다(Leslie-Toogood & Martin, 2003; Lines, Schwartzman, Tkachuk, Leslie-Toogood, & Martin, 1999). 여기에서 언급된 요강에 포함된 다양한 행동평가 양식을 사용했던 운동선수와 스포츠 심리학 전문가들은 행동평가를 통해 유용한 정보를 얻는다는 일치된 긍정적 피드백을 하였다.

▶ 추가설명에 대한 연습문제

1. 스포츠용 행동점검표의 주요 목적은 무엇인가?
2. 행동점검표와 전통적 심리검사 간의 두 가지 차이점은 무엇인가?

21 직접적 행동평가: 기록내용과 기록방법

당신이 수정해야 할 특정 행동을 선택했다고 가정해 보자. 당신은 어떻게 그 행동을 직접 측정하고 평가하겠는가? 20장에서 언급한 것처럼 일반적으로 행동을 직접 측정하는 것이 가능하다면 행동수정가는 행동의 간접 측정보다 직접 측정을 선호한다. 행동을 직접 측정할 때에는 움직임의 형태(topography), 양(amount), 강도(intensity), 자극통제(stimulus control), 잠재기간(latency), 질(quality)과 같은 여섯 가지 일반적 특성들을 고려해야 한다.

기록되는 행동의 특징

움직임의 형태

10장에서 지적한 것처럼 반응의 **움직임의 형태**(topography)는 반응을 하는 데 포함된 특정 움직임들을 말한다. 만약 교사가 발달장애아에게 교실에서 선생님에게 뭔가를 말하려고 할 때는 팔을 높이 들어야 한다고 알려 주고 그 행동을 조형하기를 원한다고 가정하자. 그 교사는 〈표 21-1〉에 기술된 것처럼 팔을 들어올리는 측정 가능한 높이 수준(팔의 위치)을 정할 것이다. 그리고 측정 가능한 수준에 근거해서 조형 프로그램을 계속해 나갈 것이다. 관찰자는 조형 절차에서 움직임의 형태를 정확히 기록할

표 21-1 팔을 들어올리는 높이

1. 의자에 앉아 두 팔을 책상에 올려놓고	학생은 팔을 들어올려 손과 팔을 책상에서 5cm 떨어지게 든다.
2. 의자에 앉아 두 팔을 책상에 올려놓고	학생은 정확히 자신의 턱 정도에 오도록 한쪽 팔을 들어올린다.
3. 의자에 앉아 두 팔을 책상에 올려놓고	학생은 팔을 올려서 정확히 자신의 눈높이에 오도록 한다.
4. 의자에 앉아 두 팔을 책상에 올려놓고	학생은 팔을 들어올려 머리보다 아주 조금 위에 손이 오도록 한다.
5. 의자에 앉아 두 팔을 책상에 올려놓고	학생은 팔을 올려서 머리 위 15cm 위로 손을 향하게 하지만 팔꿈치는 여전히 구부러져 있다.
6. 의자에 앉아 두 팔을 책상에 올려놓고	학생은 팔을 들어올려서 머리 위로 쭉 뻗게 한다.

것이다.

그림은 관찰자들이 어떤 반응의 움직임 형태의 변화를 확인하도록 하는 데 유용하다. 필자 중 한 사람은 어린이 수영 대회에서 팔젓기를 평가하기 위해 세부 점검표를 그림으로 만들었다. [그림 21-1]은 배영의 팔젓기 점검표다.

행동의 양

행동의 양을 측정하는 두 가지 일반적인 방법은 빈도와 지속기간이다.

행동의 빈도 행동의 빈도(또는 비율)는 주어진 일정 시간 내에 발생하는 행동의 수를 말한다. 만약 연습을 통해 피겨 스케이트 선수가 수행을 개선시키기를 원한다면 연습 동안에 그 선수가 수행한 점프와 회전의 빈도를 살펴봐야 할 것이다. 이는 매니토바의 세인트 앤스 피겨 스케이트 클럽의 코치로 있는 Michelle Hume이 사용한 방법이었다(Hume et al., 1985). Hume 코치는 먼저 점프나 회전 반응을 정의하여, 반응의 빈도를 관찰하는 학생 관찰자들이 피겨 스케이트 연습 시 그 반응들이 언제 나타나는지를 결정할 수 있도록 하였다. 점프는 스케이트 선수가 공중으로 점프하여 빙판 위에 양쪽 스케이트가 떠 있는 상태로 적어도 한 번의 완벽한 회전을 공중에서 한 뒤 넘어지지 않으면서 뒤쪽으로 얼굴을 향한 상태에서 한 발로 착지하는 경우로 정의되었다. 회전은 균형을 이루어 고정된 자세(흔들림이 없는 자세)를 유지하면서 적어도 세

추가설명 1

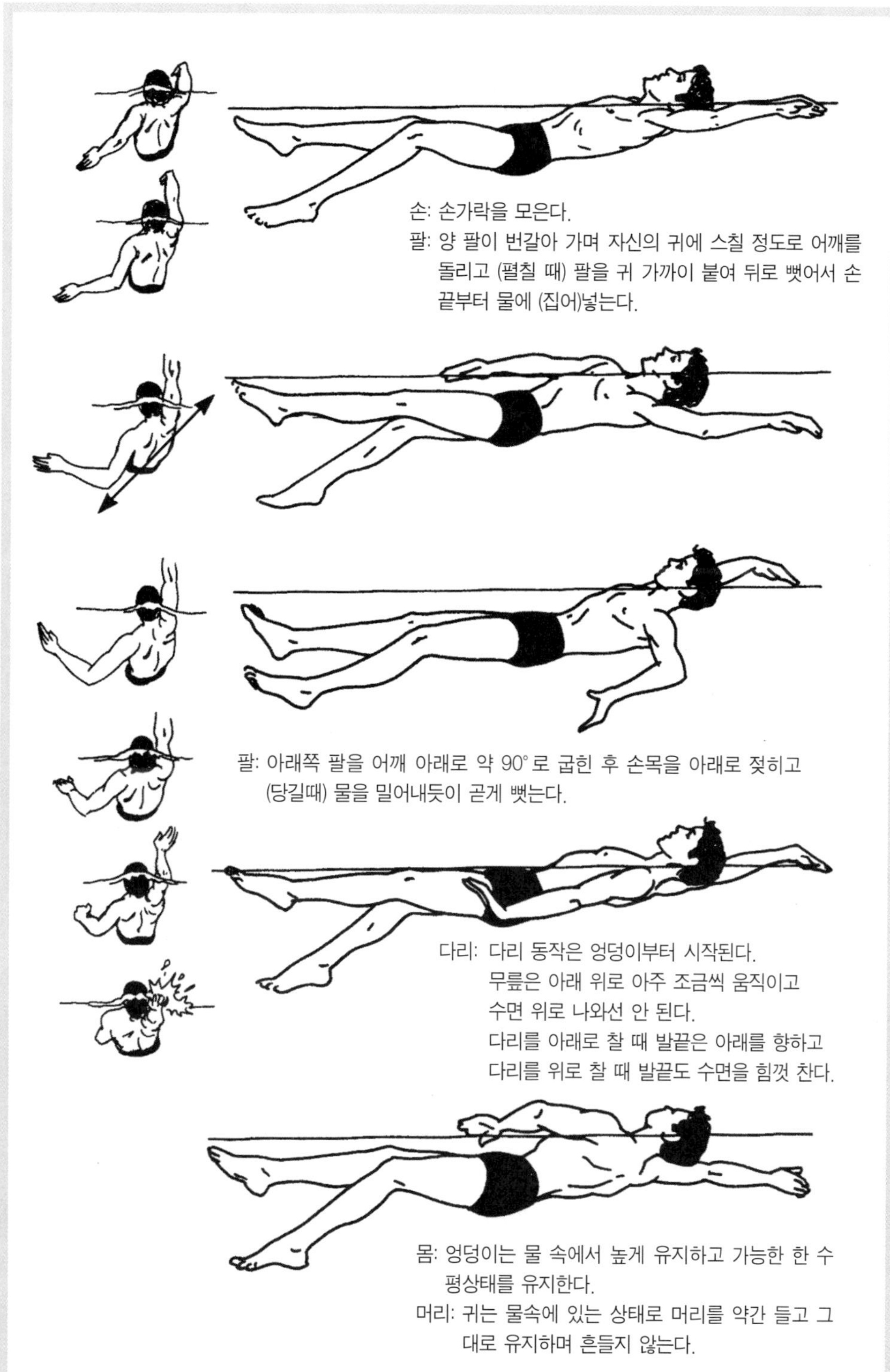

[그림 21-1] 배영을 위한 점검표

번 회전하여 도는 것으로 정의되었다. 이제 관찰자들이 어떤 행동을 찾아내야 하는지 알았다면 다음 단계는 몇 번의 연습 동안 각각의 스케이트 선수들이 얼마나 많이 점프와 회전을 했는지를 측정해서 기저선을 얻는 것이다. 관찰자들은 [그림 21-2]와 같은 기록용지를 사용하였다.

많은 경우에 개인은 종이와 펜을 가지고 자료를 기록할 시간이 없거나 조력자가 없다. 다행히 이런 경우 짧은 시간 동안 양을 측정하는 방법이 있는데, 골프 선수들이 점수를 기록하기 위해 사용하는 손목시계와 같은 카운터를 사용하는 것이다. 그 행동이 일어날 때마다 카운터를 누르기만 하면 되는데 그것으로 99번까지 셀 수 있다. 당신은 또한 전자계산기를 사용할 수도 있는데, 그 행동이 발생할 때마다 '+1'을 누르면 나중에 행동이 발생한 전체 수를 알 수 있다. 앞 장에서 기술한 것처럼 간이 컴퓨터는 하나 이상의 행동이나 한 명 이상의 사람이 하는 행동을 기록하는 데 사용된다 (Brown et al., 2006; McIver, Brown, Pfeiffer, Dowda, & Pate, 2009; Paggeot, Kvale, Mace, & Sharkey, 1988; Repp, Karsh, Felce, & Ludewig, 1989). 관찰자의 시간을 많이 빼앗지 않으면서 행동을 측정하는 여러 다양한 방법이 있다. 반응을 세고 기록하는 것에 대한 세부지침과 행동결과를 측정하고 그래프로 그려 임상적 결정에 그 결과치를 적용하는 문제에 대한 세부 지침은 Hawkins, Mathews와 Hamdan(1999)와 Thompson, Felce와 Symons(2000)를 참조하라.

[그림 21-3]은 Hume의 프로그램에 참여한 피겨 스케이트 선수 중 한 명의 수행 기저선을 제시한 것이다. 이러한 형태의 그래프를 **빈도 그래프**(frequency graph)라고 부른다. 각각의 점은 연습회기 동안 스케이트 선수가 수행한 점프와 회전의 전체(점프+회전) 수를 나타낸다. 기저선 단계가 끝난 후, 스케이트 선수가 연습하는 점프 수와 회전 수에 대한 점검표가 그려진 큰 차트가 각 선수마다 준비되었다. 차트를 스케이트장의 한쪽 벽면에 붙이고 Hume 코치는 스케이트 선수들에게 "각 연습 회기마다 차트 위에 쓰여 있는 세 가지(점프, 회전, 점프+회전)를 연습하고 그것을 여기에 기록해라. 그러고 나서 다시 그 세 가지를 연습하고 기록해라. 이런 식으로 세 가지 요소를 계속 연습해라. 연습이 끝날 때까지 반복해서 연습해라. 연습이 끝날 때 나는 여러분들이 어떻게 하고 있는지를 보기 위해 차트를 점검해 볼 것이다."라고 말했다. [그림 21-3]에서 볼 수 있는 것처럼 자가-차트 프로그램은 연습 끝에 제공된 Hume 코치의 정적 피드백과 함께 이루어져 점프와 회전의 수행 개선에 매우 효과적이었다. 흥미롭게도 차트를 떼어 냈을 때, 수행은 기저선 가까이까지 감소되었다. 그러나 다시 차트를 붙이자 수행은 개선되었다.

날짜: 1월 3일 관찰자: 빌
학생: 캐시

관찰

	수	전체 수(또는 빈도)	시간	첨부소견
점프:	~~////~~ ~~////~~ ~~////~~ ~~////~~ ~~////~~ ~~////~~ ~~////~~ ~~//~~	37	25분	캐시는 다른 스케이트 선수들과 5분 동안 잡담을 하였다.
회전:	~~////~~ ~~////~~ ~~////~~	15	20분	

[그림 21-2] 피겨 스케이팅 연습 시에 한 점프 수와 회전 수를 기록한 표본 기록용지

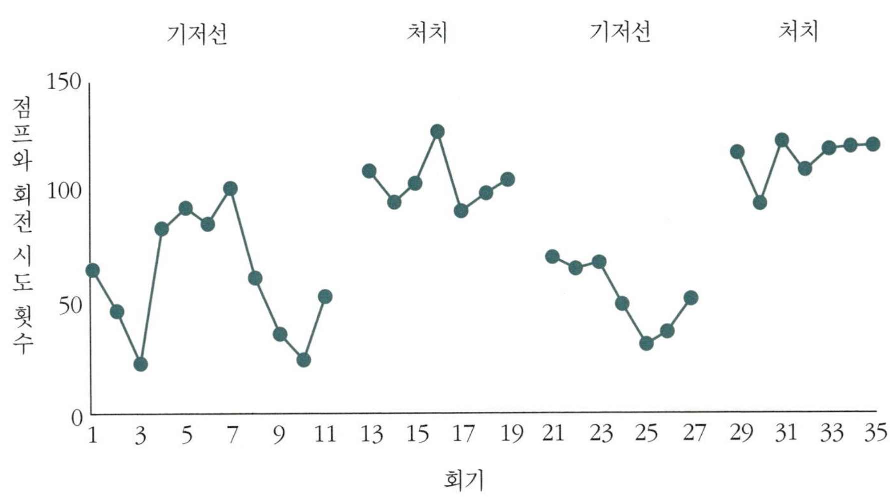

[그림 21-3] 기저선과 처치 동안 피겨 스케이트 선수가 회기당 수행한 점프와 회전의 빈도 그래프 (자가-기록)

빈도 그래프가 자료를 제시해 주는 가장 유익한 방법은 아닌 경우도 종종 있다. 예로 Mulaire-Cloutier, Vause, Martin과 Yu(2000)의 연구를 보도록 하자. 연구는 심한 지적장애가 있는 사람들에게 선택 작업과제와 비선택 작업과제를 주어 그 효과를 검

토한 것이었다. 연구 참가자들에게 매일 3회기가 주어졌는데 첫 회기에서 참가자로 하여금 두 과제 중 하나를 선택하도록 하였다. 두 과제 중 선택한 과제는 선호과제, 선택하지 않은 과제는 비선호과제라 불렀다. 남은 두 회기에서는 참가자가 선호과제와 비선호과제 중에서 하나를 선택할 수 없었으며 무작위로 과제가 주어졌다. 참가자들은 언어표현이 안 되는 발달장애인이었기 때문에 작업 회기에 대하여 어떻게 느끼는지를 표현할 수 없었다. 종속변인의 측정치 중 하나는 행복지표(happiness indicators)였는데 미소 짓기, 소리 내며 웃기, 미소 지으면서 소리 지르기 행동으로 구성되었다. [그림 21-4A]는 어떤 참가자가 세 가지 조건에서 보인 행복지표의 빈도 그래프다. 그래프에서 볼 수 있는 것처럼 세 가지 조건(선택, 비선택 선호, 비선택 비선호)이 행복지표에 미치는 영향 정도는 작고 비일관적으로 나타나기 때문에 조건에 따라 차이가 있는지 알기 어려웠다.

[그림 21-4B]를 보자. [그림 21-4B]는 [그림 21-4A]와 같은 자료에 기초한다. 그러나 [그림 21-4B]는 **누적 그래프**(cumulative graph)이며 한 회기 동안 한 조건에서 나타난 반응들이 누적된다. 즉, 한 조건에서 나타난 반응들이 같은 조건의 이전 회기에서 나타난 전체 반응에 더해진다. 예를 들어, 비선호 비선택 과제를 하는 동안의 행복지표(맨 밑의 선)를 생각해 보도록 하자. 처음 세 회기 동안에 0의 행복지표를 보였다. 그래서 전체 누적된 수 0은 1, 2, 3회기 각각에 0에 대응되는 점에 찍혔다. 4회기에는 세 번의 행복지표가 나타났다. 회기 4에서 전체 누적된 수 3에 점이 찍혔다. 5회기 동안 두 번의 행복지표가 있었고 이전 회기에서의 전체 누적된 수 3에 더해서 전체 행복지표는 5가 되었다. 그래서 전체 누적된 수 5와 5회기가 만나는 곳에 점이 찍혔다. 6회기에는 다섯 번의 행복지표가 나타나서 6회기까지의 전체 누적된 수는 10이 되었다. 그래서 자료의 점은 6회기에 10에 찍혔다. 이러한 방식으로 한 조건의 한 회기 동안의 수행은 그 조건의 이전 회기 동안의 전체 수행에 더해 누적 기록되어 그래프로 그려진다.

당신은 누적 그래프에서 선의 기울기가 주어진 기간 동안 얼마나 많은 반응이 일어났는가를 보여 준다는 것을 알 수 있다. 즉 누적 그래프의 선의 기울기는 반응비율을 보여 준다. 비선택 비선호 조건 동안 선의 낮은 기울기는 매우 낮은 행복지표의 반응비율을 나타낸다. 선택 조건에서의 매우 가파른 기울기는 매우 높은 행복시표 비율을 나타낸다. 주목해야 할 누적 그래프의 특징은 누적 그래프의 선은 전혀 내려가지 않는다는 것이다. 어떤 참가자가 비선택 비선호 조건에서 처음 세 회기 동안까지 수행이 전혀 없었다면 앞에서 누적되어 있는 반응이 없으므로 선은 평평하게 된다. 간략히 말

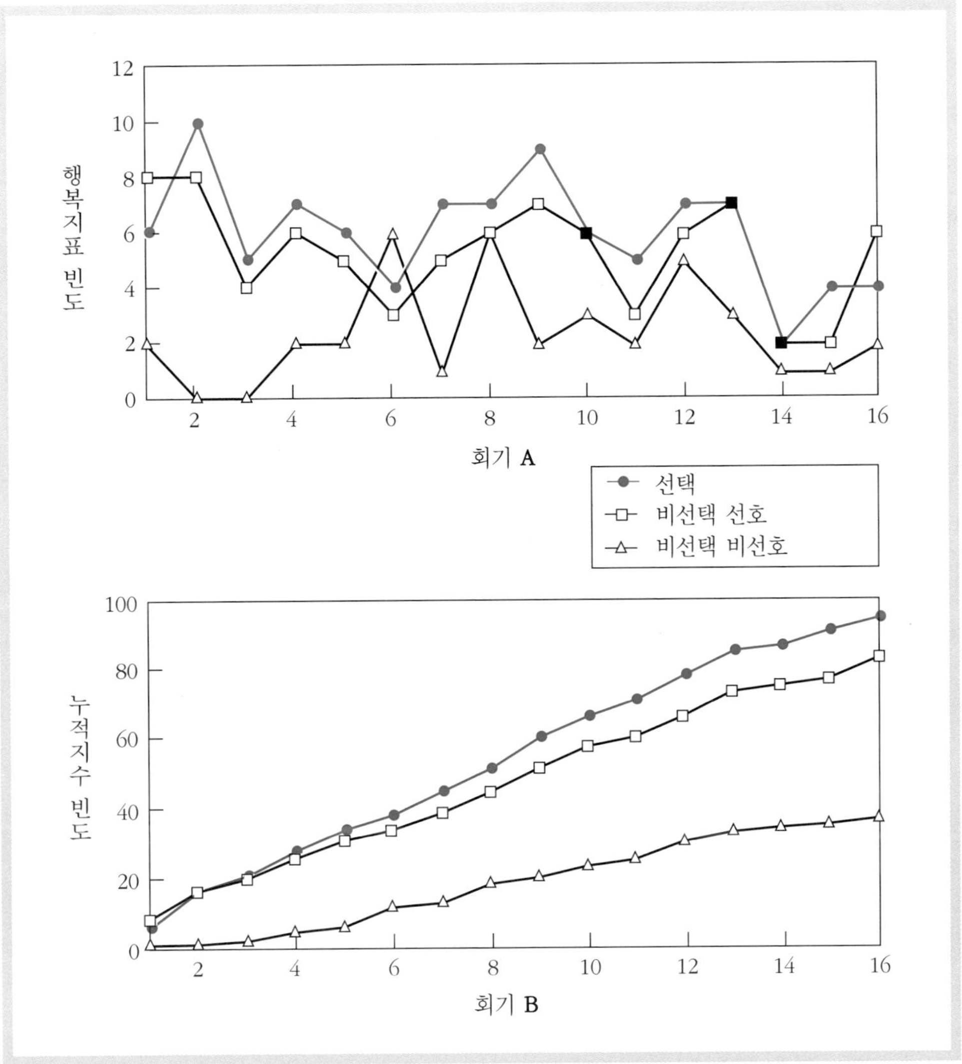

[그림 21-4] 같은 자료를 빈도 그래프(A)와 누적 그래프(B)로 그린 것

해, 가파른 선은 높은 반응률을 나타내고 평평한 선은 반응이 없음을 나타낸다.

누적 그래프는 보통 두 가지 이상의 행동이나 상황을 동시에 비교할 때 또는 각 회기 내의 차이가 작을 때 빈도 그래프보다 더 선호된다. [그림 21-4A]에서 볼 수 있는 것처럼 선택, 비선택 선호, 비선택 비선호 과제 사이의 행복지표의 빈도차는 빈도 그래프로 그렸을 때 알아차리기 어렵다. 그러나 같은 자료를 [그림 21-4B]처럼 누적 그래프로 그렸을 때 누적 결과의 점진적 상승은 세 조건에서의 분명한 차이를 보여 주는데, 비선호과제 조건에서 작업한 사람들은 전반적으로 낮은 행복지표를 보였고 선택조건과 선호과제 조건에서 작업한 사람들은 높은 행복지표를 보였다.

때때로 원자료 기록용지를 최종 그래프로 사용할 수 있도록 설계하기도 한다. 교실에서 교사와 보조교사들에게 욕하는 행동을 하는 한 아이의 가상적 사례를 생각해 보자. 차트를 사용하여 이러한 행동을 기록하기로 하였고 그 차트는 [그림 21-5]에 제시되어 있다. 교사와 보조교사는 기저선 동안 아이가 욕하는 행동을 할 때마다 아이의 행동을 무시하였다. 그리고 앞쪽 책상에 붙어 있는 차트로 가서 ×라고 표시하였다.

욕하는 행동은 그래프의 세로축에, 프로그램의 날짜는 그래프의 가로축에 기록되었다([그림 21-5] 참조). 욕하는 행동이 발생할 때마다 교사는 그 날의 날짜 칸에 이미 기록된 ×표시에 더하여 ×표를 하나 더 기록할 것이다. 그래프는 욕하는 행동이 첫 10일 동안 많이 나타났음을 보여 주며, 욕하는 행동이 교사나 보조교사의 관심이 아닌 다른 것에 의해 유지되고 있음이 분명했다. 차트에서 이중선으로 표시된 11일부터는 아이에게 다른 행동에 대한 차별강화(DRO) 계획을 실시하였다. 즉 아이가 욕하는 행동을 하지 않으면 15분 간격의 끝에 강화를 주었다. 그러자 욕하는 행동이 급감하여 결국 0으로 감소되는 뚜렷한 결과가 나타났다(주: 이 자료는 가상적인 자료이며

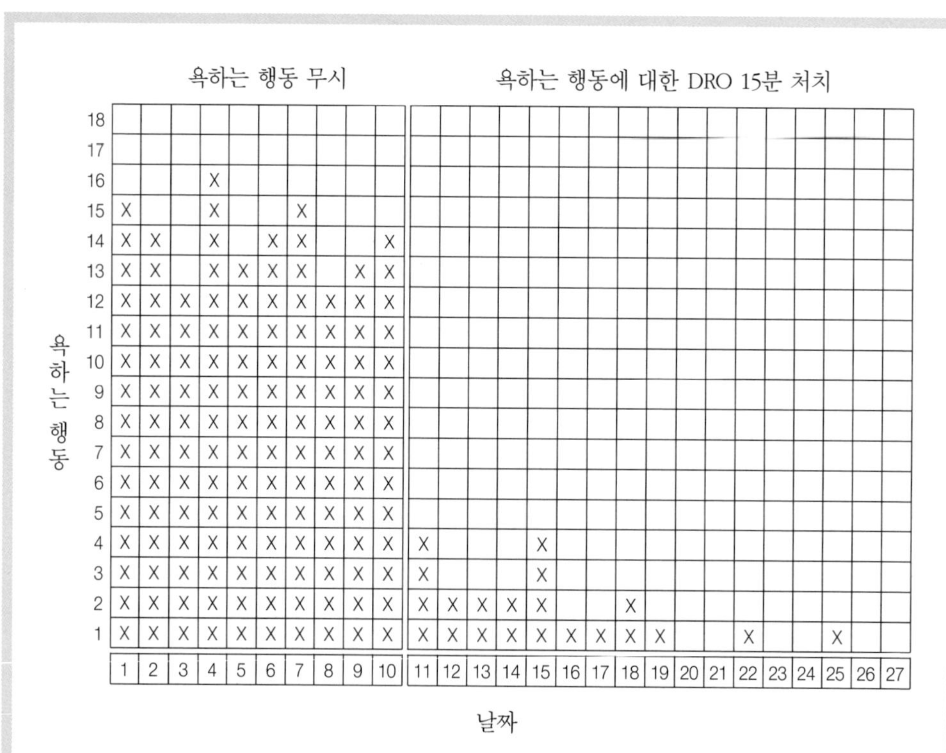

[그림 21-5] 재키의 욕하는 행동. X는 한 번의 욕하는 행동을 나타낸다.

단지 도표로 기록하는 절차를 예시하기 위하여 제시된 것이다.). 이러한 유형의 그래프는 기본적으로 자료용지에 기록한 행동을 그래프로 다시 만들 시간이 없는 사람들에게 유용하다.

피겨 스케이트 선수들을 위해 정의된 점프와 회전 행동은 행동 하나하나가 개별적으로 뚜렷하게 구분되어 있어서 주어진 시간 내에 쉽게 빈도를 셀 수 있다. 행동수정가들은 특정 단어를 말하거나, 욕을 하거나, 물건을 던지거나, 산수 문제를 풀거나, 음식을 입안 가득히 씹고 있거나, 담배를 피거나, 신경계 경련을 일으키는 등의 행동 빈도를 기록하곤 한다. 이러한 행동은 상대적으로 짧은 시간에 연속적으로 일어나고, 그 행동이 일어나는 데 걸리는 시간이 상대적으로 비슷하다는 특징을 갖는다.

행동의 지속기간 빈도 혹은 비율은 행동의 양을 측정하는 일반적 방법인데, 행동의 상대적 지속기간(더 정확히 말하자면, 지속기간의 합) 또한 행동의 양을 측정하는 중요한 방법이다. **행동의 상대적 지속기간**(relative duration of behavior)은 어떤 일정 기간 내에서 행동이 일어나는 시간의 길이다. 소리 지르고 울며 떼쓰는 아이의 행동을 다룰 때는 빈도보다 지속기간을 더 고려할 것이다. 사실 빈도는 소리 지르고 울며 떼쓰는 것과 같은 행동에 적용할 때 매우 애매하다(Pear, 2004). 무엇을 분리된 반응으로 보아야 할 것인가? 우는 것, 소리 지르는 것 아니면 바닥을 차는 것? 아니면 소리 지르고 울며 떼쓰는 것을 하나의 별개 반응으로 계산해야 하는가? 보통 이러한 질문에 답하기는 어렵다. 그러나 우리는 소리 지르고 울며 떼쓰는 기간에 초점을 맞춤으로써, 일반적으로 이러한 유형의 질문을 피할 수 있다. 반응 지속기간으로 측정하는 것이 반응의 빈도로 측정하는 것보다 더 적절한 행동의 다른 예로는 집중하여 듣기, 교실에서 자기 자리에 앉아 있기, 텔레비전 보기, 전화 통화하기, 커피타임 가지기 등이 있다.

만약 연속적 회기 동안이나 연속된 며칠간 어떤 활동의 지속기간을 기록하려고 한다면, 표로 쉽게 나타낼 수 있으며 기록지와 그래프를 함께 보여 줌으로써 효율적으로 자료를 제시할 수 있다. 예를 들어, TV 보는 행동을 관찰하는 사람은 세로축에 TV 보기의 누적된 시간(분)을 쓰고, 가로축에 날짜를 쓴 차트를 준비할 수 있을 것이다. 그래프의 기울기는 TV를 시청하는 상대적인 지속기간을 나타내는데 이는 누적빈도 그래프의 기울기가 반응률을 나타내는 것과 같다. 시간을 기록하기 위해서는 보통 타이머나 스톱워치를 사용한다.

연습문제

1. 반응의 움직임의 형태는 무엇을 의미하는가? 이 장에 없는 예를 들어 기술하라.
2. 행동의 양을 측정하는 두 가지 방법은 무엇인가?
3. 행동의 빈도는 무엇을 의미하는가? 이 장에 없는 예를 들어 기술하라.
4. 하루 동안 특정 반응이 몇 번이나 발생했는가를 기록하는 세 가지 방법을 기술하라.
5. 연속적인 회기 동안 관찰되었던 행동(3, 7, 19, 0, 0, 0, 27, 12, 12, 6)을 누적 그래프로 그려라.
6. 자료들을 누적 그래프로 그리는 것은 같은 자료를 빈도 그래프로 그리는 것과는 다르다. 최소한 네 가지 면에서 차이점을 기술하라.
7. 다음의 누적 그래프의 형태를 통해 당신은 무엇을 추정할 수 있는가?
   1) 가파른 기울기
   2) 낮은 기울기
   3) 평평한 기울기
8. 빈도로 기록되는 행동의 두 가지 특징은 무엇인가?
9. 행동의 상대적 지속기간(relative duration)은 무엇을 의미하는가? 상대적 지속기간이 빈도보다 더 적절할 수 있는 예를 들고 설명하라.

행동의 강도

때때로 우리는 반응의 강도(intensity), 크기, 혹은 힘을 측정하려고 한다. 강도를 평가할 때 기계를 자주 사용한다. 예를 들어, 목소리의 크기가 관심행동일 때 소리의 데시벨 수준은 소리 측정기(voice meter)라고 불리는 장비로 측정할 수 있다. 손의 악력(예, 악수를 하는 동안)을 측정하기 위해서는 악력계라고 불리는 장비를 사용할 수 있다. 힘의 측정은 여러 스포츠와 관련된 기술에서 흔히 이루어진다. 투수가 얼마나 강하게 공을 던질 수 있는지, 하키선수가 하키 퍽을 얼마나 힘 있게 쳐낼 수 있는지를 평가할 때 사용할 수 있는 기계들이 있다. 그런 장치를 사용하여 측정된 물체의 속도는 물체에 가해진 힘을 추정하는 데 사용될 수 있다.

행동의 자극통제

우리는 어떤 행동이 발생하는 것을 관찰할 수 있는 상황에서 그 행동을 평가하고 싶어 한다. 우리가 8장에서 지적했던 것처럼, **자극통제**(stimulus control)라는 용어는 자극과 반응 간의 상관관계 정도를 언급한다. 자극통제를 평가하는 평가도구의 예로는 선구적인 행동주의자 Nancy Kerr과 Lee Meyerson이 개발한 **기초학습능력평가**(Assessment of Basic Learning Abiliy: ABLA) 검사가 있다. ABLA는 지적장애인이 6개의 자극식별 수준을 학습할 수 있는지를 평가한다. 수준 1은 모방(imitation)으로, 검사자가 상자 안에 물체를 넣고 내담자에게 보고 따라 하도록 한다. 수준 2는 위치식별(position discrimination)로, 검사자는 빨간 상자를 왼쪽에, 노란 깡통을 오른쪽의 정해진 위치에 놓고서 내담자로 하여금 왼쪽 상자 안에 물체를 넣도록 요구한다. 수준 3은 시각식별(visual discrimination)로, 빨간 상자와 노란 깡통을 왼쪽이나 오른쪽 위치에 무작위로 놓고 선생님이 "그것을 안에 넣으세요."라고 말할 때, 위치에 상관없이 노란 깡통 안에 물체(노란 깡통과 전혀 관련이 없는 중립적인 물체)를 넣도록 요구한다. 수준 4는 시각적인 짝맞추기(visual match-to-sample)로, 내담자에게 노란 깡통과 빨간 상자가 무작위로 놓여 있는 것을 보여 준 후 노란 원통과 빨간 직육면체를 제시하였을 때, 내담자가 노란 깡통에는 노란 원통을 넣고 빨간 상자에는 빨간 직육면체를 넣으면 시각적인 짝맞추기를 한 것이 된다. 수준 5는 청각적 식별(auditory discrimination)로, 노란색 깡통과 빨간색 상자를 정해진 곳에 놓고 검사자가 무작위로 '빨간 상자' 혹은 '노란 깡통' 이라고 말할 때 내담자는 그 용기 안에 짝이 맞지 않는 물체를 넣음으로써(예, 빨간 상자-노란 원통, 노란 깡통-빨간 직육면체), 청각적 단서의 통제에 반응하게 된다. 수준 6은 청각-시각 조합 식별(auditory-visual combined discrimination)로, 무작위로 노란 깡통과 빨간 상자의 위치가 바뀌고 실험자가 번갈아 가며 '노란 깡통' '빨간 상자' 라고 말하였을 때, 내담자는 짝이 맞지 않는 물체를 정확하게 노란 깡통이나 빨간 상자 안에 넣는 것을 말한다.

각 ABLA 수준의 평가 동안, 맞는 반응은 강화되고, 틀린 반응에는 오류-정정 절차가 따라온다. 한 수준에서 검사는 내담자가 여덟 번 연속으로 맞는 반응을 하면 성공이고 누적해서 여덟 번 잘못 반응하면 실패한 것이 된다. ABLA 검사에 대한 연구는 수준 1(쉬운)에서 6(매우 어려운)의 난이도 순서로 구성되어, 교사와 재활치료 종사자들이 중등도, 심한, 아주 심한 지적장애인들을 위한 과제와 훈련을 선택하거나 배열하는 데 도움이 된다(Martin, Thorsteinsson, Yu, Martin, & Vause, 2008; Vause, Yu, &

Martin, 2007). 예를 들어, ABLA 수준 4를 통과한 내담자는 사회적으로 유용한 양말 짝맞추기나 패스트푸드 음식점의 샐러드바에서 음식물 보충하기 등과 같이 동일한 것을 짝맞추는 과제를 배울 수 있다.

언어기술의 발달과 관련된 행동수정 프로그램에서는 전형적으로 내담자의 언어행동의 자극통제에 대한 행동평가가 선행된다. 어떤 조건하에서 요구하는 행동이나 소리를 따라 하는 행동, 사물의 이름을 말하는 행동을 내담자가 적절하게 나타내는지를 결정할 때 검사가 유용하게 사용된다(즉, 19장에서 기술된 요청어, 반향어, 명명어; Marion et al., 2003 참조). 많은 훈련 프로그램에서 측정하는 주요한 행동은 학생이 그림으로 된 자극이나 글자로 인쇄된 자극을 정확히 인식할 수 있는가 하는 것이다(예, Verbeke, Martin, Yu, & Martin, 2007 참조). 그러한 경우에 학생의 인식반응은 학생이 인식하는 자극에 의해 통제된다고 말할 수 있다. 실제로 질문에 답하는 검사는 행동의 자극통제에 대한 검사이며, 이러한 검사는 정답이 질문의 통제하에 있는지를 평가한다.

행동의 잠재기간

행동의 잠재기간(latency)은 자극이 발생해서 반응을 하기까지의 시간이다. 예를 들어, 교실에서 어떤 아이가 일단 한 번 시작하면 능률적으로 공부하지만, 시작하기 전에 시간이 많이 걸린다면 이 아이는 시작 전에 긴 잠재기간을 가지는 것이다. 잠재기간은 지속기간과 같이 보통 타이머나 스톱워치, 시계를 가지고 평가한다.

행동의 질

우리는 일상에서 행동의 질(quality)에 대한 문제에 자주 부딪힌다. 교사들은 학생들이 쓴 글씨의 질에 대해 '잘했어요' '보통이에요' '노력해야 해요'와 같이 기술한다. 다이빙, 체조, 피겨 스케이팅과 같은 판정 스포츠 경기에서 선수는 그 수행의 질에 따라 점수를 받는다. 그리고 일상생활에서도 우리는 보통 여러 가지 활동을 '더 잘' 하려고 한다. 그러나 질은 앞서 언급되었던 특성(예, 움직임의 형태, 행동의 양, 강도 등)에 추가되는 것이 아니라, 그러한 특성들의 완성도(잘하는 정도)를 평가하는 것이라 할 수 있다. 때때로 질의 차이를 판단할 때 움직임의 형태에 입각하는 경우가 있는데, 일례로 피겨 스케이트에서 점프할 때, 두 발로 착지하는 선수보다 한 발로 착지하는 선수가 더 잘한 것으로 평가된다. 때때로 행동의 질을 평가할 때 빈도와 자극통제가 함께 사용된다. 예를 들어, 모범학생은 공부를 자주 하고 시험 문제에 정확히 대답하는 학생이다. '모범적인 아이'라고 불리는 아동은 부모와 교사가 시키는 행동을 하는 빈도가 높은 아이이다. 잠재기간의 측면에서 볼 때, 출발 신호에 빨리 바닥을 차고 나가는 선수가 '좋은' 출발을 했다고 여겨지는 반면, 오랜 잠재기간을 보이는 선수는 '좋지 않은' 출발을 하는 것으로 간주된다. 그러므로 반응의 질은 기본적으로 기능적 가치 혹은 사회적 가치를 지닌 행동의 특성들을 임의적으로 명명하는 것이다.

연습문제

10. 반응의 강도를 다른 용어로 무엇이라 하는가? 행동의 강도를 측정하는 것이 중요한 예를 들라.
11. 자극통제를 정의하고 예를 들라.
12. ABLA를 평가하는 여섯 단계의 이름을 쓰라.
13. 4수준(표본에의 시각적인 짝맞추기)에서 평가되는 자극통제를 자세하게 기술하라.
14. 6수준(청각-시각 조합 식별)에서 ABLA 검사가 평가하는 자극통제를 자세하게 기술하라.
15. 반응의 잠재기간은 무엇을 의미하는가? 이 장에 없는 예를 들라.
16. 반응의 질이 행동의 다른 차원들의 완성도를 어떻게 평가하는지 예를 들어 설명하라.

행동기록 전략

어떤 행동이 일어날 때마다 개인은 그 행동을 관찰하고 기록하려고 시도할 수 있다. 그러나 대부분의 경우, 이러한 방법은 비현실적이다. 하나의 현실적 대안은 구체적 시간대를 정하고 그 간격 동안 특정 행동을 관찰하고 기록하는 것이다. 물론, 관찰하는 기간은 훈련회기, 식사 시간, 휴식 시간과 같이 특정 기간 동안 그 행동이 일어나기 쉽거나, 그 기간에 일어나는 행동이 중요하기 때문에 선택되어야 한다. 특정

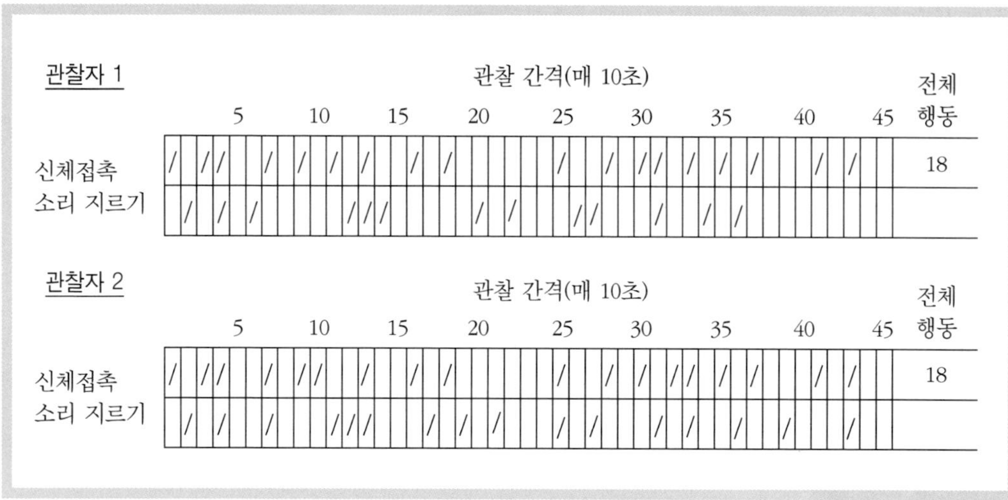

[그림 21-6] 간격기록을 위한 기록용지 표본

한 관찰기간 동안 일어나는 행동을 기록하는 세 가지 방법에는 연속기록, 간격기록, 시간-표집 기록이 있다.

연속기록(continuous recording)은 특정 시간대 동안 일어나는 모든 행동을 기록하는 것이다. 연속기록 체계는 연속반응의 지속기간이 매우 유사할 때, 예를 들어 흡연한 담배 개수, 친구를 꼬집는 행동의 발생건수, 욕을 하는 빈도 등을 기록할 때 흔히 사용된다. 그러나 연속반응이 TV 시청이나 페이스북을 하며 보내는 시간, 교실에서 정신없이 뛰어다니는 행동 등 다양한 지속기간을 갖는 연속적인 반응이라면 간격기록이 흔히 사용된다.

간격기록(interval recording)에서는 특정 관찰시간(30분의 관찰기간과 같은)이 선택되고 그 시간은 상대적으로 짧은 간격으로 똑같이 나누어지는데(예, 10초의 간격), 특정 행동이 그 간격 동안 발생했는지, 발생하지 않았는지를 기록한다. 간격기록 절차에는, 부분-간격기록과 전체-간격기록 두 가지 방법이 있다. **부분-간격기록**(partial-interval recording)은 각 간격 동안 표적행동을 얼마나 많이 하는지, 그 행동을 얼마나 지속하는지에 관계없이 하나의 간격에 최대 한 번만 표적행동을 기록하는 방법이다. 관찰자는 한 간격이 끝나고 다음 간격이 시작됨을 알리기 위해 미리 녹음해 둔 알림 소리와 같은 신호음을 내는 녹음테이프나 유사한 기계를 사용할 수 있다. 보육원에서 한 아이의 부적절한 신체접촉 행동과 소리 지르는 행동을 각각 기록한다고 하자. 만약 반응이 10초 간격 동안 한 번 발생한다면, 기록용지에 1개의 막대기표를 그린다(기록용지 표본을 보려면, [그림 21-6]을 참조하라.). 10초 간격 동안 몇 번의 반응 혹은

날짜 ____________

시간	행동			위치			소견
	앉기	서기	흔들기	주방	거실	침실	
오전 8:00							
9:00							
10:00							
11:00							
오후 12:00							
1:00							
2:00							
3:00							
4:00							
5:00							
6:00							
7:00							
8:00							
오후 9:00							

[그림 21-7] 앉아서 몸을 흔드는 행동의 시간-표집 기록용지

행동이 지속되었다 하더라도 관찰자는 그 기간에 해당하는 칸에 단지 1개의 막대기 표만을 그린다. 다음 10초 간격의 시작을 알리는 '삑' 소리가 나면, 표적행동이 발생할 때 그 행동을 다시 기록한다. **전체-간격기록**(whole-interval recording)은 어떤 행동이 전체 간격 동안 내내 지속될 때만 그 행동을 한 것으로 간주하는 기록 절차다. 이 간격기록 방법은 부분-간격기록에 비해 잘 사용되지 않는다. 부분-간격기록으로 기록되었건, 전체-간격기록으로 기록되었건, 기록된 행동은 행동이 발생한 것으로 기록된 관찰 간격을 백분율로 계산하여 그래프로 그려진다.

시간-표집기록(time sampling recording)은 매우 짧은 관찰 간격 동안 어떤 행동이 발생하는지 아닌지에 따라 기록을 하는 것인데, 그 매우 짧은 관찰 간격은 훨씬 더 긴 시간간격을 두고 반복해서 되풀이된다. 예를 들어, 아동이 앉아서 앞뒤로 흔드는 행동(자기-자극 행동)을 자주 하는 것에 대해 걱정하고 있는 유치원생의 부모의 경우, 이런 행동이 언제 발생하는지 그리고 아이가 깨어 있는 시간 중 얼마나 오랫동안 이런 행동을 보이는지를 기록하는 것이 유용할 것이다. 그러나 일반적으로 이것은 현실적이지 않다. 대안으로는 부모가 매 시간마다 한 번, 아이를 15초 간격 동안만 관찰해서

표 21-2 기록 전략의 요약

유형	관찰 간격	기록의 준거
연속적	관찰기간과 같음	간격 동안 일어난 모든 행동을 기록
부분-간격	관찰기간 내에서 같은 길이의 짧은 간격	간격 동안 행동이 적어도 한 번이라도 일어났다면 간격 내에 그 행동이 한 번 일어난 것으로 기록
전체-간격	관찰기간 내에서 같은 길이의 짧은 간격	간격 내내 행동이 일어났다면 간격 내에 행동이 한 번 일어난 것으로 기록
시간-표집	긴 관찰기간 내에서 짧은 간격 (보통 짧은 간격이 반복됨)	간격 동안 적어도 한 번 그 행동이 일어났다면 간격 내 행동이 한 번 일어난 것으로 기록
순간 시간-표집	한순간	관찰하는 순간에 행동이 일어났다면 관찰 기간 동안 행동이 일어난 것으로 기록
결합된 간격 시간-표집	관찰기간 내에 같은 길이의 짧은 간격	간격의 일정 부분 동안만 행동을 기록(예, 네 번의 간격마다 한 번씩)

몸을 흔드는 행동을 보이는지, 보이지 않는지를 기록하는 것이다. 다음 관찰 간격은 대략 한 시간 후에 있다. 이러한 형태의 관찰 기술은 관찰자가 그날 바쁜 일이 많더라도 한 명 이상의 학생들에게서 나타나는 하나 이상의 행동을 관찰할 수 있도록 한다. 시간-표집을 위한 기록용지의 예는 [그림 21-7]에 있다. 다른 시간-표집기록으로 순간 시간-표집(momentary time sampling)이 있는데, 시간 내 어떤 순간에 어떤 행동이 발생했는지 아닌지를 기록하는 것이다(순간 시간-표집과 부분간격기록의 비교는 Meany-Daboul, Roscoe, Bourret, & Ahearn[2007]을 참조하라.).

간격기록과 시간-표집기록의 두 가지 특징 모두를 갖고 있는 기록 절차가 자주 사용된다. 예를 들어, 관찰자는 특정 간격(즉, 10초) 동안 학생을 관찰하고 다음의 10초 동안 그 행동을 기록할 것이다. 10초 동안 관찰하고 10초 동안 기록하는 전략은 주어진 시간 동안 지속될 것이다(예, 30분). 이러한 방식으로 한 명의 관찰자가 여러 명의 학생들의 행동을 기록할 수 있다. 이러한 경우에 관찰자는 10초 동안 한 학생을 보고 행동이 발생했는지 아닌지에 따라 행동을 기록하고, 10초 동안 다른 학생을 보고 행동이 발생했는지 아닌지에 따라 기록하며, 10초 동안 또 다른 학생의 행동을 기록하여 모든 학생들이 한 번씩 관찰될 때까지 행동을 기록한다. 모든 학생들의 행동이 관찰기간 내내 두 번, 세 번, 계속 반복해서 관찰된다. 이러한 절차는 간격기록 절차(interval-recording procedure)라 불리기도 한다. 엄밀히 말하자면, 이 관찰체계는 관

연습문제

17. 연속기록 체계를 정의하고 본 장에 없는 예를 한 가지 기술하라.
18. 간격기록 체계를 정의하고 부분-간격기록 체계와 전체-간격기록 체계를 구분하라.
19. 연속기록 체계를 언제 사용하게 되는가?
20. 연속기록 체계보다 간격기록 체계를 선택하게 되는 때가 있는데 언제인가?
21. 시간-표집 기록을 정의하고 본 장에 없는 예를 한 가지 기술하라.
22. 순간 시간-표집 기록을 짧게 기술하라.

찰 간격의 사이가 매우 짧은 시간 표집이라고 할 수 있다. 지금까지 논의된 기록 전략에 대한 요약은 〈표 21-2〉를 참조하라.

관찰의 정확성 평가

Hawkins와 Dotson(1975)은 관찰의 정확성에 영향을 줄 수 있는 세 가지의 오차요인을 제시하였다. 첫째, 반응에 대한 정의가 막연하고 주관적이며 불완전해서 관찰자가 정확한 관찰을 하는 데 문제가 있는 경우다. 둘째, 관찰 상황과 관련하여 관찰자가 관찰 과정 동안 다른 곳에 신경을 쓰거나 방해물 때문에, 혹은 행동이 그 상황에서 정확히 관찰되기에 매우 미묘하거나 복잡하기 때문에 행동을 감지하기 어려운 상황이다. 셋째, 관찰자가 잘 훈련되지 않았고 관찰하고자 하는 동기가 부족하고, 편견이 있으며, 무능한 경우다. 여기에 다른 두 가지 가능한 오차요인을 추가하면 자료용지가 잘 구성되어 있지 않고, 기록 절차가 복잡한 경우다. 행동수정 프로젝트에 이러한 오차요인 중 하나 혹은 여러 오차요인이 결합되어 나타날 수 있기 때문에, 행동수정가는 관찰자 간 신뢰도(interobserver reliability: IOR)를 측정하는 경우가 많다. 두 명의 독립된 관찰자가 주어진 회기 동안 동일한 개인의 행동을 관찰하고 기록한다. 그들은 기록하는 동안 서로에게 신호를 보내거나 영향을 주지 않아야 하고, 각기 다른 관찰자의 기록용지를 보지 않도록 주의해야 한다. 두 관찰자가 행동에 대한 정의를 내리고, 기록 절차를 수행하고, 훈련을 하는 등 최선의 노력을 했다면, 이제 관찰의 정확성에 대한 문제는 두 관찰자 간의 점수가 얼마나 근접하여 있는가를 비교하는 것이다. 점수를 평가하는 여러 가지 방법이 있지만 두 가지 IOR 절차가 다른 방법보다 더 일반적으로 사용되고 있다.

일반적으로 사용되는 첫 번째 IOR 절차를 예시하기 위해 피겨 스케이트 선수의 점프 수와 회전 수를 기록하는 관찰자의 예로 돌아가 생각해 보자. 관찰자 2가 관찰에 같이 참여해서 관찰자 1이 서 있는 반대편에 서서 스케이트 선수를 관찰한다고 가정해 보자. 관찰자 2는 점프와 회전이 어떤 행동을 말하는 것인지 알고 있고, 관찰자 1이 사용했던 기록용지의 복사본을 사용한다. 한 회기가 끝났을 때, 관찰자 1은 20번의 점프와 회전 행동을 기록했고 관찰자 2는 22번의 행동을 기록용지에 기록했다고 가정해 보자. IOR 평가로의 변환은 작은 수를 큰 수로 나누고 100%를 곱하는 것이다. IOR은 20÷22×100%으로 91%가 된다. 이제 IOR 점수가 무엇을 의미하는지를 알아보는 것이 중요하다. 그것은 두 명의 관찰자들이 전체 수에 대하여 매우 근접하게 일치했음(거의 100%)을 의미한다. 그것은 그들이 20번의 특정 행동에 대해 일치하였음을 의미하지 않는다. 즉 관찰자 2가 일치한 20번의 행동에 두 번을 더 세어서 22번이 되었다고 보장할 수 없다. 관찰자 2가 놓친 행동을 관찰자 1이 기록했을 가능성도 얼마든지 있다. 관찰자 2가 관찰자 1이 놓친 행동을 기록했을 수도 있다. 두 명의 관찰자가 특정 개인 반응에 완전히 일치하지 않는 것이 그 회기 내내 계속될 수도 있다. 그럼에도 불구하고 전체적으로 두 관찰자가 일치한 수는 점프와 회전의 전체 행동 수에 대하여 신뢰할 수 있는 근거가 된다. 두 명의 관찰자가 기록한 전체 점수를 계산하여 작은 수를 큰 수로 나누고 100%를 곱하는 것은 두 명의 관찰자가 관찰기간 동안 기록한 특정 반응의 빈도를 셀 때 매우 일반적으로 사용하는 방법이다.

일반적으로 사용되는 두 번째 IOR 절차는 간격기록을 사용하는 것이다. 간격기록 절차에서 긴 관찰기간을 짧은 관찰간격으로 나누어 그 짧은 간격 동안(보통 5~10초) 여러 반응을 했더라도 단지 1개의 반응만을 기록하는 예를 생각해 보자(부분-간격기록, 〈표 21-2〉 참조). 만약 두 명의 독립된 관찰자가 같은 행동을 기록하고 각각 간격-기록 절차를 사용한다면 다음의 질문을 할 수 있다. 연속적인 간격에서 관찰자 두 사람이 반응이 있었다고 표시한 간격과 반응이 없었다고 표시한 간격을 어떻게 비교할 수 있는가? 두 명의 관찰자가 한 아이를 관찰 대상으로 하여 두 가지 유형의 사회적 상호작용 행동을 기록한다고 가정해 보자. 하나의 행동은 다른 아이와 신체 접촉을 하는 것이고 다른 행동은 다른 아이를 바라보며 소리 지르는 것으로 정의된다. 두 행동의 간격 점수는 [그림 21-6]에서 볼 수 있다.

여러분이 알 수 있는 것처럼, 두 관찰자 모두 18번의 접촉행동을 세었다. 그러나 두 관찰자의 기록은 18번 중 단지 16번만이 일치되었다. 각각의 관찰자는 다른 관찰자가 놓친 두 번의 접촉행동을 세어서 전체 네 번의 불일치를 낳았다. 만약 우리가 앞에서 기술한 절차를 사용한다면 우리는 100%의 IOR을 얻을 것이다. 그러나 두 번째 절차에서 IOR은 두 명의 관찰자가 일치하게 기록한 간격의 수를 두 관찰자 중 한 명이라도 기록한 간격 수로 나누고(행동 발생의 일치÷(불일치+일치)) 여기에 100%를 곱해서 얻는다(즉 16÷(16+4)×100%). 그래서 두 번째 절차는 80%의 IOR을 얻는다. 추가설명 2

행동수정 연구에서 얼마만큼의 IOR 점수가 수용될 수 있다고 보는가? 80%에서 100% 사이의 IOR 점수가 행동수정 프로그램에서 관례상 수용 가능한 선으로 제시된다. 그러나 그 자체만 고려할 때, 계산 절차의 잠재적 차이 때문에 우리를 혼란스럽게 하는 최종 IOR 값을 산출할 수 있다. 이 책을 읽는 독자들은 보고된 자료의 신뢰성을 판단할 때 반응의 정의, 관찰자 훈련과정, 기록체계, IOR 계산방법, 최종 IOR 값 등을 전체적으로 고려해야 한다. 이 중 어느 것에서든 결함이 있다면 결과는 의심스러운 것이 될 것이다.

연습문제

23. 관찰기록의 다섯 가지 오차요인을 기술하라.
24. 관찰자 간 신뢰도는 무엇을 의미하는지 한두 문장으로 기술하라. (IOR을 계산하는 절차를 기술하지 말라.).
25. 이 책에서 기술된 간격자료를 가지고 IOR을 계산하는 절차를 사용하여 관찰자 1과 관찰자 2가 기록한([그림 21-6]) 아이의 소리 지르기의 자료를 가지고 IOR을 계산하고 그 계산 과정을 기술하라.
26. 관례적으로 행동수정 프로그램에서 받아들여지고 있는 IOR의 수준은 얼마인가? '관례적' 이라는 표현이 의미하는 것은 무엇인가?

적용연습

A. 타인에 대한 적용연습

다른 장에서 기술되었던 사례 중 성공적으로 수정된 행동결핍이나 행동과잉을 선택하라(예, 피터의 소리 지르고 울며 떼쓰기). 그 행동에 대하여 다음을 실시한다.

1. 그럴듯한 자료 기록용지를 구성하기(회기를 표시할 칸과 회기당 행동의 발생횟수를 표시할 칸 포함)
2. (실제로 있거나 가정된) 대표적인 자료의 요약을 준비하고, 자료 기록용지에 적기
3. 자료를 빈도 그래프로 그리기
4. 자료를 누적 그래프로 그리기

B. 자기-수정 연습

당신의 행동과잉 혹은 행동결핍 중 하나를 선택하라. 그 행동에 대하여 위의 'A. 타인에 대한 적용연습' 처럼 1부터 4까지의 질문에 답하라.

추가설명 및 심화토론

1. 관찰방법이 관찰되고 있는 행동에 영향을 줄 때, 이 관찰은 **참견하는**(obtrusive) **관찰**이라고 말한다. 참견하지 않는 관찰을 기록한다는 것은 관찰되는 행동이 관찰로 인하여 전형적인 행동양상에서 벗어나지 않도록 하는 것을 의미한다. 다시 말해, 우리의 관찰이 우리가 관찰하고 있는 행동에 영향을 주지 않기를 바란다. 당신의 관찰이 참견하는 관찰이 아니라는 것을 확신할 수 있는 몇 가지 방법이 있다. 하나의 가능한 방법은 3장의 다렌 사례에서 볼 수 있는 것처럼, 일방경(one-way window)을 통해서 그 행동을 관찰하는 것이다. 다른 가능한 방법은 멀리 떨어져서 눈에 띄지 않게 그 사람을 관찰하는 것이다. 이러한 전략은 미국의 중소도시의 술집에서 고객의 술버릇을 연구하는 데 사용되었다(Sommer, 1977). 다른 방법은 일상적인 근무 장면에서 동료가 내담자와 함께 나란히 일하면서 관찰을 하는 것이다(Rae, Martin, & Smyk, 1990). 다른 대안은 카메라를 숨겨 두고 비디오로 찍어서 의뢰자의 행동의 산물(공공 야영지에 여기저기 떨어져 있는 물건)을 평가하는 것이다(Osborne & Powers, 1980). 그러나 그러한 전략은 동의 없이 개인을 관찰하는 것이 과연 윤리적인가 하는 문제를 낳는다. 미국심리학회(The American Psychological Association(http://www.apa.org/ethics/code/code-1992.aspx)에서는 심리학 연구자들이 하는 모든 유형의 실험을 통제하는 윤리적인 지침을 마련했다. 이러한 지침에는 실험 목적을 위한 관찰 시에 관찰되는 사람이나 보호자가 공식적인 동의서에 서명했는가, 치료 프로그램을 수행하면서 관찰을 하는 것이 관찰되고 있는 사람을 위해 도움이 되는가, 관찰의 비밀성이 유지될 수 있는가, 특정 개인이나 단체가 관찰 보고서에서 확인될 수 있는가 등에 관한 내용이 있다. 다른 사람의 행동을 기록하는 사람은 전문기관의 윤리적 지침과 사생활 및 비밀 유지를 포함한 해당 법률을 참고해야 한다.
2. 간격기록 동안의 IOR 계산은 관찰자 간에 행동이 일어났다고 일치한 간격 수를 두 관찰자 중 어느 한 사람이라도 행동을 기록했던 전체 간격 수(행동 발생에 대한 일치의 수와 불일치의 수를 더함)로 나누고 100%를 곱한다. 그러나 어떤 조사자는 두 관찰자 사이에 행동이 발생하지 않았다는 일치, 다시 말해 두 관찰자 모두 일치되게 공백으로 둔 간격의 수를 일치의 수에 포함시킨다. 그러나 이때 행동이 거의 기록되지 않았다면 신뢰도 점수는 많이 부풀려질 수 있다. 예를 들어, [그림 20-6]에서처럼 45개 관찰간격을 생각해 보자. 관찰자 1은 간격 5에서 신체접촉행동을 기록했고 관찰자 2는 간격 6에서 신체접촉행동을 기록했다고 가정해 보자. 다른 신체접촉행동은 전혀 기록되지 않았다. 그런 경우, 두 관찰자는 그 행동의 발생에 완전히 일치하지 않는 것이다. 만약 이 책에서 제시한 것처럼 계산한다면 IOR 값은 '0'이 된다. 그러나 만약 공백간격의 일치를 포함한다면 IOR은 43번의 일치와 2번의 불일치가 있었으므로 43÷(43+2)×100%의 수식에 따라 95.6%가 된다. 이러한 왜곡 때문에 많은 연구자는 이 책에서 제시한 IOR 계산 방법을 사용하지만 공백간격의 일치로 계산하는 방법은 사용하지 않는다. 다시 말해, 관찰자 둘 다 행동을 표시하지 않은 간격은 무시된다. 그러나 관찰

자가 행동을 감소시키는 것과 행동이 발생하지 않는 것에 대하여 관심이 있는 경우에는 예외가 있을 수 있다. 이에 대한 설명이나 복잡한 IOR에 대한 설명은 Poling, Methot과 Lesage(1995)에서 더 세부적으로 논의된다.

▶ **추가설명에 대한 연습문제**

1. 참견하는 관찰과 참견하지 않는 관찰의 차이는 무엇인가?
2. IOR을 계산하는 데 공백간격의 일치로 계산하는 것은 특히 언제 잘못된 결과를 가져올 수 있는가? 한 가지 예를 들라.
3. IOR을 계산하는 데 공백간격의 일치로 계산하는 것이 언제 받아들여질 수 있는가? 이것이 받아들여지는 이유는 무엇인가?

22 행동수정의 연구방법

20장에서 기술한 바와 같이 행동수정 프로그램은 최소한 네 단계로 이루어진다. ① 선별 단계(screening phase): 문제가 무엇인지를 명료화하고 누가 치료할 것인지를 결정하는 단계, ② 평가 단계(assessment phase): 프로그램을 수행하기 전에 문제행동의 원인을 파악하고 그 행동의 초기 수준을 결정하는 단계, ③ 처치 단계(treatment phase): 치료개입 전략을 세우는 단계, ④ 추수 단계(follow-up phase): 프로그램 종료 후 바람직한 행동변화가 잘 유지되는지를 평가하는 단계. 그러나 많은 행동수정 프로젝트가 위의 네 단계보다 많은 단계로 세분했을 때 행동의 변화가 처치에 의해 일어났음을 분명하게 입증하였다. 이는 다음과 같은 가설적인 예에서 잘 설명된다.

2학년 학생이 매일 수학 시간에 덧셈과 뺄셈 문제를 끝까지 다 푸는 빈도를 높이는 프로그램의 예를 살펴보자. 켈리라는 학생은 다른 학생들보다 수학 문제 풀이 수준이 낮았고, 수업 시간 동안 산만함을 보였다. 교사는 켈리의 수학 문제 풀이 수행도를 높이면 켈리가 문제 풀이 자체를 즐거워하게 되고, 주위 학생들과 산만하게 상호작용하는 행동도 감소할 것이라고 생각하였다. 1주간의 기저선 기간 동안 교사는 수학 문제를 몇 개 내주고 켈리가 매 30분간 푸는 문제의 수를 기록하였다. 켈리는 30분간 7개의 수학 문제를 완성하였는데, 이는 30분간의 학급 평균 갯수인 16문제의 절반에도 못 미치는 수준이었다. 그런 다음 교사는 강화 프로그램을 도입하였다. 교사는 켈리에게 수학 문제를 하나 풀 때마다 금요일 오후 매 수업 시간에 휴식 시간을 1분씩 늘려 주겠다고 하였다. 켈리는 프로그램 첫 주 동안 수행력이 증진되었다. 두 번째 주에는 30분간 평균 16개의 문제를 맞게 풀었다.

켈리의 수행력 호전이 처치에 의한 것이라고 할 수 있는가? 수행력이 기저선 기간보다 좋아졌기 때문에 '그렇다'고 말할 수도 있다. 그러나 그 증가가 다른 요인에 의한 것일 수도 있다는 점을 고려해야 한다. 예를 들어, 기저선 기간 동안 켈리가 독감에 걸려 수행력이 저하되었다가, 프로그램을 도입한 때에 독감이 회복되어 수학 문제 풀이를 잘 할 수 있게 되었을 수 있다. 혹은 켈리에게 좋은 모범이 되는 학생이 기저선 기간 동안에는 없다가 처치 기간 동안에는 켈리 옆에 앉아 있었을 수도 있다. 혹은 처치 기간 동안 내준 문제가 기저선 기간 동안의 문제보다 쉬웠을 수도 있다. 또는 교사는 알 수 없는 어떤 것이 켈리의 문제 풀이 수행도 증진에 영향을 주었을 수도 있다. 행동수정 연구에서는 행동변화의 원인이 통제되지 않은 변인에 의한 것이 아니라, 처치에 의한 것이라는 점을 분명하게 제시하려고 한다.

반전(ABAB) 설계

전술한 예에서 교사가 켈리의 수행력 증진이 처치 프로그램에 의한 것이고 다른 요인에 의한 것이 아니라는 점을 분명하게 제시하기를 원한다고 가정해 보자. 이와 같이 분명하게 제시하고 싶어 하는 데에는 교사의 호기심 충족뿐만이 아니라 여러 가지 실제적인 이유가 있을 수 있다. 교사는 유사한 절차를 켈리가 갖는 다른 문제에 적용해 보려고 할 수 있고, 학급 내의 다른 학생에게도 유사한 절차를 시도해 보려고 할 수 있으며, 다른 교사에게 이러한 절차를 권하려고 할 수 있다. 그러므로 강화 프로그램의 두 번째 주가 끝날 때 교사는 강화를 제거하였고 기저선 기간의 조건으로 환원시켰다. 교사의 이러한 처치의 가설적인 결과가 [그림 22-1]에 제시된 것과 같다고 가정해 보자.

두 번째 주가 끝날 무렵 기저선 조건으로 환원시켰을 때, 켈리는 거의 원래의 기저선에 가까운 수행을 보였다. 교사가 전처럼 처치 단계를 재시도하였을 때 [그림 22-1]에서 보는 바와 같이 켈리의 수행력이 다시 증가하였다. 교사는 원래의 기저선과 처치 시 나타나는 효과를 반복하였다. 여기에 만약 통제되지 않은 변인이 작용했다면, 그것은 신기하게도 처치를 가할 때만 작용하였다가 처치를 제거하면서 나타나지 않은 것이라고 가정해야 한다. 이러한 일은 각 단계를 성공적으로 반복하는 경우 일어날 가능성이 매우 희박하다. 따라서 교사는 사용한 처치 프로그램과 특정 행동 간에

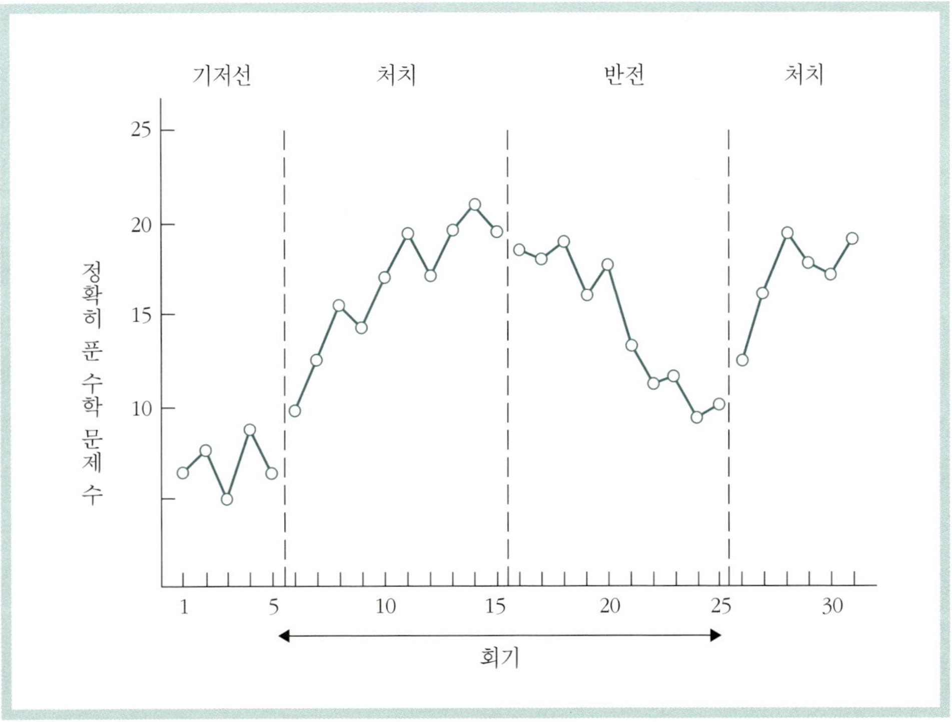

[그림 22-1] 켈리에 대한 반전 설계(ABAB)의 가설적 자료

원인-결과의 관계가 있다는 사실을 증명한 것이다. 연구용어로, 행동의 측정치는 **종속변인**(dependent variable)이라 하고, 처치 혹은 개입은 **독립변인**(independent variable)이라 한다. 앞의 예에서, 수학 문제를 정확히 푼 행동은 종속변인이었고, 켈리를 위한 프로그램은 독립변인이었다. 인과관계를 측정하기 위해 내적 타당도와 외적 타당도를 고려하는 데 있어 만약 독립변인이 종속변인에 변화를 야기했다는 사실이 분명히 나타나면 그 연구나 실험은 **내적 타당도**(internal validity)가 있다고 말하고, 그 결과를 다른 행동이나 개인, 상황, 처치에 일반화할 수 있다면 **외적 타당도**(external validity)가 있다고 말할 수 있다.

교사가 실시한 위와 같은 실험 전략의 유형을 **반전 설계**(reversal-replication design)라고 부른다. 이는 실험설계가 기저선 단계 후에 처치 단계, 그리고 기저선 조건으로 반전하였고, 처치 단계를 반복하였다는 의미에서 그와 같이 명명하게 되었다. 기저선 조건을 흔히 약자로 'A', 처치 조건을 'B'라고 한다. 그래서 이 설계법을 ABAB 설계라고도 부른다. ABAB 설계는 두 번째 기저선 단계 동안 처치를 철회하기 때문에 **철회 설계**(withdrawl designs)라고도 불린다(Poling, Methot, & Lesage, 1995). 이 설계를 적용한 연구의 예를 보려면, Ivancic, Barrett, Simonow와 Kimberly(1997)의 논문을 참조하라.

반전 설계는 언뜻 보기에 간단한 것처럼 보일지 모르나, 행동수정 연구를 처음 시작하는 사람들은 답하기 어려운 여러 가지 질문에 접하게 된다. 반응의 정의, 관찰자의 정확성, 자료 기록(21장에서 논의됨)의 문제점을 다 해결했다고 하더라도, 처음에 '기저선 기간을 얼마 동안 지속해야 하는가?' 라는 질문에 봉착하게 된다. 이 질문에 대하여 답을 하기가 어려운데, 그것은 [그림 22-2]에 잘 나타나고 있다. [그림 22-2]에 보이는 기저선 중 어떠한 기저선이 가장 적절한가? 여러분이 기저선 4와 5를 선택했다면 우리는 그 선택에 동의할 수 있다. 기저선 4는 행동양상이 안정되어 있고 예측 가능하기 때문이고, 기저선 5는 관찰된 경향이 독립변인에 의하여 종속변인에 작용할 것으로 예측되는 효과와 반대 방향이기 때문이다. 이상적으로, 기저선 단계는 수행양상이 안정될 때까지, 혹은 독립변인이 도입되었을 때 예측되는 결과와 반대 방향의 경향성을 보일 때까지 지속해야 한다.

이 외에도 실제 연구 프로젝트에서는 기저선을 단축하거나 연장시키는 데 있어 고려해야 할 점들이 있다. 첫째, 연구하고자 하는 행동과 독립변인이 새로운 것을 다루었는가 하는 점을 고려해야 한다. 탐색이 덜 된 영역의 연구라기보다 이미 연구되었던 분야의 행동을 새롭게 다루는 연구라면 기저선 기간을 짧게 하여도 무방하다. 둘째, 실제적인 측면에서 기저선 관찰의 길이에 제한이 가해지기도 한다. 실험자가 쓸 수 있는 시간, 관찰자 구하기의 용이성, 학생이 프로젝트를 완수하는 데 필요한 시간상의 제약, 그리고 기타 많은 요인들에 따라 기저선 기간을 단축하거나 연장한다. 마지막으로 윤리적인 측면이 기저선 기간에 영향을 미친다. 예를 들어, 발달장애아의 자해행동을 다루려고 할 때 긴 기저선 기간은 윤리적으로 허용되지 않는다.

행동수정 연구를 처음 접하는 학생들이 갖는 또 다른 의문은 '몇 번의 반전과 반복이 필요한가?' 라는 점이다. 이도 역시 답하기 쉬운 질문이 아니다. 독립변인이 도입되었을 때 커다란 효과를 관찰하게 된다면, 그리고 그 연구가 전에 다루어졌던 영역의 것이라면, 한 번의 반복으로도 충분할 것이다. 다른 복합적 요인이 있는 경우, 원인-결과 관계를 분명하게 보여 주기 위하여 여러 번의 반복을 해야 할 수도 있다.

반전 설계는 흔히 사용되는 행동수정 연구방법이지만, 어떤 상황에서는 그것이 적절하지 않다는 한계점도 있다. 첫째, 처치 단계 후에 기저선 조건을 반전하는 것이 바람직하지 않을 때가 있다. 예를 들어, 발달장애아의 자해행동을 치료할 때 성공적

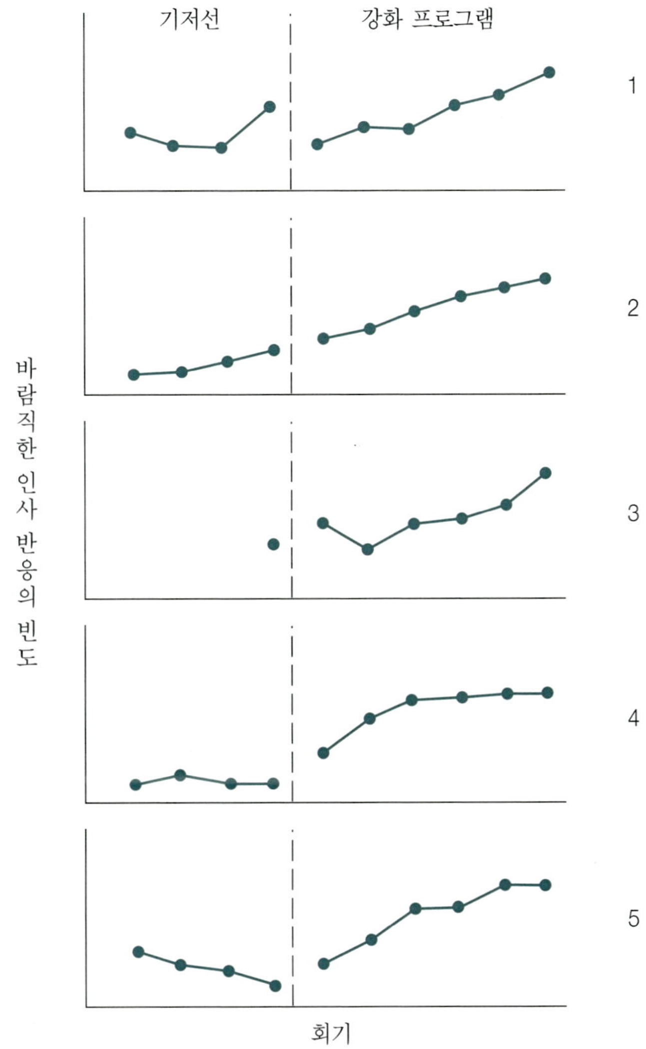

[그림 22-2] 다섯 아이들에 대한 가설적 자료

인 치료 후 곧바로 기저선으로 반전시킨다는 것은 윤리적으로 용납되지 않는다.

둘째, 행동 트랩핑 때문에 반전이 불가능할 수도 있다. 16장에서 개선된 행동이 어떻게 '강제(유지)될 수 있는지' 에 대해 기술했다. 부끄러움을 많이 타는 아이에게 교사가 강화를 주어 친구들과 바람직한 상호작용을 맺게 하면, 그러한 아이의 행동은 교사의 관심이 철회된 다음에도 또래 아이들로부터 주어지는 관심에 의해 지속될 것이다. 다른 예로, 골프 강사가 골프 초보자에게 200야드 이상 공을 칠 수 있도록 지도한 뒤에는 그 초보자가 150야드밖에 못 나가는 원래의 비전통적인 스윙으로 일부러 되돌아가려 할 리 만무하다.

연습문제

1. 행동수정 프로그램을 구성하는 최소한의 네 단계를 간략히 기술하라.
2. 짧은 시간 내에 수행된 행동수정 프로그램 동안의 행동변화가 처치에 의한 것이라고 주장할 수 없는 이유를 두세 줄 이내로 기술하라.
3. 행동수정 프로그램과 행동수정 연구의 차이를 두세 줄 이내로 기술하라.
4. 종속변인을 정의하고 예를 들어라.
5. 독립변인을 정의하고 예를 들어라.
6. 내적 타당도를 정의하라.
7. 외적 타당도를 정의하라.
8. 반전 설계의 네 가지 구성요소를 하나의 예를 들어 간략히 기술하라. 이 설계의 다른 이름은 무엇인가?
9. 이상적으로는, 반전 설계의 기저선 단계는 얼마나 지속되어야 하는가?
10. [그림 22-2]의 기저선 1, 2, 3이 왜 부적절한지 한두 줄 이내로 기술하라.
11. 기저선 기간을 단축하거나 연장시키기 위한 과학적 · 실제적 · 윤리적 고려사항은 무엇인가?
12. 반전 설계에서 얼마나 많은 반전과 반복이 필요한가?
13. 반전 설계의 두 가지 제한점을 예를 들어 설명하라.

다중-기저선 설계

기저선 조건의 상태로 다시 돌아가는 것이 불가능할 수 있으며 비록 잠시일지라도 개선된 행동을 반전하여 개선되지 않은 행동 상태로 되돌아가는 것은 바람직하지 않다. **다중-기저선 설계**(multiple-baseline design)는 기저선 조건으로 반전시키지 않고도 처치의 효과를 증명할 수 있는 설계다.

행동별 다중-기저선

교사인 존슨은 켈리의 학업 수행에 영향을 미치는 강화 효과를 보여 주기를 원하지만, 켈리의 행동을 반전시켜서 켈리의 호전된 수행력을 없애고 싶어 하지는 않는다고 가정해 보자. 이 경우에 교사는 **행동별 다중-기저선 설계**(multiple-baseline-across behaviors)를 실시하여 처치효과를 입증할 수 있다. 처음 단계는 두 가지 혹은 그 이상의 행동에 대하여 동시에 기저선을 측정하고 행동들에 순차적으로 처치를 도입하는 것이다. 켈리가 수학 시간에 수학 문제를 푸는 수행과 영어 시간에 정확하게 철자를 쓰는 수행, 그리고 쓰기 시간에 작문하는 수행을 기록한다. 이러한 기저선들은 [그림 22-3]에 제시되어 있다. 철자를 쓰고 작문을 하는 시간에는 기저선을 지속시키고, 수학 문제를 맞출 때마다 체육 시간을 늘려 주는 처치를 하였다. 결과가 [그림 22-3]과 같다면, 교사는 두 번째 행동인 철자법 교육에 처치를 도입하여 철자를 맞게 쓰면 단어당 추가적으로 몇 분씩 휴식 시간을 준다. 마지막으로 교사는 세 번째 행동인 작문하기에 처치를 도입하게 된다. [그림 22-3]에 나온 결과를 보면, 처치가 도입될 때만 행동이 변화되었다는 것을 알 수 있다. 이 예는 여러 행동에 처치를 도입한 결과를 보여 주는 것이다. 이 설계를 적용한 다른 예는 Gena, Krantz, McClannahan과 Poulson(1996)의 논문을 참조하라.

이 설계를 적용할 때의 잠재적 문제는 행동들이 서로 독립적이어야 한다는 점이다. 켈리의 교사가 다른 두 가지 행동을 기저선 조건으로 유지하면서 하나의 행동에만 처치 프로그램을 적용했는데도 세 가지 행동 모두가 동시에 호전되었다면 교사는 호전의 원인이 처치에 의한 것이라고 확신할 수 없을 것이다. Nordquist(1971)가 반응일반화의 예를 보고한 바 있다. 또 다른 제한점으로는 두 가지 혹은 그 이상의 행동을 찾아내는 것이 불가능할 수 있으며, 여러 행동에 대하여 필요한 자료를 수집하는 관찰자를 충분히 확보하는 것이 어렵다는 점이다. 게다가, 절차가 한 사람에게 적용되는 것이라면 처치가 그 사람에게만 타당했을 것이라고 결론지을 수 있을 뿐이다. 다른 사람들에게도 같은 결과가 나타날 것이라고 추정하는 것에는 주의를 해야 한다.

상황별 다중-기저선

상황별 다중-기저선 설계(multiple-baseline-across-situation design)는 두 가지 이상의 상황에서 개인의 행동에 대한 기저선을 측정하고 여러 상황들에 순차적으로 처치를

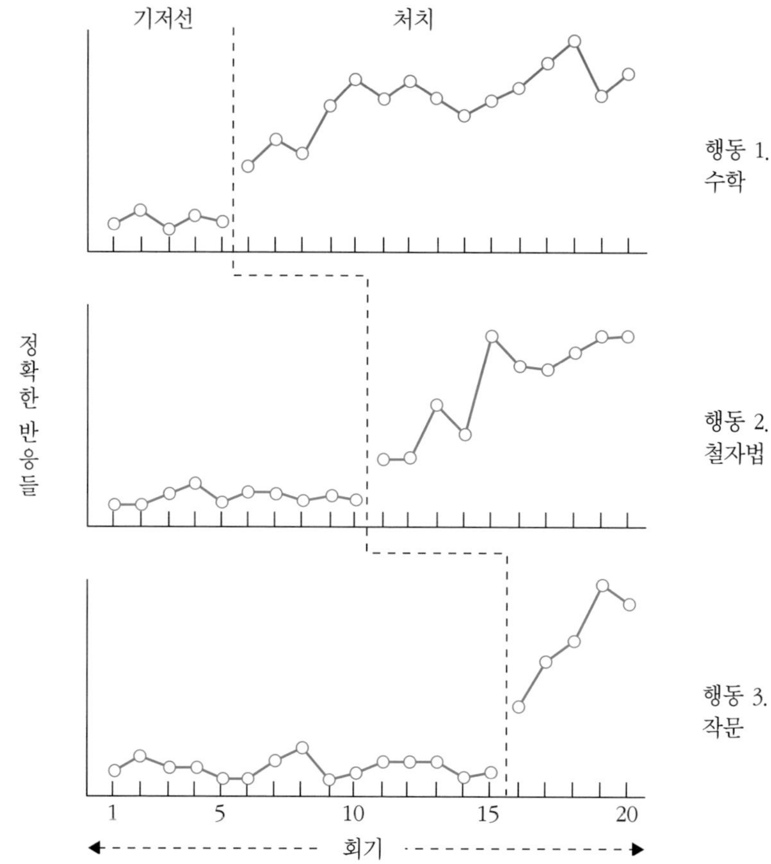

[그림 22-3] 켈리의 행동들에 대한 다중-기저선 설계의 가설적 자료의 예

도입하게 된다. 예를 들어 Allen(1973)은 '미세 뇌 손상'으로 진단된 8세 소년 마이크의 이상한 말을 중얼거리는 행동을 감소시키려 하였다. 마이크가 여름캠프에 참석했을 때, 그는 자신이 'TugTug'와 'Junior Polka Dot'이라고 이름을 붙인 상상 속의 펭귄들에게 여러 시간 동안 중얼거렸다. 이러한 중얼거림은 마이크가 친구들뿐 아니라 캠프 상담자와 상호작용하는 것을 저해하였다. 초기 기저선 단계 동안 네 가지 상황(저녁 산책길, 식당, 마이크의 숙소, 교실)에서의 중얼거리는 자료를 수집하였다. 중얼거림을 무시하는 소거 프로그램의 처치를 첫 번째 상황(산책길)에 도입하였고, 그동안 나머지 세 가지 상황은 기저선 그대로 두었다. 산책 동안 중얼거림이 성공적으로 감소된 후 두 번째 상황인 식당에서 처치를 도입하고, 나머지 두 상황은 기저선 그대로

두었다. 이러한 식으로 나머지 두 상황에도 연속적으로 처치를 도입하였다. 이상한 말을 중얼거리는 행동은 처치를 도입한 후 거의 모든 상황에서 발생하지 않았다.

상황별 다중-기저선 설계에서 발생할 수 있는 문제점은 첫 번째 상황에 처치를 적용하였을 때, 다른 모든 상황에서 연이어 호전되는 결과를 가져올 수 있다는 점이다(즉, 상황에 걸친 자극일반화). 이러한 일이 발생하면 실험자는 그 호전을 처치에 의한 결과라고 결론지을 수 없다. 다른 문제점들로는 그 행동이 오직 한 가지 상황에서만 발생할 수 있다는 것과 필요한 자료를 수집하는 데 충분한 관찰자를 구하기가 어려울 수 있다는 것이다. 게다가 그 절차가 한 사람에게만 적용되었을 경우, 그 처치가 그 사람에게만 효과적이었다는 결론을 내릴 수 있다. 그래서 다른 사람들에게도 그 결과가 적용될 것이라고 추정하는 데에는 주의가 필요하다.

개인별 다중-기저선

개인별 다중-기저선 설계(multiple-baseline-across-people design)는 둘 이상의 사람들에게서 나타나는 특정 행동에 대한 기저선을 측정하고 여러 사람들에게 각각 연속적으로 처치를 하는 것이다. 예를 들어, Fawcett와 Miller(1975)는 개인별 다중-기저선 설계를 사용하여, 대중 앞에서 말하는 행동을 호전시키기 위해 설계된 결합된 절차(치료 패키지라고 불림)의 효과를 보여 주었다. 처음 사람들 앞에서 말하는 회기 동안 세 사람의 대중 앞에서 말하는 기술이 기록되었다(기저선 단계). 첫 번째 사람에게 처치가 제공되는 동안 다른 사람들은 기저선의 상태 그대로 두었다. 처치는 첫 번째 사람이 대중 앞에서 말하는 행동을 호전시켰다. 그 처치를 두 번째 사람에게도 실시하였고, 세 번째 사람에게도 순차적으로 실시하였는데, 각각 대중 앞에서 말하기 행동에 호전이 있었다. 세 사람이 순차적으로 처치를 받음에 따라 호전된 것은 처치 프로그램의 효과라고 말할 수 있다. 이 설계의 또 다른 적용 예는 Wanlin, Hrycaiko, Martin과 Mahon(1997)의 논문을 참조하라.

개인별 다중-기저선 설계의 한 가지 문제점은 먼저 처치를 받은 사람이 다음 사람에게 처치에 대해 설명해 주거나 바람직한 행동의 모델이 될 수 있어, 다음 사람이 처치를 받지 않은 상태에서도 호전될 수 있다는 것이다(예, Kazdin, 1973 참조). 또한 여러 사람에게서 기저선을 측정해야 하는데 같은 문제를 가지고 있는 둘 혹은 그 이상의 사람들을 찾기가 불가능할 때도 있고, 필요한 자료를 수집하기 위하여 여러 명의 관찰자를 구하지 못할 때도 있다는 문제점이 있다. 그러나 여러 사람에게 반복효과가 나타나는 것은 내적 타당도뿐 아니라 외적 타당도 또한 있다는 것을 나타낸다. 그래서 우리는 확신을 갖고 다른 사람들에게도 그 처치를 적용할 수 있게 된다.

연습문제

14. 반전 설계에 비하여 다중-기저선 설계가 갖는 장점을 기술하라.
15. 행동별 다중-기저선 설계를 예를 들어 간략히 기술하라.
16. 행동별 다중-기저선 설계의 잠재적인 제한점 세 가지는 무엇인가?
17. 상황별 다중-기저선 설계를 예를 들어 간략히 기술하라.
18. 상황별 다중-기저선 설계의 잠재적인 제한점 세 가지는 무엇인가?
19. 개인별 다중-기저선 설계를 예를 들어 간략히 기술하라.
20. 개인별 다중-기저선 설계의 잠재적인 제한점 세 가지는 무엇인가?

준거-변화 설계

준거-변화 설계(changing-criterion design)에서 특정 처치가 개인의 행동에 미치는 효과는 처치 적용 시 행동 준거를 계속 변화시킴으로써 평가된다. 처치 적용 시 준거의 변화에 따라 행동변화가 일관성 있게 나타난다면, 처치가 그 행동변화에 영향을 미쳤다는 결론을 얻을 수 있다.

11세 소년들(비만 혹은 비만 아닌)을 운동시키기 위한 토큰 강화 체계의 효과를 알아보기 위하여, Deluca와 Holborn(1992)은 준거-변화 체계를 사용하였다. 첫째, 30분 동안 운동하는 회기로 구성된 기저선 단계(1단계) 동안, 각 소년들이 실내 자전거에서 페달을 밟는 비율을 평가하였다. 그다음에는 각 소년의 강화 준거를 기저선 동안의 평균 페달 밟는 비율보다 15% 높게 설정하였다. 두 번째 단계에서 소년이 준거에 도달하면, 후에 지원 강화물과 교환할 수 있는 점수를 준다. 소년의 수행이 2단계에서 새로운 수준의 페달 밟기로 안정권에 들어서면, 3단계를 시작한다. 3단계에서 강화의 준거를 단계 2의 평균 수행력보다 15% 높게 변화시켰다. 이와 유사하게 각각의 차후

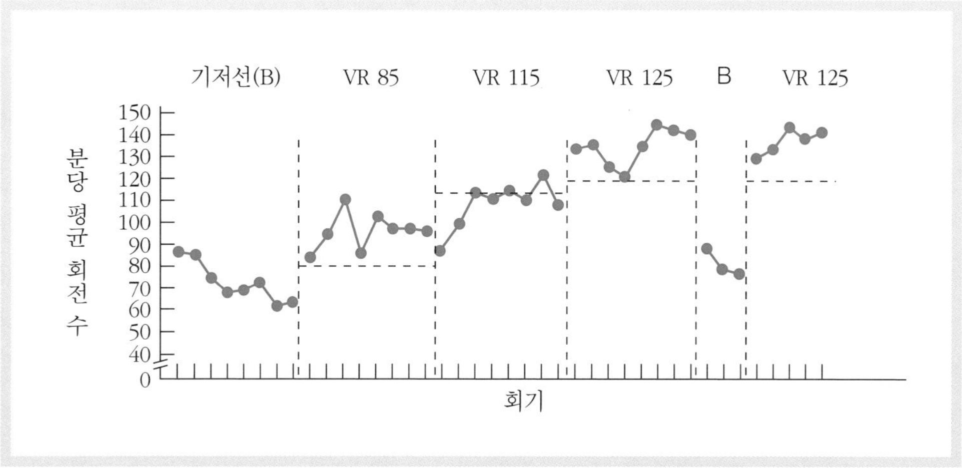

[그림 22-4] 소년의 분당 실내 자전거 평균 페달 회전 수. 기저선 단계후 토큰 강화를 하였는데, 변동-비율 강화의 수준만큼 증가하였다(즉 평균 반응이 상당히 증가되었다.).

출처: R. V. Deluca, & S. W. Holborn. (1992). 준거-변화를 활용한 변동-비율(VR) 강화계획이 비만 소년과 비만 아닌 소년의 운동에 미치는 효과(그림 1). *Journal of Applied Behavior Analysis, 25*. 매니토바 대학교의 Raleen Deluca 박사에게서 재인용 허락 받음.

단계에서 강화 준거를 이전 단계보다 15% 상향 조정하였다. [그림 22-4]는 소년 한 명의 자료를 보여 주는 것인데, 강화 준거가 변화됨에 따라 수행력이 증가되었다. 이러한 패턴은 비만이 아닌 세 명의 소년뿐 아니라 비만인 세 명의 소년에게서도 나타났다. [그림 22-4]에서 제시된 것처럼, 강화 프로그램의 실험적 통제를 입증하기 위하여, 이 연구에서는 기저선 단계로 반전하는 방법을 포함시켰다. 그러나 준거-변화 설계에서 반전이 반드시 필요한 것은 아니다.

교차-처치(혹은 다요인) 설계

전술한 연구설계는 특별한 처치가 특수한 행동변화의 원인이 되는가를 살펴보는데 적합하다. 그러나 한 사람의 한 가지 행동에 다른 처치법을 적용하여 그 효과를 비교하고 싶은 경우에는 어떻게 해야 하는가? 다중-기저선 설계는 이러한 목적에 적합하지 않다. 그러한 목적에 맞는 대안적인 설계는 Barlow와 Hayes(1979)에 의해 제시된 **교차-처치 설계**(Alternating-treatments designs)로, **다요인 설계**(multielement design)라고도 불린다. 이 설계는 2개 혹은 그 이상의 처치조건을 한 회기에 하나씩 교차시

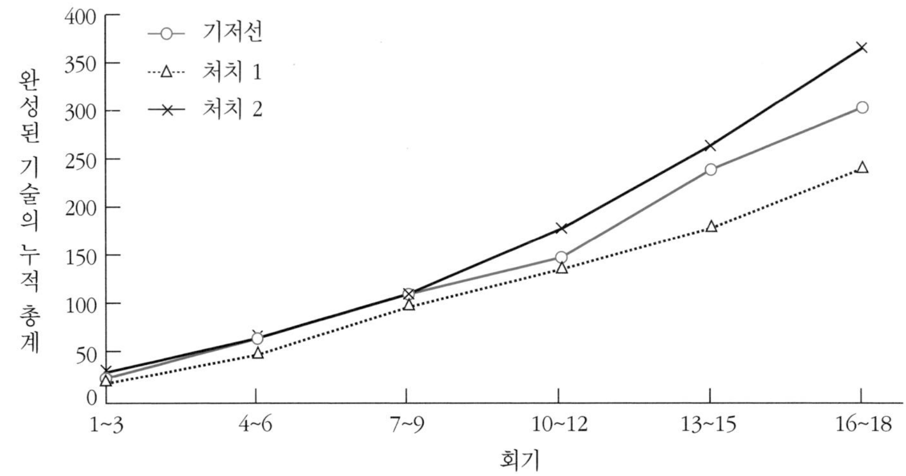

[그림 22-5] 체조선수가 표준적인 지도 조건(기저선), 표준적인 지도에 공적 자기-관리 추가(처치 1), 표준적인 지도에 사적 자기-관리 추가(처치 2)의 조건에서 완성된 기술 수행의 빈도. 18회기 동안 6회기마다 각 조건이 무작위로 교차되었다.

출처: K. L. Wolko, D. W. Hrycaiko, & G. L. Marin. (1993). 체조선수의 연습 수행을 증진하는 데 표준적인 지도와 두 가지 자기-관리 패키지의 비교. *Behavior Modification, 17*, 209-223에서 수정함.

켜 가며 처치가 한 사람의 한 가지 행동에 효과가 있는지를 평가하는 방법이다. 예를 들어, Wolko, Hrycaiko와 Martin(1993)은 어린 체조 선수가 평균대 위에서 완성된 기술을 수행하는 빈도를 증가시키기 위한 세 가지 처치의 효과를 비교하였다. 첫 번째 처치는 체조 코치가 전형적으로 적용하는 표준 지도법이었다. 두 번째 조건은 표준적인 방법에다가 '공적' 목표설정과 모니터링, 코치의 피드백을 추가한 것이었다. 이 조건에서는 코치가 선수가 수행해야 할 목표를 써서 잘 보이게 붙여 놓고, 체조 선수는 자신의 수행을 기록하고 그래프로 그리며, 수행 뒤에 매번 코치로부터 피드백을 받았다. 세 번째 조건은 표준적인 지도법과 사적인 자기-관리였다. 사적인 자기-관리는 체조 선수가 스스로 자신의 목표를 설정하고 개인 노트에 자신의 수행을 기록하였다. 세 가지 조건을 무작위로 변화시켰다. 한 체조 선수의 결과가 [그림 22-5]의 3개의 누적 그래프에 제시되었다. 결과에서 볼 수 있듯이, 표준적인 지도법과 사적인 자기-관리를 결합한 처치가 표준적인 지도법(기저선 조건)이나 표준적인 지도법에 공적 자기-관리를 함께 처치한 것보다 훨씬 효과적이었다. 교차-처치 설계의 다른 예는 Daly, Martens, Kilmer와 Massie(1996)의 논문을 참조하라.

Sidman(1960, p. 326)은 교차-처치 설계가 여러 움직임의 형태(topographies)를 연구하는 데 사용될 수 있다고 제안하였다. 이것의 한 예가 Ming과 Martin(1996)에 의하여 기술되었다.

교차-처치 설계에서 발생할 수 있는 문제점은 처치들이 상호작용할 수 있다는 점이다. 즉 처치들 중 한 조건이 교차 회기에서 다른 처치와 대비되거나 혹은 처치들 간의 자극일반화 때문에 효과가 나타날 수도 있다. 실제로 교차-처치 설계를 사용한 많은 연구에서 상호작용이 발생하였다(예, Hains & Baer, 1989).

자료분석과 해석

앞에 거론된 행동수정 연구설계를 사용하는 연구자들은 전형적으로 심리학의 다른 분야에서 흔히 사용하는 통계처리와 통제집단을 사용하지 않고, 그들의 자료를 분석하는 방법을 택한다. 왜냐하면 행동수정가들은 일반적으로 집단 평균값에 관심이 있지 않고 개인의 행동을 이해하고 개선시키는 데 관심이 있기 때문이다(이 접근방법에 대해 더 알고 싶다면 Sidman[1960]을 참조하라.). 특정한 처치 효과를 평가하는 데 두 가지 중요한 준거들이 있는데, 과학적 준거와 실제적 준거다. 과학적 준거는 종속변인의 효과가 처치에 의한 것임을 확실하게 제시할 수 있는가를 평가하는 지침이다. 이러한 판단은 흔히 결과에 대한 그래프를 시각적으로 보면서 이루어진다. 하나의 처치가 종속변인에 신뢰로운 효과를 내게 했는가를 결정할 때 발생할 수 있는 문제점은 [그림 22-6]을 검토하면 잘 알 수 있다. 5개의 그래프를 살펴본 관찰자는 모두 그래프 1이 분명하고 커다란 효과를 보여 주고, 그래프 2는 신뢰성이 있기는 하지만 작은 효과를 보여 주며, 나머지 그래프는 효과에 의문이 제기된다는 점에 동의할 것이다. 추가설명 1

처치가 종속변인에 영향을 주었는가를 판단하기 위하여 자료를 검토하는 데는 일곱 가지의 기준이 있다. 반복한 횟수가 많을수록, 기저선 단계와 처치 단계에서 겹치는 점이 적을수록, 처치를 제시하고 효과가 나타나는 시기가 빠를수록, 기저선과 비교할 때 처치 효과가 클수록, 처치 절차를 더 정확하게 구체화할수록, 반응 측정의 신뢰도가 높을수록, 연구결과가 이미 나와 있는 자료와 인정받고 있는 행동주의 이론과 더 많이 일치할수록, 효과에 대한 확신이 커지게 된다(자료의 시각적 검토 문제에 대한 논의는 Fisch[1998]을 참조하라. 단일사례설계의 시각적 검토 문제에 있어서 신뢰도와 타당도를 높이기 위한 관찰자 훈련이나 시각적 보조수단에 대한 정보는 Fisher, Kelly와

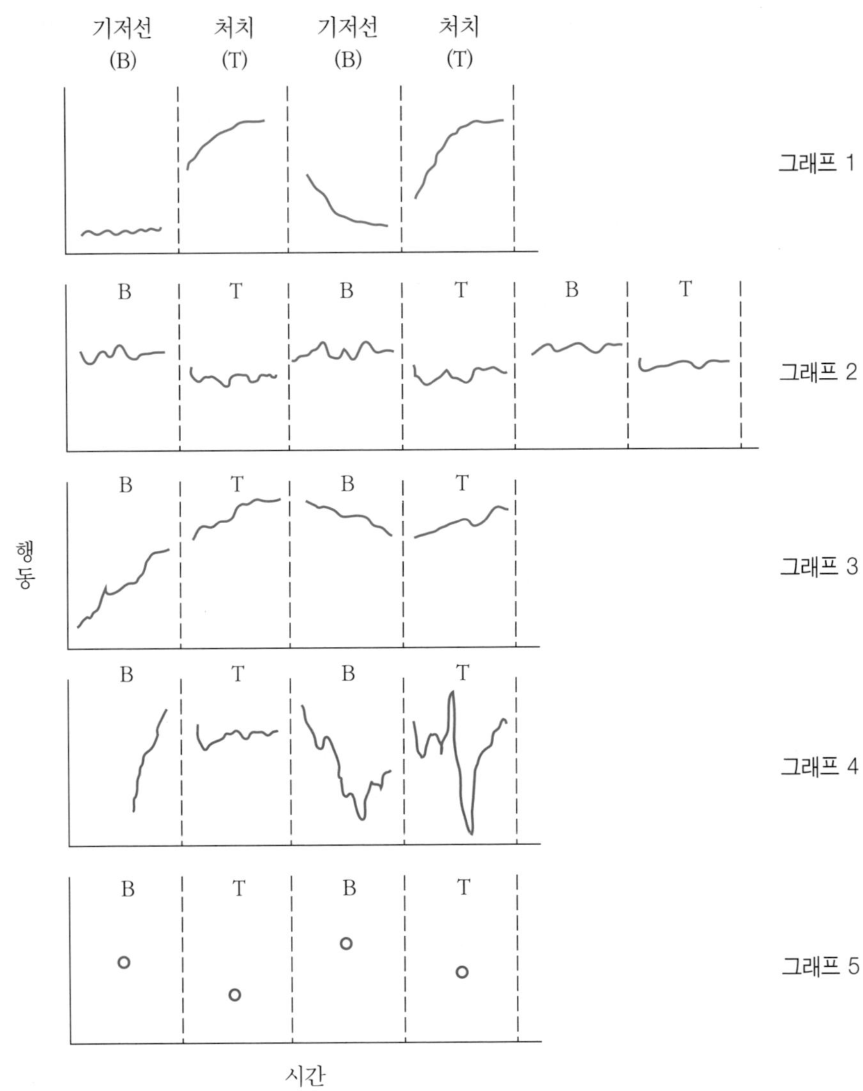

[그림 22-6] 가설적 자료

Lomas[2003]을 참조하라.).

과학적 견지에서 의미 있는 효과가 있는지를 판단하고 나면, 일반적으로 행동변화가 사회나 내담자 주변의 중요한 사람, 내담자 자신에게 미치는 실제적인 중요성을 평가해야 한다. 처치의 실제적 중요성을 평가하는 것은 행동의 처치 효과를 판단하는 과학적 지침보다 더 중요하게 고려되어야 한다. [그림 22-6]의 그래프 2가 자기-학대 행동을 나타낸 것이라면, 신뢰로운 원인-결과 관계가 나타났다고 해도 임상적 중요성은 거의 없다고 할 수 있다. 처치 단계 동안의 결과에서 볼 수 있는 것처럼 그들이 여전히 자기-학대를 한다면, 그 아이를 돌볼 의무가 있는 사람들이 만족스러워하지 않았을 것이다. 행동변화에 대한 실제적 중요성을 판단하는 것을 **임상적 효과성**이나 **사회적 중요성**에 대한 판단이라고 말한다.

실제적 중요성에 관한 개념이 **사회적 타당도**의 개념이라 할 수 있다. Wolf(1978)는 행동수정가가 최소한 세 가지 측면에서 자신의 업무가 사회적으로 타당한지를 검토할 필요가 있다고 하였다. ① 처치 프로그램에서 정해 놓은 표적행동이 내담자와 사회에 실제적으로 얼마나 중요한 것인가 하는 정도를 검토해야 한다. ② 내담자에게 사용하는 절차가 내담자들이 수용할 만한가(특히 대안적인 절차도 비슷한 결과를 보이는 경우) 하는 점을 고려해야 한다. ③ 소비자(내담자 혹은 내담자의 보호자)들이 그 결과에 만족스러워하는지를 다루어야 한다. 하나의 사회적 타당화 절차는 내담자나 보호자들이 목표, 절차, 결과를 만족스러워하는지에 대한 주관적인 평가를 포함하는 것이다. 또 다른 사회적 타당화 절차는 내담자에게 2개 혹은 그 이상의 대안 중 내담자가 선호하는 것을 결정하기 위해 선호도 검사를 실시하는 것이다. 세 번째 타당화 절차에서는 처치의 결과뿐 아니라 목표도 사회적으로 타당해야 하는데, 그것은 내담자의 수행 결과를 정상 또래와 같은 비교 집단의 평균 수행 정도와 비교함으로써 이루어진다. 이러한 전략은 Kazdin(1977b)과 Wolf(1978)에 의하여 더 자세히 논의되었다. 사회적 타당화는 행동수정가가 그들의 일을 잘하고 있는지, 즉 사람들이 사회에서 잘 기능하도록 돕고 있는지를 확인시켜 준다. 행동수정가가 처치 전문가로서 책임을 다하는지를 확인하는 전략은 30장에서 다루게 될 것이다.

연습문제

21. 준거-변화 설계를 예를 들어 간략히 기술하라.
22. 교차-처치 설계를 예를 들어 간략히 기술하라. 이 설계의 다른 이름은 무엇인가? 언제 그리고 왜 그 이름이 간혹 사용되는지 설명하라.
23. 교차-처치 설계의 두 가지 발생 가능한 문제점을 간략히 기술하라.
24. 특정한 처치의 효과를 평가하기 위한 과학적 · 실제적 준거는 무엇인가? 각각 한두 줄 내로 설명하라. 그리고 둘 사이의 차이점을 밝히도록 하라.
25. [그림 22-6]의 그래프 3, 4, 5에서 처치의 효과가 있다는 결론을 이끌어 내기가 어려운 이유를 기술하라.
26. ABAB 설계에서 처치가 종속변인에 의미 있는 작용을 했다는 확신을 주는 일곱 가지의 기준은 무엇인가?
27. 사회적 타당화에서 고려하는 세 가지 측면은 무엇이고, 왜 그것들이 중요한가?

적용연습

A. 타인에 대한 적용연습

당신이 어떤 학생에게 반전 설계와 다중-기저선 설계를 이용하는 연구에 대하여 가르치려 한다고 가정해 보자. 학생들은 종속변인을 선택하고 그에 미치는 처치 효과를 평가하기 위한 연구 프로젝트를 실시해야 한다. 당신의 과제는 자료를 분석하고, 학생들이 적절한 연구설계를 선택하도록 지도하는 것이다. 당신은 학생들이 특정한 설계에 대한 선택을 할 수 있도록 '만약 ~하면, ~해야 한다'와 같은 진술의 형태로 지도해야 한다. 예를 들면, 만약 ①과 ②라면, 반전 설계를 선택하지만, 만약 ③, ④와 ⑤라면 그때는 다중-기저선 설계를 선택하라는 것이다.

B. 자기-수정 연습

20장에서 기술했던 것처럼 부가적인 행동주의 절차 없이 자기-기록만으로도 반응을 일으킬 수 있다. 즉 자기-기록만으로 행동변화를 초래할 수 있다. 당신이 자기-기록 절차를 기술하고, 자기-수정 프로그램의 처치를 연구하기로 결정했다고 가정해 보자. 효과적인 자기-통제 처치법으로서 자기-기록을 평가할 수 있는 다중-기저선 설계를 기술하라.

추가설명 및 심화토론

1. 이 장에서 기술된 연구설계는 단일-사례(single-case), 단일-피험자(single-subject) 혹은 개인 내 연구설계(within-subject research design)다. 이러한 설계의 대부분에서는, 개인이 처치를 받지 않을 때의 수행도와 처치 동안의 수행도를 비교한다는 점에서, 개인이 자신에 대한 통제자가 된다. 심리학의 여러 분야에서 사용되는 보편적인 설계법은 통제집단 설계 혹은 피험자 간 연구설계(between-subjects research design)다. 통제집단 설계에는 전형적으로 적어도 두 개의 집단이 포함되는데, 하나는 처치를 받는 집단이고 다른 하나는 처치를 받지 않는 집단이다. 그런 다음 두 집단의 평균 수행도를 적절한 통계 절차에 따라 비교한다. 행동수정가들은 몇 가지 이유 때문에 단일-사례 설계를 통제집단 설계보다 보편적으로 사용한다(Hrycaiko & Martin, 1996). 첫째, 단일-사례 설계는 여러 회기 동안의 개인 수행도를 반복적으로 측정하는 데에 초점을 맞추므로, 수행할 때의 개인의 변화에 대한 가치 있는 정보를 얻게 된다. 집단 설계는 집단의 평균 수행도를 강조하여 단일 시점에서 자료를 수집하고, 시간이 지나는 동안에 개인을 지속적으로 모니터링하지 않는다. 둘째, 단일-사례 설계를 사용하는 연구자는 처치를 평가하기 위하여 전형적으로 동일한 수행 문제를 갖고 있는 소수의 내담자만을 필요로 한다. 집단 설계에서는 다른 집단을 구성하기 위하여 동일한 문제를 갖고 있는 사람들을 충분히 많이 구하기가 어려울 때가 많다. 셋째, 단일-사례 설계의 모든 개인들이 정해진 때에 처치를 받기 때문에, 연구자가 내담자(혹은, 유의미한 타인들)를 처치가 없는 통제집단에 참여시키려 할 때의 저항에 직면하지 않는다. 넷째, 단일-사례 설계는 집단 설계에서처럼 표집의 논리를 따르는 것이 아니라 반복의 논리를 따르는 것이므로(Smith, 1988), 집단 설계에서 요구하는 가정들의 제약을 받지 않는다. 예를 들어, 집단 설계에서는 종속변인이 모집단 내에 어떠한 형태(흔히 정상분포)로 분포되어 있어야 하고, 표집이 모집단으로부터 무작위로 선발되어야 한다고 가정한다. 그러나 이러한 가정은 자주 만족되지 않거나 평가되지 않는다. 이러한 이유 때문에 행동수정가는 단일-사례 설계를 선호한다. 단일-사례 설계에 대한 교재는 Bailey와 Burch(2002), Johnston과 Pennypacker(2009)를 참조하라. 스포츠 심리학에서 단일-사례 설계를 사용한 연구를 개관하려면 Martin, Thompson과 Regehr(2004)을 참조하라. 단일-사례 설계에 대한 일반적인 오해에 대한 논의는 Hrycaiko와 Martin(1996)을 참조하라. 피험자 간 연구설계를 사용하는 이유에 대한 논의는 Poling, Methot와 Lesage(1995)를 참조하라. 단일-사례 연구를 해석하기 위해 사용할 수 있는 통계적 기법에 대한 논의는 Brossart, Parker, Olson과 Mahadevan(2006), Ma(2006), Parker(2006), Parker와 Hagan-Burke(2007)를 참조하라. 행동분석연구에서 통계 추리 절차를 사용하는 데 있어 장단점에 대한 논의는 *The Behavior Analyst*, 2000, Vol. 22, No. 2를 참조하라.

▶ **추가설명에 대한 연습문제**

1. 행동수정가가 집단 설계보다 단일-사례 설계를 선호하는 네 가지 이유를 기술하라.

PART

5

효과적인 행동 프로그램 개발을 위한 통합

23 기능평가: 문제행동의 원인 찾기
24 행동 프로그램의 계획과 적용 및 평가
25 토큰경제
26 자기-통제를 발달시키도록 돕기
27 인지행동치료, 자기-지시적 대처방법 및 ACT
28 임상 행동치료의 분야

23 기능평가: 문제행동의 원인 찾기

이 책의 제2부를 통해, 특히 '함정' 부분에서 우리는 행동 원리의 잘못된 적용이 어떻게 문제행동을 일으킬 수 있는지를 반복해서 지적하였다. 다시 말해서, 행동 원리가 당신에게 효력이 없다면, 그것은 오히려 역효과를 낼 가능성이 있다. 점차로 행동분석가들은 문제행동을 더 효과적으로 다루기 위해서 문제행동의 원인을 이해하려고 시도하고 있다.

문제행동의 원인에 대한 기능평가는 두 가지 질문과 관련이 있다. ① 행동의 선행자극(예, S^D[8장 참조], 유발자극[14장 참조], 또는 동기화 조작[19장 참조])이 무엇인가? ② 행동의 즉각적인 결과는 무엇인가(예, 긍정적 또는 부정적 강화물)? 더 구체적으로 말하자면, '행동이 특정 자극에 의해 유발되는가?' '그 행동이 강화되는가?' '그 행동이 혐오적 사건으로부터 도피하도록 하는가?' '내담자의 관점에서 본다면, 그 행동은 어떤 기능을 하는가?' 등에 관심이 있다. 그러한 질문에 대한 대답이 효과적인 치료계획을 세우는 데 중요한 시사점을 갖는다.

기능평가 절차

기능평가(functional assessment)는 문제행동의 선행자극과 결과를 확인하고자 하는 다양한 절차들을 말한다. 여기에서 이런 절차들에 대해 생각해 보고, 특정 문제행동을 통제하는 변인들에 대해 아는 것이 어떻게 효과적인 치료 프로그램을 설계하는 데 도움이 될 수 있는지에 대해 논의하려고 한다. 여기에서 제시되는 정보는 논리적으로 이 책의 이전 장들에서 논의되었던 기본 원리 및 절차와 연결된다.

질문지 평가

문제행동을 통제하는 선행자극과 결과를 발견하기 위한 한 가지 방법은 내담자와 친숙한 사람들에게 일련의 관련 질문들로 구성된 질문지를 실시하는 것이다. 예를 들어, Matson과 Vollmer(1995)는 발달장애인의 문제행동이 타인의 관심이나 혐오적 조건으로부터의 도피, 감각적 피드백 또는 눈에 보이는 강화물에 의해 유지되는지를 전문가가 결정할 수 있도록 돕기 위해 '행동 기능에 관한 질문들(Questions About Behavioral Function)' 이라고 하는 질문지를 개발하였다. Kearney와 Silverman(1990)은 아동의 등교 거부에 책임 있는 변인을 평가하기 위해 '학교거부 평가척도(School Refusal Assessment Scale)' 라고 불리는 질문지를 개발하였다. Sobell, Toneatto와 Sobell(1994)은 과도한 알코올 섭취의 선행자극과 결과를 파악할 때 유용하게 사용되는 질문지들을 고찰하였다. 다른 간접적인 평가 절차(20장 참조)에서처럼, 질문지가 항상 신뢰성이 있는 것은 아닐 수 있다(Iwata, Kahng, Wallace, & Lindberg, 2000; Sturmey, 1994).

관찰평가

문제행동의 통제변인을 발견하기 위한 또 다른 방법은 관찰평가자가 자연스러운 상황에서 문제행동의 선행자극과 즉각적인 결과를 주의 깊게 관찰하고 기술하는 관찰평가 또는 기술적 평가를 실시하는 것이다(예, 3장의 〈표 3-3〉 참조). 관찰평가자가 기술한 내용을 가지고 문제행동을 통제하는 선행자극과 동기 변인, 결과에 관한 가설을 세운다. 그런 다음 이런 가설에 기반하여 치료계획을 짜고 실시한다. 치료가 성공적이려면 기술적 분석이 타당해야 한다(관찰평가에 대한 추가적 논의와 예를 보려면 Iwata et al.[2000]을 참조하라.).

기능분석

통제변인을 발견하기 위한 세 번째 방법은 기능분석을 실시하는 것인데, 이것은 특정 문제행동을 통제하고 유지하는 데 있어 선행자극이나 결과의 역할을 실험적으로 검증하기 위해 환경 사건을 체계적으로 조작하는 것이다. 실험적 기능평가라고도 불리는 이 절차에서 치료자는 문제행동에 대한 잠재적 통제변인의 효과를 직접적으로 평가한다. Iwata, Pace, Kalsher, Cowdery와 Cataldo(1990)가 기술한 사례를 살펴보자. 수지는 발달장애를 가진 5세 아동으로, 머리 부딪치기와 얼굴 때리기를 포함한 높은 빈도의 자해행동 때문에 치료를 받도록 의뢰되었다. 자해행동이 어른들의 관심이라는 긍정적인 강화를 얻는 방법이었는가(3장)? 혹은 상해를 입히는 행동이 자기-강화적이었는가? 이런 가능성들을 실험적으로 평가하기 위해, Iwata와 그의 동료들은 치료실에서 여러 회기에 걸쳐 수지의 자기-학대적인 행동을 면밀히 살펴보았다. 관심조건(attention condition)을 사용하여, 치료자는 수지가 자기-학대 행동을 나타내면 바로 수지에게 접근하여 염려를 표현하였다(예, "오, 수지, 뭐가 문제지?"). 요구 조건(demand condition)에서 치료자는 30초마다 한 번씩 수지에게 다양한 교육적 과제를 제시하였다. 다른 회기에서 수지는 빈 치료실에 혼자 남아 있기도 하고, 많은 장난감과 게임도구가 있는 치료실에서의 행동이 관찰되기도 하였다. 몇 번의 회기가 지나자, 결과가 분명히 나타났다. 수지는 요구 조건에서 자주 자기-학대적이 되었지만, 다른 두 조건에서는 거의 자기-학대를 하지 않았다.

기능분석을 한 다음 Iwata와 그의 동료들은 수지가 자기-학대 행동을 할 때 계속 다양한 과제를 하도록 요구함으로써 자해 도피 행동이 소거되는 치료 프로그램을 설계하였다. 이후 자기-학대 행동을 저지하는 대신, 치료자는 다양한 교육활동을 제시하고 그러한 활동들을 완수하도록 실제적으로 지도하였다. 5회기쯤에 수지의 자기-학대 행동은 거의 0에 가까워졌고, 과제를 수행하는 데 더 순응적이 되었다. 치료가 성공적이었기 때문에, 우리는 치료자가 기능분석을 통해 문제행동의 원인을 정확하게 파악하였다고 결론내릴 수 있었다. 다른 말로 하면, 치료의 성공이 기능분석 결과를 타당화하였다. 추가설명 1

문제행동에 대한 277편의 기능분석 연구를 고찰한 결과, 253편(91%)이 발달장애가 있는 개인에 관한 것이었고, 25편(9%)이 일반적인 발달 중에 있는 아동에 관한 것이었다(Hanley, Iwata, & McCord, 2003). 후자에 속한 연구에는 가정에 있는 아동들의 손가락 빨기(Ellingson et al., 2000), 정서 문제가 있는 학생의 파괴적 교실행동

(DePaepe, Shores, Jack, & Denny, 1996), 초등학생의 말하기 거부행동(Mace & West, 1986), 초등학생의 부적절한 교실행동(Lewis & Sugai, 1996), 그리고 5학년인 11세 소년의 정서적 문제(Kern, Childs, Dunlap, Clarke, & Falk, 1994) 등이 포함되었다. 학교 전문가들에게 학교에서 아동의 문제행동에 대한 기능평가를 실시하고 효과적인 개입법을 계획하기 위해 기능분석을 사용하도록 안내해 주는 단계별 절차들에 대한 설명은 Cipani와 Schock(2007), Steege와 Watson(2009)을 참조하라.

기능분석이 문제행동의 통제변인들에 대한 확실한 증거를 제공할 수 있지만, 몇 가지 제한점을 가지고 있다(Cone, 1997; Sturmey, 1995). 첫째, 많은 문제행동들(예, 지역사회에서 발생하는 문제들)은 하루에 한 번 이하의 빈도로 발생한다(Whitaker, 1993). 그러한 저빈도 행동에 대한 기능분석은 타당한 결론을 내리기 위해 충분한 자료를 모으기까지 매우 많은 시간을 필요로 한다. 둘째, 기능분석은 자살 위협과 같이 극도로 위험한 행동에는 적용될 수 없다(Sturmey, 1995). 셋째, 기능분석은 여러 번의 관찰 회기를 필요로 하기 때문에, 비용과 인력의 부담이 엄청나게 클 수 있다. 예를 들어, 152개의 기능분석을 요약한 결과, 평가에 걸린 시간이 적게는 8회기에서 많게는 66회기(2~16.5시간)인 것으로 보고되었다(Iwata, Pace, Cowdery, & Miltenberger, 1994). 이런 제한점을 최소화하기 위한 시도로, 몇몇 연구자들은 각 조건에 대해 더 짧고 더 적은 회기를 포함하는 기능분석과 표준적인 기능분석을 비교하였다. 분석 결과 선택된 검사를 한두 번만 반복하였을 때, 통제조건이 있을 때, 그리고 대부분 회기 길이가 5분으로 제한되었을 때에도 타당한 결론을 이끌어 낼 수 있음을 시사하였다(예, Northup et al., 1991; Tincani, Gastrogiavanni, & Axelrod, 1999 참조).

문헌에서 기능평가와 기능분석의 용어와 관련하여 약간의 혼동이 있다. 어떤 저자들은 두 용어를 혼용하였다. 다른 이들(예, Cone, 1997; Horner, 1994)은 이 책에서 우리가 한 것처럼 이 두 용어를 구분하였다. 기능분석에 대한 추가적 논의와 예들을 보려면, Cipani와 Schock(2007), Dunlap과 Kincaid(2001), Iwata 등(2000), Sturmey(2007)를 참조하라.

연습문제

1. 문제행동의 원인에 대한 기능평가와 관련된 두 가지 질문은 무엇인가?
2. 문제행동의 통제변인을 발견하기 위한 세 가지 방법을 간단히 기술하라.

3. 기능분석(이 책에서 사용된 용어로서)은 기능평가의 다른 유형들과 어떻게 다른가?
4. 수지의 자기-학대 행동이 요구적인 어른들로부터 그녀를 도피할 수 있도록 해 주었기 때문에 유지되었을 가능성이 있음을 기능분석이 어떻게 보여 주었는지를 간단히 기술하라. 치료조건은 기능분석이 옳음을 어떻게 증명하였는가?
5. 기능분석의 한계를 기술하라.

문제행동의 주요 원인

문제행동의 원인을 찾아내는 방법을 살펴보았기 때문에 이제 문제행동의 주요 원인과 문제행동의 각 범주에 적용될 수 있는 일반적인 치료 유형의 예들에 대해 검토할 것이다. 문제행동의 원인들은 2개의 범주, 즉 조작적 범주와 반응적/유발된 범주로 나뉠 수 있다. 조작적 문제행동의 원인은 또한 [그림 23-1]에 나타난 범주들로 세분될 수 있다. 먼저 조작적 문제행동의 하위 범주에 대해 살펴보고 그다음에 반응적/유발된 문제행동을 살펴볼 것이다.

	사회적	자기-자극	비사회적
정적 강화	A	B	C
부적 강화	D	E	F

[그림 23-1] 조작적 문제행동의 원인들(설명은 본문을 참조하라.)

사회적 정적 강화에 의해 유지되는 문제행동

이전 장들의 '함정' 부분에서 보았듯이, 행동과잉은 종종 그것이 불러일으키는 사회적 관심에 의해 발달되고 유지된다([그림 23-1]의 A). 관심이 행동을 유지시킨다는 것을 보여 주는 지표에는 ① 관심이 항상 그 행동 뒤에 나타나는지, ② 개인이 그 행동을 하기 바로 전에 보호자를 바라보거나 보호자에게 접근하는지, ③ 개인이 그 행동을 하기 바로 전에 미소를 짓는지가 포함된다(타인으로부터의 관심은 또한 Bergen, Holborn과 Scott-Huyghebart[2002]가 설명한 것처럼, 문제행동의 S^D로 기능할 수 있다.).

만약 기능분석 결과, 관심이 행동을 유지시키는 것으로 나타난다면 사회적 강화물을 포함한 치료가 권고될 것이다. 예를 들어, 치료자는 개인이 문제행동에 참여하지 않을 때나(DRO, 7장 참조), 문제행동과 양립할 수 없는 어떤 행동을 하고 있을 때(DRI, 7장 참조) 관심을 사용하는 치료를 설계할 수 있을 것이다. 목표는 바람직하지 않은 행동을 제거하는 것이 될 것이다. 하나의 대안은 바람직하지 않은 행동을 적절한 자극통제하에 두고(8장 참조), 그런 다음 그 행동을 수용할 수 있는 지점까지 감소시키는 것이다. 이 전략은 다음 사례에서 설명된다.

방해하는 사례 로리는 발달장애 아동을 위한 치료센터에 있는 소녀로 또래에 비해 왜소했다.[1] 어쩌면 부분적으로 로리의 매력적인 특성 때문에 받게 된 치료센터 직원의 관심이 오히려 로리가 만성적인 골칫거리가 되는 데 일조했다. 직원의 관심이 로리의 매우 고집스러운 접근행동을 점진적으로 조형한 것이었다. 그다음의 전개는 전형적인 과정을 그대로 보여 준다. 병동의 책임 간호사인 보니가 사무실에 앉아서 일하고 있을 때, 로리가 안을 들여다보고 "안녕"이라고 말했다. 보니는 "안녕, 로리, 내가 지금 바쁜데, 나중에 말하자."라고 대답했다. "지금 바빠요?"라고 로리가 다시 물었다. 계속 일하며 로리의 방해행동을 무시하려고 보니는 아무런 반응도 하지 않았다. "열심히 일하는 거예요?"라고 로리가 물었다(보니에게서 아무런 반응도 없다.). "안녕."이라고 로리가 말했다(보니에게서 아무런 반응도 없다.). "나를 사랑하지 않지요?"라고 로리가 슬픈 표정을 지으며 말했다. 더 이상 저항할 수 없는 보니는 "물론 나는 너를 사랑한단다, 로리야."라고 말했다. 직원은 로리의 과도하게 성가신 행동을 무시

1) 이 예는 매니토바 발달센터(Portage la Prairie, Manitoba, Canada)의 G. Martin(1971)의 미출간 사례보고서에 기초한 것이다.

하려고 시도했지만, 일관성 있게 그렇게 하는 것은 거의 불가능하였다. 관찰평가를 통해 ① 로리의 방해행동의 선행자극은 로리 근처(약 3~4.5m 이내)에 있는 직원이었고, ② 그 행동은 간헐적인 사회적 정적 강화계획에 의해 유지되었음을 알 수 있었다.

그 행동을 완전히 제거하는 것은 매우 어려웠고 그 행동을 완전히 제거하는 것이 어쩌면 바람직하지도 않았기 때문에, 직원은 그 행동을 부분적으로만 제거하는 절차를 만들어 내었다. 즉 그 행동이 가장 크게 방해가 될 때에만 소거하기로 하였다. 방해행동은 직원의 사회적 관심에 의한 것으로 보였기 때문에 그들은 프로그램에서 사회적 관심을 강화물로 사용하기로 하였다. 각 직원은 자신의 셔츠나 드레스에 2×4인치 카드를 꽂았다. 그 카드의 한쪽 면은 빨강색이고 다른 쪽 면은 초록색이었다. 이 절차를 실시한 첫날 아침에 직원은 로리가 방해행동을 시작할 기회를 얻기 전에 로리를 향해 빨리 걸어가서, 재빠르고 분명하게 "안녕, 로리. 내 카드를 볼래? (카드를 가리키면서) 나는 지금 바쁘고 카드가 빨강색이라서 너에게 말을 할 수가 없어. 나중에 만나자."라고 말하였다. 그 직원은 그런 다음 재빨리 돌아서 걸어가 버렸고, 남은 로리는 얼어붙은 채 아무 말도 못하고 서 있었다. 몇 초가 지나서 그 직원은 카드의 초록 면이 보이도록 하고서 돌아왔다. 기분 좋게 미소를 지으면서, "안녕, 로리. 내 카드 보이니? 초록색이고 나는 바쁘지 않아. 그래서 너와 말할 수 있어."라고 말했다. 그 직원은 그런 다음 로리와 짧은 대화를 나누었다. 대화에서 잠깐의 멈춤이 있었을 때, 그 직원은 갑자기 사무적인 태도를 취하고 카드를 빨강색 면으로 바꾸고, "나는 지금 너와 이야기할 수 없어, 로리. 내 카드가 잠깐 빨강색이 될 거야. 이따 보자."라고 말하였다. 그 직원은 그런 다음 로리가 반응할 기회를 갖기 전에 빨리 걸어가 버렸다.

이 절차의 처음 며칠 동안 직원들 모두는 대체로 초록색 면을 보여 주었고, 로리는 원하는 직원과 사회적 상호작용을 할 수 있었다. 직원이 카드를 빨강색 면으로 바꾸었을 때, 그들은 일관성 있게 로리의 관심 끌기 행동을 무시하였다. 이후 며칠 동안 직원들은 더 오랜 시간 동안 빨강색 면을 사용하였다. 로리는 가까이에 있는 직원과 대화할 수 있는지 없는지 구별하는 것을 빠르게 학습하였고 적절하게 반응하였다. 2주 후에, 직원들은 개별적으로 빨강색 카드와 초록색 카드를 사용하였다. 시간이 지나자 로리는 더 미묘한 구별을 학습한 것처럼 보였다. 예를 들어, 직원이 바쁠 때의 행동과 그들이 쉬거나 타인과 이야기할 때의 행동을 구별하였다. 직원이 바쁘다면, 로리는 방해행동을 자제하였다.

자기-자극의 정적 강화에 의해 유지되는 문제행동

행동은 그것이 만들어 내는 감각자극에 의해 자주 강화된다. 이것을 **자기-자극**(self-stimulation)이라고 부르고 자기-강화적([그림 23-1]의 B)이라고 말한다. 예를 들어, 두피 마사지는 기분 좋은 촉감을 만들어 낸다. 불행하게도 자폐증이나 지적장애를 가진 사람들에게 이런 기분 좋은 감각은 머리 흔들기와 손 때리기, 빛 응시하기, 심지어 얼굴 때리기나 긁기와 같은 자해적인 행동을 포함하여, 극단적인 자기-자극 행동을 유지하도록 할 수 있다. 그러한 행동에 대한 강화물은 균형감각과 시각적 패턴, 반복적인 소리, 촉각이나 운동감각을 포함한 감각적 혹은 지각적 피드백으로 구성될 수 있다(Guess & Carr, 1991; Lovaas, Newsom, & Hickman, 1987). 그 행동이 자기-강화적임을 알려 주는 지표는 행동이 다른 사람들이나 외부 환경에 미치는 명백한 효과가 없는데도 줄지 않고 일정한 비율로 지속되는 것이다. 만약 감각적 강화가 문제가 되는 반복적 행동이나 자해적인 행동을 유지시키는 것처럼 보인다면, 그 사람의 환경에 여러 가지 자극이 공존하도록 하여 감각자극의 박탈을 줄이는 것이 치료의 중요한 요소가 될 것이다(이것이 MAO가 된다는 것에 주목하라. 19장 참조). 대안적으로 그 행동이 만들어 내는 감각의 결과를 바꿈으로써 자기-자극 행동을 소거하는 것이 다음의 사례가 보여 주는 것처럼 효과적일 수 있다.

얼굴을 할퀴는 사례 이 사례는 Rincover와 Devaney(1982)에 의해 기술된 것으로, 감각자극에 의해 유지되는 문제행동에 대한 기능분석과 치료를 보여 준다. 지적장애를 가진 4세 6개월의 아동 사라는 손톱으로 얼굴을 심하게 할퀴는 문제행동을 가지고 있다. 손톱을 짧게 잘라서 피부를 할퀴는 것은 불가능했지만, 긁는 행동을 계속해서 피부 염증과 찰과상을 악화시키는 결과를 낳았다. 발달장애를 가진 사람들을 위한 치료센터에서 매일 5시간의 수업 동안 사라를 관찰한 결과, 긁는 행동은 주로 낮에 발생하는 것으로 나타났다. 그녀는 웃을 때나 흥분했을 때, 다른 사람과 상호작용할 때, 혼자 있을 때, 자신에게 어떤 요구가 주어지든 아니든 긁곤 하였다. 그 행동이 사회적 강화보다는 자기-자극 강화에 의해 유지되는 것은 분명해 보였다. 그래서 치료는 긁는 행동이 만들어 내는 촉감을 제거해서 긁기 행동을 소거하는 것으로 구성되었다. 매일 사라의 손에 얇은 고무장갑을 씌워서, 긁는 것을 막지는 못해도 감각자극을 제거하였고 피부 손상을 막았다. 그리고 추수 회기 초반에는 결과가 즉각적이었고 긁는 비율이 상당히 감소하였다. 4일 이후 긁는 행동은 제거되었다. 하루에 10분 동안만 장갑을 씌우지 않았고, 점차 간격을 더 길게 하여서 추수 회기 후반에는 더 이상 장갑이 필요하지 않게 되었다.

비사회적인 외부감각의 정적 강화에 의해 유지되는 문제행동

어떤 문제행동은 비사회적인 외부환경으로부터 오는 강화적인 광경과 소리에 의해 유지될 수도 있다([그림 23-1]의 C). 장난감을 던지는 아동은 장난감이 떨어질 때 나는 큰 소음을 즐기는 것일 수 있다. 반복적으로 물건을 변기에 쓸려 내려가게 하거나 수도꼭지를 틀어 세면대에 물이 흘러넘치도록 하는 행동은 자신의 행동으로 인해 벌어진 광경 때문에 유지될 수 있다. 비사회적인 외부감각자극이 특정 문제행동을 강화하고 있는 것인지를 확인하기 위해서는 여러 차례에 걸쳐 아무런 사회적 결과가 없는 것처럼 보이는데도 개인이 그 행동을 줄이지 않고 계속하는지에 주목하면 된다. 만약 기능평가에서 외부감각의 강화가 그 행동을 유지시키는 것으로 나타나면, 치료 프로그램의 한 요소로 바람직한 대안적 행동에 감각적 강화를 포함해야 할 것이다. 다음 사례는 이런 점을 잘 보여 준다.

변기에 보석을 흘려보내는 사례 필자 중 한 사람이 치료한 이 사례는 가정에 살고 있는 지적장애가 있는 아동의 경우다. 이 사례는 사회적 관심 혹은 비사회적인 외부환경으로부터의 감각자극, 혹은 둘 다에 의해 유지되는 문제행동을 보여 준다. 낮 동안 가끔씩, 엄마가 부엌에서 바쁠 때면 항상 그 아동은 엄마의 침실로 가서 보석함에서 보석 하나를 꺼내 욕실로 들고 가서 변기에 흘려보냈다. 그런 다음 엄마에게 가서 자신이 한 행동을 말했다. 평가와 치료의 목적을 위해 엄마의 보석은 '가짜' 보석으로 대치되었다. 관찰평가 결과, 그 문제행동에 대해 두 가지 설명이 가능하였다. 첫째, 보석이 사라지기 전에 변기에서 소용돌이치는 모습이 감각적 강화물의 역할을 하는 것일 수 있다. 둘째, 전체적인 일련의 행동은 엄마의 관심에 의해 강화받는 하나의 행동연쇄(behavior chain)일 수 있는데, 이때 엄마는 아동이 모든 행동 단계를 저지르고 나서 자신이 한 것을 엄마에게 말했을 때 관심을 보여 주곤 하였다. 사용된 치료 절차에서는 두 가지 가능성을 모두 고려하였다. 그 소녀에게 몇 번의 시도를 촉구하였는데, 그 시도 동안 소녀와 엄마는 둘 다 부엌에 있다가 엄마가 딸의 손을 잡고 침실로 가서 딸에게 보석함에서 보석 1개를 꺼내도록 촉구하고, 그 보석을 부엌으로 가지고 와서 식탁에 있는 항아리에 넣도록 이끌었다. 보석이 항아리로 떨어질 때 나는 찰랑찰랑하는 소리가 변기에서 보석이 사라지는 광경을 대신할 감각적 강화물의 역할을 할 것이라고 기대되었다. 이에 더해서 칭찬을 해 주거나 가끔 식사를 제공하여 새로운 행동연결 혹은 행동연쇄를 강하게 강화하였다.

몇 차례의 이런 시도 후에, 엄마는 아이와 함께 부엌에 있을 때 아이에게 지시를 함으로써 새로운 행동연쇄를 시작하게 할 수 있었다. 치료의 첫 이틀 동안 아동은 혼자서 침실로 들어갈 기회를 얻지 못하였다. 3일째 되던 날 아침에, 엄마가 부엌에 있으면 아이가 원할 때는 언제든 보석을 꺼내서 부엌의 항아리에 넣을 수 있고, 그러면 엄마에게서 칭찬을 들을 수 있다는 말을 아이에게 해 주었다. 새로운 행동연결이 만들어질 가능성을 높이기 위해 엄마는 딸이 식탁 위 항아리에 보석을 넣는 사진을 찍어서 침실에 있는 보석함 옆에 그 사진을 두었다. 그다음 3주 동안, 그 아동은 정기적으로 보석을 부엌으로 가지고 갔고 그렇게 한 것에 대해 칭찬을 듣거나 가끔 식사를 제공받았다. 한 번도 보석을 변기에 흘려보내는 일이 발생하지 않았고, 결국 그 소녀는 엄마의 보석을 가지고 노는 것을 완전히 멈추었다.

연습문제

6. 문제행동이 아마도 그 이후에 따르는 사회적 관심에 의해 유지된다는 것을 알려 주는 세 가지 지표는 무엇인가?
7. 직원이 로리의 방해행동을 다룰 수 있도록 해 준 자극식별훈련 절차와 그 이후의 자극통제에 대해 간단히 기술하라.
8. 문제행동이 자기-자극의 강화에 의해 유지된다는 것을 보여 주는 지표는 무엇인가?
9. Rincover와 Devaney가 자기-자극적 강화에 의해 유지되는 것처럼 보이는 문제에 소거를 어떻게 적용하였는지 기술하라.
10. 문제행동이 비사회적인 외부감각자극에 의해 강화되고 있음을 보여 주는 지표는 무엇인가? 이런 지표를 보여 주는 예를 제시하라.
11. 보석을 변기에 흘려보내는 지적장애 아동의 행동에 대한 두 가지 가능한 설명은 무엇인가? 치료 절차는 두 가지 가능성을 어떻게 고려했는가?

사회적 부적 강화에 의해 유지되는 문제행동

어떤 문제행동은 요구로부터의 도피에 의해 부적으로 강화된다([그림 23-1]의 D, 13장 참조). 예를 들어, 어려운 질문에 답해야 할 때, 어떤 아동들은 그런 요구의 철회로 강화되는 심하게 떼쓰는 행동을 일으킬 수 있다. 문제행동이 이런 범주에 속한다는 것을 알려 주는 강력한 지표는 개인이 어떤 요구가 있을 때에만 그런 행동을 보이는 것이다. 만약 기능평가가 이런 해석을 지지한다면, 순응행동이 일어날 때까지 요구를 철회하지 않는 것이 타당할 수 있다. 이 장 앞부분에 나왔던 수지의 자기-학대적 행동 사례에서 보았던 것처럼, 행동과잉의 도피 기능을 제거하면 그런 행동은 감소하게 될 것이다. 12장에서 기술된 것처럼, 언어를 사용하는 데 제약이 있는 사람의 경우 대안적으로 과제가 혐오적이라는 것을 나타내는 어떤 다른 방법(손가락 두드리기나 손들기 등)을 가르칠 수도 있다. 이런 식으로 문제행동과 같거나 유사한 기능을 하지만, 더 수용할 만하고 적응적인 반응이 과잉행동을 대치할 수 있다(Mace, Lalli, Lalli, & Shey, 1993). 다른 상황에서는 다음 사례에서처럼, 요구되는 행동의 난이도를 낮은 것에서 시작해서 점차로 높이는 치료 프로그램을 설계할 수 있다.

사람들이 싫어하는 '타잔' 소리를 내는 사례 에드워드는 경도의 발달장애가 있는 8세 아동으로, 특수학급에 다니고 있다.[2] 그의 선생님인 밀란은 에드워드가 계속해서 (하루에 세 번이나 네 번) 교실에서 크게 '타잔' 소리를 낸다고 필자 중 한 명에게 보고하였다. 밀란에게 실시한 질문지 평가를 통해 에드워드는 답을 모르는 질문을 받을 때 타잔 소리를 낸다는 것을 알게 되었다. 에드워드는 틀린 답을 말하기보다 타잔 흉내를 내며 소리를 질러 수업을 방해하였다. 에드워드의 폭발적인 행동은 어려운 질문에서 도피할 수 있도록 해 주는 것처럼 보였다. 그래서 밀란이 처음으로 실시한 프로그램은 그러한 질문을 제거하는 것이었다. 매일 선생님은 그다음 날 해야 할 일과 관련하여 에드워드와 개별적으로 시간을 보냈다. 그 시간 동안, 밀란은 수업주제와 관련된 지식에 대해 에드워드에게 퀴즈를 냈다. 에드워드는 때로 실수를 했지만, 타잔 소리를 내지는 않았다. 왜냐하면 그와 밀란만이 그 시간에 함께 있었고, 문제행동은 명백하게 반 친구들의 존재라는 자극통제하에 있었기 때문이다.

---

2) 이 사례의 구체적인 사항은 1973년 1~3월, 위니페그 학교(Winnipeg, Manitoba, Canada)에서 재능 교사들을 위한 G. Martin의 행동수정 강의를 수강한 학생이 제공한 것이다.

그다음 2주 동안 수업에서 밀란은 에드워드가 답을 아는 질문을 하였고 정답에 대하여 크게 인정을 해 주었다. 그러고 나서 그다음 2주 동안 밀란은 조금 더 어려운 질문을 하기 시작했다. 매 질문마다 "자 에드워드, 이제 조금 어려운 질문을 할 거야. 하지만 나는 네가 답을 말할 수 있다고 믿어. 만약 답을 말할 수 없다면 우리가 함께 답을 찾아볼 거야. 얘들아, 같이 할 거지?"와 같이 강력한 촉구로 시작했다. 그래서 만약 에드워드가 틀린 답을 말하면 즉시 선생님과 반 학생들이 협조하여 답을 찾아내려고 시도하였다. 이것은 그에게 바람직하지 않은 타잔 소리 대신 바람직한 행동에 대해 반 친구들의 관심을 받을 수 있는 기회를 제공하였다. 전체 프로젝트는 약 한 달 동안 밀란 선생님의 주의 깊은 관심을 요구하였다. 에드워드의 좋아진 행동을 유지하기 위해, 밀란은 정기적으로 에드워드가 답을 알고 있는 질문들을 하였다.

자기-자극의 부적 강화에 의해 유지되는 문제행동

자신의 얼굴에 심한 상처를 냈던 사라의 사례에 대해 생각해 보자. 관찰 결과, 이 행동에는 알레르기나 곤충에 물림, 치통과 같은 어떠한 내재된 의학적 원인도 없었다. 하지만 아동이 물리적 조건에 의해 유발된 불쾌한 감각을 완화하기 위해 긁는 행동을 한다면, 이것은 자기-자극의 부적 강화에 의해 유지되는 문제행동의 예가 될 것이다([그림 23-1]의 D). 그런 사례에서는 이 장의 후반부에서 논의한 것처럼 건강관리 전문가가 문제행동에 내재하는 의학적 원인을 다루어야 한다.

비사회적인 부적 강화에 의해 유지되는 문제행동

우리 행동의 많은 부분이 비사회적인 부적 강화나 비사회적인 혐오자극으로부터의 도피에 의해 유지된다. 그 예로 빛이 너무 밝을 때 눈을 가늘게 뜨고 보는 것이나 큰 소리에서 도피하기 위해 귀를 막는 것 등이 포함된다. 어떤 문제행동들은 또한 비사회적인 부적 강화에 의해 유지될 것이다([그림 23-1]의 F). 어떤 아동은 신발이 발가락을 너무 꽉 죄기 때문에 반복해서 신발을 벗을지도 모른다. 또는 본래 느슨하게 옷 입는 것을 좋아하는데 정장을 입어야 하는 일에 종사하는 사람의 경우, 자주 첫 번째 단추와 넥타이를 풀어 놓을 수 있다. 이런 행동이 바람직한지 아닌지에 대해서는 논란이 있을 수 있다.

유발된 문제행동

어떤 문제행동은 그 결과에 의해 통제된다기보다 반응적이거나 유발된 것이다(14장 참조). 공격성은 혐오자극에 의해 유발될 수 있고(12장 참조), 이전에 강화받았던 반응 이후 강화물 철회에 의해 유발될 수도 있다(예, 소거; 5장 참조). 정서는 유발된 구성요소들을 가지고 있다(15장 참조). 예를 들어, 이전에 중립적이었던 자극이 혐오적 사건과 밀접하게 연합되어 발생한다면, 그 자극은 불안을 유발하게 될 것이다. 정서의 반응적 구성요소를 유발하는 조건자극(CS)에 대한 질문지 평가를 실시하기 위한 행동 체크리스트가 몇 개 발표되었다. 그 예로 '공포조사 질문지(Fear Survey Schedule)' (Cautela, Kastenbaum, & Wincze, 1972)와 '아동용 공포조사지(Fear Survey for Children)' (Morris & Kratochwill, 1983)가 있다. 또한 정서의 반응적인 구성요소를 유발할 수도 있는 특정한 자극이나 환경, 생각을 알아내기 위해 기술적인 기능평가나 기능분석을 실시할 수도 있다(Emmelkamp, Bouman, & Scholing, 1992). 문제행동이 유발되었음을 알려 주는 두 가지 주요 지표 중 하나는 문제행동이 특정 상황이나 특정 자극이 존재할 때 지속적으로 발생하는 것이고, 또 하나는 분명하게 확인 가능한 강화적 결과가 결코 수반되지 않는 것이다. 또 다른 지표는 유발된(elicited)이라는 말이 시사하는 것처럼, 그 행동이 불수의적인 것처럼 보인다는 것이다(예, 그 사람은 그것을 억제할 수 없는 것처럼 보인다.). 만약 문제행동이 유발된 것처럼 보인다면, 치료는 다음 예에서 보여 주는 것처럼, 문제행동과 경쟁하는 한 가지 이상의 반응을 형성하는 것을 포함하여 바람직하지 않은 반응의 발생을 배제할 수 있어야 한다(예, 역조건형성; 14장 참조).

분노 반응을 감소시키기 위한 반응적 조건형성 접근 조엘(Schloss, Smith, Santora, & Bryant, 1989 참조)은 경도의 지적장애가 있는 26세 남자로, 최근에 폭발적인 분노 행동 때문에 접시닦이 일에서 해고되었다. 조엘 어머니와 (조엘이 회원으로 가입한) '정신지체 시민을 위한 협회'의 직원에게 실시한 질문지 평가와 조엘에 대한 관찰평가에서 정서반응을 유발하는 세 가지 범주의 조건자극(CS)이 확인되었다. 그 CS에는 '농담' (조엘에게 들려준 유머러스한 일화들)과 '비판' (특히, 조엘의 행동이나 외모에서의 결함에 관한), 그리고 '성적인 대화' (데이트나 결혼에 대한 논의)가 포함되었다. 각 범주 내에서 분노를 가장 적게 유발하는 사건에서부터 분노를 가장 크게 유발하는 사건까지 화나게 하는 사건들의 위계가 세워졌다. 정서의 반응적 요소들에는 가쁘게 숨쉬기,

분노가 드러나는 얼굴 표정, 몸 떨기가 포함되었다. 정서의 조작적 요소들이 또한 모니터링되었는데, 크게 말하기와 분노를 유발한 말을 한 사람과 눈 맞춤 피하기가 포함되었다. 치료는 일차적으로 역조건형성에 초점이 맞추어졌다. 조엘은 먼저 **점진적 근육이완**이라고 불리는 과정을 사용해서 이완하는 법을 배웠다(자세한 것은 28장에 기술되어 있다.). 그러고 나서 이완 상태에 있을 때 세 범주 중 하나에서 분노를 유발한 CS를 뽑아 제시하였다. 예를 들어, 농담과 관련된 상황을 조엘에게 설명하고 이완을 유지하면서 그 상황을 상상하라고 요청하였다. 몇 회기에 걸쳐서 분노를 유발한 CS가 점점 더 많이 도입되고, 가장 작은 분노를 유발하는 상황에서 점차로 가장 큰 분노를 유발하는 상황으로 위계의 단계를 하나씩 올렸다(28장에서 설명한 것처럼, 이 절차는 체계적 둔감화라고 불린다.). 치료센터에서 실시한 절차에 더해서, 조엘에게 집에서 근육이완을 유도하는 녹음 테이프를 듣고, 일상적인 생활 장면에서 분노의 CS를 만날 때 이완훈련을 연습하도록 요청하였다. 전반적으로 프로그램은 대단히 성공적이었다. 분노와 관련된 반응들은 훈련회기 동안 매우 낮은 수준으로 감소되었고 각 범주의 일상적인 장면으로 일반화되었다.

문제행동의 의학적 원인

행동수정가들이 관심을 쏟는 통제변인들은 대체로 개인의 외부 환경에 있다. 하지만 때때로 문제가 있는 것처럼 보이는 행동에 의학적 원인이 있기도 하다. 예를 들어, 말을 잘 못하는 사람은 중이염과 같은 내적인 원인에 의한 통증을 감소시키기 위해 딱딱한 물체에 머리를 박을 수도 있다([그림 23-1]의 E). 만약 문제가 갑자기 나타났고 개인 환경의 어떤 변화와도 관련되어 있는 것처럼 보이지 않는다면, 의학적 원인을 고려해 보아야 한다.

행동수정가들로 하여금 문제행동의 원인에 대한 모든 가능한 정보를 모으도록 장려하기 위해, Jon Bailey와 David Pyles은 **행동적 진단**(behavioral diagnostics)이라는 개념을 개발하였다(Bailey & Pyles, 1989; Pyles & Bailey, 1990). 행동평가에 대한 이런 접근법을 가지고 치료자들은 문제행동의 가능한 원인으로서 선행자극과 결과, 의학적 변인과 영양 변인을 조사한 후에 문제를 진단한다. 진단 결과를 기반으로 해서, 치료자는 치료계획을 세우고, 통제된 조건하에서 치료계획을 검증하며, 결과가 성공적이면 치료계획을 계속 유지한다.

행동적 진단 모델에서, 진단 단계에서 수집될 수 있는 자료들의 예에는 건강/의학적 변인(예, 월경주기나 변비), 영양 변인(예, 1일 섭취 칼로리나 음식 알레르기), 약물이 포함되며, 물론 이 장에서 설명된 행동의 선행자극과 결과에 관한 정보도 포함된다. 행동적 진단의 개념은 기능평가의 개념보다 더 광범위하다. 이러한 광범위한 관점과 일치하게, 많은 개인들의 문제행동에 영향을 줄 수 있는 변인들의 목록이 〈표 23-1〉에 제시되어 있다. Demchak와 Bossert(1996)는 발달장애인들이 보이는 문제행동의 선행자극이나 결과로 흔히 작용하는 변인들의 목록을 제시하였다.

만약 문제행동에 의학적 원인이 있을 가능성이 조금이라도 있다면, 문제를 다루기 전에 적절한 건강 관리 전문가에게 의뢰해야 한다. 이것은 문제행동에 의학적 원인이 있다면 행동 기법이 효과적이지 않다는 것을 말하는 것이 아니다. 오히려 반대로 효과가 있는 경우가 많다. 예를 들어, 과잉행동(hyperactivity)을 행동적 절차와 의학적 절차를 결합하여 치료하는 경우가 자주 있다(Barkley, 1998). 하지만 그러한 치료는 의사의 자문을 받고 수행되어야 한다(의학적 문제에 대한 행동적 접근에 대한 논의는 2장을 참조하라.).

기능평가를 실시하기 위한 지침

다음은 기능평가를 실시하기 위한 중요한 지침을 요약한 것이다.

1. 문제행동을 행동적 용어로 정의하라.
2. 문제행동에 앞서 일관되게 발생하는 선행자극을 확인하라.
3. 문제행동에 이어 즉각적으로(간헐적이라고 하더라도) 나타나는 결과를 확인하라.
4. 행동적 진단에서 제안한 것처럼, 문제에 기여할지도 모르는 건강/의학적/개인적 변인들을 고려하라.
5. 지침 2, 3, 4에 기반해서, 문제행동을 유지시키는 결과적 사건과 문제행동을 유발하거나 일으키는 선행자극, 그리고 문제행동을 악화시키는 건강/의학적/개인적 변인들에 관한 가설을 세우라.
6. 자연적인 상황에서의 행동과 선행자극, 결과에 대한 자료를 모으고, 지침 5에서 세운 가설 중 어느 가설이 맞을 가능성이 높은지를 결정하기 위해 건강/의학적/개인적 변인들에 대한 자료를 수집하라.

표 23-1 문제행동의 원인을 평가할 때 고려해야 할 요인들

일반적인 상황
전반적으로 낮은 강화 수준
불편함을 초래하는 조건들(예, 뜨거운, 시끄러운, 비좁은)
특정한 사람의 존재나 부재

유기체 변인
건강 상태(예, 감기, 두통, 알레르기)
동기 상태(예, 배고픈, 목마른)
정서 상태(예, 화가 난, 질투하는)
일시적인 몸 상태(예, 피로, 생리통)

과제 변인
너무 어려운
부적당한 속도(너무 빠른, 너무 느린)
다양성의 부족
선택의 부족
지각된 중요성의 부족

특정한 선행자극
현재 환경에서의 갑작스러운 변화
새로운 과제의 발생
과도한 요구
불분명한 지시
분명한 강화물의 제거
이전에 강화받았던 반응에 대한 이후 강화물의 철회
혐오적 자극의 제시
기다리라는 지시
강화받는 다른 누군가를 관찰하는 것

특정한 결과: 문제행동이 다음을 이끌어 낸다.
요구로부터의 도피
타인의 관심
동정
하고 싶은 대로 하는 것
분명한 강화물
내적 감각 피드백
외적 감각 피드백

7. 가능하다면, 지침 5번에서 세운 가설을 직접적으로 검증하기 위해 기능분석을 하라.
8. 이 책의 제2부에서 논의된 원리들을 통합하고 24장에 제시된 치료 프로그램 설계를 위한 지침들을 따른 후, 지침 6번과 7번에 의해 결정된 것 중 가장 정확할 것으로 여겨지는 가설에 기반한 치료 프로그램을 개발하라.
9. 만약 치료가 성공적이라면, 기능평가의 결과가 적절하였음이 증명된 것이다. 만약 성공적이지 못하다면, 평가를 다시 하거나 이 책의 제2부에 있는 원리들에 기반한 해결책을 시도하고 24장의 지침들을 따르라.

연습문제

12. 문제행동이 요구로부터 도피하는 하나의 방법으로 유지되고 있음을 알려 주는 강력한 지표는 무엇인가? 이런 지표를 보여 주는 예를 들라.
13. 말을 잘하지 못하는 아동이 다양한 훈련 상황에서 어른의 요구로부터 도피하는 하나의 방법으로 소리를 크게 지른다고 가정해 보자. 어른이 그런 문제행동을 다루기 위해 할 수 있는 두 가지 대안적인 전략에 대해 기술하라.
14. 문제행동이 이전의 자극에 의해 유발되는 반응적 행동(강화적 결과에 의해 유지되는 조작적 행동과 대비되는)임을 알려 주는 두 가지 주요 지표는 무엇인가? 이런 지표를 보여 주는 예를 들라.
15. 비사회적인 부적 강화가 어떻게 바람직하지 않은 행동을 만들어 낼 수 있는지에 대해 본문에 없는 예로 설명하라.
16. 조엘의 분노를 치료하는 데 사용된 주요한 구성요소들을 기술하라.
17. 행동적 진단이란 무엇인가? 이 용어는 어떤 의미에서 기능평가보다 더 광범위한가?
18. 이 장에서 설명된 조작적 문제행동의 여섯 가지 주요 원인 각각에 대해 한 문장이나 두 문장으로 간략히 설명하라.

적용연습

A. 타인에 대한 적용연습

당신이 잘 아는 누군가의 행동과잉을 파악하라. (그 사람이 누구인지는 중요하지 않다.) 그 행동에 대한 자극통제와 행동을 유지시키는 결과를 파악하려고 해 보라. 기능평가에 기반해서, 그 행동을 감소시키거나 제거하기 위한 최선의 치료 절차는 무엇이라고 생각하는가?

B. 자기-수정 연습

자신의 행동과잉 중 한 가지를 파악하라. 그 행동에 대한 자극통제와 행동을 유지시키는 결과를 파악하려고 해 보라. 기능평가에 기반해서, 그 행동을 감소시키거나 제거하기 위한 최선의 치료 절차는 무엇이라고 생각하는가?

추가설명 및 심화토론

1. St. Peter Pipkin과 Vollmer(2009)는 문제행동을 강화시킨 정확한 강화계획에 대해 아는 것이 또한 문제행동을 위한 치료 프로그램을 계획하는 데 중요할 수 있음을 보여 주는 기초자료 및 응용 문헌들을 고찰하였다. 예를 들어, 문제행동을 감소시키기 위해 소거를 사용하는 것의 대안은 비수반적인 강화(noncontingent reinforcement)를 제공하는 것이다(5장의 추가설명 3번과 16장의 추가설명 1번을 참조하라.). 그러나 St. Peter Pipkin과 Vollmer는 ① 문제행동이 이전에 간헐 비율 강화계획으로 강화된 적이 없고, ② 비수반적인 강화의 비율이 문제행동을 유지시키는 강화계획의 강화비율과 상당히 다를 때에만 이러한 치료가 효과적일 수 있다는 증거를 제시한다. 만약 비수반적인 강화 동안 강화 간 간격이 문제행동을 유지시키는 강화계획의 강화 간 간격과 너무 유사하면, 비수반적인 강화가 문제행동을 감소시키는 대신 실제로 문제행동을 증가시킬 수 있다.

▶ 추가설명에 대한 연습문제

1. 문제행동에 대한 치료로서 비수반적인 강화를 사용하기 전에 문제행동을 유지시켰던 강화계획에 대해 아는 것이 중요할 수 있음을 보여 주는 예를 기술하라.

24 행동 프로그램의 계획과 적용 및 평가

앞 장에서는 행동 프로그램의 원리와 절차에 대해서 제시했고, 이 장에서는 행동 프로그램을 설계할 때 반드시 따라야 할 일반적 지침에 관한 내용을 제시한다. 내담자는 자폐증이나 지적장애가 있는 사람, 정신과 환자, 비행아동이나 비행청소년, 가정이나 학교, 또는 지역사회의 정상 아동이나 10대 청소년, 정상성인 등이 될 수 있다. 그리고 이 상황에서 당신은 행동수정가로서 혹은 중재자(부모, 교사 등)로서 프로그램을 수행하는 책임을 맡게 될 것이다.

문제를 의뢰받았을 때 프로그램을 설계할 것인지 결정하기

문제행동은 원인이 다양하고 여러 형태가 있으며, 또한 그 복잡성과 심각성의 정도에도 큰 차이가 있다. 문제행동의 치료를 의뢰받았다는 사실이 언제나 치료 프로그램을 설계하고 수행할 충분한 이유가 되는 것은 아니다. 일단 치료를 시작할지, 어디서부터 시작할지의 여부를 결정하기 위해 다음의 질문에 대한 답을 생각해 보는 것이 도움이 될 것이다. 그리고 20장에서 기술한 행동평가의 선별 혹은 접수 단계에서 이루어지는 질문에 대한 대답이 도움이 될 것이다.

문제가 의뢰된 것이 근본적으로 내담자를 위한 것인가 만약 당신이 내담자가 아닌 다른 사람으로부터 문제를 의뢰받았다면, 우선 치료 목표의 달성이 내담자에게 이익이 되는 것인지의 여부를 판단해야 한다. 만약 치료 목표가 다른 사람들의 이익을 위한 것이라면, 최소한 그 목표는 내담자에게 가치중립적이어야 한다. 즉 담당자는 윤리적 가치에 유의해야 하며, 따라서 내담자에게 해를 끼칠 수 있다고 판단되는 의뢰에 대해서는 처음부터 치료를 시작하지 말아야 한다.

문제가 내담자에게 중요한 것인가, 아니면 다른 사람들에게 중요한 것인가 문제의 중요성을 평가하기 위해서 질문해 보아야 할 두 가지 사항이 있다. 문제를 해결하면 내담자나 다른 사람들에게 혐오감을 덜 주게 되거나 혹은 더 많은 정적 강화의 결과가 발생하는가? 문제를 해결하면 직접적으로 혹은 간접적으로 다른 바람직한 행동들이 발생할 것이라고 여겨지는가? 만약 위의 두 질문 중 하나에라도 '아니요' 라는 답이 나온다면, 담당자는 그 특정 문제에 대하여 치료를 담당할 것인지 아닌지를 다시 생각해 보아야 할 것이다.

문제행동과 치료 목표를 구체화할 수 있는가, 또한 구체화함으로써 다루고 있는 특정 행동 혹은 일련의 행동을 어떤 방법으로든 측정할 수 있는가 의뢰된 많은 문제들은 매우 모호하고 주관적이며 또 일반적이다. 예를 들어, 의뢰자는 "크리스는 좋은 학생이 아니에요." "제 아이는 저를 정말 머리끝까지 화나게 만들어요." "저는 좀처럼 계획을 세우고 지킬 수가 없어요."라고 말한다. 이렇게 문제가 모호한 경우(예를 들어, 문제를 단지 '공격성' 이라고 명명하는 경우), 당신은 문제행동을 ① 정의하고, ② 객관적으로 측정, 또는 평가할 수 있는 행동 또는 구성행동으로 구체화하여야 한다(예, 가구를 발로 차는 행동, 물건을 마구 집어던지는 행동). 당신이 이렇게 구체화할 구성행동을 다루는 것이 또한 의뢰인이 문제라고 생각하고 있는 것을 해결해 줄 수 있는지 스스로에게 질문해 보는 것이 매우 중요하다. 만약 문제를 정의하는 구성행동에 대하여 의뢰자와 의견이 일치하지 않는다면, 그냥 이 단계에서 그만두는 것이 좋을 것이다. 의뢰자가 동의한다면, 반드시 그 구체적 사항을 문서화하여 기록해 두어야 한다.

문제행동의 복잡한 상태 때문에, 그 문제행동을 다른 전문가에게 의뢰해야 할 필요가 있
추가설명 1 **는가** 다시 말해서, 당신은 그 문제를 다룰 수 있는 적격자인가? 담당자는 우선 위탁받은 문제에 중대한 의학적 문제나 심각한 심리적 결과(예, 자살의 위험), 당신이 그 문제를 치료하는 데 필요한 충분한 자격을 갖추지 못한 DSM-IV-TR 진단(1장의 추가설명 1 참조)이 있을 가능성이 있다면, 그와 관련된 적합한 전문가에게 자문을 받아야 한다. 당신이 치료를 계속해야 할 경우에는 반드시 전문가의 조언에 따라야 한다.

문제를 쉽게 다룰 수 있는가 이 질문에 답하기에 앞서 다음 사항을 고려해 보자. 만약 문제가 바람직하지 않은 행동을 감소시키는 것이라면, 그 행동이 짧은 기간 동안 한정된 자극통제하에서 간헐 강화가 거의 없이 일어났는지 확인해야 한다. 만약 그렇다면, 이러한 행동은 많은 자극 상황의 통제하에서 간헐 강화와 함께 오랜 시간 지속된 행동보다 훨씬 쉽게 치료될 수 있을 것이다. 당신은 또한 바람직하지 않은 문제행동을 대치할 만한 바람직한 행동을 정의할 수 있어야 한다. 만약 문제가 새로운 행동을 가르치는 것이라면, 먼저 내담자가 새로운 행동의 학습을 위해 꼭 필요한 선행기술을 가지고 있는지 평가해야 한다. 만약 하나 이상의 문제가 있다면, 당신은 치료에서 다루어야 할 문제의 우선순위를 정해야 하며 가장 상위에 있는 문제부터 해결해야 한다.

산만한 행동을 보이는 아이의 경우, 당신은 아이의 부모가 이미 〈슈퍼내니〉나 〈내니 911〉과 같은(우리나라의 경우, 〈우리 아이가 달라졌어요〉나 〈부모 60분〉과 같은) TV쇼를 보면서 처치에 대한 선지식을 가지고 있을 수 있다는 사실을 깨달아야 한다. 그러한 TV쇼는 실제적으로 문제행동에 대해 이야기하고 효과적인 문제해결 방법을 찾고 부모가 타임아웃, 무시하기, 토큰 프로그램 등의 실제적인 개입을 하도록 도와줌으로써 행동수정에 기여하였다(Bailey & Burch, 2006). 그러나 이러한 프로그램들은 부모가 아이의 심각한 문제행동을 단지 며칠 내에 효과적으로 치료할 수 있다는 잘못된 믿음을 갖게 하였다(Fabiano & Elkin, 2006). 당신은 이러한 문제를 다루기 위한 준비를 해야 한다.

일단 바람직한 행동변화를 보인다면, 그것을 쉽게 일반화하고 유지할 수 있는가 이 질문에 대답하기 전에, 훈련 상황이 자연적 환경으로 단계적으로 전이될 수 있는지를 고려해 보아야 한다. 당신은 또한 행동 목적을 달성한 후에도 그것을 지속시킬 수 있는 수반성(강화체제)이 자연적 환경 내에 존재하는지, 실생활에서 주변 사람들에게 영향을 주어 내담자가 목표행동을 계속 유지하도록 돕게 할 수 있는지, 또 내담자가 개선된 행동을 계속 할 수 있도록 자기-통제 프로그램(26장에서 논의됨)을 학습할 수 있는지에 대하여 생각해 보아야 한다.

내담자의 주변 환경에서 관찰을 기록하고 통제자극과 강화물을 관리하는 것을 도울 수

추가설명 2 있는 중요한 타인들(즉, 친척이나 친구 또는 교사)이 있는가 아동을 위한 프로그램을 설계할 때는 종종 아동의 부모가 프로그램을 성공적으로 수행하고 지속시킬 수 있다. 그러나 매일 약 두 시간 동안 집중해서 언어훈련 프로그램을 수행해야 하는 경우를 생각해 보자. 이 경우 만약 당신이 이 프로젝트를 수행할 시간이 일주일에 단 한 시간밖에 없고, 아동의 가정이 한부모 가정이며, 부모는 낮 시간에 일을 하고 저녁에는 보살펴야 할 다른 자녀가 네 명이나 있는 경우라면, 이 의뢰를 받아들이는 것은 무모한 일이라고 말할 수 있을 것이다.

프로그램을 방해하는 사람이 있는 경우, 그 잠재적 간섭을 최소화할 수 있는 방법이 있는가 만약 계속해서 프로그램을 방해하는 사람이 있다면, 프로그램을 설계하는 것 자체가 무의미하다. 예를 들어, 소거시키려는 바람직하지 않은 행동을 강화하는 경우다.

이와 같은 여덟 가지 질문에 일단 답해 본 뒤, 당신의 훈련 자격과 일일 스케줄, 그리고 할애할 수 있는 시간을 고려하여 당신이 프로그램에 참여하는 것이 적합한지 검토하라. 당신은 자신이 프로그램을 수행할 만큼 훈련되어 있고, 또 프로그램을 효과적으로 수행할 수 있는 충분한 시간이 있다고 판단될 경우에만 그 의뢰를 받아들여야 한다.

행동수정가가 개입이 필요한 어떤 장면에 처음 들어갔을 때(발달장애인을 위한 그룹홈이나 문제 아동이 있는 가정에 들어갔을 때), 문제행동과 잠재적으로 파괴적인 영향을 미칠 수 있는 다양한 상황과 복잡성 때문에 깜짝 놀랄 수 있다. 당연한 이야기이지만 이런 경우에는 너무 많은 것을 시도해 실패할 위험을 무릅쓰는 것보다는 우선 작은 성공을 경험하기 위해 단순한 것부터 시작하는 것이 좋다. 이상의 질문과 고려사항을 토대로 초기의 의뢰를 주의 깊게 평가하면, 행동 프로그램의 초기 단계에 성공하는 데 큰 도움이 될 것이다.

연습문제

1. 문제의 중요도를 행동수정가는 어떻게 평가하는가?
2. 의뢰받은 문제가 모호한 경우(예를 들어, '공격성'), 행동수정가는 무엇을 해야 하는가? 이에 대하여 한 가지 예를 들어 답해 보라.
3. 문제행동이 얼마나 쉽게 치료될 수 있는가의 정도를 행동수정가는 어떻게 평

가하는가?

4. 〈슈퍼내니〉(또는 〈우리 아이가 달라졌어요〉)를 시청하라(http://abc.go.com/primetime/supernanny). 만약 당신이 이 프로그램을 시청할 수 없다면 문제행동을 다루는 다른 프로그램을 시청해도 된다. 시청한 프로그램에서의 문제가 쉽게 다루어질 수 있는 문제인가?
5. 목표한 행동변화가 얼마나 쉽게 자연적 환경으로 일반화되고, 또 유지될 수 있는가의 정도를 행동수정가는 어떻게 평가하는가?
6. 당신이 행동수정 전문가라고 가정해 보자. 당신이 어떤 문제를 의뢰받았을 때, 치료를 맡지 않을 가능성이 있는 조건을 최소한 네 가지 이상 적어 보라.

평가 절차의 선택과 실행

당신이 의뢰를 받아 문제행동을 치료하기로 결정했다고 가정해 보자. 이 경우 당신은 20장(388-395쪽)에 제시된 프로그램 평가 절차를 실행하는 다음의 단계를 거쳐야 할 것이다.

1. 믿을 만한 기저선을 얻기 위하여 정확한 행동용어로 문제를 정의하라.
2. 다음 사항들을 할 수 있게 하는 적절한 기저선 절차(20장, 21장, 23장 참조)를 선택하라.
   1) 문제행동 모니터링하기
   2) 현재의 자극통제 파악하기
   3) 문제행동을 지속시키는 결과 파악하기
   4) 관련된 의학적/건강상/개인적 변인 모니터링하기
   5) 문제행동을 대체할 바람직한 행동 파악하기
3. 프로젝트에 관여한 전문가들(교사나 그룹홈 직원과 같은)이 그 프로젝트에 할애한 시간을 기록할 수 있는 기록 절차를 설계하라. 이것은 당신이 비용-효과 분석을 할 수 있도록 한다.
4. 관찰자들이 행동의 가장 중요한 면을 확인하고, 기록 절차를 적용하며, 또 자료를 그래프로 그릴 수 있도록 적절한 훈련을 받았는가를 확인하라.

5. 기저선 절차가 길어질 경우는 자료 기록자들의 기록하는 행동을 증가 혹은 유지시킬 수 있는 절차를 선택하라.
6. 기저선 자료를 수집하기 시작한 후에는 적절한 처치 혹은 개입 전략을 선택할 수 있도록 수집한 자료를 주의 깊게 분석하고, 언제 기저선 단계를 끝내고 개입 단계에 들어갈지 결정하라.

행동평가를 위한 지침은 20장, 21장 그리고 23장에서 살펴보았으므로, 여기서는 더 이상 반복하지 않겠다. 그 대신 행동수정가가 처치 전 평가 단계 동안 답해야 할 몇 가지 부가적 고려사항을 다루기로 한다.

중재자가 하루 중 언제 이 프로젝트에 참여할 수 있는가 예를 들어, 어떤 교사가 프로젝트에 할애할 수 있는 시간이 매일 점심 시간 직전 10분 정도인 경우, 하루 종일 행동을 측정해야 하는 시간-표집(time-sampling) 기록용지를 계획하는 것은 소용없는 일이다. 또한 다양한 행동에 관한 폭넓은 자료를 수집하는 일 역시 교사가 그 자료를 조사할 시간이 없을 것이므로 무의미하다.

주위 사람들은 당신의 자료수집을 도와줄 것인가, 방해할 것인가 집에서 아이의 소리 지르며 울고 떼쓰는 행동의 지속기간을 기록하는 기저선 절차를 설계하였는데, 만약 아이의 형제나 조부모, 이모 또는 다른 친척들이 아이를 달래기 위해 사탕을 준다면 기저선 절차 설계가 아무 의미가 없게 된다. 반면에, 때로는 주위 친구나 친척들이 설계에 대단히 큰 도움을 줄 수도 있는데, 이들은 직접 자료를 기록해 주거나 또는 자료를 기록하는 사람들이 잊지 않고 기록하도록 상기시켜 줄 수도 있다. 이렇게 주위 사람들의 도움이 가능한 경우는 기록용지와 기록 절차 개요를 프로젝트에 참여하는 모든 사람들이 볼 수 있는 장소에 게시하여 두는 것이 바람직하다.

주위 환경이 당신의 평가 과정을 어렵게 만들고 있는가 아이가 하루 종일 방의 벽에 낙서를 하는 빈도와 시간에 대한 기저선을 마련하고자 하는 경우를 생각해 보자. 만약 집에 방이 많이 있고, 아이가 이 방 저 방을 돌아다닌다면, 아이가 벽에 낙서를 하였을 때 즉시 발견하는 것은 쉽지 않을 것이다. 또는 어떤 사람의 흡연행동에 대한 기저선을 마련하고자 하는데, 그가 기저선 기간 동안 흡연을 안 하는 친구의 집에 가서 시간을 보낸다고 가정해 보자. 분명히 이것은 평가 절차를 위한 이상적 상황이 아니다.

또 당신이 발달장애아에게 옷을 주고 나서 적절한 지시를 하여 아이 스스로 옷을 입을 수 있는지를 평가하려고 하는데, 만약 그 아이가 가장 좋아하는 텔레비전 프로그램의 소리가 옆에서 크게 들린다면 당신의 평가는 정확하지 못할 가능성이 높다.

문제행동은 얼마나 자주 일어나는가 많은 상황에서 하루 종일 빈번하게 일어나는 행동, 즉 엄지손가락 빨기, 손톱 깨물기, 수업 시간에 주의집중 안 하기 등과 같은 행동인가? 아니면 심한 짜증, 도둑질 또는 가출과 같이 2, 3주에 한 번 정도 일어나는 행동인가? 당신은 이러한 질문에 답하는 과정에서 때때로 프로젝트를 그만둘 수도 있다. 당신이 프로젝트에 할애할 시간이 매우 부족한데, 문제행동이 아주 드물게 일어나는 행동이라면 치료가 상당히 어렵다. 21장에서 언급했듯이, 행동의 특징을 알면 행동 기록 절차를 적절하게 선택할 수 있다.

얼마나 빨리 행동이 변화해야 하는가 관련된 위험 요소(예를 들어, 자해) 때문에 문제행동에 즉각적인 주의가 필요한가? 또는 행동의 즉각적 변화가 단지 관련된 사람들(예를 들어, 휴가를 떠나기 직전 아이에게 배변훈련을 시키고자 하는 부모)에게만 유익한 정도인가? 만약 문제행동(예를 들어, 흡연, 지나친 TV시청, 부적절한 청소 습관)이 수 개월에 걸쳐 일어났던 행동이어서 주위 사람들이 앞으로 며칠 또는 몇 주간 더 참을 수 있다고 하자. 이런 경우 당신은 더 심혈을 기울여서 자료 기록체계를 상세하게 설계할 수 있으며, 따라서 수행의 기저선 수준을 신뢰롭게 평가할 수 있다.

제시한 문제가 행동결핍인가 혹은 행동결핍으로 설명될 수 있는가 심지어 문제가 행동과잉을 감소시키는 것이라 해도 당신은 증가할 필요가 있는 바람직한 대안행동을 확인해야 한다.

연습문제

7. 적절한 기저선을 마련하기 위해 당신은 다섯 가지 사항을 파악하고 모니터링할 수 있어야 한다. 그 다섯 가지 사항은 무엇인가?
8. 처치 전 평가 단계에서 행동수정가가 답해야 할 여섯 가지 질문은 무엇인가?

프로그램 설계와 실행 전략

어떤 행동수정가는 '준비 없이 즉석에서' 효율적인 프로그램을 설계하는 데 매우 뛰어나다. 즉 그들은 치료의 성공에 결정적인 프로그램의 세부사항을 잘 파악할 줄 알며, 빠르고 바람직한 결과를 얻을 수 있는 프로그램을 능숙하게 설계한다. 그러나 당신을 단번에 능숙한 행동수정가로 만들어 줄 수 있는 지침은 존재하지 않는다. 또한 당신이 설계하는 모든 종류의 프로그램에 적용할 수 있는 어떤 정해진 지침도 없다. 어떤 행동은 상당히 창의적인 프로그램을 필요로 하기도 하나, 대부분의 행동은 이미 존재하는 수반성을 조금만 바꾸면 성공적으로 다룰 수 있다. 다음은 대부분의 경우에 프로그램을 효과적으로 설계하는 데 도움이 되는 지침이다.

1. 표적행동의 목표가 무엇인지를 분명히 하고, 달성하고자 하는 표적행동의 양과 자극통제를 확인하라. 이제 다음 질문에 답해 보자.
   1) 기재된 사항이 정확한가?
   2) 목표를 선택한 근거는 무엇인가, 그리고 그 목표가 어떻게 내담자에게 최선의 이익이 되는가?
   3) 내담자에게 목표에 관한 모든 정보를 제시했는가?
   4) 프로그램 단계들은 내담자가 목표달성에 더욱 전념할 수 있도록 구성되어 있는가?(전념에 대해서는 17장과 이 장 후반부에서 논의하였음)
   5) 내담자와 주위 사람들 모두에게 있어, 목표를 달성할 때 오는 잠재적 부작용은 무엇인가?
   6) 이상의 질문에 답해 본 결과, 당신이 이 프로젝트를 계속 진행해야 한다고 생각하는가? 그렇다면, 계속하라.
2. 통제자극과 강화물을 다루는 데에 도움을 줄 수 있는 사람들(친구, 친척, 교사 등)을 확인하라. 또한 프로그램을 방해할 가능성이 있는 사람들도 확인하라.
3. 선행자극통제를 이용할 수 있는 가능성을 검토해 보라. 당신은 다음 사항들을 이용할 수 있는가?
   1) 규칙을 이용할 수 있는가?
   2) 목표설정을 이용할 수 있는가?
   3) 모델링을 이용할 수 있는가?

4) 신체적 지도를 이용할 수 있는가?
5) 상황 유도(주위 환경 재배치하기, 새로운 장소로 옮겨서 활동하기, 사람들을 재배치하기, 또는 활동 시간 변경하기)를 이용할 수 있는가?
6) 동기화 조작

4. 새로운 행동을 발달시키고 있는 중이라면, 조형법, 용암법, 연쇄법 등의 방법을 사용할 것인가? 당신은 어떠한 MEO를 사용할 것인가(19장 참조)?
5. 문제행동의 자극통제를 바꾸는 중이라면, 통제하는 S^D를 선택해서 다음과 같이 할 수 있는가?
   1) 한 가지 이상의 차원에서 다른 자극과 차이가 나도록 할 수 있는가?
   2) 원하는 자극통제가 적합하고도 필요한 상황에서 주로 발생하도록 할 수 있는가?
   3) 관심을 기울이는 행동을 일으킬 수 있는가?
   4) 바람직하지 않은 행동을 일으키지 않을 수 있는가?
6. 행동과잉을 감소시키는 중이라면
   1) 문제행동에 대한 S^D를 제거할 수 있는가?
   2) 문제행동을 유지시키고 있는 강화물을 보류하고 MAO를 대신 제공할 수 있는가(19장 참조)?
   3) 행동의 비율을 수용할 수 있는 정도로 낮은 수준까지 감소시키기 위해 DRL을 적용할 수 있는가?
   4) DRO, DRI 또는 DRA를 사용할 수 있는가? (문제행동을 유지시키고 있는 강화물을 파악하여 보류할 수 있다면 DRO, DRI, DRA를 소거와 함께 사용할 수 있다.)
   5) 처벌을 사용해야 하는가? 만약 처벌을 조금이라도 사용해야 한다면, 적합한 전문가의 감독 아래 적절한 윤리적 용인이 있을 때 마지막 수단으로서만 사용해야 한다는 점을 기억하라.
7. 다음 질문에 답해 봄으로써 강화체계의 세부 사항을 구체화하라.
   1) 강화물을 어떻게 선택할 것인가(3장 참조)?
   2) 어떤 강화물을 사용할 것인가? 현재 문제행동을 지속시키는 강화물과 똑같은 것을 사용할 수 있는가(23장 참조)?
   3) 강화물이 효과적으로 작용하고 있는지의 여부는 어떤 방법으로, 누가 모니터링할 것인가?
   4) 강화물을 어떻게, 그리고 누가 가지고 있다가 분배할 것인가?

5) 토큰경제를 사용할 경우, 토큰경제를 실행하는 구체적 방법은 무엇인가(4장과 25장 참조)?

8. 훈련 상황을 구체적으로 기술하라. 목표행동을 최대한 많이 일어나게 하고, 오류 혹은 목표행동과 경쟁관계에 있는 행동을 최소화하며, 또 프로그램을 수행하는 중재자가 기록하고 자극을 관리하는 일을 잘 하도록 지원하기 위해서는 환경을 어떻게 재배치해야 할까?
9. 행동변화의 일반화를 어떻게 설계할 것인지 기술하라(16장 참조).
   1) 자극일반화를 위한 프로그램
      ① 시범 상황에서 훈련할 수 있는가?
      ② 훈련 조건을 다양화할 수 있는가?
      ③ 공통 자극을 설계할 수 있는가?
      ④ 여러 자극 예를 가지고 충분히 훈련할 수 있는가?
      ⑤ 자극등가 범주를 설정할 수 있는가?
   2) 반응일반화를 위한 프로그램
      ① 여러 반응 예를 가지고 충분히 훈련할 수 있는가?
      ② 훈련 중 수용할 수 있는 반응을 다양화할 수 있는가?
      ③ 반응 범주에서 발생할 가능성이 낮은 반응을 증가시키기 위해 행동 추진력을 사용할 수 있는가?
   3) (시간이 경과해도 일반화될 수 있도록 하는) 행동유지 프로그램
      ① 자연적 강화 수반성을 이용할 수 있는가?
      ② 자연적 환경에서 훈련시킬 수 있는가?
      ③ 훈련 환경에서 강화계획을 사용할 수 있는가?
      ④ 개인에게 통제력을 줄 수 있는가?
10. 기록하기와 그래프 그리기의 세부 절차 사항을 기술하라.
11. (강화물, 자료 기록용지, 그래프, 교육자료 등) 필요한 재료를 준비하라.
12. 모든 프로그램 참가자들(치료진, 교사, 부모, 동료, 학생들, 내담자, 그 외 사람들)의 책임과 규칙에 대한 점검표를 작성하라([그림 24-1] 참조).
13. 자료수집 및 프로그램을 점검하는 날짜를 구체적으로 정하고, 또한 이를 수행할 참여자를 정하라.
14. (관련 자료와 프로그램을 점검하는 것에 대한 피드백 외에도) 행동수정가와 중재자를 강화할 수 있는 수반성을 확인하라.

15. 설계한 프로그램의 잠재 비용(재료 비용, 교수 시간, 전문가 상담 시간 등)을 검토하고, 비용 대비 이점을 판단해 보라. 이에 기초하여 필요하다면 다시 프로그램을 설계하라.
16. 행동계약에 서명하라. **행동계약**(behavioral contract)은 전형적으로 누가 어떤 행동을 했을 때 어떤 강화물을 주며 또 누가 이 강화물을 줄 것인가에 대한 명확한 진술을 하고 있다. 처음에 행동계약은 둘이나 그 이상의 객체 간, 예를 들어 교사와 학생들 사이나(Homme, Csanyi, Gonzales, & Rechs, 1969), 부모와 아이들 사이(Dardig & Heward, 1976; Derisi & Butz, 1975; Miller & Kelley, 1994)에 강화물 교환을 계획하기 위한 전략으로서 소개되었다. 치료자와 내담자 사이에 치료계약을 하는 것 역시 권장되는데, 이 계약의 목적은 행동수정가에게 내담자에 대한 책임이 있다는 것을 확실히 하는 것이다(Sulzer-Azaroff & Reese, 1982). 보통 **치료계약**(treatment contract)이란 내담자와 행동수정가 사이의 문서화된 동의서로서, 치료의 목적과 방법, 치료전문가가 제공할 서비스의 구성, 그리고 치료전문가가 받을 보수 조건에 대한 명확한 개요를 보여 준다. 내담자와 치료전문가 사이에 계약이 체결되면, 이제 양측은 각자 기본적 권리 보호를 확실히 한 것이다. 행동수정가는 또한 프로그램을 실행하기에 앞서, 프로그램에 관련된 사람들과 프로그램에 관해 동의하는 사항을 문서로 작성해 두어야 한다.
17. 프로그램을 실행하라. 프로그램 실행 시에도 고려할 사항이 많이 있다. 이것을 크게 두 부분으로 나누어 생각해 보도록 하자. 첫째, 프로그램을 수행하는 데 책임이 있는 사람들, 즉 중재자들이 그들의 역할과 책임을 충분히 이해하고 동의하는가를 확실히 해야 한다. 이를 위해서 중재자들과 세부적인 문제에 대해 토론하고 점검하는 시간을 가질 수 있을 것이다. 또한 프로그램의 복잡성의 정도에 따라 필요하다면 모델링이 포함될 수 있는데, 당신이 직접 시범을 보여 주면 중재자가 역할연기를 실시할 수 있을 것이다. 마침내 프로그램이 실제로 실행될 때, 모니터링을 하고 즉각적 피드백을 해 줌으로써 부모나 교사, 또 다른 참가자들이 프로그램에 잘 따라오도록 격려하고 강화해 줄 수 있다(예, Hrydowy & Martin, 1994 참조). 프로그램 실행의 두 번째 부분은 내담자의 프로그램 참여도를 높일 수 있는 방식으로 내담자에게 프로그램을 소개하는 것이다. 내담자가 프로그램을 처음으로 접할 때, 그것이 큰 강화효과를 가져서 앞으로 내담자가 프로그램에 계속 참여할 가능성을 높이는 것은 너무나도 중요하다. 이제 여기서 다음과 같은 질문을 해 보자. 내담자는 프로그램을 충분히 이

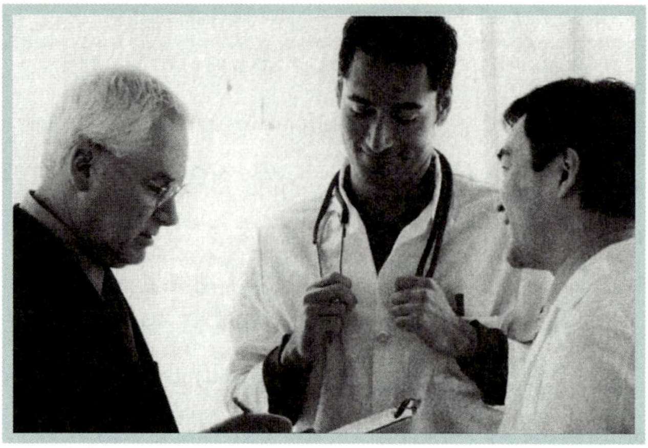

[그림 24-1] 행동수정은 행동수정 프로그램에 참여하는 모든 사람들이 책임감을 갖는 것을 대단히 중요하게 여긴다.

해하고, 또 그 목표에 동의하는가? 내담자는 프로그램이 자신에게 얼마나 이익이 될 것인지 알고 있는가? 중재자는 내담자가 중재자를 신뢰하고 프로그램에 대한 확신을 가질 수 있도록 내담자와 충분한 시간을 갖고 상호작용하였는가(20장 참조)? 프로그램은 내담자가 빨리 어떤 성공을 경험할 수 있도록 설계되었는가? 내담자는 프로그램 초기에 강화물을 접하게 될 것인가? 이상의 질문에 대하여 긍정적인 대답을 한다면 프로그램 성공률이 훨씬 높다.

연습문제

9. 당신은 이제 치료 프로그램을 설계하려고 한다. 표적행동을 정의하고 요구되는 표적행동의 발생 수준, 그리고 자극통제를 결정한 후에 프로그램 설계에 앞서 답해야 할 다섯 가지 질문은 무엇인가?
10. 선행자극통제를 이용할 생각이라면, 이때 당신이 고려해야 할 여섯 가지 사항은 무엇인가?
11. 행동과잉을 감소시키기 위해 고려해야 할 다섯 가지 사항은 무엇인가?
12. 자극일반화를 위한 프로그램을 설계하는 과정에서 고려해야 할 다섯 가지 사항은 무엇인가?
13. 반응일반화를 위한 프로그램을 설계하는 과정에서 고려해야 할 세 가지 사항은 무엇인가?
14. 행동유지를 위한 프로그램을 설계하는 과정에서 고려해야 할 네 가지 사항은 무엇인가?

15. 행동계약은 무엇인가?
16. 치료계약은 무엇인가? 치료계약에는 무엇을 명시해야 하는가?
17. 내담자의 프로그램 참여도를 증진시키기 위해 내담자가 긍정적으로 답해야 하는 다섯 가지 질문은 무엇인가?

프로그램의 유지와 평가

당신이 설계한 프로그램은 만족할 만한 효과가 있는가? 이것은 언제나 대답하기 쉬운 질문이 아니다. 또한 만약 프로그램이 만족할 만큼 효과적이지 않다면, 어떤 기준에 의하여 무엇을 해야 할지 결정하는 일도 항상 쉽지만은 않다. 이제 다음의 지침을 점검하고 그 동안 실행한 프로그램을 평가해 보도록 하자.

1. 자료를 모니터링하여 기록된 행동이 바라는 방향으로 변하고 있는지 확인하라.
2. 문제를 다루어야 하는 사람들과 상담하고, 그들이 프로그램 진전 정도에 만족하는지 확인하라.
3. 프로그램 실행 기간 동안의 결과가 행동변화의 양적인 측면에서 볼 때, 적절한 수준인지 아닌지를 결정하기 위하여 행동치료 전문 학술지를 참고하고, 전문 행동수정가 또는 비슷한 문제에서 유사한 절차를 사용한 경험이 있는 사람에게 자문을 구하라.
4. 위 1, 2, 3번 지침에 대한 결과가 만족스러웠다면, 곧바로 8번 지침으로 가라.
5. 위 1, 2, 3번 지침에 대한 결과가 불만족스러웠다면, 아래 질문에 답해 보고 '예'라고 답한 문제는 적절히 조정하라.
   1) 사용하고 있는 강화물이 처음만큼의 강화력을 갖지 못하는가? 즉, 사용되고 있는 강화물에 MAO가 일어났는가?
   2) 경쟁하는 반응이 강화되고 있는가?
   3) 프로그램 절차가 부정확하게 적용되었는가?
   4) 프로그램을 방해한 외부적 요인이 있었는가?
   5) 치료진이나 내담자의 부정적인 태도, 교사나 내담자의 열의 부족 등과 같이

프로그램에 악영향을 미칠만한 주관적 변인이 있었는가?

6. 만약 위의 네 가지 질문에 대한 답이 모두 '아니요' 였다면, 프로그램 중 어떤 단계를 추가하거나 또는 삭제해야 하는지 점검하여 보라. 자료에서 높은 오류율을 보이는 경우는 프로그램에 새로운 단계를 추가할 필요가 있다. 또는 정반응률이 너무 높았을 수도 있는데, 이것은 프로그램 자체가 너무 쉬워서 상당히 지루했다는 것을 뜻한다. 필요하다면 새로운 단계를 추가, 혹은 삭제하거나 수정하라.
7. 이제 만족스러운 결과를 얻었다면, 8번 지침으로 넘어가자. 그렇지 못한 경우, 동료에게 자문을 구하거나 프로그램의 주요 부분을 다시 설계하는 것을 고려해 보도록 하라. 아니면 표적행동을 통제하는 선행자극과 결과를 확인하기 위해 기능평가를 다시 하라.
8. 행동 목표를 달성할 때까지 어떻게 적절히 프로그램을 유지할 것인지 결정하라(16장 참조).
9. 행동수정 목표를 달성했으면 추수관찰기간 동안의 수행을 어떻게 평가할 것인지에 대한 적절한 계획을 세우고, 사회적 타당성 또한 평가하라(22장 참조).
10. 추수관찰기간 동안 프로그램을 성공적으로 수행했으면, 발생한 행동변화에 든 시간과 재정적인 측면에서 비용을 확인하라(이것을 '비용-효과 분석[cost-effectiveness analysis]' 이라고 한다.).
11. 가능하다면 자료를 분석하고, 프로그램 절차와 결과에 대하여 다른 행동수정가나 전문가들과 함께 이야기해 보라. 이때 내담자의 신분은 계속 비밀로 해야 한다는 것을 잊지 말라.

연습문제

18. 프로그램을 실행한 후, 프로그램의 결과가 만족스러웠는가를 확인하기 위해서 해야 할 세 가지 일은 무엇인가? (지침 1, 2, 3번 참조)
19. 프로그램이 만족스럽지 못한 결과를 보이고 있는 경우, 따라야 할 단계들을 자세히 기술해 보라(지침 5, 6, 7번 참조).
20. 프로그램이 만족스러운 결과를 보이고 있는 경우, 프로그램을 종료하기 전에 해야 할 두 가지 일은 무엇인가? (지침 8, 9번 참조)

적용연습

A. 타인에 대한 적용연습

당신이 행동수정가라고 가정해 보자. 4세 아이의 어머니가 자신의 아이가 지나치게 반항적이라고 하면서, 이를 극복하기 위한 프로그램을 설계해 달라고 당신에게 도움을 청한다. 문제행동의 실제적인 세부사항을 가정해서 프로그램을 구성해 보라. 프로그램 단계에서 다음의 모든 절차를 적용하라.

1. 문제행동을 치료하기 위해 프로그램을 설계해야 하는가의 여부 결정
2. 평가 절차의 선택과 실행
3. 프로그램 설계와 실행을 위한 전략 개발
4. 프로그램의 유지와 평가

주의: 문제행동은 이상의 매 단계에서 모든 절차를 적용할 수 있을 정도로 충분히 복잡한 것이어야 한다.

추가설명 및 심화토론

1. 당신이 특정 문제를 다룰 수 있는 적임자인가 하는 점은 당신이 사는 지역이 도시인지 혹은 시골인지에 따라 다를 수 있다. Rodrigue, Banko, Sears와 Evans(1996)는 미국 시골 지역에서 행동치료 서비스를 제공할 때 발생하는 수많은 어려움에 대해 설명했다. 시골 지역에는 치료 비용이 많이 드는 위험 대상(예, 노인, 아동, 소수 민족, 빈민자 등)이 도시 지역에 비해 절대적으로 많음에도 불구하고, 필요한 정신건강 서비스가 충분히 제공되지 않고 있다. 또한 전문화된 서비스가 부족하므로 이에 대한 접근도 용이하지 않다. 즉 당신이 문제를 치료할 수 있는 적합한 사람이 아니더라도, 그 지역에서 서비스를 제공할 수 있는 사람들 중에서 가장 적임자일 수 있다. 그러나 이런 경우, 프로그램 설계에 대한 책임을 맡기 전에, 당신이 속한 전문기관의 대인 서비스를 위한 윤리적 지침을 참고해야 한다(30장 참조).
2. **중요한 타인**(significant others)이 프로그램 실행에 반드시 필요한 것은 아니지만, 그들의 도움은 프로그램 일반화에 매우 중요하다. 아이들을 위한 효과적인 체중감량 행동 프로그램을 설계하는 문제에 대해 생각해 보자(LeBow, 1991 참조). Israel, Stolmaker와 Adrian(1985)은 실험대상인 8세부터 12세 사이의 과체중 아이들을 두 집단으로 나누고, 8주 동안 다양한 요소로 구성된 강도 높은 체중감량 행동 프로그램을 적용하였다. 그는 두 번째 집단에 속한 아이들의 부모에게만 아이를 다루는 행동주의적 기술에 관한 짧은 강의 과정을 수강하도록 하였다. 8주 프로그램이 거의 끝날 무렵, 두 집단의 아이들 모두 비슷한 수치의 체중감량을 보였다. 그러나 프로그램이 끝나고 나서 일 년 후, 두 집단의 아이들이 체중감량 상태를 어떻게 유지하고 있는지를 확인하였을 때, 부모가 행동주의적 절차에 관한 강의 과정을 수강한 두 번째 집단의 아이들이 더 좋은 체중감량 유지 상태를 보였다.

▶ 추가설명에 대한 연습문제

1. 당신이 행동수정가로서 어떤 의뢰를 수락할 것인지의 여부를 결정할 때, 지리적 위치(도시 대 시골)가 당신의 결정에 어떤 영향을 미칠 것인가?
2. Israel과 그의 동료들은 프로그램에서 중요한 타인들의 도움을 받는 것이 일반화를 증가시킬 수 있다는 것을 어떻게 증명했는가?

25 토큰경제

4장에서 거론된 조건 강화물은 원래 강화력을 가졌던 것이 아니고, 다른 강화물과 짝을 지을 때만 강화력을 얻는다는 점을 상기하라. 어떤 조건 강화물들, 예를 들어 칭찬 같은 것은 영향을 미치는 시간이 매우 짧다. 그런 것은 제시되자마자 곧 자극이 사라진다. 4장에서 논의했던 것처럼, 토큰이라 불리는 조건 강화물은 모아서 물건이나 서비스와 교환할 수 있다(Hackenberg, 2009).

바람직한 행동을 함으로써 토큰을 얻고, 그 토큰으로 지원 강화물들을 살 수 있는 프로그램을 **토큰경제**(token economy)라고 부른다. 현대사회에서 사람들은 돈을 벌기 위해 다양한 일에 종사하며 그 돈을 음식, 주거공간, 의복, 교통수단, 사치품, 여가활동 등의 다양한 품목과 교환하는데, 이는 복잡한 형태의 토큰경제다. 사람들이 버스와 전철표를 사서 대중교통을 이용하는 것은 단순한 형태의 토큰경제다. 토큰경제는 또한 행동수정 프로그램에서 교육과 치료의 도구로 사용되기도 한다. Hackenberg (2009, p. 280)에 따르면, "토큰경제는 응용심리학에서 가장 오랫동안 성공적으로 활용되어 온 프로그램이다."

토큰 강화물을 사용하는 데에는 두 가지의 중요한 이점이 있다. 첫째, 바람직한 행동이 일어나자마자 곧바로 제시될 수 있고, 나중에 지원 강화물로 교환될 수 있다. 그러므로 토큰은 표적행동과 지원 강화물 사이의 긴 지연을 '연결'하는 데 사용될 수 있고, 또한 표적행동 직후에 지원 강화물을 제시한다는 것이 현실적으로 불가능할 때에 중요한 의미를 가진다. 둘째, 여러 지원 강화물과 짝지어진 토큰은 일반화된 조건 강화물로, 특정한 동기화 조작에 의존하지 않기 때문에 여러 동기 상태에 있는 사람들에게 효과적인 강화물로 사용될 수 있다.

행동 프로그램의 구성요인으로서 토큰경제는 다양한 상황에서 사용되어 왔다. 토큰경제는 정신과 병동, 발달장애아를 위한 학급이나 기관, 주의력결핍-과잉행동장애 아동 및 청소년들을 위한 학급, 유치원부터 대학까지의 정규 학급, 다루기 힘든 자녀가 있는 가정, 감옥, 군대, 약물 및 알코올중독 치료병동, 가정간호, 회복센터에서 사용되어 왔다(예, Boniecki & Moore, 2003; Corrigan, 1995; Dickerson, Tenhula, & Green-Paden, 2005; Filcheck, McNeil, Greco, & Bernard, 2004; Higgins, Silverman, & Heil, 2008; Liberman, 2000; Matson & Boisjoli, 2009). 토큰경제는 또한 대학생을 대상으로 한 행동주의적 실험 공동체에도 사용되었다(Johnson, Welch, Miller, & Altus, 1991; Thomas & Miller, 1980).

추가설명 1

토큰경제에서 사용되는 기법은 쓰레기 무단투기 줄이기, 소음공해 줄이기, 재활용 늘리기, 에너지 절약하기, 대중교통수단 이용하기, 민족통합 증진하기, 구직행동 늘리기, 가난한 사람들을 위한 자구행동 늘리기 등 지역사회에까지 확대되어 사용되었다. 토큰경제는 아동의 행동을 조절하고자 하는 일반 가정, 부부간의 불화가 있는 가정, 안전행동의 증가와 결근감소 및 업무증진을 꾀하는 다양한 작업환경 등에서 사용되었다(Kazdin, 1977a, 1985).

이 장에서 토큰경제가 적용될 수 있는 행동과 상황을 광범위하게 다 다룰 수는 없다. 특정한 장면에서 토큰경제를 설정하기 위한 세부 사항은 해당 분야의 책과 논문을 참고해야 한다(Ayllon, 1999; Myles, Moran, Ormsbee, & Downing, 1992). 이 장에서는 다양한 장면에서 토큰경제를 사용할 때 전형적인 단계들이 어떻게 진행되는가에 대해 기술하고자 한다. 우리는 또한 캔자스 주 로렌스의 그룹홈 '성취장소(Achievement Place)'에서 사용된 프로그램의 단계들을 설명할 것이다. 이곳에서는 불우한 가정에서 성장하여 절도와 폭행시비 같은 경도의 범죄를 저질러 법원에 의해 의뢰된 10~16세의 품행장애 성향이 있는 청소년들을 위한 매우 효과적인 프로그램을 개발하였다. 이 프로그램은 **가족교육 모형**(Teaching-Family Model: TFM)을 사용하는데, 이는 4~8명의 품행장애 성향이 있는 소년들이 큰 가정집에서 결혼한 한 쌍의 부부와 함께 사는 것이다. TFM의 주요 특징은 다음과 같다.

추가설명 2

1. 참여자들은 적절한 사회적 행동, 학업적 성취, 일상생활의 기술을 보였을 때 점수를 받게 되는데, 이 점수는 간식, TV 시청, 취미생활, 게임, 용돈, 야외활동의

특권과 교환할 수 있다(따라서 TFM은 토큰경제를 적용한다.).

2. 청소년들이 일상생활 규칙을 정하고 프로그램을 관리하는 데 참여하는 자가-운영 체계다.
3. 정상화(normalization)를 강조한다.
4. 참여자들의 수행을 계속적으로 평가한다.

1970년대 초기에 발달한 TFM은 미국과 캐나다 전역에서 활용되었다. 그리고 그 적용 범위는 자폐, 지적장애, 약물남용, 심각한 정신건강 문제와 같은 다양한 문제들을 지닌 아동으로부터 성인에 이르기까지 확장되어 왔다. TFM 프로그램에 참여한 어린이들과 성인들에게서 나타난 효과를 장기적으로 계속 유지하는 전략을 개발하는 것이 필요하긴 하지만, TFM은 여러 다양한 문제에 가장 효과적으로 접근할 수 있는 처치 중 하나인 것으로 나타나고 있다(Braukmann & Wolf, 1987; Fixsen, Blase, Timbers, & Wolf, 2001; Friman, 2000).

연습문제

1. 토큰이란 무엇인가?
2. 토큰경제란 무엇인가?
3. 강화물로 토큰을 사용하는 것의 두 가지 장점은 무엇인가?
4. 토큰경제를 사용하는 행동을 최소한 다섯 가지 기술하라.
5. 토큰경제로 발달시키려고 설계한 행동을 최소한 다섯 가지 기술하라.
6. '성취장소'의 프로그램은 어떤 유형의 사람들을 돕기 위해 설계되었는지 한 문장으로 기술하라.

토큰경제 설정의 초기 단계

표적행동 결정하기

표적행동은 누구를 대상으로 하는가, 목표가 장기적인가 혹은 단기적인가, 목표달성을 방해하는 행동상의 문제가 어떠한 것인가에 따라 결정된다. 예를 들어, 떠들썩한 저학년 교실의 교사라면, 목표는 읽기, 그림 그리기, 더하기, 빼기 및 건설적인 사회적 상호작용에 필요한 기술들을 가르치는 것이 될 것이다. 표적행동은 이런 기술의 일부일 수도 있고, 또는 이를 위한 전제조건일 수도 있다. 표적행동이 명백하게 정의되어야 학생들은 어떤 행동을 하도록 기대되는지 알게 되고, 당신은 학생들이 그 행동을 할 때 잊지 않고 강화를 줄 수 있다. 즉 표적행동은 '선생님이 말할 때 조용히 앉아 있기' 일 수도 있고, 더 진행된 표적행동은 '10개의 문제 풀이 완성' 일 수도 있다.

당신이 다루는 대상 집단이 동질적일수록 어떤 특정한 반응들이 몇 개의 토큰으로 강화되어야 하는지에 대한 규칙을 표준화하기 쉽다. 이러한 관점에서 토큰경제를 적용하기에 적합한 집단들은 대략 비슷한 행동 수준을 갖고 있는 사람들로 구성된다(예를 들어, 심한 지적장애가 있는 사람들이나 개별화된 지도체계[PSI] 과정에 등록한 대학생들, 2장 참조). 그러나 동질적인 집단에서도 각 개인의 행동적 필요성에 따라 특수한 강화규칙이 자주 요구된다. 이렇게 토큰경제의 실행을 개인에 맞추어야 한다는 점은 복잡하지만, 치료진이 극단적으로 서로 다른 개인들을 동시에 다루어야 하는 것이 아니라면 심각한 어려움은 없다. 특정 사례를 특정 치료집단에 의뢰함으로써 치료 장면을 개인에 맞춰야 한다는 문제를 효율적으로 해결할 수 있다.

앞에서 기술된 '성취장소' 에서(Phillips, 1968) 품행장애 성향이 있는 청소년들의 표적행동은 사회적 영역, 자기-돌봄 영역, 학업 영역 등 그들이 '성취장소' 에 있거나 떠난 후 미래에 그들에게 중요할 수 있는 행동들로 선택되었다. 바람직한 행동과 바람직하지 않은 행동이 정해지고, 표적행동과 (토큰을 받는) 점수를 〈표 25-1〉에 목록화하였다.

표 25-1 '성취장소'에서 품행장애 성향이 있는 청소년들이 받거나 뺏기는 점수와 점수에 해당하는 행동

점수를 받을 수 있는 행동	점수
1. TV 뉴스 보기나 신문 읽기	하루에 300
2. 자신의 방을 청소하고 깨끗하게 정돈하기	하루에 500
3. 깨끗하게 씻고 단정하게 옷 입기	하루에 500
4. 책 읽기	한 쪽당 5~10
5. 여러 가사일에서 부모 돕기	한 번 돕는 행동에 20~1,000
6. 설거지 하기	식사마다 500~1,000
7. 저녁식사 시간에 옷 잘 차려입기	식사마다 100~500
8. 숙제하기	하루에 500
9. 성적표에 좋은 점수 받아오기	등급당 500~1,000
10. 절전하기	전등마다 25
점수를 빼앗기는 행동	**점수**
1. 성적이 떨어짐	등급당 500~1,000
2. 공격적으로 말함	반응당 20~50
3. 식사 전에 잊어버리고 손을 씻지 않음	식사당 100~300
4. 싸우기	반응당 300
5. 불순종	반응당 100~1,000
6. 지각하기	1분에 10
7. 매너없이 행동하기	반응당 50~100
8. 나쁜 자세로 있기	반응당 50~100
9. 문법에 맞지 않는 말 쓰기	반응당 20~50
10. 도둑질, 거짓말 및 속이기	반응당 10,000

출처: E. L. Philips. (1968). 성취장소: '품행장애 성향이 있는' 청소년들을 위한 가정식 재활원에서의 토큰 강화 절차. *Journal of Applied Behavior Analysis, 1*, 213-223. 실험행동분석학회에서 재인용 허락 받음.

기저선 정하기

토큰경제를 실시하기 전에 특정 표적행동에 대한 기저선 자료를 수집해야 한다. 내담자가 이미 만족스러운 수준의 행동을 하고 있을 수 있고, 토큰경제를 실시하면서 얻게 되는 이득이 행동수정을 하면서 들이는 시간, 노력, 경비에 비하여 별 도움이 안 될 수도 있다. 프로그램을 시작한 후에 그 자료를 기저선 자료와 비교해 보면 프로그램의 효과를 결정하는 데 도움이 된다.

지원 강화물 선택하기

지원 강화물을 선택하는 방법은 3장에서 기술된 강화물을 선택하는 방법과 기본적으로 동일하다. 그러나 토큰경제에서는 바람직한 반응 뒤에 강화물을 즉각적으로 주어야 한다는 제한이 없기 때문에 실제 강화물이 매우 다양하게 사용될 수 있다는 점에 유념하라.

강화물을 줄 때 고려해야 할 점은 심각한 윤리적 문제가 생기지 않도록 조심해야 한다는 것이다. 미국의 여러 주에서 정신장애인의 권리, 즉 식사, 편안한 잠자리, TV 보기 등의 권리는 지켜 주어야 한다는 법령을 통과시켰다. 그리고 환자의 인권을 지지하는 많은 판결들이 내려졌다. 따라서 프로그램을 계획할 때 법적으로나 도덕적으로 환자의 권리들을 박탈하지 않도록 조심해야 한다.

지원 강화물을 무엇으로 할지, 치료자가 그 강화물을 어떻게 구할지를 정하고 난 후에는 그것을 제공하는 방법에 대하여 고려해야 한다. 가게나 매점을 이용하는 것이 대부분의 토큰경제에서 사용하는 방법이다. 교실과 같이 작은 토큰경제 상황에서 가게는 교사의 책상이나 교실 내 책상 위에 놓인 상자처럼 단순한 것일 수 있다. 감옥처럼 커다란 토큰경제 상황에서는 가게가 하나 이상의 방 규모로 커지게 된다. 가게의 크기와 상관없이, 정확한 재고품 목록(특히, 수요가 많은 물품)이 항상 유지될 수 있도록 구매내용을 분명하게 기록하는 방법을 고안해야 한다.

표 25-2 성취장소에서 점수로 매주 얻을 수 있는 지원 강화물

특권	점수의 가격
용돈	1,000
자전거 타기	1,000
TV 시청	1,000
게임하기	500
공구 사용하기	500
간식	1,000
시내에 나가기	1,000
정해진 취침 시간보다 늦게 자기	1,000
방과후 늦게 귀가하기	1,000

출처: E. L. Philips. (1968). 성취장소: '품행장애 성향이 있는' 청소년들을 위한 가정식 재활원에서의 토큰 강화 절차. *Journal of Applied Behavior Analysis, 1*, 213-223. 실험행동분석학회에서 재인용 허락 받음.

'성취장소' 에서 지원 강화물은 그룹홈에서 사용할 수 있는 물품이나 활동으로서 그룹홈에서 지내는 소년들에게는 중요한 것이었다. 지원 강화물(특권이라고도 함)을 일주일에 한 번 사용할 수 있었다. 주말마다 아이들은 그 주에 받은 점수를 가지고 다음 주에 사용할 특권과 교환할 수 있었다(〈표 25-2〉 참조).

사용할 토큰의 유형 선택하기

토큰은 돈이 가지고 있는 어떤 의미를 가질 수 있다. 의미를 지녀야 한다는 점이 전제 조건이다. 토큰으로는 '통장' 에 입금하기, '개인수표', 벽이나 내담자 공책에 표를 만들어 표시하기, 수첩에 별표나 도장찍기 등이 있는데, 그중 토큰경제의 필요성에 따라 적절한 내용을 선택한다.

일반적으로 토큰은 내담자에게 매력적이어야 하며, 가볍고, 운반이 용이하며, 보관 가능해야 하고, 쉽게 다룰 수 있는 것이어야 하며, 쉽게 위조할 수 없는 것이어야 한다([그림 25-1]). 지원 강화물의 자동 분배기(automatic dispense)를 이용한다면, 토큰을 넣었을 때 그 장치가 잘 작동되는지를 확인해야 한다. 또한 내담자에게 주는 데 부족하지 않도록 충분한 토큰을 갖고 있어야 한다. 예를 들어 Stainback, Payne, Stainback과 Payne(1973)은 학급에서 토큰경제를 실시할 때 한 아이당 100개의 토큰을 준비하고 있어야 한다고 하였다.

그리고 토큰을 보관하고 관리하는 데 필요한 용품을 가지고 있어야 한다. 예를 들어, 학생들에게는 받은 토큰을 보관할 상자나 주머니, 지갑이 필요할 수 있다. '성취장소' 에서는 〈표 25-1〉과 〈표 25-2〉에서 나타난 것처럼, 점수가 토큰으로 사용되었으며 점수들은 매일 색인 카드에 기록되었다. '성취장소' 의 소년들은 항상 그 카드를 휴대하였으며 바람직한 행동을 하거나 바람직하지 않은 행동을 했을 때 즉각적으로 점수를 받거나 빼앗겼다.

동원 가능한 협조자 파악하기

교실과 같이 작은 토큰경제 상황에서는 다른 사람의 도움이 필수적이지는 않으나, 프로그램의 초기 단계에는 도움이 필요하기도 하다. 정신과 병동과 같이 커다란 토큰경제 상황에서는 다른 사람의 도움이 필수적이다.

협조자에는 여러 유형이 있다. ① 이미 내담자와 함께 작업을 하던 사람들(예를 들

[그림 25-1] 토큰은 쉽게 위조될 수 없어야 한다.

어, 간호조무사, 조교), ② 자원봉사자(예를 들어, 주부, 노인, 시민단체 회원, 지역사회 활동단체 회원), ③ 기관 내에서 좀 더 행동을 잘하는 사람(예를 들어, 하급생을 돕기 위해 배정된 상급생), 그리고 ④ 토큰경제를 받는 당사자 등이다. 어떤 경우에는 내담자가 적절한 행동을 하면 그에 수반하여 스스로 토큰을 가져가도록 교육하기도 한다.

추가설명 3

토큰경제가 원활하게 기능하기 시작하면, 더 많은 구성원들이 목표를 이루기 위해서 점점 더 많은 책임을 감당하게 된다. 예를 들면, '성취장소' 에서 몇몇의 청소년은 다른 청소년들이 일상적인 가사일을 하도록 감독하는 역할을 하였다(Fixsen & Blase, 1993). 감독자 혹은 '관리자' 의 역할을 하는 청소년은 동료들의 수행에 대하여 토큰을 제공하거나 박탈하였다. 관리자를 선발하는 방법에 대한 연구에서는 청소년들의 수행과 과업 완수의 효율성에 있어 가장 좋은 관리자 선발 방법은 민주적 선거인 것으로 나타났다(Phillips, Phillips, Wolf, & Fixsen, 1973; Wolf, Braukmann, & Ramp, 1987). '성취장소'의 또 다른 실험에서 어떤 청소년은 별다른 훈련이나 어른들의 지도 없이, 언어 문제를 가진 다른 사람을 돕는 치료자로서의 역할을 잘 완수하여 토큰을 얻었다(Bailey, Timbers, Phillips, & Wolf, 1971).

PSI를 사용하는 수업에서(PSI와 CAPSI에 대해서는 2장의 49-50쪽 참조) 과제를 먼저 마친 학생들이 다른 학생들이 과제를 수행하는 것을 평가하고, 그 수행에 대해 즉각적인 피드백을 주도록 하였다. 대학에서 PSI를 사용하는 다른 방법으로는 학기 초에 초반부에서 다룬 수업 내용을 가지고 시험을 보는 것이다. 수업내용을 잘 숙지한 학생들(시험에서 점수를 잘 받은 학생들)을 선발하여, 그들이 학기의 남은 기간 동안 개인 교습을 하거나 지도를 하면서 다른 학생들의 소집단을 끌고 나가게 한다(Johnson & Ruskin, 1977).

당신의 토큰경제를 도와줄 사람들을 어떻게 구할 것인가를 결정할 때에, 그들의 도와주는 행동을 당신이 어떻게 강화할 것인가를 고려해야 할 필요가 있다. 물론 일반적으로 사용하는 강화물은 인정을 해 주는 것이다. 토큰경제를 계속 실시하는 것과 희망하는 분야에서 일하도록 하는 것은 추가적 강화물이 될 수 있다.

장소 선택하기

토큰경제를 위해서 특별한 장소가 필수적인 것은 아닌데, 이러한 사실은 설계자에게 장소 선택권이 별로 없기 때문에 다행한 일이다. 그러나 어떤 특정한 유형의 토큰경제를 실행하기 위해서는 특정한 장소가 더 좋을 수도 있다. 예를 들면, 토큰경제를 실행하는 대학 강사들은 큰 교실에서 토큰경제를 실행하기도 한다. 고정된 책상보다 이동 가능한 책상을 선호하는데, 학생들이 소집단으로 활동하기 쉽기 때문이다. 토큰경제를 실행하는 교실은 보통 매우 시끄러운 곳이어서 남들이 보기에 소란스럽다는 인상을 받기도 한다. 그렇지만 예상 외로 거의 모든 학생들이 금방 그러한 소란에 잘 적응하기 때문에 효율성이 떨어지지는 않는다. 인터넷은 학업 수행에 토큰경제를 더 잘 사용할 수 있는 환경을 제공하였는데, 학생들이 어느 곳에서나 토큰경제에 참여할 수 있게 되었기 때문이다(예, Pear & crone-Todd, 1999; Pear & Martin, 2004).

연습문제

7. 토큰경제의 설계와 관련된 여섯 가지 초기 단계의 목록을 적고, 간략히 기술하라.
8. '성취장소'에서 품행장애 성향이 있는 청소년들의 바람직한 행동 세 가지와 바람직하지 않은 행동 세 가지를 포함하여 총 여섯 가지 표적행동을 정하라.
9. 토큰경제에서 가게는 무엇인가? 예를 들라.
10. 토큰이 갖는 여섯 가지의 특징은 무엇인가?
11. 토큰경제를 운영하는 데 있어서 자원봉사자를 구할 수 있는 세 가지의 방법을 제시하라.
12. 토큰경제를 받는 당사자들이 스스로를 토큰경제의 조력자로 기능하게끔 할 때 나타나는 장점은 무엇인가?
13. PSI 수업을 관리할 때 도움을 얻었던 두 가지 방법은 무엇인가?

구체적인 이행 절차

다른 새로운 프로그램에서처럼, 토큰경제를 이행하기 전이나 이행 도중에 토큰경제의 여러 가지 구체적인 절차를 결정하고 진행해야 한다. 그 절차는 다음과 같이 분류될 수 있다.

자료 수집

어떠한 자료 기록용지를 사용할지, 누가 자료를 기록할지, 언제 자료를 기록할지를 고려해야 한다.

강화를 주는 사람

누가 강화를 주고, 어떤 행동에 대하여 강화를 줄 것인지를 결정하는 것이 중요하다. Ayllon과 Azrin(1968)은 여러 명의 관리인이 (같은 병동에 있는) 여러 명의 내담자에게 토큰을 제공해야 할 때라도, 특정한 시간대에 특정 행동에 강화를 주는 것은 한 사람이 담당하는 게 좋다고 하였다. 그렇지 않으면 "잘못되거나 생략되거나 변경된 것에 대하여 다른 사람의 행동을 탓하게 되어 강화 절차의 실패에 대해 아무도 책임을 지지 않는다."고 하였다(p. 136).

더불어, 토큰은 목표반응에 뒤이어 즉각적으로 긍정적이고 분명한 태도로 전달해야 한다. 토큰을 줄 때(최소한 초기 단계만이라도) 친절하게 웃으면서 왜 그들이 토큰을 받게 되었는지를 이야기해 준다.

지불할 토큰의 수 혹은 빈도

특정 행동에 몇 개의 토큰을 주어야 하는지를 결정할 때 고려해야 할 중요한 사항들이 있다. 그중 한 가지 고려 사항은 토큰경제의 단계인데, Stainback, Payne, Stainback과 Payne(1973)은 교실에서 토큰경제를 시행하는 첫날에 한 아동당 25개에서 75개의 토큰을 주는 것이 결코 많은 것이 아니며 토큰의 개수를 매일 줄여 15개 내지 30개가 되도록 하는 것이 좋다고 하였다. 그리고 강화받는 행동의 치료적 가치와, 토큰이 없어도 내담자가 그 행동에 참여할 가능성이 있는지 등도 역시 고려해야 한다. 캔자스 대학교의 생활실험 프로젝트에 참여한 대학생들이 기숙사에서 허드렛일을 하고 토큰을 받는 경우, 토큰의 수는 그 일을 하는 데 걸리는 시간과 관련이 있었다(Johnson, Welch, Miller, & Altus, 1991).

지원 강화물 관리하기

토큰을 가지고 지원 강화물을 살 수 있는 빈도가 결정되어야 한다(즉, 가게 문을 얼마나 자주 열 것인가). 처음에는 자주 열어야 하고 이후 점차 줄여야 한다. 학령기 아동을 위하여 Stainback 등(1973)은 첫 3~4일 간은 하루에 한두 번씩 열고, 이후 점차 줄여서 토큰경제의 3주째가 되어서는 주당 1회(금요일 오후)만 열 것을 권장하였다.

지원 강화물 각각의 값이 토큰 몇 개에 해당하는지도 결정해야 한다. 지원 강화물의 화폐적 가치가 물론 고려되어야만 하며 그 외에도 다른 두 가지 요소가 중요하게 고려되어야 한다. 한 가지는 공급과 수요의 법칙이다. 수요가 많은 것에는 더 많은 토큰을 요구해야 하고, 수요가 적은 강화물은 그 반대여야 한다. 이렇게 하면 효과적인 강화물의 적절한 공급을 유지할 수 있고, 각 지원 강화물의 강화력을 높일 수 있다. 고려할 다른 사항은 지원 강화물의 치료적 가치다. 내담자에게 치료적으로 득이 되는 지원 강화물은 토큰을 적게 주고 살 수 있어야 한다. 그래야 내담자가 강화물을 쉽게 얻을 수 있다. 예를 들면, 사회적 기술의 습득이 필요한 내담자의 경우 파티 참석권은 토큰을 적게 주고도 살 수 있어야 하는데, 파티에 참석하는 것 자체가 가치 있는 행동의 발전에 도움이 되기 때문이다.

반응-대가 벌칙 수반성의 가능성

토큰의 사용은 부적절한 행동에 대한 처벌로서 벌금을 사용할 가능성도 제공한다(〈표 25-1〉; Lippman & Motta, 1993; Sullivan & O'Leary, 1990 참조). 이러한 유형의 처벌은 체벌이나 타임아웃보다 윤리적 관점에서 선호된다. 다른 모든 형태의 처벌과 마찬가지로 이러한 형태의 처벌도 남용하지 말아야 하고, 분명히 정해진 행동에만 주어져야 한다(12장 참조).

토큰경제에서 벌금을 사용한다면(〈표 25-1〉 참조), 내담자에게 덜 감정적이고 덜 공격적인 태도로 벌금을 내게 하는 방법도 교육해야 한다. Phillips, Phillips, Fixsen과 Wolf(1973)는 품행장애 성향이 있는 청소년들을 위한 '성취장소'의 토큰경제와 관련하여 이러한 수반성을 기술하였다. '성취장소'에서 토큰경제의 벌금과 관련된 수반성은 아이들에게 중요한 사회적 기술을 배우게 하였다. 즉 이러한 수반성을 통해 아이들은 일반 사회에서의 법적인 징계를 받아들이는 법을 배울 수 있었다.

프로그램 시행자와 협조자들에 대한 감독과 훈련

토큰경제의 시행자들도 행동 규칙을 따라야 한다. 토큰경제가 효과적으로 기능하도록 만들기 위해서, 그들 역시 적절한 행동에 대하여 강화를 받고, 적절하지 않은 행동에 대해서는 수정이 이루어져야 한다. 따라서 그들의 의무가 분명하게 구체화되어야 하고, 그 의무를 잘 실행하는지 감독되어야 한다. 행동규칙에 대한 감독의 중요성은 Wolf, Kirigin, Fixsen, Blase와 Braukmann(1995)가 매우 성공적이었던 '성취장소'를 재시행했을 때 명확해졌다. 한 쌍의 부부를 새로운 그룹홈의 부모로 훈련시키려 했던 Wolf 등(1995)은 다음과 같이 표현했다.

> 우리는 그 부부를 우리가 설계할 수 있었던 '최상'의 석사 과정 프로그램에 참여시켰다. 그 과정은 행동 이론, 아동과 청소년 발달, 그 밖의 여러 이론강의로 구성되

> 어 있었다. 하지만 이 과정은 그룹홈의 품행장애 성향이 있는 청소년들을 어떻게 다룰지에 대해서는 특별한 내용이 없었다……. 우리는 잘못 훈련되고 교육받은 부부를 그룹홈에 보내서 실패했었던 그 참담한 여름을 절대 잊지 못할 것이다(pp. 27-28).

프로그램 개발자는 부모교육을 위한 훈련 프로그램을 재설계하였고 캔자스 주에서 TFM을 성공적으로 마칠 수 있었다. 하지만 TFM을 확장시켜 전국적으로 확대 적용하려고 했을 때에는 실패하였다. 결국 이러한 실패는 캔자스와 달리 '일정한 정도의 감독, 행동의 구체화와 기술교육' 등이 개인적으로 제공될 수 없었던 결과로, 이러한 기능들이 잘 이뤄지지 못하는 먼 지역에는 TFM을 적용하는 것이 쉽지 않음을 깨닫게 되었다(Wolf et al., 1995, p. 39). 그래서 미국 전역에 이 기능들을 보급시키기 위해 개발자들은 가족교육학회(TFA)를 개설하였다.

> TFA는 회원들에게 교육, 전문성, 레크레이션, 직업, 사회적 강화물을 제공하는 등 여러 기능을 하기 위해 만들어졌다. 그러나 TFA의 가장 중요한 기능은 프로그램의 질을 향상시키는 것, 즉 훈련기관에서 행동을 구체화하고 감독하고 기술교육을 제공하는 일이었다(Wolf et al., 1995, p. 46).

TFA는 많은 지역모임을 국제적 기관으로 발전시켰다. 이 기관의 웹사이트(www.teaching-family.org)에 따르면, TFA는 북미에서 프로그램 수행과 처치의 질, 서비스 전달 체계와 관련된 기준을 정하고 집행하며, 절차를 검토하는 유일한 기관이다.

발생 가능한 문제 다루기

다른 복잡한 절차에서처럼, 토큰경제 설계에서도 발생 가능한 문제점에 대비해야 한다. 토큰경제에서 발생할 수 있는 문제점은 ① 토큰경제를 시작한 후 처음 며칠간의 혼란, ② 프로그램 시행자나 협조자의 부족, ③ 내담자가 노력하지 않고 토큰을 얻으려고 시도하거나 충분하지 않은 토큰으로 지원 강화물을 얻으려고 시도함, ④ 내담자가 토큰을 갖고 놀거나 그것을 함부로 다룸, ⑤ 지원 강화물의 구입 실패 등이다. 발생 가능한 이러한 모든 문제점들은 사전에 치밀한 계획하에 다루어져야 한다.

그러나 TFM의 초기 실패처럼, 프로그램 계획 단계에서 아무리 주의한다고 하더라도 문제가 발생하는 것을 항상 미연에 방지할 수는 없다. '성취장소' 의 개발자들은 프로그램의 참여자나 온라인 관리자들을 위한 주관적 피드백 설문지를 개발 및 사용하여 기대하지 못했던 문제를 확인하고 해결하는 데 도움을 받았다(Wolf et al., 1995).

연습문제

14. 토큰경제를 이행하기 전과 이행하는 동안 일곱 가지 구체적인 절차를 어떻게 결정하고, 이행해야 하는가?
15. 병동의 토큰경제에서 특정한 시간에 특정 반응을 강화하기 위해서 한 사람만을 배치하는 것의 장점과 단점은 무엇인가?
16. 토큰은 어떻게 제공되어야 하는가?
17. 집단의 각 학생에게 주기 위하여 얼마나 많은 토큰을 갖고 있어야 하는가?
18. 학교에서 토큰경제를 수행하는 처음 며칠 동안에 가게는 얼마나 자주 열어야 한다고 하였는가?
19. 토큰경제를 실행하는 초기에 발생할 수 있는 세 가지 문제점을 기술하라.

요강 준비하기

토큰경제를 실행하기 전에 완성해야 할 마지막 단계는 요강(manual)을 준비하거나 혹은 토큰경제를 어떻게 실행할지에 대한 규칙들을 정확하게 기술하는 것이다. 요강에서는 어떤 행동이 강화를 받을 것인지, 어떻게 토큰과 지원 강화물로 강화를 줄 것인지, 어느 시간에 강화를 줄 것이지, 어떠한 자료를 기록할 것인지, 언제 그리고 어떻게 자료를 기록할 것인지, 치료진 각각의 책임과 의무는 무엇인지에 대하여 자세히 설명해야 한다. 각각의 규칙은 내담자와 치료진에게 수용될 만한 것이어야 하고 합리적이어야 한다. 치료진들 각자에게 요강과 자신의 특정 임무와 책임에 대한 설명서가 주어져야 한다. 가능하다면 각 내담자에게도 그들에게 해당되는 부분의 요강을 주는 것이 좋다. 내담자가 글을 읽지는 못하지만 말을 이해할 수 있다면 요강의 관련된 부분에 대하여 분명하게 설명해 주어야 한다.

요강에는 규칙들이 적절하게 이행되었는지의 여부를 평가하고 확인하는 분명한 절차가 포함되어야 한다. 또한 규칙에 대해 논쟁이 있을 경우 중재하는 방법이 포함되어야 하고, 토큰경제 목적에 부합하면서도 실제적인 한도 내에서 내담자들이 가능한 한 조정 절차에 참여할 수 있어야 한다. 그러한 절차에 내담자가 참여하도록 해야만 그들이 일상생활 속에서 칭찬받는 기술, 자기-관리, 개인적 자발성과 관련된 행동 들을 발달시킬 수 있게 된다. 이 때문에 토큰경제에서 오래된 규칙을 개정하고 새로운 규칙을 설계할 때 내담자가 직접 참여하는 것이 바람직하다. 또한 규칙을 변화시키는 것이 바람직하다면 그 규칙은 수정될 수 있어야 한다. 그러나 갑작스럽고도 심한 변화는 내담자의 바람직하지 않은 정서행동을 야기할 수 있다. 더구나 규칙이 자주 혹은 임의로 변화될 때는 내담자가 규칙을 따르지 않게 되기도 한다. 그러므로 규칙의 수정이 가능한 한 문제없이 이루어지도록 하기 위하여 규칙이 어떤 근거하에 변경될 수 있는가 하는 점도 요강에 밝혀야 한다. 규칙의 변경은 모든 관련자들에게 사전에 공지되어야 하고, 요강 내용의 추가와 개정은 논의되고 설명되고 정당화되고 문서화되어야 하며, 실제 적용하기 전에 관련자들에게 배포되어야 한다.

앞에서 기술된 '성취장소'를 재시행할 때의 어려움은 결과적으로 연구자들이 명백하고 구체적인 훈련요강을 개발해서 교사와 부모가 정확하게 여러 상황에서 무엇을 해야 하는지를 요강을 통해 알게 됨으로써 해결되었다(Braukmann & Blase, 1979; Phillips, Phillips, Fixsen, & Wolf, 1974). 이 훈련요강은 여러 다양한 상황에서 토큰경제를 실행하기 위해 훈련요강을 개발할 때 좋은 모델이 된다.

자연적 환경에 일반화되는 프로그램 설계하기

토큰경제는 주로 기관에서 문제행동을 관리하는 방식으로 알려져 있다. 기관을 벗어난 자연적 환경에서 내담자가 적응할 수 있도록 돕는 것도 무시할 수 없다. Kazdin(1985)은 토큰경제에 대한 많은 연구결과를 분석한 결과, 토큰경제가 다양한 집단에게 효과가 있고, 토큰경제를 통하여 얻어지는 변화가 프로그램 종료 후에도 몇 년 동안 유지된다고 요약하였다. 그러나 자연적 환경에서는 사회적 강화가 주로 사용되기 때문에, 토큰경제를 사회적 강화로 점차 대체하도록 설계해야 한다. 추가설명 4

내담자를 토큰으로부터 벗어나게 하는 데는 두 가지 일반적인 방법이 있다. 하나는 토큰을 점차 제거하는 것이다. 두 번째 방법은 토큰의 가치를 점차 감소시키는 것이다. 첫 번째 대안은 토큰을 점차 간헐적으로 주거나, 토큰을 받는 행동의 수를 점차 감소시키거나, 혹은 표적행동과 토큰 제공의 간격을 점차 지연시키는 것이다. 두 번째 대안은 토큰의 수에 따라 교환할 수 있는 지원 강화물의 양을 점차 감소시키거나, 토큰 획득과 지원 강화물 간의 간격을 점차 지연시키는 것이다. 현재로서는 가장 좋은 결과를 나타내는 방법과 그 방법들의 조합이 무엇인지를 말할 수 없다. 더불어 일반화 프로그램에서 다루었던 모든 고려사항들이 점검되어야 한다(16장에서 논의됨).

내담자가 자연적 환경에 적응할 수 있도록 준비시키는 다른 단계는 내담자가 스스로 자신의 강화를 계획하고 운영하여 점차 자신이 통제하도록 하는 것이다. 자신의 행동을 평가하고, 어떠한 변화가 필요한지를 합리적으로 결정하며, 그러한 변화를 위한 효과적인 프로그램을 계획할 수 있는 사람은 분명히 어떠한 상황에도 잘 적응하게 된다. 이러한 기술을 확립하는 방법은 26장에서 다루기로 한다.

윤리적인 고려사항

토큰경제는 행동수정 기법을 비교적 커다란 규모에 체계적으로 적용하는 것이다. 따라서 의도와는 달리 이 기법이 오용될 가능성이 있으므로, 이러한 오용을 피하기 위하여 조심해야 한다. 내담자나 그 보호자가 동의한다면 이런 체계가 공적인 심사를 받도록 개방하는 것이 오용을 피하는 방법이 될 수 있다. 예를 들어, TFM의 윤리적 통제를 위해 중요한 것은 TFM을 사용할 때 프로그램을 보증하는 TFM의 엄격한 기준과 절차다. 모든 행동수정 프로그램과 관련된 윤리적 고려 사항은 30장에 제시되어 있다.

토큰경제를 설계할 때 고려해야 할 사항들의 요약

1. 관련 문헌 개관하기
2. 표적행동 정하기
   1) 단기, 장기 목표의 목록을 작성하라.
   2) 우선순위에 따라 당신의 목표를 정리하라.
   3) 내담자에게 가장 중요한 목표이면서 나중 목표의 전제조건이 되는 목표를 선택하라.

4) 처음에 빨리 달성할 수 있는 우선적 목표들을 파악하라.
5) 시작 목표를 달성하기 위해 필요한 몇 개의 표적행동을 기술하라.

3. 표적행동의 기저선 측정하기
4. 지원 강화물 선택하기
   1) 특정한 대상 집단에게 효과적인 강화물을 사용하라.
   2) Premack 원리를 이용하라(3장 참조).
   3) 내담자로부터 강화물에 대한 언어적 정보를 수집하라.
   4) 내담자에게 강화물을 결정하는 데 도움이 되는 목록표를 제시하라.
   5) 내담자에게 일이나 다른 요구 없이 자유로울 때 무엇을 하고 싶은가를 질문하라.
   6) 자연적 환경 속의 강화물 중에서 프로그램에 포함할 수 있는 것이 어떤 것인지 결정하라.
   7) 강화물 목록의 합법성과 윤리성을 고려하라.
   8) 지원 강화물을 보관, 전시, 분배하기에 적절한 가게를 설계하라.
5. 내담자를 위하여 가장 적절한 형태의 토큰 선택하기(토큰은 매력적이어야 하고, 가벼우며, 운반이 용이하고, 보관이 가능하며, 다루기 쉽고, 위조하기가 쉽지 않아야 한다.)
6. 프로그램 운영을 도와줄 사람 파악하기
   1) 기존의 치료진
   2) 자원봉사자
   3) 대학생들
   4) 기관의 직원들
   5) 토큰경제와 관련된 사람들
7. 적절한 장소와 필요한 장비 구하기
   1) 넓은 공간이 있는 곳을 선택하라.
   2) 장비와 가구는 쉽게 옮길 수 있어야 한다.
   3) 내담자의 행동을 쉽게 파악할 수 있고, 즉각적으로 강화할 수 있도록 상황 장면을 재정비하라.
8. 구체적인 실행 절차 결정하기
   1) 적절한 자료 기록용지를 설계하고, 누가 자료를 수집하며, 언제, 어떻게 자료를 기록할지를 결정하라.

2) 누가 강화를 주고, 어떤 행동에 어떻게 강화를 줄 것인지를 결정하라.
3) 내담자가 어떤 행동을 했을 때 하루 동안 얻을 수 있는 토큰의 수를 결정하라.
4) '가게 절차'를 만들고, 지원 강화물의 토큰으로서의 가치를 결정하라.
5) 처벌의 수반성을 신중하게 다루라. 벌받을 행동을 분명하게 정해 놓고, 윤리적으로 문제가 되지 않는다는 판단이 설 경우에만 처벌을 가끔 사용하라.
6) 시행자의 의무를 분명히 정해 놓고, 그들에 대한 감독과 강화가 바람직한 계획하에 잘 이루어지고 있는지를 확인하라.
7) 발생 가능한 문제점들을 생각해 보라.

9. 내담자와 프로그램 시행자, 협조자를 위한 토큰경제 요강 준비하기
10. 토큰경제 실행하기
11. 자연적 환경에 일반화시킬 수 있는 전략 계획하기
12. 각 단계의 적절한 윤리적 지침을 모니터링하고 실행하기

연습문제

20. 행동을 자연적 환경으로 전이할 때 내담자를 토큰으로부터 벗어나게 하는 두 가지 일반적 방법을 기술하라.
21. 토큰을 얻는 행동의 수를 점차 감소시키기로 결정했다고 하자. 어떤 행동에 더 이상 토큰 강화를 주지 않기로 결정할 때 따라야 하는 일반적인 지침에는 어떤 것이 있는가? 즉 어디서 그리고 어떤 행동에서 시작할 것인가?
22. 토큰경제에 대한 높은 윤리적 기준에 부합하기 위하여 조심해야 할 점은 무엇인가?

적용연습

A. 타인에 대한 적용연습

1. 당신이 선택한 집단에 토큰경제를 적용하기 위한 다섯 가지의 목표를 정하라.
2. 연습 1에서 나열한 각각의 다섯 가지 목표에 대한 표적행동을 명확히 정하라.
3. 연습 1에서 선택한 집단의 구성원들에게 줄 지원 강화물들을 기술하라.

추가설명 및 심화토론

1. 교실에서 토큰경제는 교사가 학생들에게 경제 원리와 재정 관리를 가르치기 위해 가짜 화폐를 사용하는 **교실 미니-경제**의 증가와 함께 새로운 국면을 맞이하였다(예, Day & Ballard, 2005). 교실 미니-경제에서 아이들은 교실에서 일을 맡아 한다든지 교실에서 사업을 운영한다든지, 원하는 학업 및 교실 관리 행동을 하면서 가짜 화폐를 벌어 교실 가게에서 물품과 교환할 수 있었다. 교실에서 할 수 있는 일은 관리인(책장, 칠판, 지우개 청소), 출석 관리원(출석 확인), 원예 전문가(교실 화분 돌보기) 등이다. 교실사업은 반 아이들이 살 수 있는 물건(예, 미술품, 조각품, 교내신문)을 만들거나 아이들에게 서비스를 제공하는 것(예, 개인교습, 책상 청소, 노래 메시지 전달하기)을 포함한다. 원하는 학업 및 교실 관리 행동에는 제때 과제 끝내기, 성적 올리기, 복도에서 조용히 줄맞추어 가기 등이 포함된다. 교실 토큰경제는 몇 가지 학업 행동에 초점을 두고 있긴 하지만 교실 미니-경제는 자연적 환경에서 경제생활에 참여하도록 아이들을 준비시키는 더 큰 목표를 두고 있다.
2. 이 장에서 다룬 내용들은 토큰경제에 대한 다음의 문헌에서 상세히 다루어지고 있다. 즉 정신병원에서의 토큰경제를 다룬 Ayllon과 Azrin(1968)과 Glynn(1990), 유치원 교실에서의 토큰경제를 다룬 Stainback 등(1973), 숙식 워크숍에서의 토큰경제를 주로 다룬 Welch와 Gist(1974), 교도소에서의 토큰경제 프로그램을 기술한 Ayllon과 Milan(1979), 토큰경제 연구의 종합적 개관을 제시한 Kazdin(1977a) 등이 있다. ADHD 아동과 10대를 위한 토큰경제에 대한 더 많은 정보를 원하면 Barkley(1996)를 참조하라. 대학교와 고등학교에서 사용되며 흔히 개별화된 지도체계(PSI)라고 불리는 토큰경제 절차 사용에 대한 더 많은 정보를 얻기 위해서는 Keller와 Sherman(1982), 그리고 이 책의 2장을 참조하라. 행동의 일반적인 원리와 관련된 토큰강화 절차와 개념에 대한 개관과 논의는 Hackenberg(2009)를 참조하라.
3. Rae, Marin과 Smyk(1990)은 과제 수행을 증진시키는 숙식 워크숍에서 발달장애가 있는 내담자를 위한 토큰 프로그램을 설계하였다. 토큰은 워크숍 카페테리아에서 다른 품목으로 교환될 수 있었다. 그러나 워크숍에 치료진이 충분하지 못하여 내담자들이 과제를 다 수행했는지를 신뢰성 있게 파악할 수 없었다. 그에 대한 해결책으로 내담자들에게 자신의 과제 수행을 스스로 모니터링하도록 가르쳤다. 연필과 네모칸들이 있는 종이를 각 내담자 앞에 놓았다. 부저가 울릴 때 내담자가 과제를 수행하고 있었다면 네모 칸에 X표시를 하도록 내담자에게 가르쳤다. 반나절 동안 부저 소리가 여섯 번 나도록 되어 있었다. 내담자가 여섯 번의 X표를 얻으면, 그것을 토큰으로 교환할 수 있었다. 전체 프로그램은 내담자의 워크숍 과제 수행 증진에 효과적이었다.
4. **가족교육 모형**(Teaching Family Model: TFM)을 일반화할 수 있는가를 검증하기 위한 연구는 TFM 프로그램이 이 프로그램에 참여한 품행장애 성향이 있는 청소년들의 행동을 교정하는 데 효과적임을 나타내고 있다(예, Kirigin, Braukmann, Atwater, & Wolf, 1982). 그러나

프로그램을 그만둔 후에도 품행장애 성향이 있는 청소년들에게 계속 효과가 있는지는 확실하지 않다. 사실, 초기의 몇몇 연구는 TFM 프로그램에 참여한 학생들과 전통적인 프로그램에 참여한 품행장애 성향이 있는 청소년들 간에 상습 비행율의 차이가 없음을 보였다(예, Fonagy, Target, Cottrell, Phillips, & Kurtz, 2002; Jones, Weinrott, & Howard, 1981; Kirigin et al., 1982; Wilson & Herrnstein, 1985). 그러나 Kingsley(2006)는 이 연구에서 사용한 연구 방법과 통계방법에 문제가 있다고 주장하였으며 더 나아가 최근의 많은 연구에서는 TFM이 상습비행을 의미 있게 감소시키는 것으로 나타났다(예, Friman et al., 1992; Larzelere et al., 2001; Larzelere, Daly, Davis, Chmelka, & Handwerk, 2004; Lipsey, 1999a, 1999b; Lipsey & Wilson, 1998; Thompson et al., 1996). 이와 관련하여 TFM에 대한 후속연구가 더 필요하며, 더 중요하게는 프로그램을 마치고 프로그램에서 배운 것을 그들이 살아갈 일상적인 환경으로 전이시킬 수 있는 효과적인 방법을 찾아내기 위한 연구가 필요하다.

▶ 추가설명에 대한 연습문제

1. 교실 미니-경제는 무엇인가?
2. 교실 미니-경제가 정규 교실 토큰경제와 유사한 점과 차이점은 무엇인가?
3. 교실 미니-경제에 참여한 아이들이 일상 환경에서도 교실 미니-경제를 일반화하여 적용할 수 있을 것이라 생각하는가? 일반화시킬 수 없을 것이라 생각하는가? 이에 대해 설명하라.
4. 숙식 워크숍에서 내담자들이 자신에게 토큰을 제공하는 프로그램을 기술하라.

26 자기-통제를 발달시키도록 돕기[1]

알과 메리는 학교 카페테리아에서 도너츠와 커피를 먹고 있다. 도너츠와 커피를 다 먹었을 때 알은 "도너츠를 더 먹을까 생각 중이야." "너무 맛있어 보인다! 못 참겠어." "하나 더 먹는 건 별 차이가 없을 거야."라고 말하며 불룩 나온 배를 두들겼다.

자기-통제가 필요한 문제 중 상당수는 자제력과 관련되는 것이다. 즉 과다흡연, 과식, 과음, 지나친 TV 시청과 같이 즉각적인 만족을 주는 과도한 행동을 감소시키는 데 자기-통제가 적용된다. 자기-통제가 적용되는 또 다른 경우는 증가시킬 필요가 있는 반응에 변화를 주는 것으로, 그러한 반응에는 공부하기, 운동하기, 주장하기, 집안일 하기 등이 포함된다. 많은 사람들은 우리에게 그러한 문제를 극복할 수 있는 놀라운 의지가 있는 것처럼 말한다. 사람들이 항상 "만약 의지가 더 강하다면 당신은 나쁜 습관을 없앨 수 있을 것이다." 혹은 "만약 의지가 더 강하다면 당신은 자신을 개선시킬 수 있는 더 나은 습관을 갖게 될 것이다."와 같은 충고를 여러 번 들어 왔기 때문에 부분적으로 이를 믿기도 한다. 그러나 불행하게도, 그것은 우리가 어떻게 의지적인 사람이 될 수 있는가에 대해 말해 주지 않기 때문에 도움이 되는 충고가 아니다. 오히려 자기-통제의 문제가 어떻게 효과적인 결과 내지 비효과적인 결과를 파생시키는지 검토해 보는 것이 더 유용하다. 이 장의 전반부에서는 자기-통제를 위한 모형을 다루고, 후반부에 대부분의 성공적인 자기-통제 프로그램이 어떻게 다섯 가지

1) 이 장의 내용은 Martin과 Osborne(1993)을 재기술한 것이다.

기본 단계로 진행되는지를 기술하고자 한다. **자기-통제 프로그램**(self-control programs)은 자신의 행동을 수정하고 통제하기 위해 행동수정의 원리를 사용하는 전략인, **자기-관리**(self-management)나 **자기-수정**(self-modification)으로 불리기도 한다.

자기-통제 문제의 원인

"나는 디저트가 더 먹고 싶어서 참을 수가 없어."
"나는 정말 운동을 해야 해. 내가 게을러지지 않았으면 좋겠어."
"나는 중간 보고서를 내야 해. 중간고사도 있고 실험과제도 끝내야 해. 내가 지금 집에서 공부하지 않고 이 술집에서 무엇을 하고 있는 거지?"

이 중 어떤 말이 친숙하게 들리는가? 만약 당신이 대부분의 다른 사람들과 비슷하다면, 당신은 아마도 여러 번 이런 말들을 스스로에게 했을 것이다. 그리고 의지가 약해서 그렇다고 여러 번 말했을지도 모른다. 이에 대하여 즉각적으로 유의미한 결과, 지연된 결과, 축적됨으로써 유의미한 영향을 주는 결과와 발생 가능성이 희박한 결과가 행동에 어떠한 영향을 주는지, 또는 행동에 영향을 주는 데 실패하는지를 검토해 봄으로써 그러한 상황들을 어떻게 설명할 수 있는지 살펴보도록 하자.

행동과잉의 문제

자기-통제 문제의 한 유형은 행동과잉, 즉 어떤 것을 너무 많이 하는 것으로 이루어진다. 그 예는 과식하기, 지나치게 오래 TV 시청하기, 커피 많이 마시기 등이다. 그러한 행동과잉에는 즉각적인 강화물이 수반된다(예, 음식의 좋은 맛, TV의 재미있는 장면 등). 비록 행동과잉이 부정적인 결과를 가져오더라도 (그 부정적인 결과가) 별로 영향력을 미치지 못한다. 그 이유를 살펴보자.

행동에 대한 즉각적 강화물 대 지연된 벌칙 10대 청소년이 친구와 같이 나가고 싶지만 아직 숙제를 끝내지 못했다고 가정해 보자. 부모가 숙제를 다 했는지 물었을 때, 그 아이는 숙제를 다 끝냈다고 거짓말을 하고 친구와 함께 외출해도 된다는 허락을 받는다. 이때 거짓말은 즉각적으로 강화받는다. 거짓말한 것이 금방 탄로 나지는 않으며, 거짓말에 수반되는 처벌(예, 외출 금지)은 거짓말을 한 때부터 오래도록 지연된다. 만약 어떤 행동을 했는데 즉각적으로 강화물을 받는 반면 오랜 시간이 지난 다음에 벌칙을 받게 된다면, 즉각적 강화물이 이길 때가 많다. 자기-통제의 많은 문제가 이러한 사실에서 파생된다(Brigham, 1989b). 맥주 한 잔을 '쭉 들이켰더니' 술자리를 함께 한 친구들이 즉각적으로 등을 툭툭 치면서 웃는다면, 과음으로 만취하게 되는 지연된 처벌은 무시하게 될 것이다. 절친한 친구의 배우자나 애인과의 성적 행동에서 오는 즉각적 강화 결과는 친구가 그 사실을 알게 되어 절교하는 등의 지연된 감정적 고통과 상처를 무시하게 만들 것이다.

행동에 대한 즉각적 강화물 대 축적됨으로써 유의미해지는 벌칙 단 음식을 너무 많이 먹는 문제에 대해 생각해 보자. 디저트를 먹는 것은 그 좋은 맛에 의하여 즉각적으로 강화된다. 비록 디저트를 더 먹는 데서 오는 부정적 효과(예, 콜레스테롤의 수치가 높아지는 등)도 즉각적이지만 그것은 너무 작아서 알아차릴 수가 없다. 많은 경우 디저트는 축적되어야만 건강에 문제가 생긴다. 흡연 문제를 생각해 보자. 흡연의 즉각적 결과(예, 니코틴 효과 등)는 흡연자들에게 긍정적이다. 그리고 즉각적인 부정적 효과(예, 흡연자의 폐에 쌓이는 타르 침전물)가 있지만 담배 한 개비의 해로운 결과는 너무 작아서 흡연의 즐거움을 방해할 수가 없다. 담배 수백 개비가 축적되면 숨이 가빠진다거나, 목이 아프거나, 기침을 하거나 폐암에 걸릴 수 있다. 따라서 많은 자기-통제 문제에서 해로운 물질(니코틴, 콜레스테롤 등)을 섭취할 때 오는 즉각적인 강화는, 단지 축적되어야만 유의미해지기 때문에 바로 알아차릴 수 없는 부정적 효과에 승리한다(Malott, 1989).

문제행동에 대한 즉각적 강화물 대 대안적인 바람직한 행동에 대한 지연된 강화물 학기 중간의 어느 목요일 저녁, 당신의 룸메이트가 당신이 보고 싶어 하는 영화를 빌려왔다. 그러나 당신은 다음날 시험이 있다. 당신은 지금 그 영화를 보고 낮은 학점을 받겠는가? 혹은 당신은 세 시간 동안 공부를 하고 나중에 좋은 학점을 받겠는가? 불행하게도 많은 학생들은 영화 보는 것을 선택한다. 회사에서 크리스마스 보너스를 받는 직장인의 경우를 생각해 보자. 그 사람은 크리스마스 보너스를 즐거운 스키여행을 가는 데 쓸 것인가? 아니면 세금 감면혜택이 있는 퇴직 연금에 투자할 것인가? 만약 당신이 직장인이라면 어느 것을 선택하겠는가? 두 가지 대안적 행동 중 선택을 해야 하는 자기-통제 문제에서 사람들은 자주 즉각적 강화물이 제공되는 쪽을 선택한다

(Brigham, 1989b).

행동결핍의 문제

다른 유형의 자기-통제 문제는 증가될 필요가 있는 반응(치실로 이 닦기, 강의 필기 잘하기, 규칙적으로 운동하기와 같은)으로 구성된다. 그러한 행동은 보통 작고 즉각적인 벌칙을 가져온다. 그리고 그 행동을 하면 긍정적 결과가, 그 행동을 하지 않으면 부정적 결과가 있을 수 있다. 그러나 그렇다 하더라도 결과(긍정적 결과와 부정적 결과)가 효력을 나타내지 못하는 경우가 종종 있다. 그 이유를 알아보자.

행동에 대한 즉각적인 약한 벌칙 대 축적됨으로써 유의미해지는 강화물 운동을 하지 않던 사람들에게 초기 운동 시간은 매우 불유쾌할 수 있다(시간을 소모하고 지치고 스트레스를 받는 등). 비록 운동을 함으로써 오는 즉각적 이익(혈액 순환이 잘되고, 노폐물이 잘 제거되는 등)이 있을 수 있지만, 그러한 결과는 너무 작아서 알아차리기 어렵다. 많은 경우에 운동의 이익은 축적된 후 나타나므로 나중에야 알아차리게 된다. 많은 사람들은 건강을 위하여 습관적으로 하는 행동을 중도에 포기한다. 왜냐하면 그렇게 하면 즉각적으로 약한(작은) 벌칙이 오는 반면, 긍정적 효과는 즉각적이긴 하지만 너무 작아서 여러 번 축적될 때까지는 비효과적으로 보일 수 있기 때문이다(Malott, 1989).

행동에 대한 즉각적인 약한 벌칙 대 그 행동을 하지 않을 때 즉각적이지만 나타날 가능성이 아주 희박한 벌칙 대부분의 사람들은 라켓볼을 칠 때 눈보호 고글을 착용하는 것이 심각한 눈의 부상을 미연에 방지할 수 있고, 자전거를 탈 때 헬맷을 쓰는 것이 심각한 사고에서 뇌 손상을 막을 수 있다는 것을 알고 있다. 그런데도 왜 많은 사람들이 라켓볼을 칠 때 고글을 착용하지 않거나 자전거를 탈 때 헬맷을 쓰지 않는가? 첫째, 그러한 행동은 보통 즉각적인 약한(작은) 벌칙을 가져온다(고글과 헬맷은 덥고 불편할 수 있다.). 둘째, 그 행동을 하지 않으면 아주 큰 벌칙이 즉각적으로 따라올 수 있지만 그것이 일어날 가능성이 매우 희박하다. 그러나 개인이 이러한 행동을 오래 자주 할수록 벌칙은 확률의 법칙을 따르기 쉽다.

행동에 대한 즉각적인 약한 벌칙 대 그 행동을 하지 않을 때 나타나는 지연된 큰 벌칙 왜 많은 사람들이 치실로 이를 깨끗이 하거나 구강 검진을 받으러 가거나 노트 필기를 하지 않는가? 이러한 유형의 자기-통제 문제는 수행에 수반하여 즉각적인 약한(작은) 처벌을 수반한다. 운동은 덥고 불편할 수 있다. 치과의 드릴 소리는 불쾌하다. 노트를 하는 동안 손가락이 아플 수 있다. 더군다나, 이러한 일들은 강화를 받는 것이 지연된다. 심각한 치과적 문제(예, 신경치료, 임플란트, 발치 등)와 같은 지연된 결과는 매우 혐오적일 수 있지만, 예방할 수 있는 여러 기회를 놓친 후 오랜 기간이 지나서야 나타난다. 이러한 상황에서는 즉각적인 결과가 우선일 때가 많다. 다시 말해, 지금 약한 혐오자극을 회피함으로써 결국에는 훨씬 더 혐오적인 결과를 얻게 된다.

연습문제

1. 사람들이 의지에 대해 이야기할 때 의미하는 것은 무엇인가? 의지는 유용한 개념인가? 유용한 개념이라면 그 이유는 무엇인가? 유용한 개념이 아니라면 그 이유는 무엇인가?
2. 즉각적인 강화물이 지연된 벌칙에 우선하는 경우의 행동과잉 문제를 기술하라.
3. 즉각적인 강화물이 '축적됨으로써 유의미해지는 벌칙' 에 우선하는 경우의 행동과잉 문제를 기술하라.
4. (문제행동에 대한) 즉각적인 강화물이 (바람직한 대안행동에 대한) 지연된 강화물에 우선하는 경우의 행동과잉 문제를 기술하라.
5. 즉각적이고 작은 강화물이 '축적됨으로써 유의미해지는 강화물' 에 우선하기 때문에 발생하는 행동결핍 문제를 기술하라.
6. 즉각적이고 작은 벌칙이 '즉각적이지만 나타날 가능성이 아주 희박한 벌칙' 에 우선하기 때문에 나타나는 행동결핍 문제를 기술하라.
7. 즉각적이고 작은 벌칙이 지연된 큰 벌칙에 우선하기 때문에 나타나는 행동결핍 문제를 기술하라.

자기-통제의 행동 모형

효과적인 자기-통제 모형은 앞에서 기술되었던 자기-통제 문제의 원인을 만족스럽게 다루어야 한다. 우리가 기술하는 자기-통제 모형은 두 가지 측면을 내포한다. 첫 번째는 통제하려는 문제행동을 분명하게 구체화하는 것이다. 둘째는 문제를 관리하기 위해 행동기법을 적용하는 것이다. **자기-통제의 행동 모형**은 자신의 후속행동을 관리할 수 있게 환경을 배치하는 방식으로 개인이 행동할 때 자기-통제가 일어난다는 것이다. 이것은 **통제되는 행동**(behavior to be controlled)에 변화를 주기 위해 **통제행동**(controlling behavior)을 표출하는 것을 의미한다(Skinner, 1953)([그림 26-1] 참조).

이 책의 앞 장들의 예에서는, 어떤 사람이 통제되는 행동을 표출하였고, 다른 사람들이 통제행동(선행자극을 조작하고 행동에 강화하거나 처벌하는)을 표출하였다. 그러나 자기-통제의 예에서는 통제되는 행동과 통제행동이 같은 사람에 의해 표출된다. 이것은 통제행동을 통제해야 하는 문제를 일으킨다. 즉 자기-통제는 개인의 어떤 행동이 자신의 다른 행동을 통제하는 것을 의미하기 때문에 통제행동을 통제하거나 일으키는 것이 무엇인가에 대한 의문이 생긴다. 답은 다른 사람들이나 우리 사회다. 우리가 살고 있는 사회가 우리에게 다양한 통제행동을 가르쳐 준다(Skinner, 1953, p. 240 참조). 예를 들어, 당신은 공부 목표를 설정하고 그 목표를 달성하기 위해 메모하고 또 진행 정도를 확인함으로써 이런 통제행동을 표출하는 것을 배울 수 있다. 만약 이런 행동을 표출하려는 노력이 성공한다면 당신의 통제되는 행동은 일어나고(예, 공부를 더 많이 하고), 그때 사회는 당신의 노력이 유지되도록 강화 수반성을 제공한다(예, 더 나은 학점을 받게 되고, 원하는 직업을 구할 수 있고, 다른 사람들과 지적인 대화를 나눌 수 있다.).

이제 많은 사람들에게 성공적이었던 자기-통제 전략을 살펴보자.

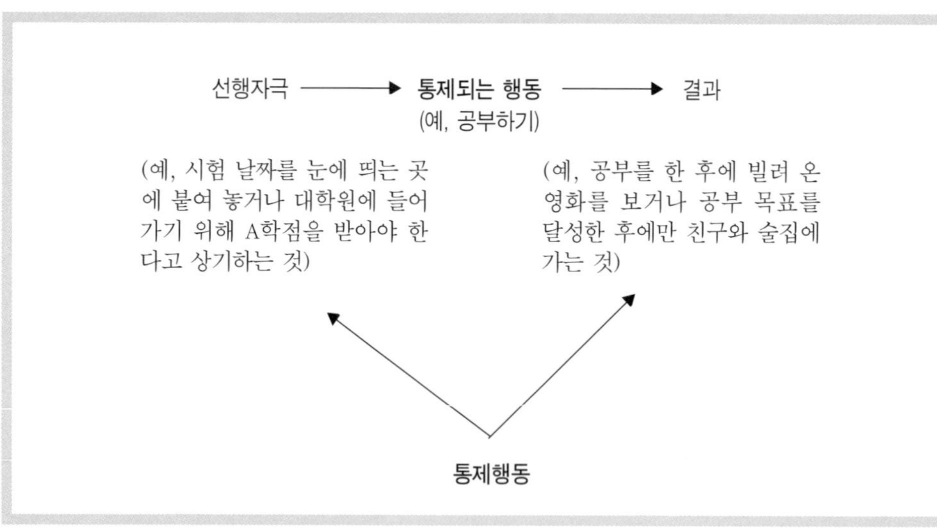

[그림 26-1] 자기-통제 모형

자기-통제 프로그램의 단계

자기-통제 전략과 관련하여 '당신'은 자신의 어떤 문제를 변화시키고 싶어 할 수 있다. 혹은 자기-통제 문제들 중 하나를 처리하기 위해 행동수정을 사용하기로 결심했을 수도 있다. 우리는 다음 단계를 통해서 어떻게 자기-통제를 하는지를 기술하고자 한다. ① 문제를 구체화하고 목표를 세워라, ② 변화에 대한 서약을 하라, ③ 자료를 가지고 문제의 원인을 평가하라, ④ 치료계획을 세우고 실행하라, ⑤ 재발을 예방하라.

문제의 구체화 및 목표설정

당신이 변화시키고 싶어 하는 행동은 무엇인가? 당신이 자기-통제에 성공한 것을 어떻게 알 수 있을까? 이러한 질문에 답하기 위하여, 당신은 문제를 양적으로 구체화하고 몇 가지 목표를 설정할 필요가 있다. 이 장 초반부에 제시된 알의 예에서 문제를 양적으로 구체화하고 목표를 설정하는 것은 상대적으로 쉬웠다. 그의 목표는 14kg의 체중을 감량하는 것이었다. 더 정확하게 말하자면, 매주 약 1kg를 감량하기 위해 매일 약 1,000칼로리를 더 소모하겠다는 목표를 설정했다. 자기-통제의 문제는 대부분 양적으로 쉽게 구체화될 수 있다. 예를 들어, 체중 조절이나 운동을 위한 특정 목표를 세우는 것은 비교적 쉬운 일이다. 반면, 측정하기 어려운 자기-개선 목표도 있다. '학교에 대해 더 긍정적인 태도 갖기' '긴장 감소(시키기)' 내지는 '관계 향상(시키기)'와 같은 자기-개선 목표는 측정하기 어렵다. Mager(1972)는 그러한 막연하고 추상적인 개념을 가리켜 '불명확함(fuzzies)'이라고 하였다. 자기-통제 목표를 정하는 데 있어서 처음에는 불명확한 것에서 시작한다. 그러나 당신의 목표가 달성되었다고 동의할 만한 수행 정도를 정함으로써 불명확한 추상적 상태의 목표를 '명확한 목표'로 바꾸어야 한다. Mager는 이러한 과정을 위한 유용한 단계를 간략하게 제시하였다.

1. 목표를 쓰라.
2. 목표를 달성했다고 명확히 말할 수 있는 행동의 목록을 만들라. 즉 당신의 목표가 달성되었다는 증거는 무엇인가?

3. 같은 목표를 가진 사람들이 많이 있다면, 당신은 누가 그 목표를 달성했고 누가 달성하지 못했는지 어떻게 결정할 것인가?
4. 만약 당신의 목표가 특정 체중에 도달하는 것, 얼마만큼의 돈을 저축하는 것, 방을 깨끗이 청소하는 것과 같이 성과가 눈에 보이는 것이라면, 그 성과를 달성하는 데 도움이 되는 특정 행동의 목록을 만들라.

변화에 대한 서약

추가설명 1

변화에 대한 서약(commitment to change)은 당신의 행동을 변화시키는 것이 중요하며 당신은 행동을 변화시키기 위해 노력할 것이고, 그렇게 하는 것이 이롭다는 점을 인식하고 있다는 것을 나타내는 진술 내지는 행동을 말한다. Perri와 Richards(1977)는 심리학과 학부생들이 수행한 자기-수정 프로젝트를 통해 행동의 변화에 대한 서약과 행동변화 기술에 대한 지식 두 가지가 행동변화를 일으키는 데 중요하게 작용했음을 입증하였다. 먹기, 담배 피우기, 공부하기, 데이트하기와 같은 문제영역에서, 성공적인 자기-관리자들은 그렇지 못한 자기-관리자들보다 변화를 위한 더 강력한 서약을 하고 더 많은 행동변화 기술을 사용하였다.

행동변화가 성공하려면 당신의 서약이 강력해지도록 하는 행위가 필요하다. 첫째, 당신의 행동이 변화됨으로써 얻게 될 모든 이익을 나열해서 기록해 보라. 그것을 잘 보이는 곳에 써서 붙여 놓아라. 둘째, 변화에 대한 서약을 공표하라(Hayes et al., 1985; Seigts et al., 1997). 당신의 프로그램을 당신에게 상기시켜 줄 수 있는 사람들이 많을수록 성공할 기회가 늘어난다(Passman, 1977). 셋째, 당신의 서약과 목표를 자주 상기시켜 줄 환경을 조성하라(Graziano, 1975). 색인 카드 위에 당신의 목표를 쓰고 냉장고 문이나 차의 계기판 등의 잘 보이는 장소에 테이프로 붙여 놓아라. 혹은 당신의 목표를 상기시켜 줄 수 있는 사진을 사용할 수도 있을 것이다. 당신의 목표를 상기시켜 줄 카드나 사진은 목표에 도달했을 때 오는 긍정적인 이익과 관련된 것들이어야 한다. 넷째, 당신의 프로젝트를 계획하는 초기에 많은 시간과 에너지를 투자하라(Watson & Tharp, 1997). 당신의 서약을 강화하고 유지하도록 하기 위해 당신이 프로젝트에 투자한 것과 관련된 진술 목록을 준비해 사용할 수 있다(예, '나는 그것에 너무 많은 걸 쏟아부었어. 이제 그만둔다면 창피할거야.'). 다섯째, 틀림없이 당신은 프로젝트를 그만두고 싶은 유혹을 느낄 수 있기 때문에 그러한 유혹을 다룰 수 있는 여러 가지 방안을 계획해야 한다(Watson & Tharp, 2007).

연습문제

8. 자기-통제의 행동 모형을 기술하라.
9. [그림 26-1]에서 예시된 자기-통제의 모형을 생각해 보고 통제행동을 통제하는 것은 무엇인가 논의하라.
10. Mager가 막연하게 진술된 문제나 막연한 자기-통제 목표를 '명확하게' 하기 위해 권장한 단계를 열거하라.
11. 이 책에서는 서약을 어떻게 정의하고 있는가?
12. 자기-통제 프로그램에서 서약을 증가시키고 유지하도록 하는 네 가지 단계를 기술하라.

자료수집 및 문제의 원인 분석

다음 단계는 문제행동의 발생, 즉 언제, 어디서, 얼마나 자주 그 행동이 발생하는지에 대한 자료를 수집하는 것이다. 특히 과잉행동을 감소시키려고 할 때에는 자료를 수집하는 것이 중요하다. 20장에서 지적한 것처럼, 문제행동을 추적하는 것은 단지 진행 정도를 평가하기 위한 기준점을 제공해 주는 목적 외에도 여러 가지 이유가 있다. 많은 자기-통제 프로젝트에서, 색인 카드와 연필로 하루 동안 발생한 문제행동들을 막대표로 표시할 수 있다. 기록을 계속하도록 강화하기 위한 여러 가지 기법이 있다. 만약 문제행동이 흡연이라면, 흡연 전에 반드시 담배가 몇 개비 있는지 기록해야 한다. 기록한 후에 담배를 피움으로써 흡연행동이 기록하는 행동을 강화할 것이다. 다른 사람들에 의해 통제되는 외적 강화물을 설정할 수도 있다. 예를 들어, 당신은 당신의 행동을 상당 기간 동안 계속적으로 관찰할 수 있는 사람에게 당신의 용돈을 맡기고, 당신이 자료수집을 계속 잘하면 돈을 돌려주게 할 수도 있다. 또한 다음과 같이 함으로써 당신의 기록행동을 강화해 줄 수 있는 사람을 구할 수 있다. ① 당신의 자기-수정 프로젝트에 대하여 친구에게 말하거나, ② 친구로부터 피드백을 받을 수 있는 확률을 높이기 위해 눈에 잘 띄는 장소에 기록표나 그래프를 붙여 놓거나, ③ 프로젝트의 결과가 얼마나 진전되었는지 친구에게 계속해서 알려준다. 다른 사람에 의하여 중재되는 강화체제는 행동통제를 유지하게 하는 중요한 원천이 된다.

어떤 경우에는(20장에서 지적한 것처럼), 행동을 기록하고 그래프로 그리는 것만으로도 행동의 개선이 일어날 수 있다. Maletsky(1974)는 기록과 그래프의 효과를 설득력 있게 증명하였다. Maletsky는 원하지 않는 행동의 빈도를 세고 그래프로 그리는 것만으로도 행동의 개선이 가능한지에 대한 사례연구를 하였는데, 다섯 사례 중 세 사례에서 성공적으로 자기-통제가 이루어진 것으로 나타났다. 첫 번째 사례는 52세 여성이 자신도 알지 못하는 사이에 팔과 다리에 상처가 남도록 반복적으로 긁는 행동을 보이는 경우다. 그 여성은 30년 동안 이 문제로 고통받아 왔다. 두 번째 사례는 9세의 남자아이가 교실에서 반복적으로 손을 드는 경우였다(교사의 질문에 대한 답을 알지 못하면서 손을 들 때가 많았다.). 세 번째 사례는 11세의 여자아이가 교실의 자기 자리에서 이탈하는 행동을 보이는 경우였다. 이 세 가지 사례 모두, 매일 행동을 기록하고 그래프를 그린 결과, 6주 후에는 그 행동이 감소하였다. 어떤 사례에서는 그 행동이 발생하기 전에 그 행동을 표출하고 싶다는 생각이나 욕구 혹은 충동의 빈도를 기록할 수 있었다. McFall(1970)은 흡연하고 싶다는 충동의 빈도를 기록한 것이 뒤이은 흡연 가능성뿐 아니라 충동의 발생 횟수 또한 감소시켰다고 보고하였다. 셀프-모니터링의 이로운 효과에 대한 추가적인 예는 Cone(1999), Latner와 Wilson(2002), Wood, Murdock과 Cronin(2002)에서 찾아볼 수 있다.

초기 관찰 동안 문제의 빈도를 기록할 때 당신은 문제행동에 대한 S^D 또는 S^Δ일 수 있는 선행자극과 그 문제를 유지시킬 수 있는 즉각적인 결과를 면밀히 살펴보아야 한다. 이러한 연습을 통해 성공적인 프로그램 전략에 대한 시사점을 얻을 수 있다.

이 장의 초반부에 나온 알의 경우를 회상해 보자. 알이 간식을 먹는 상황을 검토해 보았을 때, 알은 놀라운 발견을 하게 되었다. 대부분의 경우 음식을 먹은 다음에 다른 강화 사건이 즉각적으로 따라왔다.

- 도너츠 한 입-그다음에 커피를 한 모금 마심
- TV를 보면서 감자칩을 먹음-가장 좋아하는 농구선수가 점수를 냄
- 차에서 신호를 기다리고 있을 때 사탕을 깨물어 먹음-정지신호가 파란색으로 바뀌고 운전하게 됨
- 기타 등등

알은 커피를 마시면서, 맥주를 마시면서, 친구와 이야기하면서, 전화 통화하면서, 차를 타면서 음식을 먹었다. 다시 말하면 먹는 행동을 할 때, 자연적 환경에서 여러 강화 사건을 접하였다. 우리가 전반부에서 지적한 것처럼, 강화물의 효과는 자동적이

며 개인이 의식하지 못한 채 발생한다. 더구나 다양한 장면들은 과식을 위한 단서가 되었다. 알의 다이어트에 문제가 있다는 것은 놀라운 일이 아니다.

그러므로 예비관찰 동안 바라지 않는 행동의 선행자극, 제거하려고 하는(바라지 않는) 행동을 유지시키는 즉각적 결과, 당신이 개발하려는 행동의 즉각적인 결과(혹은 결과의 부족)를 분석하는 것이 중요하다. 이러한 정보는 프로그램의 다음 단계에서 매우 유용할 수 있다.

프로그램 설계 및 실행

어떤 선행자극이 있을 때 어떤 행동을 했더니 어떤 결과를 얻었다는 것을 그동안의 경험을 통하여 알 수 있다. 선행자극, 행동, 결과라는 세 가지 변인은 자기-통제 기술을 선택하는 데 중요한 요인이 된다.

선행자극 관리하기 17장, 18장과 19장에서 지적한 것처럼, 지시, 모델링, 신체적 지도, 즉각적인 주위 환경, 타인, 하루 중의 특정 시각, 동기화 조작과 같이 행동을 통제하는 주요한 선행자극들을 생각해 보는 것은 도움이 된다.

- 지시: Meichenbaum(1977)은 거의 모든 자기-수정 프로그램이 자기-지시를 포함해야 한다고 제안했다. 자기-지시는 운동과 공부 행동을 증가시키는 정규적인 자기-관리 프로젝트(Cohen, DeJames, Nocera, & Ramberger, 1980)와, 공포 감소 프로젝트(Arrick, Voss, & Rimm, 1981), 손톱을 물어뜯는 행동을 감소시키는 프로젝트(Harris & McReynolds, 1977), 다른 여러 행동을 개선하는 프로젝트(Watson & Tharp, 2007)에 사용되었다. 자기-통제 프로그램에서 지시를 계획하기 전에 17장의 규칙과 목표 사용에 대한 지침을 살펴보는 것이 바람직하다. 더 나아가, 27장에서는 자기-지시 전략을 논의한다.
- 모델링: 모델의 행동은 자기-통제 프로그램에서 유용한 자극 사건들이다. 예를 들어, 사교 모임에서 다른 사람에게 자신을 소개하는 기술을 개선하기를 원하는가? 자신을 소개하는 것을 잘하는 사람을 찾아서 그 사람의 행동을 관찰하고 모방하려고 노력하라. 참여적 모델링이라고 불리는 절차(28장에서 자세히 기술됨)는 공포를 줄이는 데 특별히 효과적인 방법이다. 이 절차에서 두려움이 많은 사람들은 모델이 공포감을 일으키는 자극과 상호작용하는 행동을 관찰하고 그 모델을

모방한다.

- 신체적 지도: 18장에서, 목표행동의 동작을 따라 하도록 유도하기 위하여 행동수정가가 어떻게 신체적 접촉을 사용하는지를 기술하였다. 자기-통제의 고전적인 분석에서, Skinner(1953)는 자신의 행동을 통제하기 위하여 신체적 제지를 사용하는 방법을 기술하였다. 예를 들어, 손톱을 물어뜯지 않기 위하여 주머니에 손 넣기, 무례한 말을 하지 않기 위해 입술 깨물기, 혹은 화나는 순간에 어떤 사람을 때리지 않기 위하여 양손 손가락 깍지 끼기 등이 있다.
- 당면한 주위 환경: 당신은 집에서 공부하는 데 어려움이 있는가? 공부할 가능성이 높은 도서관으로 가도록 하라(Brigham, 1982). 사람들은 각자 감소시키고 싶어 하는 특정 행동을 가지고 있다. 그 행동은 어떤 특정 상황에서 일어나며 바람직한 대안행동은 다른 상황에서 발생한다. 유용한 전략은 바람직한 대안행동을 위한 단서가 존재하도록 환경을 재배치하는 것이다(18장 참조).
- 타인: 위에서 말한 것처럼 모델을 관찰하는 것은 당신이 어떤 행동을 하도록 강한 촉구를 제공하는 한 가지 방법이다. 그러나 단순히 당신 주위의 사람들을 바꾸는 전략도 있다. 당신은 어떤 사람과는 이런 방식으로, 다른 사람과는 저런 방식으로, 사람에 따라 다른 방식으로 행동하는 것을 학습해 왔다. 어떤 경우에, 자기-통제 프로그램은 어떤 특정인과는 접촉 시간을 증가시키고 어떤 특정인과는 접촉 시간을 감소시키도록 한다. 예를 들어, 당신은 매우 독실한 종교인과 이야기할 때 욕을 하지는 않을 것이다. 그러나 막돼먹은 사람들과 이야기를 할 때는 욕을 할 수도 있을 것이다. Marlatt와 Parks(1982)는 중독행동을 보이는 사람들이 중독행동을 하는 다른 사람들과 같이 지내면 중독행동을 더 나타내게 된다고 하였다.
- 하루 중 특정 시각: 때때로 활동의 시각을 변화시킴으로써 자기-통제를 성공적으로 달성할 수 있다. 예를 들어, 많은 학생들은 거의 아침에 정신을 바짝 차린다. 그러나 정신을 바짝 차리고 공부할 수 있는 아침 시간에 친구와 커피를 마시고 수다를 떨며 시간을 보낸다. 이러한 학생들이 성공적으로 공부하는 자기-통제 방법은 아침에 공부를 하고 저녁에 친구들과 만나는 것이다.
- 동기화 조작: 동기화 조작이 강화물이나 벌칙으로 작용하여 결과의 강도에 영향을 준 사건들이 소개된 19장을 상기해 보라. 자기-통제 프로그램에서, 바람직한 행동을 증가시키는 전략은 그 행동에 영향을 주는 강화물로서 MEO를 도입하는 것이었다. 예를 들어, 필자 중 한 명과 그의 부인이 신혼에 브라질을 방문하였을

표 26-1 골프강습 시의 행동진전과 숙달준거

	완벽한 골프 연쇄와 숙달준거	
단계	샷	숙달준거
1단계	10인치 퍼팅	네 번의 퍼팅이 연속해서 성공
2단계	16인치 퍼팅	네 번의 퍼팅이 연속해서 성공
3단계	2피트 퍼팅	네 번의 퍼팅이 연속해서 성공
4단계	3피트 퍼팅	네 번의 퍼팅이 연속해서 성공
5단계	4피트 퍼팅(약간의 경사에서)	4개의 공 중에서 2개는 홀인, 2개는 6인치 내에 붙음
6단계	6피트 퍼팅	네 번의 퍼팅이 연속해서 6인치 내에 붙음
7단계	10피트 퍼팅	네 번의 퍼팅이 연속해서 12인치 내에 붙음
8단계	15피트 퍼팅	네 번의 퍼팅이 연속해서 15인치 내에 붙음
9단계	20피트 퍼팅	네 번의 퍼팅이 연속해서 18인치 내에 붙음
10단계	30피트 퍼팅	네 번의 퍼팅이 연속해서 24인치 내에 붙음
11단계	35피트 칩샷, 그린 밖 5피트, 7번 아이언	6개 중 4개가 6피트 내에 붙음
12단계	35피트 칩샷, 그린 밖 15피트, 웨지	6개 중 4개가 6피트 내에 붙음
13단계	65피트 칩샷	6개 중 4개가 6피트 내에 붙음
14단계	25야드 피치	6개 중 4개가 10피트 내에 붙음
15단계	35야드 피치	6개 중 4개가 15피트 내에 붙음
16단계	50야드 피치	6개 중 4개가 15피트 내에 붙음
17단계	75야드 피치	6개 중 4개가 30피트 내에 붙음
18단계	100야드 샷	6개 중 4개가 40피트 내에 붙음
19단계	125야드 샷	6개 중 4개가 45피트 내에 붙음
20단계	150야드 샷	6개 중 4개가 54피트 내에 붙음
21단계	175야드 샷	6개 중 4개가 66피트 내에 붙음
22단계	200야드 샷(당신에게 가능한 거리라면)	5개 중 4개가 90피트 내에 붙음

출처: T. C. Simek, & R. M. O' Brien. (1981). 완전한 골프(total golf)로부터: 점수를 낮추고 경기에서 이기기 위한 행동적 접근(2쪽). Huntington, NY: B-Mod Associates. 재인용 허락 받음.

때 그는 리우데자네이루의 해변가에서 조깅하고 있는 부인의 사진을 찍었다. 몇 년 후, 침실의 옷장 문에 확대해서 붙여 놓은 그 사진을 본 아내는 사진 속의 날씬했던 몸매를 유지하기 위해 조깅 프로그램을 하고자 동기화되었다. MAO는 바람직하지 않은 행동의 경향성을 감소시키기 위해 자기-통제 프로그램에서 사용될 수 있다. 알은 메리와 커피를 마시러 학교 카페테리아에 가기 전에 당근 2개를 먹음으로써 도너츠를 덜 먹을 수 있었다. 이것은 음식에 대한 MAO로서 기능하여 커피와 함께 도너츠를 사서 먹을 가능성을 감소시켰다.

행동 관리하기 만약 당신이 관여하는 행동이 욕하는 것과 같이 상대적으로 단순한 행동이라면 당신은 행동의 선행자극과 그 결과에 더 초점을 맞출 것이다. 그러나 그 행동이 복잡하다면 당신은 그 행동에만 초점을 맞추는 데도 시간이 걸린다. 만약 당신의 목표가 어떤 복잡한 기술을 습득하는 것이라면, 과제분석 및 숙달준거를 고려하는 것이 도움이 된다. 숙달준거(mastery criteria)는 어떤 기술을 연습하기 위한 수행요건인데, 만약 준거가 달성되면 그 행동을 습득하였다고 볼 수 있다.

예를 들어, 골프 교육을 생각해 보자. Simek과 O' Brien(1981)은 골프 게임을 22개 요소로 과제분석하였다. 그들은 교육 목표에 도달하는 행동진행 단계에 22개 요소를 배열하고, 각각의 요소에 대한 숙달준거를 정했다(〈표 26-1〉 참조). 그들은 골프를 처음으로 배우는 사람들에게 프로골프 선수들이 하는 것처럼 골프채를 휘두르는 것보다 10인치 퍼팅(공을 골프채로 가볍게 쳐서 구멍에 넣는 동작-역자 주)을 먼저 하도록 가르쳤다. 10인치 퍼팅을 먼저 가르친 이유는 다음과 같다. 첫째, 그것은 가장 단순한 반응이기 때문이다. 단순한 것에서 시작하여 복잡한 것으로 진전시켜 나가는 것이 일반적 규칙이다. 둘째, 반응을 정확히 수행하면 구멍에 공을 넣게 되는 강력한 자연적 강화물을 받게 된다(역행연쇄법 사용에 대한 논의와 유사하다는 점에 주목하라. 11장 참조). 단순한 반응의 숙달준거가 달성되었을 때, 샷의 길이는 더 긴 퍼팅으로, 짧은 칩샷(손목 동작으로 공을 낮고 짧게 쳐 올리는 기술-역자 주)으로, 더 긴 칩샷으로, 더 짧은 피치샷(공이 그린에 떨어져 곧 멈출 수 있게 역회전으로 높이 올려 치는 어프로치샷-역자 주)으로, 더 긴 피치샷으로, 중간의 아이언샷(골프 클럽 중 우드를 제외한 아이언으로 치는 샷-역자 주)으로 점차 길어지고, 결국에는 페어웨이 우드(일반적으로 잔디가 일정한 길이로 깎여 있는 구역에서 2번과 3번 클럽으로 치는 샷-역자 주)로 치게 되며 마침내 드라이버(골프 클럽 중 제일 길고 멀리 보낼 때 사용하는 1번 클럽으로 치는 샷-역자 주)를 치는 것으로 진행된다. 그러나 그들이 골프를 치러 필드에 갔을 때 얼마나 점수를 잘 받았는지 물어볼 수 있다. 12명의 신참 골퍼들을 대상으로 한 연구에서 여섯 명의 골퍼는 여덟 번의 강습 동안 행동단계와 숙달준거를 완수하였다. 나머지 여섯 명의 골퍼는 몇 년간 골프를 가르쳤던 골퍼로부터 전통적인 방식으로 여덟 번의 강습을 받았다. 12명 모두가 골프 라운드 18홀을 마쳤지만, 행동단계 집단이 평균 17타 차로 전통적인 교육집단을 쉽게 '앞실렀다'.

조형법은 당신의 궁극적인 목표가 자기-개선 프로젝트를 시작할 때에 비하여 커다란 행동변화를 거두는 데 있을 때 사용할 수 있는 중요한 책략이다. 명심해야 할 가장 중요한 규칙은 작은 행동변화부터 일어나도록 하고, 다음 단계로 넘어가기 전에 숙달준거에 도달하도록 하며, 진행되어 가는 단계를 세분하는 것이다. 예를 들어, 한 다이어트 연구보고에 따르면, 조형 단계를 점진적으로 세분해서 칼로리를 줄여 나갔던 사람들이 폭식행동에 대한 자기-통제를 개선시킨 것으로 나타났다(Gormally, Black, Daston, & Rardin, 1982; Hawkins & Clement, 1980).

당신이 행동에 집중하도록 하는 다른 방법은 행동을 수행하기 위해 필요한 에너지 소비(일반적으로 노력으로 언급됨)를 고려하는 것이다. 문제행동을 감소시킬 수 있는 하나의 전략은 상황을 재배치해서 문제행동을 하기 위해 더 많은 노력이 요구되도록 하는 것이다. 예를 들어, 주로 도서관 개인열람석에서 공부하는 수잔은 친구들과 통화하느라 공부행동이 방해를 받는 경우가 많다. 수잔의 핸드폰은 개인 열람실에서 잘 보이고 핸드폰을 들어 전화번호를 누르는 데 매우 적은 노력이 든다. 그러나 도서관에 들어갈 때 핸드폰을 개인 사물함에 넣어 두면 전화를 걸기 위해서는 더 노력을 해야 할 것이기 때문에 전화를 거는 행동이 감소할 것이다. 어떤 행동을 표출하는 데 필요한 노력이 감소되도록 반응요구도를 변화시키는 것은 바람직한 행동을 증가시키는 데 사용될 수 있다. 하루 식수 섭취량이 상당히 낮은 데이비드는 하루에 적어도 네 번 정수기에 가서 물을 마시는 목표를 세웠다. 그러나 그렇게 하는 것은 상당한 노력을 요했고 이 목표를 거의 달성하지 못했다. 그래서 물병을 사서 다니기로 결정했고 식수 섭취량이 상당히 증가하였다. 비록 이러한 예들은 반응 노력을 조작하는

연습문제

13. 변화되어야 할 문제행동을 기록할 가능성을 증가시키기 위한 두 가지 전략을 기술하라.
14. 어떻게 문제행동의 기록과 그래프 그리기만으로 문제행동이 개선될 수 있었는지를 예시하는 예를 기술하라.
15. 알이 하루 동안 여러 번 먹는 것이 어떻게 무심코 강화되었는지를 기술하라.
16. 자기-통제 프로그램에서 상황을 관리하는 방법을 설계할 때 고려해야 할 주요한 선행자극의 일곱 가지 범주를 기술하라.
17. 동기화 조작을 다루는 것이 어떻게 효과적인 자기-통제 프로그램이 되었는지를 나타내는 예를 기술하라.
18. 숙달준거를 정의하고 교재에 없는 예를 하나 들라.

것을 포함하지만, 즉각적으로 환경을 조작함으로써 선행자극을 관리는 것으로 기술되기도 한다는 점에 주목하라.

결과 관리 결과 사건을 조절하는 하나의 전략은 특정 상황에서 바람직하지 않은 특정 행동을 부주의하게 강화하는 강화물을 제거하는 것이다. 알이 그의 섭식 문제를 분석했을 때, 음식의 맛 그 자체와 더불어 다른 강화물(TV, 즐거운 대화 등)이 음식을 먹는 행동과 연합되어 있다는 사실을 발견하였다. 알의 다이어트 통제 프로그램의 주된 특징은 다른 활동과 먹는 행동을 분리시키는 것이다. LeBow(1981)는 이를 실행하기 위하여 ① 집에서 단지 먹는 목적으로 사용되는 장소를 정해 두고 집에서는 그 장소에서만 먹고, ② 식사 때마다 같은 식기와 식판을 사용하고, ③ 정해진 시간에만 먹고, ④ 다른 방에 음식물을 두지 말고 주방에만 둘 것 등의 방법을 제시하였다.

결과를 조절하는 두 번째 방법은 표적행동을 스스로 기록하고 그래프로 그려 보는 것이다(예, Watson & Tharp, 2007 참조). 점차 개선되는 그래프를 보는 것은 여러 가지 긍정적 사고를 하도록 만드는 촉구로서 기능할 수 있다. 또 다른 사람들로부터의 사회적 관심을 얻도록 하는 촉구로 작용할 수 있다.

결과를 조절하는 세 번째 방법은 행동의 진전이 있을 때나 프로그램을 계속해 나갈 때 특정 강화물을 받도록 하는 것이다(예, Watson & Tharp, 2007 참조). 이는 목표행동을 했을 때 작지만 축적되면 유의미해지거나 거의 받을 가능성이 없는 강화물을 받게 될 때, 또는 목표행동을 수행하지 못했을 때 받게 되는 벌칙이 작아서 여러 번 축적되어야 유의미해지거나 벌칙을 받지 않을 가능성이 큰 경우에 특히 중요하다. 자기-통제 프로그램에서 얻을 수 있는 강화물을 배치하는 세 가지 방법은 다음과 같다. ① 다른 사람에게 강화물을 관리해 주도록 요청하거나, ② 당신 스스로 지연된 자연적 강화물을 상기시키거나, ③ 당신 스스로가 강화물을 관리하는 것이다. 스스로 강화물을 관리하는 것이 자기-통제의 의미에서 볼 때 가장 맞는 것처럼 보인다. 그러나 앞으로 보겠지만, 스스로 강화물을 관리하는 것은 문제가 있다.

다른 사람에게 당신을 위하여 강화물을 관리하도록 요청하는 것은 자기-통제 프로그램에서 강화물을 받는 효과적인 방법이다(Watson & Tharp, 2007). 예를 들어, 메리는 조깅을 시작하기로 결심하고, 조깅 후에 강화물로 즉시 돈을 받기로 하였다. 또한 하루도 빠지지 않고 매일 조깅을 하면 사교 활동 중 하나를 선택하여 남편과 함께 하기로 결정하였다. 메리가 목표를 달성했을 때 메리의 남편은 강화물을 주었으며, 결

[그림 26-2] 자기-강화가 작동하고 있는가?

과적으로 이 프로그램은 매우 성공적이었다(Kau & Fischer, 1974).

강화물을 받는 두 번째 방법은 행동이 일어나자마자, 지연되어 받게 될 자연적 강화를 스스로에게 상기시키는 것이다. 크리스마스 선물을 미리 사 두는 것을 예로 들 수 있다. 어떤 사람이 크리스마스 시즌이 될 때까지 기다리기보다는 선물을 일찍 사 두기로 하는 목표를 세웠다고 가정해 보자. 그렇게 했을 때 세일 때 선물을 살 수 있어 돈을 절약하는 자연스러운 결과가 있다. 또한 크리스마스의 붐비는 인파 속에서 정신없이 선물을 사는 것을 피할 수 있어서 스트레스도 덜 받게 될 것이다. 그리고 더 좋은 선물을 고를 수 있고 당신의 선물 목록에 있는 각 사람들에게 가장 적합한 선물을 고르는 데 더 많은 시간을 들일 수 있을 것이다. 그러나 선물을 받은 사람의 즐거워하는 반응과 같은 긍정적 결과는 일찍 쇼핑을 한 행동으로부터 오래 지연되어 나타난다. 그 해결책은 통제되는 행동(일찍 선물을 산 행동) 후에 바로 그 지연된 강화물의 이점을 부각시켜 놓는 것이다. 예를 들어, 가을 정기세일 기간에 선물을 산 후 즉시 절감된 비용을 써서 눈에 띄는 곳에 붙인다. 아니면 선물하려고 하는 사람의 사진을 보면서 그 사람이 크리스마스 아침에 선물 포장을 풀어 보고는 얼마나 행복해할 것인지를 상상해 보는 것이다. 또는 그전에는 쇼핑을 하느라 분주하고 정신없었던 크리스마스 시즌에 여유 있게 즐기면서 할 일들의 목록을 작성해 볼 수도 있다.

자기-통제 프로그램에서 강화물을 받는 세 번째 방법은 자신의 행동결과를 자기 스스로 관리하는 것이다(Watson & Tharp, 2007). 예를 들어, 당신이 시험공부를 한 후에만 인터넷 웹서핑을 하기로 결정하였다고 가정해 보자. 이것은 자기-강화의 예와 같아 보이지만, [그림 26-2]에서 볼 수 있는 것처럼 당신은 목표행동을 하지 않고도 강화물을 항상 얻을 수 있다. 그러면 이를 예방할 수 있는 방법은 무엇인가? 위의 예나 다른 자기-강화의 예에서, 자기-강화에 더해서 다른 수반성이 작용하고 있다고 추정할 수 있다. 예를 들어, 공부하기 전에는 시험을 망칠 것에 대해 걱정하지만, 공부를 했을 때는 그러한 걱정에서 벗어나게 된다. 그러므로 공부한 후에 즉각적으로 당신은 A학점 받는 것을 상상해 보았을 것이다. 반면 공부하는 행동에 영향을 주는 다른 요인들도 있었을 것이다. 어떤 행동이 일어난 후에만 어떤 강화물을 스스로에게 주는 것은 가능하지만, 이런 수반성이 단독으로 행동을 증진시켜 줄지는 의심스럽다. 자기-강화의 개념을 포함해서 개념적 문제들에 대한 논의를 더 보기 위해서는 Catania(1975), Goldiamond(1976)와 Mace, Belfiore와 Hutchinson(2001)을 참조하라.

프로그램에서 강화물을 사용하는 몇 가지 지침은 다음과 같다. ① 매일 당신이 특정 강화물을 얻는 것이 가능하도록 할 것, ② 주 단위로 진전이 있었을 때에 보너스를 받을 수 있도록 할 것, ③ 전체 체계상에서 지루하지 않도록 매일, 매주 받는 강화물을 다양하게 할 것, ④ 만약 가능하고 바람직하다면, 당신의 목표를 달성하기 위하여 당신에게 강화물을 줄 다른 사람을 둘 것, ⑤ 당신의 진전 정도에 대하여 다른 사람에게 말할 것.

3장에서의 Premack 원리를 상기해 보자. Premack 원리는 당신이 잘 수행하지 않을 것 같은 행동을 강화하기 위하여 당신이 자주 수행하는 행동을 사용하는 것이다. 이러한 전략이 자기-통제 프로그램에서 사용될 수 있다. 자기-개선을 보고한 사례에서 가장 많이 사용된 행동은 전화걸기(Todd, 1972), 소변보기(Johnson, 1971), 매일 사무실의 우편함 열기(Spinelli & Packard, 1975), 특정 의자에 앉기(Horan & Johnson, 1971) 등이었다.

재발 예방 및 유지

당신이 자기-통제 프로그램에서 상당한 진전이 있었다고 가정해 보자. 당신은 몸무게를 감량하였거나, 3개월 안에 담배를 끊었거나, 공부를 열심히 해서 지난 두 번의 시험에 A학점을 받았다. 이제 문제는 그것이 지속될 것인가 하는 점이다. 당신은 이를 오랫동안 유지할 수 있는가? 불행하게도 자기-통제 프로그램에서는 일반적으로 재발현상이 나타난다(Marlatt & Parks, 1982). 재발(relapse)은 당신이 프로그램을 시작하기 전과 거의 같은 비율로 원치 않는 행동을 다시 하게 되는 것을 의미한다. 선행자극, 행동, 결과의 세 가지 변인은 당신이 프로그램을 설계할 때 고려해야 할 가치 있는 영역이면서 재발의 원인을 분석하고, 재발을 막는 방법을 분석하는 데에도 유용한 틀을 제공한다.

선행자극이 재발의 원인이 되는 경우 재발을 막는 전략은 여러 가능한 원인을 인식하고 재발을 최소화하는 단계를 마련하는 것이다. 선행자극을 포함하는 몇 가지 예를 보도록 하자.

- 피할 수 있는 역행 선행자극: 자기-통제 프로그램에서 재발을 야기하는 일반적 원인은 역행 선행자극(어떤 사람이 초기의 원하지 않는 행동양상으로 돌아갈 위험성을 증가시키는 선행자극)을 예상하지 못하는 데 있다. 어떤 역행 선행자극은 그 상황에 더 잘 대처할 수 있을 때까지 단순히 회피할 수 있다. 예를 들어, 칼라는 담배를 끊기로 결심했다. 처음에 칼라는 금요일 밤 친구들과 포커게임을 할 때 담배를 피우고 싶은 유혹을 이기지 못할 것이라고 생각하였다. 그래서 프로그램을 시작하는 첫 달에는 포커게임을 하지 않기로 전략을 짰다. 프레드는 다이어트를 하기로 결심하였다. 건강식을 더 많이 먹고, 칼로리를 약간 더 소모하기로 하였다. 그러나 프레드는 식료품을 사러 가는 슈퍼마켓 옆의 아이스크림 가게에서 파는 바나나 아이스크림의 유혹을 자신이 이겨 내지 못한다는 것을 알았다. 그의 해결 방법은 아이스크림 가게 옆을 지나가지 않기 위해 쇼핑하는 장소를 바꿔서 맛있는 아이스크림 디저트를 먹고 싶은 유혹에 저항하는 것이었다. 만약 당신이 자기-통제 프로그램에서 성공하기까지 역행 선행자극을 성공적으로 피할 수 있다면, 당신은 문제행동을 유발하는 강한 선행자극을 제공하는 상황에 더 잘 대처할 수 있을 것이다.

- 피할 수 없는 역행 선행자극: 어떤 역행 선행자극은 단순히 피한다고 되지 않는다. 재발을 예방하는 하나의 전략은 피할 수 없는 역행 선행자극을 예상해서 맞설 몇 가지 단계를 마련하는 것이다. 존의 사례를 생각해 보자. 존은 한 달 반 동안 운동 프로그램을 충실히 이행하는 도중 캠핑카를 타고 여행을 가게 되었다. 그는 여행을 함으로써 일상생활에 완전한 변화가 생기게 되고 게다가 매일 밤 야영지에서 맡게 된 일들로 인해 운동을 할 수 없다는 것을 알았다. 그의 해결책은 여행 캠프의 팀장에게 허락을 받아 매일 밤 30분 정도 일찍 여행활동을 끝내는 것이었다. 다른 사람들이 캠핑카에서 휴식을 취하는 동안 존은 운동을 했다. 존을 제외한 다른 사람들은 야영지에서 해야 할 일들을 분담해서 하였다. 당신이 사전에 피할 수 없는 역행 선행자극을 잘 인식할수록, 역행 선행자극에 맞설 수 있는 좋은 전략을 계획하게 된다.
- 가끔 발생하는 과잉 역행반응: 재니스는 2주 동안 계획대로 열심히 공부한 후에 5편의 영화를 빌려서 10시간 동안 영화를 보았다. 프레드는 한 달 동안 다이어트를 성공적으로 한 뒤, 사흘간 연속으로 아이스크림 가게에서 생과일 아이스크림을 사 먹었다. 자기-통제를 성공적으로 달성한 대부분의 사람들은 이따금씩 역행을 경험한다. 그러나 일시적인 역행은 프로그램을 다시 실시해야 할 정도가 아니라면 문제가 되지 않는다. 만약 당신이 역행반응 때문에 어려움이 있다면 그것에 머물러 있지 말고, 프로그램을 잘 수행하던 때를 돌아보고, 그것을 새로운 목표를 세우고 수정된 서약을 하는 축구로 사용한다.
- 역효과를 내는 혼잣말: 사람들은 변화를 시도할 때 저항하게 된다. 그러한 상황에서 혼잣말은 역효과를 내어 그 문제를 더욱 악화시키고 재발을 가져올 수 있다. 다이어트를 하는 데 어려움이 있는 사람들은 스스로에게 '나는 너무 배고파서 저녁식사 때까지 기다릴 수 없어. 나는 이 배고픔을 해소하기 위해 과자를 먹을 거야.' 와 같이 말할 것이다. 이러한 유형의 혼잣말은 먹는 행동을 위한 단서가 된다.

  당신의 자기-통제 프로그램에서 어떤 종류의 혼잣말이 재발을 가져오겠는가? 당신이 생각할 수 있는 각 예에서, 반대의 효과를 가져올 수 있는 대안적인 혼잣말을 생각해 보라. 예를 들어, 다이어트를 하는 사람들은 스스로에게 '배고프긴 하지만, 굶어 죽을 정도는 아니야. 음식에 대한 생각을 하지 않기 위해 다른 것에 집중할거야.' 라고 말할 수 있다.

반응의 구체성에 재발의 원인이 있는 경우 때때로 개인이 자기-통제 프로그램의 반응 구성요소에 충분히 집중하지 않기 때문에 재발이 일어난다. 몇 가지 예를 살펴보자.

- **명확하지 않은 표적행동:** 트레이시는 골프 기술이 개선되기를 원하였다. 그러나 드라이빙 레인지에서 정규적 연습을 한 달 정도 한 후에 트레이시는 골프 실력이 정말 늘었는지를 확신할 수 없었다. 문제는 '향상되기를 원한다'는 것이 너무 막연하다는 점이다. 트레이시는 표적행동을 정확히 구체화하지 않았다. 만약 트레이시의 목표가 다섯 번의 드라이브를 연속해서 175야드 이상 보내는 것이거나, 7번 아이언으로 세 번 연속 100야드 떨어진 목표물에 공을 30피트 이내 거리로 붙이는 것이거나, 혹은 3피트 퍼팅을 연속해서 4개 성공시키는 것이었다면, 트레이시는 자신의 실력이 향상된 정도를 훨씬 더 잘 평가할 수 있었을 것이다 (Martin & Ingram, 2001). 앞에서 기술한 것처럼 프로그램을 시작할 때는 목표가 명확하지 않을 수 있다. 그러나 표적행동을 말로 구체화하여서 표적행동이 발생할 때 당신이나 다른 사람들이 그것을 쉽게 인식할 수 있도록 해야 한다.
- **장기적 표적행동:** 당신이 특정 과목에서 A학점을 받겠다는 장기목표를 세웠다고 가정해 보자. 당신의 목표는 분명하긴 하지만 한참 후에나 발생할 일이다. 그러한 프로젝트에서 당신은 진전 정도를 체크할 수 있도록 단기목표를 세워야만 한다. A학점을 받겠다는 목표를 세웠을 때는 매일 최소 1시간 동안 그 과목을 공부하기로 하는 단기목표를 세울 수 있을 것이다. 혹은 매일 정해진 수의 연습문제를 풀기로 하는 단기목표를 세울 수 있다. 매일의 단기목표는 정확하게 진술되어야 하며 실현 가능해야 하며 장기목표를 달성하는 방향으로 진행되어야 한다.
- **너무 빨리 너무 많은 것을 시도하기:** 어떤 자기-통제 프로젝트는 너무 의욕적이어서 실패하게 된다. 건강에 좋은 음식을 더 많이 먹고, 운동을 더 많이 하고, 규칙적으로 치실로 이를 닦고, 돈을 더 현명하게 관리하고, 더 좋은 학점을 받고자 하는 것은 아주 훌륭한 목표이긴 하지만, 단번에 모든 것을 개선하려고 하는 것은 실패를 부르게 된다. 만약 당신이 개선하고자 하는 몇 가지 영역을 정했다면 당신에게 개인적인 가치가 높은 순서대로 그들의 우선순위를 정하라. 그리고 앞의 2개나 3개의 우선순위 영역에서 하나를 선택하라. 작게 시작하는 것이 당신의 성공 가능성을 증가시킨다.

결과에 재발의 원인이 있는 경우 자기-통제 모형을 상기해 보라. 그것은 어떤 행동이 통제되도록 하기 위하여 통제행동을 표출하는 것이다. 통제행동이나 통제되는 행동 중 어느 것이든 그 결과가 부적절하거나 꼼꼼하게 계획되지 않으면 재발을 가져올 수 있다. 몇 가지 예를 보도록 하자.

- **프로그램에 매일의 보상을 포함시키지 못함:** 많은 사람들이 열의를 갖고 자기-통제 프로그램을 시작한다. 그러나 얼마 후에 기록표를 기록하고, 그래프를 그리고, 환경을 재배치하는 등의 일은 짐이 될 수 있다. 재발을 예방하는 한 가지 방법은 보상이 되는 매일의 활동에 당신의 자기-통제 프로그램을 연결시키는 것이다. 우리가 알고 있는 어떤 사람은 그의 운동 프로그램을 취미인 DVD로 영화 보는 것과 연결시켜 놓았다. 그의 목표는 일주일에 최소한 네 번 운동하는 것이었다. 평균적으로 그는 일주일에 네 번 정도 밤에 영화를 빌려 왔다. 처음에 그는 약 2.4km의 거리에 있는 대여점까지 걸어가서 영화를 골라 왔을 때만 영화를 보기로 부인과 계약했다. 당신의 자기-통제 프로그램을 지지해 줄 수 있는 보상이 될 만한 매일의 활동을 프로그램에 포함시킬 수 있는 방법을 검토해 보라.
- **오직 축적되었을 때만 유의미한 결과:** 만약 당신의 다이어트 프로그램이 성공적이었다고 생각해 보자. 다이어트를 해서 날씬해진 당신의 몸매가 딱 한 번 디저트를 먹었다고 해서 다시 예전으로 돌아가지는 않을 것이라고 생각한다. 물론 한 번의 디저트는 문제가 되지 않는다. 하지만 디저트를 여러 번 먹었을 때에는 그것이 축적되어 예전의 몸무게로 돌아갈 수 있다. 우리가 앞에서 기술한 것처럼, 많은 자기-통제 문제에서 유해 식품을 섭취할 때 오는 즉각적인 강화는 그 식품이 가져오는 부정적인 결과를 능가할 것이다. 왜냐하면 여러 번 축적된 후에야 부정적인 효과를 알아차릴 수 있기 때문이다. 이러한 자기-통제 문제를 가지고 있는 사람들은 재발을 경험하기 쉽다. 그러한 상황에서 재발을 예방하는 하나의 전략은 특정 날짜를 정해서 그간의 자기-통제 정도를 점검해 보고, 점검한 것을 통해 볼 때 자기-통제가 잘 이루어지지 않았다면 따라야 할 구체적인 전략을 목록으로 만드는 것이다. 예를 들어, 당신의 자기-통제 프로그램이 체중을 감량하는 것이었다면 당신은 일주일에 한 번 친구가 보는 앞에서 몸무게를 재기로 친구와 약속하는 방법을 생각해 볼 수 있다. 만약 당신의 몸무게가 어느 정도 증가했다면 당신은 즉각 프로그램을 다시 시작해야 할 것이다.

행동통제를 지속시키기 위한 부가적 전략 재발을 예방하고 장기간 행동통제를 유지하기 위한 부가적인 전략들은 선행자극, 반응, 결과의 세 가지 요소를 모두 포함한다. 하나의 전략은 또 다른 행동을 개선시키기 위하여 이 장에서 제시한 자기-통제 단계를 연습하는 것이다. 만약 당신이 하나 이상의 자기-통제 프로젝트를 실행하고 있다면 자기-통제 기법을 계속해서 사용하게 될 가능성이 높다(Barone, 1982). 더욱이 당신이 처음에 행동개선을 가져왔던 자기-통제 기법을 능숙하게 사용할 수 있다면, 재발에도 잘 대처할 수 있게 될 것이다.

아마도 행동통제를 유지시키는 가장 효과적인 방법은 당신의 프로그램에 단기적으로나 장기적으로 지지해 주는 타인을 포함시키는 것이다. 하나의 전략은 도우미 체계를 설정하는 것이다. 프로젝트를 시작할 때 당신과 유사한 문제를 가지고 있고, 자기-통제를 계속 유지하고자 하는 목표를 가지고 있는 친구나 친척들을 한 달에 한 번 만나서 서로의 진전 정도를 검토해 볼 수 있다. 만약 진전이 유지되고 있다면, 프로젝트 시작 시에 동의했던 방식으로 진전을 축하할 수 있다. 예를 들어, Karol과 Richards(1978)의 흡연자 연구에서는 금연을 시도하는 흡연자들 중 금연을 하기 위해 도우미 체계를 설정하여 서로에게 격려 전화를 해 준 흡연자들이, 혼자서 담배를 끊으려고 했던 흡연자들에 비해서 8개월의 추수 기간 동안 흡연율이 더 많이 감소한 것으로 나타났다.

특별히 효과적인 전략은 지지적인 타인들과 함께 행동계약서에 서명하는 것이다. 24장에서 논의된 바와 같이, 행동계약은 아동의 바람직한 표적행동(예, Miller & Kelly, 1994), 성인의 바람직한 표적행동(예, Dallery, Meredith, & Glenn, 2008; Leal & Galanter, 1995)을 강화시키기 위해 사용되어 왔다. '자기-계약' 이란 용어도 사용되어 왔지만(예, Seabaugh & Schumaker, 1994), 행동계약(behavioral contract)은 보통 두 명 이상의 사람들 사이에 이루어지는 계약이다. 당신이 사용할 수 있는 계약 서식을 〈표 26-2〉에 제시한다.

계약은 적어도 네 가지 중요한 자극통제 기능을 한다.

1. 계약은 관계자 모두가 계약 목표와 절차에 동의하였으며 처치기간 동안 그 목표와 절차들을 잊지 않을 것이라는 점을 보증한다.
2. 행동용어로 목표를 구체화하였기 때문에, 계약은 프로그램 내내 모든 관계자들에게 그들이 목표에 얼마나 가까이 도달했는지에 대하여 동의하도록 해 준다.
3. 계약은 내담자로 하여금 프로그램 수행에 드는 시간, 노력, 돈 등이 얼마나 되는

표 26-2 행동계약의 서식

자기-통제 프로그램을 위한 특정 목표는 다음과 같다.

자기-통제 프로그램을 위한 단기목표는 다음과 같다.

행동을 관찰하고 기록하고 그래프를 그리기 위하여 나는 다음과 같이 할 것이다.

문제의 원인을 최소화하기 위하여 나는 다음과 같이 할 것이다.

치료계획의 세부사항은 다음과 같다.

1. 상황을 다루기 위한 단계들

2. 결과를 다루기 위한 단계들

3. 복잡한 행동을 다루거나 변화시키기 위한 단계들

4. 프로젝트를 유지하고 완수할 때, 내가 받을 수 있는 보상은 다음과 같다.

프로젝트를 하겠다는 서약을 증가시키고 유지하며 재발을 막는 부가적인 단계는 다음과 같다.

진전 정도를 검토하기 위한 계획

프로그램에 참여하는 모든 사람들의 서명과 동의한 날짜

(날짜) (당신의 서명) (지지자의 서명)

지 현실적으로 추정할 수 있게 해 준다.

4. 계약에 서명을 하는 것은 모든 관계자들이 계약에서 제시한 구체적인 절차들을 따를 것임을 보증한다. 왜냐하면 우리 사회에서는 어떤 문서에 서명을 한다는 것은 서약의 뜻을 나타내기 때문이다.

우리가 앞 장에서 강조했던 것처럼, 행동수정 과정에서 만족할 만한 결과가 나타나지 않으면 행동수정 절차를 적절한 방법으로 수정해야 한다. 따라서 계약은 언제나 재협상될 수 있도록 남겨 여지를 두어야 한다. 만약 당신이 단순히 계약에 명시된 어떤 항목도 지킬 수 없다고 한다면, 서명한 다른 사람들에게 다음번 모임에서 그 사실을 알려야 한다. 만약 계약서의 내용을 바꾸는 것이 바람직한 것으로 받아들여지면, 이전 계약을 대체하여 새 계약서를 쓰고 서명을 받는다. 그러나 그렇게 하기 전에 당신은 다음에 나오는 행동계약을 위한 조정지침서를 검토해 볼 필요가 있다.

조정지침서[2)]

다음의 질문은 당신이 계약체계의 문제를 발견하도록 도울 것이다.

- 계약서

1. 표적행동이 명료하게 구체화되었는가?
2. 만약 표적행동이 복잡하다면 계약은 목표행동 쪽으로 조금씩 접근해 가도록 되어 있는가?
3. 표적행동을 언제까지 해야 한다는 정해진 기한이 있는가?
4. 계약에서 표적행동이 발생해야 하는 상황을 명확하게 정하고 있는가?
5. 계약이 즉각적 강화를 주도록 되었는가? 강화물은 여전히 당신에게 중요하고 가치 있는 것인가?
6. 강화물이 자주 제공되는가(매일 혹은 매주)?
7. 계약이 목표달성보다는 오히려 복종을 요구하거나 강요하지는 않는가?
8. 계약이 긍정적인 방식으로 쓰여 있는가?

2) DeRisi와 Butz(1975)의 '행동계약서 쓰기: 사례 모의연습 요강' (Champaign, IL: Research Press), 58~60쪽에서 발췌해 일부 수정함.

9. 당신은 계약이 공정하고 당신에게 이롭다고 생각하는가?

- 중재자(당신과 함께 서명한 사람)
  1. 중재자는 계약을 이해하였는가?
  2. 중재자는 계약에 명시된 바로 그 강화를 주었는가? 강화의 양도 계약대로인가?
  3. 중재자는 계약에 명시된 날짜에 당신과 만나는가?
  4. 새로운 중재자가 필요한가?

- 측정
  1. 자료가 정확한가?
  2. 자료수집체계가 너무 복잡하거나 어렵지 않은가?
  3. 자료수집체계가 표적행동을 달성했을 때의 진전 정도를 명료하게 반영하고 있는가?
  4. 자료수집체계를 개선할 필요가 있는가?

치료자 없이 스스로 행동수정하기

분명히 어떤 개인적 문제들은 치료자의 도움을 필요로 한다(27장과 28장에서 자세히 논의된 것처럼). 그러나 이 장의 앞부분에서 보았듯이, 행동수정 원리에 정통한 많은 사람들은 치료자를 만나지 않고서도 행동수정 원리를 이용하여 자신의 행동을 통제하였다. 이 책을 숙지한 사람은 흡연, 손톱 물어뜯기, 욕하기 등의 행동을 감소시키고, 공부하기, 운동하기, 건강식 먹기 등의 행동을 증가시키는 데 치료자를 필요로 하지 않을 수 있다. 이미 이 책을 읽은 사람은 자료수집 방법, 프로그램을 계획하는 방법, 그 효과를 평가하는 방법, 행동수정 원리와 기법의 적용 방법, 통제행동을 유지하기 위하여 행동계약을 사용하는 방법 등을 알고 있다. 간단히 말해, 많은 사람들이 자신의 행동에 대한 행동치료자가 될 수 있다.

추가설명 2

연습문제

20. 자기-통제의 프로그램을 특징짓는 다섯 단계를 적으라(511쪽 참조).
21. 자기-통제 프로그램에서 결과를 조절하는 세 가지 다른 전략을 각각 한두 문장으로 기술하라.
22. 자기-통제 프로그램에서 강화물을 받는 세 가지 다른 방식을 각각 한두 문장으로 기술하라.
23. 자기-강화는 효과적인 자기-통제 전략인가? 이에 대해 논하라.
24. 자기-통제 프로그램에서 재발의 의미는 무엇인가?
25. 상황에 재발의 원인이 있는 경우, 네 가지 가능한 원인을 간단히 기술하라. 그리고 각각을 어떻게 다룰 수 있는지 지적하라.
26. 반응의 구체성에 재발의 원인이 있는 경우, 세 가지 가능한 요인을 간단히 기술하고 각각을 어떻게 다룰 수 있는지 지적하라.
27. 결과에 재발의 원인이 있는 경우, 두 가지 가능한 원인을 짧게 기술하라. 그리고 각각을 어떻게 다룰 수 있는지 지적하라.
28. 행동계약이란 무엇인가? 기본적인 특징을 기술하라.
29. 행동계약을 통해 얻을 수 있는 중요한 자극통제 기능은 무엇인가?
30. 개인 스스로가 자신의 행동치료자가 될 수 있다는 주장이 타당하다고 생각하는가? 당신의 의견을 정당화하라.

적용연습

A. 타인에 대한 적용연습

당신이 알고 있는 사람이 경험한 자기-통제 문제를 기술하라. 행동결핍과 행동과잉의 특징을 보이는 문제가 있는가? 그 문제의 원인은 무엇인가?

B. 자기-수정 연습

1. 이 장과 앞 장에서 배운 내용을 참고하여, 당신이 변화시키고 싶어 하는 행동에 성공적으로 적용할 수 있는 자기-통제 프로그램의 다섯 단계를 어떻게 실행할 것인지 기술하라.
2. 당신의 프로그램을 실행하여 최소한 3주 동안의 자료를 수집하라. 그다음에 결과를 요약해서 보고서를 써라(약 5~10쪽 정도로 쓰고 그래프를 그려라.).

추가설명 및 심화토론

1. 어떤 것을 하기 위한 언어적 서약은 그 서약이 유지되는 한 수행하기로 한 행동과 대응되는 언어행동이다. 진술된 약속(서약)과 이후의 행동을 대응시키는 훈련을 수행한 많은 연구가 있다(Lloyd, 2002). 예를 들어, Ward와 Stare(1990)는 유치원생들이 어떤 지정된 지역에서 놀기 전에 그곳에서 놀겠다고 말하도록 촉구하였다(**대응훈련**). 특히 아이들은 "나는 오늘 작업대에서 놀거야."라고 말하도록 촉구되었고 이렇게 말하는 아이에게 토큰을 주었다. 아이들이 작업대에서 놀 것이라고 말한 뒤 4분 후에 작업대에서 놀고 있으면, 토큰을 하나 더 받았다. 단순히 지정된 지역에서 놀고 있기 때문에 강화물인 토큰을 받은 아이들과 비교해서, 대응훈련을 받은 아이들은 약속을 따른 것에 대해 토큰을 받지 못한다 해도, 또 다른 활동(장난감을 가지고 놀기)에 참여하겠다는 진술된 약속에 따라 행동하는 예를 더 많이 보였다. 결과적으로, 하나의 반응에 대응하는 훈련은 새로운 반응으로 일반화될 수 있었다. 이러한 대응훈련의 일반화는 우리가 우리 스스로에게 했던 행동변화에 대한 서약을 지키는 것이 가능할 수 있다는 것을 암시한다. 대응훈련은 또한 사람이 자기-인식이나 자기-지식을 배우도록 하는 하나의 방법이다(Dymond & Barnes, 1997).
2. 자기-개발(self-help) 요강은 얼마나 효과적인가? Rosen(1987)의 고찰연구에서는 자기-개발 요강의 유용성에 상당한 한계가 있다는 것이 발견되었지만, 메타분석(많은 연구에서 분석한 자료를 결합하는 통계 절차) 결과에서는 어느 정도 긍정적인 효과가 있는 것으로 나타났다(Den Boer, Wiersma, & Van Den Bosch, 2004; Hirai & Clum, 2006; Gould & Clum, 1993; Gregory, Canning, Lee, & Wise, 2004; Scogin, Bynum, Stephens, & Calhoon, 1990). 그것은 서점에 있는 모든 자기-개발 서적을 평가하고 내린 결론은 아니었지만 행동 원리를 토대로 한 정교하고 복잡한 자기-개발 요강에 따라 실시한 실험은 자기-관리 처치가 성공할 가능성이 충분히 있음을 보여 주었다. 가장 성공적으로 행동개선이 된 표적행동은 공부습관, 우울증, 양육기술, 사회적 기술, 불안과 두려움 극복하기다. 성공하기 어려웠던 처치 프로그램은 음주, 흡연, 과식의 통제다(Gould & Clum, 1993; Seligman, 1994; Watkins & Clum, 2008). 또한 David Watson과 Ronald Tharp이 쓴 자기-수정 책을 읽었던 대학생들이 읽지 않은 학생들보다 자기-개선 프로젝트를 더 성공적으로 완수했다는 많은 연구결과들이 있다(Watson & Tharp, 2007). 특정 임상 문제에 효과적인 것으로 나타난 자기-개발 서적의 목록을 보기 위해서는 Malouff와 Rooke(2007)을 참조하라. 심리치료에서 통합된 자기-개발 전략에 대한 논의를 보기 위해서는 Norcross(2006)를 참조하라.

▶ 추가설명에 대한 연습문제

1. 대응훈련은 무엇인가? 일반화된 대응훈련이 어떻게 유치원생들을 대상으로 한 연구에서 실시되었는지를 짧게 기술하라.
2. 자기-개발 요강이 어떤 문제행동에 가장 효과적이며 어떤 문제에 가장 비효과적인가?

27 인지행동치료, 자기-지시적 대처방법 및 ACT

행동수정은 이전 장들에서 기술한 것처럼 1950년대와 1960년대에 등장하기 시작하였다(행동수정의 초기 역사에 대해서는 29장에 더 자세히 논의하였다.). 그 당시에 정신분석과 같은 전통적인 심리치료를 받은 내담자들에 대한 행동주의적 접근이 시작되었다. 이 새로운 접근은 행동치료라고 불리었고, 행동치료를 적용하는 전문가들은 행동치료자라고 알려졌다. 초기 행동치료의 초점은 공포와 불안을 가진 내담자 치료였지만, 곧 그것은 광범위한 임상적 문제, 즉 불안장애와 강박장애, 스트레스와 관련된 문제들, 우울증, 부부 문제, 성기능장애를 치료하는 데 활용되었다. 이에 대해서는 28장에서 자세히 논의할 것이다. 1966년에 행동치료학회(Association for Advancement of Behavior Therapy: AABT)가 결성되었는데, 이는 심리적 문제의 이해와 치료에 대한 과학적 접근을 촉진하는 것을 목적으로 하는 다학제적인 조직이다.

인지치료라고 불리는 새로운 치료 접근법을 설명한 책들이 1960년대와 1970년대에 나타났다(Beck, 1970; Ellis, 1962). 인지 과정은 흔히 신념, 사고, 기대, 혹은 지각이라고 불리는 내현적 언어와 심상을 말한다. 따라서 인지치료자들은 내담자로 하여금 비생산적이고 무력하게 만드는 사고나 신념을 제거하고, 보다 건설적인 사고나 신념을 채택하도록 함으로써 어려움을 극복하도록 돕는다.

초기의 행동수정가들 중 상당수는 인지치료자들의 목표와 과정이 자신들의 목표 및 과정과 유사하다고 지적하였다. 인지치료자들 또한 행동수정 방법들 중 일부를 채택하였다. 두 치료적 접근의 상호존중 분위기 속에서 **인지행동수정**(cognitive behavior modification), 혹은 인지행동치료(cognitive behavior therapy)라고 불리는 영역이 발달하게 되었다. 이 두 가지 용어 중에서 1970년대와 1980년대에는 인지행동수정이 흔하게 사용된 반면(예, Mahoney, 1974; Meichenbaum, 1977, 1986), 최근 20년간은 인지행동치료라는 용어가 더 흔하게 사용되었다(예, Bjorgvinsson & Rosqvist, 2009; Hofmann & Otto, 2008; Lam, 2008). 2005년에 AABT는 인지행동치료학회(Association for Behavior and Cognitive Therapies: ABCT)로 이름을 바꾸었다. 인지적 접근을 취하는 치료자와 행동적 접근을 취하는 치료자는 서로에게서 배우고 많은 주요 쟁점에 대해 동의한다(예, DiGiuseppe, 2008; Dougher, 1997; Hawkins & Forsyth, 1997; Wilson, Hayes, & Gifford, 1997 참조). 게다가 두 접근 모두 치료의 효과를 판단하는 준거는 내담자의 행동에서 개선된 정도를 양적으로 측정한 것이어야 한다는 점에 대하여 확고한 입장을 보인다.

Stephen Hayes(2004)는 초기 행동치료를 치료에 대한 행동적 접근의 첫 번째 물결로, 인지행동치료를 두 번째 물결로 불렀다. Hayes는 또한 행동분석에 기반을 두고, 마음챙김과 수용, 가치 등의 개념을 통합한 새로운 치료적 접근을 행동치료의 세 번째 물결이라고 불렀다. 이 장의 목적은 인지행동치료나 인지행동수정이라고 불리는 절차뿐만 아니라 세 번째 물결에서 나온 절차에 대해서 간단히 기술하는 것이다. 이 세 번째 물결의 대표는 Hayes와 그의 동료들이 개발한 **수용전념치료**(Acceptance and Commitment Therapy: ACT)(Hayes, Strosahl, & Wilson, 1999)라고 불리는 것이다. 인지행동치료와 ACT가 어떤 것인지에 대해 설명할 것이지만, 그것을 어떻게 실시하는지는 알려 주지 않을 것이다. 우리는 여기서 임상적 문제를 가진 개인을 치료하는 방법을 가르치려는 것이 아니다. 그런 치료는 자격이 있는 전문적인 치료자들만이 실시해야 한다.

우리는 인지행동치료와 ACT의 다른 치료 절차들을 다음의 세 가지 범주로 구분하였다. ① 문제가 되는 정서를 일으키는 것으로 가정되는 부적응적 사고를 감소시키기 위해 인지 재구성을 강조하는 치료, ② 외현적 대처기술을 향상시키기 위한 자기-지시적 전략들, ③ 치료의 중요한 구성요소로서 '마음챙김'과 '수용'과 '가치'를 포함한 치료.

인지 재구성 방법

인지치료는 두 가지 이론적 가정을 가지고 있다. ① 개인들은 인지, 즉 신념, 기대,

태도를 형성함으로써 사건을 해석하고 그에 반응한다. 그런데 이러한 인지는 사건에 대한 지각된 중요성에 기반하고 있다. ② 잘못된 혹은 부적응적인 인지가 정서장애와 행동장애를 야기할 수 있다. 이런 가정에 따라 치료의 일차적인 초점은 내담자의 인지를 근본적으로 변화시키는 데 있다. 잘 알려진 인지행동치료자 Robert Leahy가 언급한 것처럼, "치료자의 역할은 환자가 자신의 특이한 사고방식을 인식하고, 증거와 논리를 적용하여 그것을 수정하도록 돕는 것이다"(Leahy, 2003, p. 1). 간단히 말하면, 인지치료자들은 잘못된 생각이 정서 및 행동 문제의 원인이라고 믿고, 치료에 대한 인지적 접근의 우선적인 초점을 잘못된 사고를 인식하고 변화시키도록 돕는 데 둔다. 부적응적인 사고를 인식하고 그것을 적응적인 사고로 대치하기 위한 전략을 **인지 재구성**이라고 한다. 이 책의 관점에서 인지적 접근은 주로 내담자의 사적 언어행동과 심상을 다룬다(15장 참조). 하지만, 개인의 언어행동과 심상은 그의 정서 및 외현적 행동에 모두 영향을 미칠 수 있다. 따라서 인지적 접근과 행동적 접근 간의 차이는 처음에 보이는 것처럼 그렇게 크지 않다(우리는 이 장의 마지막 부분에서 이 점에 대해 자세히 설명할 것이다.). 게다가, 인지 기법을 사용하는 치료자들은 또한 일반적으로 그들의 치료에 행동수정의 요소를 포함시킨다.

연습문제

1. 인지 과정이란 무엇인가?
2. ABCT가 뜻하는 것은 무엇인가?
3. Hayes가 설명한 행동치료의 세 번째 물결은 무엇인가?
4. 인지치료의 두 가지 주요 가정은 무엇인가?
5. 인지치료자들은 정서 문제와 행동 문제의 원인이 무엇이라고 믿는가, 그리고 치료적 접근에서 인지치료자들의 일차적인 초점은 무엇인지 간략하게 설명하라.
6. 인지 재구성이란 무엇인지 간략하게 설명하라.

합리적-정서행동치료

당신은 '나는 항상 실패투성이야.' '나는 정말 얼간이야.' '나는 제대로 하는 일이 하나도 없어.' 라고 자신에게 말하고 있는 것을 발견한 적이 있는가? 잘 알려진 인지 치료자인 Albert Ellis는 이런 자기-진술문이 비합리적이라고 생각한다. 당신이 항상 실패하고 항상 서투른 것은 아니며, 무엇인가 제대로 하는 것도 있기 때문이다. Ellis는 이런 비합리적인 사고가 불안, 슬픔, 분노 혹은 다른 괴로운 정서의 원인이 될 수 있다고 믿는다. 치료에 대한 그들의 접근은 사람들이 이런 비합리적인 생각 혹은 신념을 찾아내도록 돕고, 이런 생각이나 신념을 더욱 합리적인 자기-진술문으로 대체하도록 돕는 것이다(예, Ellis, 1962; Ellis & Bernard, 1985; Eliis & Dryden, 1997).

Ellis가 시도했던 접근의 원래 명칭인 **합리적-정서치료**(rational-emotive therapy: RET)에서는 일상생활에서의 정서적 문제와 그와 관련된 대부분의 행동들은 사람들이 살아가면서 일어나는 사건에 대해 비합리적인 해석을 하는 것에서 발생한다고 가정한다. 사람들은 '모든 과목에서 잘 해야만 한다.' 고 생각하는 학생처럼, 절대적인 관점에서 생각하는 경향이 있다. 그리고 한 번의 시험에서 안 좋은 점수를 받은 후 '나는 결코 좋은 학생이 될 수 없어.' 라고 생각하는 학생처럼, 일반화하는 경향이 있다. 사람들은 또한 재앙화하는 경향이 있다. 즉 그들은 상황이 너무도 끔찍해서 아마도 그것을 견딜 수 없을 것이라고 자신에게 말한다. 예를 들어, 짐은 자명종 소리를 듣지 못하여 늦잠을 자서 수업에 지각할 것 같았다. 서둘러 준비를 하다가 그는 면도를 하면서 얼굴에 상처를 내고는 '나는 걸어 다니는 재앙덩어리야! 나는 항상 잘되는 일이 없어.' 라고 생각했다. 조금 후에 그는 교통체증에 걸렸고 '나에게는 왜 항상 최악의 상황만 생기는 거야?' 라고 생각하면서, 분노와 좌절감을 느꼈다. Ellis는 정서적인 문제(예, 짐의 분노와 좌절)의 뿌리에는 이런 자기-진술문('나는 걸어 다니는 재앙덩어리야.' '내게는 항상 최악의 상황만 생긴다.')이 있다고 보았다.

기본적으로 RET 접근은 내담자로 하여금 이런 '비합리적인' 자기-진술문에 대하여 좀 더 긍정적이고 현실적인 진술문들로 반박하도록 가르친다. 이것은 세 가지 주요 단계로 이루어진다. 첫째, RET 치료자는 자신이 걸어 다니는 재앙딩어리라는 짐의 생각처럼, 비합리적 신념에 기반을 둔 문제가 되는 생각을 내담자가 파악하도록 돕는다. 둘째, RET 치료자는 문제가 되는 자기-대화의 토대라고 생각되는 내담자의 비합리적인 신념에 직면하여 논쟁적인 방식으로 강력하게 도전한다. 예를 들어, 짐이 수업에 절대로 늦어서는 안 된다는 비합리적인 신념을 가지고 있을지도 모른다. 이런 유형의 비합리적인 사고를 Ellis는 '당위적 사고(musterbation)' 라고 부른다. RET 치료자들은 짐에게 '이 도시에 사는 모든 사람들이 언제든 교통체증에 걸릴 수 있고 여러 다양한 일들로 인해 그들이 지각하게 되기도 하지. 너만 그렇게 특별할까?' 라고 말할 수 있다. 혹은 '네가 항상 실패투성이라고 하는 것은 무슨 의미지? 지난번 컴퓨터 과제에서 A를 받지 않았니?' 라고 말할 수도 있다. 셋째, 내담자는 모델링과 과제를 통해 비합리적인 자기-진술문을 합리적인 신념에 기반한 진술문으로 대치하는 것을 배운다. 예를 들어, 짐은 수업에 지각하는 것보다 훨씬 더 안 좋은 일도 있으며, 좋았던 상황도 언제든 나빠질 수 있다고 스스로에게 말하는 것을 배울 수 있다. 자신의 상황이 성가시거나 불편하기는 해도 재앙이 닥친 것은 아니다(그러나 [그림 27-1]의 만화에 나오는 인물과 달리, 짐이 현실적인 재앙은 인식할 수 있기를 바란다.).

Ellis(1993)는 이후에 그의 치료에 행동이란 단어를 추가하여, 지금은 자신의 치료법을 **합리적-정서행동치료**(rational-emotive behavior therapy: REBT)라고 부르고 있다. 그렇게 한 이유는 그가 인지치료자이지만, 행동적 '과제' 내주기를 자주 사용하기 때문이다. 예를 들어, 짐이 자신이 걸어 다니는 재앙덩어리가가 아니라는 것을 자신에게 입증하도록 하기 위하여 그에게 컴퓨터로 작업하는 것과 같은 복잡한 활동을 수행할 때마다 그 상황을 기록하는 것을 과제로 내줄 수 있다. 과제 내주기는 일반적으로 내담자가 비합리적인 신념에 도전하고 또 당면하고 있는 힘든 정서에 직면하도록 돕기 위해 설계된다(REBT의 실제적인 지침을 알고 싶으면, Dryden[1999]을 참조하라.).

REBT에 대한 평가 Ellis의 접근이 성공적인 이유는 치료자와 내담자가 비합리적 신념들에 대하여 격렬하게 논쟁하였기 때문인가('인지적' 구성요소)? 아니면 과제 내주기가 내담자에게 영향을 미쳐 실생활에서 불안을 유발하는 장면에 직면하도록 하고, 그것이 불안의 소거로 이끌었기 때문인가('행동적' 구성요소, 28장 참조)? 아니면 그러한 향상은 잘못된 생각의 교정과 과제 내주기 둘 다를 결합한 결과인가? 행동적 구성요소를 포함하지 않은 REBT 연구를 검토한 결과, REBT 성공의 커다란 부분은 비합리적 신념에 대한 논쟁보다는 과제 내주기 때문일 수 있음이 시사되었다(Gossette & O' Brien, 1989, 1992).

[그림 27-1] 합리적-정서치료의 과장된 예

Beck의 인지치료

Aaron T. Beck(1976)은 Ellis와는 독립적으로 REBT와 유사한 인지치료 절차를 발달시켰다. 그의 인지치료는 원래 우울증 치료를 위해 개발되었다. 그러나 그는 이후 조증 상태, 불안장애, 히스테리, 강박장애, 정신신체장애, 공포증을 포함한 다양한 문제에 그의 치료법을 적용하였다(Beck, Emery, & Greenberg, 1985 참조). 이에 더해서, Beck은 부부관계를 향상시키기 위하여 인지치료를 어떻게 사용할 수 있는지 보여 주는, 부부를 위한 자기-개발서(self-help book)를 썼다(Beck, 1988). Kingdon과

Turkington(1994)은 이런 접근을 정신분열증 사례에도 확장하여 적용하였다.

Beck(1976)에 따르면, 정서장애를 가진 사람들은 다소 일탈된, 혹은 잘못되거나 역기능적인 사고에 과도하게 몰두하고 있으며, 이런 사고로 인하여 문제가 생기거나 혹은 악화된다. 역기능적 사고의 다양한 유형은 다음과 같다.

1. 이분법적 사고: 절대적인 관점에서 생각하는 것이다. 예를 들어, 'A' 보다 낮은 학점을 하나라도 받는다면, 자신이 실패한 것이라고 가정한다.
2. 임의적인 추론: 부적합한 증거에 근거하여 결론을 이끌어 내는 것이다. 예를 들어, 지나가는 사람이 눈살을 찌푸리면 그 사람이 자신을 비난한다고 오해한다.
3. 과도한 일반화: 아주 적은 예를 근거로 일반적인 결론에 도달하는 것이다. 예를 들어, 한 번의 실패로 자신이 아무 일에도 성공할 수 없다고 가정한다.
4. 확대: 이는 특정한 사건의 의미나 중요성을 과장하는 것이다. 예를 들어, 자신이 몹시 원하는 어떤 것을 획득하지 못한다면 그것은 끔직한 일이거나 큰 재앙이라고 믿는다.

Beck의 절차는 세 가지 일반적인 구성요소를 포함한다. 첫째, 불쾌한 정서를 일으킬 수 있는 역기능적인 사고와 부적응적인 가정을 내담자가 확인하도록 하는 것이다. 이것은 대개 일련의 시각화 연습과 쉽게 대답할 수 있는 질문을 통해 이루어진다. 예를 들어, 내담자에게 불쾌한 정서를 유발하는 상황을 떠올리거나 상상하고, 이런 상황에서 경험했던 생각들에 초점을 맞추도록 격려한다. 둘째, 이러한 생각이나 역기능적 가정을 확인하고 나면, 이것을 상쇄하는 몇 가지 방법을 사용한다. Beck이 사용한 방법 중 하나는 **현실 점검**(reality checking) 혹은 **가설 검증**(hypothesis testing)이다. 내담자가 역기능적 신념이나 사고를 파악하고 또 그것을 현실보다는 가설로 식별하는 것을 학습하게 되면, 내담자는 과제를 통해 그것을 경험적으로 검증한다. 예를 들어, 내담자가 자신이 만난 모든 사람이 그를 싫어하여 외면한다고 믿는다면, 내담자의 문제 이면에 있는 사고가 실제로 정확한지를 객관적으로 파악하기 위하여 치료자는 다른 사람들의 표정과 신체 언어를 판단하는 체계를 고안하도록 도울 수 있다. 또 다른 예로, 내담자가 역할연기 회기에 참여하도록 격려할 수 있다. 점원이 자신을 바보같다고 생각한다고 굳게 믿었던 한 내담자는 자신을 기다리는 점원의 역할을 하면서 자신에 대한 부정적인 관점을 바꿀 수 있었다. 셋째, Beck은 다양한 일상적인 활동을 발달시키기 위해 추가적인 과제 내주기를 자주 사용했다. 예를 들어, 우울한 사람들은 샤워 혹은 목욕, 침대 정리, 집안 청소와 같은 다양한 일상적인 일을 게을리할 때가 많다. 과제 내주기는 이런 행동들을 재확립하기 위하여 사용될 수 있다(우울증이 있는 사람에게 Beck의 인지치료를 실시하기 위한 절차에 대한 설명을 보려면, Young, Rygh, Weinberger과 Beck[2008]을 참조하라.).

Ellis와 Beck의 접근에 대한 비교 Beck의 접근과 Ellis의 REBT 간에 분명한 몇 가지 유사점들이 있다. 이들 두 접근 모두 내담자의 어려움은 불쾌한 사건을 강조하거나 재앙화하는 경향과 같은 부적절한 사고 유형으로부터 발생한다고 가정한다. 그리고 이들 모두 내담자의 비합리적인 사고를 변화시키는 데 초점을 두고, 다양한 행동적 과제 내주기를 사용한다. 첫 번째 차이점은 Beck은 Ellis만큼 재앙화하거나 '두려워하는' 내담자의 경향성을 강조하지 않는다는 데 있다. 두 번째 차이점은, Beck과 Ellis의 치료회기 기록에 따르면, Beck이 Ellis에 비해 내담자의 비합리적인 신념들을 변화시키는 데 더 부드럽고 덜 직면적인 접근을 한다는 데 있다. 그들의 접근법에서 세 번째 차이점은 비합리적 신념을 변화시키려고 시도하는 방법에 있다. Ellis는 가차 없는 논리적 논박을 통해 공격적으로 내담자들과 논쟁하여서 비합리적 신념을 변화시키려고 한 반면, Beck은 내담자가 실험적으로 비합리적 신념을 검증하도록 과제를 개발하여 비합리적 신념을 변화시키려고 시도하였다.

Beck의 인지치료에 대한 평가 Beck과 그의 동료들은 다양한 장애에 그들의 접근법을 적용하였지만, 특히 우울한 사람들에게 그들의 치료법이 효과적이라고 생각한다(Beck et al., 1985). 인지치료는 만성 우울증의 경우 약물치료보다 덜 효과적이지만(Thase et al., 1994), 급성 우울삽화에 대해서는 적어도 약물치료만큼 효과적인 것으로 나타났다(Antonuccio, Danton, & Denelsky, 1995). Dobson(1989)은 메타분석을 사용해서, Beck의 인지치료가 단극성 우울증에 대해서는 가장 좋은 치료라고 결론지었다.

그러나 경도에서 중등도의 우울한 외래환자에 대한 치료효과와 관련된 기존의 무선통제 연구들을 메타분석한 결과에서는, 전반적인 효과성이 인지치료에서는 단지 46.6%이었던 것에 비해, 행동치료는 55.3%, 대인관계 심리치료는 52.3%인 것으로 나타났다(Depression Guideline Panel, 1993). 더군다나, 국립정신보건원(NIMH)이 수행한 대규모의 다지역 연구결과는 우울증으로 고통받는 사람들을 위한 Beck의 인지치료가 통제조건보다 더 효과적이지는 않은 것으로 나타났다(Elkin et al., 1989). 그러나 그 연구는 적절하게 슈퍼비전을 받지 않은 초보 인지치료자들을 연구에 포함시키는 등 여러 방법론적인 결함을 가지고 있는 것으로 비판받았다(Elkin, 1994; Otto, Pava, & Sprich-Buckminster, 1995).

Young 등(2008)은 "단극성 우울증과 양극성 우울증의 치료에서 인지행동치료의 효과성을 입증하는 증거가 계속해서 나타나고 있다."고 주장하지만, 앞에서 말한 Beck의 인지치료의 전반적인 효과성에 대한 증거는 혼재되어 있다. 그러나 Beck의 인지치료가 효과적일 수 있기 때문에, 실제적으로 효과적인 구성요소가 무엇인지에 대한 질문이 제기되고 있다. 우울증 치료에서 Beck의 인지치료의 구성요소 분석은 인지 재구성이 우울증 치료에서 필수적인 요소가 아닐 수도 있음을 시사한다(Dimidjian et al., 2006; Dimidjian, Martell, Addis, & Herman-Dunn, 2008; Gortner, Golan, Dobson, & Jacobson, 1998; Jacobson et al., 1996; Martell, Addis, & Dimidjian, 2004).

같은 맥락에서, Andrew Sweet과 그의 동료들은 우울증을 포함한 다양한 장애의 치료에 있어 순수한 행동치료와 인지적 구성요소를 결합한 행동치료를 비교한 29개의 연구를 조사하였다. 그들은 83%의 연구에서 특별히 인지 재구성에 초점을 맞추는 치료 요소를 더함으로써 어떤 유익한 결과도 나타나지 않았다고 보고하였다(Latimer & Sweet, 1984; Sweet & Loizeaux, 1991). 따라서 행동치료에 인지 재구성 기법을 더하는 것이 다양한 장애로 고통받는 일부 사람들의 치료결과를 향상시킬지도 모르지만, 앞에 나온 연구들은 그러한 일이 자주 발생하지는 않음을 보여 준다. 그럼에도 불구하고 28장에서 논의한 것처럼, 인지행동치료는 광범위한 장애들에 효과적인 것으로 나타났다(Butler, Chapman, Forman, & Beck, 2006).

연습문제

7. 합리적-정서행동치료의 세 가지 주요 단계는 무엇인가? 누가 합리적-정서행동치료를 개발하였는가?
8. Ellis는 그의 치료 명칭을 RET에서 왜 REBT로 바꾸었는가?
9. Beck에 따르면 신경증 환자들이 나타내는 문제의 원인은 무엇인가? 세 가지 예를 기술하라.
10. Beck의 인지치료의 세 가지 주요 구성요소를 기술하라.
11. Beck의 접근과 Ellis의 접근의 세 가지 유사점과 세 가지 차이점을 기술하라.

12. 1980년대 연구들은 인지행동치료가 단극성 우울증 치료의 좋은 방법임을 보여 주었다. 인지행동치료가 효과적인 것은 인지 재구성 때문인가, 아니면 행동 과제 때문인가? 이에 대해 논하라.

자기-지시적 대처방법

전반부에서는 인지 재구성에 대해 논의하였는데, 인지 재구성은 비합리적인 혹은 역기능적인 사고를 합리적 사고로 대치하거나 정보의 평가로 대치하는 데 초점을 맞춘다. 다른 전략들은 자기-지시와 문제-해결 전략을 가르치는 것에 초점을 맞추는데, 이런 전략들은 내담자가 어렵고 스트레스가 많은 상황에 대처하기 위해 외현적 행동을 표출하도록 도와준다.

자기-지시훈련

Meichenbaum과 Goodman(1971)은 아동들이 충동적 행동을 통제하도록 도와주기 위해 처음으로 자기-지시(self-instructional)훈련을 개발하였다. 아동을 위한 자기-지시 훈련은 전형적으로 다음의 다섯 단계로 진행된다.

1. 성인이 자기-지시의 예를 보여 준다: 예를 들어, 성인이 "내가 할 일은 10을 그리는 거야. 먼저 나는 이렇게 직선을 그릴 거야. 그런 다음 그 옆에 원을 그릴 거야." 라고 말한 뒤 (10을 그리는 동안) "나는 잘했어."라고 말한다.
2. 아동이 성인이 말하는 동안 수행한다: 예를 들어, 성인이 아동에게 연필을 주고 1단계의 지시를 반복하는 동안, 아동은 10을 그린다(성인은 이어서 칭찬한다.).
3. 아동이 과제를 수행하면서 소리 내어 말한다: 예를 들어, 아동은 1단계에서 성인이 보여 준 행동을 시작할 것이다.
4. 외현적인 자기-지시는 사라진다: 두세 번 반복하면서, 아동에게 지시와 자기-칭찬을 더욱더 작은 소리로 되뇌면서 과제를 반복하도록 권유한다.
5. 내현적인 자기-지시로 과제를 수행한다: 마지막으로 아동에게 교사가 들을 수 없도록

조용히 자기-지시와 칭찬을 스스로에게 말하면서 과제를 수행하도록 촉구한다.

자기-지시훈련을 받는 충동적인 아동은 처음에는 10을 그리는 것처럼 단순한 과제를 통해 각 단계를 연습하게 되고, 그런 다음 더하기나 빼기와 같이 아동의 발달수준에 맞는 더 복잡한 과제로 나아간다.

Meichenbaum(1986)과 그의 동료들은 이후로 자기-지시훈련 전략을 확장하여 아동뿐만 아니라 성인 내담자들도 자신의 통제력을 벗어난 스트레스 상황을 다룰 수 있는 대처기술을 발달시키도록 도왔다. 자주 이런 접근은 부정적인 정서를 완전히 제거하기보다는 내담자가 이런 정서에 대처하도록 가르치는 것을 더 강조한다. 예를 들어, 공포증을 가진 내담자가 치료 이후 다음과 같이 말했다.

> '자기-지시하기'는 내가 그 상황에서 견딜 수 있게 만든다. 편안하지는 않지만 참을 만하다. 나는 스스로에게 두려워하지 말라고, 혹은 단지 두려워하는 것처럼 보이지 말라고 말한다. 당신은 두려워하는 것에 대하여 즉각 대응하고 그런 다음 혼자 생각하기 시작한다. 나는 스스로에게 공황상태로부터 벗어나라고 말한다(Meichenbaum, 1986, p. 372).

Meichenbaum의 접근에서 첫 번째 단계는 내담자를 도와서 스트레스 상황과 자기 스스로 만들어 낸 부정적인 진술문(예, '나는 이것을 다룰 수 없어.' '나는 잘하는 것이 아무것도 없어.')에 의하여 유발된 내적 자극들을 찾아내어 스트레스에 대처하도록 가르치는 것이다. 내담자들은 이런 내적 자극들을 식별자극(S^D)으로 사용하여 적합한 자기-지시를 적용하는 것을 배운다. 그런 다음에 내담자는 모델링과 행동시연을 통하여, 스트레스 상황에 있을 때 부정적 자기-진술문을 상쇄하는 혼잣말을 하는 것을 배운다(예, '말하기 전에 불안을 느낀다고 해서 반드시 발표를 망치는 것은 아니야. 불안한 것은 단지 나를 각성시키고 또 발표를 잘할 수 있게 준비시키는 하나의 방식일 뿐이지.'). 셋째, 내담자는 적당한 활동을 수행하기 위한 단계를 자기-지시하도록 배운다(예를 들어, 활동을 수행하면서 '나는 심호흡을 세 번 한 후에 웃고 그다음에는 노트를 보고 발표할 거야'). 마지막으로 내담자는 스트레스 상황에서 성공적으로 대처한 후에 즉시 자기-강화적 진술을 하도록 교육받는다(예, '잘했어! 빨리 치료자에게 알리자.').

스트레스 접종 Meichenbaum(1985)은 '스트레스 접종'이라는 전략을 개발하였다. 그것은 전형적으로 세 단계로 진행된다. 첫 번째 재해석 단계에서, 내담자는 자신의 예민함이나 스트레스 반응의 원인이 스트레스원(예, 학생이 수업 시간에 발표를 해야 하는 것)이 아님을 배운다. 오히려 문제가 되는 것은 사건을 바라보는 방식이다. 내담자는 또한 단계적으로 상황에 대처하는 것을 학습할 수 있음을 언어화하도록 배운다. 두 번째 대처훈련 단계에서, 내담자들은 이완, 자기-지시, 자기-강화와 같은 다양한 대처 전략을 배운다. 마지막으로 적용 단계에서, 내담자들은 얼음물에 팔 담그기나 무시무시한 영화 보기, 스트레스 받으며 치과에 가는 것을 떠올리기와 같은 스트레스 자극 상황에서 자기-대화와 대처기술을 연습한다. 이런 스트레스 상황에 노출되기 직전과 노출되는 동안, 내담자는 적절한 대처 기술들을 연습한다. 이런 스트레스 접종이 불안 혹은 스트레스 문제를 가진 사람들에게 특히 도움이 된다는 연구결과가 있다(Meichenbaum & Deffenbacher, 1988).

자기-지시적 방법에 대한 평가 여러 연구에 따르면, 자기-지시훈련 전략은 충동성을 조절하고 주장성을 증가시키며 레저 기술을 향상시키는 등, 상대적으로 구체적인 과제에 효과적인 것으로 나타났다(Meichenbaum, 1986; Spiegler & Guevremont, 2003). 사회적 불안과 성격장애와 같이 보다 복잡한 문제에 자기-지시훈련 전략을 적용하는 것은 덜 성공적이었다(Spiegler & Guevremont). 이 장의 후반부에서 설명한 것처럼, 자기-지시훈련은 대체로 규칙-지배 행동에 효과적인 것처럼 보인다. 그리고 17장에서 설명한 것처럼, 규칙은 구체적인 환경과 특정 행동에 대한 기한을 정해 놓을 때, 그리고 결과가 지연되더라도 그 행동이 크고 분명한 결과를 낳을 때 효과적이다. 이런 요소 중 하나라도 부족한 규칙은 덜 효과적일 가능성이 높다.

문제-해결 방법

문제-해결 방법은 개인적 문제를 만족스럽게 해결하기 위하여 논리적으로 사고하는 방법을 가르치는 데 초점을 맞춘다. D' Zurilla와 Goldfried(1971)는 개인적 문제를 해결하는 방안을 다음의 일반적인 여섯 단계들로 정리하였다.

1. 일반적 방향제시: 내담자가 문제를 인식하고 충동적으로 행동하기보다는 체계적으로 행동하면서 문제들을 다룰 수 있다는 것을 인식할 수 있도록 도와준다. 예를 들어, 문제에 직면했을 때 내담자는 '단계적으로 진행하기만 한다면 나는 이

문제를 해결할 수 있어.' 혹은 '이것을 해결할 수 있는 문제로 바꾸어 말할 수 있는 방법을 찾아보자.' 와 같은 진술문을 만들어 내도록 교육받을 수 있다.

2. 문제 정의: 문제를 자세히 기술하도록 요청받았을 때, 대부분의 내담자들은 "나는 최근에 매우 화가 났어요."와 같이 매우 애매모호하게 대답한다. 문제의 내력과 문제를 통제하는 변인들을 상세하게 기술하면, 일반적으로 문제를 좀 더 정확하게 정의할 수 있다. 예를 들면, 자세하게 분석한 결과, 내담자가 화가 난 이유는 정리정돈을 하지 않는 친구와 같은 아파트에 살면서 자신이 '뒤죽박죽인' 상황을 견뎌야 한다는 느낌 때문이라는 것이 밝혀질 수 있다.
3. 대안 산출: 문제를 구체적으로 정의한 후에 내담자에게서 가능한 해결방안들을 모두 생각해 보라고 지시한다. 즉 내담자는 '자유롭게 상상하고' 가능한 한 많은 해결책(그것들이 설령 터무니없을지라도)을 생각해 내도록 지시를 받는다. 예를 들어, 가능한 해결책은 ① 이사하기, ② 지저분한 것을 수용하는 법을 배우기, ③ 룸메이트에게 집을 깨끗이 치우라고 단도직입적으로 말하기, ④ 룸메이트가 깔끔하게 행동하도록 조형하기, ⑤ 룸메이트와 행동계약 맺기, ⑥ 룸메이트의 물건을 창밖으로 던져 버리기, ⑦ 룸메이트를 창밖으로 던져 버리기 등이다.
4. 의사결정: 다음 단계에서는 대안들을 신중하게 검토하고, ⑥이나 ⑦와 같이 명백하게 수용할 수 없는 것은 제거한다. 그다음에는 나머지 대안들을 수행할 경우에 나타날 수 있는 단기적인 결과와 장기적인 결과에 대해 고려해야 한다. 다양한 대안의 긍정적인 점과 부정적인 점을 기록하는 것은 의사결정에서 만족감을 증진시키며, 결정된 사항을 계속해 나갈 가능성을 높이고, 좀 더 생산적인 선택을 하도록 하며 후회가 남지 않도록 하는 데 도움이 되는 것으로 입증되었다(Janis & Mann, 1977; Janis & Wheeler, 1978). 이런 고려사항에 근거하여, 내담자는 가장 적합한 해결책으로 보이는 대안을 선택해야 한다.
5. 행동수행: 처음에 내담자는 치료자의 도움을 받아 문제에 대한 최선의 해결책을 수행하는 계획을 짠다. 이때 새로운 기술을 배워야 할 때도 있다. 예를 들어, 내담자가 3단계에서 나온 대안들 중 최선의 대안이 ⑤라고 결정하였다면 내담자는 행동계약에 관해 배울 필요가 있을 것이다(527-529쪽 참조).
6. 검증: 계획이 효과가 있으면, 내담자에게 문제를 해결하기 위해 그 계획을 계속 수행하도록 격려한다. 그 계획이 문제를 해결하는 데 도움이 되지 않는다면, 위의 문제-해결 과정을 다시 시작하여 또 다른 해결책을 찾아보아야 한다.

문제해결 방법에 대한 평가 Foxx와 Faw(1990)는 정신과 환자들에게 문제-해결 기술을 가르치는 프로그램을 제시하고, 이런 기술들을 일반화할 수 있는 방법에 대하여 논의하였다. 이에 더해서 D' Zurilla와 Nezu(1999)는 문제-해결 접근이 다양한 임상적 문제들에 어떻게 적용될 수 있는지를 기술하였다. 여러 증거들은 성인과 아동이 문제-해결 기술을 쉽게 학습한다는 것을 보여 주었지만, 그들이 개인적인 문제를 만족스럽게 해결하기 위해 문제-해결 기술을 항상 적절하게 적용하는 것은 아니었다.

연습문제

13. Meichenbaum과 그의 동료들이 아동에게 사용한 자기-지시훈련의 다섯 단계를 간략하게 설명하라.
14. Meichenbaum의 스트레스 접종훈련의 세 단계를 간략하게 설명하라.
15. D' Zurilla와 Goldfried가 기술한 문제해결의 여섯 단계를 각각 한 문장으로 요약하라.

마음챙김과 수용 전략

제임스에게 가르쳤던 공격성에 대한 마침챙김 기반 개입을 상기해 보라(18장 맨 처음에 제시된 사례). 화가 났을 때 제임스는 자신의 발바닥에서 느껴지는 감각에 초점을 맞출 것이다. 행동적 관점에서 볼 때, **마음챙김**(mindfulness)은 비판단적 자각과 관찰, 내현적 혹은 외현적 행동이 일어날 때 그것에 대해 기술하는 것을 포함하며, 어떤 경우에는 내현적 혹은 외현적 행동의 선행자극과 결과에 대한 관찰을 포함하기도 한다.

마음챙김은 '부처의 가르침의 핵심' 에 있는 것으로 간주되는 오래된 개념이다(Nhat Hanh, 1998, p. 59). 마음챙김은 시각, 냄새, 맛, 촉감의 감각경험이 일어날 때 그것에 면밀히 주의를 기울이는 것과 관련이 있다. 당신이 친구 사샤와 어떤 식당에서 정오에 만나기로 약속을 했다고 가정해 보자. 12시 30분인데 사샤는 아직도 도착하지 않았다. 화가 나는 것을 느끼면서, 당신은 '이런 일은 정말 나를 화나게 해. 사샤가 늦는 것은 너무 싫어! 사샤가 이렇게 믿을 수 없게 행동한다면 참을 수가 없어!

왜 내가 이런 일을 참아야 하지? 식당에 온 사람들은 내가 여기서 30분이나 서 있는 것을 보고 틀림없이 바보라고 생각할 거야.' 라고 속으로 생각할지도 모른다. 이에 대한 대안으로, 당신은 '나는 식당 앞에 서 있지. 내 심장이 더 빨리 뛰는 것을 알겠어. 짜증이 나는 것을 느낄 수 있어. 나는 주먹을 꽉 쥐고 있고 내 팔은 긴장되어 있군. 나는 식당에 온 사람들이 나에 대해서 무엇이라고 말하는지 궁금해하고 있어. 나는 사샤가 사과하는 모습을 그려 보고 있어.' 라고 속으로 생각하면서 마음챙김을 연습할 수 있다. 이 예가 보여 주는 것처럼, 마음챙김은 순간순간 자신의 감각과 생각, 느낌, 관찰 가능한 행동에 대해 완전히 자각하게 되는 것과 관련이 있다.

여기에서 수용을 심리치료에서 흔히 사용되는 다른 유형의 수용과 구별하기 위해 **경험적 수용**이라고도 부르는데(Block-Lerner, Wulfert, & Moses, 2009 참조), 자신의 감각과 생각, 느낌, 행동을 좋거나 나쁜 것으로, 유쾌하거나 불쾌한 것으로, 쓸모 있거나 쓸모없는 것으로 판단하는 것을 자제하는 것을 일컫는다. 마음챙김과 수용은 함께 움직인다. 마음챙김은 행동과 감각에 초점을 맞추는 반면, 수용은 그러한 행동과 감각을 판단하지 않는 것에 초점을 맞춘다. 자신의 생각을 단지 반응으로, 지나가는 사건으로 바라본다. 긍정적이든 부정적이든 감정을 삶의 부분으로 받아들인다. 자신의 감정과 생각이 아무리 불쾌한 것이라 하더라도 자신의 감정을 느낄 수 있고 자신의 생각을 생각할 수 있으며, 자신의 가치관과 인생 목표와 일치하는 건설적인 행동을 할 수 있다는 것을 사람들에게 가르치기 위해 수용에 기반한 절차들이 사용된다. Williams, Teasdale, Segal과 Kabat-Zinn(2007)이 쓴 『우울증을 통한 마음챙김의 길: 만성적인 불행에서 당신 자신을 자유롭게 하기(The mindful way through depression: Freeing yourself from chronic unhappiness)』라는 제목의 책은 일반인이 마음챙김과 수용-기반 기법들을 학습하도록 하는 뛰어난 지침서(manual)다.

1990년에 Jon Kabat-Zinn은 사람들이 마음챙김 기법을 사용하여 스트레스에 대처하도록 도와주는 훌륭한 지침서를 출판하였다. 1980년대 후반과 1990년대 초반에 일부 치료자들은 마음챙김과 수용-기반 절차들을 행동치료와 통합하기 시작하였다(Hayes, Jacobson, Follette, & Dougher, 1994; Linehan, 1993; Teasdale, Segal, & Williams, 1995). 앞에서 지적한 것처럼, 치료에 그러한 경험적 변화 전략을 통합한 치료자들을 행동치료자의 세 번째 물결이라고 기술한다(Hayes, 2004; Hayes, Follette, & Linehan, 2004). 그러한 치료 접근 중 하나가 **수용전념치료**(Acceptance and Commitment Therapy: ACT)다.

수용전념치료

Hayes와 그의 동료들(Hayes, Strosahl, & Wilson, 1999)이 개발한 **수용전념치료**(ACT)의 주요한 세 단계는 다음과 같다. 첫째, 치료자가 제시하는 은유와 역설, 이야기, 그리고 다른 언어적 기법을 통해 내담자는 괴로운 생각과 정서를 조절하려 했던 과거의 시도가 그러한 생각과 감정의 빈도를 증가시킬 뿐이었다는 것을 배우게 된다. 누군가 당신에게 '분홍색 코끼리'를 생각하지 말라고 말한다면, 당신은 무엇을 생각하게 될 가능성이 높은가? 바로 분홍색 코끼리다. 이와 비슷하게 누군가 당신에게 혹은 당신이 스스로에게 자신을 힘들게 하는 특정한 생각을 그만하라고 말한다면, 실제로 당신은 그것을 훨씬 더 많이 생각하게 될 것이다. 둘째, 마음챙김훈련과 수용 연습을 통해서 내담자는 골치 아픈 생각과 감정을 경험하고 비판단적으로 포용하는 것을 배우게 된다. 예를 들어, 그러한 연습에서는 내담자에게 자신의 생각이 '물결 위의 나뭇잎같이 둥둥 떠다니는' 것처럼 상상하라고 격려하곤 한다(Hayes, 2004). 따라서 인지 재구성에서처럼 문제가 되는 생각과 감정을 인식하고 바꾸려고 시도하기보다, 마음챙김훈련과 수용훈련에서의 목표는 단순히 자신의 걱정하는 생각 그리고 불쾌한 감정과 '함께' 머무는 것이다. 내담자에게 속으로 반복해서 말하라고 추천하는 문구는 '괜찮아……. 그것이 어떤 것이든 이미 여기에 있잖아. 그것을 느껴 보자'다(Williams et al., 2007, p. 84). 이것이 ACT의 수용 부분이다. 셋째, 문제가 되는 생각과 정서가 제거되는지의 여부와 상관없이, 내담자들에게 일과 가족, 건강, 친밀한 관계 등 삶의 다양한 영역에서 가치를 확인하라고 격려한다. 내담자는 그런 다음 이런 가치들을 성취 가능하고 구체적인 목표로 전환하고, 그러한 목표를 달성하기 위한 구체적인 행동을 확인하고 표출하도록 도움을 받는다. 이것이 ACT의 전념 부분이다. 내담자들은 그들 삶에서 가치 있는 목표를 파악하고 그러한 목표를 추구하기 위한 행동에 전념하도록 격려된다.

추가설명 1

ACT는 Ellis와 Beck의 인지치료(CT)와는 몇 가지 면에서 다르다. 첫째, CT는 문제가 되는 생각이 혼란스러운 정서의 주요 원인이라고 가정하는 반면, ACT는 생각과 정서 둘 다를 단지 반응으로 간주하고 생각과 정서가 모두 다양한 환경적 수반성에 의해 유발된다고 가정한다. 둘째, CT의 주요한 초점은 문제가 되는 생각을 직접적으로 바꾸기 위해 인지 재구성을 사용하는 것이지만, ACT는 내담자에게 다양한 생각과 정서를 수용하라고 가르친다. ACT는 또한 내담자가 골치 아픈 생각과 혐오스러운 감정을 경험함에도 불구하고, 그들이 여전히 가치 있는 목표를 추구하기 위해 건설적인 행동을 할 수 있다고 가르친다. 세 번째 차이점은 행동적 과제 내주기의 목적에 있다.

추가설명 2

CT의 경우, 행동적 과제를 내주는 일차적인 목적은 내담자가 왜곡된 생각을 극복하도록 돕기 위한 것이다. ACT의 경우, 행동적 과제 내주기는 가치 있는 목표를 추구할 때 더 큰 효과적인 행동 패턴을 만들기 위해 사용된다. 이런 이유들 때문에 우리는 ACT를 인지치료보다는 행동치료에 더 가까운 형태라고 생각한다.

ACT에 대한 평가 ACT는 상대적으로 새로운 치료 접근이며 따라서 그 효과성을 분명하게 확립하기 위해서는 상당한 연구가 필요하다. 그럼에도 불구하고, 초기 연구들은 긍정적이다. 예를 들어, ACT가 산수 불안을 치료하는 데 체계적 둔감화(28장에 기술된)와 동등한 효과가 있고(Zettle, 2003), 불안과 우울증 치료에서 인지치료와 동등한 효과가 있으며(Forman, Herbert, Moitra, Yeomans, & Geller, 2007), 직장 스트레스 감소에 효과적이고(Bond & Bunce, 2000), 강박장애 치료에도 효과적인 것으로 나타났다(Twohig, Hayes, & Masuda, 2006). Hayes, Masuda, Bissette, Luoma와 Guerrero(2004), Ost(2008), Powers, Zum Vorde Sive Vording과 Emmelkamp(2009)는 그 밖의 치료결과에 대한 연구들을 고찰하였다. 추가설명 3

연습문제

16. 불자와 인지치료자들이 마음챙김이라는 용어를 사용할 때 마음챙김이란 무슨 의미인가?
17. 인지행동치료자가 수용이라는 용어를 사용할 때 수용은 무슨 뜻인가?
18. ACT의 세 단계를 간략하게 기술하라.
19. 인지치료와 ACT 사이의 세 가지 차이점은 무엇인가?

인지 재구성과 자기-지시적 대처방법, ACT에 대한 행동적 해석

14장에서 이야기한 것처럼, 행동의 중요한 두 가지 범주는 조작적인 것과 반응적인 것이다. 15장에서 설명한 것처럼, 우리가 일상생활에서 '사고'와 '감정'이라고 부르는 것의 많은 부분을 이 두 가지 기본적인 행동 범주의 용어로 기술할 수 있다. 또한 15장에서 지적한 것처럼, 우리는 조작적 조건형성과 반응적 조건형성의 원리와 절차들이 공적인 행동뿐만 아니라 사적인 행동에도 적용된다고 가정한다. 이 책의 많은 예들에서 공적 행동에서 바람직한 변화를 일으키기 위해 사적 행동을 수정하였다. 그러나 어떤 사례에서도 사적 행동과 공적 행동이 근본적으로 다르다고 가정할 필요는 없다. 오히려 이와는 반대로 동일한 일반적인 원리와 절차들이 사적 행동과 공적 행동 둘 다에 적용될 수 있다는 가정에 기반을 두고 치료를 실시해 왔다. 이런 관점에서 우리는 인지적 절차들을 일부 검토하고자 한다.

인지 재구성은 왜 효과적인 것일까

일부 인지치료자들은 잘못된 생각이 정서적 문제와 행동적 문제의 원인이며, 인지 재구성의 일차적인 초점이 잘못된 생각을 바꾸는 것이라고 믿는다는 사실을 기억할 것이다. 15장에서 논의한 것처럼, 어떤 자기-진술문이 불안과 분노, 기타 정서의 반응적 요소를 유발하는 조건자극(CS)의 역할을 할 수 있다고 가정하는 것은 분명히 일리가 있다. 늦잠을 자고 면도하다가 얼굴을 베였으며 그다음에는 교통체증에 걸린 짐의 사례를 보자. 짐의 비합리적인 자기-대화('나는 걸어 다니는 재앙덩어리야! 왜 항상 나에게는 최악의 일만 일어나는 거지?')는 불안이나 분노의 반응적 요소를 유발하는 CS의 역할을 하였을 것이다. 그의 자기-진술문은 또한 **규칙-지배 행동**의 관점에서 분석될 수 있을 것이다. 17장을 떠올려 보면, 규칙은 주어진 상황에서 특정 반응이 특정 결과를 낳는 수반성에 대한 기술이라고 할 수 있다. 규칙에 대한 진술(예, '내가 오늘 밤에 3시간 동안 행동수정 교재를 공부하면 내일 행동수정 시험에서 좋은 점수를 받을 것이다.')은 행동에 대한 통제력을 발휘할 수 있다(즉, 그것은 당신이 3시간 동안 행동수정 교재를 공부하도록 영향을 미칠 수 있다.). 행동적 조망에서 볼 때, 인지 재구성은 크게 규칙-지배 행동을 다룬다(Poppen, 1989; Zettle & Hayes, 1982). 짐의 비합리적인 자기-대화는 잘못된 규칙으로 생각될 수 있다. '나는 항상 되는 일이 없어.' 라는 그의 진술문은 '이 일을 시도하면 나는 실패할 거야.' 라는 규칙을 함축하고 있다. 이런 규칙 때문에 그는 충분히 수행할 수 있는 여러 과제들을 회피할 것이다. 인지치료자는 그러한 비합리적인 자기-진술문을 논박하고, 비합리적인 자기-진술문을 합리적인 자기-진술문으로 대치하도록 짐에게 도전하고, 합리적인 사고를 유지하는 데 도움이 되는 과제를 내줄 것이다. 예를 들어, 짐은 '나는 일을 참 잘해. 컴퓨터 과제를 위한 지시를 주의 깊게 잘 따르면, 제출기한 내에 과제를 다 할 수 있을 거야.' 와 같은 규칙을 반복해서 말할 것이다. 그러한 규칙은 그의 비합리적인 자기-대화('나는 항상 되는 일이 없어.')를 상쇄하고, 강화받을 수 있는 행동을 이끌어 낼 가능성이 있다. 치료자는 짐이 부정확한 규칙을 더 정확한 규칙으로 바꾸도록 도와주었고, 이제는 짐이 일상적인 환경에서 정확한 규칙에 따라 적합한 행동을 유지할 가능성이 커질 것이다.

이제 다른 유형의 비합리적 사고를 살펴보자. Ellis와 Grieger(1977)에 따르면, 비합리적인 사고는 '두려움에 떨게 만들기(awfulizing)'(예를 들자면 '직장을 잃는 것은 정말 끔찍한 일이다.')와 '당위적 사고'(예를 들어, '나는 반드시 취직을 해야만 한다. 그렇지 않으면 나는 쓸모없는 인간이다.')로 언급되는 범주들을 포함한다. 내담자가 이런 생각을 말할 때, RET 치료자는 내담자에게 도전할 수 있다('그것이 왜 그렇게 끔찍한가?' 혹은 '단지 직업이 없다고 해서 당신이 쓸모없는 인간이 되는 것은 아니다.'). 그리고 심지어 내담자가 실직한 상태에 있는 것이 끔직한 일은 아니라고 표현하는 것을 배운다고 하더라도, 내담자는 여전히 실직 상태에 있을 수 있다. 이런 경우에 인지 재구성은 그다지 도움이 될 것 같지 않다([그림 27-1] 참조). 내담자는 일상적인 환경에서 요구되는 효과적인 활동을 이끌어 낼 수 있는 일련의 규칙들(예를 들어, '구인광고를 검토한다.' '채용 관련 부서에 찾아간다.')을 제공받지 못했기 때문이다. 또는 내담자가 효과적인 행동에 대한 분명한 규칙을 가지고 있다고 해도, 일자리를 찾는 데 필요한 실제적 행동들(시간관리, 주장성, 인내력 등)이 부족할 수도 있다. 따라서 인지 재구성에서 어떤 경우에는 규칙이 비효과적인데, 그런 경우 ① 지지적인 환경 결과들을 이끌어 내는 특정 행동에 대한 특정 환경을 파악하지 못했기 때문이고, ② 규칙에서 기술하고 있는 행동이 내담자에게 결여되어 있기 때문이다.

요약하면, 행동적 관점에서 볼 때 인지 재구성 기법은 ① 괴로운 감정의 반응적 요소를 유발하는 비합리적인 자기-진술문의 빈도를 감소시킬 때, 그리고 ② 언어적 대화와 과제 내주기를 통해 내담자에게 일상적 환경에서 유지될 가능성이 높은 특정 행동에 대한 특정 환경을 파악하고 규칙을 반복 연습하도록 가르칠 때 효과적일 수 있다.

자기-지시와 문제-해결훈련은 왜 효과적인 것일까

이런 접근들(자기-지시와 문제-해결훈련)에서는 효과적인 결과로 이끄는 규칙-지배 행동을 가르친다. 수업 중에 발표하는 것을 힘들어하는 학생에게 ① 자신이 겁내고 있다는 사실을 인식하도록 하고, ② 이에 대처하는 자기-진술문들을 말하도록 시키고, ③ 적합한 활동을 하는 데 필요한 단계들에 대하여 자기-지시를 하도록 가르치는 것은, 본질적으로 그 학생이 해 나갈 일련의 규칙들을 제공하는 것이다. 규칙들이 성공적으로 행동을 지배한다면, 즉 학생이 발표를 하고 실제로 긍정적인 피드백을 받는다면, 이런 규칙은 활발하게 사용될 것이다. 성공적으로 행동을 수행하는 데 초점이 맞춰지기 때문에, 자기-지시에만 초점을 두는 경우에 비하여 행동을 성공적으로 변화시킬 가능성이 더 크다. 이와 유사하게 문제-해결 방법에서도 처음의 세 단계(일반적 방향제시, 문제 정의 및 대안 산출)가 자기-대화를 포함하는 반면, 네 번째에서 여섯 번째 단계(의사결정과 행동수행, 검증)에서는 활동을 함으로써 문제를 해결하도록 요구한다. 이 경우에도 외현적 행동 및 지지적인 환경적 결과와 적절하게 연결된 자기-대화는 그렇지 않은 자기-대화보다 더 효과적일 가능성이 크다.

ACT는 왜 효과적인 것일까

마음챙김과 수용-기반 절차들은 왜 치료적인가? 한 가지 가능성은 현재의 감각을 비판단적으로 관찰하는 것이 비합리적인 생각과 그것에 의해 유발되는 부정적인 감정을 대치하기 때문이다. 짐의 사례에서, 교통체증에 걸렸을 때 심장이 얼마나 빠르게 뛰고 운전대를 얼마나 꽉 잡고 있는지 등을 마음챙김을 통해 관찰하였다면, 아마도 이전에 자신에게 부정적인 감정을 유발했었던 비합리적인 진술(예, '왜 나에게는 항상 최악의 일이 일어나지?')을 더 적게 하였을 것이다. 또 다른 예로 18장의 맨 앞에 소개된 사례에서 제임스는 화가 날 때 마음챙김을 통해 발바닥에 초점을 맞추도록 배웠는데, 그렇게 하는 것이 화난 감정을 유발하는 생각들을 대치하였다.

두 번째 가능성은 수반성-형성 행동과 규칙-지배 행동 사이의 차이점과 관련이 있다. 마음챙김과 수용은 자연적 수반성에 노출되는 것과 관련 있고, 자신의 감각에 대한 자각과 비판단적인 수용은 대부분 수반성-형성 행동으로 볼 수 있다(Hayes, 2004). 이와 반대로 인지 재구성은 대체로 규칙-지배 행동을 다룬다. 수반성-형성 행동은 자연스럽고 반응적이고 직관적인 것으로 기술되는 반면(Baldwin & Baldwin, 2000), 규칙-지배 행동은 융통성이 없고 경직된 경향이 있다(Hayes, 1989). 따라서 내담자가 괴로운 생각과 감정의 특징적인 감각을 포용할 수 있는 경험으로 받아들일 수 있을 때 자연적 수반성에 노출됨으로써 행동을 수정할 가능성이 더 커진다.

세 번째 가능성은 내담자가 괴로운 생각과 감정의 특징적인 감각을 단순히 하나의 반응으로, 더 이상 아무것도 아닌 것으로 받아들임으로써 다양한 삶의 가치를 확인하고, 그러한 가치가 반영된 구체적인 목표(예, 규칙들)를 분명하게 말할 수 있으며, 그러한 목표를 달성할 구체적인 행동에 전념하기가 더 쉬워진다는 것이다. 간단히 말해서, 일단 내담자가 비합리적인 생각과 괴로운 감정을 '대수롭지 않은 것'으로 받아들인다면, 그러한 생각과 감정에도 불구하고 그 사람은 더 쉽게 '삶을 살아갈 수 있다'는 것이다. 따라서 ACT는 치료의 첫 두 단계에서는 수반성-형성 행동을 증진하는 전략을 사용하고, 치료의 세 번째 단계에서는 규칙-지배 행동과 수반성-형성 행동, 둘 다를 활용한다.

결론

우리가 이 장에서 간략하게 기술한 행동적 적용을 가리켜 일반적으로 '인지적인 것'이라고 부르고, 주로 사고, 신념, 태도를 수정하는 데 중점을 두고 있다고 말하지만, 그것의 뚜렷한 특징은 공적인 행동뿐만 아니라 사적 언어행동과 심상도 다룬다는 점이다. 인지적 적용들이 이 책의 초반부에서 논의되지 않은 어떤 다른 행동적 원리를 포함하는 것은 아니다. 모든 행동치료자들은 사람들의 행동변화를 돕기 위하여 새로운 절차를 사용하는 데 개방적이어야 한다. 동시에 이 장에서 지적한 것처럼, 인지적 절차를 행동적 견해와 일치하는 것으로 바라보는 것은 이론적 이점뿐만 아니라 실용적 이점도 있다. 더욱이 치료자들은 언제나 연구를 통해 타당하다고 밝혀진 절차들을 사용하고 타당성이 밝혀지지 않은 절차들은 사용해서는 안 된다는 점을 염두에 두어야 한다.

연습문제

20. 한 개인의 자기-진술문(조작적 사고)이 어떻게 정서의 반응적 요소를 유발하는 CS의 역할을 할 수 있는지 예를 들어 설명하라. (15장을 검토해 보라.)
21. 한 개인의 자기-진술문이 그의 행동에 어떻게 규칙-지배 통제력을 발휘하는지 예를 들어 설명하라. (17장을 검토해 보라.)
22. 인지치료자들이 내담자를 돕기 위해 규칙-지배 행동을 어떻게 이용하는지

예를 들어 설명하라.

23. 행동적 관점에서 인지 재구성 기법이 왜 효과적인지 요약하라.
24. 자기-지시와 문제-해결훈련이 왜 효과적인지에 대해 설명하라.
25. 마음챙김과 수용-기반 절차들이 왜 치료적인지에 관한 세 가지 행동적 설명을 간략히 기술하라.
26. 저명한 행동수정가들이 사고와 감정의 존재와 중요성에 대해 부인하는지의 여부에 대해 논하라.

적용연습

자기-수정 연습

당신이 때로 부정적인 생각(예를 들어, 당신의 미래나 사회적인 관계, 일, 대학에서의 학점에 대한 생각)을 경험하는 상황을 그려 보라. 부정적인 사고가 나타나는 일반적인 주제를 한 문장으로 기술하라. 다음에는 그 특정한 주제에 대하여 부정적으로 생각할 때 당신이 경험하는 10가지 다른 사고 유형을 적어 보라(이런 사고 유형은 자기-진술문이나 심상 혹은 이 둘이 혼합된 것일 수 있다.). 그다음에, 각각의 부정적 사고에 대하여 그 부정적 사고를 상쇄하기 위하여 적용할 수 있는 대안적인 긍정적 사고 혹은 이에 대처하는 자기-진술문을 기술하라. 당신의 대처하는 사고는 반드시 현실적이고 긍정적이며 구체적이어야 하고, 또한 구체적인 긍정적 결과와 관련되어야 한다.

추가설명 및 심화토론

1. ACT는 **관계성 틀 이론**(Relational Frame Theory: **RFT**)(Hayes, Barnes-Holmes, & Roche, 2001)이라고 불리는, 인간의 언어와 인지를 이해하려는 접근에 기반하고 있다. RFT는 8장에서 논의한 등가 범주를 형성하는 것에 대한 연구에 토대를 두고 있다. 일반적으로 관계성 틀 짜기(relational framing)는 서로 관련되어 있는 일련의 임의적인 자극에 언어적 문구 혹은 '틀'(예, '10센트 동전은 5센트 동전보다 더 많은 가치가 있다.')을 통해 특정한 방식으로 반응하는 것이다. 다른 말로 하면, 10센트 동전이 5센트 동전보다 실제적인 크기의 측면에서는 더 작더라도, 우리는 10센트 동전에 더 많은 가치가 있는 것으로 임의적으로 지정하였다. 관계성 틀은 세 가지 특징을 보여 준다. 첫째, 관계성 틀은 양방향성을 보인다(상호적인 결과[mutual entailment]라고도 일컫는다.). 예를 들어, 5센트 동전 두 개는 10센트 동전 하나와 같다는 것을 배우게 되면, 당신은 또한 10센트 동전 하나가 5센트 동전 두 개와 같다는 것을 배우게 될 것이다. 이런 양방향성은 모든 관계성 틀에서 존재한다. 예를 들어, '~보다 더 작고 ~보다 더 큰' '~보다 더 느리고 ~보다 더 빠른' '~보다 더 우둔하고 ~보다 더 똑똑한' 등이 있다. 둘째, 관계성 틀은 결합된 결과(combinatorial entailment)를 보여 준다. 예를 들어, 한 아이가 만약 10센트 동전이 5센트 동전보다 더 가치가 크고 25센트 동전은 10센트 동전보다 더 가치가 크다는 것을 배우게 되면, 그 아이는 또한 25센트 동전이 5센트 동전보다 더 가치가 크다는 것을 배우게 될 것이다. (8장의 추가설명 1번에서 논의한 자극 등가의 이행성[transitivity] 관계가 결합된 결과의 한 예라는 점에 주목하라.) 셋째, 관계성 틀은 자극 기능의 변형을 보여 준다. 글자로 쓰인 개와 소리로 말해진 개, 그리고 실제적인 개가 아이에게 훈련을 통해서 자극 동가 범주가 되었다고 가정해 보자. 이에 더해서 개가 그 아이에게 접근해서 크게 짖고 상처를 내었다고 가정해 보자. 개의 모습은 이제 공포를 유발하는 기능을 한다. 그런 기능은 또한 관련된 자극으로 전이되어, 아이는 이제 누군가가 '개'라고 말하는 것을 듣거나 개라는 단어를 책에서 읽을 때 공포를 느끼게 될 것이다. Hayes와 그의 동료들에게 관계성 틀 짜기는 언어적 행동의 본질이며 인간을 다른 동물과 구분 짓게 하는 특징이다. 인간이 아닌 동물들은 자극이 물리적으로 공통된 특징을 가진다면, 빨강이나 나무, 사람과 같은 개념을 학습할 때처럼 다른 자극인데도 자극일반화를 보인다(8장 참조). 그러나 인간은 등가 범주의 구성원에 대해 자극일반화를 보이는데, 심지어 그 구성원이 물리적으로 매우 다르다 해도 그렇다. 관련 있는 자극들 사이에서 자극 기능의 변형과 함께, 이런 효과는 관계성 틀 짜기를 이끌어 내는데, 이것은 우리가 현재 존재하지 않는 사건에 대해서 이야기하고 생각하고, 가능한 결과의 장점과 단점을 분석하고, 문제를 해결하기 위해 행동 과정을 선택할 수 있도록 해 준다. 불행하게도 관계성 틀 짜기는 또한 먼 과거에 있었던 사건에 대한 과도한 후회나 회한, 먼 미래에 있을 잠재적 사건에 대한 과도하고 비생산적인 걱정 등 현재 존재

하지 않는 자극과 관련하여 괴로운 감정을 일으킬 수도 있다. 관계성 틀 이론(RFT)을 고찰하려면, 학술지 *The Analysis of Verbal Behavior*의 19권(2003)과 Palmer(2004)를 참조하라.

2. 지속적으로 방해하는 생각을 치료하는 또 다른 방법은 **사고-중지**다(Wolpe, 1958). 캐롤의 사례를 고려해 보자(Martin, 1982). 캐롤의 약혼자인 프레드는 3년간 교제 후 다른 여성을 만나 캐롤을 떠났다. 캐롤은 프레드에 대한 강박적인 생각이 자꾸 들어서 고통을 받고 있었다. 그녀는 사고-중지를 시도해 보는 데 동의하였다. 캐롤에게 이 절차를 사용하는 법을 가르치기 위해 치료자는 먼저 그녀에게 눈을 감고, 프레드에 대해 생각하고, 불행하다는 느낌이 들기 시작할 때 손가락을 들라고 지시했다. 그녀가 그렇게 했을 때, 치료자는 '그만!'이라고 소리쳤다. 캐롤은 깜짝 놀라서 즉시 눈을 떠버렸고 프레드에 대한 생각은 중단되었다. 치료자와 캐롤은 이 과정을 두 번 더 반복했다. 그런 다음 치료자는 캐롤에게 프레드에 대해 생각하라고 지시했고, 그녀는 프레드의 모습이 분명하게 떠올랐을 때, 자신에게 '그만!'이라고 소리쳐야 했다. 캐롤은 이 과정을 잘 따라 했고 또 다시 프레드에 대한 생각은 즉시 중단되었다. 캐롤은 이런 과정을 두 번 더 반복하였고, 자신이 '그만!'이라고 소리침으로써 프레드에 대한 생각을 적어도 일시적으로 중단할 수 있음을 알게 되었다. 그런 다음 치료자는 다시 한 번 프레드에 대해 생각해 보라고 캐롤에게 지시하였고, 이번에는 그의 모습을 분명하게 떠올렸을 때 캐롤이 조용히 자신에게 '그만!'이라고 소리치는 것을 상상해야 했다. 캐롤은 이 지시를 성공적으로 따랐고 그 과정을 두 번 더 반복하였다. 그런 다음 치료자는 캐롤에게 사고-중지는 두 단계를 포함한다고 설명하였다. ① 먼저 괴로움을 주는 생각을 끝내는 것(캐롤이 배운 것)과 ② 그런 다음 그 생각과 경쟁하는 적응적 생각을 하는 것이다. 이 단계들을 수행하기 위해서 캐롤은 그녀를 혼란스럽게 하는 생각을 경험할 때마다 하던 일을 멈추고 손을 꽉 잡고 눈을 감고 조용히 자신에게 '그만!'이라고 소리치는 데 동의하였다. 그런 다음 캐롤은 눈을 뜨고 행복한 기분이나 행복한 상황에서 찍은 자신의 사진 다섯 장을 주머니에서 꺼낼 것이다. 사진을 한 번에 한 장씩 보고 돌려서 뒤에 적혀 있는 긍정적인 생각을 하도록 촉구하는 진술문을 읽을 것이다. 치료자는 또한 캐롤에게 그 다음번에 사진을 볼 때에는 다른 긍정적인 생각을 하라고 지시했다. 이런 절차를 몇 주 동안 실시한 후에 프레드에 대한 생각은 매우 낮은 수준으로 감소되었고 캐롤은 더 이상 도움이 필요하지 않다는 결정을 내렸다. 사고-중지는 괴로운 생각을 감소시키는 치료 패키지의 일부로서 자주 사용된다.

3. 이 장을 시작할 때 우리는 행동치료가 치료에 대한 행동적 접근의 첫 번째의 물결로, 인지행동치료는 두 번째의 물결로, ACT는 세 번째의 물결로 불린다고 지적하였다. 각 물결의 대표자들은 다른 물결에 대해 어떻게 생각하는가? 각 물결을 대표하는 2명의 대표자들이 2007년 인지행동치료학회의 연차대회의 패널 토론에 참여하였다. 그들의 논평은 첫 번째, 두 번째, 세 번째의 물결이 일치하기도 하고 불일치하기도 한다는 매우 흥미로운 결과를 나타냈는데, 이 논평의 내용은 학술지 *Behavior Therapist*, 2008년 겨울호(No. 8)에서 찾

아볼 수 있다(DiGiuseppe, 2008; Hayes, 2008; Leahy, 2008; Moran, 2008; O'Brien, 2008; Salzinger, 2008 참조). 논쟁의 요점에는 Hayes(2004)가 주장한 행동치료에서 분명하게 정의된 세 가지의 물결이 정말로 존재하는가, ACT가 인지치료나 인지행동치료의 다른 형태보다 더 효과적이라는 뚜렷한 증거가 존재하는가, 그리고 ACT가 신뢰성 있게 적용되고 과학적으로 검증될 수 있을 만큼 충분히 엄격하게 정의되고 있는가 등의 주제가 포함되어 있다.

▶ 추가설명에 대한 연습문제

1. 관계성 틀 짜기의 양방향적인 측면에 대해 예를 들어 설명하라.
2. 관계성 틀 짜기의 결합된 결과의 측면에 대해 예를 들어 설명하라.
3. 관계성 틀 짜기가 관련된 자극들 사이에서 자극 기능의 변형과 어떻게 연관되는지 예를 들어 설명하라.
4. 고통스러운 생각을 끝낼 수 있도록 치료자가 내담자에게 사고-중지를 사용하도록 가르칠 때, 치료자가 따라야 하는 세 단계를 간략하게 기술하라.
5. 캐롤의 문제는 ACT를 활용하여 어떻게 치료될 수 있을까?

28 임상 행동치료의 분야

이 장에서는 임상 장면에서 가장 자주 접하게 되는 성인의 심리장애를 치료하는 데 있어 앞에서 다루었던 원리와 기법을 행동치료자와 인지적 행동수정가들이 어떻게 적용하는지에 대해 간단하게 개관하고자 한다. 임상심리학에서는 부분적으로는 보험회사나 정부와 같은 제3의 지불자들의 영향을 받아 경험적으로 지지된 치료(empirically supported therapies: EST), 즉 과학적으로 수행된 임상연구를 통해 효과적인 것으로 입증된 치료를 더욱 강조하게 되었다. 일반적으로 경험적으로 지지된 치료(EST)는 행동치료나 인지행동치료를 일컫는데, 그 이유는 주로 1장에서 언급한 것처럼 행동적 접근이 잘 확립된 원리에 토대를 둔 치료를 실시하고, 치료 결과를 객관적으로 정의된 행동으로 측정하며, 만족스러운 결과를 가져오지 못하는 치료법은 다른 치료법으로 바꿀 것 등을 강조하기 때문이다. 앞 장에서 논의한 것처럼, 우리는 인지적 절차를 사적 혹은 내현적 행동에 초점을 맞추는 것이라고 생각한다. 또한 인지적 절차가 일반적으로 조작적 및 Pavlov 조건형성 이론과 일치한다고 생각한다. 따라서 우리가 이 장에서 행동적 절차나 인지적 절차라는 용어를 사용한다고 해도, 이것은 어떤 근본적인 구분을 나타낸다기보다 편의상 흔하게 사용되는 방식을 따르는 것일 뿐이다. 추가설명 1

우리의 의도는 이 장에서 논의된 장애들을 평가하거나 진단하거나 치료하는 방법을 가르치려는 것이 아니다. 그것은 이 책의 범위를 벗어나며, 이런 활동들은 훈련된 전문가들만이 할 수 있다. 우리의 목적은 자격을 갖춘 행동치료자들이 이런 장애를 어떻게 다루는지에 대한 일반적인 정보를 제공하고, 그런 정보를 이전 장들에서 논의한 행동 원리와 절차들과 연결하고자 하는 것이다. 이 장에서 논의된 여러 가지 장애에 대한 행동치료와 인지행동치료에 대해서는 다른 책들에서 더 자세히 다루고 있다(예, Antony & Barlow, 2004; Barlow, 2008; Lambert, 2004).

이 장에서 다룬 문제들 중 일부의 경우 약물치료가 가능하다는 점에 주목해야 한다. 때로는 약물치료만 하는 것이 효과적인 치료방법일 수 있지만, 많은 연구들이 약물치료와 행동치료나 인지행동치료와의 결합이 더 효과적임을 보여 준다. 약물이 종종 원하지 않는 부작용을 일으킨다는 점을 감안한다면, 행동치료나 인지행동치료가 가능한 대안일 때는 약물사용을 피하는 것이 통상 바람직한 것으로 간주된다. 행동적 절차만으로도 더 안전하고 효과적으로 치료될 수 있는 심리적 문제들의 치료에서 약물이 얼마나 빈번하게 과용되고 있는지에 대해 논의한 탁월한 논문을 읽고 싶다면 Flora(2007)를 참조하라.

이 장에서 다룬 임상장애들은 행동치료자가 치료하는 대표적인 장애 유형들이다. 이런 임상적 문제들은 독립적이지 않기 때문에, 내담자들은 동시에 한 가지 이상의 문제(공존질환이라고 알려진 조건)를 보인다. 일반적으로 공존질환이 존재할 때의 치료는 공존질환이 없을 때만큼 단순하지가 않다. 단순하게 설명하기 위해, 이 장에서는 내담자가 한 가지 문제만을 보인다고 가정한다.

특정 공포증

많은 사람들이 강렬한 공포로 인해 사실상 무력화되는 지경에 이를 정도의 심한 공포를 가지고 있다. 어떤 사람은 높은 장소에 대한 강렬한 공포 때문에 층계에서 한 계단을 올라서거나 2층 창밖을 내다볼 때 급격한 불안을 경험한다. 또 어떤 사람은 군중을 두려워하기 때문에 공공장소에 나갈 수가 없다. 이런 사람들에게 그러한 공포가 비합리적이라고 설득하려는 시도는 종종 전혀 효과가 없다. 그들은 대개 자신의 공포가 합리적이지 않다는 것을 알고 있으며 그런 공포를 없애고 싶어 하지만, 공포가 특정한 자극에 의해 자동적으로 유발되기 때문에 그럴 수가 없는 것이다. 어떤 자극들에 대한 강렬하고 비합리적이며 개인을 무력하게 만드는 공포를 **특정 공포증**이라고 부른다. 특정 공포증은 동물형(예, 개, 새, 거미에 대한 공포), 자연환경형(예, 높은 곳이나 폭풍에 대한 공포), 혈액-상처-주사형(예, 피를 보거나 수술을 받는 것에 대한 공포), 상황형(예, 폐쇄된 장소, 비행), 기타형(앞의 경우에 포함되지 않는 모든 경우)으로 구분된다.

특정 공포증은 DSM-IV-TR(1장의 추가설명1 참조)에서 불안장애의 한 유형으로 분류된다. 특정 공포증을 치료하기 위해 몇 가지 잘 알려진 행동치료법이 개발되었기 때문에 특정 공포증에 대한 논의로 시작하겠다. 이 장의 뒷부분에서는 다른 불안장애에 대해 논의할 것이다.

연습문제

1. 경험적으로 지지된 치료(EST)란 무엇인가?
2. 경험적으로 지지된 치료는 왜 자주 행동치료나 인지행동치료인 것으로 판명되는가?
3. 특정 공포증이란 무엇인가?
4. 특정 공포증의 세 가지 하위 유형을 적고 각각에 대해 두 가지씩 예를 들라.

체계적 둔감화

Joseph Wolpe(1958)는 특정 공포증을 위한 행동치료법을 가장 처음 개발하였다. 그는 '비합리적인 공포'라는 공포증의 특징이 공포의 대상이나 상황에 반응적으로 조건화된 반응이라는 가설을 세웠다(15장에 설명되어 있음). 이 가설로부터 Wolpe는 만약 공포자극에 대하여 공포반응을 상쇄하거나 그에 반대되는 반응을 형성할 수 있다면, 비합리적인 공포반응을 제거할 수 있다고 추론했다. 14장에서 이런 과정을 역조건형성(counterconditioning)이라고 부른다는 것을 기억할 수 있을 것이다. Wolpe가 이런 목적에 적합한 것으로 발견한 공포-대항 반응은 이완이었다. 그는 나아가 치료 회기에서 너무 큰 공포는 역조건형성 과정을 방해할 것이기 때문에, 역조건형성을 할 때 치료자가 한 번이라도 최고 수준의 공포반응을 유발하지 않도록 주의해야 한다고 생각했다. Wolpe가 이런 논리를 고려하였더라면, 자신의 치료방법을 체계적 역조건형성이라고 불렀을 것이다. 하지만 그는 체계적 둔감화라는 이름을 붙였다.

체계적 둔감화는 이완 상태에 있는 내담자에게 공포 위계에 있는 항목들을 순차적으로 상상하도록 함으로써 공포증을 극복하는 절차다. **공포 위계**(fear hierarchy)는 가장 약한 공포를 일으키는 것에서 가장 심한 공포를 일으키는 것을 순서대로 정리한, 공포유발 자극의 목록이다.

체계적 둔감화의 첫 단계에서 치료자는 내담자가 공포자극과 관련된 약 10~25개의 자극들로 공포 위계를 구성하도록 도와준다. 내담자와 함께 구성한 실제 공포 위계의 예를 보려면, 〈표 28-1〉을 참조하라.

그다음 단계에서 내담자는 일련의 근육들을 긴장시켰다가 이완시키는, 깊은 근육 이완 절차를 배운다. 이런 긴장-이완 전략이 몸의 모든 주요부분의 근육들(예, 팔, 목, 어깨, 다리)에 적용되며, 몇 회기 후에는 개인이 몇 분 내에 깊이 이완할 수 있게 된다. 세 번째 단계에서 실제 치료가 시작된다. 치료자의 지시에 따라 내담자는 이완한 상태에서 공포 위계에서 가장 적게 공포를 일으키는 장면을 몇 초 동안 생생하게 상상하고, 그런 다음 상상하는 것을 멈추고 15~30초 동안 계속해서 이완을 유지한다. 이런 과정이 반복된다. 그러고 나서 다음 장면이 제시되고 동일한 방식으로 반복된다. 이것은 위계에 있는 마지막 장면이 제시될 때까지 여러 회기에 걸쳐 계속된다. 만약 내담자가 어떤 지점에서 불안을 경험한다면(특정 손가락을 들어서 치료자에게 표시함), 치료자는 내담자를 이전 단계로 돌아가도록 하거나 중간 수준의 장면을 끼워 넣는다. 위계에 있는 모든 장면을 상상한 후에 내담자는 대개 공포자극을 고통 없이 직면할 수 있게 된다. 이전에 두려워했던 자극과 상호작용할 때 내담자가 받게 되는 정적 강화는 그런 자극과 지속적으로 상호작용하도록 도와준다.

내담자에게 공포자극을 상상하도록 함으로써 체계적 둔감화를 정상적으로 실시할 수도 있지만, 실제 상황에서(*in vivo*) 수행할 수도 있다. 라틴어에서 유래한 *in vivo*는 '삶에서(in life)'라는 의미이며, 달리 말하면 공포를 유발하는 실제 자극이 자연적 환경에 존재하는 상황을 의미한다. 실제 노출은 내담자가 장면을 상상하는 데 어려움이 있을 때 자주 사용된다. 또한 실제 노출은 상상된 장면에서 실제 상황으로 프로그램을 일반화할 필요가 없다는 장점이 있다. 하지만 내담자가 공포스러운 장면을 위계적인 순서에 따라 상상하는 것이 실제 장면에서 노출을 하는 것보다 일반적으로 시간도 덜 들고 비용도 덜 든다.

많은 연구에서 체계적 둔감화의 효과성이 입증되었음에도 불구하고, 매우 불분명한 이유들 때문에 지난 10년 동안 체계적 둔감화는 치료자들 사이에서 인기를 잃었다. 한 가지 이유는 행동주의자들이 선호하는 겉으로 드러나는 행동과는 반대로, 체계적 둔감화는 내현적 혹은 사적인 행동(예, 상상)을 강조하였기 때문이다. 뿐만 아니라, 자극-반응에 대한 강조로 인해 체계적 둔감화는 인지적으로 접근하는 치료자들에게 매력적이지 못하다(이 점에 대한 더 상세한 논의는 McGlynn, Simtherman과 Gothard[2004]를

표 28-1 비행에 대한 공포 위계의 예

1.	비행기가 착륙하고 공항 터미널에 멈추었다. 비행기에서 내려서 공항 터미널로 들어가는데, 친구를 만났다.
2.	여행을 계획하였고, 여행할 방법을 조사하였으며, 비행기로 여행할 것임을 '사람들에게 말하기'로 결정했다.
3.	전화해서 내 계획을 여행사에 말했다. 여행사는 나에게 일정과 비행기 번호를 알려 주었다.
4.	여행을 떠나기 전날, 여행 가방을 싸고 열쇠를 채웠다.
5.	여행을 떠나기 10일 전, 우편으로 비행기 티켓을 받았다. 반송될 주소를 확인하고 봉투를 뜯고 날짜와 시간, 비행기 번호가 맞는지 확인한다.
6.	비행기를 타는 날이다. 집을 나선다. 현관문을 잠그고, 차에 여행 가방을 넣고 비행기 티켓과 현금을 빠뜨리지 않았는지 확인한다.
7.	비행기를 타기 위해 운전해서 공항으로 가고 있다. 모든 비행기를 주의 깊게 본다. 공항에 가까워지면서 여러 대의 비행기를 본다. 어떤 비행기는 이륙하고, 어떤 것은 착륙하고, 어떤 것은 막 공항 터미널로 내려오고 있다.
8.	공항터미널로 들어가고 있다. 여행 가방과 비행기 표를 휴대하고 있다.
9.	공항 데스크로 가서 줄을 서서 기다린다. 직원이 비행기 표를 체크하고 그다음에는 여행 가방의 무게를 달고 짐을 점검한다.
10.	많은 다른 사람들과 공항 라운지에 있는데, 여행 가방을 든 사람들이 비행기를 기다리고 있다. 공항 내 안내방송이 들리고 항공기 번호가 불리는 소리를 듣는다.
11.	내가 탈 비행기 번호가 안내 방송되는 소리를 듣고, 가벼운 짐을 들고 안전 점검대로 간다.
12.	안전 점검대 너머 항공사 데스크로 간다. 직원이 나에게 비행기 '좌석그림'에서 좌석을 고르라고 한다.
13.	탑승구로 안내하는 전등을 따라 걷는다. 비행기 문 안으로 들어간다.
14.	지금 비행기 안에 있다. 비행기 내부를 쳐다보고 나의 좌석번호를 찾으면서 복도를 따라 걷는다. 그런 다음 복도에서 들어가 지정된 좌석에 앉는다.
15.	비행기가 날고 있고, 자리에서 일어나기로 결정하고 비행기 뒤쪽에 있는 화장실로 걸어간다.
16.	안전벨트 신호에 불이 켜지는 것을 보고서 안전벨트를 맨다. 모터 소리가 커지는 것에 주목한다.
17.	모든 사람들이 안전벨트를 매고 앉아 있다. 비행기가 공항 터미널에서 천천히 움직인다.
18.	안전벨트 신호가 다시 켜지는 것을 본다. 조종사가 이륙할 준비를 하고 있다는 안내 방송을 한다.
19.	창밖을 쳐다보고 있는데 갑자기 비행기가 구름 속으로 들어가서 창밖을 볼 수 없다.
20.	비행기가 활주로 끝에서 멈춰 서서 이륙하라는 지시를 기다리고 있다.
21.	비행기가 착륙하기 위해 활주로로 내려오고 있다. 속도를 느끼고 땅이 가까워지고 있는 것을 본다.
22.	비행기가 공항을 벗어나 방향을 바꾸면서 비행기가 기운다. '크게 기우는 것'을 감지한다.
23.	비행기가 활주로를 달리기 시작하였고, 비행기가 속력을 올리자 모터 소리가 점점 더 커지고 갑자기 이륙한다.

출처: 이 예는 Roscoe, Martin과 Pear(1980)이 기술한 사례에 기반한 것이다.

참조하라.).

홍수법

홍수법(flooding)은 긴 시간 동안 강한 공포자극에 노출함으로써 공포를 제거하는 방법이다. 체계적 둔감화의 모델이 역조건형성이라고 한다면, 홍수법의 모델은 소거다. 즉 홍수법이 기반한 기본 가정은 내담자가 공포자극에 노출되고 그것으로부터 도피할 수 없는데, 동시에 아무런 혐오적 사건도 일어나지 않는다면, 그 자극에 대한 공포반응은 소거될 것이라는 점이다. 홍수법은 실제 노출 혹은 상상 노출을 통해 수행된다. 일반화를 극대화해야 한다는 이론에 따라 상상 노출보다 실제 노출이 일반적으로 선호되지만, 두 방법 모두 똑같이 효과적이라는 증거가 있다(Borden, 1992).

홍수법이란 이름이 암시하는 것처럼, 이 치료법은 최대 강도의 공포나 그에 가까운 공포를 포함한다. 하지만 내담자가 경험하는 고통이 너무 압도적인 경우 점진적인 노출 절차를 따를 수도 있다. 예를 들어, 고소공포증이 있는 경우 내담자에게 1층에서 창밖을 내다보도록 하고, 그런 다음 3층에서 창밖을 내다보게 하고, 그런 다음 7층, 마지막으로 10층 건물의 꼭대기 층에서 밖을 내다보게 함으로써 치료할 수도 있다. 따라서 분명한 이완 절차가 없다는 점을 제외하면, 홍수법은 둔감화와 매우 유사하다.

참여적 모델링

참여적 모델링(participant modeling)은 내담자가 공포의 대상에 접근하는 다른 사람을 모방함으로써 공포를 감소시키는 방법이다. 이 절차의 이름이 시사하는 것처럼, 내담자와 치료자가 모두 공포 상황에 함께 참여한다. 참여적 모델링은 전형적으로 점진적인 방식에 따라 수행된다. 예를 들어, 새에 대한 공포를 가지고 있는 내담자로 하여금 약 3m 떨어져서 새장에 있는 잉꼬를 관찰하게 한다. 치료자는 아무런 두려움 없이 새장 속의 잉꼬를 바라본다. 그런 다음 내담자에게 이런 행동을 모방하도록 격려하고 그렇게 한 것에 대해 칭찬한다. 이런 시도를 몇 번 한 후, 그런 과정이 잉꼬로부터 1.5m 떨어진 거리에서 반복되고, 그런 다음 60cm 떨어진 거리에서 반복되고, 그런 다음 새장 옆에서, 그다음에는 새장 문을 연 상태에서 반복되고, 마지막으로 내담자의 손가락 위에 잉꼬가 앉아 있는 것으로 끝난다.

비노출 접근

추가설명 2

체계적 둔감화와 홍수법, 참여적 모델링은 노출-기반 치료다. 즉 이들은 상상이든 실제든 공포자극에 대한 내담자의 노출을 포함한다. 인지치료는 노출-기반 접근과 결합하여 효과적으로 사용되어 왔다. 예를 들어, 폐쇄공포증(엘리베이터와 같이 막힌 공간에 있는 것에 대한 공포)이 있는 사람이 '나는 갇혀서 빠져나오지 못할 거야.' 혹은 '나는 질식할 것 같아.'와 같은 자기-진술을 한다면, 인지치료에서는 이런 자기-진술의 신뢰성을 약화시키고 그에 따라 공포증을 제거하거나 크게 감소시킨다(Booth & Rachman, 1992; Shafran, Booth, & Rachman, 1993).

27장에서 설명한 ACT 또한 특정 공포증 치료에 사용되었다. Forsyth와 Eifert(2007)는 개인이 불안이나 공포증, 과도한 걱정을 극복하기 위해 ACT를 스스로 적용할 수 있는 안내책자를 출판하였다. Antony와 Norton(2009)은 공포증 등의 불안 문제로 고통받고 있는 사람들이 그런 불안 문제를 극복하기 위해 인지행동 절차를 사용할 수 있도록 단계별 전략을 설명하였다.

특정 공포증 치료법의 결과 비교

체계적 둔감화와 홍수법, 참여적 모델링의 비교연구는 이들 치료법 간의 결과에서 분명한 차이를 보여 주지 못하였다(Borden, 1992). 27장에서 지적한 것처럼, ACT는 특정 공포증 치료에서 체계적 둔감화만큼이나 효과적이었다(Zettle, 2003).

연습문제

5. 공포 위계는 무엇인가?
6. 체계적 둔감화를 정의하라.
7. 특정 공포증에 대한 체계적 둔감화의 세 단계를 예를 사용해서 간략하게 기술하라.
8. 홍수법과 체계적 둔감화 사이의 근본적인 차이점을 기술하라.
9. 특정 공포증을 치료하기 위해 실제 홍수법(*in vivo* flooding) 이 어떻게 사용될 수 있는지, 예를 하나 간략하게 기술하라.

10. 특정 공포증을 치료하기 위해 참여적 모델링이 어떻게 사용될 수 있는지, 예를 들어 간략하게 기술하라.
11. 노출-기반 치료를 정의하는 특징은 무엇인가? 비노출-기반 치료의 예를 하나 들라.

기타 불안장애

DSM-IV-TR에 따르면, 불안장애는 ① 손의 땀, 떨림, 어지러움, 심계항진과 같은 신체적 변화를 초래하는 공포/불안, ② 공포가 일어날 가능성이 있는 상황의 도피/회피, ③ 원하지 않는 행동으로 인하여 일상생활이 방해받는 것이 특징이다. 현대의 학습 원리와 연구가 불안장애의 원인론을 어떻게 설명하는지에 대한 논의를 보려면, Mineka와 Zinbarg(2006)를 참조하라. DSM-IV-TR은 불안장애를 특정 공포증, 공황장애와 광장공포증, 범불안장애, 강박장애, 외상후 스트레스 장애 등 몇 개의 커다란 범주로 분류한다. 이미 특정 공포증은 살펴보았으므로, 이제 나머지 네 가지 불안장애 유형을 살펴보자.

공황장애와 광장공포증

공황장애는 공황발작에 과민한 상태인데, 공항발작이란 어떤 촉발자극이나 단서가 없이도 '정신을 잃게' 될 것 같은 극심한 공포경험을 말한다. 이러한 발작은 다음 증상 중 네 가지 이상을 포함한다. ① 극단적으로 빠른 심박과 심계항진, 심장이 쿵쿵 뛰는 등 심장 박동의 비정상성, ② 땀 흘리기, ③ 떨림, ④ 가쁘게 숨을 쉬거나 질식할 것 같은 느낌, ⑤ 숨이 막히는 느낌, ⑥ 가슴 통증 또는 불편감, ⑦ 구역질 또는 극심한 복부 불편감, ⑧ 어지러움 또는 몽롱하거나 기절할 것 같은 느낌, ⑨ 비현실감, ⑩ 무감각 또는 저린 느낌, ⑪ 오한 또는 열감, ⑫ 미치거나 통제를 상실할 것 같은 두려움, ⑬ 죽음에 대한 공포.

광장공포증은 문자 그대로 광장에 대한 공포를 의미하는데, 공공장소에 나가는 것 혹은 자신의 집의 경계를 벗어나는 것에 대한 극심한 공포를 말한다. 공황장애가 있는 사람들은 공공장소나 집 바깥에서 공황발작이 일어날까 봐 두려워하기 때문에 흔히 광장공포증을 동반한다. 이것은 자기충족적 예언이 되어, 공황발작에 대한 두려움이 실제로 발작을 일으키게 된다. Franklin D. Roosevelt의 유명한 말을 빌리자면, 공황장애가 있는 사람이 두려워하는 것은 바로 두려움 자체다.

치료 일반적으로, 실제 상황에서 수행된 노출-기반 치료는 광장공포증을 동반한 공황장애에 효과적인 치료법이다(Bouman & Emmelkamp, 1996). 이것은 먼저 내담자에게 잠시 동안 집을 나갔다 오도록 하고, 점차로 더 긴 시간 동안 나갔다 오도록 하는 식으로 수행될 수 있다. 공황장애의 치료를 위한 대안적인 방법인 수반성 관리의 좋은 예를 보려면, Guilhardi(2004)를 참조하라. 인지행동치료 또한 광장공포증을 동반한 공황장애에 효과적이다(Craske & Barlow, 2008). 인지행동치료는 전형적으로 공포 상황에의 노출을 포함한 행동적 요소와 공황발작에 대한 내담자의 잘못된 생각을 바꾸도록 도와주는 인지적 요소로 구성된다. 예를 들어, 내담자는 공황발작이 심장발작을 일으킬 것이라고 믿지만, 사실상 그러한 결과가 일어날 가능성은 매우 희박하다. 이에 더해서 내담자는 공황발작의 강도를 줄이기 위해 이완과 사고-중지 기법을 배울 수 있다(사고-중지는 27장 추가설명 2에 기술되어 있다.).

범불안장애

범불안장애가 있는 사람은 대부분의 사람들이 사소하거나 중요하지 않다고, 혹은 일어나지 않을 것이라고 생각하는 일이나 사건, 잠재적 사건에 대해 끊임없이 걱정하고 강한 불안을 느낀다. 그런 사람은 심하게 불안에 사로잡혀서, 밤에 잠자는 것을 포함하여 정상적인 기능에서 장해를 겪게 된다.

치료 범불안장애에 대한 가장 효과적인 치료는 인지적 전략과 행동적 전략을 결합한 치료 패키지다(Borkovec & Sharpless, 2004; Dugar & Robichaud, 2006). 행동적 요소 중 하나는 노출치료다. 치료자는 내담자에게 이완 기법(체계적 둔감화에서 사용된 것과 같은)을 가르치고, 그런 다음 내담자에게 이완해야 할 자극인 걱정하기를 시작하게 한다(예, 걱정에의 노출). 그러면 이완은 걱정하기와 경쟁하거나 걱정하기를 억제한다. 이완된 상태에서 걱정하는 것은 어렵다. 이에 더해서, 걱정하고 있는 일의 중요성이나 발생 가능성에 대한 내담자의 신념에 도전하고 그 신념을 변화시키기 위해 인지 기법이 사용될 수 있다. 수용 기법(27장 참조) 또한 걱정을 하거나 하지 않는 것이 안 좋은 사건의 발생과 무관하다는 것을 내담자가 인식하도록 돕는다. 즉 내담자는 걱정 자체가 걱정하는 일에 아무런 영향도 주지 못한다는 의미의 자기-진술을 할 수 있도록 배운다.

강박장애

강박장애로 고통받고 있는 사람은 원하지 않는 침입적 사고(강박사고라고 부름)를 경험하거나, 비생산적인 반복행동(강박행동이라고 부름)을 하지 않으면 안 된다고 느끼거나, 둘 다를 경험한다. 범불안장애가 있는 사람과 달리, 강박장애가 있는 사람은 특정한 일에 대해 강박적으로 생각하거나 걱정한다. 이에 더해서 강박사고와 강박행동은 함께 나타나는 경향이 있는데, 강박사고는 오직 강박행동을 함으로써 감소될 수 있는 불안을 일으키는 것처럼 보이기 때문이다. 예를 들어, 어떤 사람이 누군가가 밤중에 사무실 안으로 침입할까 봐 걱정하면서 불안을 느끼고 사무실을 떠나기 전에 문이 잠겼는지 재차 확인할 수 있다. 하지만 강박장애가 있는 사람은 한 번 재확인하는 것만으로는 만족하지 못하고 사무실을 떠나기 전에 여러 차례 문이 잠겼는지 재확인할 것이다.

이 밖에 강박장애 증상의 흔한 예들은 다음과 같다. 세균으로 인해 끔찍한 병에 걸릴 것이라는 강박사고를 가진 사람은 계속적인 손 씻기 행동을 보인다. 행인을 자동차로 칠 수 있다는 강박사고를 가진 사람은 운전할 때 어떤 행인이 다쳐서 길 위나 길 옆에 누워 있을지도 모른다고 생각해서 자신이 지나온 길을 계속 되돌아간다. 또는 자녀를 다치게 할지도 모른다는 강박사고로 인해, 자녀가 있을 때 칼이나 다른 잠재적으로 위험한 물건을 사용하지 못하게 될 수 있다.

치료 강박장애에 대한 효과적인 치료법은 실제 노출과 반응제지(*in vivo* exposure and response prevention)다(Franklin & Foa, 2008). 내담자에게 강박행동은 하지 못하게 하면서 강박사고를 일으키는 행동을 하도록 격려한다. 어떤 내담자가 씻지 않은 물건을 만질 때 세균에 감염된다는 강박사고를 경험하는데, 이런 강박사고가 상당한 불안을 일으킨다고 가정해 보자. 나아가 강박적으로 씻는 다양한 행동 의식(ritual)이 불안을 감소시켜 주기 때문에 유지되고 있다고 가정해 보자. 노출과 반응제지 치료법에서는 내담자에게 '오염된' 물건을 만지되, 씻는 의식은 하지 않도록 요구한다. 이 접근의 이론적 근거는 불안을 감소시키는 강박행동 없이 강박사고가 일어나도록 하면, 강박사고에 의해 유발되는 불안이 최고 수준으로 일어나게 되고 이후 소거된다는 것이다. 예를 들어, 자신이 자녀에게 칼로 해를 입힐지도 모른다는 두려움에 사로잡혀 있는 어떤 부모의 경우, 자녀가 있을 때 먼저 버터나이프를 잡도록 격려하고, 그런 다음 식사용 나이프, 그다음에는 과일 깎는 칼, 마지막으로 고기 칼을 잡도록 한다.

인지치료는 강박사고를 유지하도록 돕는 내담자의 자기-진술문을 변화시키기 위해 사용될 수 있다(Taylor, Thordarson, & Sochting, 2004). 예를 들어, 세균을 끔찍하게도 두려워하는 사람은 20초 동안 손을 씻는 것으로 세균을 예방하는 데 충분하다고 속으로 말하도록 배울 수 있다. 수용 절차(27장 참조)는 생각이 행동의 강력한 통제자가 아님을 배우도록 도울 수 있다. 자녀에게 위해를 가하는 강박사고를 가진 부모는 이런 강박사고가 자녀에 대한 실제적인 감정이나 행동과는 아무런 의미도 없는, 단순히 정상적인 '정신적 폐기물' 이나 '정신적 배경 소음' 이라고 간주하도록 배울 수 있다.

외상후 스트레스 장애

외상후 스트레스 장애(PTSD)의 고전적인 사례는 제1차 세계대전에서 발생하였는데, 당시 대포 폭격에 노출된 많은 군인들이 당시 포탄충격(shell shock)이라고 불렸던 증상을 보였다. 이런 군인들은 정상적으로 기능할 수 있는 능력이 극심하게 손상되었으며, 많은 이들이 겁쟁이로 분류되기도 하였다. 최근에는 전쟁 상황뿐만 아니라 극단적인 스트레스 사건이나 외상사건(신체적으로나 성적으로 학대받는 것, 또는 심한 교통사고를 당한 것, 재난사건을 목격하는 것 등)도 PTSD를 일으킬 수 있다는 것이 인정되고 있다. PTSD의 경우, 외상사건 동안 일어났던 격렬한 공포의 재경험, 우울증이나 수면곤란, 주의집중 결함과 같은 심한 심리적 반응, 일상 기능의 손상 등을 포함하여 많은 증상들이 나타난다. PTSD를 가진 사람의 기능 손상은 외상사건에 대한 생각을 회피하려는, 즉 외상사건을 떠올리게 하는 자극을 회피하려는 개인의 시도 때문인 것으로 보인다. 실제로 현실에는 그러한 자극이 많이 있기 때문에 그런 자극을 회피하려는 노력에 많은 시간과 에너지가 필요하다.

치료 PTSD의 효과적인 치료법 중 하나는 문제를 일으킨 사건에 대한 장기간의 간접적인 노출(vicarious exposure)이다(Foa, 2000). 이것은 상상 속에서 실시될 수도 있고, 그 외상사건에 대해 치료자와 이야기하면서, 혹은 외상사건에 대한 글을 쓰면서, 혹은 이야기하고 글을 쓰는 두 가지 활동 모두를 통해서 이루어질 수 있다. 이런 식으로 해서 외상과 관련된 자극에 의해 유발되는 감정이 소거될 것이며, 그런 자극을 회피하려는 괴로운 시도도 감소할 것이다. 또 다른 효과적인 치료법은 **인지처리치료**(cognitive processing therapy)라고 불리는 것이다(Resick & Schnicke, 1992). 이 접근법은 노출과 인지치료를 결합한 것이다. 인지적 요소는 내담자가 외상사건에 대한 잘못된 생각에 도전하고 더 균형 잡힌 대안적인 생각을 만들어 내는 법을 배우도록 돕는 것에 방향이 맞추어져 있다(Resick, Monson과 Rizvi[2008]는 PTSD 행동치료의 여러 변형에 대한 연구를 고찰하였다.).

연습문제

12. 불안장애의 네 가지 유형을 적고 간략하게 설명하라.
13. 광장공포증이 있는 공황장애의 효과적인 치료법을 간략하게 기술하라.
14. 강박사고와 강박행동의 차이점은 무엇인가, 그리고 이들은 어떻게 관련되는가?
15. 강박장애의 효과적인 치료법을 간략하게 기술하라.
16. 예를 참조하여, 강박장애의 치료에서 인지치료가 어떻게 사용될 수 있는지를 간략하게 기술하라.
17. 예를 참조하여, 강박장애의 치료에서 수용 절차가 어떻게 사용될 수 있는지를 간략하게 기술하라.
18. 외상후 스트레스 장애의 효과적인 치료법을 몇 문장으로 기술하라.

우울증

사람들은 살아가면서 어느 시점에 우울한 기분을 경험한다. 그러한 감정은 전형적으로 삶에서 중요한 강화물이나 잠재적인 강화물이 없어졌을 때 발생한다. 예를 들어, 좋지 않은 시험 성적은 학생을 우울하게 만드는데, 이는 교육과정에서 좋은 성적을 받지 못할 가능성 때문이다. 대부분의 사람들은 상실한 강화물을 보상할 다른 강화물을 발견하게 되면서 상당히 빠르게 우울증에서 벗어난다. 하지만 어떤 사람들은 **주요 우울삽화**(major depressive episode)라고 불리는 것(적어도 2주간 거의 모든 활동에 대한 흥미의 상실이 나타남)으로 고통을 받는다(American Psychiatric Association, 2000b). 그러한 사람들은 식욕 저하, 에너지 저하와 피로감 증가, 생각하고 집중하고 결정하는 능력의 손상, 그리고 종종 무가치감이나 죄책감을 경험한다.

정상적인 사람들의 우울감과 관련하여 일반적으로 알려진 것에 비추어 볼 때, 주요 우울삽화를 보이는 사람들에 대한 타당한 가정은 그들에게 일상적인 강화물이 부족하다는 것이다. **행동 활성화**(behavioral activation)라고 불리는 행동 이론은 '사람들은 그들의 삶에서 처벌과 정적 강화의 불균형이 존재할 때 우울하게 된다.' 고 주장한다(Martell, 2008, p. 40). (우울증의 원인에 대한 행동분석에 대한 논의를 보려면, Kantor, Busch, Weeks와 Landes[2008]를 참조하라.)

치료 1970년대에 행동적 접근은 임상적으로 우울한 사람들의 삶에 수반적인 강화물을 제공하여 우울증을 치료하는 데 상당한 성공을 거두었다(Ferster, 1973; Lewinsohn, 1975). 행동치료자들은 우울한 사람들에게 강화물(예, 취미 갖기, 책 읽기, 영화 보기)을 찾도록 하였다. 또는 중요한 타인(예, 배우자)의 협력을 얻어 내담자의 행동을 강화할 수 있는 새로운 강화물을 찾고, 그들로 하여금 내담자에게 강화물을 제공하여 내담자의 행동을 강화하도록 하였다. 강화물 중 많은 것들이 사회적인 것, 즉 타인으로부터 얻는 것이므로 이런 강화물에 접근하기 위해서는 어느 정도의 사회적 기술이 필요하다. 우울증이 있는 사람들은 대체로 이러한 기술이 부족하다. 따라서 우울증 치료의 구성요소는 종종 내담자에게 사회적 기술을 가르치는 것을 포함한다.

행동적 접근이 1970년대에는 우울증 치료와 관련하여 좋은 출발을 하였지만, 1980년대에는 Beck의 너무도 유명한 인지치료가 인기를 얻게 되면서 그 힘을 잃었다. 즉 Beck, Rush, Emery와 Shaw(1979)는 우울증이 인생의 사건에 대해 부정적으로 해석하게 만드는, **인지도식**이라고 불리는 **핵심신념**으로부터 유래한다고 가설화하였다. 27장에 기술한 것처럼, 우울증에 대한 Beck의 인지치료의 주요 구성요소는 인지 재구성, 즉 내담자가 잘못된 생각을 극복하도록 돕는 것이다. 그러나 1990년대 후반에 이루어진 일련의 연구(예, Gortner, Golan, Dobson, & Jacobson, 1998; Jacobson et al., 1996)를 통해 Beck의 인지치료에서 효과적인 요소가 인지 재구성이 아니라 과제 내주기였음이 나타났으며, 이후 우울증 치료의 행동적 접근이 다시 유행하게 되었다(Dimidjian et al., 2006; Dimidjian, Martell, Addis, & Herman-Dunn, 2008; Martell, 2008; Martell et al., 2004; Jacobson, Martell, & Dimidjian, 2001; Martell, Addis, & Jacobson, 2001). 행동 활성화(behavioral activation)라고 불리는 이 접근은 '내담자의 행동 레퍼토리 중에서 우울증에 기여하는 선행자극과 행동, 결과'에 대한 기능분석(23장 참조)을 수행함으로써 시작된다(Martell, p. 42). 단계적 절차를 통해, 강화적인 수반성과 접촉하지 못하게 하는 개인의 회피행동을 차단하고, 기능분석을 통해 강화적인 것으로 확인된 활동에 내담자가 참여하도록 격려하는 방식으로 치료가 설계된다. 연구결과에 따르면 행동 활성화가 우울증 치료와 재발방지에서 적어도 인지치료만큼 효과적인 것으로 나타났다(Dimidjian et al., 2006; Dobson et al., 2008).

임상적 우울증이 있는 사람들에게 운동 프로그램에 참여하도록 격려하는 것 또한 효과적인 치료법이다(Tkachuk & Martin, 1999). 또한 27장에서 지적한 것처럼, ACT 역시 우울증에 효과적인 치료법으로 보인다(Froman, Herbert, Moitra, Yeomans, & Geller, 2007). 우울증 치료에서 행동 활성화와 ACT의 효과를 비교하려면, Kantor, Baruch와 Gaynor(2006)를 참조하라.

알코올 문제

과도한 음주는 미국에서 주요한 건강 문제이며, 음주로 인한 결근이나 업무 태만은 매년 커다란 경제적 손실을 초래하고 있다(Taylor, 2003). 대부분의 알코올 치료기관에서는 문제 음주자와 알코올 중독자를 구분한다. **문제 음주자**(problem drinkers)는 알코올 섭취로 인해 상당한 사회적 · 직업적 · 의학적 문제를 경험한다. **알코올 중독자**(alcoholics)는 이런 문제에 더해서, 알코올 의존과 금단 증상을 보인다. 또한 DSM-IV-TR에서는 알코올 남용과 알코올 의존을 구분한다. **알코올 남용**으로 진단하기 위해서는 다음의 네 가지 영역 중 적어도 한 가지에서 문제를 보여야 한다. ① 주요 사회적 책무를 수행하지 못함, ② 반복해서 술을 마셔서 해를 입을 가능성이 있음, ③ 음주로 인해 알려진 사회적 또는 대인관계의 문제가 있음에도 불구하고 지속적으로 술을 마심, ④ 반복적으로 알코올과 관련된 법적인 문제를 일으킴. **알코올 의존**으로 진단하기 위해서는 다음의 일곱 가지 증상 중 적어도 세 가지를 나타내야 한다. ① 줄이거나 그만 마시고자 하는 지속적인 열망이나 시도, ② 더 오랜 시간에 걸쳐 더 많은 양의 알코올 섭취, ③ 같은 효과를 내기 위해서 더 많은 양의 알코올이 필요함, ④ 금주 시 금단 증상 발생, ⑤ 다른 활동에 태만함, ⑥ 알코올 섭취에 더 많은 시간을 씀, ⑦ 알코올 섭취와 관련된 문제에 대해 알고 있음에도 불구하고 계속해서 마심.

치료 잘 알려진 익명의 알코올 중독자 모임(AA)은 알코올 문제를 가진 사람들을 돕는 데 성공적인 사회적 지지 프로그램을 개발하였다. 하지만 알코올 문제를 가진 모든 사람들이 기꺼이 평생 금주가 목표인 AA의 철학과 섭생방식을 받아들이는 것은 아니다. 운이 좋게도, 연구는 행동치료가 AA만큼 혹은 그보다 더 효과적일 수 있음을 보여 준다(Emmelkamp, 2004).

행동치료 절차는 문제 음주자가 음주를 조절하도록 학습시키는 데 상당한 도움이 되었다(Emmelkamp, 2004; Walters, 2000). Sobell과 Sobell(1993)이 개발한 프로그램에서는 문제 음주자가 목표를 설정하고 조절해서 마시거나 음주에 대한 '유인자극'(S^D나 확립 조작)을 통제하도록 하고, 과음 위험성이 있는 상황을 피하기 위해 문제-해결 기술을 습득하고, 음주행동의 유인자극과 음주행동을 유지시키는 결과를 파악하기 위해 셀프-모니터링을 할 수 있도록, 그리고 다양한 과제를 통해 이러한 모든 기법들을 연습하도록 가르친다.

행동 프로그램에서는 알코올 중독자나 알코올 의존을 치료하기 위해 다음과 같은 다양한 구성요소를 활용하였다. ① 치료자가 내담자에게 문제에 대해 묻고, 어떤 것이 변화를 위한 동기화 확립 조작으로 작용할 것인가에 대한 답을 묻는 동기적 면담(예, 줄어든 음주량은 강화물이 되며, 따라서 음주 감소로 이끄는 행동을 강화한다.)(Arkowitz, Westra, Miller, & Rollnik, 2008; Miller, 1996), ② 알코올 섭취를 촉진하고 유지시키는 선행자극과 결과를 확인하기 위한 기능분석(23장 참조; McCrady, 2008), ③ 내담자에게 과도한 알코올 섭취를 일으키는 것으로 생각되는 스트레스 요인에 대처하도록 가르치는 대처기술훈련, ④ 술을 마시지 않는 직업적 활동, 사회적 활동, 오락 활동에 강화물을 제공하는 수반성 계약(26장 참조), ⑤ 재발을 방지하기 위한 전략(26장 참조). 이러한 전략들에 대한 논의를 보려면, Emmelkamp(2004)와 McCrady(2008)를 참조하라. 추가설명 3

섭식장애

다음과 같은 섭식장애의 몇 가지 유형이 확인되었다. ① 신경성 폭식증, ② 신경성 식욕부진증, ③ 폭식증, ④ 비만. 처음 두 가지의 경우, 내담자는 영양부족 상태이며(특히 신경성 식욕부진증의 경우) 마른 것에 집착하고 있다. 비만인 사람은 충분히 과체중이기 때문에 건강 문제를 보일 수 있다. 신경성 폭식증과 신경성 식욕부진증인 사람의 주요한 차이점은 전자는 폭식의 효과를 상쇄하려는 시도로 스스로 구토를 유도

하거나, 설사제나 관장제를 사용하거나, 운동을 하거나 오랜 기간 굶는 등 속을 깨끗이 비우는 행동이 뒤따르는 폭식삽화가 흔하게 나타나는 반면, 신경성 식욕부진증인 사람들은 거의 먹지 않거나 먹어도 매우 조금만 먹는다는 것이다(섭식장애의 원인에 대한 논의를 보려면, Farmer와 Latner[2007]를 참조하라.).

치료 신경성 폭식증과 신경성 식욕부진증은 치료에 매우 저항적이다. 폭식증 치료에서 행동적 절차로 시작해서 이후에 인지적 절차를 실시하여서, 일부 성공한 사례들이 보고되기도 하였다(Fairburn, 2008; Fairburn, Cooper, Shafran, & Wilson, 2008). 행동적 절차는 정해진 시간간격 동안 폭식하지 않는 것(이 간격을 점차 늘린다.)과 정해진 시간에 규칙적인 식사를 하는 것에 대한 강화가 포함된다. 인지적 절차는 내담자의 음식과 체중, 외모에 대한 비현실적인 신념을 바꾸고자 하는 시도를 포함한다. 신경성 폭식증과 신경성 식욕부진증이 있는 대부분의 사람들은 잘못된 신체상을 가지고 있다. 그들은 실제로는 영양부족일 정도로 말랐음에도 스스로를 뚱뚱하다고 지각한다. 행동적 절차나 인지적 절차 모두 신경성 식욕부진증에는 큰 효과가 없었다. 이것은 신경성 식욕부진증이 있는 사람들이 자신의 신념체계 내의 완벽한 기준에 못 미치는 방식으로 행동하게 하려는 모든 시도에 대해 극단적인 불안을 경험하는 경향이 있기 때문일 것이다.

폭식을 하든 하지 않든, 행동적 절차는 과체중과 비만인 내담자들의 체중 감소에 효과적이다(Craighead, 2004; Faith, Fontaine, Cheskin, & Allison, 2000; Lundgren, 2006). 이런 절차는 먹는 습관과 운동, 그리고 먹는 습관과 운동에 대한 태도에서 장기적인 생활양식을 변화시키는 데 초점을 맞춘다(Faith et al., 2000). 이런 프로그램에서 칼로리 감소보다는 올바른 음식을 선택하는 것을 강조할 때 더욱 효과적인 경향이 있다. 이런 프로그램의 행동적 구성요소는 ① 먹은 음식과 칼로리 양, 체중을 매일 기록하는 셀프-모니터링, ② 집의 특정 장소(예, 부엌의 식탁)에서만 먹도록 제한하는 자극통제, ③ 내담자에게 씹는 동안 식사도구를 내려놓거나 식사 동안 잠시 쉬게 하는 등의 행동변화, ④ 특정한 기간 동안 몸무게를 얼마나 감량할지 협의하고 그 목적을 달성하면 원하는 강화물을 받을 수 있는 계약에 서명하는 행동계약, 그리고 ⑤ 재발방지 전략(26장에서 논의됨)을 포함할 확률이 높다.

부부 문제

부부 문제(couple distress)는 친밀한(예, 부부) 관계에 있는 한 사람 혹은 두 사람이 관계에 불만족을 경험할 때 발생한다. 문제가 있는 관계의 수만큼 부부 문제의 이유도 다양할 것이다. 하지만 행동치료자들은 일반적으로 내재된 원인이 부부관계에서 긍정적인 상호작용이나 의사소통보다 부정적인 것이 더 많기 때문이라는 전제에서 출발한다. 예를 들어, 대화를 하면서 한 사람이 빈정거리거나 적대적인 말을 하고, 상대방 또한 적대적인 말에 되갚는 말을 하면, 이것이 두 사람 사이의 의사소통의 와해를 낳게 된다.

치료 행동적 부부치료는 전형적으로 다음과 같은 많은 구성요소들을 포함한다(Snyder & Abbott, 2004). ① 긍정적 교류의 촉진: 부부는 배우자를 즐겁게 하는 행동(예, 애정, 존경심, 감사하는 마음의 표현, [그림 28-1] 참조)을 증가시키도록 요구받는다. ② 의사소통훈련: 부부는 배우자에 대하여 좋아하고 감사한 것과 관련된 감정과 생각들을 표현하고, 상대방이 하는 말을 경청하는 것을 배운다. ③ 문제-해결훈련: 부부는 의사소통 기술을 이용하여 그들의 관계에서 문제와 갈등을 체계적으로 파악하고

[그림 28-1] 부부의 어떠한 행동 전략이 서로 간에 긍정적 상호작용의 비율을 증가시키고 부정적 상호작용의 비율을 감소시키는 데 도움을 주는가?

해결하도록 배운다(27장의 문제-해결훈련을 참조하라.). ④ 프로그램의 일반화: 내담자들은 그들 관계에서 문제가 재발할 때 나타나는 특정한 결정적 신호를 모니터링하고, 치료에서 배운 문제해결 및 갈등해결 기법을 계속해서 사용하는 것을 배운다.

통합적 행동부부치료라고 불리는 접근에서, 일부 치료자들은 수용 절차와 연습과제를 결합하여(27장 참조) 배우자들이 서로에게 가지고 있는 감정적 반응을 수용하도록 가르친다(Christensen, Sevier, Simpson, & Gattis, 2004; Christensen, Wheeler, & Jacobson, 2008).

성기능 장애

성기능 장애에는 몇 가지 유형이 있다. 남성의 경우, 주요 유형은 발기불능과 빠른 사정이다. 여성의 경우, 주요 유형은 질경련(성기 삽입을 방해하는 질 근육의 불수의적 경련), 성교통증(성 삽입과 관련된 성기 통증), 억제된 오르가슴, 그리고 낮은 성욕이다.

치료 많은 성기능 장애 사례에 적용 가능한 합리적인 가설은 불안이 중요한 요인이라는 것이다. 남성이 느끼는 불안은 성행위를 잘하지 못하는 것에 대한 두려움일 수 있는데, 이것이 자기충족적 예언이 된다. 여성이 느끼는 불안은 성행위에 대한 두려움일 수 있다. Masters와 Johnson(1970)의 선구자적인 연구에 기반해서, 일반적으로 치료자들은 삽입에 대한 기대나 압력 없이 편안한 분위기에서 서로에게 쾌감을 줄 수 있는 자극을 시도해 보도록 권고한다(Leiblum & Rosen, 2000; Wincze & Carey, 2001). 만약 문제 중 하나가 오르가슴과 관련된 것이라면, 오르가슴을 경험하는 것을 배우도록 하기 위해 여성에게 자위행위를 권하기도 한다. 따라서 두 사람은 수행보다 쾌감을 경험하는 것으로 목표를 바꾼다.

행동주의에서 공통된 이론적 가정은 성적 반응이 학습되는 것이며(Plaud, 2007), 성기능 장애의 치료에서 행동적 과제 내주기가 효과적인 것으로 입증되었지만, 이 문제에 대해 과도하게 단순한 견해를 취하지 않도록 주의해야 한다. 성기능 장애는 의학적 질병, 관계의 어려움, 생활양식 요인, 나이와 관련된 변화를 포함해서 많은 원인들에 의해 발생될 수 있기 때문이다. Wiegel, Wincze와 Barlow(2004), Wincze, Bach와 Barlow(2008)는 성기능 장애를 치료하기 전에 치료자가 실시해야 하는 평가의 범위를 기술하였다. 또한 우리는 비아그라와 다른 약들의 개발로 성기능 장애의 치료가 점차 의료화되고 있음을 지적하지 않을 수 없다(Wiegel et al., 2004). 다양한 성기능 장애에 대한 행동치료와 의학적 개입의 효과를 비교하기 위해 앞으로 연구가 필요하다.

습관장애

많은 사람들이 자주 반복적으로 하게 되는 불편하고 성가신 행동들로 고통을 받고 있다. 이러한 것에는 손톱 물어뜯기, 입술 깨물기, 손가락 꺾기, 머리카락 돌리기, 머리카락 뽑기, 과도한 헛기침, 근육 틱, 말더듬기 등이 포함된다. 많은 사례에서, 이러한 행동은 강박사고와 연관되지 않는다는 점을 제외하면, 이 장 앞부분에서 기술한 강박행동과 유사하다. 많은 사람들이 매일매일 이런 행동에 그럭저럭 대처하고 있다. 하지만 때로는 이런 행동들이 치료를 받아야 할 정도로 자주 심하게 일어나기도 한다. 이렇게 되면, 그런 행동을 **습관장애**(habit disorder)라고 부른다(Hansen, Tishelman, Hawkins, & Doepke, 1990).

치료 여러 가지 습관장애를 치료하기 위해 **습관 반전**(habit reversal)이라 불리는 방법이 효과적으로 사용되었다(Azrin & Nunn, 1973; Miltenberger, Fuqua, & Woods, 1998). 이 방법은 전형적으로 세 가지 요소로 구성된다. 첫째, 내담자는 문제행동을 기술하고 확인하는 방법을 배운다. 둘째, 내담자는 문제행동과 양립 불가능한 또는 경쟁하는 행동을 배우고 연습한다. 내담자는 매일 거울 앞에서 경쟁행동을 연습하고 문제행동의 출현 직후 경쟁행동을 수행한다. 셋째, 동기를 높이기 위해 내담자에게 습관장애로 인해 발생하는 불편함이 있는지 검토하고, 그 행동을 기록하고 그래프로 그리도록 한다. 그리고 치료에 참여하는 것에 대해 가족이 강화하도록 한다.

연습문제

19. 주요 우울삽화의 행동적 특징들을 간략하게 기술하라.
20. 우울증의 원인에 대한 행동 이론을 기술하고, 이 이론이 어떤 우울증 치료법을 제안하는지 기술하라.
21. 문제 음주자를 위한 Sobell과 Sobell 프로그램의 구성 요소는 무엇인가?
22. 알코올 의존을 위한 행동치료의 네 가지 구성요소를 간략하게 기술하라.
23. 섭식장애의 네 가지 유형을 간략하게 기술하라. 행동치료는 어떤 유형에 가장 효과적이었나?
24. 비만치료를 위한 네 가지 행동 전략을 나열하고 간략하게 기술하라.
25. 행동적 부부치료의 네 가지 구성요소를 나열하고 간략하게 기술하라.
26. 성기능 장애의 치료에 대한 일반적인 행동적 접근을 기술하라.
27. 습관장애를 치료할 때 사용되는 습관반전의 세 가지 구성요소를 기술하라.

추가설명 및 심화토론

1. 미국의 Health management organization(HMOs)과 같은 관리의료조직이 발전하면서 심리학자들이 제공하는 치료에 비용을 지불할 것인지를 결정하는 데 있어 그들의 영향력이 커짐에 따라, 심리학자들이 다양한 심리장애에 적합하고 비용-효과적인 치료를 개발해야 한다는 압력이 커지고 있다. 1993년에 미국심리학회 임상심리학 분과는 경험적으로 지지된 심리치료 방법을 파악하고, 그러한 치료 목록을 만들어서 의료비용을 관리하는 다양한 제3자들(예, HMOs)에게 배포하기 위해 특별위원회를 발족시켰다. 이 특별위원회는 '과학과 임상에 관한 위원회(Committee on Science and Practice)'라는 상임위원회가 되었고, 여러 연구결과 보고서를 출간하였다. 또한 이 위원회는 경험적으로 지지된 치료(EST)라고 판단되는 치료에 대한 안내서를 만들었다. 이 안내서와 연구증거를 활용해서, 이 위원회는 두 가지 수준의 EST, 즉 잘 확립된(well established) 치료와 효능이 있을 가능성이 있는(probably efficacious) 치료를 확인하였다. 잘 확립된 것으로 간주된 치료는 다음의 기준들을 충족해야 한다. ① 적어도 2개의 잘 통제된(연구 참여자의 무선할당과 같은) 연구에서 이 치료가 의학적 혹은 심리적 위약집단(치료적으로 효과가 없는 알약 처치나 심리적 절차)보다 더 효과적이거나 적어도 기존의 치료법만큼은 효과적임을 입증해야 한다. ② 요강에 정확하게 치료법이 기술되어 있어서 다른 치료자들이 일관성 있게 그 절차를 수행할 수 있도록 해야 한다. ③ 연구에서 내담자의 특성이 분명하게 정의되어야 한다. ④ 적어도 두 개의 독립적인 연구 장면에서 연구가 수행되어야 한다. EST의 최신 목록은 http://pantheon.yale.edu/~tat22/empirically_supported/treatments.htm에서 찾아볼 수 있다.

   과학적으로 수행된 임상연구에서 효과적인 것으로 입증된 치료의 목록을 만들려는 노력은 칭찬할 만하지만, 실제 그런 노력은 비판받았고 그 과정에 대한 과학적 타당성을 향상시켜야 한다는 권고를 받았다. 이 주제에 대한 논의는 *Behavior Modification* 특집호(2003, Vol. 27, No. 3)에서 찾아볼 수 있다. 또한, EST의 목록을 만드는 것과 임상가들에게 EST에 관해 배우도록 영향력을 행사하는 것은 별개의 일이다. EST 목록을 배포할 때 맞닥뜨리게 되는 어려움들에 대한 논의를 보려면, Kazdin(2008), Rego 등(2009), Siev, Huppert와 Chambless(2009), 그리고 *Behavior Modification* 특집호(2009, Vol. 33, No. 1)를 참조하라.

2. 컴퓨터 기술의 비용이 낮아짐에 따라 지난 10년 동안 점차 인기를 얻게 된 노출치료의 한 형태가 **가상현실치료**다. 이것은 컴퓨터가 만들어 낸 실제적인 불안 유발자극(거미공포증 사례를 치료하기 위해 여러 마리의 거미가 기어오르는 이미지와 같은)에 개인을 노출시키는 것과 관련이 있다. 이런 형태의 치료가 새롭기는 하지만, 지금까지의 결과는 고무적이다(Lamson, 1997; North, North, & Coble, 1997; Riva, Wiederhold, & Molinari, 1998; Rothbaum et al., 1995; Rothbaum et al., 2006; Wiederhold, & Wiederhold, 2004; Winerman, 2005).

3. 알코올과 물질 중독에 대한 효과적인 치료법으로 점점 더 많은 관심을 받고 있는 접근이 바

로 조작적 조건형성이다. **수반성 관리**(contingency management: CM)라고 불리는 이 접근은 금욕(abstinence, 알코올이나 물질을 완전히 끊은 상태)을 측정할 수 있는 방법을 개발하는 것과 중독물질에 충분히 경쟁할 수 있는 강력한 강화물을 제공하는 것을 필요로 한다. CM은 알코올, 코카인이나 헤로인 같은 약물, 그리고 니코틴의 중독을 치료하는 데 효과적이다. 개인이 일정 기간 동안 금주했는지를 측정하기 위해 음주측정(예, 호흡분석)이 사용된다. 흡연은 일시적으로 폐에서 CO 수준을 증가시키기 때문에, 개인이 금연했는지에 대한 측정을 위해 호흡 중 CO 수준에 대한 분석이 사용된다. 아편제 약물을 끊었는지를 측정하기 위해서는 소변 검사가 사용된다. CM 프로그램에서 흔한 강화물은 복권과 돈, 상품이나 서비스로 교환될 수 있는 바우처다. 지금까지의 자료는 물질남용 문제가 있는 많은 사람들에게 CM 접근이 금욕을 극적으로 증가시켰음을 보여 준다. 그러나 CM은 고비용이고 노동 집약적이기 때문에, 이 영역의 많은 연구들이 금욕을 측정하는 경제적인 방식과 효과적인 강화물을 얻을 수 있는 창의적인 방법에 초점을 맞추었다. CM 치료에 대한 더 많은 정보를 원하면, *Journal of Applied Behavior Analysis*(2008, Vol. 40, No. 4), '행동분석과 약물중독 치료에 대한 특집호' 혹은 Higgins 등(2008)을 참조하라.

▶ 추가설명에 대한 연습문제

1. 미국심리학회가 인정하는 잘 확립된 경험적으로 지지된 치료법(EST)으로 간주되기 위해 충족해야 하는 기준은 무엇인가?
2. 가상현실치료는 무엇인가?
3. 알코올 중독에 대한 CM 접근을 간략하게 설명하라. 이 접근법은 본문에 기술된 Sobell과 Sobell의 프로그램과 어떻게 다른가? CM 접근법의 실제적인 문제점은 무엇인가?

PART

6

역사적 관점과 윤리 문제

29 전반적 조망: 역사적 개관
30 행동수정의 윤리적 문제

29 전반적 조망: 역사적 개관

이 장에서는 행동수정이 괄목할 만한 성장을 이루었던 초기의 주요 사건에 대해서 살펴보도록 한다. 이 장을 읽기 전에 먼저 다음의 사항들을 염두에 두도록 하자.

1. 우리는 행동수정을 둘로 분리된 주요 노선의 영향을 따라 발달해 온 것으로 기술한다. 그러나 분명 행동수정의 발달 과정에서 주요 노선이 상호 영향을 주기도 하며 통합되기도 하고 분리되기도 하였다.
2. 우리는 행동수정의 형성 시기, 즉 1950년대, 1960년대, 1970년대에 발생한 행동수정 발달상의 가장 중요한 특징적인 사건들을 설명하고자 한다. 행동수정에 대한 완벽한 역사적 설명을 위해서는 Kazdin(1978)과 Pear(2007)를 참조하라. 추가설명 1
3. 우리는 행동수정 발달에 있어 주로 북미의 중요한 역사적 사건을 다루고자 한다. 추가설명 2
4. 어떤 강사들은 수업 초반부에 학생들에게 이 장을 읽도록 할 수 있다. 따라서 우리는 다른 장들을 읽지 않아도 이해할 수 있도록 이 장을 다른 장들과 독립적으로 만들었다.

행동수정의 역사를 살펴봄에 있어서, 우리는 먼저 조작적 조건형성과 Pavlov의 반응적 조건형성으로 구분되는 두 가지 주요 접근(orientation) 또는 전통에 대하여 살펴볼 것이다. 또한 이 두 가지 조건형성과 다른 접근과의 통합에 대해서도 논의할 것이다.

Pavlov 학파와 Wolpe 학파의 접근

19세기 말, 러시아의 심리학자 I. P. Pavlov는 개의 소화에 대한 실험을 수행하였으며, 이로 인하여 1904년에 노벨 의학상을 수상하였다. 이 실험에서 Pavlov는 침 흘리기와 위, 췌장, 창자를 포함한 소화샘을 측정하였으며, 음식과 결합된 자극이 침 흘리기를 유발할 수 있다는 점을 관찰하였다. 그리고 연이어 음식을 살짝 보거나 냄새를 맡거나 심지어 실험을 준비하는 소리를 들을 때에도 개의 침이 분비된다는 사실을 발견하였다. 뇌의 고등활동을 연구하면서 Pavlov는 이 관찰의 잠재적인 중요성을 인식하고 반사를 획득하는 과정을 연구하기 위해 침 흘리기를 활용하기로 결정하였다. 처음에는 침 흘리기를 유발하지 않던 소리와 같은 자극도 여러 번 음식과 결합되면 소리만 듣고도 침을 흘리게 된다는 사실을 발견하고 음식을 무조건적 반사(unconditional reflex, 즉 학습되지 않고 조건화되지 않은 반사), 소리를 조건적 반사(conditional reflex, 즉 학습되거나 조건화된 반사)라고 일컬었다. 이것이 지금 Pavlov의 고전적 조건형성 또는 반응적 조건형성(14장 참조)이라고 불리는 체계적 연구의 시발점이다. Pavlov는 이 연구의 결과를 『조건적 반사: 대뇌피질의 생리활동 연구(*Conditioned Reflexes: An Investigation of the Physiology Activity of the Cerebral Cortex*)』(Pavlov, 1927)라는 제목의 책에서 발표하였다. 그 책에서 Pavlov의 '무조건적 반사(unconditional reflexes)'와 '조건적 반사(conditional reflexes)'는 각각 영어로 **무조건반사**(unconditioned reflex)와 **조건반사**(conditioned reflexes)로 번역되어 오늘날까지 사용되고 있다.

1913년 이전에 심리학은 '마음(정신)의 과학'이라 정의되었다. 미국의 심리학자 John B. Watson은 그가 행동주의(behaviorism)라 명명했던 대안적 접근을 주장하였다. 그리고 심리학을 행동 과학으로 재정의해야 한다고 주장하며 대부분의 인간 행동을 학습된 습관으로 설명하는 내용의 영향력 있는 논문을 발표하였다. Pavlov의 연구와, Pavlov와는 독립적으로 학습된 반사를 연구하던 러시아의 심리학자 Vladimir M. Bechterev의 연구를 접한 후, Watson(1916)은 조건반사를 습관의 단위로 받아들이고, 대부분의 복잡한 활동은 반응적 조건형성 때문에 일어난다고 주장하였다. Watson은 1916년의 연구 논문에 따라 Rosalie Rayner와 함께 고전적 실험을 하였고, 11개월의 영아에게 두려움 반응을 조건화할 수 있다는 것을 증명하였다. 그 실험에서 Watson과 Rayner는 전에는 무서워하지 않았던 흰쥐를 큰 소리와 조건화시킴으로써 영아가 쥐를 무서워하게 되어 쥐에게 두려움이라는 조건반사를 보이게 된다는 것을 증명하였다(Watson & Rayner, 1920; 이 책의 15장 참조).

그 후 20년 동안, 다양한 행동에 반응적 조건형성 절차를 적용한 수많은 예가 문헌에 등장하였다(Yates, 1970 참조). 그러나 이들 중 어떤 적용도 우리가 오늘날 알고 있는 행동수정의 발달에 지속적인 영향을 미치지는 못한 것 같다.

이와 같은 Pavlov의 전통 안에서, 1950년대에 두 가지 의미 있는 발달이 있었다. 첫 번째 발달은 남아프리카에서 일어났다. Joseph Wolpe는 남아프리카에서 Pavlov의 조건형성과 J. B. Watson과 Mary Cover Jones, 그리고 영국 심리학자 Sir Charles Sherrington의 작업에 근거하여 연구하기 시작하였다. Watson과 Rayner의 연구에 따라, Jones(1924)는 아이의 토끼에 대한 두려움 반응을 소거하기 위해 아이가 재미있는 활동을 하고 있는 동안 아이와 토끼의 거리를 점차 좁혀 가는 몇 번의 시도를 통해 두려움 반응을 소거할 수 있음을 증명하였다. Sherrington(1947)은 하나의 근육이 자극을 받으면, 길항 근육은 억제될 것이며, 또한 그 반대작용도 가능하다고 말하였다. 그는 이를 **상호억제**(reciprocal inhibition)라고 불렀으며, 이것이 신경계 전체를 움직이는 일반 과정이라고 가정하였다. Wolpe는 상호억제 이론을 확장시켜, 학습된 두려움이나 불안과 양립할 수 없는 반응이 두려움이나 불안을 만들어 내는 조건화된 자극에 대해 발생하도록 할 수 있다면 그 자극은 더 이상 두려움 반응을 유발하지 않을 것이라고 말하였다. Wolpe는 고소공포증 같은 강렬한 비합리적인 두려움(28장에서 기술됨)과 같은 특정 공포증의 초기 행동치료를 개발하였고, 1958년에 상호억제에 관한 그의 첫 번째 책을 출간하였는데, 이 책은 현대 행동치료의 초창기 반응적 전통에 큰 영향을 미쳤다. Wolpe는 **체계적 둔감화**라고 불리는 절차에서 학습된 두려움이나 불안을 억제하기 위하여 이완반응을 이용하였다(28장 참조).

또한 1950년대에 영국의 심리학자 Hans Eysenck는 전통적 Freud의 정신분석치료 절차를 비판하고 그 대안으로 학습 이론 혹은 조건형성 절차를 옹호하는 데 한몫을 담당하였다. 1960년 Eysenck는 『행동치료와 신경증(*Behaviour Therapy and the Neuroses*)』이라는 제목의 저서를 출간하고, 임상 치료에서 상호억제와 파블로브 조건형성 절차를 사용한 많은 사례를 소개하였다. 행동치료의 Pavlov 조건형성 접근은 때때로 Wolpe-Eysenck 학파로 불리기도 하였다.

Wolpe는 1960년대 초기에 미국으로 이주하여 템플 대학교에서 체계적 둔감화를 행동치료가들에게 훈련시키는 프로그램을 시작하였다. 1963년, Eysenck는 학술지 *Behaviour Research and Therapy*를 창간하였다. 1984년 6월 30일, 템플 대학교 의료센터의 행동치료 병동은 폐쇄되었다. Wolpe(1985)는 정신역동적 심리치료자들이 행동치료를 잘못 이해하였기 때문에 행동치료 병동이 폐쇄된 것이라고 보았다. 그럼에도 불구하고 Wolpe는 1997년 사망할 때까지, 계속 행동치료 분야에 활발히 기여하였다.

1980년대 이전 Pavlov 학파와 Wolpe 학파의 발전에 있어 괄목할 만한 사건은 〈표 29-1〉의 하단에서 볼 수 있다.

연습문제

1. Pavlov가 어떻게 Pavlov 조건형성을 증명하였는지 기술하라.
2. Pavlov 조건형성의 다른 두 이름은 무엇인가?
3. Watson과 Rayner는 11개월 영아의 두려움 반응을 어떻게 조건화하는가?
4. Joseph Wolpe는 상호억제의 원리를 어떻게 확장시켰는가?
5. Wolpe는 학습된 두려움을 억제하기 위해 이완법을 사용한 절차를 무엇이라 명명하였는가?
6. 1950년대 행동치료 발달 과정 중, Hans Eysenck의 역할은 무엇이었는가?

조작적 조건형성의 접근: 응용행동분석

Pavlov 조건형성은 반사, 선행자극에 대한 자동적 반응을 포함한다. 그러나 우리의 행동 중 많은 부분은 선행자극보다 결과의 영향을 받는다. B. F. Skinner는 자극에 의해 유발된 행동과 결과에 의해 통제된 행동을 명확히 구분한 첫 심리학자였다. Skinner는 전자를 반응행동으로, 후자는 조작적 행동으로 불렀다. Pavlov 조건형성을 Skinner는 반응적 조건형성(이 책의 다른 장과 이 장의 본문에서 Pavlov 조건형성과 혼용되고 있다.)이라고 불렀다.

Skinner는 Watson의 행동주의와 Pavlov의 실험적 접근의 영향을 많이 받았으나 조작적 행동을 연구하기 위해서는 다른 방법을 사용하는 것이 필요하다고 믿었다. 1932년 Skinner는 실험용 쥐가 먹이를 얻기 위하여 지렛대를 누르는 행동에 관한 실험결과를 기술하였는데, 이후 사람들이 그 실험상자를 'Skinner 상자'라 불렀다.

추가설명 3

1938년 B. F. Skinner는 『유기체의 행동: 실험 분석(*The Behavior of Organisms:*

표 29-1 1980년대 이전의 행동수정과 행동치료의 역사적으로 중요한 사건

	1950년대 이전	1950년대	1960년대 초기와 중반
조작적 조건형성의 접근: 응용행동분석	기초 연구와 이론(Skinner, 1938)	• 2개의 주교재(Keller & Schoenfeld, 1950; Skinner, 1953) • 인간 연구와 적용: 아주 심한 정신지체인 대상(Fuller, 1949), 정신분열증 환자 대상(Lindsley, 1956), 정신병 환자 대상(Ayllon & Michael, 1959), 언어적 조건형성(Greenspoon, 1955), 말더듬(Flanagan, Goldiamond, & Azrin, 1958) • 응용을 포함한 조작적 조건형성의 기초 연구 학술지(*Joural of the Experimental Analysis of Behavior*, 1958~)	• 몇몇 주요 대학의 훈련 센터 • 주요 책자(예, Ulrich, Stachnik, & Mabry, 1966) • 많은 '저항적인' 사람들에 적용: 정신지체(Birnbrauer, Bijou, Wolf, & Kidder, 1965; Girardeau & Spradlin, 1964), 자폐증(Ferster & Demyer, 1962; Lovaas, 1966; Wolf, Risley, & Mees, 1964), 과잉활동(Patterson, 1965), 비행(Schwitzgebel, 1964), 정신병 환자(Isaacs, Thomas, & Goldiamond, 1960; Haughton & Ayllon, 1965) • 아동 발달(Bijou & Baer, 1961)
분파와 통합			• Premack 원리(Premack Principle) (Premack, 1965) • 내적 통제(Homme, 1965) • 정확한 교수(Lindsley, 1966) • 모델링(Bandura & Walters, 1963) • 주요 저서(Ullmann & Krasner, 1965), 응용학술지(*Behavior Research and Therapy*, 1963~) • 내현적 민감화(Cautela, 1966)
Pavlov 학파와 Wolpe 학파의 접근	• 기초 연구와 이론(Pavlov, 1927; J. B. Watson & Rayner, 1920) • 공포 둔감화의 초기 적용(Jones, 1924) • 자기-주장훈련의 초기 적용(Salter, 1949)	• 2개의 주교재(Dollard & Miller, 1950; Wolpe, 1958) • 체계적 둔감화, 주장훈련, 다양한 공포증과 행동과잉에 대한 혐오치료 • 행동치료와 심리치료의 비교 (Eysenck, 1959)	• 대학의 훈련 센터 • 주요 저서(예, Eysenck, 1960; Franks, 1964) • 체계적 둔감화의 적용, 주장훈련, 다양한 고전적 신경증 행동과 성장애에 대한 혐오치료

(계속)

	1960년대 후반	1970년대
조작적 조건형성의 접근: 응용행동분석	• 주요 대학에서 훈련 센터를 더 개설 • 많은 대학에서 학부과정과 대학원 과정에 과목을 개설 • 여러 영역에 응용할 수 있는 절차와 응용연구를 기술한 저서가 더 많이 발간됨. (예, 교육[Skinner, 1968], 육아[Patterson & Gullion, 1968], 지역사회사업[Tharp & Wetzel, 1969], 정신병원[Schaefer & Martin, 1969]) • 자기-통제, 비행, 대학 교수방법, 결혼 상담, 성적 행동, 학문적 기술과 같은 다양한 영역에 추가적 적용 • 응용 학술지 발간(*Journal of Applied Behavior Analysis*, 1968~)	• 다양한 영역에서 '적용 방법'에 대한 많은 저서 출간 • 많은 '전통적' 심리학 영역에서 행동수정 절차 기술(예, 사회, 발달, 성격, 이상 및 임상) • 많은 다른 도움을 주는 전문직에서 행동수정 절차 채택(2장 참조) • 다양한 사람들, 기관, 지역사회 적용과 연구 수행
분파와 융합	• 토큰경제(Ayllon & Azrin, 1968) • 수반성 계약하기(Homme, Csanyi, Gonzales, & Rechs, 1969) • 사회학습 이론의 공식화(Bandura, 1969) • 두 가지 주요 저술(Bandura, 1969; Franks, 1969) • 내파 치료(implosive therapy; Stampfl & Levis, 1967)	• 인지행동수정, 사회학습 이론, 절충적 행동치료의 출현 • 많은 행동수정-행동치료 학술대회 및 워크숍 • 행동수정-행동치료 직업 및 잘못된 적용을 통제하는 데 관심 • 준전문가 단체와 전문가 단체의 통합(예, 행동분석학회, 1974~) • 전문가 단체(AABT, 1970~, 행동연구와 치료학회, 1970~, 유럽 행동치료학회, 1971~) • 행동수정을 다루는 전문 학술지(2장의 추가설명 2 참조)
Pavlov 학파와 Wolpe 학파의 접근	• 몇몇 주요 대학의 훈련 센터 • 몇몇 저서가 추가로 발간됨(예, Wolpe, 1969) • 공포증, 분노, 천식, 불감증, 동성애, 불면증, 언어장애, 노출증, 그 외 다른 행동에 적용	많은 추가적인 저서, 출판물과 훈련 워크숍(추가적 연구)

An Experimental Analysis)』이라는 책에서 연구결과를 기술하며 조작적 조건형성의 기본 원리(행동은 결과에 의해 수성되는 일종의 학습이다.)를 개관하였다. 이 선구적인 업적은 다른 실험심리학자들에게도 서서히 영향을 미쳐, 다른 실험심리학자들이 조작적 조건형성을 연구하도록 영향을 미쳤다.

추가설명 4 1950년 Fred S. Keller와 William N. Schoenfeld는 『심리학의 원리: 체계적 행동

과학 교재(*Principles of Psychology: A Systematic Text in the Science of Behavior*)』라는 제목의 심리학 개론서를 집필하였다. 이 책은 학습, 지각, 개념 형성, 동기, 감정 등 심리학의 전통적 문제를 조작적 조건형성과 반응적 조건형성 원리의 관점에서 논의하였다는 점에서 다른 개론서와 차이가 있었다. Keller와 Skinner는 하버드 대학교 대학원에서 함께 수학하였는데, 이 책은 Skinner의 연구와 논문의 영향을 주로 받은 것이었다. 『심리학의 원리』는 조작적 전통 내에서는 큰 영향을 미친 책이었다.

Skinner는 1953년 『과학과 인간 행동(*Science and Human Behavior*)』을 출간하였다. Keller와 Schoenfeld의 책과 같이 이 책은 심리학 개론 교재로 쓰였지만, 다른 교재에서 다루지 않았던 주제(정부와 법, 종교, 경제, 교육, 문화)로까지 범위를 확장시켰다. 이 책에서 Skinner는 기본 행동 원리(이 책의 2부 참조)가 일상생활에서 인간의 행동에 어떤 영향을 미치는지 설명하였다. 비록 그의 이론을 인간에게 일반화하여 적용하기에는 자료가 부족하였지만, Skinner의 해석은 이후 심리학자들이 수많은 실험 상황과 응용 장면에서 인간 행동에 미치는 강화의 효과를 검증하기 시작하게 하였다. 추가설명 5

1950년대 연구보고서는 '결과는 예측 가능한 방식으로 인간 행동에 영향을 준다'는 것을 증명하기 위한 연구이거나 '행동 프로그램을 적용하면 행동변화에 영향을 미칠 수 있다'는 것을 증명하는 사례연구가 대부분이었다. 예를 들어, Fuller(1949)는 누워만 지내며 다른 사람의 도움을 필요로 하는 아주 심한 지적장애가 있는 사람의 팔 움직임을 조형하여 수직으로 오른팔을 드는 것을 가르치기 위해 달고 따뜻한 우유를 강화물로 사용한 사례를 보고하였다. Joel Greenspoon(1955)은 단순한 사회적 결과('으흠'이라고 말해 주는)가 대학생으로 하여금 어떤 유형의 단어를 말하도록 할 수 있다는 것을 입증하였다. Skinner의 대학원 지도학생인 Nathan Azrin과 Ogden Lindsley(1956)는 젤리과자를 강화물로 사용하여 두 명씩 짝지어진 어린 아이들이 서로 협력하여 게임 놀이를 하게 할 수 있다는 사실을 증명하였다. 이상의 각 실험은 강화물이라는 결과가 인간 행동에 예측할 수 있는 방식으로 영향을 미친다는 것을 증명하였다. 그러나 이 실험들 중 어느 것도 일차적으로 실용적인 관점에서 실시된 것이 아니었다. 1950년대 처음 출간된 보고서는 실용적인 응용 문제와 관련된 Ayllon과 Michael(1959)의 보고서였다. Ayllon은 그의 박사 논문 지도교수였던 Michael 박사와 함께 캐나다의 한 정신병원(Saskatchewan 정신병원)에서 수많은 행동연구를 수행하였다. 이들의 연구는 병원 치료진이 강화, 소거, 도피 조건형성, 회피 조건형성 절차를 이용하여 망상에 빠져 말하거나 음식 먹기를 거부하는 환자의 다양한 파괴적 행동을 어떻게 수정할 수 있는지를 보여 준다.

Ayllon과 Michael의 논문이 발표되고, Allyon이 Saskatchewan 정신병원에서 함께 일하였던 동료들과 몇 편의 후속 논문을 발표한 이후, 1960년대 초에(〈표 29-1〉 위쪽 네모칸 참조) 행동통제를 입증하는 연구가 자주 발표되기 시작했다. 이러한 초기 연구에는 다음과 같은 두 가지 특징이 있었다. ① 전통 심리학에서 성공적으로 많이 다루지 못하였던 제한된 모집단(지적장애가 있는 사람들, 자폐증이 있는 아동, 심하게 퇴행된 정신과 환자 등)을 대상으로 이루어졌다. ② 많은 연구는 대체로 입원 상황이나 통제된 상황에서 이루어졌다. 이러한 초기 경향에서 특기할 만한 예외로 Sidney Bijou와 Donald Baer(1961)의 연구를 들 수 있는데, 이들은 순전히 행동주의적 관점에서 아동발달을 해석하였다.

1965년 Leonard Ullmann과 Leonard Krasner는 자료를 모아 『행동수정 사례연구(*Case studies in Behavior Modification*)』를 출간하였다. 이 책은 큰 반향을 일으켰으며 '행동수정'이라는 용어를 제목으로 사용한 최초의 책이었다. 이 책에서 Ullmann과 Krasner는 많은 사례사(case history)와 다른 심리학자들의 연구 보고서를 모아 소개하였을 뿐 아니라, 이상행동의 두 모형을 비교하였다. **이상행동의 행동 모형**은 이상행동은 특정한 환경적 원인과 함수관계이며 환경을 재배치하면 행동은 변화 및 개선될 수 있다고 제안하는 반면, Sigmund Freud의 **이상행동의 의학 모형**은 이상행동을 성격기제에 내재하는 장해(disturbance)의 증상으로 보기 때문에(환경을 재배치해서 그 증상을 치료하기보다) Freud의 정신분석을 통해 기저의 성격문제를 치료해야 한다고 제안한다. Freud의 이상행동 모형은 세균, 바이러스, 상처, 기타 장해가 정상인의 신체기능에 증상을 일으킨다는 신체의학의 모형으로부터 채택되었다. Ullmann과 Krasner의 책은 조작적 조건형성과 Pavlov의 고전적 조건형성에 대한 논문들을 모두 포함하였는데, 이 책이 행동수정 발달에 큰 역할을 하였으며 이 분야의 초기 연구에 방대한 정보를 제공해 준 중요한 출처였다는 점에는 의심할 여지가 없다. 1965년 Krasner와 Ullmann은 『행동수정 사례연구』에 뒤이어 연구 논문들을 편집한 『행동수정 연구(*Research in Behavior Modification*)』라는 제목의 책을 출판하였다.

1960년대 후반, 조작적 조건형성 접근이 미국 서부 전역에 퍼져 나가기 시작하였다. 일부 대학에 부설 훈련 센터가 세워졌으며, 대학과 대학원의 교과 과정에 최소한 행동수정 수업이 하나, 혹은 둘 정도 개설되었다. 또한 행동수정 이론은 일반 환경에도 널리 적용되기 시작하여 정규 학교 장면이나 대학 수업, 가정 등 일반 상황에서 행동수정 이론을 사용하기 시작하였다.

1970년대까지 조작적 조건형성 접근은 상당히 발전하였다. 1장에서 논의한 것처럼, 우리는 조작적 접근법을 흔히 응용행동분석(applied behavior analysis)이라고 부른다. 요즘 많은 책에서 이 접근법이 주로 '제한된 인지 능력'을 가진 내담자 집단에게 많이 사용되었고 상당한 환경적 통제가 이 치료 절차의 내재된 특성인 것으로 언급하고 있는데, 이는 다소 잘못된 표현이다. 1950년대에서 1960년대에는 이것이 사실이었지만 행동수정은 사실상 오늘날 우리 삶의 모든 영역에서 다양하게 적용되고 있다(2장, 27장, 28장 참조).

또한 행동분석가들이 문제행동의 원인을 무시한다는 주장도 있었다. 행동수정 초기 단계에는 사실 이런 비난에 어느 정도 정당성이 있었는데, 많은 행동분석가들이 문제행동의 원인과 무관하게 문제행동을 완화시킬 수 있다고 강조하였기 때문이다. 그러나 1970년대, 몇몇 행동분석가들(예, Carr, 1977; Johnson & Baumeister, 1978; Rincover, 1978; Rincover, Cook, Peoples, & Packard, 1979)은 문제행동의 원인(즉, 문제행동을 만들어 내고 유지시키는 조건)을 이해하는 것이 중요함을 강조하기 시작하였다. 실제로 이 책의 초판(1978년 출간)에서도 한 장을 할애해서 '행동의 원인을 알도록 돕기'라는 내용을 담았다(23장 참조).

이 영향을 받아 Brian Iwata와 그의 동료들(Dorsey, Slifer, Bauman, & Richman, 1982)은 기능분석을 개척하기 시작하였다. 기능분석은 통제변인들(선행 통제변인과 결과 통제변인)을 찾는 것인데, 이는 통제변인들이 행동에 미치는 효과를 직접적으로 평가함으로써 이루어진다. 많은 탁월한 행동분석가들은 기능분석을 행동수정 분야의 새로운 주요 발전으로 보고 환호하였다. 1994년 *Journal of Applied Behavior Analysis* 특집호(27권 2호)에서 행동평가와 행동치료에 대한 기능분석 접근법을 소개하였으며(23장에서 논의됨), 이 분야는 연구와 적용이 활발히 이루어지고 있다(예, Dufrene, Watson, & Kazmerski, 2008; Hanley, Iwata, & McCord, 2003; Langdon, Carr, & Owen-Deschryver, 2008). 그러나 여기서 주목하여야 할 것은, 기능분석을 통하여 밝히고자 하는 원인은 비행동적인 접근(예를 들어, 정신분석적)에서 가정하는 의학 모형의 가설적 내부 원인이 아니라 환경적 원인이라는 점이다.

1980년대 이전 조작적 조건형성의 주요 발달 사건은 〈표 29-1〉의 위쪽 네모 칸에 제시되고 있다.

연습문제

7. 조작적 조건형성은 무엇인가?
8. Keller와 Schoenfeld의 책 『심리학의 원리(*Principles of Psychology*)』는 어떤 면에서 그 시대의 다른 심리학 개론서들과 같지 않았는가?
9. Skinner의 『과학과 인간 행동(*Science and Human Behavior*)』은 행동수정의 초기 발달에 어떤 영향을 미쳤는가?
10. 1950년대, 조작적 전통에 관한 초기 연구보고서 중 많은 것이 '결과가 인간 행동에 영향을 준다'는 것을 입증하는 직접적 실험보고서였다. 이와 관련된 두 가지 실험을 간단히 기술하라.
11. 조작적 전통 내에서 실제적 적용과 관련하여 초기 출간된 연구보고서(매우 영향력이 컸던 연구) 중 하나를 간단히 기술하라.
12. 1960년대 초기의 조작적 접근의 출판물은 두 가지 특징을 가진 것으로 보인다. 이 두 가지 특징은 무엇인가?
13. 상당한 영향력을 가졌던 『행동수정의 사례연구(*Case Studies in Behavior Modification*)』는 조작적 조건형성에 관한 책이라고 할 수 있는가? 만약 그렇다면 왜 그런가, 혹은 그렇지 않다면 그 이유는 무엇인가?
14. 이상행동의 행동 모형과 의학 모형을 구분하여 기술하라.
15. 조작적 조건형성의 다른 이름은 무엇인가?

두 가지 주요 접근의 통합과 분리

행동수정과 행동치료의 초기 역사의 상당 부분은 조작적 조건형성 접근이나 Pavlov-Wolpe 접근, 둘 중 하나에 속한다. 대부분의 행동수정과 행동치료의 발달은 이 두 가지 전통 중 어느 하나의 분파에 속하거나 아니면 이 두 영역 중간 어딘가의 회색 지대에 포함되어 있다(〈표 29-1〉의 중간부 참조).

Julian Rotter는 1954년 사회학습 이론(social learning theory)의 특성을 그의 저서 『사회학습과 임상심리학(*Social Learning and Clinical Psychology*)』에서 간단히 설명하였다. 그러나 가장 영향력 있었던 사회학습 이론가는 Albert Bandura(1969, 1977, 1986)였다. Bandura의 접근법은 행동이 습득되고 유지되는 사회맥락을 크게 강조한다는 점에서 '사회적'이라고 할 수 있다. 반응적 조건형성과 조작적 조건형성의 기본 원리에 덧붙여, Bandura는 **관찰학습**(observational learning)의 중요성을 매우 강조하였다. 우리는 다른 사람의 행동을 보고 그 행동결과를 관찰함으로써 그들의 행동을 모방할 수 있다(18장, 모델링에 관한 논의 참조). Bandura는 또한 인지 과정(cognitive processes)이 행동에 중요한 영향을 미친다고 강조하였다. 인지 과정이란 우리가 스스로에게 말하거나 상상하는 것, 다시 말해 '믿고' '생각하고' '기대하는' 것을 일컫는다. 예를 들어, 중요한 인지조정 과정인 자기-효능감(self-efficacy; Bandura, 1982, 1996)은 개인이 특정 상황에서 적절히 수행할 수 있다는 신념을 일컫는다. Bandura의 말을 빌려 다시 설명하면, "적절한 기술과 적당한 동기(보상/자극)가 주어지면, 효능감에 대한 기대는 사람들이 어떤 활동을 선택할지, 얼마나 많은 노력을 할지, 또 스트레스 상황에 대처하는 데 있어서 얼마나 오랫동안 참고 노력할 것인지를 결정하는 주된 요소다"(1977, p. 194). (인지가 조작적 조건형성과 반응 조건형성의 관점에서 어떻게 설명되는지에 대한 논의를 보려면 27장을 참조하라.)

1960년대와 1970년대에는 **인지행동수정** 혹은 **인지행동치료**라는 통합의 움직임이 나타났다. Albert Ellis(1962)와 Aaron Beck(1970)과 같은 치료자들은 잘못된 인지 과정(즉, 잘못된 사고)이 정서적 및 행동적인 문제들을 야기한다고 믿었다. Ellis와 Beck은 내담자가 잘못된 사고를 인식하고 변화시키도록 돕는 데 초점을 둔 치료방법을 독립적으로 개발하였다. 지금은 일반적으로 인지행동치료라 불리고 있는 인지행동수정은 사회학습 이론과 구분된다. 사회학습 이론은 Pavlov 조건형성과 조작적 조건형성, 인지 과정에 의한 행동규제를 강조하면서 행동을 설명할 수 있는 방법을 제시한다. 반면에 인지행동치료는 역기능적 사고를 통해 부적응적 행동을 설명하는 데 주로 초점을 맞추고, 역기능적 사고를 수정하기 위한 주요 치료방법으로 **인지 재구성**이라 불리는 방법을 사용한다.

행동수정에 관한 이상의 주요 네 가지 이론 모델 외에도, 개업하여 현장에서 활동하는 많은 행동치료가들은 전통적 요소를 가미한 절충적 접근을 제시하였다. Arnold Lazarus(1971)는 이러한 입장의 대표적 학자로, 그는 **다중양식행동치료**(multimodal behavior therapy)를 주장하였다. 즉 Lazarus(1971, 1976)는 개업 임상가는 치료 시에 특정 이론적 틀만을 사용해서는 안 되며 경험적으로 입증된 다양한 행동 기법과 비행동 기법을 사용해야 한다고 말하였다.

행동수정에 관한 이상의 다양한 개념에 대한 짧은 논의에서 볼 수 있듯이, 행동수정가들은 행동수정 이론에 대하여 조금씩 의견 차이를 보이고 있다. 그럼에도 불구하고 상당한 의견 일치가 있었던 것 또한 사실이다.

연습문제

16. 행동수정 및 행동치료와 관련하여 1960년대에 처음 출간된 주요한 두 가지 학술지의 이름은 무엇인가(〈표 29-1〉 참조)?
17. 인지 과정은 무엇을 의미하는가?
18. 인지치료자인 Ellis와 Beck은 감정적인 문제를 어떻게 설명하였으며 이러한 문제를 치료하기 위해 제안한 방법은 무엇인가?
19. 사회학습 이론이 강조하는 점은 무엇이며, 사회학습 이론의 가장 영향력 있는 제안자는 누구인가?

행동수정, 행동치료, 인지행동수정, 응용행동분석 등의 용어

어떤 연구자들은 때때로 행동수정과 행동치료를 구분 없이 사용하기도 한다. 반면 이 책의 3장부터 15장에서 논의된 여러 가지 원리를 지칭할 때, 어떤 연구자들은 응용행동분석이라는 용어를 사용한다. 그렇다면 이 용어들은 역사적으로 어떻게 사용되어 왔을까? 행동치료라는 용어를 처음 사용한 학자는 Lindsley, Skinner와 Solomon(1953)이었다. 그들은 정신병원에서 정신병 환자를 사탕이나 담배로 강화하며 손잡이를 잡아당기도록 한 연구보고서에서 이 용어를 사용하였다. (초기 행동치료의 형성에 Lindsley와 Skinner가 실험적으로 기여한 바에 대한 논의는 Reed와 Luiselli[2009]를 참조하라.) 그러나 이후로 조작적 조건형성을 지지하는 학자들은 이 용어를 1970년대까지는 거의 사용하지 않았다. 이후에 Lazarus(1958)가 행동치료를 Wolpe의 상호억제 이론에 적용하여 사용하기는 했지만, 행동치료라는 용어는 Eysenck(1959)가 Wolpe가 발표한 절차들을 기술하기 위하여 행동치료라는 용어를 사용한 후에 Pavlov-Wolpe 접근에 속한 연구자들 사이에서 활발히 사용되었다.

행동수정이라는 용어는 R. I. Watson(1962)이 처음 사용하였다. 1960년대와 1970년대에 많은 연구자들이 행동수정(조작적 조건형성에서 비롯된)과 행동치료(Pavlov의 조건형성에서 비롯된)를 구분하여 사용하였다. 그러나 어떤 사람들은 이 두 용어를 구분하지 않고 쓰기도 한다. 예를 들어, Ullmann과 Krasner(1965)는 행동수정과 행동치료를 같은 의미로 사용하였다.

행동수정과 인본주의 심리학 간에는 역사적 연계성이 있다. Watson(1962)은 인본주의 심리학의 창시자인 Carl Rogers가 "심리치료를 통한 행동수정의 연구 접근을 발족시켰다"(p. 21)며 Carl Rogers의 공적을 인정하였다. Ullmann(1980)은 그가 쓴 사례집의 제목으로 행동수정을 사용하였는데, 이는 행동치료에 대비되는 용어로 행동수정을 사용하자는 Rogers의 의견을 수용한 것이었다.

Skinner가 1938년에 출간한 『유기체의 행동(*The Behavior of Organisms*)』의 부제는 '실험분석(*An Experimental Analysis*)' 이었는데, 이후 행동(behavior)과 분석(analysis)이라는 용어의 사용이 조작적 조건형성 접근에서 현저하게 나타났다. 1957년 Skinner의 추종자들은 실험행동분석학회(SEAB)를 창립하였다. 1958년 SEAB는 *Journal of the Experimental Analysis of Behavior*를 출간하기 시작하였는데, 각 호의 속지에 '무엇보다 유기체의 행동과 관련된 실험의 출판을 위함' 이라 기재하였다. 1968년 SEAB는 *Journal of Applied Behavior Analysis*를 출간하기 시작했는데, 속지에는 '사회적으로 중요한 문제에 행동의 실험적 분석을 적용하는 실험 연구의 출판을 위함' 이라 기재하였다. 1974년 시카고에서 행동분석에 관심 있는 심리학자들이 조직한 중서부 행동분석학회는 학회원들이 증가함에 따라 1978년에는 행동분석학회(ABA)가 되었고 2007년에는 국제행동분석학회(ABAI)가 되었다. ABAI는 *The Behavior Analyst*(1978년 시작), *The Analysis of Verbal Behavior*(1994년 ABAI가 인수함), *Behavior Analysis in Practice*(2008년에 시작) 등의 학회지를 발간하였다. 1991년 행동분석가들의 수련을 위한 표준화된 준거를 마련하는 것에 대한 중요성을 인식하며 ABA는 대학원 과정을 인준하는 절차를 수립하였다. 1998년 행동분석가들은 행동분석자격위원회(Behavior Analysis Certification Board)라 불리는 비영리단체를 설립하고, 웹사이트(www.bacb.com)에 명시한 대로 그 설립 목적을 '행동분석가, 정부, 행동분석 서비스를 받는 소비자에 의해 확인될 필요가 있는 전문적인 자격요건을 갖추기 위해' 라고 명시하였다.

행동치료, 행동수정, 인지행동수정, 응용행동분석의 용어들의 차이점은 사용상의 특징에 따라 〈표 29-2〉에 제시되어 있다.

이러한 역사적 구분에도 불구하고 이 용어들은 종종 서로 구분 없이 사용된다. 그러나 우리의 관점으로는 행동수정이라는 용어가 다른 용어들보다 더 넓은 의미를 가진다고 본다. 역기능적이지 않은 행동을 다룰 때는 행동치료나 인지행동수정보다 응

표 29-2 행동치료, 인지행동수정, 행동수정, 응용행동분석의 비교

1960년대와 1970년대	
행동치료/인지행동수정	**행동수정**
1. Pavlov-Wolpe의 추종자와 인지적 접근의 추종자들이 자주 사용	1. 조작적 접근의 추종자들이 가장 자주 사용함
2. 전통적 임상 장면에서의 치료에 일차적으로 관심이 있는 행동심리학자와 정신과 의사들이 사용하는 경향이 있음(정신과 장면에서의 행동수정 역사를 보기 위해서는 Malatesta, AuBuchon과 Bluch[1994]를 참조하라.).	2. 본래는 임상심리학자나 정신과 의사의 영역이 아닌 학교, 가정, 다른 장면에서 활동하는 행동 전문가들이 사용함
3. 치료자와 내담자 사이의 언어적 상호작용('말로 하는 치료')의 형태로 치료자의 사무실에서 수행되는 행동 처치를 언급하기 위해 사용하는 경향이 있음	3. 특정 훈련 장면에서뿐만 아니라 자연적 환경에서 수행되는 행동처치에 대해 사용됨
4. 임상 장면에서 인간연구에 기초한 실험적 근거와 연합하여 사용됨	4. 응용 장면에서의 실험 연구에 더하여 동물과 인간을 대상으로 한 기초 조작적 연구의 실험적 근거와 연합하여 사용됨
1980년대와 1990년대	
* **행동치료**와 **인지행동수정**은 **인지행동치료**로 교체되었으며 상단의 좌측에서 기술한 것처럼 계속 사용되고 있다. * **응용행동분석**은 상단의 우측에서 기술된 것처럼 조작적 조건형성의 추종자들에 의해 점차 사용이 증가되고 있다. * **행동수정**은 다소 더 넓은 의미를 지니고 있고 행동치료와 인지행동치료, 응용행동분석을 모두 포괄하는 경향이 있다.	

용행동분석이나 행동수정이 더 적절하다. 1장에서 언급한 바와 같이, 우리는 행동수정이라는 용어가 인지행동치료, 행동치료와 응용행동분석보다 낫다고 제안한다. 행동치료 혹은 인지행동치료는 주로 임상 장면에서 역기능적 행동을 치료하는 데 쓰이는 행동수정이다. 응용행동분석은 조작적 조건형성 원리의 적용을 강조하며, 관심 행동의 통제변인을 분명하게 보여 주거나 분석하려고 시도하는 행동수정이다. 행동수정은 인지행동치료와 응용행동분석을 포함한다. 이 책에서 '행동수정'은 환경이 임상적 장면인지 아닌지에 관계없이, 또 통제변인을 명확하게 밝히려고 하는지의 여부와 상관없이, 특정 행동을 개선시키기 위해 행동 원리를 명백하게 적용하는 모든 경우를 포함한다.

행동수정의 미래

행동수정은 우리가 생각할 수 있는 거의 모든 개인적 문제와 사회적 문제에 적용되었다. 게다가 행동수정을 현존하는 문제의 개선과 예방에도 점점 더 많이 적용하게 되었다. 점차 더 많은 도움을 주는 전문직(helping professions)에서 행동수정 절차를 적용한다는 점에는 의심의 여지가 없다(사회복지, 의학, 재활의학, 간호, 교육, 예방치의학, 정신과, 공중보건, 임상심리, 지역사회 심리학 등). 경영, 산업, 스포츠, 레크리에이션, 그리고 건강한 생활양식의 증진과 같은 영역에서도 행동수정을 적용하는 빈도가 점차 늘고 있다(2장 참조). 언젠가 행동 기법에 대한 지식이 우리 문화에 반드시 필요한 것으로 받아들여질 것이다. 그리고 아이들이 성장했을 때 모든 사람들이 행동 원리를 긍정적으로 적용하여 전쟁이나 빈곤, 공해가 없는 정보화되고 기술적이며 생산적인 사회가 도래할 것이다.

연습문제

20. 행동치료라는 용어는 누가, 어떤 맥락에서 처음으로 사용하였는가?
21. 1960년대와 1970년대에 '행동치료/인지행동수정'과 '행동수정'이라는 용어가 어떻게 다르게 사용되었는지에 대해 네 가지로 기술하라(〈표 29-2〉 참조).
22. 오늘날 행동치료, 응용행동분석 그리고 행동수정이라는 용어는 각각 어떻게 사용되는 경향이 있는가?

추가설명 및 심화토론

1. 행동수정의 역사는 심리학의 역사만큼이나 길다. 심리학의 초기 역사와 20세기와 21세기 초기에 발달했던 주요 체계에 대한 논의를 보기 위해서는 Pear(2007)를 참조하라. 행동수정의 초기 등장에 기여한 주요 인물은 다음과 같다.

 Plato(427~347 B.C.)는 행동이 영혼(psyche)에서 나온다고 하였다. Plato는 영혼은 몸으로부터 분리된 것으로 사후에도 계속 존재한다고 믿었다. Plato의 제자였던 Aristotle(384~322 B.C.)는 영혼(soul)이란 행동을 포함하는 몸의 기능 혹은 '형태'라고 주장하였다. 영혼에 대한 Plato의 관점은 Aristotle의 관점보다 초기 서부 유럽 이론가들과 철학자들에게 더 큰 영향을 미쳤다.

 프랑스 철학자 René Descartes(1595~1650)는 몸(body)과 영혼(soul)을 명확히 구분하여 표현한 첫 번째 인물로, 그는 몸은 반사에 따라 작동하는 기계이며 비물리적이고 비공간적으로 확장된 실체로 구성된 정신(mente)의 지시를 받는다고 하였다. 영국계 경험주의자로 알려진 John Locke(1632~1704)에서 John Stuart Mill(1806~1873)에 이르는 영국의 철학자들은 데카르트의 철학에 대해 논쟁하였는데, 그들은 담화를 통해 영혼(soul)이라는 단어가 좀 더 과학적으로 들리게끔 기억과 사고의 뜻을 포함한 고어에서 나온 마음(mind)이라는 단어로 교체하였다.

 러시아의 반사학자(reflexologist)나 정신반사학자(psychoreflexologist)로 알려진 일군의 생리학자, 특히 Ivan M. Sechenov(1829~1950)와 그의 추종자인 Ivan P. Pavlov(1849~1936)와 Vladimir M. Bechterev(1857~1927)는 데카르트의 반사 개념과 영국의 경험주의자들의 연합의 개념을 가져왔다. Bechterev와 Pavlov는 독립적으로 새로운 반사형성(Bechterev가 '연합반사'라고 명명하고 Pavlov가 '조건적 반사'라 명명한)에 대한 실험을 수행하였다.

 미국에서 하바드 대학교의 William James(1842~1910)와 시카고 대학교의 John Dewey(1859~1952)가 주도적으로 이끈 기능주의자(functionalist)라 불리는 일군의 심리학자들은 Darwin의 진화 이론에 기초하여 마음(mind)의 역할을 개인이 환경에 적응할 때 연구해야 한다고 주장하였다. 이것은 E. L. Thorndike(1874~1949)의 연구와 같이 동물과 인간의 학습 연구 모두를 포함하였다.

 John B. Watson(1878~1958)은 기능주의가 한 단계 더 나아가도록 하였다. Watson은 심리학이 마음(mind)의 존재를 규명하는 학문이기보다는 순수한 행동과학이어야 한다고 주장하였다. Watson 이후에 행동적 접근은 새로운 세대의 리더들에게 열렸다.

2. 1950년대 행동수정의 중요한 역사적 발달은 다음 세 나라에서 동시다발적으로 일어났다. 남아프리카에서는 Wolpe가 체계적 둔감화에 대한 선구적 연구를 수행하였다. 영국에서는 Eysenck가 전통적 심리치료 방법을 반박하며 행동수정 운동에 박차를 가하였다. 미국에서는 Skinner와 그의 동료들이 조작적 조건형성 접근에 대하여 연구하였다. 1960년대와 1970년대

에 출판된 행동수정과 행동치료에 관한 대부분의 책과 연구논문은 미국에서의 행동수정의 발달을 기초로 한 것이었다. 예를 들어, 최초 네 개의 주요 행동치료 학술지 중 세 개가 미국에서 발간되었으며, 학술지 연구논문 역시 대부분 미국에서 쓰였다(*Journal of Applied Behavior Analysis*, 1968~; *Behavior Therapy*, 1970; *Behavior Therapy and Experimental Psychiatry*, 1970~). 네 번째 학술지였던 *Behavior Research and Therapy*(1963~)의 편집자는 영국의 Eysenck였으나, 학술지에 게재된 상당수 연구논문은 미국에서 쓰인 것이었다. 그러나 1970년대부터 행동수정은 진정 세계적인 운동이 되었다. 행동수정의 중요한 발달이 아르헨티나(Blanck, 1983), 아시아(Oei, 1998), 호주(Brownell, 1981; King, 1996; Schlesinger, 2004), 브라질(Ardilla, 1982; Grassi, 2004), 캐나다(Martin, 1981), 칠레(Ardilla, 1982), 콜럼비아(Ardilla, 1982; Lopez & Aquilar, 2003), 코스타리카(Pal-Hegedus, 1991), 쿠바(Dattilio, 1999), 도미니카 공화국(Brownell, 1981), 영국(Brownell, 1981), 프랑스(Agathon, 1982; Cottaux, 1990), 독일(Stark, 1980), 가나(Danguah, 1982), 네덜란드(Brownell, 1981), 헝가리(Tringer, 1991), 이스라엘(Brownell, 1981; Zvi, 2004), 이탈리아(Moderato, 2003; Sanivio, 1999; Scrimali & Grimaldi, 1993), 아일랜드(Flanagan, 1991), 일본(Sakano, 1993; Yamagami, Okuma, Morinaga, & Nakao, 1982), 멕시코(Ardilla, 1982), 뉴질랜드(Blampide, 1999), 노르웨이(Brownell, 1981), 폴란드(Kokoszka, Popiel, & Sitarz, 2000; Suchowierska & Kozlowski, 2004), 루마니아(David & Miclea, 2002), 싱가포르(Banerjee, 1999), 스페인(Caballo & Buela-Casal, 1993), 대한민국(Kim, 2003), 스리랑카(DeSilva & Simarasinghe, 1985), 스웨덴(Brownell, 1981; Carter, 2004), 태국(Mikulis, 1983), 대영제국(Dymond, Chiesa, & Martin, 2003), 우루과이(Zamora & Lima, 2000), 베네스엘라(Ardilla, 1982) 등에서 일어났다. *Inside Behaivor Analysis*의 2009년 9월호에서는 브라질, 중국, 콜럼비아, 인도, 아일랜드, 이스라엘, 이탈리아, 일본, 멕시코, 뉴질랜드, 필리핀, 폴란드, 스웨덴, 태국, 영국에서의 행동분석에 대하여 논한 글을 발견할 수 있다.

3. Burrhus Frederick Skinner(1904~1990)는 뛰어난 연구 경력과 함께 수많은 수상 경력도 가지고 있다. 미국심리학회로부터 과학공로상(1958년), 대통령국립과학훈장(1968년), 미국인문학회로부터 그 해의 인문학상(1972년)을 수여받았다. Skinner는 이론적, 실험적 연구 외에도 『월든 투(*Walden Two*)』(1948b)라는 유토피아적 소설을 출간하였고, 제2차 세계대전 중 돼지를 훈련시켜 미사일을 견인하도록 하는 프로젝트에 참여하였으며(Skinner, 1960), 프로그램화된 교수기계를 발전시켰다(Skinner, 1958). Skinner는 1989년에 마지막 저서를 출간하는 등 활발한 학술연구 활동을 계속하였다.
4. B. F. Skinner의 친구이자 동료였던 Fred S. Keller(1899~1996)는 여러 주요 업적을 남겼다. 1961년 Keller는 브라질 상파울로 대학의 제안을 받아들여, 그곳에서 동료들과 함께 행동수정을 대학 강의에 적용한 개별화 지도체계(Personalized System of Instruction)를 개발하였는데, 이것은 대학 강의에 혁명을 일으킬 만한 것이었다(2장 참조). 브라질에서 행동수정 발달에 대한 Keller의 공헌은 엄청난 것이었다. 그의 제자들과, 그 제자들의 제자들은 브라질에서 행동심리학의 발전을 위하여 계속 노력하고 있다(예, Grassi, 2004 참조).

5. Clark Hull(1884~1952)은 Skinner와 거의 동시대의 인물로 조작적 조건형성과 반응적 조건형성을 함께 통합하여 두 조건형성을 구분짓지 않는 학습 이론을 발전시켰다. Hull(1943, 1952)에 따르면, 강화는 조작적 조건형성뿐 아니라 반응적 조건형성도 포함한다. Hull은 Skinner(1953, 1957)가 한 것만큼 다양한 인간 행동을 해석하려 하지는 않았다. 그러나 두 심리학자 John Dollard와 Neal Miller(1950)는 프로이트의 정신역동적 개념을 학습 이론의 용어로 해석하였다. Dollard와 Miller의 책과 학습 이론가 Edwin Guthrie(1935)의 책은 Pavlov와 Wolpe의 접근에서 매우 영향력이 있다.

▶ 추가설명에 대한 연습문제

1. 영혼(soul)에 대한 Aristotle의 관점은 Plato의 관점과 어떻게 다른가?
2. 다음 각각이 행동 접근에 기여한 점을 짧게 기술하라.
   1) 데카르트
   2) 영국의 경험주의자들
   3) 러시아의 반사학자들
   4) 기능주의자들
3. 1950년대 행동수정 발달에 중요한 역할을 하였던 세 나라는 어디인가? 또한 각 나라에서 행동수정 발달에 가장 큰 기여를 했던 사람은 누구인가?
4. 기본 연구나 이론적 집필 이외에, Skinner가 공헌한 세 가지 측면은 무엇인가?
5. Keller는 1961년에 라틴 아메리카의 어느 나라에서 교수직을 수락하였나? 그곳에서 Keller는 행동수정에 어떤 기여를 하였는가?
6. 두 가지 주요 접근 중, Hull, Dollard와 Miller가 주로 공헌한 접근은 어떤 접근인가?

30 행동수정의 윤리적 문제

우리는 이 책 전체에서 행동수정을 적용할 때 항상 염두에 두어야 하는 윤리 혹은 도덕 문제에 대하여 강조하였다. 행동수정이라는 강력한 과학기술이 인간을 돕기 위해 사용되기보다 해롭게 하는 데 사용된다면 매우 비극적인 일이 될 것이다. 이런 위험이 실제로 나타날 수 있으므로, 우리는 이 책의 마지막 장에서 윤리 문제에 대하여 자세히 논의하고자 한다.

문명의 역사는 힘의 남용에 대한 이야기다. 어느 시대를 막론하고 강한 집단이 힘이 약한 집단의 행동을 임의대로 통제하기 위하여 강화물과 벌칙을 사용해 왔다(힘이 약한 집단이란 강화물이나 벌칙을 상대적으로 더 적게 가지고 있거나 선택된 표적행동에 수반하여 강화물이나 벌칙을 줄 수 없는 집단을 말한다.). 이런 전통은 일반적으로 힘없는 사람들을 희생시키면서 힘 있는 사람들에게 더 많은 강화를 주는 결과를 초래하였다. 이러한 힘의 남용으로 인하여 희생되는 집단에게 할당되는 전체 강화의 비율이 끊임없이 줄어들게 되면서, 때때로 약자가 압제자에 대항하여 반란을 일으키는 데 성공하였으며 또 미래에 힘을 남용할 가능성을 저지하거나 감소시키기 위하여 기존의 사회구조를 수정하거나 새로운 사회구조를 만들기도 하였다. 현대 국가의 헌법, 국민 기본권에 대한 선언 및 관련된 정치적 문서들은 타인의 행동을 통제하는 사람들의 행동을 통제하기 위하여 강화 수반성을 자세히 기록한 공식 문서라고 볼 수 있다. 예를 들면, 군주의 권리를 신으로부터 부여받은 것으로 인정하던 시대에서 '법에 의한 정부' 시대로 이행하면서 서구 민주주의가 나타났다. 더욱이 정기적인 국민 선거가 도입됨에 따라 입법자에 의해 통제되는 사람들이 상호적인 통제수단을 발휘할 수 있게 되었다. 국민들은 투표를 통하여 입법자들을 국회에서 탄핵할 수 있다. 사회주의 및 공산주의 국가에서는 혁명적 과정을 통하여 경제적 악습을 제거하는 데 힘을 쏟았다. 민주주의가 부재하는 곳에는 다른 폐해가 발달하기도 했지만 공산주의 체제를 택했던 많은 국가들이 지금은 좀 더 민주적으로 바뀌고 있다. 그럼에도 불구하고 이제껏 나타났던 새로운 사회제도와 관행은 여전히 원래 목적에 훨씬 못 미치는 것으로 판명되었으며 세계 도처에서 권력은 여전히 남용되고 있다.

이런 문화적 배경 때문에, 그리고 권력을 남용하는 사람들과의 관계에서 얻어진 개인적 경험 때문에, 우리는 행동을 조종하려는 명백한 시도에 대하여 부정적으로 반응하도록 학습해 왔다. 그렇기 때문에 행동수정이 시작되었던 초창기에 사람들이 행동수정에 대하여 수상쩍게 여기는 것에서부터 노골적인 적대감을 나타내기까지 많은 부정적인 반응을 보였던 것도 그다지 놀랄 만한 일이 아니다. 이러한 초기 반응은 전기충격요법, 세뇌, 고문과 같은 파괴적인 절차와 행동수정을 잘못 동일시하며 과장되었다. 예를 들어, *New York Times* 조사는 1970년대에 5년 넘는 기간 동안 행동수정이 약 50% 정도 부정확하게 사용되었다고 보도하였다(Turkat & Feuerstein, 1978). 그러나 오늘날 신문, 텔레비전, 영화 등에서 보여 주고 있는 것처럼, 사람들은 인지행동치료와 응용행동분석을 포함하여 행동수정이 자신의 행동을 관리 및 감독하도록 도와주는 것이라고 알고 있다(1장과 29장에서 논의됨).

학습 원리와 기술의 체계적인 적용은 다음의 두 가지 가정에 기초한다. ① 행동은 통제될 수 있다. ② 특정 목적을 얻기 위하여 행동을 통제하는 것은 바람직하다. 행동이 전적으로 혹은 부분적으로 환경에 의하여 결정되는가 아니면 유전적 요인들에 의하여 결정되는가 하는 문제는 흥미로운 철학적 논쟁거리다. 그러나 실제적 측면에서 살펴보면, 행동이 어떤 것에 의해서 결정되든지 그것은 거의 차이를 가져오지 않는다. 중요한 점은 행동과학에서 새롭게 발견된 결과와 행동기술의 개선, 그리고 더 많은 사람들이 이러한 발견을 더 많이 접할 수 있도록 하는 인터넷 커뮤니케이션의 발달에 따라 행동에 대한 잠재적 통제의 양이 꾸준히 증가하고 있다는 것이다.

과학 혹은 기술의 새로운 발전에 대하여 극도의 조심성을 보이는 것은 건강한 반응이다. 원자 에너지를 개발할 당시에 좀 더 많은 주의를 기울였다면 아마도 원자폭탄으로 인한 막대한 피해를 줄일 수 있었을 것이다. 이런 당면 문제들은 과학기술의 발전으로부터 유래하였지만 좀 더 안전해 보이는 시대인 근대과학이 발달하기 이전으로 시계를 되돌려 놓는다 하더라도 문제는 해결되지 않는다. 과학과 기술이 문제의 핵심은 아니다. 과학과 기술은 단지 사람들이 문제를 해결하기 위해 발달시킨 세련된 수단일 뿐이다. 진정한 문제는 종종 사람들이 이런 도구들을 잘못 사용하는 데 있다. 물론 이것은 행동의 문제다. 그러므로 Skinner(1953, 1971)가 주장하는 것처럼, 행동과학이 이 문제를 해결하는 데 논리적 열쇠를 쥐고 있는 것으로 보인다. 그러나 다른 강력한 과학기술과 마찬가지로 행동수정도 잘못 사용될 수 있다. 그러므로 행동수정이 사회의 선을 위하여 사용된다는 것을 입증하기 위하여 윤리적인 지침을 갖는 것이 중요하다. 다음 단락에서 우리는 행동적 조망에서 본 윤리를 논의할 것이다. 그다음에 우리는 행동을 의도적으로 변화시키는 것에 반대하는 몇 가지 흔히 제기되는 논쟁을 검토하려 한다. 마지막으로 언제나 인간의 존엄성을 최대한 존중하면서 행동수정을 사용하도록 하기 위하여 행동수정에 어떤 안전장치를 부과할 것인가라는 질문에 대해 생각해 볼 것이다.

연습문제

1. 문명의 역사가 어떻게 지속적인 권력 남용으로 설명되는지 행동적 용어로 기술하라. 역사적 사건 혹은 현재 사건들에 대한 당신의 지식을 토대로 이런 남용의 예를 들라.
2. 역사 혹은 현재 사건들에 대한 당신의 지식을 토대로 사회의 한 집단에서 나타나는 강화가 그 사회의 다른 집단에서 발생하는 강화에 비하여 심각한 수준으로 낮을 때 어떤 일이 자주 발생하는지 예를 하나 들라.
3. 행동적인 견해에서 볼 때, 현대 국가의 헌법, 국민의 기본권에 대한 선언 및 관련된 정치적 문서들을 어떻게 설명할 수 있을까?
4. 왜 우리는 행동을 통제하려는 공공연한 시도 모두에 대하여 부정적으로 반응하는 경향이 있는지 설명하라.
5. 우리의 행동을 통제하려는 사람들이 그들의 목적을 위장하는 이유는 무엇이며 어떻게 위장하는가? 본문에서 제시하지 않은 예를 들라.
6. 행동수정의 토대가 되는 두 가지 가정에 대하여 기술하라.
7. 새로운 과학기술의 발달에 대하여 극도로 경계하는 것은 어떤 점에서 건강한 반응인가? 예를 들어 설명하라.

윤리에 대한 행동적 견해

행동적 관점에서 볼 때, 윤리(ethics)는 특정 문화에서 그 문화를 존속시키기 위해 발달한 행동기준을 언급한다(Skinner, 1953, 1971). 예를 들어, 절도는 그 문화에 파괴적인 영향을 미치기 때문에 여러 문화권에서 절도를 비윤리적이거나 그릇된 것으로 규정한다. '절도는 나쁘다'와 같은 많은 윤리지침들은 선사시대부터 발전되었을 것이다. 역사가 기록되기 이전부터 존재했던 수많은 문화에서, 다른 사람의 소유권을 인정하는 행동은 사회적으로 강화되었고 절도는 처벌을 받았을 것이다. 물론 다른 사람의 소유권을 인정하는 행동을 강화하지 않거나 절도를 처벌하지 않은 문화도 있었겠지만, 이런 문화들은 그다지 오래 존속하지 못하였을 것이다. 이를 설명할 만한 이유는 수없이 많다. 아마도 이런 문화의 구성원들은 서로 싸우는 데 너무 많은 힘을 소진한 나머지, 다른 문화로부터의 침략에 대비하지 못하였거나 자급자족할 수 있는 정도의 양식을 확보할 시간과 에너지가 없었을 수 있다. 이런 문화는 그 구성원들에게 강화를 주지 못하였기 때문에 대다수의 구성원들이 다른 문화로 망명했을 수 있고, 결과적으로 그 문화는 구성원의 부족으로 인하여 사라지게 되었을 것이다. 어떤 경우이든 소유권을 인정하는 행동을 강화하고 절도를 처벌하는 문화는 살아남았다. 즉 절도를 하지 않는 것을 윤리적이며 옳은 일로 간주하고, 절도를 비윤리적이며 잘못된 일로 생각했던 문화들은 오래 존속하였다.

따라서 윤리는 우리의 신체 부분이 진화되어 온 것과 흡사한 방식으로 문화의 일부로서 진화해 왔다. 즉 네 손가락과 마주 댈 수 있는 엄지손가락이 있는 것이 인간의 생존에 기여했던 것과 매우 유사한 방식으로 윤리는 우리 문화의 생존에 기여해 왔다. 이것은 사람들이 그들 문화에 필요한 윤리 규칙들을 제정하기로 결의했다는 뜻이 아니다. 그보다는 구성원들이 그들 문화의 생존에 기여하는 방향으로 행동하도록 조건화되기 때문에 구성원들이 어느 시점에서 이런 행동에 참여함으로써 문화적 진화 과정의 일부를 이루게 됨을 뜻한다. 개인이 문화에서 생존하는 데 도움이 되는 방식 중 하나는 그 문화에 힘을 부여하는 윤리 규약을 제정하고 처벌뿐만 아니라 강화를 통하여 이를 집행하는 것이다.

윤리지침은 어떤 개인이 즉각적인 강화물을 얻기 위하여 다른 사람에게 혐오자극을 주는 방식으로 행동할 때 그의 행동을 통제하는 중요한 근거가 된다. 예를 들어, 도둑은 훔친 물건을 소유함으로써 즉각적으로 강화를 받는 반면, 물건을 잃어버린 희생자는 혐오적인 사건을 경험한다. 구성원들이 서로에게 정직하게 행동하도록 하기 위하여, 특정 문화는 '도둑질하지 말라'는 윤리지침을 개발하고 집행할 것이다. 때로는 그러한 윤리지침이 법적 수반성(legal contingencies)을 구체화하는 법안으로 만들어진다(예, 절도를 하면 벌금을 내거나 감옥에 간다.). 혹은 종교적 신념에 근거한 수반성을 내포한다(예, '도적질하지 말라'는 하나님의 명령에 순종한다면 사후 천국에 갈 것이다.). 문화의 구성원들이 이런 윤리지침을 따를 때 이 지침은 행동에 대한 규칙-지배 통제(17장 참조)를 발휘한다. 이것은 사람들이 윤리적으로 행동하고 비윤리적인 행동을 자제하는 것을 학습하는 한 방법이다.

이런 윤리에 대한 행동적 견해를 염두에 두고 이제 행동수정가들이 다른 사람들의 행동을 의도적으로 변화시키려는 시도를 해야만 하는지에 대하여 검토해 보기로 하자.

행동을 의도적으로 통제하는 것에 대한 논쟁

앞에서 지적한 바와 같이, 권력 남용의 역사적 배경과 권력을 남용하는 사람들에 대한 이전 경험으로 인하여, 우리는 우리의 행동을 변화시키려는 공공연한 시도에 대하여 부정적으로 반응하는 것을 학습하였다. 아마도 이런 이유 때문에, 때로는 행동을 통제하려는 모든 시도는 비윤리적이라고 간주되기도 한다. 그러나 조금만 생각해 보면, 사회적 도움을 제공하는 직업(교육학, 심리학, 정신의학)의 목적은 이런 직업의 전문가들이 행동에 대한 통제력을 발휘할 수 있을 때 달성될 수 있다. 예를 들어, 교육의 목표는 학생들이 교육을 받지 않았을 때와는 다르게 환경에 반응하도록 행동을 변화시키는 것이다. 개인에게 읽기를 가르치는 것은 개인이 부호, 신문, 책, 이메일(전자메일)과 문자화된 문서에 대해 반응하는 방식을 변화시키는 것이며, 마찬가지로 상담, 심리치료 및 정신과적 치료의 목표도 사람들이 전문적인 도움을 받기 이전에 비하여 더 효율적으로 기능할 수 있도록 사람들의 행동을 변화시키는 것이다.

추가설명 1

행동을 변화시키려는 공공연한 시도에 대하여 사람들이 부정적인 반응을 보이기 때문에, 도움을 제공하는 직업의 종사자들은 그들 스스로가 타인의 행동을 통제한다고 생각하고 싶어 하지 않는 것으로 보인다. 그들은 스스로가 단지 내담자로 하여금 자신의 행동을 통제할 수 있도록 도와주는 사람으로 여겨지기를 선호한다. 그러나 자기-통제를 확립하는 것 또한 행동통제의 한 형태다. 이것은 개인의 다른 행동을 바람직한 형태로 통제하여 새로운 행동을 표출하도록 가르치는 것이다(26장 참조). 이렇게 하기 위해서는 자기-통제와 관련된 행동에 개입해야 할 필요가 있다. 그럼에도 불구하고, 도움을 제공하는 전문가는 내담자가 그들의 행동을 조절할 수 있다는 것을 확인하자마자 내담자의 행동에 대한 외부적 영향을 철회하기 때문에 이것은 전문가의 편에서 통제하는 것이 아니라고 이의를 제기할 수 있다. 사실상 우리가 이 책 전반에 걸쳐서 반복하여 강조했던 것처럼, 전문가는 일상적인 환경으로 통제를 넘겨준 것이다. 이를 '통제를 철회하는 것'이라고 말할 수도 있지만, 통제는 여전히 지속되고 있으며 그 형태만 변화되었을 뿐이다. 전문가가 이런 행동적 목표를 성취하는 데 성공했다면, 목표행동은 유지될 것이며 그런 의미에서 그 행동에 대한 전문가의 초기 영향은 지속될 것이다.

어떤 사람들은 행동을 변화시키기 위하여 의도적으로 계획하는 것이 '냉정'하고 '기계적'일 뿐 아니라, 사람들 간에 존재해야 할 '따뜻'하고 '애정' 있는 '자발적인' 관계를 방해한다고 믿는다. 행동변화를 계획하는 것을 반대하는 이유를 입증할 만한 어떤 논리적이거나 경험적인 증거가 없기 때문에, 이런 반대가 어디에서 유래하였는지 단정하기는 어렵다. 이에 반하여, 참여자들 간의 다정하고, 온화한 상호작용을 특징으로 하는 다양한 행동수정 프로그램들이 있다. 유능한 행동수정가들은 내담자에게 진실한 개인적 관심을 보이며, 또 도움을 제공하는 다른 전문가들처럼 개인적인 수준에서 그들과 상호작용할 시간을 갖는다. 이에 더하여, 공감적 관계가 형성되지 않은 상태에서 내담자는 셀프-모니터링이나 과제하기 등을 수행하도록 요구하는 행동치료자를 따르는 것에 저항할 것이다(Hersen, 1983; Martin & Worthington, 1982; Messer & Winokur, 1984). 물론 냉정하고 기계적인 행동을 나타내는 행동수정가도 있을 것이다. 그러나 이런 인상을 주는 행동수정가들이 다른 분야의 전문가 집단에 비해 유독 많은 것은 아니다.

다른 한편, 계획이 부족하면 낭패를 가져올 수 있다. 이에 대한 예시는 2부 각 장의 '함정' 부분에서 언급하였는데, 거기에서는 행동 원리와 과정에 대해 무지하거나 계획하지 않은 사람들 때문에 행동 원리와 과정이 얼마나 잘못 적용될 수 있는지에 대한 많은 예를 제시하고 있다. 행동 전문가가 바람직한 행동을 발달시키기 위한 프로그램을 구성하는 데 숙련되어 있지 않다면, 그는 바람직하지 않은 행동을 발달시키는 수반성을 부주의하게 도입할 수도 있다.

행동을 변화시키고 조절하고 영향을 주고 통제할 필요가 있을 때, 이것이 윤리적으로 이루어졌다는 것을 확실히 할 필요가 있다. 우리는 이 책 전반을 통하여 연구에 근거한 행동수정 원리와 절차를 실행한다면 바람직한 행동변화를 이룰 수 있을 것이라

연습문제

8. 행동적 관점에서 윤리라는 용어는 무엇을 의미하는가?
9. 문화의 한 부분으로서 윤리가 어떻게 진화했는지 기술하라.
10. 행동적 관점에서, 윤리지침이 행동통제의 중요한 근거가 될 때를 한 문장으로 설명하라.
11. 윤리지침이 어떻게 행동에 대한 규칙-지배 통제를 포함하는지 예를 들어 설명하라.
12. 도움을 제공하는 직업 모두가, 이 직업의 종사자들이 이것을 깨닫고 있는지의 여부와 무관하게, 행동에 대한 통제를 포함하는 이유를 설명하라.
13. 행동변화를 계획하지 않는 것과 대비하여 행동변화를 계획하는 것의 상대적 이점에 대하여 논하라.

고 주장해 왔다. 이제 이렇게 하는 것에 대한 윤리지침에 대하여 기술할 차례다.

윤리지침

행동수정의 윤리적 적용을 기술하는 일련의 지침들을 갖는 것은 중요한 일이다. 그러나 단순히 다양한 개인과 집단을 윤리적인 방식으로 처치하겠다고 결심하는 것만으로는 그들이 그렇게(윤리적으로) 처치되었다는 것을 충분히 보증하지 못한다. 강화 수반성이 윤리적으로 처치되도록 배열되어야만 한다. 이런 수반성을 배열하는 한 방식은 **역통제**(countercontrol)를 통하여 이루어진다. 이것은 "상호간의 통제이며 통제를 받는 사람(controllee)이 통제를 하는 사람(controller)에게 적절한 강화물에 접근하도록 영향을 미치는 것이다"(Stolz & Associates, 1978, p. 19). 예를 들어, 민주주의 사회에서 유권자가 선출된 공무원들을 물러나도록 투표하는 주민소환투표라는 것을 통해 역통제를 발휘할 수 있다. 유사하게 내담자는 역통제의 한 형태로 치료자가 사전에 협의된 처치 지침에 따르지 않는다면 그 치료자에게 치료받는 것을 중단할 수 있다. 그러나 아동이나 정신과 환자, 노인 환자, 심한 발달장애인들의 경우 처치 프로그램에서 이런 형태로 역통제를 하기가 어려울 것이다. 이런 경우에 다른 윤리적인 보호

수단이 필요하다. 일반적으로 이런 경우에 행동수정가가 내담자의 치료에 허용될 수 있는 절차를 적용하여 만족스러운 결과를 이끌어 낼 것인지에 대하여, 인지력이 있는 개인이나 단체에게 설명할 의무를 갖도록 요구하는 것으로 보호수단을 삼는다.

여러 단체와 학회에서 행동수정 적용에 포함되는 윤리적 문제를 다루었다. 가장 평판이 좋은 세 학회인 행동치료학회(Association for the Advancement of Behavior Therapy: AABT)(지금은 인지행동치료학회[Association for Behavioral and Cognitive Therapies: ABCT]라 불림), 미국심리학회(American Psychological Association: APA) 및 행동분석학회(Association for Behavior Analysis: ABA)에서 윤리적 문제를 다루었다.

1977년에 행동치료학회(AABT)는 학술지 *Behavior Therapy*에 행동수정이나 행동치료 프로그램을 시행할 때 항상 답변해 보아야 하는 일련의 기본적인 윤리 질문들을 발표하였다. 이 질문들은 〈표 30-1〉에 제시되어 있다. 표를 보면 알 수 있듯이, 이들 대부분은 이 책 전반을 통하여, 특히 24장에서 자주 지적되었다. 당신이 행동수정 프로그램을 수행하고 있는데 이들 질문 중 어떤 것에 '아니다'라고 대답할 수밖에 없다면, 당신이 취하고 있는 방식에 대하여 공인된 행동수정 및 행동치료학회에서 윤리 문제를 제기할 가능성이 매우 높다. 더구나 이런 윤리적 질문들은 단지 행동수정가와 인지행동치료자와 응용행동분석가에게만 국한되는 것이 아니라, 휴먼 서비스(human service)를 제공하는 모든 사람들과 관련된다.

1978년에 APA 산하 위원회에서 행동수정에 대한 윤리적 논쟁점에 대한 종합적인 보고서(Stolz & Associates, 1978)를 출판하였다. 이 위원회가 내린 주요한 결론은 어떤 유형이든 심리적 중재와 관련된 일을 하는 사람은 누구나 그 직업의 윤리 규약과 규범에 서명하고 이를 준수해야만 한다는 것이다. 미국심리학회와 캐나다심리학회 회원들은 미국심리학회의 심리학자 윤리강령과 수행규약(Ethical Principles of Psychologists and Code of Conduct, 2002)을 현재 윤리 규약으로 사용하고 있다. 이 윤리 지침서는 전문가에게 높은 윤리적 이상을 갖도록 하는 지침으로서의 일반적 원리를 제공하며 심리학자들과 학생들이 윤리적 행동을 하도록 하는 구체적인 기준도 제시하고 있다.

1988년에 행동분석학회(ABA)는 학술지 The *Behavior Analyst*에서 행동치료를 윤리적이며 적합한 방식으로 적용하도록 하기 위하여 내담자의 권리 진술문(Van Houten et al., 1988)을 발표하였다. 행동수정의 윤리적 적용에 대한 다음의 논의는 Stolz와 동료들(1978) 및 Van Houten와 동료들(1988)의 보고서에 근거한 것이다.

표 30-1 휴먼 서비스에서의 윤리 문제

이 성명서는 휴먼 서비스라는 결정적으로 중요한 문제에 초점이 맞추어져 있다. 이 성명서는 규정이나 금지에 대한 목록이 아니다.

기술된 문제 각각에 대하여, 이상적인 개입을 하기 위하여 행동이 변화되어야 할 사람(내담자)을 최대한 참여시켜야 하며, 그 사람(내담자)과 치료자 및 치료자의 고용주에 대한 사회적인 압력을 충분히 고려해야 한다. 실제 장면에서의 실용성으로 인하여 때로 예외가 있지만, 이 경우에 그런 예외는 윤리적 관례에 따른다는 점을 분명히 해야 한다.

문제들의 목록에서, '내담자' 라는 용어는 행동이 변화되어야 할 사람을 기술하는데 사용된다. '치료자' 는 개입의 책임을 맡은 전문가를 말한다. '처치' 와 '문제' 는 단수로 기술되어 있지만, 이 표에서 제시하는 모든 처치와 문제를 언급한다. 이 논쟁점들은 가능한 많은 장면 및 사람들과 관련되도록 서술하였다. 따라서 내담자가 아닌 다른 사람이 치료비를 지불할 때 혹은 개인의 능력이나 그 사람의 자발적인 동의가 의심될 때, 내담자의 보호자에게 처치에 대한 논쟁점들을 살펴볼 자격을 부여할 필요가 있다. 예를 들어, 내담자가 사용하려는 치료의 목표와 방법을 이해하지 못하면, 치료자는 '내담자' 대신 내담자의 보호자나 다른 책임 있는 사람에게 아래의 목록을 살펴보도록 해야 한다.

A. 처치의 목표가 적절히 고려되었는가?
   1. 목표를 명백하게 밝히기 위하여, 목표가 기록되어 있나?
   2. 목표를 말이나 글로 재진술하게 함으로써 내담자가 목표를 이해하였는지 확인하였는가?
   3. 치료자와 내담자가 치료 목표에 동의하는가?
   4. 내담자의 이익을 위하는 것이 다른 사람들의 이익에 상반되는가?
   5. 내담자의 즉각적 이익이 내담자의 장기적인 이익에 상반되는가?

B. 처치 방법들의 선택이 적절하게 고려되었는가?
   1. 발표된 문헌에서 그 문제에 대하여 사용할 수 있는 가장 좋은 절차가 제시되어 있는가?
   2. 그 처치 방법에 관한 연구문헌이 없다면, 그 방법은 일반적으로 실행되고 있는 처치방법과 일관되는가?
   3. 내담자가 선호하는 방법을 선택할 수 있도록 내담자에게 불편함, 처치 기간, 비용, 입증된 효율성 정도에서 유의한 차이를 나타내는 대안적인 절차들을 알려 주었는가?
   4. 어떤 처치 절차가 공개적으로, 법적으로, 혹은 전문적으로 쟁점이 되고 있다면, 공식적인 전문적 자문을 구하였으며, 그것에 영향을 받을 수 있는 사람들의 반응을 적절하게 고려하였고, 대안적인 처치방법을 면밀하게 재검토하고 재고려하였는가?

C. 내담자의 참여가 자발적인가?
   1. 내담자의 참여가 강압에 의하였을 가능성을 고려하였는가?
   2. 처치가 법적으로 지시된 것이라면, 처치와 치료자의 범위가 정해져 있는가?
   3. 내담자가 실제적인 임상적 비용을 초과하는 벌금이나 경제적인 손실 없이 처치를 중단할 수 있는가?

D. 다른 사람이나 기관이 치료를 조정할 권한을 가지고 있을 때, 이에 따르는 내담자의 이익이 충분히 고려되었는가?
   1. 치료를 받는 내담자에게 처치 목적에 대하여 알려 주었으며, 처치 절차들을 선택하는 데 내담자가 참여하였는가?

(계속)

2. 내담자의 결정하는 능력이 제한적일 때, 내담자의 능력이 허용되는 정도와 관련하여 보호자뿐 아니라 내담자도 논의에 참여하였는가?
3. 치료를 받는 사람의 이익과 치료를 의뢰한 사람 혹은 기관의 이익이 대립한다면, 양쪽의 이익을 모두 다룸으로써 갈등을 줄이려고 시도하였는가?

E. 처치가 적절한지 평가되었는가?
1. 문제와 그 문제의 진행 정도에 대한 양적 측정을 하였는가?
2. 처치 동안에 내담자에게 문제와 그 문제의 진행 정도에 대하여 측정하는 것이 가능하였는가?

F. 처치 관계의 비밀이 보장되었는가?
1. 내담자에게 치료기록을 보는 사람을 알려 주었는가?
2. 치료기록을 단지 권한을 부여받은 사람에게만 보게 하는가?

G. 치료자는 필요한 경우에 내담자를 다른 치료자에게 의뢰하는가?
1. 처치가 성공적이지 않다면, 내담자는 다른 치료자에게 의뢰되는가?
2. 내담자에게 처치가 만족스럽지 않다면, 다른 치료자에게 의뢰하는 것이 가능하다고 말해 주었는가?

H. 치료자는 처치를 제공할 자격이 있는가?
1. 치료자는 내담자가 나타내는 문제와 유사한 문제를 치료한 경험이 있거나 이에 대한 훈련을 받았는가?
2. 치료자의 자격이 부족하다면, 이를 내담자에게 알려 주었는가?
3. 치료자에게 적합한 자격이 없다면, 내담자를 다른 치료자에게 의뢰하거나 자격이 있는 치료자의 감독을 받았는가? 내담자가 수련감독 관계에 대하여 알고 있는가?
4. 처치가 중재자에 의하여 운영된다면, 중재자는 자격이 있는 치료자에 의하여 적절한 감독을 받았는가?

주: 1977년 5월 22일 행동치료학회(AABT)에서 채택함. 휴먼 서비스의 윤리적 문제에 대한 이 성명서는 행동치료학회의 운영위원회에서 만들어진 것이며, 이 위원회의 허락을 받고 수록함.

행동수정가의 자격

행동수정가들은 적합한 학문적 훈련을 받아야 한다. 그들은 또한 행동을 평가하고 처치 프로그램을 설계하고 실행하며 결과를 평가하는 능력이 있어야 하며, 직업적인 윤리에 대하여 철저히 이해하고 있다는 것을 보증받기 위하여 적절한 감독하에 실습훈련을 받아야만 한다. Van Houten와 동료들(1988)에 따르면, 문제나 치료가 복잡하거나 위험 부담이 있을 경우에, 내담자는 충분히 훈련된 박사학위를 가진 행동수정가가 치료에 직접 개입하도록 요구할 권리가 있다. 훈련 수준에 관계없이 행동수정가는 행동수정, 행동치료, 응용행동치료 학술지에 발표된 가장 최근의 연구결과에 부합하는 절차들을 사용해야 한다.

만약 당신이 공인된 전문가가 아니면서 행동수정 프로그램을 수행하고 있다면, 당신은 그 분야의 공인된 전문가로부터 지도감독을 받아야만 한다. 이런 전문가들은 국제행동분석학회(ABAI)나 인지행동치료학회(ABCT)의 회원이거나 행동분석자격위원회(BACB)에서 자격증을 취득하였을 것이다(자세한 내용은 www.abainternational.org, abct.org, www.bacb.com 참조). 이에 더하여 임상가들은 미국전문심리학위원회(American Board of Professional Psychology)의 지부인 미국행동심리학위원회(American Board of Behavior Psychology)에서 행동심리학에 대한 인증을 받을 수 있다(Nezu, 2000). 미국전문심리학위원회는 미국의 모든 주에서 심리학자들에게 면허를 주기 위하여 사용되는 시험 내용과 시험 도구를 개발한다. BACB 윤리지침에 대한 논의는 윤리지침을 준수하는 방법에 대한 실제적인 조언과 함께 많은 실례를 들고 있는 Bailey와 Burch(2005)를 참조하라.

문제의 정의와 목표 선택

행동수정을 위해 선택된 표적행동들은 반드시 내담자와 사회를 위하여 중요한 것이어야만 한다. 내담자가 선호하는 활동을 하는 데 더 많은 자유를 허용할 수 있고, 기능적이며, 연령에 적합한 기술들을 가르치는 데 중점을 두어야 한다. 심한 장애가 있는 사람들의 경우에는 특히 독립적으로 기능하도록 돕는 기술을 가르치는 데 초점을 두어야 한다. 기능을 증진시키기 위하여 특정 상황에서 문제행동을 제거해야만 할 때에는 바람직한 대안행동을 획득하도록 하는 것이 목표에 포함되어야 한다. 목표는 또한 존엄, 사생활 보호, 인도적인 배려 등의 내담자의 기본 권리와 일치하여야 한다. 추가설명 2

문제 정의와 목표 선택은 관련된 사람들의 가치에 따라 달라진다. 예를 들어, 어떤 사람들은 동성애 성향을 제거해야 할 문제로 보지만, 다른 사람들은 그렇게 생각하지 않을 수 있다. 그러므로 내담자가 자신의 문제와 관련하여 행동수정가의 가치관을 명백히 밝히도록 요구하는 것은 역통제의 한 형태다. 이상적으로 치료 목표를 통해 추구하는 가치는 내담자의 가치관 및 사회의 장기적인 이익과도 일치하여야 한다. 역통제의 두 번째 형태는 내담자가 목표를 선택하고 표적행동을 정하는 데 능동적으로 참여하는 것이다. 이런 것이 가능하지 않은(심한 발달장애인의 경우와 같은) 상황이라면, 내담자를 대신하여 공정한 제3자들의 모임(예, 민원 조사관, 지역사회의 대표)이 목표 선택과 개입 방법에 관한 중요한 결정 과정에 참여함으로써 책임을 보증할 수 있다.

치료의 선택

행동수정가들은 내담자가 겪는 불편과 부작용을 최소한으로 줄이는 동시에 가장 효율적이며 경험적으로 타당한 개입 방법을 사용해야 한다. 이렇게 하기 위하여 일반적으로 행동수정가들은 가능한 한 내담자의 권한에 대한 침해나 제한을 최소화하는 개입을 사용해야 한다는 데 동의하고 있다. 하지만 이런 침해와 제한의 정도에 대하여 명백한 합의가 이루어진 것은 아니다. 침해와 제한의 정도에 대한 용어들은 적어도 세 가지 방법으로 사용되고 있다.

첫째, 정적 강화에 근거한 개입은 일반적으로 혐오 통제에 근거한 개입에 비하여 덜 침해적이고 제한적인 것으로 여겨진다. 그러나 혐오 절차를 절대로 사용하지 말라는 것은 아니다. 가령 혐오 절차를 사용하는 경우에 더 효과적이라는 연구결과가 발표되었다면, 행동수정가가 (혐오적이지 않다는 이유로) 천천히 효력을 발생하는 절차를 적용하는 것이 내담자를 위한 최선의 선택이 아닐 수 있다. Van Houten와 동료들(1988, p. 114)은 이에 대하여 "어떤 경우에는 일시적으로 더 제한적이지만 효력이 빨리 나타나는 처치를 즉시 사용하는 것이 효과적인 치료를 받을 내담자의 권리에 더 부합하는 것일 수 있다."고 하였다.

둘째, 침해하거나 제한한다는 말은 때로 치료적 환경 내에서 내담자에게 선택이나 활동의 자유를 주는 정도를 의미한다. 예를 들어, 발달장애인의 작업-훈련 프로그램에서 치료진이 하나의 작업 과제를 할당하는 것은 여러 작업 활동 중에서 내담자가 하나를 선택하도록 허용하는 경우에 비하여 더 침해적인 것으로 볼 수 있다.

셋째, 가끔은 결과가 자연적으로 발생한 것이 아니라 의도적으로 만들어진 정도에 따라 침해하거나 제한한다고 언급된다. 3장에서 지적한 것과 같이 자연적 강화물은 일상생활에서 정상적으로 일어나는 계획되지 않은 강화물이다. 강화의 자연적 수반성을 사용하는 것이 바람직하다는 점은 16장과 이 책의 다른 장에서도 계속 강조하였다. 프로그램 초기에 의도적으로 계획되거나 고안된 강화물을 사용할 필요가 있다고 하더라도 그다음에 행동수정가는 가능한 한 빨리 내담자가 자연적 강화물의 통제를 받을 수 있도록 해야 한다.

앞에서 논의된 침해와 제한의 정도에 대한 용어들이 어떻게 세 가지 방법으로 사용되는지 그 의미를 알고 덜 침해적이고 제한적인 처치방법을 선택하는 것이 바람직하다는 것을 인식하고 있지만, 가장 효과적인 치료방법은 23장에서 논의한 것처럼 문제행동의 원인에 대한 기능평가에 근거한 방법이라는 사실을 기억해야 한다. Pyles와

Bailey(1990)는 만약 문제행동의 원인이 기능분석을 통해 파악되고 문제행동 원인들이 효과적 처치방법을 이행하는 데 사용될 수 있다면, 침해적이고 혐오적인 논쟁점에 대한 지나친 걱정은 도움이 되지 않을 수 있다고 하였다.

역통제를 보증하는 한 가지 방법은 내담자에게 프로그램에서 사용될 절차와 가능한 효과들에 대한 자세한 정보를 주고, 내담자가 프로그램에 참여하는 데 동의(즉, 사용되는 절차에 대한 지식과 예상되는 효과에 근거하여 동의)하지 않는다면 어떤 프로그램도 수행하지 말 것을 규정하는 것이다. 달리 말하면 행동수정가는 사용 가능한 다른 대안적인 처치에 대하여 설명하고, 그 장단점을 기술하며, 내담자에게 선택권을 주어야 한다. 사전정보를 들은 내담자와 행동수정가 간의 협력은 행동수정의 기본 요소이며 내담자의 권리를 보호하는 역할을 한다. 사전동의(사전에 정보를 제공하고 받는 동의, informed consent)를 촉진하는 장치는(24장에서 기술한 것처럼) 제공될 처치의 목적과 방법, 제공될 서비스의 기본틀, 치료자에게 지불할 치료비를 명백하게 기술한 내담자-치료자 계약에 서명하는 것이다. 그러나 사전동의 개념에 따른 문제들이 있다. 즉 사전동의도 다른 행동과 마찬가지로 언어적 행동이며 또한 환경의 통제를 받는다. 그러므로 언어적 행동은 내담자의 최선의 이익을 보장하지 않는 방식으로 조작될 수도 있다. 사전동의를 요구하는 것도 프로그램의 윤리에 대한 부분적인 점검일 뿐이다. 또한 사전동의를 적용할 수 없는 많은 사람들(예를 들어, 심한 발달장애인)이 있다. 그러므로 내담자의 권리를 보장하도록 돕는 부가적인 방법은 시행되는 프로그램의 윤리를 평가하기 위해 전문가들과 지역사회구성원들로 구성된 윤리시찰위원회를 구성하는 것이다.

기록 보존 및 지속적 평가

내담자의 윤리적 치료를 보증하기 위하여 프로그램 처음부터 끝까지 정확한 자료를 보유하는 것은 중요하다. 이것은 개입을 시작하기 전에 철저한 행동평가를 하고, 표적행동뿐 아니라 가능한 부작용들도 지속적으로 모니터링하며, 치료가 종결된 후에 적절한 추수 평가를 하는 것을 포함한다. 행동수정가들은 항상 기록을 잘 유지해야 하는 동시에, 어떤 사람들에게 이런 기록을 보도록 허용하는가 하는 문제에 있어 최대한 신중하게 결정하도록 훈련받아야 한다. 비밀보장은 언제나 존중되어야만 한다.

위의 주의사항을 고려할 때, 중요한 형태의 역통제는 프로그램이 진행되는 동안 진행사항에 관한 자료에 대해 내담자가 행동수정가와 논의할 기회를 자주 갖는 것이다.

물론 이렇게 하기 위하여 내담자는 자신의 기록을 볼 수 있어야 한다. 또 다른 전략은 (내담자의 허락을 받고) 행동수정가가 내담자의 진행에 직접 관계하는 사람들과 기록을 공유하는 것이다. 내담자의 복지에 직접적으로 관여하는 사람들에게 치료 효과에 대한 피드백을 받는 것은 중요한 책임기제다. 1장에서 지적했던 것처럼, 행동수정의 가장 중요한 특징은 측정 가능한 행동 용어로 문제를 정의하는 것과, 문제가 행동수정 프로그램을 통해 얼마나 도움을 받고 있는지의 가장 좋은 지표로서 문제에 대한 행동측정치의 변화를 사용할 것을 강조한다는 점이다. 모든 관계부서와 주기적인 평가 회의에서 이런 자료들을 함께 공유하고 의논하는 것은 행동수정가가 윤리적이고 효과적인 처치 프로그램을 시행하도록 보증하는 초석이 된다.

결론

행동수정은 사회의 선을 위하여 사용될 수 있는 커다란 잠재력을 가지고 있다. 행동수정가들의 가장 중요한 책임은 항상 현명하고도 인도주의적으로 행동수정을 사용할 것을 보증하고, 또 행동수정이 이제껏 역사적으로 지속되어 온 압제를 위한 새로운 도구가 되지 않도록 하기 위하여 윤리적 보루를 확립하는 것이다. 위에서 논의한 모든 안전장치 중에서 가장 기본적인 것은 역통제다. 사회에 효율적인 역통제를 널리 알리는 데 행동수정가들이 기여할 수 있는 가장 좋은 방법은 기술을 되도록 널리 보급시키는 것이며, 또한 일반대중에게 행동수정을 교육하는 것이다. 행동수정의 원리와 책략에 정통한 사람들에게 행동과학을 잘못 적용하는 것은 매우 어려울 것이기 때문이다.

연습문제

14. 역통제에 대하여 논하라. 역통제는 왜 중요한가?
15. 행동수정에 포함되는 윤리 문제에 대한 Stolz와 동료들의 종합적인 보고서의 주요한 결론은 무엇인가?
16. 행동수정가로서 적절한 자격을 얻는 것을 보증하도록 도울 수 있는 단계들에는 어떤 것이 있는가?
17. 문제 정의와 목표 선택과 관련하여 내담자의 두 가지 역통제 수단을 기술하라.
18. 행동수정가에 의하여 사용된 개입 방법들의 특징은 무엇인지 한 문장으로 쓰라.
19. 침해하거나 제한하는 개입이 암시하는 세 가지 의미는 무엇인가?
20. 사전동의를 촉진하는 기제를 기술하라.
21. 행동수정가가 윤리적이고 효율적인 치료 프로그램을 하도록 보증하기 위한 초석이 되는 것은 무엇인가?
22. 행동수정의 원리와 책략에 대해 정통한 사람들로 구성된 집단에게 행동수정을 적용하여 해를 끼치기가 매우 어려운 이유를 간단히 설명하라.

추가설명 및 심화토론

1. Skinner(1971)는 행동통제에 대한 부정적 반응이 적어도 부분적으로는 18세기의 혁명론자와 사회개혁가들의 영향으로 거슬러 올라갈 수 있다고 주장하였다. 전제 군주가 사용했던 혐오적 통제를 상쇄하기 위하여, 정치가들은 자유라는 개념을 슬로건으로 개발하였다. Skinner가 말했던 것처럼, 자유는 혐오적 형태의 통제를 깨고 나오도록 사람들을 도왔다는 점에서 그 시대에는 가치 있는 개념이었다. 그러나 지금은 통제의 주된 수단으로 정적 강화를 사용하는 시대로 변했으며 또한 행동수정이 성장함에 따라 아마도 점차 그렇게 될 것이다. 그러므로 자유라는 개념은 이미 그 사회적 유용성을 잃었다. 자유라는 개념은 우리의 행동이 정적 강화에 의하여 통제되고 있다는 것을 알지 못하게 방해한다는 면에서, 사실상 우리에게 해로울 수 있다. 예를 들자면, 북미의 많은 주정부와 지방 정부에서 자금을 조성하기 위한 한 방법으로 정부가 발행하는 복권을 통하여 이익을 남겨 왔다. 복권을 즐겨 사는 대부분의 사람들은 복권을 사는 것이 '자유롭다'고 느끼며, 그들은 자신의 행동이 동일한 액수의 세금을 '강압적으로' 지불하고 있는 때와 같은 정도로 통제되고 있는 것이며 통제의 기제만 다를 뿐이라는 점을 인식하지 못한다(즉, 정적 강화 대 혐오 조건형성). 더욱이 자유라는 개념은 그들이 이루어 놓은 성취 때문에 어떤 사람들은 다른 사람들에 비하여 더 '존엄'하다고 보는 견해를 조장한다. 하지만 사실상 개인이 성취하는 데 성공하거나 실패하는 것은 개인의 조건형성의 과거력과 유전적 소인에 기인한다. 그러므로 Skinner는 책의 제목을 『자유와 존엄성을 넘어서(*Beyond Freedom and Dignity*)』(1971)라고 붙였다.
2. Prilleltensky(2008)는 내담자들을 진심으로 돕기 희망하는 심리학자들(특히 지역사회 심리학자들, 2장 참조)은 환자의 표면적으로 드러나는 문제에 초점을 맞출 것이 아니라 두 가지 다른 측면, 즉 관계적 측면과 정책적 측면을 모두 고려해야 한다고 주장하였다. 관계적 측면은 환자와 상호작용하는 지역사회의 구성원을 말하며, 정책적 측면은 내담자에게 영향을 미치는 법과 규제를 말한다. 지역사회 심리학자들이 만나게 되는 내담자들은 전형적으로 문화권 내에서 지배권층이라기보다는 불이익 집단, 즉 힘이 없는 집단이다. Prilleltensky는 심리학자들이 개인의 측면에서만 문제를 다루는 경우, 내담자가 영구적으로 불이익 집단에 남아 있도록 하여 현재 있는 그대로의 상태(Status quo)를 유지하게 되지만, 반대로 세 가지 측면(개인적 측면, 관계적 측면, 정책적 측면)을 모두 다루는 경우는 내담자 쪽으로 더 힘의 균형을 맞추도록 할 수 있으며 내담자가 사회에서 더 충분히 기능할 수 있도록 도울 수 있게 된다고 하였다.

▶ 추가설명에 대한 연습문제

1. 현대 문명의 가장 어려운 문제들을 해결하려면 '자유와 존엄성을 넘어서'야만 한다는 Skinner의 견해에 대하여 논하라.
2. 시민들이 통제당하고 있다는 생각이 들지 않게 하면서 정부가 정적 강화를 사용하여 시민들의 행동을 어떻게 통제하는지를 나타내는 예를 들라.
3. 지역사회심리학에 대한 Prilleltensky의 접근에 대하여 논하라.

용어풀이

다음은 행동수정에서 사용되는 주요한 기술적 용어들이다. 이 용어들은 표준 영어사전의 정의와 다를 수 있음을 주지하라. 이 용어들에 관한 추가 정보는 이 책의 색인을 참조하라.

ABAB 설계(ABAB design): 반전 설계(reversal-replication design)를 참조하라.

CR: 조건반응을 참조하라.

CS: 조건자극을 참조하라.

DRA: 대안행동 차별강화를 참조하라.

DRI: 양립 불가능한 반응 차별강화를 참조하라.

DRL: 저비율 차별강화를 참조하라.

DRO: 반응빈도 영 차별강화를 참조하라.

EST: 경험적으로 지지된 치료를 참조하라.

FD 강화계획(FD schedule): 고정-지속기간 강화계획을 참조하라.

FI 강화계획(FI schedule): 고정-간격 강화계획을 참조하라.

FI/LF: 제한 시간이 있는 고정-간격 강화계획을 참조하라.

LH: 제한 시간을 참조하라.

MAO: 동기화 제거 조작을 참조하라.

MEO: 동기화 확립 조작을 참조하라.

MO: 동기화 조작을 참조하라.

Pavlov 조건형성(Pavlovian conditioning): 반응적 조건형성을 참조하라.

Premack 원리(Premack principle): 매우 발생하기 쉬운 행동에 참여할 수 있는 기회를 발생확률이 낮은 행동을 강화하는 데 사용할 수 있다는 원리.

$S^{\triangle}$: 식별자극($S^{\triangle}$)을 참조하라.

S^D: 식별자극(S^D)을 참조하라.

S^{Dp}: 식별자극(S^{Dp})을 참조하라.

UR: 무조건반응을 참조하라.

US: 무조건자극을 참조하라.

VD: 변동-지속기간 강화계획을 참조하라.

VI 강화계획(VI schedule): 변동-간격 강화계획을 참조하라.

VI/LH 강화계획(VI/LH schedule): 제한 시간이 있는 변동-간격 강화계획을 참조하라.

VR 강화계획(VR schedule): 변동-비율(VR) 강화계획을 참조하라.

간격반응 DRL(spaced-responding DRL): 특정 행동이 일정 간격 동안 일어나서는 안 되며, 그 간격이 지난 이후에 행동이 발생해야만 강화물을 제공함. 저비율 차별강화라고도 함.

간헐 강화(intermittent reinforcement): 행동이 발생할 때마다가 아니라 가끔씩만 강화하는 절차.

강화계획(schedule of reinforcement): 어떤 행동이 발생하면 강화를 줄 것을 명시하는 규칙.

강화물의 간접효과(indirect effect of a reinforcer): 강화물 제공이 지연됨에도 불구하고 반응 이후 강화물이 제공되어 반응이 증가하는 것.

강화물의 직접효과(direct effect of reinforcer): 강화물이 즉각적으로 뒤따름으로써 반응이 증가되는 것.

개인별 다중-기저선 설계(multi-baseline-across-people design): 두 명 이상의 개인을 대상으로 특정 행동의 기저선을 확립하고, 이후 각 개인에게 순차적으로 처치를 도입하는 것과 관련된 연구설계.

경고자극(warning stimulus): 곧 닥칠 혐오자극을 알려 주는 자극. 조건 혐오자극이라고도 불림.

경쟁 행동(competing behavior): 양립 불가능한 행동(incompatible behavior)을 참조하라.

경험적 수용(experiential acceptance): 한 사람의 생각과 감각, 감정, 행동을 좋거나 나쁜 것으로, 유쾌하거나 불쾌한 것으로, 쓸모 있거나 쓸모없는 것으로 판단하지 않는 것. 수용이라고도 부름.

경험적으로 지지된 치료(empirically supported therapies: EST): 과학적으로 수행된 임상연구에서 효과적인 것으로 증명된 치료.

고전적 조건형성(classical conditioning): 반응적 조건형성을 참조하라.

고정-간격 강화계획(fixed-interval[FI] schedule): 일정한 시간간격 이후 특정 반응이 처음 나타났을 때 강화물이 제시되는 계획.

고정-비율 강화계획(fixed-ratio[FR] schedule): 특정 유형의 반응이 정해진 횟수만큼 표출될 때마다 강화물이 제공되는 강화계획.

고정-지속기간 강화계획(fixed-duration[FD] schedule): 정해진 시간 동안 어떤 행동이 계속해서 발생할 때에만 강화물이 제시되는 계획.

고차 조건형성(higher-order conditioning): 어떤 자극이 무조건자극 대신 또 다른 조건자극과 짝지어져서 조건자극이 되는 절차.

공통요소 자극 범주(common-element stimulus class): 모두가 어떤 물리적 특성을 공유하는 자극 세트.

공포 위계(fear hierarchy): 공포를 유발하는 사건의 목록으로, 공포를 가장 적게 유발하는 것에서 가장 심하게 유발하는 순서대로 배열된 것.

과제 분석(task analysis): 훈련을 촉진하기 위해 과제를 더 작은 단계나 구성요소로 나누는 과정.

관찰자 간 신뢰도(interobserver reliability: IOR): 두 명의 관찰자가 일정한 시간 동안 독립적으로 행동을 관찰하고 기록한 후 그 행동의 발생에 동의하는 정도에 대한 측정치.

교차-처치 설계(alternating-treatments design): 2개 이상의 치료 조건이 빠르게 교차하여 일어나는 실험 설계. 다중요소 설계(multielement design)라고도 불림.

규칙(rule): 강화의 세 가지 조건의 수반성(선행자극-행동-결과)을 기술하는 말.

규칙-지배 행동(rule-governed behavior): 규칙의 제시에 의해 통제되는 행동.

기능분석(functional analysis): 특정한 문제행동을 통제하고 유지하는 데 있어 선행자극으로서 혹은 결과로서 그들의 역할을 실험적으로 검증하기 위해 환경적 사건을 체계적으로 조작하는 것.

내적 타당도(internal validity): 연구나 실험에서 독립변인이 종속변인에서의 관찰된 변화를 일으켰음을 확실하게 입증하는 것을 말함.

다른 반응 차별강화(differential reinforcement of other[DRO] responding): 반응빈도 영 차별강화를 참조하라.

단순 조건 강화물(simple conditioned reinforcer): 하나의 지원 강화물과 짝지어진 조건 강화물.

대안행동 차별강화(differential reinforcement of alternative[DRA] behavior): 문제행동과 양립 불가능한 것은 아니지만, 형태상 다른 행동을 강화하여 문제행동을 소거하는 것.

도피 조건형성(escape conditioning): 반응에 즉시 뒤따라서 혐오자극이 제거되는 수반성. 부적 강화라고도 함.

도피 조건형성의 원리(principle of escape conditioning): 어떤 반응의 발생 직후 혐오자극이라 불리는 어떤 자극의 제거가 그 반응의 발생확률을 증가시킴. 부적 강화의 원리라고도 함.

독립변인(independent variable): 종속변인에 미치는 영향력을 연구하기 위해 도입된 처치 혹은 개입.

동기화 제거 조작(motivating abolishing operation: MAO): 일시적으로 어떤 강화물이나 벌칙의 효과성을 감소시켜서, 대개의 경우 그 강화물이 제공되는 행동의 발생 가능성을 감소시키거나 그 벌칙이 제공되는 행동의 발생 가능성을 증가시키는 사건이나 조작.

동기화 조작(motivating operation: MO): 일시적으로 강화물이나 벌칙의 효과성을 변화시키고, 대개의 경우 그런 강화물이나 벌칙으로 인해 나타나는 행동에 영향을 주는 사건이나 조건.

동기화 확립 조작(motivating establishing operation: MEO): 일시적으로 어떤 강화물이나 벌칙의 효과성을 증가시켜서, 그 강화물이 제공되는 행동의 발생 가능성을 증가시키거나 그 벌칙이 제공되는 행동의 발생 가능성을 감소시키는 사건이나 조작.

동시 강화계획(concurrent schedules of reinforcement): 2개 이상의 행동이 각기 동시에 다른 강화계획에 의해 강화될 때.

마음챙김(mindfulness): 내현적 및 외현적 행동이 발생할 때 비판단적인 방식으로 그것을 자각하고 관찰하고 기술하는 것. 경우에 따라 그런 행동의 선행자극과 결과에 대한 관찰도 포함됨.

명명어(tact): 사회적 강화에 의해 발달되고 유지되는 이름 붙이기 반응. (더 정확한 정의를 원하면, Skinner[1957]를 참조하라.)

모델링(modeling): 개인에게 어떤 행동의 표본을 보여 주어 그가 비슷한 행동에 참여하도록 이끌어 내는 것.

무조건 강화물(unconditioned reinforcement): 이전 학습이나 조건형성 없이 강화하는 힘이 있는 자극.

무조건반사(unconditioned reflex): 이전 학습과 별개로 어떤 자극이 반응을 유발하는 자극-반응 관계.

무조건반응(unconditioned response: UR): 무조건자극에 의해 유발되는 반응.

무조건벌칙(unconditioned punisher): 이전의 학습 없이 벌칙이 되는 자극.

무조건자극(unconditioned stimulus: US): 이전 학습이나 조건형성 없이 어떤 반응을 유발하는 자극.

미신적 행동(superstitious behavior): 우연적 강화에 의해 증가된 행동.

박탈(deprivation): 일정 기간 동안 개인이 강화물을 경험하지 못하는 상태.

반응 움직임의 형태(response topography): 반응을 만드는 것에 포함된 구체적인 움직임.

반응대가(response cost): 특정 행동 직후 강화물의 일정량을 빼앗는 것.

반응빈도 영 차별강화(differential reinforcement of zero[DRO] responding): 정해진 시간 동안 특정 반응이 일어나지 않을 때에만 강화물이 제시됨. 다른 반응의 차별강화라고도 불림.

반응일반화(response generalization): 어떤 반응을 강화한 결과 또 다른 반응의 발생 가능성이 증가하는 것.

반응적 소거(respondent extinction): US가 없이 CS를 제시하여 CS가 점차 CR을 유발하는 능력을 상실하게 되는 것.

반응적 조건형성(respondent conditioning): 반응을 유발하는 어떤 자극과 새로운 자극을 짝지어서 새로운 자극에 반응을 확립하는 것. Pavlov 조건형성 또는 고전적 조건형성이라고도 함.

반응적 조건형성의 원리(principle of respondent conditioning): 중립자극에 특정한 무조건반응을 유발하는 무조건자극이 시간적으로 가깝게 뒤따른다면, 이전에 중립적이었던 자극이 앞으로 그 반응(무조건반응)을 유발하는 경향이 있음.

반응적 행동(respondent behaviors): 앞선 자극에 의해 유발되며 결과에 영향을 받지 않는 행동.

반전 설계(reversal-replication design): 기저선 단계, 처치 단계, 다시 기저선으로 돌아가는 반전 단계, 그리고 처치를 다시 실시하는 단계로 구성된 실험설계. ABAB 설계라고도 부름.

반향어(echoic): 사회적 강화에 의해 발달되고 유지되는 음성 모방 반응.

배제하는 타임아웃(exclusionary timeout): 반응에 수반적으로, 개인을 강화받는 상황에 잠시 못 있게 하는 것.

벌칙(punisher): 어떤 행동 직후 이것의 제시가 그 행동의 빈도를 줄이는 자극.

변동-간격 강화계획(variable-interval[VI] schedule): 얼마의 시간간격 이후 특정한 반응이 처음 발생하였을 때 강화물이 제시되는데, 한 번의 강화에서 그다음 강화까지 그 간격의 길이가 예측할 수 없게 변화하는 강화계획.

변동-비율 강화계획(variable-ratio[VR] schedule): 특정한 반응이 특정 횟수 발생한 이후 강화물이 주어지는데, 한 번의 강화에서 다음 강화까지 매번 강화물을 받기 위해 요구되는 반응의 수가 예측할 수 없게 변화하는 강화계획.

변동-지속기간 강화계획(variable-duration[VD] schedule): 정해진 시간 내내 연속해서 행동이 발생할 때에만 강화물이 제시되는데, 한 번의 강화에서 그다음 강화까지 시간의 간격이 예측할 수 없게 변화하는 강화계획.

변화에 대한 서약(commitment to changes): 자신의 행동을 변화시키는 것이 중요하며, 그렇게 하는 것의 장점을 인식하고 있고, 그렇게 하려고 노력할 것임을 보여 주는 개인의 진술이나 행동.

부적 강화물(negative reinforcer): 어떤 반응 후 그것의 즉각적인 제거가 반응이 강화되거나 반응의 빈도가 증가하도록 만드는 자극.

부적 강화의 원리(principle of negative reinforcement): 도피 조건형성의 원리를 참조하라.

비수반적인(noncontingent): 강화물이 이전 행동과 상관없이 특정 시간에 제시되는 것을 말함.

상황별 다중-기저선 설계(multi-baseline-across-situations design): 2개 이상의 상황에서 한 개인의 행동 기저선을 확립하고, 그 후 각 상황에 순차적으로 행동에 대한 처치를 도입하는 것과 관련된 연구설계.

소거폭발(extinction burst): 소거 동안 반응이 증가하는 것.

수반성-형성 행동(contingency-shaped behavior): 즉각적인 결과 때문에 발달되는 행동.

수반적인(contingent): 어떤 행동이 일어나야만 강화물이 제공된다면, 그 행동에 대해 강화물이 제시되는 것을 말함.

수용(acceptance): 경험적 수용을 참조하라.

숙달준거(mastery criterion): 기술 수행에 대한 구체적인 지침으로, 그 지침을 충족하면 그 기술이 숙달되었을 가능성이 높음.

순행연쇄법(forward chaining): 먼저 연쇄의 첫 단계를 가르치고 그다음에 첫 단계를 두 번째와 연결하고, 그런 식으로 전체 연쇄가 학습될 때까지 계속 행동연쇄를 확립하는 방법.

시간-표집기록(time sampling recording): 훨씬 더 긴 시간을 쪼개어서 아주 짧은 관찰시간 동안 어떤 행동이 발생하거나 발생하지 않은 것으로 기록하는 관찰 절차.

시작자극(starting stimulus): 용암법 절차에서 확실하게 반응을 일으키는 자극으로, 그 반응을 최종 목표자극의 통제하에 있도록 하는 과정을 시작할 때 사용됨.

시작행동(starting behavior): 조형 절차에서 확실하게 발생하면서 최종 목표행동에 근접한 행동으로, 최종 목표행동을 발달시키는 과정을 시작할 때 사용됨.

식별자극(discriminative stimulus) S^{Δ}: 반응이 강화되지 않을 때 존재하는 자극.

식별자극(discriminative stimulus) S^{D}: 반응이 강화될 때 존재하는 자극.

식별자극(discriminative stimulus) S^{Dp}: 반응이 처벌될 때 존재하는 자극.

신체적 벌칙(physical punisher): 통증을 일으키는 벌칙을 참조하라.

신체적 지도(physical guidance): 개인이 바람직한 행동의 동작을 경험하도록 이끌어 주기 위한 신체적 접촉의 적용. 신체적 촉구라고도 함.

신체적 촉구(physical prompt): 신체적 지도를 참조하라.

양립 불가능한 반응 차별강화(differential reinforcement of incompatible[DRI] responding): 특정한 반응에 강화물을 철회하고 양립 불가능한 반응을 강화하는 것.

역조건형성(counterconditioning): 이전의 조건반응을 소거하는 동시에 그 조건반응과 상반된 새로운 반응을 조건자극에 조건화하여 이전 조건반응을 제거하는 것.

역할연기(role-playing): 행동 시연을 참조하라.

역행연쇄법(backward chaining): 연쇄의 가장 마지막 단계를 제일 처음 가르치고 그런 다음 바로 이전의 단계가 그 마지막 단계에 연결되며, 이러한 과정으로 전체 연쇄가 습득될 때까지 지속적으로 가르치면서 행동연쇄를 확립하는 방법.

연속 강화(continuous reinforcement): 특정 반응이 나타날 때마다 강화하는 방식.

연속적 기록(continuous recording): 정해진 관찰기간 동안 나타나는 모든 행동을 기록하는 것.

연속적 접근 방법(method of successive approximations): 조형을 참조하라.

연쇄(chain): 행동연쇄를 참조하라.

오류 없는 식별훈련(errorless discrimination training): 자극식별을 확립하기 위한 용암법 절차를 사용하여 어떤 오류도 발생하지 않도록 하는 것. 오류 없는 학습이라고도 부름.

오류 없는 학습(errorless learning): 오류 없는 식별훈련을 참조하라.

오류(error): S^{Δ}에 반응함 혹은 S^{D}에 반응하지 못함.

외적 타당도(external validity): 연구나 실험의 결과가 다른 행동이나 개인, 장면, 치료에 일반화될 수 있는 정도.

요청어(mand): 동기화 조작의 통제하에 있으며, 상응하는 강화물의 제공이나 상응하는 혐오자극의 제거에 의해 강화되는 언어적 반응.

용암법(fading): 연속적 시도에서 반응을 통제하는 선행자극의 점진적 변화로 인해 반응이 결국 부분적으로 변화된 혹은 완전히 새로운 자극에 발생하게 됨.

우연적 강화(adventitious reinforcement): 행동이 실제로 강화물을 가져온 것은 아니나, 강화물이 뒤따라 우연히 그 행동을 강화하는 것.

우연적 연쇄(adventitious chain): 강화물 발생에 있어 기능적인 구성요소들을 가지고 있는 행동연쇄이나, 적어도 하나의 구성요소(미신적 요소라고 불리는)는 그렇지 않음.

움직임의 형태(topography): 반응 움직임의 형태를 참조하라.

응용행동분석(applied behavior analysis): 조작적 조건형성 원리의 적용을 강조하는 행동수정으로, 관심 행동을 통제하는 변인들을 분석하거나 분명하게 보여 주려는 시도가 자주 있음.

응용행동분석의 차원(dimensions of applied behavior analysis): ① 사회적으로 중요하며 측정 가능한 행동에 초점을 맞춤, ② 치료 전략을 개발하기 위해 조작적 조건형성이라고 불리는 학습 원리를 특히 강조함, ③ 적용된 처치가 측정된 행동의 향상에 기여했음을 분명하게 입증하려고 시도함, ④ 행동의 일반화와 지속적인 향상을 입증하려 함 등 네 가지 차원이 있음.

인지 과정(cognitive processes): 흔히 신념, 사고, 기대, 지각으로 불리는 내현적 언어와 심상.

인지 재구성(cognitive restructuring): 부적응적인 사고를 인식하고 그것을 적응적 사고로 바꾸는 전략.

인지(cognition): 내현적 언어와 심상. 흔히 신념과 사고, 기대로 불림.

인지행동수정(cognitive behavior modification): 역기능적 사고와 같은 내현적 행동을 수정함으로써 외현적 행동을 변화시키는 데 주로 초점을 맞추는 치료 접근.

일반화된 모방(generalized imitation): 많은 행동을 모방하는 것을 학습한 후(아마도 조형이나 용암법, 실제적 안내, 강화를 통해), 개인이 강화 없이 새로운 반응을 처음으로 모방할 때 발생함.

일반화된 조건 강화물(generalized conditioned reinforcer): 1개 이상의 지원 강화물과 짝지어진 조건 강화물.

자극(stimulus): 자극들의 단수형.

자극들(stimuli): 자극의 복수형. 개인의 현재 환경 내에 존재하는 사람들이나 동물들, 물체들, 사건들로, 개인의 감각 수용기에 영향을 주고 행동에 영향을 미칠 수 있음.

자극등가 범주(stimulus equivalence class): 개인이 함께 묶거나 연결하도록 학습한, 완전히 다른 자극 세트.

자극-반응 연쇄(stimulus-response chain): 행동연쇄를 참조하라.

자극식별(stimulus discrimination): S^D에 반응을 나타내고 S^Δ에 반응을 보이지 않도록 하는 것.

자극식별훈련(stimulus discrimination training): S^D가 존재할 때 보이는 반응을 강화하고 S^Δ가 존재할 때 보이는 반응을 소거하는 절차.

자극일반화(stimulus generalization): 한 자극이나 상황에서 어떤 반응을 강화하는 절차와 강화된 반응이 다른 자극이나 상황이 존재할 때에 더 많이 발생하게 되는 결과를 일컬음.

자극통제(stimulus control): 선행자극과 이후 반응 간 상관의 정도.

자기-관리 프로그램(self-management program): 자기-통제 프로그램을 참조하라.

자기-수정 프로그램(self-modification program): 자기-통제 프로그램을 참조하라.

자기-통제 프로그램(self-control program): 행동수정 원리를 사용하여 자신의 행동을 변화시키거나 통제하는 전략. 자기-관리 프로그램이나 자기-수정 프로그램으로도 불림.

자기-통제의 행동 모형(behavior model of self-control): 개인이 자신의 이후 행동을 환경이 관리하도록 하는 방식으로 행동할 때 자기-통제가 발생한다는 설명.

자발적 회복(spontaneous recovery): 휴식 이후 소거된 행동의 재출현.

자연적 강화물(natural reinforcers): 일상생활의 정상적인 과정에서 발생하는 프로그램화되지 않은 강화물.

자연적 환경(natural environment): 자연적 강화물이 발생하는 장면.

잠재기(latency): 자극의 발생과 행동 시작 사이의 시간.

재발(relapse): 치료된 행동이 치료 전 수준으로 돌아가는 것.

저비율 차별강화(differential reinforcement of low[DRL] rates): 특정반응이 저비율로 발생할 때에만 강화물이 제시됨. 제한반응(limited-esponding) DRL 혹은 간격반응(spaced-responding) DRL로 프로그램화될 수 있음.

전체-과제 제시법(total-task presentation): 개인이 연쇄를 학습할 때까지 매번 연쇄의 시작에서 끝까지 모든 단계를 시도하는 연쇄 방법.

정적 강화물(positive reinforcer): 어떤 행동에 뒤이어 즉각적으로 제시될 때 그 행동의 빈도를 증가시키는 자극.

정적 강화의 원리(principle of positive reinforcement): 어떤 상황에서 누군가가 어떤 행동을 하고 정적 강화물이 즉각 뒤따른다면, 그 사람이 다음번에 유사한 상황을 만났을 때 같은 행동을 다시 할 가능성이 높아지는 것.

제한 시간(limited hold: LH): 강화물을 얻을 수 있게 된 후, 반응이 강화물을 가져올 수 있는 제한된 시간의 양.

제한 시간이 있는 고정-간격 강화계획(fixed-interval-with-limited-hold[FI/LH] schedule): 고정-간격 강화계획에 제한된 시간이 부가된 강화계획.

제한 시간이 있는 변동-간격 강화계획(variable-interval-with-limited-hold schedule: VI/LH): 변동-간격 강화계획에 제한 시간이 부가된 강화계획.

제한된-반응 DRL(limited-responding DRL): 강화가 발생하기 위해 일정한 시간간격 동안 최대로 허용 가능한 반응의 수를 명시하는 강화계획.

조건 강화물(conditioned reinforcer): 처음에는 강화하는 힘이 없었으나, 또 다른 강화물과 짝지어지거나 연합되어서 강화물이 된 자극.

조건 혐오자극(conditioned aversive stimulus): 경고자극(warning stimulus)을 참조하라.

조건반사(conditioned reflex): 어떤 자극이 이전의 반응적 조건형성 때문에 어떤 반응을 유발하는 자극-반응 관계.

조건반응(conditioned response: CR): 조건자극에 의해 유발되는 반응 혹은 강화에 의해 증가된 조작적 반응.

조건벌칙(conditioned punisher): 또 다른 벌칙과 짝지어진 결과로 벌칙이 된 자극.

조건자극(conditioned stimulus: CS): 어떤 반응을 유발하는 또 다른 자극과 짝지어졌기 때문에 그와 동일한 혹은 유사한 반응을 유발하는 자극.

조건형성(conditioning): 반응적 조건형성 혹은 조작적 조건형성을 통해 어떤 반응을 확립하는 것.

조작적 반응(operant responses): 조작적 행동을 참조하라.

조작적 소거(operant extinction): 이전에 강화된 반응 이후에 강화물을 철회하여 반응을 약화시키는 것.

조작적 소거의 원리(principle of operant extinction): 어떤 상황에서 누군가가 이전에 강화되었던 반응을 표출하였으나 그 반응에 강화물이 제공되지 않는다면, 그 사람이 다음번에 유사한 상황을 만났을 때 그와 같은 행동을 다시 할 확률이 감소하는 것.

조작적 조건형성(operant conditioning): 어떤 행동을 강화함으로써 그 행동이 증가하도록 하거나 그 행동을 처벌함으로써 약화시키는 과정.

조작적 행동(operant behaviors): 결과를 만들어 내기 위해 환경에 조작을 가하고, 그러한 결과에 의해 영향을 받는 행동.

조형(shaping): 새로운 행동이 발생할 때까지 그 행동에 연속적으로 접근하면서 강화하고 그 행동의 이전 접근을 소거하여 새로운 행동을 발달시키는 것. 연속적 접근 방법이라고도 함.

종속변인(dependent variable): 독립 변인의 함수관계로 연구되는 행동.

좋은 자극통제(good stimulus control): 효과적인 자극통제를 참조하라.

준거-변화 설계(changing-criterion design): 처치를 적용하기 위한 행동 기준에 연속적인 변화를 도입함으로써, 개인의 행동에 미치는 처치의 통제 효과를 평가하는 연구설계.

중다요소 설계(multielement design): 대안적 처치 설계를 참조하라.

지원 강화물(backup reinforcer): 조건 강화물이 될 수 있도록 다른 자극들과 의도적으로 연합된 자극.

직접 평가(direct assessment): 직접 관찰하여서 얻은 행동에 관한 정보에 기반한 판단.

참여적 모델링(participant modeling): 내담자가 공포 대상에 접근하는 또 다른 사람을 모방하여 공포를 감소시키는 방법.

질책(reprimand): 행동에 수반하여 제시되는 부정적인 언어 자극.

처벌(punishment): 어떤 행동 직후 벌칙의 제시가 그 행동의 빈도를 감소시키는 효과를 내는 것. 처벌의 원리를 참조하라.

처벌의 원리(principle of punishment): 어떤 상황에서 누군가가 어떤 일을 하고 즉각 벌칙이 뒤따른다면, 그 사람이 다음번에 유사한 상황을 만났을 때 같은 일을 다시 할 가능성이 감소하는 것.

체계적 둔감화(systematic desensitization): 내담자에게 이완된 상태에 있으면서 공포 위계에 있는 항목들을 단계적으로 상상하게 하여서 공포증을 극복하게 하는 절차.

촉구/촉진자극(prompt): 바람직한 행동이 발생할 가능성을 높이기 위해 제공되는 보충 선행자극. 그러나 바람직한 행동을 통제하기 위한 최종 목표자극의 일부는 아님.

최종 목표자극(final desired stimulus): 용암법 절차에서 현재 반응을 유발하지는 못하지만, 용암법 과정 끝에 그렇게 하도록 표적이 된 혹은 목표가 된 자극. 표적자극이라고도 함.

최종 목표행동(final desired behavior): 조형 프로그램에서 현재 발생하지는 못하지만, 조형 과정의 끝에 그렇게 하도록 표적이 된 혹은 목표가 된 행동. 표적행동이라고도 함.

치료계약(treatment contract): 치료의 목적과 방법, 제공되는 서비스의 기본 틀, 행동수정가에게서 곧 얻을 수 있는 보상의 수반성 등의 개요를 명확하게 문서화한 내담자와 행동수정가 사이의 동의서.

타임아웃(time out): 특정 행동 직후 개인이 강화물을 얻을 기회를 일정 시간 동안 상실하게 되는 것.

토큰(token): 모을 수 있고 지원 강화물로 교환될 수 있는 조건 강화물.

토큰경제(token economy): 어떤 집단에 속한 개인들이 다양한 바람직한 행동에 토큰을 얻고 그 토큰으로 지원 강화물을 살 수 있게 하는 행동 프로그램.

토큰체계(token system): 개인이 바람직한 행동을 수행하고 토큰을 얻고 토큰으로 다양한 지원 강화물을 살 수 있는 행동수정 프로그램.

통증을 일으키는 벌칙(pain-inducing punisher): 통증 수용기나 전형적으로 불편감을 일으키는 다른 감각 수용기를 활성화하는 행동에 바로 뒤이어 나타나는 자극. 신체적 벌칙이라고도 불림.

포만(satiation): 강화물이 일시적으로 더 이상 강화를 하지 못하는 정도까지 개인이 강화물을 경험한 상태.

표적자극(target stimulus): 최종 목표자극을 참조하라.

표적행동(target behaviors): 행동수정 프로그램에서 향상되어야 하는 행동. 최종 목표행동을 참조하라.

프로그램화된 강화물(programmed reinforcers): 행동수정 프로그램에서 체계적으로 배치된 강화물.

행동 트랩(behavior trap): 프로그램화된 강화물에 의해 개발된 행동이 자연적 강화물에 의해 '강제되는' (즉, 유지되는) 수반성.

행동(behavior): 유기체의 근육이나 내분비선의 활동, 혹은 전기적 활동.

행동결핍(behavioral deficit): 특정 유형의 행동이 너무 적은 것.

행동계약(behavior contract): 개인의 어떤 행동이 어떤 결과를 낳을 것인가, 그리고 누가 그러한 결과를 전달할 것인가에 대해서 분명하게 기술한 서면 동의서.

행동과잉(behavioral excess): 특정 유형의 행동이 너무 많은 것.

행동별 다중-기저선 설계(multi-baseline-across-behaviors design): 개인의 2개 이상의 행동에 대해 기저선을 확립하고, 그 후 각 행동에 순차적으로 처치를 도입하는 것과 관련된 연구설계.

행동분석(behavior analysis): 인간과 동물의 행동을 지배하는 법칙에 대한 과학적 연구.

행동수정(behavior modification): 개인의 일상적 기능을 증진하기 위해 그의 내현적 및 외현적 행동을 평가하고 향상시키는 데 학습 원리와 기법을 체계적으로 적용하는 것.

행동시연(behavior rehearsal): 내담자가 실제 생활에서 특정 행동을 표출할 가능성을 높이기 위해 연습 상황에서 특정 행동을 시연(역할연기)하는 것.

행동연쇄(behavioral chain): 자극과 반응의 계속적인 연결로, 서로 시간적으로 가깝게 일어나며 마지막 반응에 전형적으로 강화가 뒤따름. 자극-반응 연쇄라고도 불림.

행동의 비율(rate of behavior): 행동의 빈도를 참조하라.

행동의 빈도(frequency of behavior): 일정한 시간 동안 발생하는 행동의 수. 행동의 비율이라고도 함.

행동의 상대적인 지속기간(relative duration of behavior): 일정 기간 내에 행동이 발생하는 시간의 길이.

행동치료/인지행동치료(behavior therapy/cognitive behavior therapy): 일반적으로 임상 장면에서 역기능적인 행동에 대해 실시되는 행동수정.

행동평가(behavior assessment): 표적(target)행동을 확인하고 기술하며, 그 행동의 원인을 파악하고, 적절한 행동적 처치를 선택할 수 있게 하고, 처치 결과를 평가하기 위하여 정보와 자료를 수집하고 분석하는 것.

혐오자극(aversive stimulus): 벌칙이나 부적 강화물.

홍수법(flooding): 긴 시간 동안 강력한 공포 자극에의 노출로 두려움을 없애는 방법.

확립 조작(establishing operation): 동기화 확립 조작을 참조하라.

회피 조건형성의 원리(principle of avoidance conditioning): 어떤 반응이 혐오자극이 발생하는 것을 막고, 그럼으로써 그 반응의 빈도를 증가시키는 결과를 초래하는 수반성을 말함.

효과적인 자극통제(effective stimulus control): 특정 자극과 특정 반응의 발생 사이에 강한 상관이 존재하는 것. 좋은 자극통제라고도 함.

참고문헌

Ader, R., & Cohen, N. (1982). Behaviorally conditioned immunosuppression and murine systemic lupis erythematosus. *Science, 215*, 1534-1536.

Ader, R., & Cohen, N. (1993). Psychoneuroimmunology: Conditioning and stress. *Annual Review of Psychology, 44*, 53-85.

Agathon, M. (1982). Behavior therapy in France: 1976-1981. *Journal of Behavior Therapy and Experimental Psychiatry, 13*, 271-277.

Agnew, J. L. (1998). The establishing operation in organizational behavior management. *Journal of Organizational Behavior Management, 18*, 7-19.

Agras, W. S., Taylor, C. B., Feldman, D. E., Losch, M., & Burnett, K. F. (1990). Developing computer-assisted therapy for the treatment of obesity. *Behavior Therapy, 21*, 99-109.

Airapetyantz, E., & Bykov, D. (1966). Physiological experiments and the psychology of the subconscious. In T. Verhave (Ed.), *The experimented analysis of behavior* (pp. 140-157). New York: Appleton-Century-Crofts.

Alberto, P. A., & Troutman, A. C. (2008). *Applied behavior analysis for teachers* (8th ed.). Upper Saddle River, NJ: Prentice Hall/Simon & Schuster.

Albion, F., M., & Salzburg, C. L. (1982). The effects of self-instruction on the rate of correct addition problems with mentally retarded children. *Education and Treatment of Children, 5*, 121-131.

Allen, G. J. (1973). Case study: Implementation of behavior modification techniques in summer camp settings. *Behavior Therapy, 4*, 570-575.

Allen, K. D., & Stokes, T. F. (1987). Use of escape and reward in the management of young children during dental treatment. *Journal of Applied Behavior Analysis, 20*, 381-390.

Allen, K. D., & Warzak, D. J. (2000). The problem of parental nonadherence in clinical behavior analysis: Effective treatment is not enough. *Journal of Applied Behavior Analysis, 33*, 373-391.

American Association on Mental Retardation (AAMR). (1990). Revised policy on aversive procedures. *AAMR News and Notes, 3*(4), 5.

American Association on Mental Retardation (AAMR).

(2002). *Mental retardation: Definition, classification, and systems of supports* (10th ed.). Washington, DC: Author.

American Psychiatric Association. (1952). *Diagnostic and statistical manual of mental disorders: DSM-I.* Washington, DC: Author.

American Psychiatric Association. (1968). *Diagnostic and statistical manual of mental disorders: DSM-II* (2nd ed.). Washington, DC: Author.

American Psychiatric Association. (1980). *Diagnostic and statistical manual of mental disorders: DSM-III* (3rd ed.). Washington, DC: Author.

American Psychiatric Association. (1987). *Diagnostic and statistical manual of mental disorders: DSM-III-R* (3rd ed.). Washington, DC: Author.

American Psychiatric Association. (1993). Practice guidelines for major depressive disorder in adults. *American Journal of Psychiatry, 150*(Suppl. 4), 1-26.

American Psychiatric Association. (1994). *Diagnostic and statistical manual of mental disorders: DSM-IV* (4th ed.). Washington, DC: Author.

American Psychiatric Association. (2000). *Diagnostic and statistical manual of mental disorders: DSM-IV-TR* (4th ed.). Washington, DC: Author.

American Psychological Association (APA). (2002). *Ethical principles in the conduct of research with human participants*. Washington, DC: Author.

Anderson, C. M., & Freeman, K. A. (2000). Positive behaviour support: Expanding the application of applied behaviour analysis. *The Behavior Analyst, 23,* 85-94.

Antonuccio, D. O., Danton, W. G., & Denelsky, G. Y. (1995). Psychotherapy versus medication for depression: Challenging the conventional wisdom with data. *Professional Psychology: Research and Practice, 26,* 574-585.

Antony, M. M., & Barlow, D. H. (Eds.). (2004). *Handbook of assessment and treatment planning for psychological disorders*. New York: Guilford Press.

Antony, M. M., & Norton, P. (2009). *The anti-anxiety workbook*. New York: Guilford Press.

Ardila, (1982). International developments in behavior therapy in Latin America. *Journal of Behavior Therapy and Experimental Psychiatry, 13,* 15-20.

Arkowitz, H., Westra, H., Miller, W. R., & Rollnick, S. (2008). *Motivational interviewing in the treatment of psychological problems*. New York: Guilford Press.

Arnal, L., Fazzio, D., Martin, G. L., Yu, C. T., Keilback, L., & Starke, M. (2007). Instructing university students to conduct discrete-trials teaching with confederates simulating children with autism. *Developmental Disabilities Bulletin, 35,* 131-147.

Arrick, C. M., Voss, J., & Rimm, D. C. (1981). The relative efficacy of thought-stopping and covert assertion. *Behaviour Research and Therapy, 19,* 17-24.

Asch, S. E. (1948). The doctrine of suggestion, prestige and imitation in social psychology. *Psychological Review, 55,* 250-276.

Ash, D. W., & Holding, D. H. (1990). Backward versus forward chaining in the acquisition of a keyboard skill. *Human Factors, 32,* 139-146.

Aubuchon, P. G., Haber, J. D., & Adams, H. E. (1985). Can migraine headaches be modified by operant pain techniques? *Journal of Behavior Therapy and Experimental Psychiatry, 16,* 261-263.

Austin, J. (2000). Performance analysis and performance diagnostics. In J. Austin & J. E. Carr (Eds.), *Handbook of applied behavior analysis* (pp. 449-472). Reno, NV: Context Press.

Austin, J., & Carr, J. E. (Eds.). (2000). *Handbook of applied behavior analysis*. Reno, NV: Context Press.

Austin, L. (2000). Behavioral approaches to college

teaching. In J. Austin & J. E. Carr (Eds.), *Handbook of applied behavior analysis* (pp. 321-350). Reno, NV: Context Press.

Ayllion, T. (1999). *How to use token economy and point systems* (2nd ed.). Austin, TX: Pro-Ed, Inc.

Ayllon, T., & Azrin, N. H. (1968). *The token economy: A motivational system for therapy and rehabilitation*. New York: Appleton-Century-Crofts.

Ayllon, T., & Michael, J. (1959). The psychiatric nurse as a behavioral engineer. *Journal of the Experimental Analysis of Behavior, 2*, 323-334.

Ayllon, T., & Milan, M. A. (1979). *Correctional rehabilitation and management: A psychological approach*. New York: Wiley.

Azrin, N. H. (1967). Pain and aggression. *Psychology Today, 7*(1), 27-33.

Azrin, N. H. (1976). Improvements in the community-reinforcement approach to alcoholism. *Behavior Research and Therapy, 14*, 339-348.

Azrin, N. H., & Lindsley, O. R. (1956). The reinforcement of cooperation between children. *Journal of Abnormal and Social Psychology, 52*, 100-102.

Azrin, N. H., & Nunn, R. G. (1973). Habit reversal: A method of eliminating nervous habits and tics. *Behaviour Research and Therapy*, 11, 619-628.

Azrin, N. H., Ruben, H., O' Brien, F., Ayllon, T., & Roll, D. (1968). Behavioral engineering: Postural control by a portable operant apparatus. *Journal of Applied Behavior Analysis, 1*, 99-108.

Azrin, N. H., Sisson, R. W., Meyers, R., & Godley, N. (1982). *Alcoholism treatment by disulfiram* and community reinforcement therapy. *Journal of Behavior Therapy and Experimental Psychiatry, 13*(2), 105-112.

Babel, D., Martin, G. L., Fazzio, D., Arnal, L., & Thomson, K. (2008). Assessment of the reliability and validity of the Discrete-Trials Teaching Evaluation Form. *Developmental Disabilities Bulletin, 36*, 67-80.

Baer, D. M., Peterson, R. F., & Sherman, J. A. (1967). The development of imitation by reinforcing behavioral similarity to a model. *Journal of the Experimental Analysis of Behavior, 10*, 405-416.

Baer, D. M., & Wolf, M. M. (1970). The entry into natural communities of reinforcement. In R. Ulrich, T. Stachnik., & J. Mabry (Eds.), Control of human behavior (Vol. 2, pp. 319-324). Glenview, IL: Scott Foresman.

Baer, D. M., Wolf, M. M., & Risley, T. R. (1968). Some current dimensions of Applied Behavior Analysis. *Journal of Applied Behavior Analysis, 1*, 91-97.

Bailey, J. S. (1992). Gentle teaching: Trying to win friends and influence people with a euphemism, metaphor, smoke, and mirrors. *Journal of Applied Behavior Analysis, 25*, 879-883.

Bailey, J. S., & Burch, M. R. (2002). *Research methods in applied behavior analysis*. Thousand Oaks, CA: Sage.

Bailey, J. S., & Burch, M. R. (2005). *Ethics for behavior analysts: A practical guide to the Behavior Analyst Certification Board Guidelines for Responsible Conduct*. Mahwah, NJ: Lawrence Erlbaum Associates.

Bailey, J. S., & Burch, M. R. (2006). *How to think like a behavior analyst*. Mahwah, NJ: Lawrence Erlbaum Associates.

Bailey, J. S., Hughes, R. G., & Jones, W. E. (1980). *Applications of backward chaining to air-to-surface weapons delivery training*. Williams Airforce Base, AZ: Operations training division, Human Resources Laboratory.

Bailey, J. S., & Pyles, D. A. M. (1989). Behavioral diagnostics. *Monographs of the American Association on Mental Retardation, 12*, 85-

106.

Bailey, J. S., Timbers, G. D., Phillips, E. I., & Wolf, M. M. (1971). Modification of articulation errors of pre-delinquents by their peers. *Journal of Applied Behaviour Analysis, 3,* 265-281.

Baldwin, J. D., & Baldwin, J. L. (2000). *Behavior principles in everyday life* (4th ed.). Upper Saddle River, NJ: Prentice Hall.

Bambara, L. M., & Kern, L. (2005). *Individualized supports for students with problem behaviors: Designing positive behavior plans.* New York, NY: Guilford Press.

Bandura, A. (1965). Influence of models' reinforcement contingencies in the acquisition of imitative responses. *Journal of Personality and Social Psychology, 1,* 589-595.

Bandura, A. (1969). *Principles of behavior modification.* New York: Holt, Rinehart & Winston.

Bandura, A. (1977). *Social learning theory.* Upper Saddle River, NJ: Prentice Hall.

Bandura, A. (1982). Self-efficacy mechanism in human agency. *American Psychologist, 37,* 122-147.

Bandura, A. (1986). *Social foundations of thought and action: A social-cognitive theory.* Upper Saddle River, NJ: Prentice Hall.

Bandura, A. (2004). Health promotion by social cognitive means. *Health Education and Behavior, 31,* 143-164.

Bandura, A., & Walters, R. H. (1963). *Social learning and personality development.* New York: Holt, Rinehart & Winston.

Banerjee, S. P. (1999). Behavioral psychotherapy in Singapore. *The Behavior Therapist, 22,* 80, 91.

Barkley, R. A. (1998). *Attention-deficit hyperactive disorder: A handbook for diagnosis and treatment* (2nd ed.). New York: Guilford Press.

Barkley, R. A. (1996). 18 ways to make token systems more effective for ADHD children and teens. *The ADHD Report, 4,* 1-5.

Barlow, D. H (Ed.). (2008). *Clinical handbook of psychological disorders: A step-by-step treatment manual* (14th ed.) New York: Guilford Press.

Barlow, D. H., & Hayes, S. C. (1979). Alternating-treatments design: One strategy for comparing the effects of two treatments in a single subject. *Journal of Applied Behavior Analysis, 12,* 199-210.

Barone, D. F. (1982). Instigating additional self-modification projects after a personal adjustment course. *Teaching of Psychology, 9,* 111.

Barrios, B. A., & Hartmann, D. R. (1986). The contributions of traditional assessment: Concepts, issues, and methodologies. In R. O. Nelson & S. C. Hayes (Eds.), *Conceptual foundations of behavioral assessment* (pp. 81-110). New York: Guilford Press.

Batra, M., & Batra, V. (2005/2006). Comparison between forward chaining and backward chaining techniques in children with mental retardation. *The Indian Journal of Occupational Therapy, 37,* 57-63.

Beck, A. T. (1970). Cognitive therapy: Nature and relation to behavior therapy. *Behavior Therapy, 1,* 184-200.

Beck, A. T. (1976). *Cognitive therapy and the emotional disorders.* New York: International Universities Press.

Beck, A. T. (1988). *Love is never enough: How couples can overcome misunderstandings, resolve conflicts, and solve relationship problems through cognitive therapy.* New York: Harper & Row.

Beck, A. T., Emery, G., & Greenberg, R. L. (1985). *Anxiety disorders and phobias: A cognitive perspective.* New York: Basic Books.

Beck, A. T., Rector, N. A., Stolar, N., & Grant, P. (2008). *Schizophrenia: Cognitive theory, research, and therapy*. New York: Guilford press.

Beck, A. T., Rush, A. J., Shaw, B. F., & Emery, G. (1979). *Cognitive therapy of depression*. New York: Guilford Press.

Bellack, A. S. (1986). Schizophrenia: Behavior therapy's forgotten child. *Behavior Therapy, 17*, 199-214.

Bellack, A. S., & Hersen, M. (1993). Clinical behavior therapy with adults. In A. S. Bellack & M. Hersen (Eds.), *Handbook of behavior therapy in the psychiatric setting* (pp. 3-18). New York: Plenum Press.

Bellack, A. S., & Hersen, M. (Eds.). (1998). *Behavioral assessment: A practical handbook* (4th ed.). New York: Allyn & Bacon.

Bellack, A. S., & Muser, K. T. (1990). Schizophrenia. In A. S. Bellack, M. Hersen., & A. E. Kazdin (Eds.), *International handbook of behavior modification and behavior therapy* (2nd ed., pp. 353-376). New York: Plenum Press.

Bellack, A. S., Muser, K. T., Gingerich, S., & Agresta, J. (Eds.). (1997). *Social skills training for schizophrenia*. New York: Guilford Press.

Bellamy, G. T., Horner, R. H., & Inman, D. P. (1979). *Vocational habilitation of severely retarded adults: A direct service technology*. Baltimore: University Park Press.

Bentall, R. P., Lowe, C. F., & Beasty, A. (1985). The role of verbal behavior in human learning II: Developmental differences. *Journal of the Experimental Analysis of Behavior, 47*, 165-181.

Bergen, A. E., Holborn, S. W., & Scott-Huyghebart, V. C. (2002). Functional analysis of self-injurious behavior in an adult with Lesch-Nyhan Syndrome. *Behavior Modification, 26*, 187-204.

Berkowitz, L. (1988). Frustrations, appraisals, and aversively stimulated aggression. *Aggressive Behavior, 14*, 3-11.

Berkowitz, L. (1989). Frustration-aggression hypothesis: Examination and reformulation. *Psychological Bulletin, 106*, 59-73.

Bierman, K. L., Miller, C. L., & Stabb, S. D. (1987). Improving the social behavior and peer acceptance of rejected boys: Effects of social skill training with instructions and prohibitions. *Journal of Consulting and Clinical Psychology, 55*, 194-200.

Bijou, S. W., & Baer, D. M. (1961). *Child development: A systematic and empirical theory* (Vol. 1). New York: Appleton-Century-Crofts.

Bijou, S. W., & Baer, D. M. (1965). *Child development II: Universal stage of infancy*. Upper Saddle River, NJ: Prentice Hall.

Birnbrauer, J. S., Bijou, S. W., Wolf, M. M., & Kidder, J. D. (1965). Programmed instruction in the classroom. In L. P. Ullmann & L. Krasner (Eds.), *Case studies in behavior modification* (pp. 358-363). New York: Holt, Rinehart & Winston.

Bjorgvinsson, T., & Rosqvist, J. (2009). *Cognitive behavioral therapy for depression: A practical guide to management and treatment*. New York: Routledge.

Blampied, N. (1999). Cognitive-behavior therapy in Aotearoa, New Zealand. *The Behavior Therapist, 22*, 173-178.

Blampied, N. (2004). The New Zealand Association for Behavior Analysis. *Newsletter of the International Association for Behavior Analysis, 27*(2), 27.

Blanch, G. (1983). *Behavior therapy in Argentina*. Buenos Aires: AAPC Ediciones.

Blimke, J., Gowan, G., Patterson, P., & Wood, N. (1984). Sport and psychology: What ethics suggest about practice. *Sports Science Periodical on Research and Technology in Sport*. Ottawa, Ont: Coaching Association of Canada.

Block-Lerner, J., Wulfert, E., & Moses, E. (2009). ACT in context: An exploration of experiential acceptance. *Cognitive and Behavioral Practice, 76,* 443-456.

Blount, R. L., Drabman, R. S., Wilson, N., & Stewart, D. (1982). Reducing severe diurnal bruxism in two profoundly retarded females. *Journal of Applied Behavior Analysis, 15,* 565-571.

Blum, N., & Friman, P. (2000). Behavioral pediatrics. In J. Austin & J. E. Carr (Eds.), *Handbook of applied behavior analysis* (pp. 161-186). Reno, NV: Context Press.

Bond, F. W., & Bunce, D. (2000). Mediators of change in emotion-focused and problem-focused work site stress management interventions. *Journal of Occupational Health Psychology, 5,* 156-163.

Boniecki, K. A., & Moore, S. (2003). Breaking the silence: Use of the token economy to reinforce classroom participation. *Teaching of Psychology, 30,* 224-227.

Booth, R., & Rachman, S. (1992). The reduction of claustrophobia: I. *Behaviour Research and Therapy, 30,* 207-221.

Borkovec, T. D., & Sharpless, B. (2004). Generalized anxiety disorder: Bringing cognitive-behavioral therapy into the valued present. In S. C. Hayes, V. M. Follette., & M. M. Linehan (Eds.), *Mindfulness and acceptance: Expanding the cognitive-behavioral tradition.* New York: Guilford Press.

Borden, J. W. (1992). Behavioral treatment of simple phobia. In S. M. Turner, K. S. Calhoun., & H. E. Adams (Eds.), *Handbook of clinical behavior therapy* (pp. 77-94). New York: Wiley.

Borrego, J., Ibanez, E., Spendlove, S. J., & Pemberton, J. R. (2007). Treatment acceptability among Mexican American parents. *Behavior Therapy, 38,* 218-227.

Bouchard, S., Vallieres, A., Roy, M., & Maziade, M. (1996). Cognitive restructuring in the treatment of psychotic symptoms in schizophrenia: A critical analysis. *Behavior Therapy, 27,* 257-277.

Bouman, T. K., & Emmelkamp, P. M. G. (1996). Panic disorder and agoraphobia. In V. B. Van Hasselt & M. Hersen (Eds.), *Sourcebook of psychological treatment manuals for adult disorders* (pp. 23-64). New York: Plenum Press.

Bovjberg, D. H., Redd, W. H., Maier, L. A., Holland, J. C., Lesko, L. M., Niedzwiecki, D., et al. (1990). Anticipatory immune suppression in women receiving cyclic chemotherapy for ovarian cancer. *Journal of Consulting and Clinical Psychology, 58,* 153-157.

Braam, C., & Malott, R. W. (1990). "I' ll do it when the snow melts": The effects of deadlines and delayed outcomes on rule-governed behavior in preschool children. *Analysis of Verbal Behavior, 8,* 67-76.

Brantner, J. P., & Doherty, M. A. (1983). A review of time-out: A conceptual and methodological analysis. In S. Axelrod & J. Apsche (Eds.), *The effects of punishment on human behavior* (pp. 87-132). New York: Academic Press.

Braukmann, C. J., & Blase, K. B. (Eds.). (1979). *Teaching-parent training manuals* (2 vols.). Lawrence, KS: University of Kansas Printing Service.

Braukmann, C., & Wolf, M. (1987). Behaviorally based group homes for juvenile offenders. In E. K. Morris & C. J. Braukmann (Eds.), *Behavioral approaches to crime and delinquency: A handbook of application, research, and concepts* (pp. 135-160). New York: Plenum Press.

Brigham, T. A. (1982). Self-management: A radical behavioral perspective. In P. Karoly & F. H. Canfer (Eds.), *Self-management and behavior change: From theory to practice* (pp. 32-59).

New York: Pergamon Press.

Brigham, T. A. (1989a). *Managing everyday problems*. New York: Guilford Press.

Brigham, T. A. (1989b). *Self-management for adolescents: A skills training program*. New York: Guilford Press.

Briscoe, R. V., Hoffman, D. B., & Bailey, J. S. (1975). Behavioral community psychology: Training a community board to problem-solve. *Journal of Applied Behavior Analysis, 8*, 157-168.

Bromfield, R., Bromfield, D., & Weiss, B. (1988). Influence of the sexually abused label on perceptions of a child' s failure. *Journal of Educational Research, 82*, 96-98.

Bromfield, R., Weisz, J. R., & Messer, T. (1986). Children' s judgments and attributions in response to the "mentally retarded" label: A developmental approach. *Journal of Abnormal Psychology, 95*, 81-87.

Brossart, D. F., Parker, R. I., Olson, E. A., & Mahadevan, L. (2006). The relationship between visual analysis and five statistical analyses in a simple AB single-case research design. *Behavior Modification, 30*, 531-563.

Brown, R. (1973). *A first language: The early years*. Cambridge, MA: Harvard University Press.

Brown, W. H., Pfeiffer, K., Mciver, K. L., Dowda, M., Almeida, J., & Pate. R. R. (2006). Assessing preschool children' s physical activity: An Observational System for Recording Physical Activity in Children—Preschool version (OSRPAC-P). *Research Quarterly for Exercise and Sport, 77*, 167-176.

Brownell, K. D. (1981). Report on international behavior therapy organizations. *The Behavior Therapist, 4*, 9-13.

Bruzek, J. L., Thompson, R. H., & Peters, L. C. (2009). Resurgence of infant caregiving responses. *Journal of the Experimental Analysis of Behavior, 92*, 327-343.

Bush, J. P., & Ciocco, J. E. (1992). Behavioral coding and sequential analysis: The portable computer systems for observational use. *Behavioral Assessment, 14*, 191-197.

Butler, A., Chapman, J. M., Forman, E. M., & Beck, A. T. (2006). The empirical status of cognitive behavioral therapy: A review of meta-analyses. *Clinical Psychology Review, 26*, 17-31.

Buzas, H. P., & Ayllon, T. (1981). Differential reinforcement in coaching skills. *Behavior Modification, 5*, 372-385.

Caballo, V. E., & Buela-Casal, G. (1993). Behavior therapy in Spain. *Behavior Therapist, 16*, 53-54.

Caldwell, L. (1971). Behavior modification with children. Paper presented at the 1st Manitoba Behavior Change Conference, Portage la Prairie, Manitoba, Canada.

Cameron, J., Banko, K. M., & Pierce, W. D. (2001). Pervasive negative effects of rewards on intrinsic motivation: The myth continues. *The Behavior Analyst, 24*, 1-44.

Carr, E. G. (1977). The origins of self-injurious behavior: A review of some hypotheses. *Psychological Bulletin, 84*, 800-816.

Carr, E. G., & Durand, V. M. (1985). Reducing behavior problems through functional communication training. *Journal of Applied Behavior Analysis, 18*(2), 111-126.

Carr, E. G., Newsom, C. D., & Binkoff, J. A. (1980). Escape as a factor in the aggressive behavior of two retarded children. *Journal of Applied Behavior Analysis, 13*, 101-117.

Carr, J. E., Coriaty, S., & Dozier, C. L. (2000). Current issues in the function-based treatment of aberrant behavior in individuals with developmental disabilities. In J. Austin & J. E. Carr (Eds.), *Handbook of applied behavior analysis* (pp. 91-112). Reno, NV: Context Press.

Carr, J. E., & Sidener, T. M. (2002). In response:

On the relation between applied behavior analysis and positive behavior support. *The Behavior Analyst, 25*(1), 425-253.

Carter, N. (2004). Swedish Association for Behavior Analysis. *Newsletter of the International Association for Behavior Analysis, 27*(2), 29.

Catania, A. C. (1975). The myth of self-reinforcement. *Behaviorism, 5*, 192-199.

Cattell, R. B., Eber, H. W., & Tatsuoka, M. M. (1970). *Handbook for the 16-Personality Factor Questionnaire*. Champaign, IL: Institute for Personality and Ability Testing.

Cautela, J. R. (1966). Treatment of compulsive behavior by covert desensitization. *Psychological Record, 16*, 33-41.

Cautela, J. R. (1981). *Behavior analysis forms for clinical intervention* (Vol. 2). Champaign, IL: Research Press.

Cautela, J. R., Kastenbaum, R., & Wincze, J. (1972). The use of the Fear Survey Schedule and the Reinforcement Survey Schedule to survey possible reinforcing and aversive stimuli among juvenile offenders. *Journal of Genetic Psychology, 121*, 255-261.

Cautela, J. R., & Kearney, A. (1993). *The covert conditioning handbook*. Pacific Grove, CA: Brooks/Cole.

Charlop, M. H., Burgio, L. D., Iwata, B. A., & Ivancic, M. T. (1988). Stimulus variation as a means of enhancing punishment effects. *Journal of Applied Behavior Analysis, 21*, 89-95.

Chen, C. P. (1995). Counseling applications of RET in a Chinese cultural context. *Journal of Rational-Emotive and Cognitive Behavior Therapy, 13*, 117-129.

Chomsky, N. (1959). A review of B. F. Skinner's Verbal Behavior. *Language, 35*, 26-58.

Christensen, A., Sevier, M., Simpson, L. E., & Gattis, K. S. (2004). Acceptance, mindfulness, and change in couple therapy. In S. C. Hayes, V. M. Follette., & M. M. Linehan (Eds.), *Mindfulness and acceptance: Expanding the cognitive behavioural tradition*. New York: Guilford Press.

Christensen, A., Wheeler, J. G., & Jacobson, N. S. (2008). Couple distress. In D. H. Barlow (Ed.), *Clinical handbook of psychological disorders: A step-by-step treatment manual* (4th ed.). New York: Guilford Press.

Christner, R. W., Stewart, J., & Freeman, A. (Eds.). (2007). *Handbook of cognitive-behavior group therapy with children and adolescents: Specific settings and presenting problems*. New York: Routledge Mental Health.

Christophersen, E. R., & Mortweet, S. L. (2001). *Treatments that work: Empirically supported treatments for managing child behavior problems*. Washington, DC: American Psychological Association.

Chung, S. H. (1965). Effects of delayed reinforcement in a concurrent situation. *Journal of the Experimental Analysis of Behavior, 8*, 439-444.

Cipani, E. (2004). *Punishment on trial*. Reno, NV: Context Press.

Cipani, E., & Schock, K. M. (2007). *Functional behavioral assessment, diagnosis, and treatment*. New York: Springer Publishing Company.

Clarke, I., & Wilson, H. (2008). *Cognitive Behavior Therapy for acute in-patient mental health units*. London: Routledge.

Cohen, R., Dejames, P., Nocera, B., & Ramberger, M. (1980). Application of a simple self-instruction procedure on adult exercise and studying: Two case reports. *Psychological Reports, 46*, 443-451.

Cone, J. D. (1997). Issues in functional analysis in behavioral assessment. *Behavior Research and Therapy, 35*, 259-275.

Cone, J. D. (Ed.). (1999). Special section: Clinical assessment applications of self-monitoring. *Psychological Assessment, 11*, 411-497.

Conyers, C., Martin, T. L., Martin, G. L., & Yu, D.

C. T. (2002). The 1983 AAMR manual, the 1992 AAMR manual, or the Developmental Disabilities Act: Which is used by researchers? *Education and Training in Mental Retardation and Developmental Disabilities, 37*, 310–316.

Conyers, C., Miltenberger, R., Maki, A., Barenz, R., Jurgens, M., Sailor, A., Haugen, N., & Kopp, B. (2004). A comparison of response cost and differential reinforcement of other behavior to reduce disruptive behavior in a preschool classroom. *Journal of Applied Behavior Analysis, 37*, 411–415.

Coon, D. W., & Thompson, L. W. (2002). Family caregivers for older adults: Ongoing and emergent themes for the behavior therapist. *The Behavior Therapist, 25*, 17–20.

Corrigan, R. W. (1995). Use of a token economy with seriously mentally ill patients: Criticisms and misconceptions. *Psychiatric Services, 46*, 1258–1263.

Cottraux, J. (1990). "Cogito ergo somme": Cognitive behavior therapy in France. *Behavior Therapist, 13*, 189–190.

Cowdery, G. E., Iwata, B. A., & Pace, G. M. (1990). Effects and side-effects of DRO as treatment for self-injurious behavior. *Journal of Applied Behavior Analysis, 23*, 497–506.

Cox, B. S., Cox, A. B., & Cox, D. J. (2000). Motivating signage prompts: Safety belt use among drivers exiting senior communities. *Journal of Applied Behavior Analysis, 33*, 635–638.

Cracklen, C., & Martin, G. (1983). To motivate age-group competitive swimmers at practice, "fun" should be earned. *Swimming Techniques, 20*(3), 29–32.

Craighead, L. W. (2004). Obesity and eating disorders. In M. M. Antony & D. H. Barlow (Eds.), *Handbook of assessment and treatment planning for psychological disorders*. New York: Guilford Press.

Craske, M. G., & Barlow, D. H. (2008). Panic disorder and agoraphobia. In D. H. Barlow (Ed.), *Clinical handbook of psychological disorders: A step-by-step treatment manual* (4th ed.). New York: Guilford Press.

Crosbie J., & Glenn, K. (1993). A computer based personalized system of instruction in applied behavior analysis. *Behavior Research Methods, Instruments and Computers, 25*, 366–370.

Crowell, C. R., Quintanar, L. R., & Grant, K. L. (1981). Proctor: An online student evaluation and monitoring system for use with PSI format courses. *Behavior Research Methods and Instrumentation, 13*, 121–127.

Cummings, N. A., O'Donohue, W. T., & Ferguson, K. E. (2003). *Behavioral health as primary care: Beyond efficacy to effectiveness*. Reno, NV: Context Press.

Cuvo, A., & Davis, P. K. (2000). Behavioral acquisition by persons with developmental disabilities. In J. Austin & J. E. Carr (Eds.), *Handbook of applied behavior analysis* (pp. 39–60). Reno: NV: Context Press.

Cuvo, A. J., Davis, P. K., O'Reilly, M. F., Mooney, B. M., & Crowley, R. (1992). Promoting stimulus control with textual prompts and performance feedback for persons with mild disabilities. *Journal of Applied Behavior Analysis, 25*, 477–489.

Dallery, J., Meredith, S., & Glenn, I. M. (2008). A deposit contract method to deliver abstinence reinforcement for cigarette smoking. *Journal of Applied Behavior Analysis, 41*, 609–615.

Daly, E. J., III, Martens, B. K., Kilmer, A., & Massie, D. R. (1996). The effects of instructional match and content overlap on generalized reading performance. *Journal of Applied Behavior Analysis, 29*, 507–518.

Danaher, B. G. (1977). Research on rapid smoking: Interim summary and recommendations. *Addictive Behavior, 2*, 151–166.

Danguah, J. (1982). The practice of behavior therapy in West Africa: The case of Ghana. *Journal of Behavior Therapy and Experimental Psychiatry, 13*, 5-13.

Daniels, A. C., & Daniels, J. E. (2005). *Performance management: Changing behavior that drives organizational effectiveness*. Atlanta GA: Performance Management Publications.

Dardig, J. C., & Heward, W. L. (1976). *Sign here: A contracting book for children and their parents*. Kalamazoo, MI: Behaviordelia.

Daruna, J. H. (2004). *Introduction to psycho-neuroimmunology*. St. Louis, MO: Elsevier, Academic Press.

Dattilo, F. M. (1999). Cognitive behavior therapy in Cuba. *The Behavior Therapist, 22,* 78, 91.

David, D., & Miclea, M. (2002). Behavior therapy in Romania: A brief history of theory, research, and practice. *The Behavior Therapist, 25*, 181-183.

Day, H. R., & Ballard, D. (2005). *The Classroom Mini-Economy*. New York: NY: National Council for Economic Education.

Deci, E. L., Koestner, R., & Ryan, R. M. (1999). A meta-analytic review of experiments examining the effects of extrinsic rewards on intrinsic motivation. *Psychological Bulletin, 125*, 627-668.

Deitz, S. M., & Repp, A. C. (1973). Decreasing classroom misbehavior through the use of DRL schedules of reinforcement. *Journal of Applied Behavior Analysis, 6*, 457-463.

Dekker, E., & Groen, J. (1956). Reproducible psychogenic attacks of asthma: A laboratory study. *Journal of Psychosomatic Research, 1*, 58-67.

Deleon, L G., & Iwata, B. A. (1996). Evaluation of a multiple-stimulus presentation format for assessing reinforcer preferences. *Journal of Applied Behavior Analysis, 29*, 519-533.

Deluca, R. V., & Holborn, S. W. (1992). Effects of a variable ratio reinforcement schedule with changing-criteria on exercise in obese and non-obese boys. *Journal of Applied Behavior Analysis, 25*, 671-679.

Demchak, M. (1990). Response prompting and fading methods: A review. *American Journal on Mental Retardation, 94*, 603-615.

Demchak, M. A., & Bossert, K. W. (1996). *Innovations: Assessing problem behaviors*. Washington, DC: American Association on Mental Retardation.

Den Boer, P., C., Wiersma, D., & Van Den Bosch, R. J. (2004). Why is self-help neglected in the treatment of emotional disorders? A meta-analysis. *Psychological Medicine, 34*, 959-971.

Depaepe, P. A., Shores, R. E., Jack, S. L., & Denny, R. K. (1996). Effects of task difficulty on the disruptive and on-task behavior of students with severe behavior disorders. *Behavioral Disorders, 21*, 216-225.

Depression Guideline Panel. (1993). *Depression in primary care: Vol. 2. Treatment of major depression* (Clinical Practice Guideline, No. 5, AHCPR Pub. No. 93-0551). Rockville, MD: U.S. Department of Health and Human Services, Public Health Service, Agency for Health Care Policy and Research.

Derenne, A., & Baron, A. (2002). Behavior analysis and the study of aging. *The Behavior Analyst, 25*, 151-160.

Dericco, D. A., & Niemann, J. E. (1980). In vivo effects of peer modelling on drinking rate. *Journal of Applied Behavior Analysis, 13*, 149-152.

Derisi, W. J., & Butz, G. (1975). *Writing behavioral contracts: A case simulation practice manual*. Champaign, IL: Research Press.

Desilva, P., & Simarasinghe, D. (1985). Behavior therapy in Sri Lanka. *Journal of Behavior Therapy and Experimental Psychiatry, 16*, 95-100.

Devries, J. E., Burnette, M. M., & Redmon, W. K.

(1991). AIDS prevention: Improving nurses' compliance with glove wearing through performance feedback. *Journal of Applied Behavior Analysis, 24*, 705-711.

Dickerson, F. B., Tenhula, W. N., & Green-Paden, L. D. (2005). The token economy for schizophrenia: Review of the literature and recommendations for future research. *Schizophrenia Research, 75*, 405-416.

Dick-Siskin, L. P. (2002). Cognitive-behavioral therapy with older adults. *The Behavior Therapist, 25*, 3-4, 6.

Didden, R. (2007). Functional analysis methodology in developmental disabilities. In P. Sturmey (Ed.), *Functional analysis in clinical treatment* (pp. 65-86). London: Elsevier.

Digiuseppe, R. (2008) Surfing the waves of behavior therapy. *The Behavior Therapist, 37*, 154-155.

Dimidjian, S., Hollon, S. D., Dobson, K. S., Schmaling, K. B., Kohlenberg, R. J., Addis, M. E., et al. (2006). Randomized trial of behavioral activation, cognitive therapy, and antide-presssant medication in the acute treatment of adults with major depression. *Journal of Consulting and Clinical Psychology, 74*, 658-670.

Dimidjian, S., Hollon, S., Dobson, K., Schmaling, K., Kohlenberg, R., McGilinchey, J., et al. (2003, November). Behavioral activation, cognitive therapy, and antidepressant medication in the treatment of major depression: Design and acute phase outcomes. Presented at the 37th Annual Convention of the Association for Advancement of Behavior Therapy, Boston.

Dimidjian, S., Martell, C. R., Addis, M. E., & Herman-Dunn, R. (2008). In D.H. Barlow (Ed.), *Clinical handbook of psychological disorders: A step-by-step treatment manual* (4th ed., pp. 328-364). New York: Guilford Press.

Dobson, K. S. (1989). Meta-analysis of the efficacy of cognitive therapy for depression. *Journal of Consulting and Clinical Psychology, 57*, 414-419.

Dobson, K. S., Hollon, S. D., Dimidjian, S., Schmaling, K. B., Kohlenberg, et al. (2008). Randomized trial of behavioral activation, cognitive therapy, and antidepressant medication in the prevention of relapse and recurrence in major depression. *Journal of Consulting and Clinical Psychology, 76*, 468-477.

Doleys, D. M., Meredith, R. L., & Ciminero, A. R. (Eds.). (1982). *Behavioral psychology and medicine and rehabilitation: Assessment and treatment strategies*. New York: Plenum Press.

Dollard, J., & Miller, N. E. (1950). *Personality and psychotherapy*. New York: McGraw-Hill.

Dorsey, M. F., Iwata, B. A., Ong, P., & McSween, T. E. (1980). Treatment of self-injurious behavior using a water mist: Initial response suppression and generalization. *Journal of Applied Behavior Analysis, 13*, 343-353.

Dougher, M. J. (1997). Cognitive concepts, behavior analysis, and behavior therapy. *Journal of Behavior Therapy and Experimental Psychiatry, 28*, 65-70.

Dougher, M. J. (Ed.). (2000). *Clinical behavior analysis*. Reno, NV: Context Press.

Drash, P. W., & Tudor, M. (1993). A functional analysis of verbal delay in preschool children: Implications for prevention and total recovery. *The Analysis of Verbal Behavior, 11*, 19-29.

Dryden, W. (1999). *Rational-emotive behavior therapy: A training manual*. New York: Springer.

Dufrene, B. A., Watson, T. S., & Kazmerski, J. S. (2008). Functional analysis and treatment of nail biting. *Behavior Modification, 32*, 913-927.

Dugas, M. J., & Robichaud, M. (2006). *Cognitive-behavioral treatment for generalized anxiety disorder: From science to practice*. New

York: Routledge.

Dunlap, G., & Kincaid, D. (2001). The widening world of functional assessment: Comments on four manuals and beyond. *Journal of Applied Behavior Analysis, 34,* 365-377.

Dymond, S., & Barnes, D. (1997). Behavior analytic approaches to self-awareness. *The Psychological Record, 47,* 181-200.

Dymond, S., Chiesa, M., & Martin, N. (2003). An update on providing graduate level training in applied behavior analysis in the UK. *Newsletter of the International Association for Behavior Analysis, 26*(3), 10.

Dymond, S., & Rehfeldt, R. A. (2000). Understanding complex behavior: The transformation of stimulus functions. *The Behavior Analyst, 23,* 239-254.

D' Zurilla, T. J., & Goldfried, M. R. (1971). Problem-solving and behavior modification. *Journal of Abnormal Psychology, 78,* 107-126.

D' Zurilla, T. J., & Nezu, A. M, (1999). *Problem-solving therapy, 2nd ed.: A social competence approach to clinical intervention.* New York: Springer.

Ekman, P. (1972). Universal and cultural differences in facial expressions of emotions. In J. K. Cole (Ed.), *Nebraska Symposium on Motivation* (Vol. 19). Lincoln: University of Nebraska Press.

Elkin, I. (1994). The NIMH Treatment of Depression Collaborative Research Program: Where we began and where we are. In A. E. Bergin & S. L. Garfield (Eds.), *Handbook of psychotherapy and behavior change* (4th ed., pp. 114-139). New York: Wiley.

Elkin, I, Shea, M. T., Watkins, J. T., Imber, S. D., Sotsky, S. M., Collins, J. R., et al. (1989). National Institute of Mental Health Treatment of Depression Collaborate Research Program: General effectiveness treatments. *Archives of General Psychiatry, 46,* 971-982.

Ellingson, S. A., Miltenberger, R. G., Strieker, J. M., Garlinghouse, M. A., Roberts, J., & Galenski, T. L. (2000). Analysis and treatment of finger sucking. *Journal of Applied Behavior Analysis, 33,* 41-52.

Ellis, A. (1962). *Reason and emotion in psychotherapy.* New York: Lyle Stewart.

Ellis, A. (1993). Changing rational-emotive therapy (RET) to rational-emotive behavior therapy (REBT). *The Behavior Therapist, 16,* 257-258.

Ellis, A., & Bernard, M. E. (Eds.). (1985). *Clinical applications of rational-emotive therapy.* New York: Plenum Press.

Ellis, A., & Dryden, W. (1997). *The practice of rational-emotive behavior therapy* (2nd ed.). New York: Springer.

Ellis, A., & Grieger, R. (1977). *Handbook of rational-emotive therapy.* New York: Springer.

Elwood, R. W., & Appel, M. (2009). Pain experience in hermit crabs? *Animal Behaviour, 77,* 1243-1246.

Emmelkamp, P. M. G. (2004). Behavior therapy with adults. In M. J. Lambert (Ed.), *Bergin and Garfield's handbook of psychotherapy and behavior change* (5th ed., pp. 393-446). New York: Wiley.

Emmelkamp, P. M. G., Bouman, T. K., & Scholing, A. (1992). *Anxiety disorders: A practitioner's guide.* Chichester, UK: Wiley.

Engelman, K. K., Altus, D. E., Mosier, M. C., & Mathews, R. M. (2003). Brief training to promote the use of less intensive prompts by nursing assistants in a dementia-care unit. *Journal of Applied Behavior Analysis, 36,* 129-132.

Ervin, R. A., & Ehrhardt, K. E. (2000). Behavior analysis and school psychology. In J. Austin & J. E. Carr (Eds.), *Handbook of applied behavior analysis* (pp. 113-136). Reno, NV: Context Press.

Eysenck, H. J. (1959). Learning theory and behavior therapy. *Journal of Mental Science, 105,* 61-75.

Eysenck, H. J. (Ed.). (1960). *Behaviour therapy and the neuroses.* London: Pergamon.

Fabiano, G. A., & Elkin, T. D. (2006). Dissemination of behavior therapy techniques through television. *The Behavior Therapist, 29,* 3-4.

Fabiano, G. A., Pelham, W. E., Jr., Manos, M. J., Gnagy, E. M., Chronis, A. M., Onyango, A. N., et al. (2004). An evaluation of three time-out procedures for children with attention-deficit/hyperactive disorder. *Behavior Therapy, 35,* 449-469.

Fairburn, C. G. (2008). *Cognitive behavior therapy and eating disorders.* New York: Guilford Press.

Fairburn, C. G., Cooper, Z., Shafran, R., & Wilson, G. T. (2008). Eating disorders: A trans-diagnostic protocol. In D. H. Barlow (Ed.), *Clinical handbook of psychological disorders: A step-by-step treatment manual* (4th ed.). New York: Guilford Press.

Faith, M. S., Fontaine, K. R., Cheskin, L. J., & Allison, D. B. (2000). Behavioral approaches to the problems of obesity. *Behavior Modification, 24,* 459-493.

Fantino, E. (2008). Choice, conditioned reinforcement, and the Prius effect. *The Behavior Analyst, 31,* 95-111.

Fantino, E., & Logan, C. A. (1979). *The experimental analysis of behavior.* San Francisco: Freeman.

Farmer, R. F., & Latner, J. D. (2007). Eating disorders. In P. Sturmey (Ed.), *Functional analysis in clinical treatment* (pp. 379-402). London: Elsevier.

Farrell, A. D. (1991). Computers and behavioral assessment: Current applications, future possibilities, and obstacles to routine use. *Behavioral Assessment, 13,* 159-179.

Favell, J. E., Azrin, N. H., Baumeister, A. A., Carr, E. G., Dorsey, M. F., Forehand, R., et al. (1982). The treatment of self-injurious behavior. *Behavior Therapist, 13,* 529-554.

Fawcett, S. B., & Miller, L. K. (1975). Training public-speaking behavior: An experimental analysis and social validation. *Journal of Applied Behavior Analysis, 8,* 125-135.

Fazzio, D., Martin, G. L., Arnal, L., & Yu, D. (2009). Instructing university students to conduct discrete-trials teaching with children with autism. *Journal of Autism Spectrum Disorders, 3,* 57-66.

Feldman, M. A. (1990). Balancing freedom from harm and right to treatment in persons with developmental disabilities. In A. Repp and N. N. Singh (Eds.), *Current perspectives in use of nonaversive and aversive interventions with developmentally disabled persons.* Sycamore, IL: Sycamore Press.

Fellner, D. J., & Sulzer-Azaroff, B. (1984). A behavioral analysis of goal setting. *Journal of Organizational Behavior Management, 6,* 33-51.

Ferster, C. B. (1993). A functional analysis of depression. *American Psychologist, 28,* 857-870.

Ferster, C. B., & Demyer, M. K. (1962). A method for the experimental analysis of the behavior of autistic children. *The American Journal of Orthopsychiatry, 32,* 89-98.

Ferster, C. B., & Skinner, B. F. (1957). *Schedules of reinforcement.* New York: Appleton-Century-Crofts.

Filcheck, H. A., McNeil, C. B., Greco, L. A., & Bernard, L S. (2004). Using a whole-class token economy and coaching of teacher skills in a preschool classroom to manage disruptive behavior. *Psychology in the Schools, 41,* 351-361.

Filter, K. J. (2007). Positive behavior support: Considerations for the future of a model. *The Behavior Analyst, 30,* 87-89.

Fisch, G. S. (1998). Visual inspection of data revisited: Do the eyes still have it? *The Behavior Analyst, 21,* 111-123.

Fischer, J., & Corcoran, K. (1994). *Measures for clinical practice: A source book* (2nd ed., Vols. 1 and 2). New York: Free Press.

Fisher, W. W., Kelley, M. E., & Lomas, J. E. (2003). Visual aids and structured criteria for improving visual inspection and interpretation of single-case designs. *Journal of Applied Behavior Analysis, 36*, 387-406.

Fixsen, D. L., & Blase, K. A. (1993). Creating new realities: Program development and dissemination. *Journal of Applied Behavior Analysis, 26*, 597-615.

Fixsen, D. L., Blase, K. A., Timbers, G. D., & Wolf, M. M. (2001). In search of program implementation: 792 replications of the teaching-family model. In G. A. Bernfeld, D. P. Farrington., & A. W. Leschied (Eds.), *Offender rehabilitation in practice: Implementing and evaluating effective programs* (pp. 149-166). London: Wiley.

Flanagan, B., Goldiamond, L., & Azrin, N. (1958). Operant stuttering: The control of stuttering behavior through response-contingent consequences. *Journal of the Experimental Analysis of Behavior, 1*, 173-177.

Flanagan, C. (1991). Behavior therapy and cognitive therapy in Ireland. *The Behavior Therapist, 14*, 231-232.

Flora, S. R. (1990). Undermining intrinsic interest from the standpoint of a behaviorist. *The Psychological Record, 40*, 323-346.

Flora, S. R. (2000). Praise' s magic: Reinforcement ratio five-one gets the job done. *Behavior Analyst Today [Online], 1*(4), 64-69. Available: www.behavior.org.

Flora, S. R. (2007). *Taking America off drugs: Why behavior therapy is more effective for treating ADHD, OCD, depression, and other psychological problems*. New York: State University of New York Press.

Flora, S. R., & Flora, D. B. (1999). Effects of extrinsic reinforcement for reading during childhood on reported reading habits of college students. *The Psychological Record, 49*, 3-14.

Foa, E. B. (2000). Psychosocial treatment of post-traumatic stress disorder. *Journal of Clinical Psychiatry, 61*(Suppl. 5), 43-48.

Fombonne, E. (2007). Epidemiological surveys of pervasive developmental disorders. In F. Volkmar (Ed.), *Autism and pervasive developmental disorder* (2nd ed., pp. 33-68). Cambridge, UK: Cambridge University Press.

Fonagy, P., Target, M, Cottrell, D., Phillips, J., & Kurtz, Z. (2002). *What works for whom? A critical review of treatments for children and adolescents*. New York: Guilford Press.

Forman, E. M., Herbert, J. D., Moitra, E., Yeomans, P. D., & Geller, P. A. (2007). A randomized controlled effectiveness trial of Acceptance and Commitment Therapy and Cognitive Therapy for anxiety and depression. *Behavior Modification, 31*, 772-799.

Forsyth, J. P., & Eifert, G. H. (2007). *The mindfulness and acceptance workbook for anxiety: A guide to breaking free from anxiety, phobias, and worry using Acceptance and Commitment Therapy*. Oakland, CA: New Harbinger.

Foxx, R. M., & Faw, G. D. (1990). Problem-solving skills training for psychiatric inpatients: An analysis of generalization. *Behavioral Residential Treatment, 5*, 159-176.

Foxx, R. M., & Shapiro, S. T. (1978). The timeout ribbon: A non-exclusionary timeout procedure. *Journal of Applied Behavior Analysis, 11*, 125-136.

Franklin, M. E., & Foa, E. B. (2008). Obsessive compulsive disorder. In D. H. Barlow (Ed.), *Clinical handbook of psychological disorders: A step-by-step treatment manual*. New York: Guilford Press.

Franks, C. M. (1964). *Conditioning techniques in clinical practice and research*. New York:

Springer.

Franks, C. M. (Ed.). (1969). *Behavior therapy: Appraisal and status*. New York: McGraw-Hill.

Frea, W. D., & Vittimberga, G. L. (2000). Behavior interventions for children with autism. In J. Austin & J. E. Carr (Eds.), *Handbook of applied behavior analysis* (pp. 247-274). Reno, NV: Context Press.

Frederick, L. D., Deitz, S. M., Bryceland, J. A., & Hummel, J. H. (2003). *Behavior analysis, education, and effective schooling*. Reno, NV: Context Press.

Frederiksen, L. W., & Lovett, F. B. (1980). Inside organizational behavior management: Perspectives on an emerging field. *Journal of Organizational Behavior Management, 2,* 193-203.

Friman, P. C. (2000). Behavioral family-style residential care for troubled out-of-home adolescents: Recent findings. In J. Austin and J. E. Carr (Eds.), *Handbook of Applied Behavior Analysis*. Reno, NV: Context Press.

Friman, P. C., Osgood, D. W., Smith, G., Shanahan, D., Thompson, R. W., Larzelere, R., & Daly, D. L. (1996). A longitudinal evaluation of prevalent negative beliefs about residential placement for troubled adolescents. *Journal of Abnormal Child Psychology, 24,* 299-324.

Friman, P. C., & Poling, A. (1995). Making life easier with effort: Basic findings and applied research on response effort. *Journal of Applied Behavior Analysis, 28,* 583-590.

Friman, P. C., & Vollmer, D. (1995). Successful use of the nocturnal urine alarm for diurnal enuresis. *Journal of Applied Behavior Analysis, 28,* 89-90.

Fuller, P. R. (1949). Operant conditioning of a vegetative human organism. *American Journal of Psychology, 62,* 587-590.

Gelfand, D. M., Hartmann, D. P., Lamb, A. K., Smith, C. L., Mohan, M. A., & Paul, S. C. (1974). Effects of adult models and described alternatives on children's choice of behavior management techniques. *Child Development, 45,* 585-593.

Geller, E. S., Winett, R. A., & Everett, P. B. (1982). *Preserving the environment: New strategies for behavior change*. New York: Plenum Press.

Gena, A., Krantz, P. J., McClannahan, L. E., & Poulson, C. L. (1996). Training and generalization of effective behavior displayed by youth with autism. *Journal of Applied Behavior Analysis, 29,* 291-304.

Gershoff, E. T. (2002). Corporal punishment by parents and associated child behaviors and experiences: A meta-analytic and theoretical review. *Psychological Bulletin, 128,* 539-579.

Ghezzi, P. M., Williams, W. L., & Carr, E. (Eds.). (1999). *Autism: Behavior analytic perspectives*. Reno, NV: Context Press.

Gimpel, G. A., & Holland, V. L. (2003). *Emotional and behavioral problems of young children*. New York: Guilford Press.

Girardeau, F. L., & Spradlin, J. E. (1964). Token rewards on a cottage program. *Mental Retardation, 2,* 345-351.

Glenwick, D. S. (1990). Commentary on the special issue: The adolescent identity development of behavioral community psychology. *The Community Psychologist, 23,* 14-16.

Glynn, S. N. (1990). Token economy approaches for psychiatric patients: Progress and pitfalls over 25 years. *Behavior Modification, 14,* 383-407.

Glynn, E. L., & Thomas, J. D. (1974). Effect of cueing on self-control of classroom behavior. *Journal of Applied Behavior Analysis, 7,* 299-306.

Goetz, E. M., & Baer, D. M. (1973). Social control of form diversity and the emergence of new forms in childrens' block building. *Journal of Applied Behavior Analysis, 6,* 105-113.

Goldiamond, I. (1965). Self-control procedures in personal behavior problems. *Psychological Reports, 17,* 851-868.

Goldiamond, I. (1976). Self-reinforcement. *Journal of Applied Behavior Analysis, 9,* 509-514.

Gormally, J., Black, 5.,Daston, S., & Rardin, D. (1982). The assessment of binge eating severity among obese persons. *Addictive Behaviors, 7,* 47-55.

Gortner, E. T., Golan, K., Dobson, K. S., & Jacobson, N. S. (1998). Cognitive behavior treatment for depression. *Relapse Prevention, 66,* 377-384.

Gossette, R. L., & O' Brien, R. M. (1989, May). Efficacy of rational-emotive therapy with children: Fact or artifact? Paper presented at the meeting of the Association for Behavior Analysis, Nashville, TN.

Gossette, R. L., & O' Brien, R. M. (1992). The efficacy of rational-emotive therapy in adults: Clinical fact or psychometric artifact? *Journal of Behavior Therapy and Experimental Psychiatry, 23,* 9-24.

Gould, D. (1998). Goal-setting for peak performance. In J. M. Williams (Ed.), *Applied sport psychology: Personal growth to peak performance* (3rd ed.). Mountainview, CA: Mayfield.

Gould, R. A., & Clum, G. A. (1993). A meta-analysis of self-help treatment approaches. *Clinical Psychological Review, 13,* 167-189.

Graaf, I. D., Speetjens, P., Smit, F., Wolff, M. D., & Tavecchio, L. (2008). Effectiveness of the Triple P Positive Parenting Program on behavioral program in children: A meta-analysis. *Behavior Modification, 32,* 714-735.

Grassi, T. C. C. (Ed.). (2004). *Contemporary challenges in the behavioral approach: A Brazilian overview.* Santo Andre, Brazil: Esetec Editores Associados.

Graziano, A. M. (1975). Futurants, coverants and operants. *Behavior Therapy, 6,* 421-422.

Graziano, A. M. (2002). *Developmental disabilities: Introduction to a diverse field.* Boston: Allyn & Bacon.

Greenspoon, J. (1951). The effect of verbal and nonverbal stimuli on the frequency of members of two verbal response classes. Unpublished doctoral dissertation, Indiana University, Bloomington.

Greenspoon, J. (1955). The reinforcing effect of two spoken words on the frequency of two responses. *American Journal of Psychology, 68,* 409-416.

Greenspoon, J. (1976). *The sources of behavior: Abnormal and normal.* Monterey, CA: Brooks/Cole.

Gregory, R. J., Canning, S. S., Lee, T. W., Wise, J. C. (2004). Cognitive bibliotherapy: A meta-analysis. *Professional Psychology: Research and Practice, 35,* 275-280.

Gresham, F. M., & MacMillan, D. L. (1997). Autistic recovery? An analysis and critique of the empirical evidence on the early intervention project. *Behavioral Disorders, 22,* 185-201.

Griffen, A. K., Wolery, M., & Schuster, W. (1992). Triadic instruction of chained food preparation responses: Acquisition and observational learning. *Journal of Applied Behavior Analysis, 25,* 193-204.

Griffith, R. G., & Spreat, S. (1989). Aversive behavior modification procedures and the use of professional judgment. *Behavior Therapist, 72*(7), 143-146.

Guess, D., & Carr, E. (1991). Emergence and maintenance of stereotopy and self-injury. *American Journal on Mental Retardation, 96,* 299-319.

Guess, D., Helmstetter, E., Turnbull, H. R., III., & Knowlton, S. (1986). *Use of aversive procedures with persons who are disabled: An historical review and critical analysis.* Seattle, WA: Association for Persons with Severe Handicaps.

Guess, D., Sailor, W., Rutherford, G., & Baer, D. M. (1968). An experimental analysis of linguistic development: The productive use of the plural morpheme. *Journal of Applied Behavior Analysis, 7*, 297-306.

Guevremont, D. C., Osnes, P. G., & Stokes, T. F. (1986). Preparation for effective self-regulation: The development of generalized verbal control. *Journal of Applied Behavior Analysis, 19*, 99-104.

Guilhardi, H. J. (2004). Coercive control and anxiety—A case of "panic disorder" treated by therapy by contingencies of reinforcement. In T. Grassi (Ed.), *Contemporary challenges in the behavioral approach: A Brazilian overview*. Santo André, Brazil: Esetec Editores Associados.

Guthrie, E. R. (1935). *The psychology of human learning*. New York: Harper & Row.

Hackenberg, T. D. (2009). Token reinforcement: A review and analysis. *Journal of the Experimental Analysis of Behavior, 91*, 257-286.

Hagopian, L. P., Piazza, C. C., Fisher, W. W., Thibault Sullivan, M., Acquisto, J., & Leblanc, L. A. (1998). Effectiveness of functional communication training with and without extinction and punishment: A summary of 21 inpatient cases. *Journal of Applied Behavior Analysis, 22*(2), 273-282.

Hains, A. H., & Baer, D. M. (1989). Interaction effects in multi-element designs: Inevitable, desirable, and ignorable. *Journal of Applied Behavior Analysis, 22*, 57-69.

Hanley, G. P., Iwata, B. A., & McCord, B. E. (2003). Functional analysis of problem behavior: A review. *Journal of Applied Behavior Analysis, 36*, 147-185.

Hanley, G. P., Piazza, C. C, Fisher, W. W., Maglieri, K. A. (2005). On the effectiveness of and preference for punishment and extinction components of function-based intervenetions. *Journal of Applied Behavior Analysis, 38*(1), 51-65.

Hansen, D. J., Tishelman, A. C., Hawkins, R. P., & Doepke, K. (1990). Habits with potential as disorders: Prevalence, severity, and other characteristics among college students. *Behavior Modification, 14*, 66-88.

Hantula, D. A., Boyd, J. H., & Crowell, C. I. (1989). Ten years of behavioral instruction with computers: Trials, tribulations, and reflections. *Proceedings of the Academic Microcomputer Conference* (pp. 81-92). Indianapolis, IN: Author.

Hardy, L., Martin, G., Yu, D., Leader, C., & Quinn, G. (1981). *Objective behavioral assessment of the severely and moderately mentally handicapped: The OBA*. Springfield, IL: Charles C Thomas.

Haring, T. G., & Kennedy, C. H. (1990). Contextual control of problem behavior in students with severe disabilities. *Journal of Applied Behavior Analysis, 23*, 235-243.

Harris, B. (1979). What happened to little Albert? *American Psychologist, 34*, 151-160.

Harris, C. S., & McReynolds, W. T. (1977). Semantic cues and response contingencies in self-instructional control. *Journal of Behavior Therapy and Experimental Psychiatry, 8*, 15-17.

Harris, F. R., Wolf, M. M., & Baer, D. M. (1964). Effects of adult social reinforcement on child behavior. *Young Children, 20*, 8-17.

Hatch, M. L., Friedman, S., & Paradis, C. M. (1996). Behavioral treatment of obsessive-compulsive disorder in African Americans. *Cognitive and Behavioral Practice, 3*, 303-315.

Haughton, E., & Ayllon, T. (1965). Production and elimination of symptomatic behavior. In L. P. Ullmann & L. Krasner (Eds.), *Case studies in behavior modification* (pp. 94-98). New York: Holt, Rinehart & Winston.

Hawkins, G. H., & Cooper, D. H. (1990). Adaptive behavior measures in mental retardation research: Subject description in AJMD/AJMR articles (1979-1987). *American Journal of Mental Retardation, 94*, 654-660.

Hawkins, R. C., & Clement, P. (1980). Development and construct validation of a self-report measure of binge eating tendencies. *Addictive Behaviors, 5, 219-226.*

Hawkins, R. P. (1979). The functions of assessment: Implications for selection and development of devices for assessing repertoires in clinical, educational, and other settings. *Journal of Applied Behavior Analysis, 12*, 501-516.

Hawkins, R. P., & Dotson, V. A. (1975). Reliability scores that delude: An Alice in Wonderland trip through the misleading characteristics of interobserver agreement scores in interval recording. In E. Ramp & G. Semp (Eds.), *Behavior analysis: Areas of research and application* (pp. 359-376). Upper Saddle River, NJ: Prentice Hall.

Hawkins, R. P., & Forsyth, J. P. (1997). Bridging barriers between paradigms: Making cognitive concepts relevant for behavior analysis. *Journal of Behavior Therapy and Experimental Psychiatry, 28*, 3-6.

Hawkins, R. P., Mathews, J. R., & Hamdan, L. (1999). *Measuring behavioral outcomes*. Norwell, MA: Kluwer Academic/Plenum Publishers.

Hayes, S. C. (1989). *Rule-governed behavior: Cognition, contingencies, and instructional control*. New York: Plenum Press.

Hayes, S. C. (2004). Acceptance and commitment therapy, relational frame theory, and the third wave of behavior therapy. *Behavior Therapy, 35*, 639-666.

Hayes, S. C. (2008). Avoiding the mistakes of the past. *The Behavior Therapist, 31*, 150-153.

Hayes, S. C., Barnes-Holmes, D., & Roche, B. (Eds.), (2001). *Relational frame theory: A post-Skinnerian account of human language and cognition*. New York: Plenum Press.

Hayes, S. C., & Bissett, R. T. (2000). Behavioral psychotherapy and the rise of clinical behavior analysis. In J. Austin & J. E. Carr (Eds.), *Handbook of applied behavior analysis* (pp. 231-245). Reno, NV: Context Press.

Hayes, S. C., Follette, V. M., & Linehan, M. M. (Eds.). (2004). *Mindfulness and acceptance: Expanding the cognitive behavioral tradition*. New York: Guilford Press.

Hayes, S. C., Jacobson, N. S., Follette, V. M., & Dougher, M. J. (Eds.). (1994). *Acceptance and change: Content and context in psychotherapy*. Reno, NV: Context Press.

Hayes, S. C., Masuda, A., Bissette, R., Luoma, J., & Guerrero, L. F. (2004). DBT, FAP, and ACT: How empirically oriented are the new behavior therapy technologies. *Behavior Therapy, 35*, 35-54.

Hayes, S. C., Rosenfarb, I., Wulfert, E., Munt, E. D., Korn, D., & Zettle, R. D. (1985). Self-reinforcement effects: An artifact of social standard setting? *Journal of Applied Behavior Analysis, 18*, 201-214.

Hayes, S. C., Strosahl, K. D., & Wilson, K. G. (1999). *Acceptance and commitment therapy: An experiential approach to behavior change*. New York: Guilford Press.

Haynes, S. N. (1998). The changing nature of behavioral assessment. In A. S. Bellack & M. Hersen (Eds.), *Behavioral assessment: A practical handbook* (4th ed., pp. 1-21). Boston: Allyn & Bacon.

Hefferline, R. F., Keenan, B., & Harford, R. A. (1959). Escape and avoidance conditioning in human subjects without their observation of the response. *Science, 130*, 1338-1339.

Henrich, J., & Gil-White, F. J. (2001). The evolution of prestige: Freely conferred deference as a mechanism for enhancing the benefits of cultural transmission. *Evolution and Human Behavior, 22*, 165-196.

Hermann, J. A., deMontes, A. I., Dominguez, B., Montes, F., & Hopkins, B. L. (1973). Effects of bonuses for punctuality on the tardiness of industrial workers. *Journal of Applied Behavior Analysis, 6*, 563-570.

Herrnstein, R. J. (1961). Relative and absolute strength of response as a function of frequency of reinforcement. *Journal of the Experimental Analysis of Behavior, 4*, 267-272.

Herrnstein, R. J., & deVilliers, P. A. (1980). Fish as a natural category for people and pigeons. In G. H. Bower (Ed.), *The psychology of learning and motivation* (Vol. 14, pp. 60-97). New York: Academic Press.

Herrnstein, R. J., & Loveland, D. H (1964). *Complex visual concept in the pigeon. Science, 146*, 549-551.

Herrnstein, R. J., Loveland, D. H., & Cable, C. (1976). Natural concepts in pigeons. *Journal of Experimental Psychology: Animal Behavior Processes, 2*, 285-302.

Hersen, M. (1976). Historical perspectives in behavioral assessment. In M. Hersen & A. S. Bellack (Eds.), *Behavioral assessment: A practical handbook* (pp. 3-17). New York: Pergamon Press.

Hersen, M. (Ed.). (1983). *Outpatient behavior therapy: A clinical guide*. New York: Grune & Stratton.

Hersen, M., & Last, C. G. (Eds.). (1999). *Child behavior therapy casebook*. New York: Kluwer Academic Publishers/Plenum Press.

Higgins, S. T., Silverman, K., & Heil, S. H. (Eds.). (2008). *Contingency management in substance abuse treatment*. New York: Guilford Press.

Hildebrand, R. G., Martin, G. L., Furer, P., & Hazen, A. (1990). A recruitment of praise package to increase productivity levels of developmentally handicapped workers. *Behavior Modification, 14*, 91-113.

Hile, M. G. (1991). Hand-held behavioral observations: The Observer. *Behavioral Assessment, 13*, 187-196.

Hirai, M., & Clum, G. A. (2006). A meta-analytic study of self-help interventions for anxiety problems. *Behavior Therapy, 37*, 99-111.

Hofmann, S. G., & Otto, M. W. (2008). *Cognitive behavioral therapy for social anxiety disorder: Evidence-based and treatment-specific treatment techniques (Practical clinical guidelines)*. New York: Routledge Mental Health.

Homme, L. E. (1965). Perspectives in psychology: XXIV. Control of coverants, the operants of the mind. *Psychological Record, 15*, 501-511.

Homme, L. E., Csanyi, A. P., Gonzales, M. A., & Rechs, J. R. (1969). *How to use contingency contracting in the classroom*. Champaign, IL: Research Press.

Honig, W. K., & Stewart, K. (1988). Pigeons can discriminate locations presented in pictures. *Journal of the Experimental Analysis of Behavior, 50*, 541-551.

Horan, J. J., & Johnson, R. G. (1971). Coverant conditioning through a self-management application of the Premack principle: Its effect on weight reduction. *Journal of Behavior Therapy and Experimental Psychiatry, 2*, 243-249.

Horner, R. H., Dunlap, G., Koegel, R. L., Carr, E. G., Sailor, W., Anderson, J., Albin, R. W., & O' Neil, R. E. (1990). Toward a technology of "nonaversive" behavioral support. *Journal of the Association for Persons with Severe Handicaps, 15*, 125-132.

Horner, R. D., & Keilitz, I. (1975). Training mentally retarded adolescents to brush their teeth. *Journal of Applied Behavior Analysis, 8*, 301-309.

Horner, R. H. (1994). Functional assessment:

Contributions and future directions. *Journal of Applied Behavior Analysis, 27*, 401-404.

Horner, R. H., Sprague, T., & Wilcox, B. (1982). General case programming for community activities. In B. Wilcox & G. T. Bellamy (Eds.), *Design of high school programs for severely handicapped students* (pp. 61-98). Baltimore: Paul Brookes.

Hrycaiko, D., & Martin, G. L. (1996). Applied research studies with single-subject designs: Why so few? *Journal of Applied Sport Psychology, 8,* 183-199.

Hrydowy, E. R., & Martin, G. L. (1994). A practical staff management package for use in a training program for persons with developmental disabilities. *Behavior Modification, 18,* 66-88.

Huang, W., & Cuvo, A. J. (1997). Social skills training for adults with mental retardation in job-related settings. *Behavior Modification, 21*, 3-44.

Hull, C. L. (1943). *Principles of behavior.* New York: Appleton-Century-Crofts.

Hull, C. L. (1952). *A behavior system.* New Haven, CT: Yale University Press.

Hume, K. M., Martin, G. L., Gonzales, P., Cracklen, C., & Genthon, S. (1985). A self-monitoring feedback package for improving freestyle figure skating performance. *Journal of Sport Psychology, 7*, 333-345.

Hur, J., & Osborne, S. (1993). A comparison of forward and backward chaining methods used in teaching corsage making skills to mentally retarded adults. *The British Journal of Developmental Disabilities, 39* (Part 2, No. 77), 108-117.

Irey, P. A. (1972). Covert sensitization of cigarette smokers with high and low extraversion scores. Unpublished master' s thesis, Southern Illinois University, Carbondale.

Israel, A. C., Stolmaker, L., & Adrian, C. A. G. (1985). The effects of training parents in general child management skills on a behavioral weight loss program for children. *Behavior Therapy, 16,* 169-180.

Isaacs, W., Thomas, J., & Goldiamond, I. (1960). Application of operant conditioning to reinstate verbal behavior in psychotics. *Journal of Speech and Hearing Disorders, 25*, 8-12.

Ivancic, M. T., Barrett, G. T., Simonow, A., & Kimberly, A. (1997). A replication to increase happiness indices among some people with profound developmental disabilities. *Research in Developmental Disabilities, 18*, 79-89.

Iwamasa, G. Y. (1999). Behavior therapy and Asian Americans: Is there a commitment? *The Behavior Therapist, 10*, 196-197, 205-206.

Iwamasa, G. Y., & Smith, S. K. (1996). Ethic diversity in behavioral psychology: A review of the literature. *Behavior Modification, 20*, 45-59.

Iwata, B. A., Dorsey, M. F., Slifer, K. J., Bauman, K. E., & Richman, G. S. (1982). Toward a functional analysis of self-injury. *Analysis and Intervention in Developmental Disabilities, 2,* 3-20.

Iwata, B. A., Kahng, S. W., Wallace, M. D., & Lindberg, J. S. (2000). The functional analysis model of behavioral assessment. In J. Austin & J. E. Carr (Eds.), *Handbook of applied behavior analysis* (pp. 61-90). Reno, NV: Context Press.

Iwata, B. A., Pace, G. M., Cowdery, G. E., & Miltenberger, R. G. (1994). What makes extinction work: An analysis of procedural form and function. *Journal of Applied Behavior Analysis, 27*, 131-144.

Iwata, B. A., Pace, G. M., Dorsey, M. F., Zarcone, J. R., Vollmer, T. R., Smith, R. G., et al. (1994). The functions of self-injurious behavior: An experimental-epidemiological analysis. *Journal of Applied Behavior Analysis, 27*, 215-240.

Iwata, B. A., Pace, G. M., Kalsher, M. J., Cowdery, G. E., & Cataldo, M. F. (1990). Experimental analysis and extinction of self-injurious escape behavior. *Journal of Applied Behavior Analysis, 23,* 11-27.

Izard, C. E. (1991). *The psychology of emotions.* New York: Plenum Press.

Jackson, D. A., & Wallace, R. E (1974). The modification and generalization of voice loudness in a 15-year-old retarded girl. *Journal of Applied Behavior Analysis, 7,* 461-471.

Jacobs, H. (2000). Brain injury rehabilitation. In J. Austin & J. E. Carr (Eds.), *Handbook of applied behavior analysis* (pp. 211-230). Reno, NV: Context Press.

Jacobson, N. S., Dobson, K. S., Truax, P. A., Addis, M. E., Koerner, K., Gollan, J. K., et al. (1996). A component analysis of cognitive behavioral treatment for depression. *Journal of Consulting and Clinical Psychology, 64,* 295-304.

Jacobson, N. S., Martell, C. R., & Dimidjian, S. (2001). Behavioral activation for depression: Returning to contextual roots. *Clinical Psychology: Science & Practice, 8,* 255-270.

Jacobson, J. W., Mulick, J. A., & Green, G. (1998). Cost-benefit estimates for early intensive behavioral intervention for young children with autism: General model and single state case. *Behavioral Interventions, 13,* 201-226.

Janis, L., & Mann, L. (1977). *Decision-making.* New York: Free Press.

Janis, L., & Wheeler, D. (1978). Thinking clearly about career choices. *Psychology Today, 11*(12), 66-76, 121-122.

Jensen, B. J., & Haynes, S. N. (1986). Self-report questionnaires and inventories. In A. R. Ciminero, K. S. Calhoun., & H. E. Adams (Eds.), *Handbook of behavioral assessment* (2nd ed.). New York: Wiley.

Johnson, C. M., Redmon, W. K., & Mawhinney, T. C. (Eds.). (2001). *Handbook of organizational performance: Behavior analysis and management.* New York: Haworth Press.

Johnson, C. R., Hunt, F. M., & Siebert, M. J. (1994). Discrimination training in the treatment of pica and food scavenging. *Behavior Modification, 18,* 214-229.

Johnson, K. R., & Ruskin, R. S. (1977). *Behavioral instruction: An evaluative review.* Washington, DC: American Psychological Association.

Johnson, S. P., Welch, T. M., Miller, L. K., & Altus, D. E. (1991). Participatory management: Maintaining staff performance in a university housing cooperative. *Journal of Applied Behavior Analysis, 24,* 119-127.

Johnson, W. G. (1971). Some applications of Homme's coverant control therapy: Two case reports. *Behavior Therapy, 2,* 240-248.

Johnson, W. L., & Baumeister, A. (1978). Self-injurious behavior: A review and analysis of methodological details of published studies. *Behavior Modification, 2,* 465-484.

Johnston, J. M. (2006). "Replacing" problem behavior: An analysis of tactical alternatives. *The Behavior Analyst, 29,* 1-11.

Johnston, J. M., Foxx, R. M., Jacobson, J. W., Green, G., & Mulick, J. A. (2006). Positive behavior support and Applied Behavior Analysis. *The Behavior Analyst, 29,* 51-74.

Johnston, J. M., & Pennypacker, H. S. (Eds.). (2009). *Strategies and tactics of behavioral research* (3rd ed.). New York: Routledge.

Jones, M. C. (1924). The elimination of children's fears. *Journal of Experimental Psychology, 7,* 383-390.

Jones, R. R., Weinrott, M. R., & Howard, J. R. (1981). *The national evaluation of the teaching family model.* Final Report R01 MH Grants 25631 and MH 31018 awarded by the Center for Studies of Crime and Delinquency, National Institute of Mental Health. Eugene, OR: Evaluation Research Group, Inc.

Jones, R. S. P., & McCaughey, R. E. (1992). Gentle

teaching and applied behavior analysis: A critical review. *Journal of Applied Behavior Analysis, 25*, 853-867.

Juliano, L. M., Donny, M., Houtsmuller, E. J., & Stitzer, M. L. (2006). Experimental evidence for a causal relationship between smoking lapse and relapse. *Journal of Abnormal Psychology, 11*, 166-173.

Kabat-Zinn, J. (1990). *Full catastrophe living: Using the wisdom of your body and mind to face stress, pain, and illness*. New York: Dell Publishing.

Kahng, S. W., & Iwata, B. A. (1998). Computerized systems for collecting real-time observational data. *Journal of Applied Behavior Analysis, 31*, 253-261.

Kahng, S. W., & Iwata, B. A. (2000). Computer systems for collecting real-time observational data. In T. Thompson, D. Felce, & F. Symons (Eds.), *Behavioral observation: Technology and applications in developmental disabilities* (pp. 35-46). Baltimore. MD: Brookes.

Kantor, J. W., Baruch, D. E., & Gaynor, S. T. (2006). Acceptance and Commitment Therapy and behavioral activation for the treatment of depression: Description and comparison. *The Behavior Analyst, 29*, 161-185.

Kantor, J. W., Busch, A. M., Weeks, C. E., & Landes, S. J. (2008). The nature of clinical depression: Symptoms, syndromes, and behavioral analysis. *The Behavior Analyst, 31*, 1-21.

Karol, R. L., & Richards, C. S. (1978, November). Making treatment effects last: An investigation of maintenance strategies for smoking reduction. Paper presented at the meeting of the Association for the Advancement of Behavior Therapy, Chicago.

Kau, M. L., & Fischer, J. (1974). Self-modification of exercise behavior. *Journal of Behavior Therapy and Experimental Psychiatry, 5*, 213-214.

Kazdin, A. E. (1973). The effect of vicarious reinforcement on attentive behavior in the classroom. *Journal of Applied Behavior Analysis, 6*, 72-78.

Kazdin, A. E. (1977a). *The token economy: A review and evaluation*. New York: Plenum Press.

Kazdin, A. E. (1977b). Assessing the clinical or applied importance of behavior change through social validation. *Behavior Modification, 1*, 427-451.

Kazdin, A. E. (1978). *History of behavior modification*. Baltimore: University Park Press.

Kazdin, A. E. (1985). The token economy. In R. M. Turner & L. M. Ascher (Eds.), *Evaluating behavior therapy outcome* (pp. 225-253). New York: Springer.

Kazdin, A. E. (2008). Evidence-based treatment and practice: New opportunities to bridge clinical research and practice, enhance the knowledge base, and improve patient care. *American Psychologist, 63*, 146-159.

Kazdin, A. E., & Erickson, L. M. (1975). Developing responsiveness to instructions in severely and profoundly retarded residents. *Journal of Behavior Therapy and Experimental Psychiatry, 6*, 17-21.

Kazdin, A. E., & Polster, R. (1973). Intermittent token reinforcement and response maintenance in extinction. *Behavior Therapy, 4*, 386-391.

Kearney, C. A., & Silverman, W. K. (1990). A preliminary analysis of a functional model of assessment and treatment for school refusal behavior. *Behavior Modification, 14*, 340-366.

Keller, F. S. (1968). Good-bye, teacher... *Journal of Applied Behavior Analysis, 1*, 79-89.

Keller, F. S., & Schoenfeld, W. N. (1950). *Principles of psychology*. New York: Appleton-Century-Crofts.

Keller, F. S., & Sherman, J. G. (1982). *The PSI*

handbook: Essays on personalized instruction. Lawrence, KS: T.R.I. Publications.

Kendall, P. C. (Ed.). (2000). *Child and adolescent psychotherapy: Cognitive behavioral procedures* (2nd ed.). New York: Guilford Press.

Kern, L., Childs, K. E., Dunlap, G., Clarke, S., & Falk, G. D. (1994). Using assessment based curricular intervention to improve the classroom behavior of a student with emotional and behavioral challenges. *Journal of Applied Behavior Analysis, 27,* 7-19.

Kim, J. (2003). History of Korean ABA. *Newsletter of the International Association for Behavior Analysis, 26*(3), 20-21.

King, N. (1996). The Australian Association for Cognitive and Behavior Therapy. *The Behavior Therapist, 19,* 73-74.

Kingdon, D. G., & Turkington, D. (1994). *Cognitive-behavioral therapy of schizophrenia*. New York: Guilford Press.

Kingsley, D. E. (2006). The Teaching-Family Model and post-treatment recidivism: A critical review of the conventional wisdom. *International Journal of Behavioral and Consultation Therapy, 2*, 481-497.

Kinsner, W., & Pear, J. (1988). Computer-aided personalized system of instruction for the virtual classroom. *Canadian Journal of Educational Communication, 77*, 21-36.

Kirby, F. D., & Shields, F. (1972). Modification of arithmetic response rate and attending behavior in a seventh grade student. *Journal of Applied Behavior Analysis, 5,* 79-84.

Kircher, A. S., Pear, J. J., & Martin, G. (1971). Shock as punishment in a picture-naming task with retarded children. *Journal of Applied Behavior Analysis, 4,* 227-233.

Kirigin, K. A., Braukmann, C. J., Atwater, J. D., & Wolf, M. M. (1982). An evaluation of Teaching-Family (Achievement Place) group homes for juvenile offenders. *Journal of Applied Behavior Analysis, 15,* 1.

Knight, M. E., & McKenzie, H. S. (1974). Elimination of bedtime thumb-sucking in home settings through contingent reading. *Journal of Applied Behavior Analysis, 7,* 33-38.

Koegel, R. L., & Williams, J. A. (1980). Direct versus indirect response-reinforcer relationships in teaching autistic children. *Journal of Abnormal Child Psychology, 8,* 537-547.

Kohler, F. W., & Greenwood, C. R. (1986). Toward technology of generalization: The identification of natural contingencies of reinforcement. *The Behavior Analyst, 9*, 19-26.

Kohn, A. (1993). *Punished by rewards: The trouble with gold stars, incentive plans, A's, praise, and other bribes*. New York: Houghton Mifflin.

Kokoszka, A., Popiel, A., & Sitarz, M. (2000). Cognitive-behavioral therapy in Poland. *The Behavior Therapist, 23*, 209-216.

Komaki, J., & Barnett, F. T. (1977). A behavioral approach to coaching football: Improving the play execution of the offensive backfield on a youth football team. *Journal of Applied Behavior Analysis, 7,* 199-206.

Konarski, E. A., Jr., Favell, J. E., & Favell, J. E. (Eds.). (1997). *Manual for the assessment and treatment of the behavior disorders of people with mental retardation*. Morganton, NC: Western Carolina Center Foundation.

Koop, S., Martin, G., Yu, D., & Suthons, E. (1980). Comparison of two reinforcement strategies in vocational-skill training of mentally retarded persons. *American Journal of Mental Deficiency, 84*, 616-626.

Krasner, L., & Ullmann, L. T. (Eds.). (1965). *Research in Behavior Modification*. New York: Holt, Rinehart., & Winston.

Kulik, C.-L., Kulik, J. A., & Bangert-Drowns, R. L. (1990). Effectiveness of mastery learning programs: A meta-analysis. *Review of Educational Research, 60*, 265-299.

Lalli, J. S., Vollmer, T. R., Progar, P. R., Wright, C., Borrero, J., Daniel, D., et al. (1999). Competition between positive and negative reinforcement in the treatment of escape behavior. *Journal of Applied Behavior Analysis, 32,* 285-296.

Lam, D. C. K. (2008). *Cognitive behavior therapy: A practical guide to helping people take control.* New York: Routledge.

Lambert, M. J. (Ed.). (2004). *Bergin & Garfield' s Handbook of psychotherapy and behaviour change.* New York: Wiley.

Lamson, R. (1997). *Virtual therapy.* Montreal, Canada: Polytechnic International Press.

Langdon, N. A., Carr, E. G., & Owen-Deschryver, J. S. (2008). Functional Analysis of precursors for serious problem behavior and related intervention. *Behavior Modification, 32,* 804-827.

Laraway, S., Snycerski, S., Michael, J., & Poling, A. (2003). Motivating operations and terms to describe them: Some further reinfinements. *Journal of Applied Behavior Analysis, 36,* 407-414.

Larkin, K. T., & Zayfert, C. (1996). Anger management training with essential hypertensive patients. In V. B. Van Hasselt & M. Hersen (Eds.), *Sourcebook of psychological treatment manuals for adult disorders* (pp. 689-716). New York: Plenum Press.

Larzelere, R. E., Daly, D. L., Davis, J. L., Chmelka, M. B., & Handwerk, M L. (2004). Outcome evaluation of Girls and Boys Town' s Family Home Program. *Education and Treatment of Children, 27,* 130-149.

Larzelere, R. E., Dinges, K, Schmidt, M. D., Spellman, D. F., Criste, T. R., & Connell, R. (2001). Outcomes of residential treatment: A study of the adolescent clients of Girls and Boys Town. *Child & Youth Care Forum, 30,* 175-184.

Laties, V. G., & Mace, F. C. (1993). Taking stock: The first 25 years of the Journal of Applied Behavior Analysis. *Journal of Applied Behavior Analysis, 26,* 513-525.

Latimer, P. R., & Sweet, A. A. (1984). Cognitive vs. behavioral procedures in cognitive behavior therapy: A critical review of the evidence. *Journal of Behavior Therapy and Experimental Psychiatry, 15,* 9-22.

Latner, J. D., & Wilson, G. T. (2002). Self-monitoring and the assessment of binge eating. *Behavior Therapy, 33,* 465-477.

Lattal, K. A., & Metzger, B. (1994). Response acquisition by Siamese fighting fish with delayed visual reinforcement. *Journal of the Experimental Analysis of Behavior, 61,* 35-44.

Lazarus, A. A. (1958). New methods in psychotherapy: A case study. *South African Medical Journal, 32,* 660-664.

Lazarus, A. A. (1971). *Behavior therapy and beyond.* New York: McGraw-Hill.

Lazarus, A. A. (1976). *Multi-model behavior therapy.* New York: Springer.

Leahy, R. L. (2003). *Cognitive therapy techniques: A practitioner's guide.* New York: Guilford Press.

Leahy, R. L. (2008). A closer look at ACT. *The Behavior Therapist, 31,* 148-150.

Leal, J., & Galanter, M. (1995). The use of contingency-contracting to improve outcome in methadone maintenance. *Substance Abuse, 16,* 155-167.

LeBow, M. C. (1989). *Adult obesity therapy.* New York: Pergamon Press.

LeBow, M. D. (1981). *Weight control: The behavioral strategies.* New York: Wiley.

LeBow, M. D. (1991). *Overweight children: Helping your child to achieve lifetime weight control.* New York: Insight Books/Plenum Press.

Lehrer, P. M., Woolfolk, R. L., & Sime, W. E.

(Eds.). (2007). *Principles and practice of stress management* (3rd ed.). New York: Guilford Press.

Leiblum, S. R., & Rosen, R. C. (Eds.). (2000). *Principles and practice of sex therapy* (3rd ed.). New York: Guilford Press.

Lennox, D. B., Miltenberger, R. G., & Donnelly, D. (1987). Response interruption and DRL for the reduction of rapid eating. *Journal of Applied Behavior Analysis, 20,* 279-284.

Lerman, D. C., & Iwata, B. A. (1995). Prevalence of the extinction burst and its attenuation during treatment. *Journal of Applied Behavior Analysis, 28,* 93-94.

Lerman, D. C., & Iwata, B. A. (1996). Developing a technology for the use of operant extinction in clinical settings: An examination of basic and applied research. *Journal of Applied Behavior Analysis, 29,* 345-382.

Lerman, D. C., Iwata, B. A., Shore, B. A., & Deleon, I. G. (1997). Effects of intermittent punishment on self-injurious behavior: An evaluation of schedule thinning. *Journal of Applied Behavior Analysis, 30,* 187-201.

Lerman, D. C., Iwata, B. A., Shore, B. A., & Kahng, S. (1996). Responding maintained by intermittent reinforcement: Implications for the use of extinction with problem behavior in clinical settings. *Journal of Applied Behavior Analysis, 29,* 153-171.

Lerman, D. C., Iwata, B. A., & Wallace, M. D. (1999). Side effects of extinction: Prevalence of bursting and aggression during the treatment of self-injurious behavior. *Journal of Applied Behavior Analysis, 32,* 1-8.

Lerman, D. C., & Vorndran, C. M. (2002). On the status of knowledge for using punishment: Implications for treating behavior disorders. *Journal of Applied Behavior Analysis, 35,* 431-464.

Leslie-Toogood, A., & Martin, G. L. (2003). Do coaches know the mental skills of their athletes? Assessments from volleyball and track. *Journal of Sport Behavior, 26,* 56-68.

Lewinsohn, P. M. (1975). The behavioral study and treatment of depression. In M. Hersen, R. M. Eisler., & P. M. Miller (Eds.), *Progress in behavior modification* (Vol. 1, pp. 19-65). New York: Academic Press.

Lewis, T., J., & Sugai, G. (1996). Descriptive and experimental analysis of teacher and peer attention and the use of assessment-based intervention to improve pro-social behavior. *Journal of Behavioral Education, 6,* 7-24.

Liberman, R. P. (2000). The token economy. *American Journal of Psychiatry, 157,* 1398.

Lindsley, O. R. (1956). Operant conditioning methods applied to research in chronic schizophrenia. *Psychiatric Research Reports, 5,* 118-139.

Lindsley, O. R. (1966). An experiment with parents handling behavior at home. *Johnstone Bulletin, 9,* 27-36.

Lindsley, O. R., Skinner, B. F., & Solomon, H. C. (1953). *Studies in behavior therapy: Status report. I.* Waltham, MA: Metropolitan State Hospital.

Linehan, M. M. (1993). *Cognitive behavioral treatment of borderline personality disorder.* New York: Guilford Press.

Lines, J. B., Schwartzman, L., Tkachuk, G. A., Leslie-Toogood, S. A., & Martin, G. L. (1999). Behavioral assessment in sport psychology consulting: Applications to swimming and basketball. *Journal of Sport Behavior, 4,* 558-569.

Linscheid, T. R., Iwata, B. A., Ricketts, R. W., Williams, D. E., & Griffin, J. C. (1990). Clinical evaluation of the Self-Injurious Behavior Inhibiting System (SIBIS). *Journal of Applied Behavior Analysis, 23,* 53-78.

Linscheid, T. R., Pejeau, C., Cohen, S., & Footo-Lenz, M. (1994). Positive side-effects in the treatment of SIB using the Self-Injurious

Behavior Inhibiting System (SIBIS): Implications for operant and biochemical explanations of SIB. *Research in Developmental Disabilities, 15,* 81–90.

Lippman, M. R., & Motta, R. W. (1993). Effects of positive and negative reinforcement on daily living skills in chronic psychiatric patients in community residences. *Journal of Clinical Psychology, 49,* 654–662.

Lipsey, M. (1999a). Juvenile delinquency treatment: A meta-analytic inquiry into the viability of effects. In T. D. Cook, H. Cooper, D. Cordray, H. Hartman, L. V. Hedges, R. J. Light, T. A. Louis., & F. Mosteller (Eds.), *Meta-analysis for evaluation: A casebook* (pp. 83–128). New York: Russell Sage Foundation.

Lipsey, M. W. (1999b). Can intervention rehabilitate serious delinquents? *Annals of the American Academy of Political and Social Science(s), 564,* 142–199.

Lipsey, M. W., & Wilson, D. B. (1998). Effective intervention for serious juvenile offenders: A synthesis of research. In R. Loeber & D. P. Farrington (Eds.), *Serious and violent juvenile offenders: Risk factors and successful interventions* (pp. 315–345). Thousand Oaks, CA: Sage.

Lloyd, K. E. (2002). A review of correspondence training: Suggestions for a revival. *The Behavior Analyst, 25,* 57–73.

Locke, E. A., & Latham, G. P. (1990). *A theory of goal setting and task performance.* Upper Saddle River, NJ: Prentice Hall.

Loewenstein, G., Brennan, T. A., & Volpp, K. G. (2007). Asymmetric paternalism to improve health behaviors. *Journal of the American Medical Association, 298,* 2415–2417.

Logue, A. W. (1995). *Self-control: Waiting until tomorrow for what you want today.* Upper Saddle River, NJ: Prentice Hall.

Lopez, W. L., & Aguilar, M. C. (2003). Reflections on the history of ABA Columbia: Five years of experience and development. *Newsletter of the International Association for Behavior Analysis, 26*(3), 14–15.

Lovaas, O. I. (1966). A program for the establishment of speech in psychotic children. In J. K. Wing (Ed.), *Early childhood autism* (pp. 115–144). Elmsford, NY: Pergamon Press.

Lovaas, O. I. (1977). *The autistic child: Language development through behavior modification.* New York: Irvington.

Lovaas, O. I. (1987). Behavioral treatment and normal educational and intellectual functioning in young autistic children. *Journal of Consulting and Clinical Consulting, 55,* 3–9.

Lovaas, O. I., Newsom, C., & Hickman, C. (1987). Self-stimulatory behavior and perceptual development. *Journal of Applied Behavior Analysis, 20,* 45–68.

Lowe, C. F., Beasty, A., & Bentall, R. R (1983). The role of verbal behavior in human learning: Infant performance on fixed interval schedules. *Journal of the Experimental Analysis of Behavior, 39,* 157–164.

Lubetkin, B. S., Rivers, R C., & Rosenberg, C. N. (1971). Difficulties of disulfiram therapy with alcoholics. *Quarterly Journal of Studies on Alcohol, 32,* 118–171.

Lubow, R. E. (1974). High-order concept formation in pigeons. *Journal of the Experimental Analysis of Behavior, 21,* 475–483.

Luce, S. C., Delquadri, J., & Hall, R. V. (1980). Contingent exercise: A mild but powerful procedure for suppressing inappropriate verbal and aggressive behavior. *Journal of Applied Behavior Analysis, 13,* 583–594.

Ludwig, A. M., Levine, J. A., & Stark, L. H. (1970). *LDS and alcoholism.* Springfield, IL: Charles C Thomas.

Lundgren, J. D. (2006). Behavior therapy and its contributions to obesity treatment. *The Behavior Therapist, 29,* 28–29.

Lutz, J. (1994). *Introduction to learning and*

memory. Pacific Grove, CA: Brooks/Cole.

Ma, H. (2006). An alternative method for quantitative synthesis of single-subject researches: Percentage of data points exceeding the median. *Behavior Modification, 30*, 598-617.

Mace, F. C., & Belfiore, R. (1990). Behavioral momentum in the treatment of escape-motivated stereotypy. *Journal of Applied Behavior Analysis, 23*, 507-514.

Mace, F. C., Belfiore, R J., & Hutchinson, J. M. (2001). Operant theory and research on self-regulation. In B. J. Zimmerman & D. H. Schunk (Eds.), *Self-regulated learning and academic achievement: Theoretical perspectives* (2nd ed., pp. 39-65). Mahwah, NJ: Lawrence Erlbaum Associates.

Mace, F. C., Hock, M. L., Lalli, J. S., West, B. J., Belfiore, P., Pinter, E., et al. (1988). Behavioral momentum in the treatment of noncompliance. *Journal of Applied Behavior Analysis, 21*, 123-141.

Mace, F. C., Lalli, J., Lalli, E. P., & Shey, M. C. (1993). Function analysis and treatment of aberrant behavior. In R. Van Houten & S. Axelrod (Eds.), *Behavior analysis and treatment* (pp. 75-99). New York: Plenum Press.

Mace, F. C., McCurdy, B., & Quigley, E. A. (1990). A collateral effect of reward predicted by matching theory. *Journal of Applied Behavior Analysis, 23*, 197-205.

Mace, F. C., & West, B. J. (1986). Analysis of demand conditions associated with reluctant speech. *Journal of Behavior Therapy and Experimental Psychiatry, 17*, 285-294.

Madsen, C. H., Becker, W. C., Thomas, D. R., Koser, L., & Plager, E. (1970). An analysis of the reinforcing function of "sit down" commands. In R. K. Parker (Ed.), *Readings in educational psychology* (pp. 71-82). Boston: Allyn & Bacon.

Madsen, C. H., Jr., & Madsen, C. R. (1974). *Teaching discipline: Behavior principles towards a positive approach*. Boston: Allyn & Bacon.

Mager, R. F. (1972). *Goal analysis*. Belmont, CA: Fearon.

Mahoney, K., Vanwagenen, K., & Meyerson, L. (1971). Toilet training of normal and retarded children. *Journal of Applied Behavior Analysis, 4*, 173-181.

Mahoney, M. J. (1974). *Cognition and behavior modification*. Cambridge, MA: Ballinger.

Maier, S. F., Watkins, L. R., & Fleshner, M. (1994). Psychoneuroimmunology: The interface between behavior, brain, and immunity. *American Psychologist, 49*, 1004-1017.

Malatesta, V. J., Aubuchon, P. G., & Bluch, M. (1994). A historical timeline of behavior therapy in psychiatric settings: Development of a clinical science. *Behavior Therapist, 17*, 165-168.

Maletsky, B. M. (1974). Behavior recording as treatment: A brief note. *Behavior Therapy, 5*, 107-111.

Malott, R. W. (1989). The achievement of evasive goals: Control by rules describing contingencies that are not direct-acting. In S. C. Hayes (Ed.), *Rule-governed behavior: Cognition, contingencies, and instructional control* (pp. 269-324). New York: Plenum Press.

Malott, R. W. (1992). A theory of rule-governed behavior and organizational behavior management. *Journal of Organizational Behavior Management, 12*, 45-65.

Malott, R. W., & Whaley, D. L. (1983). *Psychology*. Holmes Beach, FL: Learning Publications.

Malott, R. W. (2008). *Principles of behavior* (6th ed.). Upper Saddle River, NJ: Pearson Prentice-Hall.

Malouff, J. M., & Rooke, S. E. (2007). Empirically supported self-help books. *The Behavior Therapist, 30*, 29-131.

Marion, C., Vause, T., Harapiak, S., Martin, G. L., Yu, D., Sakko, G., et al. (2003). The hierarchical relationship between several visual and auditory discriminations and three verbal operants among individuals with developmental disabilities. *The Analysis of Verbal Behavior, 19,* 91–105.

Marlatt, G. A., & Parks, G. A. (1982). Self-management of addictive disorders. In P. Karoly & F. H. Kanfer (Eds.), *Self-management and behavior change: From theory to practice* (pp. 443–488). New York: Pergamon Press.

Marr, M. J. (2003). The stitching and the unstitching: What can behavior analysis have to say about creativity? *The Behavior Analyst, 26*, 15–27.

Martell, C. R. (2008). Behavioral activation treatment for depression. In W. O' Donohue & J. E. Fisher (Eds.), *Cognitive behavior therapy: Applying empirically supported techniques in your practice* (2nd ed., pp. 40–45). Hoboken, NJ: John Wiley & Sons.

Martell, C., Addis, M., & Dimidjian, S. (2004). Finding the action in behavioral activation: The search for empirically supported interventions and mechanisms of change. In S. C. Hayes, V. M. Follette., & M. M. Linehan (Eds.), *Mindfulness and acceptance: Expanding the cognitive behavioral tradition* (pp. 152–167). New York: Guilford Press.

Martell, C. R., Addis, M. E., & Jacobson, N. S. (2001). *Depression in context: Strategies for guided action.* New York: Norton.

Martin, G. A., & Worthington, E. L. (1982). Behavioral homework. In M. Hersen, R. M. Isler., & P. M. Miller (Eds.), *Progress in behavior modification* (Vol. 13, pp. 197–226). New York: Academic Press.

Martin, G. L. (1981). Behavior modification in Canada in the 1970's. *Canadian Psychology, 22*, 7–22.

Martin, G. L. (1982). Thought stopping and stimulus control to decrease persistent disturbing thoughts. *Journal of Behavior Therapy and Experimental Psychiatry, 13*(3), 215–220.

Martin, G. L. (1992). Applied behavior analysis in sport and physical education: Past, present and future. In R. P. West & L. A. Hammerlynk (Eds.), *Designs for excellence in education: The legacy of B. F. Skinner* (pp. 223–287). Longmont, CO: Sopris West.

Martin, G. L. (2007). *Sport psychology: Practical guidelines from behavior analysis* (3rd ed.). Winnipeg, Canada: Sport Science Press.

Martin, G. L., England, G. D., & England, K. G. (1971). The use of backward chaining to teach bed-making to severely retarded girls: A demonstration. *Psychological Aspects of Disability, 18*, 35–40.

Martin, G. L., England, G., Kaprowy, E., Kilgour, K., & Pilek, V. (1968). Operant conditioning of kindergarten-class behavior in autistic children. *Behaviour Research and Therapy, 6*, 281–294.

Martin, G. L., & Ingram, D. (2001). *Play golf in the zone: The psychology of golf made easy.* San Francisco: Van der Plas.

Martin, G. L., Koop, S., Turner, C., & Hanel, F. (1981). Backward chaining versus total task presentation to teach assembly tasks to severely retarded persons. *Behavior Research of Severe Developmental Disabilities, 2*, 117–136.

Martin, G. L., & Osborne, J. G. (Eds.). (1980). *Helping in the community: Behavioral applications.* New York: Plenum Press.

Martin, G. L., & Osborne, J. G. (1993). *Psychological adjustment and everyday living* (2nd ed.). Upper Saddle River, NJ: Prentice Hall.

Martin, G. L., & Pear, J. J. (1978). *Behavior modification: What it is and how to do it.* Upper Saddle River, NJ: Prentice Hall.

Martin, G. L., Thompson, K., & Regehr, K. (2004). Studies using single-subject designs in sport psychology: 30 years of research. *The Behavior Analyst, 27,* 263-280.

Martin, G. L., Thorsteinsson, J. R., Yu, C. T, Martin, T. L., & Vause, T. (2008). The Assessment of Basic Learning Abilities Test for predicting learning of persons with intellectual disabilities: A review. *Behavior Modification, 32,* 228-247.

Martin, G. L., & Tkachuk, G. (2000). Behavioral sport psychology. In J. Austin & J. E. Carr (Eds.), *Handbook of applied behavior analysis* (pp. 399-422). Reno, NV: Context Press.

Martin, G. L., & Toogood, A. (1997). Cognitive and behavioral components of a seasonal psychological skills training program for competitive figure skaters. *Cognitive and Behavioral Practice, 4,* 383-404.

Martin, G. L., Toogood, S. A., & Tkachuk, G. A. (Eds.). (1997). *Behavioral assessment forms for sport psychology consulting.* Winnipeg, Canada: Sport Science Press.

Martin, T. L., Pear, J. J., & Martin, G. L. (2002a). Analysis of proctor grading accuracy in a computer-aided personalized system of instruction course. *Journal of Applied Behavior Analysis, 35,* 309-312.

Martin, T. L., Pear, J. J., & Martin, G. L. (2002b). Feedback and its effectiveness in a computer-aided personalized system of instruction course. *Journal of Applied Behavior Analysis, 35,* 427-430.

Masia, C. L., & Chase, P. N. (1997). Vicarious learning revisited: A contemporary behavior analytic interpretation. *Journal of Behavior Therapy and Experimental Psychiatry, 28,* 41-51.

Masters, J. C., Burrish, T. G., Hollon, S. D., & Rimm, D. C. (1987). *Behavior therapy: Techniques and empirical findings* (3rd ed.). Orlando, FL: Harcourt Brace Jovanovich.

Masters, W. H., & Johnson, V. E. (1970). *Human sexual inadequacy.* Boston: Little, Brown.

Mathews, J. R., Friman, P. C., Barone, V. J., Ross, L. V., & Christophersen, E. R. (1987). Decreasing dangerous infant behavior through parent instruction. *Journal of Applied Behavior Analysis, 20,* 165-169.

Matsen, J. L., Bielecki, J., Mayville, E. A., Smolls, Y., Bamburg, J. W., & Baglio, C. S. (1999). The development of a reinforcer choice assessment scale for persons with severe and profound mental retardation. *Research in Developmental Disabilities, 20,* 379-384.

Matson, J. L., & Boisjoli, J. A. (2009). The token economy for children with intellectual disability and/or autism: A review. *Research in Developmental Disabilities, 30,* 240-248.

Matson, J. L., & Smith, K. R. M. (2008). Current status of intensive behavioral interventions of young children with autism and PDD-NOS. *Research in Autism Spectrum Disorders, 2,* 60-74.

Matson, J. L., & Vollmer, T. R. (1995). *User's guide: Questions About Behavioral Function* (QABF). Baton Rouge, LA: Scientific Publishers.

Mattaini, M. A., & McGuire, M. S. (2006). Behavioral strategies for constructing nonviolent cultures with youth: A review. *Behavior Modification, 30,* 184-224.

Mazaleski, J. L., Iwata, B. A., Vollmer, T. R., Zarcone, J. R., & Smith, R. G. (1993). Analysis of the reinforcement and extinction components in DRO contingencies with self injury. *Journal of Applied Behavior Analysis, 26,* 143-156.

Mazur, J. E. (1991). Choice with probabilistic reinforcement: Effects of delay and conditioned reinforcers. *Journal of the Experimental Analysis of Behavior, 55*(1), 63-77.

McCrady, B. S. (2008). Alcohol use disorders. In D. H. Barlow (Ed.), *Clinical handbook of psychological disorders: A step-by-step treatment manual* (4th ed.). New York:

Guilford Press.

McEachin, J. J., Smith, T., & Lovaas, O. I. (1993). Long-term outcome for children with autism who received early intensive behavioral treatment. *American Journal on Mental Retardation, 97,* 359-372.

McFall, R. M. (1970). The effects of self-monitoring on normal smoking behavior. *Journal of Consulting and Clinical Psychology, 35,* 135-142.

McGee, J. J., Menolascino, F. J., Hobbs, D. C., & Menousek, P. E. (1987). *Gentle teaching: A nonaversive approach for helping persons with mental retardation.* New York: Human Sciences Press.

McGill, P. (1999). Establishing operations: Implications for the assessment, treatment, and prevention of problem behavior. *Journal of Applied Behavior Analysis, 32,* 393-418.

McGinnis, J. C., Friman, P. C., & Carlyon, W. D. (1999). The effect of token rewards on "intrinsic" motivation for doing math. *Journal of Applied Behavior Analysis, 32,* 375-379.

McGlynn, F. D., Smitherman, T. A., & Gothard, K. D. (2004). Comment on the status of systematic desensitization. *Behavior Modification, 28,* 194-205.

McIver, K. L., Brown, W. H., Pfeiffer, K. A., Dowda, M., & Pate, R. R. (2009). Assessing children's physical activity in their homes: The Observational System for Recording Physical Activity in Children—Home. *Journal of Applied Behavior Analysis, 42,* 1-16.

McKinney, R., & Fiedler, S. (2004). Schizophrenia: Some recent advances and implications for behavioral intervention. *The Behavioral Therapist, 27,* 122-125.

Meadows, S. (1996). *Parenting behavior and childrens' cognitive development.* Hillsdale, NJ: Erlbaum.

Meany-Daboul, M. G., Roscoe, E. M., Bourret, J. C., & Ahearn, W. H. (2007). A comparison of momentary time sampling and partial-interval recording for evaluating functional relations. *Journal of Applied Behavior Analysis, 40,* 501-514.

Meichenbaum, D. H. (1977). *Cognitive behavior modification: An integrative approach.* New York: Plenum Press.

Meichenbaum, D. H. (1985). *Stress inoculation training.* New York: Pergamon Press.

Meichenbaum, D. H. (1986). Cognitive behavior modification. In F. H. Kanfer & A. P. Goldstein (Eds.), *Helping people change: A textbook of methods* (3rd ed., pp. 346-380). New York: Pergamon Press.

Meichenbaum, D., & Deffenbacher, J. L. (1988). Stress inoculation training. *Counselling Psychologist, 16,* 69-90.

Meichenbaum, D. H., & Goodman, J. (1971). Training impulsive children to talk to themselves: A means of developing self-control. *Journal of Abnormal Psychology, 77,* 115-126.

Messer, S. B., & Winokur, M. (1984). Ways of knowing and visions of reality in psychoanalytic therapy and behavior therapy. In H. Arkowitz & S. B. Messer (Eds.), *Psychoanalytic therapy and behavior therapy: Is integration possible?* (pp. 63-100). New York: Plenum Press.

Michael, J. (1982). Distinguishing between discriminative and motivational functions of stimuli. *Journal of the Experimental Analysis of Behavior, 37,* 149-155.

Michael, J. (1986). Repertoire-altering effects of remote contingencies. *Analysis of Verbal Behavior, 4,* 10-18.

Michael, J. (1987). Symposium on the experimental analysis of human behavior: Comments by the discussant. *Psychological Record, 37,* 37-42.

Michael, J. (1988). Establishing operations and the mand. *The Analysis of Verbal Behavior, 6,* 3-9.

Michael, J. (1991). A behavioral perspective on college teaching. *Behavior Analyst, 14*, 229-239.

Michael, J. (1993). Establishing operations. *Behavior Analyst, 16*, 191-206.

Michael, J. (2000). Implications and refinements of the establishing operation concept. *Journal of Applied Behavior Analysis, 33*, 401-410.

Michael, J. (2007). Motivating operations. In J. O. Cooper, T. E. Heron., & W. L. Heward (Eds.), *Applied behavior analysis* (2nd ed., pp. 374-391). Upper Saddle River, NJ: Prentice Hall/Merrill.

Midgley, M., Lea, S. E. G., & Kirby, R. M. (1989). Algorithmic shaping and misbehavior in the acquisition of token deposit by rats. *Journal of the Experimental Analysis of Behavior, 52*, 27-40.

Mikulis, W. L. (1983). Thailand and behavior modification. *Journal of Behavior Therapy and Experimental Psychiatry, 14*, 93-97.

Miller, D. L., & Kelley, M. L. (1994). The use of goal setting and contingency contracting for improving children' s homework. *Journal of Applied Behavior Analysis, 27*, 73-84.

Miller, W. R. (1996). Motivational interviewing: Research, practice and puzzles. *Addictive Behaviors, 21*, 835-842.

Miltenberger, R. G., Fuqua, R. W., & Woods, D. W. (1998). Applying behavior analysis to clinical problems: Review and analysis of habit reversal. *Journal of Applied Behavior Analysis, 31*, 447-469.

Miltenberger, R. G. (2008). *Behavior modification: Principles and procedures* (4th ed.). Delmont, CA: Thompson Wadworth.

Mineka, S., & Zinbarg, R. (2006). A contemporary learning theory perspective on the etiology of anxiety disorders: It' s not what you thought it was. *American Psychologist, 61*, 10-26.

Ming, S., & Martin, G. L. (1996). Single-subject evaluation of a self-talk package for improving figure skating performance. *The Sport Psychologist, 10*, 227-238.

Moderato, P. (2003). Behaviorism and behavior analysis in Italy. *Newsletter of the International Association for Behavior Analysis, 26*(3), 17-19.

Mohr, B., Muller, V., Mattes, R., Rosin, R., Federmann, B., Strehl, U., et al. (1996). Behavioral treatment of Parkinson' s disease leads to improvement of motor skills and to tremor reduction. *Behavior Therapy, 27*, 235-255.

Moran, D. J. (2008). Charting a collaborative course. *The Behavior Therapist, 31*, 155-157.

Moran, D. J., & Malott, R. W. (Eds.). (2004). *Evidence-based educational methods* (pp. 223-243). San Diego, California: Elsevier Academic Press.

Morris, R. J., & Kratochwill, T. R. (1983). *Treating children' s fears and phobias: A behavioral approach*. New York: Pergamon Press.

Mulaire-Cloutier, C., Vause, T., Martin, G. L., & Yu, D. (2000). Choice, task preference, task performance, and happiness indicators with persons with severe developmental disabilities. *International Journal of Practical Approaches to Disability, 24*, 7-12.

Myerson, J., & Hale, S. (1984). Practical implications of the matching law. *Journal of Applied Behavior Analysis, 17*, 367-380.

Myles, B. S., Moran, M. R., Ormsbee, C. K., & Downing, J. A. (1992). Guidelines for establishing and maintaining token economies. *Intervention in School and Clinic, 27*, 164-169.

National Institute of Mental Health. Retrieved January 1, 2009, from www.nimh.nih.gov/health/publications/schizophrenia/what-is-schizophrenia.shtml.

Neef, N. A., Mace, F. C., & Shade, D. (1993). Impulsivity in students with serious emotional disturbances: The interactive effects of reinforcer rate, delay, and quality. *Journal of*

Applied Behavior Analysis, 26, 37–52.

Neef, N. A., Mace, F. C., Shea, M. C., & Shade, D. (1992). Effects of reinforcer rate and reinforcer quality on time allocation: Extensions of the matching theory to educational settings. *Journal of Applied Behavior Analysis, 25*, 691–699.

Neef, N., & Northup, J. (2007). Attention-deficit-hyperactivity disorder. In P. Sturmey (Ed.), *Functional analysis in clinical treatment* (pp. 87–110). London, UK: Elsevier.

Neef, N. A., Shade, D., & Miller, M. S. (1994). Assessing influential dimensions of reinforcers on choice in students with serious emotional disturbance. *Journal of Applied Behavior Analysis, 27*, 575–583.

Nelson, R. O. (1983). Behavioral assessment: Past, present, and future. *Behavioral Assessment, 5*, 195–206.

Nevin, J. A. (1988). Behavioral momentum and the partial reinforcement effect. *Psychological Bulletin, 103*, 44–56.

Nevin, J. A. (1992). An integrative model for the study of behavioral momentum. *Journal of the Experimental Analysis of Behavior, 57*, 301–316.

Nevin, J. A., & Grace, R. C. (2000). Behavioral momentum and the law of effect. *Behavioral and Brain Sciences, 23*, 73–130.

Nezu, A. (2000). It's official: To be behavioral is to be special. *The Behavior Therapist, 23*, 181–184, 206.

Nhat Hanh, T. (1998). *The heart of the Buddha's teaching: Transforming suffering into peace, joy, and liberation*. Berkeley, CA: Parallax Press.

Nisbet, E. K. L., & Gick, N. L. (2008). Can health psychology help the planet? Applying theory and models of health behavior to environmental actions. *Canadian Psychology, 49*, 296–403.

Norcross, J. C. (2006). Integrating self-help into psychotherapy: Sixteen practical suggestions. *Professional Psychology: Research & Practice, 37*, 383–393.

Nordquist, D. M. (1971). The modification of a child's enuresis: Some response-response relationships. *Journal of Applied Behavior Analysis, 4*, 241–247.

North, M. M., North, S. M., & Coble, J. R. (1997). Virtual reality therapy for fear-of-flying. *American Journal of Psychiatry, 154*, 130.

Northup, J., Wacker, D., Sasso, G., Steege, M., Cigrand, K., Cook, J., et al. (1991). A brief functional analysis of aggressive and alternative behavior in an out-clinic setting. *Journal of Applied Behavior Analysis, 24*, 509–522.

O'Brien, R. M. (2008). What would have happened to CBT if the second wave had preceded the first? *The Behavior Therapist, 31*, 153–154.

O'Brien, S., & Repp, A. C. (1990). Reinforcement-based reductive procedures: A review of 20 years of their use with persons with severe or profound retardation. *Journal of the Association for Persons with Severe Handicaps, 15*, 148–159.

O'Connor, R. (1969). Modification of social withdrawal through symbolic modeling. *Journal of Applied Behavior Analysis, 2*, 15–22.

O'Donnell, J. (2001). The discriminative stimulus for punishment or S^{Dp}. *The Behavior Analyst, 24*, 261–262.

O'Donnell, J., Crosbie, J., Williams, D. C., & Saunders, K. J. (2000). Stimulus control and generalization of point-loss punishment with humans. *Journal of the Experimental Analysis of Behavior, 73*, 261–274.

Oei, T. P. S. (Ed.). (1998). *Behavior therapy and cognitive behavior therapy in Asia*. Glebe, Australia: Edumedia.

Ohman, A., Dimberg, U., & Ost, L. G. (1984). Animal and social phobias. In S. Reiss & R. Bootzin (Eds.), *Theoretical issues in behavior therapy* (pp. 210–222). New York: Academic

Press.

Okouchi, H. (2009). Response acquisition by humans with delayed reinforcement. *Journal of the Experimental Analysis of Behavior, 91,* 377-390.

O' Leary, K. D. (1984). The image of behavior therapy: It is time to take a stand. *Behavior Therapy, 15,* 219-233.

Olenick, D. L., & Pear, J. J. (1980). Differential reinforcement of correct responses to probes and prompts in picture-naming training with severely retarded children. *Journal of Applied Behavior Analysis, 13,* 77-89.

Olsen, R., Laraway, S., Austin, J. (2001). Unconditioned and conditioned establishing operations in organizational behavior management. *Journal of Organizational Behavior Management, 21,* 7-35.

O' Neill, G. W., & Gardner, R. (1983). *Behavioral principles in medical rehabilitation: A practical guide.* Springfield, IL: Charles C Thomas.

Osborne, J. G., & Powers, P. B. (1980). Controlling the litter problem. In G. L. Martin & J. G. Osborne (Eds.), *Helping in the community: Behavioral applications* (pp. 103-168). New York: Plenum Press.

Ost, L. G. (2008). Efficacy of the third wave of behavioral therapies: A systematic review and meta-analysis. *Behavior Research and Therapy, 46,* 296-321.

Otto, M. W., Pava, J. A., & Sprich-Buckminster, S. (1995). Treatment of major depression: Applications and efficacy of cognitive behavior therapy. In M. H. Pollack, M. W. Otto., & J. E. Rosenbaum (Eds.), *Challenges in psychiatric treatment: Pharmacological and psychosocial strategies* (pp. 31-52). New York: Guilford Press.

Otto, T. L., Torgrud, L. J., & Holborn, S. W. (1999). An operant blocking interpretation of instructed insensitivity to schedule contingencies. *The Psychological Record, 49,* 663-684.

Page, T. J., Iwata, B. A., & Neef, N. A. (1976). Teaching pedestrian skills to retarded persons: Generalization from the classroom to the natural environment. *Journal of Applied Behavior Analysis, 9,* 433-444.

Paggeot, B., Kvale, S., Mace, F. C., & Sharkey, R. W. (1988). Some merits and limitations of hand-held computers for data collection. *Journal of Applied Behavior Analysis, 21,* 429.

Pal-Hegedus, C. (1991). Behavior analysis in Costa Rica. *Behavior Therapist, 14,* 103-104.

Palmer, D. C. (1991). A behavioral interpretation of memory. In L. J. Hayes & P. N. Chase (Eds.), *Dialogues on verbal behavior* (pp. 259-286). Reno, NV: Context Press.

Palmer, D. C. (2004). Data in search of a principle: A review of Relational Frame Theory: A post-Skinnerian account of human language and cognition. *Journal of the Experimental Analysis of Behavior, 81,* 189-204.

Paradis, C. M., Friedman, S., Hatch, M. L., & Ackerman, R. (1996). Cognitive behavioral treatment of anxiety disorders in orthodox Jews. *Cognitive and Behavioral Practice, 3,* 271-288.

Parker, R. I. (2006). Increased reliability for single-case research results: Is the bootstrap the answer? *Behavior Therapy, 37,* 326-338.

Parker, R. I., & Hagan-Burke, S. (2007). Useful effect-size interpretations for single-case research. *Behavior Therapy, 38,* 95-105

Pascarella, E. T., & Terenzini, P. T. (1991). *How college affects students: Findings and insights from 20 years of research.* San Francisco: Jossey-Bass.

Passman, R. (1977). The reduction of procrastinative behaviors in a college student despite the "contingency fulfillment problems": The use of external control in self-management techniques. *Behavior Therapy, 8*, 95-96.

Patterson, G. R. (1965). An application of conditioning techniques to the control of a hyperactive child. In L. P. Ullmann & L. Krasner (Eds.), *Case studies in behavior modification* (pp. 370-375). New York: Holt, Reinhart & Winston.

Patterson, G. R., & Gullion, M. E. (1968). *Living with children: New methods for parents and teachers*. Champaign, IL: Research Press.

Pavlov, I. P. (1927). *Conditioned reflexes: An investigation of the physiological activity of the cerebral cortex* (G. V. Anrep, Trans.). London: Oxford University Press.

Pear, J. J. (1983). Relative reinforcements for cognitive and behavioral terminologies. *Psychological Record, 33*, 20-25.

Pear, J. J. (2001). *The science of learning*. Philadelphia: Psychology Press.

Pear, J. J. (2004). A spatiotemporal analysis of behavior. In J. E. Burgos & E. Ribes (Eds.), *Theory, basic and applied research and technological applications in behavior science. Conceptual and methodological issues* (pp. 131-149). Guadalajara: University of Guadalajara Press.

Pear, J. J. (2007). *A historical and contemporary look at psychological systems*. Mahwah, NJ: Lawrence Erlbaum Associates.

Pear, J. J., & Crone-Todd, D. E. (1999). Personalized System of Instruction in cyberspace. *Journal of Applied Behavior Analysis, 32*, 205-209.

Pear, J. J., & Crone-Todd, D. E. (2002). A social constructivist approach to computer-mediated instruction. *Computers & Education, 38*, 221-231.

Pear, J. J., & Eldridge, G. D. (1984). The operant-respondent distinction: Future directions. *Journal of the Experimental Analysis of Behavior, 42*, 453-467.

Pear, J. J., & Kinsner, W. (1988). Computer-aided Personalized System of Instruction: An effective and economical method for short and long distance education. *Machine-Mediated Learning, 2*, 213-237.

Pear, J. J., & Legris, J. A. (1987). Shaping of an arbitrary operant response by automated tracking. *Journal of the Experimental Analysis of Behavior, 47*, 241-247.

Pear, J. J., & Martin, T. L. (2004). Making the most of PSI with computer technology. In D. J. Moran & R. W. Malott (Eds.), *Evidence-based educational methods* (pp. 223-243). San Diego: Elsevier Academic Press.

Pear, J., & Novak, M. (1996). Computer-aided Personalized System of Instruction: A program evaluation. *Teaching of Psychology, 23*, 119-123.

Pelios, L., Morren, J., Tesch, D., & Axelrod, S. (1999). The impact of functional analysis methodology on treatment choice for self-injurious and aggressive behavior. *Journal of Applied Behavior Analysis, 32*(2), 185-195.

Perin, C. T. (1943). The effect of delayed reinforcement upon the differentiation of bar responses in white rats. *Journal of Experimental Psychology, 32*, 95-109.

Pern, M. G., & Richards, C. S. (1977). An investigation of naturally occurring episodes of self-controlled behaviors. *Journal of Consulting Psychology, 24*, 178-183.

Perry, A., Pritchard, E. A., & Penn, H. E. (2006). Indicators of quality teaching in intensive behavioral intervention: A survey of parents and professionals. *Behavioral Interventions, 21*, 85-96.

Phillips, E. L. (1968). Achievement Place: Token reinforcement procedures in a home-style rehabilitation setting for "pre-delinquent" boys. *Journal of Applied Behavior Analysis, 1*, 213-223.

Phillips, E. L., Phillips, E. A., Fixsen, D. L., &

Wolf, M. M. (1973). Behavior shaping works for delinquents. *Psychology Today, 7*(1), 75-79.

Phillips, E. L., Phillips, E. A., Fixsen, D. L., & Wolf, M. M. (1974). *The teaching family handbook* (2nd ed.). Lawrence, KS: University of Kansas Printing Service.

Phillips, E. L., Phillips, E. A., Wolf, M. M., & Fixsen, D. L. (1973). Achievement Place: Development of the elected manager system. *Journal of Applied Behavior Analysis, 6*, 541-546.

Pinker, S. (1994). *The language instinct: How the mind creates language*. New York: William Morrow.

Plaud, J. J. (2007). Sexual disorders. In P. Sturmey (Ed.), *Functional analysis in clinical treatment* (pp. 357-378). London: Elsevier.

Plaud, J. J., & Gaither, G. A. (1996). Behavioral momentum. *Behavior Modification, 20,* 183-201.

Plimpton, G. (1965). Ernest Hemingway. In G. Plimpton (Ed.), *Writers at work: The Paris Review interviews* (2nd series, pp. 215-239). New York: Viking.

Poche, C., Brouwer, R., & Swearingen, M. (1981). Teaching self-protection to young children. *Journal of Applied Behavior Analysis, 14*, 169-176.

Poche, C., Yoder, R., & Miltenberger, R. (1988). Teaching self-protection skills to children using television techniques. *Journal of Applied Behavior Analysis, 21,* 253-361.

Polenchar, B. F., Romano, A. G., Steinmetz, J. E., & Patterson, M. M. (1984). Effects of US parameters on classical conditioning of cat hindlimb flexion. *Animal Learning and Behavior, 12*, 69-72.

Poling, A. (2001). Comments regarding Olsen, Laraway, and Austin (2001). *Journal of Organizational Behavior Management, 21*, 47-56.

Poling, A., Dickinson, A., Austin, J., & Normand, M. (2000). Basic and behavioral research in organizational behavior management. In J. Austin & J. E. Carr (Eds.), *Handbook of applied behavior analysis* (pp. 295-320). Reno, NV: Context Press.

Poling, A., Methot, L. L., & Lesage, M. G. (1995). *Fundamentals of behavior analytic research*. New York: Plenum Press.

Poppen, R. L. (1989). Some clinical implications of rule-governed behavior. In S. C. Hayes (Ed.), *Rule-governed behavior: Cognition, contingencies, and instructional control* (pp. 325-357). New York: Plenum Press.

Potter, B. A. (1980). *Turning around: The behavioral approach to managing people*. New York: AMACOM.

Pouthas, V., Droit, S., Jacquet, A. Y., & Wearden, J. H. (1990). Temporal differentiation of response duration in children of different ages: Developmental changes in relations between verbal and nonverbal behavior. *Journal of the Experimental Analysis of Behavior, 53*, 21-31.

Powers, R. B., & Osborne, J. G. (1976). *Fundamentals of behavior*. St. Paul, MN: West.

Powers, M. B., Zum Vörde Sive Vörding, M. B., & Emmelkamp, P. M. G. (2009). Acceptance and commitment therapy: A meta-analytic review. *Psychotherapy and Psychosomatics, 78*(2), 73-80.

Premack, D. (1959). Toward empirical behavioral laws. I: Positive reinforcement. *Psychological Review, 66*, 219-233.

Premack, D. (1965). Reinforcement theory. In D. Levin (Ed.), *Nebraska Symposium on Motivation* (pp. 123-180). Lincoln: University of Nebraska.

Prilleltensky, I. (2008). The role of power in wellness, depression, and liberation: The promise of psycho-political validity. *Journal of Community Psychology, 36*, 116-136.

Public Law, 98-517, October 19, 1984: Developmental Disabilities Act of 1984. Washington, D. C.: U.S. Government.

Purcell, D. W, Campos, P. E., & Perilla, J. L. (1996). Therapy with lesbians and gay men: A cognitive behavioral perspective. *Cognitive and Behavioral Practice, 3,* 391-415.

Pyles, D. A. M., & Bailey, J. S. (1990). Diagnosing severe behavior problems. In A. C. Repp & N. N. Singh (Eds.), *Perspectives on the use of nonaversive interventions for persons with developmental disabilities* (pp. 381-401). Sycamore, IL: Sycamore Press.

Quarti, C., & Renaud, J. (1964). A new treatment of constipation by conditioning: A preliminary report. In C. M. Franks (Ed.), *Conditioning techniques in clinical practice and research* (pp. 219-227). New York: Springer.

Rae, A. (1993). Self-paced learning with video for undergraduates: A multimedia Keller Plan. *British Journal of Educational Technology, 24,* 43-51.

Rae, S., Martin, G. L., & Smyk, B. (1990). A self-management package versus a group exercise contingency for increasing on-task behavior of developmentally handicapped workers. *Canadian Journal of Behavioral Science, 22,* 45-58.

Rasey, H. W., & Iversen, I. H. (1993). An experimental acquisition of maladaptive behavior by shaping. *Journal of Behavior Therapy and Experimental Psychiatry, 24,* 37-43.

Reed, D. D., & Luiselli, J. K. (2009). Antecedents to a paradigm: Ogden Lindsley and B. F. Skinner's founding of "behavior therapy." *The Behavior Therapist, 32,* 82-85.

Rego, S. A., Barlow, D. H., McCrady, B. S., Persons, J. B., Hildebrandt, T. B., & McHugh, R. K. (2009). Implementing empirically supported treatments in real-world clinical settings: Your questions answered! *The Behavior Therapist, 32,* 52-58.

Reid, D. H., & Parsons, M. B. (2000). Organizational behavior management in human service settings. In J. Austin & J. E. Can (Eds.), *Handbook of applied behavior analysis* (pp. 275-294). Reno, NV: Context Press.

Repp, A. C., Deitz, S. M., & Deitz, D. E. (1976). Reducing inappropriate behaviors in classrooms and individual sessions through DRO schedules of reinforcement. *Mental Retardation, 14,* 11-15.

Repp, A. C., Karsh, K. G., Felce, D., & Ludewig, D. (1989). Further comments on using handheld computers for data collection. *Journal of Applied Behavior Analysis, 22,* 336-337.

Resick, R. A., Monson, C., M., & Rizvi, S. L. (2008). Post-traumatic stress disorder. In D. H. Barlow (Ed.), *Clinical handbook of psychological disorders: A step-by-step treatment manual* (4th ed.). New York: Guilford Press.

Resick, P. A., & Schnicke, M. K. (1992). Cognitive processing therapy for sexual assault victims. *Journal of Consulting and Clinical Psychology, 60,* 748-756.

Reynolds, L. K., & Kelley, M. L. (1997). The efficacy of a response-cost based treatment package for managing aggressive behavior in preschoolers. *Behavior Modification, 21,* 216-230.

Richard, D. C. S., & Bobicz, K. (2003). Computers and behavioral assessment: Six years later. *The Behavior Therapist, 26,* 219-223.

Richman, G. S., Reiss, M. L., Bauman, K. E., & Bailey, J. S. (1984). Training menstrual care to mentally retarded women: Acquisition, generalization, and maintenance. *Journal of Applied Behavior Analysis, 17,* 441-451.

Rincover, A. (1978). Sensory extinction: A procedure for eliminating self-stimulatory behavior in psychotic children. *Journal of Abnormal Child Psychology, 6,* 299-310.

Rincover, A., Cook, R., Peoples, A., & Packard, D. (1979). Sensory extinction and sensory reinforcement principles for programming multiple adaptive behavior change. *Journal of Applied Behavior Analysis, 12,* 221-233.

Rincover, A., & Devaney, J. (1982). The application of sensory extinction procedures to self-injury. *Analysis and Intervention in Developmental Disabilities, 2,* 67-81.

Riva, G., Wiederhold, B. K., & Molinari, E. (1998). *Virtual environments in clinical psychology and neuroscience. Methods and techniques in advanced patient-therapist interaction.* Amsterdam, the Netherlands: IOS Press.

Roane, H. S. (2008). On the applied use of progressive-ratio schedules of reinforcement. *Journal of Applied Behavior Analysis, 41,* 155-161.

Roberts, R. N. (1979). Private speech in academic problem-solving: A naturalistic perspective. In G. Zevin (Ed.), *The development of self-regulation through private speech* (pp. 295-323). New York: Wiley.

Roberts, R. N., & Tharp, R. G. (1980). A naturalistic study of children's self-directed speech in academic problem-solving. *Cognitive Research and Therapy, 4,* 341-353.

Rodrigue, J. R., Banko, G. G., Sears, S. F., & Evans, G. (1996). Old territory revisited: Behavior therapists in rural America and innovative models of service delivery. *The Behavior Therapist, 19,* 91-100.

Roscoe, B., Martin, G. L., & Pear, J. J. (1980). Systematic self-desensitization of fear of flying: A case study. In G. L. Martin & J. G. Osborne (Eds.), *Helping in the community: Behavioral applications* (pp. 345-352). New York: Plenum Press.

Rosen, G. M. (1987). Self-help treatment books and the commercialization of psychotherapy. *American Psychologist, 42,* 46-51.

Rothbaum, B. O., Anderson, P., Zimand, E., Hodges, L., Lang, D., & Wilson, J. (2006). Virtual reality exposure therapy and standard (in vivo) exposure therapy in the treatment of fear of flying. *Behavior Therapy, 37,* 80-90.

Rothbaum, B. O., Hodges, L. F., Kooper, R., et al. (1995). Effectiveness of computer-generated (virtual reality) graded exposure in the treatment of acrophobia. *American Journal of Psychiatry, 152,* 626-628.

Rotter, J. B. (1954). *Social learning and clinical psychology.* Upper Saddle River, NJ: Prentice Hall.

Rovetto, F. (1979). Treatment of chronic constipation by classical conditioning techniques. *Journal of Behavior Therapy and Experimental Psychiatry, 10,* 143-146.

Sajwaj, T., Libet, J., & Agras, S. (1974). Lemon-juice therapy: The control of life-threatening rumination in a six-month-old infant. *Journal of Applied Behavior Analysis, 7,* 557-563.

Sakano, Y. (1993). Behavior therapy in Japan: Beyond the cultural impediments. *Behavior Change, 10,* 19-21.

Salend, S. J., Ellis, L. L., & Reynolds, C. J. (1989). Using self-instructions to teach vocational skills to individuals who are severely retarded. *Education and Training in Mental Retardation, 24,* 248-254.

Salmon, D. J., Pear, J. J., & Kuhn, B. A. (1986). Generalization of object naming after training with picture cards and with objects. *Journal of Applied Behavior Analysis, 19,* 53-58.

Salter, A. (1949). *Conditioned reflex therapy.* New York: Creative Age Press.

Salzinger, K. (2008). Waves or ripples? *The Behavior Therapist, 31,* 147-148.

Sanivio, E. (1999). Behavioral and cognitive therapy in Italy. *The Behavior Therapist, 22,* 69-75.

Sarwer, D. B., & Sayers, S. L. (1998). Behavioral interviewing. In A. S. Bellack & M. Hersen (Eds.), *Behavioral assessment: A practical handbook* (4th ed., pp. 63-78). Boston: Allyn

& Bacon.

Schaefer, C. E., & Briesmeister, J. M. (Eds.). (1998). *Handbook of parent training: Parents as co-therapists for children's behavior*. New York: Wiley.

Schaefer, H. H., & Martin, P. L. (1969). *Behavioral therapy*. New York: McGraw-Hill.

Schleien, S. J., Wehman, P., & Kiernan, J. (1981). Teaching leisure skills to severely handicapped adults: An age-appropriate darts game. *Journal of Applied Behavior Analysis, 14,* 513-519.

Schlesinger, C. (2004). Australian Association for Cognitive and Behavior Therapy. *Newsletter of the International Association for Behavior Analysis, 27*(2), 20-21.

Schlinger, H. D., Derenne, A., & Baron, A. (2008). What 50 years of research tell us about pausing under ratio schedules of reinforcement. *The Behavior Analyst, 31,* 39-60.

Schloss, P. J., & Schloss, M. A. (2004). *Applied behavior analysis in the classroom* (2nd ed.). Boston: Allyn & Bacon.

Schloss, P. J., Smith, M., Santora, C., & Bryant, R. (1989). A respondent conditioning approach to reducing anger responses of a dually-diagnosed man with mild mental retardation. *Behavior Therapy, 20,* 459-464.

Schreibman, L. (1975). Effects of within-stimulus and extra-stimulus prompting on discrimination learning in autistic children. *Journal of Applied Behavior Analysis, 8,* 91-112.

Schroeder, H. E., & Black, M. J. (1985). Unassertiveness. In M. Hersen & A. S. Bellack (Eds.), *Handbook of clinical behavior therapy with adults* (pp. 509-530). New York: Plenum Press.

Schunk, D. H. (1987). Peer models and children's behavioral change. *Review of Educational Research, 57,* 149-174.

Schwartz, M. S., & Andrasic, F. (1998). *Biofeedback: A practitioner's guide*. New York: Guilford Press.

Schwitzgebel, R. L. (1964). *Streetcorner research: An experimental approach to juvenile delinquency*. Cambridge, MA: Harvard University Press.

Scogin, F., Bynum, J., Stephens, G., & Calhoon, S. (1990). Efficacy of self-administered treatment programs: Meta-analytic review. *Professional Psychology: Research and Practice, 21,* 42-47.

Scott, M. A., Barclay, B. R., & Houts, A. C. (1992). Childhood enuresis: Etiology, assessment, and current behavioral treatment. In M. Hersen, R. N. Eisler., & P. M. Miller (Eds.), *Progress in behavior modification* (Vol. 28, pp. 84-119). Sycamore, IL: Sycamore Press.

Scott, R. W., Peters, R. D., Gillespie, W. J., Blanchard, E. B., Edmundson, E. D., & Young, L. D. (1973). The use of shaping and reinforcement in the operant acceleration and deceleration of heart rate. *Behaviour Research and Therapy, 11,* 179-185.

Scrimali, T., & Grimaldi, L. (1993). Behavioral and cognitive psychotherapy in Italy. *The Behavior Therapist, 16,* 265-266.

Seabaugh, G. O., & Schumaker, J. B. (1994). The effects of self-regulation training on the academic productivity of secondary students with learning problems. *Journal of Behavioral Education, 4,* 109-133.

Searight, H. R. (1998). *Behavioral medicine: A primary care approach*. Philadelphia: Brunner-Mazel.

Seigts, G. H., Meertens, R. M., & Kok, G. (1997). The effects of task importance and publicness on the relation between goal difficulty and performance. *Canadian Journal of Behavioural Science, 29,* 54-62.

Seligman, M. E. P. (1971). Phobias and preparedness. *Behavior Therapy, 2,* 307-321.

Seligman, M. E. P. (1994). *What you can change*

and what you can't. New York: Knopf.

Semb, G., & Semb, S. A. (1975). A comparison of fixed-page and fixed-time reading assignments in elementary school children. In E. Ramp & G. Semb (Eds.), *Behavior analysis: Areas of research and application* (pp. 233-243). Upper Saddle River, NJ: Prentice Hall.

Serketich, W. J., & Dumas, J. E. (1996). The effectiveness of behavioral parent training to modify antisocial behavior in children: A meta-analysis. *Behavior Therapy, 27,* 171-186.

Shafran, R., Booth, R., & Rachman, S. (1993). The reduction of claustrophobia: II. Cognitive analyses. *Behaviour Research and Therapy, 31,* 75-85.

Shahan, T. A., Bickel, W. K., Madden, G. J., & Badger, G. J. (1999). Comparing the reinforcing efficacy of nicotine containing and denicotinized cigarettes: A behavioral economic analysis. *Psychopharmacology, 147,* 210-216.

Sherrington, C. S. (1947). *The integrative action of the central nervous system.* Cambridge, UK: Cambridge University Press.

Shimoff, E., Matthews, B. A., & Catania, A. C. (1986). Human operant performance: Sensitivity and pseudosensitivity to contingencies. *Journal of the Experimental Analysis of Behavior, 46,* 149-157.

Sidman, M. (1953). Avoidance conditioning with brief shock and no exteroceptive warning signal. *Science, 118,* 157-158.

Sidman, M. (1960). *Tactics of scientific research.* New York: Basic Books.

Sidman, M. (1994). *Equivalence relations and behavior: A research story.* Boston: Authors Cooperative.

Siedentop, D. (1978). The management of practice behavior. In W. F. Straub (Ed.), *Sport psychology: An analysis of athletic behavior* (pp. 42-61). Ithaca, NY: Mouvement.

Siedentop, D., & Tannehill, D. (2000). *Developing teaching skills in physical education* (4th ed.). Mountain View, CA: Mayfield.

Siev, J., Huppert, J., & Chambless, D. L. (2009). The dodo bird, treatment technique, and disseminating empirically supported treatments. *The Behavior Therapist, 32,* 69-76.

Simek, T. C., & O'Brien, R. M. (1981). *Total golf: A behavioral approach to lowering your score and getting more out of your game.* Huntington, NY: B-Mod Associates.

Singer, G. H., Singer, J. S., & Horner, R. H. (1987). Using pretask requests to increase the probability of compliance for students with severe disabilities. *Journal of the Association for Persons with Severe Handicaps, 12,* 287-291.

Singh, N. N., Wahler, R. G., Adkins, A. D., & Myers, R. E. (2003). Soles of the feet: A mindfulness-based self-control intervention for aggression by an individual with mild mental retardation and mental illness. *Research in Developmental Disabilities, 24*(1), 58-169.

Sirard, J. R., & Pate, R. R. (2001). Physical activity assessment in children and adolescents. *Sports Medicine, 31,* 439-454.

Skinner, B. F. (1938). *The behavior of organisms.* New York: Appleton-Century-Crofts.

Skinner, B. F. (1948a). "Superstition" in the pigeon. *Journal of Experimental Psychology, 38,* 168-172.

Skinner, B. F. (1948b). *Walden Two.* New York: Macmillan.

Skinner, B. F. (1953). *Science and human behavior.* New York: Macmillan.

Skinner, B. F. (1957). *Verbal behavior.* New York: Appleton-Century-Crofts.

Skinner, B. F. (1958). Teaching machines. *Science, 128,* 969-977.

Skinner, B. F. (1960). Pigeons in a pelican. *American Psychologist, 15,* 28-37.

Skinner, B. F. (1968). *The technology of teaching.*

New York: Appleton-Century-Crofts.

Skinner, B. F. (1969). *Contingencies of reinforcement: A theoretical analysis*. New York: Appleton-Century-Crofts.

Skinner, B. F. (1971). *Beyond freedom and dignity*. New York: Knopf.

Skinner, B. F. (1974). *About behaviorism*. New York: Knopf.

Skinner, B. F. (1977). Why I am not a cognitive psychologist. *Behaviorism, 5*, 1-10.

Skinner, B. F. (1989). *Recent issues in the analysis of behavior*. Columbus, OH: Charles E. Merrill.

Skinner, B. F., & Vaughan, N. E. (1983). *Enjoy old age: A program of self-management*. New York: W. W. Norton.

Smith, M. T., Perlis, M., Park, A., Smith, M. S., Pennington, J., Giles, G. E., et al. (2002). Comparative meta-analysis of pharmacotherapy and behavior therapy for persistent insomnia. *American Journal of Psychiatry, 159*(1), 5-11.

Smith, R. E. (1988). The logic and design of case study research. *The Sport Psychologist, 2*, 1-12.

Smith, R., Michael, J., & Sundberg, M. L. (1996). Automatic reinforcement and automatic punishment in infant vocal behavior. *The Analysis of Verbal Behavior, 13*, 39-48.

Snyder, D. K., & Abbott, B. V. (2004). Couple distress. In M. M. Antony & D. H. Barlow (Eds.), *Handbook of assessment and treatment planning for psychological disorders*. Now York: Guilford Press.

Snyder, J., Schrepferman, L., & St. Peter, C. (1997). Origins of antisocial behavior: Negative reinforcement and affect disregulation of behavior as socialization mechanisms in family interaction. *Behavior Modification, 21*, 187-215.

Sobell, L. C., Toneatto, T., & Sobell, M. B. (1994). Behavioral assessment and treatment planning for alcohol, tobacco, and other drug problems: Current status with an emphasis on clinical applications. *Behavior Therapy, 25*, 533-580.

Sobell, M. B., & Sobell, L. C. (1993). *Problem drinkers: Guided self-change treatment*. New York: Guilford Press.

Sommer, R. (1977, January). Toward a psychology of natural behavior. *APA Monitor, 8*, 13-14.

Spiegler, M. D., & Guevremont, D. C. (2003). *Contemporary behavior therapy* (4th ed.). Belmont, CA: Wadsworth/Thompson Learning.

Spinelli, P. R., & Packard, T. (1975, February). Behavioral self-control delivery systems. Paper presented at the National Conference on Behavioral Self-Control, Salt Lake City, UT.

Spira, A. P., & Edelstein, B. A. (2006). Behavioral interventions for agitation in older adults with dementia: An evaluative review. *International Psychogeriatrics, 18*, 195-225.

Spooner, F. (1984). Comparisons of backward chaining and total task presentation in training severely handicapped persons. *Education and Training of the Mentally Retarded, 19*, 15-22.

Sprague, J. R., & Horner, R. H. (1984). The effects of single-instance, multiple-instance, and general case training on generalized vending machine use by moderately and severely handicapped students. *Journal of Applied Behavior Analysis, 17*, 273-278.

Springer, C. R., & Pear, J. J. (2008). Performance measures in courses using computer-aided personalized system of instruction. *Computers and Education, 51*, 829-835.

Staats, A. W. (1996). *Behavior and personality*. New York: Springer.

Staats, A. W., Staats, C. K., & Crawford, H. L. (1962). First-order conditioning of meaning and the parallel conditioning of a GSR. *Journal of General Psychology, 67*, 159-167.

Stainback, W. C., Payne, J. S., Stainback, S. B., & Payne, R. A. (1973). *Establishing a token economy in the classroom*. Columbus, OH: Charles E. Merrill.

Stampfl, T. G., & Levis, D. J. (1967). Essentials of implosive therapy: A learning-theory-based psychodynamic behavioral therapy. *Journal of Abnormal Psychology, 72,* 496-503.

Stark, M. (1980). The German Association of Behavior Therapy. *Behavior Therapist, 3,* 11-12.

Steege, M. W., & Watson, T. S. (2009). *Conducting school-based functional behavioral assessments: A practitioner's guide* (2nd ed.). New York: Guilford Press.

Stephens, C. E., Pear, J. J., Wray, L. D., & Jackson, G. C. (1975). Some effects of reinforcement schedules in teaching picture names to retarded children. *Journal of Applied Behavior Analysis, 8,* 435-447.

Stokes, T. E., & Baer, D. M. (1977). An implicit technology of generalization. *Journal of Applied Behavior Analysis, 10*, 349-367.

Stokes, T. F., & Osnes, P. G. (1986). Programming the generalization of children's social behavior. In P. S. Strain, M. J. Guralnick., & H. Walker (Eds.), *Children's social behavior: Development, assessment, and modification* (pp. 407-443). Orlando, FL: Academic Press.

Stokes, T. F., & Osnes, P. G. (1989). An operant pursuit of generalization. *Behavioral Therapy, 20*, 337-355.

Stolz, S. B., & Associates. (1978). *Ethical issues in behavior modification*. San Francisco: Jossey-Bass.

Stone, A. A., Turkkan, J. S., Bachrach, C. A., Jobe, J. B., Kurtzman, H. S., Cain, V. S. (2000). *The Science of Self-Report: Implications for Research and Practice*. Mahwah, N. J.: Lawrence Erlbaum Associates.

St. Peter Pipkin, C., & Vollmer, T. R. (2009). Applied implications of reinforcement history effects. *Journal of Applied Behavior Analysis, 42*, 83-103.

Stromer, R., Mackay, H. A., & Remington, B. (1996). Naming: The formation of stimulus classes, and applied behavior analysis. *Journal of Applied Behavior Analysis, 29,* 409-431.

Stromer, R., McComas, J. J., & Rehfeldt, R. A. (2000). Designing interventions that include delayed reinforcement: Implications of recent laboratory research. *Journal of Applied Behavior Analysis, 33*, 359-371.

Stuart, R. B. (1971). Assessment and change of the communication patterns of juvenile delinquents and their parents. In R. D. Rubin, H. Fernsterheim, A. A. Lazarus., & C. M. Franks (Eds.), *Advances in behavior therapy* (pp. 183-196). New York: Academic Press.

Sturmey, P. (1994). Assessing the functions of aberrant behaviors: A review of psychometric instruments. *Journal of Autism and Developmental Disabilities, 24,* 293-303.

Sturmey, P. (1995). Analogue baselines: A critical review of the methodology. *Research in Developmental Disabilities, 16*, 269-284.

Sturmey, P. (Ed.). (2007). *Functional analysis in clinical treatment*. London, UK: Elsevier.

Suchowierska, M., & Kozlowski, J. (2004). Behavior analysis in Poland: A few words on Polish ABA. *Newsletter of the International Association for Behavior Analysis, 27*(2), 28-29.

Sullivan, M. A., & O'Leary, S. G. (1990). Maintenance following reward and cost token programs. *Behavior Therapy, 21*, 139-149.

Sulzer-Azaroff, B., & Reese, E. P. (1982). *Applying behavior analysis: A program for developing professional competence*. New York: Holt, Rinehart & Winston.

Sundberg, M. L. (2004). A behavioral analysis of motivation and its relation to mand training. In W. L. Williams (Ed.), *Advances in developmental disabilities: Etiology, assessment, intervention, and integration* (pp. 199-220). Reno, NV: Context Press.

Sundberg, M. L., & Michael, J. (2001). The benefits of Skinner's analysis of verbal behavior for children with autism. *Behavior Modification, 25*, 698-724.

Sundberg, M. L., Michael, J., Partington, J. W., & Sundberg, C. A. (1996). The role of automatic reinforcement in early language acquisition. *The Analysis of Verbal Behavior, 13,* 21-37.

Sundberg, M. L., & Partington, J. W. (1998). *Teaching language to children with autism and other developmental disabilities.* Pleasant Hill, CA: Behavior Analysts.

Svenningsen, L. An examination of the effect of CAPSI as a learning system in developing knowledge and critical thinking in two blended learning courses. Unpublished doctoral dissertation, University of Manitoba, Winnipeg, Manitoba.

Sweet, A. A., & Loizeaux, A. L. (1991). Behavioral and cognitive treatment methods: A critical comparative review. *Journal of Behavior Therapy and Experimental Psychiatry, 22,* 159-185.

Tanaka-Matsumi, J., & Higginbotham, H. N. (1994). Clinical application of behavior therapy across ethnic and cultural boundaries. *The Behavior Therapist, 17,* 123-126.

Tanaka-Matsumi, J., Higginbautham, H. N., & Chang, R. (2002). Cognitive behavioral approaches to counselling across cultures: A functional analytic approach for clinical applications. In P. B. Pedersen, J. G. Draguns, W. J. Lonner., & J. E. Trimble (Eds.), *Counselling across cultures* (5th ed., pp. 337-354). Thousand Oaks, CA: Sage.

Taylor, C. B., Fried, L., & Kenardy, J. (1990). The use of real-time computer diary for data acquisition and processing. *Behavior Research and Therapy, 28,* 93-97.

Taylor, S. E. (2003). *Health psychology* (5th ed.). New York: McGraw-Hill.

Taylor, S., Thordarson, D. S., & Sochting, I. (2004). Obsessive-compulsive disorder. In M. M. Antony & D. H. Barlow (Eds.), *Handbook of assessment and treatment planning for psychological disorders.* New York: Guilford Press.

Taub, E., Crago, J. E., Burgio, L. D., Groomes, T. E., Cooky E. W., III, Deluca, S. C., & Miller, N. E. (1994). An operant approach to rehabilitation medicine: Overcoming learned nonuse by shaping. *Journal of the Experimental Analysis of Behavior, 61,* 281-293.

Teasdale, J. D., Segal, Z. V., & Williams, J. M. G. (1995). How does cognitive therapy prevent depressive relapse and why should attentional control (mindfulness) training help? *Behavior Research and Therapy, 33*, 25-39.

Terenzini, P. T., & Pascarella, E. T. (1994, January/February). Living with myths: Undergraduate education in America. *Change,* 28-32.

Tews, L. (2007). Early intervention for children with autism: Methodologies critique. *Developmental Disabilities Bulletin, 35*, 148-168.

Tharp, R. G., & Wetzel, R. J. (1969). *Behavior modification in the natural environment.* New York: Academic Press.

Thierman, G. J., & Martin, G. L. (1989). Self-management with picture prompts to improve quality of household cleaning by severely mentally handicapped persons. *International Journal of Rehabilitation Research, 12,* 27-39.

Thiessen, C., Fazzio, D., Arnal, L., Martin, G. L., Yu, C. T., & Kielback, L. (2009). Evaluation of a self-instructional manual for conducting discrete-trials teaching with children with autism. *Behavior Modification, 33,* 360-373.

Thomas, D. L., & Miller, L. K. (1980). Helping college students live together. Democratic decision-making versus experimental manipulation. In G.

L. Martin & J. G. Osborne (Eds.), *Helping in the community: Behavioral applications* (pp. 291-305). New York: Plenum Press.

Thompson, R. H., & Iwata, B. A. (2000). Response acquisition under direct and indirect contingencies of reinforcement. *Journal of Applied Behavior Analysis, 33,* 1-11.

Thompson, R. H., Iwata, B. A., Conners, J., & Roscoe, E. M. (1999). Effects of reinforcement for alternative behavior during punishment of self-injury. *Journal of Applied Behavior Analysis, 32,* 317-328.

Thompson, R. W., Smith, G. L., Osgood, D. W., Dowd, T. P., Friman, P. C., & Daly, D. L. (1996). Residential care: A study of short-and long-term educational effects. *Children and Youth Services Review, 18,* 221-242.

Thompson, T., Felce, D., & Symons, F. (Eds.). (2000). *Behavioral observation: Technology and applications in developmental disabilities.* Baltimore. MD: Brookes.

Thomson, K., Martin, G. L., Arnal, L., Fazzio, D., & Yu, C. T. (2009). Instructing individuals to deliver discrete-trials teaching to children with autism spectrum disorders: A review. *Research in Autism Spectrum Disorders, 3,* 590-606.

Thorndike, E. L. (1911). Animal intelligence: An experimental study of the associative processes in animals. *Psychological Review Monograph Supplement 2,* Whole No. 8.

Tiffany, S. T., Martin, G., & Baker, R. (1986). Treatments for cigarette smoking: An evaluation of the contributions of aversion and counselling procedures. *Behavior Research and Therapy, 24,* 437-452.

Timberlake, W., & Allison, J. (1974). Response deprivation: An empirical approach to instrumental performance. *Psychological Review, 81,* 146-164.

Timberlake, W., & Farmer-Dougan, V. A. (1991). Reinforcement in applied settings: Figuring out ahead of time what will work. *Psychological Bulletin, 110,* 379-391.

Tincani, M. J., Gastrogiavanni, A., & Axelrod, S. (1999). A comparison of the effectiveness of brief versus traditional functional analyses. *Research in Developmental Disabilities, 20,* 327-338.

Tingstrom, D. H., Sterling-Turner, H. E., & Wilczynski, S. M. (2006). The Good Behavior Game: 1969-2002. *Behavior Modification, 30,* 225-253.

Tkachuk, G. A., & Martin, G. L. (1999). Exercise therapy for psychiatric disorders: Research and clinical implications. *Professional Psychology: Research and Practice, 30,* 275-282.

Todd, F. J. (1972). Coverant control of self-evaluative responses in the treatment of depression: A new use for an old principle. *Behavior Therapy, 3,* 91-94.

Torgrud, L. J., & Holborn, S. W. (1990). The effects of verbal performance descriptions on nonverbal operant responding. *Journal of the Experimental Analysis of Behavior, 54,* 273-291.

Tringer, L. (1991). Behavior therapy in Hungary. *The Behavior Therapist, 14,* 13-14.

Tucker, M., Sigafoos, J., & Bushell, H. (1998). Use of non-contingent reinforcement in the treatment of challenging behavior. A review and clinical guide. *Behavior Modification, 22,* 529-547.

Turk, D. G., & Okifuji, A. (1997). Evaluating the role of physical, operant, cognitive, and affective factors in the pain behaviors of chronic pain patients. *Behavior Modification, 21*, 259-280.

Turkat, I. D., & Feuerstein, M. (1978). Behavior modification and the public misconception. *American Psychologist, 33,* 194.

Turner, J. R., Cardon, L. R., & Hewitt, J. K. (1995). *Behavior genetic approaches in behavioral medicine.* New York: Plenum Press.

Twohig, M. P., Hayes, S. C., & Masuda, A. (2006).

Increasing willingness to experience obsessions: Acceptance and Commitment Therapy as treatment for obsessive-compulsive disorder. *Behavior Therapy, 37*, 3-13.

Tyron, W. W. (1998). Behavioral observation. In A. S. Bellack & M. Hersen (Eds.), *Behavioral assessment: A practical handbook* (4th ed., pp. 79-103). Boston: Allyn & Bacon.

Tyron, W. W., & Cicero, S. D. (1989). Classical conditioning of meaning—I. A replication and higher order extension. *Journal of Behavior Therapy and Experimental Psychiatry, 20*, 137-142.

Ullmann, L. P. (1980). This week's citation classic, *Case Studies in Behavior Modification. Current Contents/Social and Behavioral Sciences* (No. 11), 255. (Available online at http://garfield.library.upenn.edu/classics.html).

Ullmann, L. P., & Krasner, L. (Eds.). (1965). *Case studies in behavior modification*. New York: Holt, Rinehart & Winston.

Ulrich, R., Stachnik, T., & Mabry. J. (Eds.). (1966). *Control of human behavior* (Vol. 1). Glenview, IL: Scott Foresman.

Upper, D., Cautela, J. R., & Brook, J. M. (1975). Behavioral self-rating checklist. In M. Hersen, R. M. Eisler., & P. M. Miller (Eds.), *Progress in behavior modification* (Vol. 1, pp. 275-305). New York: Academic Press.

Van Houten, R. (1983). Punishment: From the animal laboratory to the applied setting. In S. Axelrod & J. Apsche (Eds.), *The effects of punishment on human behavior* (pp. 13-44). New York: Academic Press.

Van Houten, R., Axelrod, S., Bailey, J. S., Favell, J. E., Foxx, R. M., Iwata, B. A., et al. (1988). The right to effective behavioral treatment. *Journal of Applied Behavior Analysis, 21*, 381-384.

Van Houten, R., & Doleys, D. M. (1983). Are social reprimands effective? In S. Axelrod & J. Apsche (Eds.), *The effects of punishment on human behavior* (pp. 45-70). New York: Academic Press.

Vaughan, M. (1989). Rule-governed behavior in behavior analysis: A theoretical and experimental history. In S. C. Hayes (Ed.), *Rule-governed behavior: Cognition, contingencies, and instructional control* (pp. 97-118). New York: Plenum Press.

Vaughan, M. E., & Michael, J. L. (1982). Automatic reinforcement: An important but ignored concept. *Behaviorism, 10*, 217-227.

Vaughan, W., Jr., & Herrnstein, R. J. (1987). Choosing among natural stimuli. *Journal of the Experimental Analysis of Behavior, 47*, 5-16.

Vause, T., Regher, K., Feldman, M., Griffiths, D., & Owen, F. (2009). Right to behavioral treatment for individuals with intellectual disabilities: Issues of punishment (219-239). In F. Owen & D. Griffiths (Eds.), *Challenges to the human rights of people with intellectual disabilities*. London & Philadelphia: Jessica Kingsley Publishers.

Vause, T., Yu, C. T., & Martin, G. L. (2007). The Assessment of Basic Learning Abilities Test for persons with intellectual disability: A valuable clinical tool. *Journal of Applied Research in Intellectual Disabilities, 20*, 483-489.

Verbeke, A. K., Martin, G. L., Thorsteinsson, J. R., Murphy, C., & Yu, C. T. (2009). Does mastery of ABLA Level 6 make it easier for individuals with developmental disabilities to learn to name objects? *Journal of Behavioral Education, 18*, 229-244.

Verbeke, A. K., Martin, G. L., Yu, C. T., & Martin, T. L. (2007). Does ABLA test performance predict picture name recognition with persons with severe developmental disabilities? *The Analysis of Verbal Behavior, 23*, 35-39.

Vollmer, T. R., & Iwata, B. A. (1992). Differential reinforcement as treatment for behavior disorders: Procedural and functional variations.

Research in Developmental Disabilities, 13, 393-417.

Vollmer, T. R., Iwata, B. A., Zarcone, J. R., Smith, R. G., & Mazaleski, J. L. (1993). The role of at tention in the treatment of attention-maintained self-injurious behavior: Non-contingent reinforcement and differential reinforcement of other behavior. *Journal of Applied Behavior Analysis, 26,* 9-21.

Vollmer, T. R., Roane, H. S., Ringdahl, J. E., & Marcus, B. A. (1999). Evaluating treatment challenges with differential reinforcement of alternative behavior. *Journal of Applied Behavior Analysis, 32,* 9-23.

Vygotsky, L. S. (1978). *Mind and society. Cambridge,* MA: Harvard University Press.

Wahler, R. G. (2007). Chaos, coincidence, and contingency in the behavior disorders of childhood and adolescence. In P. Sturmey (Ed.), *Functional analysis in clinical treatment* (pp. 111-128). London, UK: Elsevier.

Wahler, R. G., Winkel, G. H., Peterson, R. F., & Morrison, D. C. (1965). Mothers as behavior therapists for their own children. *Behaviour Research and Therapy, 3,* 113-124.

Walker, H. M., & Buckley, N. K. (1972). Programming generalization and maintenance of treatment effects across time and across setting. *Journal of Applied Behavior Analysis, 5,* 209-224.

Wallace, I. (1971). *The writing of one novel.* Richmond Hill, Ont., Canada: Simon & Schuster.

Wallace, I., & Pear, J. J. (1977). Self-control tech niques of famous novelists. *Journal of Applied Behavior Analysis, 10,* 515-525.

Walls, R. T., Zane, T., & Ellis, W. D. (1981). Forward and backward chaining, and whole task methods. *Behavior Modification, 5,* 61-47.

Walters, G. D. (2000). Behavioral self-control training for problem drinkers: A meta-analysis of randomized control studies. *Behavior Therapy, 31,* 135-149.

Wanlin, C., Hrycaiko, D., Martin, G. L., & Mahon, M. (1997). The effects of a goal-setting package on performance of speed skaters. *Journal of Sport Psychology, 9,* 212-228.

Ward, P. (2005). The philosophy, science, and application of behavior analysis in physical education. In D. Kirk, D. MacDonald., & M. O' sullivan (Eds.), *The Handbook of Physical Education.* Thousand Oaks, CA: Sage.

Ward, W. D., & Stare, S. W. (1990). The role of subject verbalization in generalized correspondence. *Journal of Applied Behavior Analysis, 23,* 129-136.

Warren, S. F. (2000). Mental retardation: Curse, characteristic, or coin of the realm? *American Association on Mental Retardation News and Notes, 13,* 10-11.

Watson, D. L., & Tharp, R. G. (1997). *Self directed behavior: Self-modification for personal adjustment* (7th ed.). Monterey, CA: Brooks/Cole.

Watson, D. L., & Tharp, R. G. (2007). *Self-directed behavior: Self-modification for personal adjustment* (9th ed.). Monterey, CA: Brooks/Cole.

Watson, J. B. (1913). Psychology as the behaviorist views it. *Psychological Review, 20,* 158-177.

Watson, J. B. (1916). The place of the conditioned reflex in psychology. *Psychological Review, 23,* 89-116.

Watson, J. B. (1930). *Behaviorism* (rev. ed.). Chicago: University of Chicago Press.

Watson, J, B., & Rayner, R. (1920). Conditioned emotional reactions. *Journal of Experimental Psychology, 3,* 1-14.

Watson, R. I. (1962). The experimental tradition and clinical psychology. In A. J. Bachrach (Ed.), *Experimental foundations of clinical psychology* (pp. 3-25). New York: Basic Books.

Wearden, J. H. (1988). Some neglect problems in the analysis of human operant behavior. In G. Davey & C. Cullen (Eds.), *Human operant conditioning and behavior modification* (pp. 197-224), Chichester, UK: Wiley.

Welch, M. W., & Gist, J. W. (1974). *The open token economy system: A handbook for a behavioral approach to rehabilitation*. Springfield, IL: Charles C Thomas.

Welch, S. J., & Pear, J. J. (1980). Generalization of naming responses to objects in the natural environment as a function of training stimulus modality with retarded children. *Journal of Applied Behavior Analysis, 13*, 629-643.

Wetherell, J. L. (2002). Behavior therapy for anxious older adults. *The Behavior Therapist, 25*, 16-17.

Wexler, D. (1981). *Manual for the Wexler Adult Intelligence Scale-Revised*. New York: Psychological Corporation.

Whaley, D. L., & Malott, R. W. (1971). *Elementary principles of behavior*. Upper Saddle River, NJ: Prentice Hall.

Whitaker, S. (1993). The reduction of aggression in people with learning disabilities: A review of psychological methods. *British Journal of Clinical Psychology, 32*, 1-37.

Whitman, T. L., Spence, B. H., & Maxwell, S. (1987). A comparison of external and self-instructional teaching formats with mentally retarded adults in a vocational training setting. *Research in Developmental Disabilities, 8*, 371-388.

Wiederhold, B. K., & Wiederhold, M. D. (2004). *Virtual reality therapy for anxiety disorders: Advances in evaluation and treatment*. Washington, DC: American Psychological Association.

Wiegel, M., Wincze, J. P., & Barlow, D. H. (2004). Sexual dysfunction. In M. M. Antony & D. H. Barlow (Eds.), *Handbook of assessment and treatment planning for psychological disorders*. New York: Guilford Press.

Wilder, D. A., & Wong, S. E. (2007). Schizophrenia and other psychotic disorders. In P. Sturmey (Ed.), *Functional analysis in clinical treatment* (pp. 283-306). London: Elsevier.

Williams, B., Myerson, J., & Hale, S. (2008). Individual differences, intelligence, and behavioral analysis. *Journal of the Experimental Analysis of Behavior, 90*, 219-231.

Williams, C. D. (1959). The elimination of tantrum behavior by extinction procedures. *Journal of Abnormal and Social Psychology, 59*, 269.

Williams, J. E., & Cuvo, A. J. (1986). Training apartment upkeep skills to rehabilitation clients: A comparison of task analysis strategies. *Journal of Applied Behavior Analysis, 19*, 39-51.

Williams, M., Teasdale, J., Segal, Z., & Kabat-Zinn, J. (2007). *The mindful way through depression: Freeing yourself from chronic unhappiness*. New York: Guilford Press.

Williams, W. L. (Ed.). (2004). *Advances in developmental disabilities: Etiology, assessment, intervention, and integration*. Reno, NY: Context Press.

Williams, W. L., Jackson, M., & Friman, P. C. (2007). Encopresis and enuresis. In P. Sturmey (Ed.), *Functional analysis in clinical treatment* (pp. 171-192). London: Elsevier.

Wilson, G. T. (1991). Chemical aversion conditioning in the treatment of alcoholism: Further comments. *Behavior Research and Therapy, 29*, 415-419.

Wilson, K. G., Hayes, S. C., & Gifford, E. V. (1997). Cognition in behavior therapy: Agreements and differences. *Journal of Behavior Therapy and Experimental Psychiatry, 28*, 53-63.

Wilson, J. Q., & Herrnstein, R. J. (1985). *Crime and human nature*. New York, NY: Simon & Schuster.

Wincze, J. P., Bach, A. K., & Barlow, D. H.

(2008). Sexual dysfunction. In D. H. Barlow (Ed.), *Clinical handbook of psychological disorders: A step-by-step treatment manual* (4th ed.). New York: Guilford Press.

Wincze, J. P., & Carey, M. P. (2001). *Sexual dysfunction, second edition: A guide for assessment and treatment*. New York: Guilford Press.

Winerman, L. (2004). Back to her roots. *Monitor on Psychology, 35*(8), 46-49.

Winerman, L. (2005). Fighting phobias: A virtual cure. *Monitor on Psychology, 36*(7), 87-89.

Wisocki, P. A. (1999). *Handbook of clinical behavior therapy with the elderly client*. New York: Kluwer/Plenum.

Witt, J. C., & Wacker, D. P. (1981). Teaching children to respond to auditory directives: An evaluation of two procedures. *Behavior Research of Severe Developmental Disabilities, 2,* 175-189.

Wolf, M. M. (1978). Social validity: The case for subjective measurement or how applied behavior analysis is finding its heart. *Journal of Applied Behavior Analysis, 11,* 203-214.

Wolf, M. M., Braukmann, C. J., & Ramp, K. A. (1987). Serious delinquent behavior as part of a significantly handicapping condition: Cures and supportive environments. *Journal of Applied Behavior Analysis, 20,* 347-359.

Wolf, M. M., Hanley, E. L., King, L. A., Lachowicz, J., & Giles, D. K. (1970). The timer-game: A variable interval contingency for the management of out-of-seat behavior. *Exceptional Children, 37,* 113-117.

Wolf, M. M., Kirigin, K. A., Fixsen, D. L., Blase, K. A., & Braukmann, C. J. (1995). The teach-ing-family model: A case study in data-based program development and refinement (and dragon wrestling). *Journal of Organizational Behavior Management, 15,* 11-68.

Wolf, M. M., Risley, T., & Mees, H. (1964). Application of operant conditioning procedures to the behavior problems of an autistic child. *Behavior Research and Therapy, 1,* 305-312.

Wolfe, V. F., & Cuvo, A. J (1978). Effects of within-stimulus and extra-stimulus prompting on letter discrimination by mentally retarded persons. *American Journal of Mental Deficiency, 83,* 297-303.

Wolfensberger, W. (Ed.). (1972). *Normalization: The principle of normalization in human services*. Toronto: National Institute of Mental Retardation.

Wolko, K. L., Hrycaiko, D. W., & Martin, G. L. (1993). A comparison of two self-management packages to standard coaching for improving practice performance of gymnasts. *Behavior Modification, 17,* 209-223.

Wolpe, J. (1958). *Psychotherapy by reciprocal inhibition*. Stanford, CA: Stanford University Press.

Wolpe, J. (1969). *The practice of behavior therapy*. Elmsford, NY: Pergamon Press.

Wolpe, J. (1982). *The practice of behavior therapy* (3rd ed.). New York: Pergamon Press.

Wolpe, J. (1985). Requiem for an institution. *Behavior Therapist, 8,* 113.

Wolpe, J. (1990). *The practice of behavior therapy* (4th ed.). New York: Pergamon Press.

Wood, S. J., Murdoch, J. Y., & (2002). Self-monitoring and at-risk middle-school students: Academic performance improves maintains, and generalizes. *Behavior Modification, 25,* 605-626.

Wyatt, W. J., Hawkins, R. P., & Davis, P. (1986). Behaviorism: Are reports of its death exaggerated? *Behavior Analyst, 9,* 101-105.

Yamagami, T., Okuma, H, Morinaga, Y., & Nakao, H. (1982). Practice of behavior therapy in Japan. *Journal of Behavior Therapy and Experimental Psychology, 13,* 21-26.

Yates, A. J. (1970). *Behavior therapy*. New York: Wiley.

Young, J. E., Rygh, J. L., Weinberger, A. D., &

Beck, A. T. (2008). Cognitive therapy for depression. In D. H. Barlow (Ed.), *Clinical handbook of psychological disorders: A step-by-step treatment manual* (4th ed., pp. 250-305). New York: Guilford Press.

Yu, D., Martin, G. L., Suthons, E., Koop, S., & Pallotta-Cornick, A. (1980). Comparisons of forward chaining and total task presentation formats to teach vocational skills to the retarded. *International Journal of Rehabilitation Research, 3*, 77-79.

Zamora, R., & Lima, J. (2000). Cognitive behavioral therapy in Uruguay. *The Behavior Therapist, 23*, 98-101.

Zettle, R. D. (2003). Acceptance and commitment therapy (ACT) versus systematic desensitization in treatment of mathematics anxiety. *Psychological Record, 53*, 197-215.

Zettle, R. D., & Hayes, S. C. (1982). Rule-governed behavior: A potential theoretical framework for cognitive behavioral therapy. In P. C. Kendall (Ed.), *Advances in cognitive behavioral research and therapy* (Vol. 1, pp. 73-118). New York: Academic Press.

Ziegler, S. G. (1987). Effects of stimulus cueing on the acquisition of groundstrokes by beginning tennis players. *Journal of Applied Behavior Analysis, 20*, 405-411.

Zvi, M. B. (2004). IABA: The new Israeli ABA Chapter. *Newsletter of the International Association for Behavior Analysis, 27*(2), 24-25.

찾아보기

《인명》

Ahearn, W. H. 420
Ayllon, T. 589, 590
Azrin, N. H. 249, 589

Baer, D. M. 38, 308, 313, 314, 318, 316, 377
Bailey, J. S. 444, 462
Baldwin, J. D. 333
Baldwin, J. L. 333
Bandura, A. 250, 366, 592, 593
Barclay, B. R. 288
Barlow, D. H. 55, 437
Barrios, B. A. 401
Beck, A. T. 538, 539, 571, 593
Bellack, A. S. 54
Bijou, S. W. 377
Bourret, J. C. 420
Brigham, T. A. 507
Brook, J. M. 391
Brossart, D. F. 444
Buckley, N. K. 312
Burch, M. R. 444

Cautela, J. R. 391
Chase, P. N. 366
Corcoran, K. 390
Cowdery, G. E. 159
Cox, B. S. 378

D'Zurilla, T. J. 544
Danaher, B. G. 286
Devaney, J. 456
Dotson, V. A. 421

Ellis, A. 536, 551, 593
Eysenck, H. J. 585, 594

Feldman, M. A. 251
Fischer, J. 390
Flora, S. R. 55
Foa, E. B. 568, 569
Franklin, M. E. 568
Freud, S. 366, 585, 590

Glenwick, D. S. 61
Goldfried, M. R. 544
Goldiamond, I. 359
Goodman, J. 542
Gould, D. 341
Grieger, R. 551
Guess, D. 251

Hackenberg, T. D. 485, 503
Hagan-Burke, S. 444
Hardy, L. 391
Hartmann, D. R 401
Hawkins, R. P. 421
Hayes, S. C. 342, 437, 534, 548
Helmstetter, E. 251
Herrnstein, R. J. 149
Hersen, M. 54
Houts, A. C. 288
Hrycaiko, D. 444
Hull, C. 600

Iwata, B. A. 118, 123, 159, 161, 451, 591

Johnson, V. E. 576
Johnston, J. M. 444
Jones, M. C. 297, 585

Kabat-Zinn, J. 547
Kazdin, A. E. 54, 121, 241, 435, 441, 583
Kearney, C. A. 450
Keller, F. S. 49, 588, 589, 599
Kelley, M. L. 241
Kendall, P. C. 48
Kerr, N. 415
Knowlton, S. 251
Krasner, L. 590, 595

Latham, G. P. 342
Lazarus, A. A. 594
Leader, C. 391
Leahy, R. L. 535
Lerman, D. C. 118
Lesage, M. G. 426, 430, 444
Lindsley, O. R. 589, 594
Locke, E. A. 342
Lovaas, O. I. 53

Ma, H. 444
Mahadevan, L. 444
Maletsky, B. M. 514
Malott, R. W. 301, 335
Martell, C. R. 571
Martin, G. L. 62, 63, 374, 391, 444, 454
Masia, C. L. 366
Masters, W. H. 576

Matson, J. L. 450
Meany-Daboul, M. G. 420
Meichenbaum, D. H. 515, 542, 543
Methot, L. L. 426, 430, 444
Meyerson, L. 415
Michael, J. 371, 373, 377, 589, 590

Olson, E. A. 444

Pace, G. M. 159
Parker, R. I. 444
Pavlov, I. P. 277, 584
Pear, J. J. 36, 301, 366, 583
Pennypacker, H. S. 444
Phillips, E. L. 488
Poling, A. 426, 430, 444
Polster, R. 121
Premack, D. 77
Pyles, D. A. M. 462

Quinn, G. 391

Rayner, R. 296, 584
Reese, E. P. 479
Resick, P. A. 570
Reynolds, L. K. 241
Rincover, A. 456
Risley, T. R. 38, 308
Roberts, R. N. 302
Rogers, C. 595
Roscoe, E. M. 420
Rotter, J. B. 592
Rutherford, G. 314

Sarwer, D. B. 390
Sayers, S. L. 390
Schlinger, H. D. 136, 137
Schnicke, M. K. 570
Schoenfeld, W. N. 588, 589
Scott, M. A. 288
Seligman, M. E. P. 282
Sherrington, C. S. 585
Sidman, M. 270, 439
Silverman, W. K. 450
Skinner, B. F. 46, 89, 153, 260, 301, 330, 333, 366, 377, 510, 586, 589, 594, 595, 603, 604
Sobell, L. C. 450
Sobell, M. B. 573
Solomon, H. C. 594
Staisey, N. 398
Stokes, T. E. 313, 318
Stolz, S. B. 608
Stone, A. A. 391
Sulzer-Azaroff, B. 479
Sundberg, M. L. 377

Tharp, R. G. 512, 515, 520
Thorndike, E. L. 75, 598
Toneatto, T. 450
Turnbull, H. R., III. 251

Ullmann, L. P. 590, 595
Upper, D. 391

Van Houten, R. 239, 251, 608
Vaughan, M. 330
Vollmer, T. R. 161, 378, 450
Vygotsky, L. S. 302

Walker, H. M. 312
Watson, D. L. 512, 515, 520
Watson, J. B. 46, 296, 584, 586
Watson, R. I. 594
Whaley, D. L. 301
Wilson, G. T. 287
Wolf, M. M. 38, 308, 316, 441
Wolfensberger, W. 52
Wolpe, J. 561, 585

Young, J. E. 541
Yu, D. 391

《내용》

ABAB 설계 429
ABC 평가 169
DRA 161
DRI 160
DSM-IV 45
DSM-IV-TR 53
Pavlov 조건형성 273, 586
Premack 원리 77, 522
S^{Δ} 170
S^{D} 170
S^{Dp} 244
Sidman 회피 270
Skinner 상자 586

가상현실치료 579
가설 검증 539
가족교육 모형(TFM) 486, 503
간격기록 418
간격반응 DRL 157
간접 강화 수반성 98
간접적인 노출(vicarious exposure) 569
간접평가 절차 389
간접효과 87, 98
간헐 강화 121, 134
강도 조형법 206
강박사고 568
강박장애 568
강박행동 568
강화 수반성 180
강화 후 휴식 136

강화계획 134
강화물-발견 수반성 98
강화물의 크기 83
강화자극 170
개념 174, 309
개념적 행동 175
개별화된 지도체계(PSI) 49, 66
개인별 다중-기저선 설계 435
건강심리학 57
결핍 83
경고자극 262
경험적 수용 547
경험적으로 지지된 치료 559
고전적 조건형성 273
고정-간격 강화계획 139
고정-비율 강화계획 136
고정-지속기간(FD) 강화계획 146
고차 조건형성 277
고통을 주는 벌칙 240
공적 목표 342
공통요소 자극 범주 174
공포 위계 561
공황발작 566
공황장애 566
과도한 일반화 539
과제 내주기 537
과제분석 228
관계성 틀 이론(RET) 555
관찰자 간 신뢰도 421
관찰평가 450
관찰학습 366, 593
광장공포증 566
교실 미니-경제 503
교차-처치 설계 437
규칙 330, 333
규칙-지배 행동 181, 331, 550, 552
긍정적 행동지원 252
기능분석 394, 451, 591
기능적으로 등가인 반응 310
기능평가 449
기초학습능력평가 415
긴장-이완 562

내재적 동기 81
내적 타당도 429
내현적 민감화 305
내현적 행동 30, 303
누적 그래프 410

다른 반응 차별강화 159
다요인 설계 437
다중-기저선 설계 432
다중양식행동치료 593
단순 조건 강화물 105
당위적 사고 537
대리학습 366
대안행동 118
대안행동 차별강화 161
대응훈련 532
도피 조건형성 76, 260
독립변인 429
동기 370

동기화 제거 조작(MAO) 372
동기화 조작(MO) 83
동기화 확립 조작(MEO) 372
동시 강화계획 149
두 조건 수반성 180

마음챙김 546, 552
망각 116
맥락통제 186
명명어 377
모델링 350
목표 340
무조건 강화물 102
무조건 동기화 제거 조작(UMAO) 373
무조건 동기화 조작(UMO) 373
무조건 동기화 확립 조작(UMEO) 373
무조건반사 273, 584
무조건반응 273
무조건벌칙 240
무조건자극 273
문제 음주자 572
문제-해결 방법 544
미신적 행동 89

바이오피드백 57, 217
반응대가 241
반응-대가 처벌 115
반응빈도 영 차별강화(DRO) 158
반응성 398
반응의 강도 414
반응일반화 309, 314
반응적 소거 114, 278
반응적 조건형성 273
반응적 행동 272
반전 설계 429
반향어 377
발달장애 51
배제하는 타임아웃 240
배제하지 않는 타임아웃 241
벌칙 73, 238
범불안장애 567
변동-간격 강화계획 141
변동-비율 강화계획 137
변동-지속기간(VD) 강화계획 146
보상 73
부분-간격기록 418
부분규칙 331
부적 강화 76, 260
불수의적 283
불안장애 566
비수반적 강화 88, 131
비연속 개별시도 교수(DTT) 66
비연속-개별시도 절차 135
비율긴장 136
빈도 그래프 408
빈도 조형법 206
빠른 흡연 혐오치료 286

사고 301, 302
사고-중지 556
사적 목표 342
사적 행동 303

사회적 강화물 77, 454
사회적 타당도 441
사회적 타당화 441
사회학습 이론 592
상징적 모델링 352
상호억제 585
상황 유도 358
상황별 다중-기저선 설계 433
생물학적 준비성 282
선별 단계 386
선행자극 330
세 조건 수반성 180
소거 115, 564
소거에 저항적인 행동 121
소거자극 170
소거폭발 122
소모할 수 있는 강화물 76
소유하는 강화물 77
수반성 관리 580
수반성-형성 행동 180, 331, 552
수반적 강화 88
수용전념치료(ACT) 534, 547, 548
수의적 283
숙달준거 341, 518
순간 시간-표집 420
순행연쇄법 224
스트레스 접종 543
습관 반전 577
습관장애 577
시간-표집기록 419
식별 회피 조건형성 263
식별자극 170
신체적 지도 202, 355
실제 노출 562
실제 노출과 반응제지 568
실험적 기능평가 451
실험평가 절차 394
심상 301

알코올 남용 572
알코올 의존 572
알코올 중독자 572
양립 불가능한 행동 차별강화 160
역조건형성 279, 561
역통제 607, 613
역할연기 353
역행연쇄법 222
연속 강화 121, 134
연속기록 418
오류 179
오류 없는 식별훈련 191
오류 없는 학습 191
외상후 스트레스 장애(PSTD) 569
외재적 강화물 82
외적 타당도 429
외현적 행동 30
요강(manual) 498
요청어 377
용암법 190
우연적 강화 89
우연적 연쇄 232
우울증 570

움직임의 형태 205, 405
유발하다(elicit) 284
유전 46
윤리 604
윤리지침 607
은밀한 강화 131
응용 스포츠 심리학 62
응용행동분석 38, 45, 591, 596
응용행동분석의 차원 38
이분법적 사고 539
이상행동의 의학 모형 590
이상행동의 행동 모형 590
이차 강화물 102
익명의 알코올 중독자 모임(AA) 573
인지 과정 593
인지 재구성 535, 541, 550, 593
인지도식 571
인지처리치료 570
인지행동수정 39, 533, 593, 596
인지행동치료 39, 534, 593, 596
일반화된 모방 356, 366
일반화된 조건 강화물 105
일으키다(evoke) 284
일차 강화물 102
임상적 효과성이나 사회적 중요성에 대한 판단 441
임의적인 추론 539

자극 35
자극 내 촉구 195
자극 범주 174
자극 외 촉구 195
자극등가 186
자극등가 범주 174, 176
자극-반응 연쇄 220
자극식별훈련 173, 179
자극일반화 173, 309, 312
자극통제 170, 415
자기-관리 56, 506
자기-수정 506
자기-자극 456
자기-지시 515, 552
자기-지시훈련 542
자기-통제 505
자기-통제 모형 509
자기-통제 프로그램 506
자기-통제의 행동 모형 510
자동적인 조건 강화 111
자발적 회복 124
자연적 강화물 89
자연적 환경 89
자유-조작 절차 135
자폐증 53
자폐증 스펙트럼 장애 53
잠재기간 조형법 206
재발 523
저비율 차별강화(DRL) 156
전반적 발달장애 53
전체-간격기록 419
전체과제 제시법 222
점진적 근육이완 462
점진적 비율 강화계획 138

점진적 접근법 204
접수 단계 386
정서 299
정신면역학 290
정신분열증 54
정신신경면역학 290
정신지체 51
정적 강화 73
정적 강화물 73
정적 강화의 함정 91
제한 시간이 있는 간격 강화계획 143
제한반응 DRL 156
조건 강화물 102, 104, 105
조건 동기화 조작 373
조건 동기화 확립 조작 373
조건 처벌 104
조건반사 273, 584, 584
조건반응(CR) 275
조건벌칙 240
조건자극(CS) 273
조건화된 감각 301
조건화된 느낌 301
조건화된 미각혐오 282
조건화된 시각 301
조건화된 청각 301
조건화된 후각 301
조기집중행동개입(EIBI) 53, 66
조작적 사고 303
조작적 소거 114
조작적 조건형성 272
조작적 행동 73, 272
조작하는 강화물 77
조직행동관리 61
조형법 204
종속변인 429
주요 우울삽화 570
준거-변화 설계 436
중요한 타인 484
지속기간 조형법 206
지시 84
지원 강화물 102, 105
지적장애 52
직접 강화 수반성 98
직접평가 절차 394
직접효과 87
질문지 평가 450

참견하는 관찰 425
참여적 모델링 515, 564
처벌 238
철회 설계 429
체계적 둔감화 462, 561, 585
축구 195
치료계약 479
치료적 처벌 247
침입적 사고 568

컴퓨터를 이용한 PSI(CAPSI) 50

타이머 게임 142
타임아웃 240
토큰경제 103, 104, 485

토큰체계 103
통제되는 행동 510
통제행동 510
특정 공포증 560

포화 83
표적행동 37
표출하다(emit) 284
프로그램화된 강화물 90

하위음성 언어 302
학습되지 않은 강화물 102
학습된 강화물 102
합리적-정서치료(RET) 536
합리적-정서행동치료(REBT) 537
핵심신념 571
행동 30
행동 추진력 314, 325
행동 트랩 315
행동 트랩핑 317
행동 활성화 571
행동결핍 34
행동계약 479, 527
행동과잉 34
행동별 다중-기저선 설계 433
행동분석 38
행동수정 35, 36, 596
행동시연 353
행동연쇄 220
행동의 비율 406
행동의 빈도 406
행동의 상대적 지속기간 413
행동의 잠재기간 416
행동의 질 416
행동의학 57
행동적 지역사회심리학 61
행동적 진단 462
행동적 촉구 195
행동치료 39, 596
행동평가 37, 45, 385
현실 점검 539
혐오치료 285
형태 조형법 205
홍수법 564
확대 539
환경적 촉구 195
활동 강화물 77
회피 조건형성 261

저자 소개

Garry Martin

Colorado 대학교에서 심리학을 전공하고 Arizona 주립대학교에서 행동분석 전공으로 석·박사 학위를 취득하였다. 현재 Manitoba 대학교 심리학과 교수로 재직 중이며, 발달장애와 스포츠 심리학 분야에서 활발히 활동하고 있다.

Joseph Pear

Maryland 대학교에서 심리학을 전공하고 Ohio 주립대학교에서 실험심리학 전공으로 석·박사 학위를 취득하였다. 현재 Manitoba 대학교 심리학과 교수로 재직 중이며, 행동치료 지도감독자 및 자문가로 활동하고 있다.

역자 소개

임선아

숙명여자대학교 일반대학원 석사(교육심리 전공)
University of California, Santa Barbara 대학원 M.A.(교육학 전공)
University of California, Santa Barbara 대학원 Ph.D.(교육학 전공)
현 숙명여자대학교 교육대학원 교육심리 전공 교수

〈역서〉
행동수정(공역, 학지사, 2003)

김종남

고려대학교 일반대학원 석사(임상심리 전공)
고려대학교 일반대학원 박사(임상 및 상담심리 전공)
전 인제대학교 의과대학 부속 일산백병원 임상심리학실장
현 서울여자대학교 교육심리학과 교수

〈역서〉
말썽 많은 아이 제대로 키우기: 학습원리에 따른 부모관리훈련(공역, 시그마프레스, 2007)
우울과 불안장애의 치료계획과 개입방법(공역, 시그마프레스, 2008)
인지치료기법: 상담실제를 위한 안내서(공역, 시그마프레스, 2010)
아동과 청소년을 위한 인지정서행동치료(공역, 시그마프레스, 2011)
심리학으로 바라본 중년 여성의 심리(학지사, 2011)

행동수정

Behavior Modification: What It Is and How To Do It

2012년 9월 10일 1판 1쇄 발행
2022년 8월 10일 1판 9쇄 발행

지은이 • Garry Martin · Joseph Pear
옮긴이 • 임선아 · 김종남

펴낸이 • 김 진 환

펴낸곳 • (주) 학지사
04031 서울특별시 마포구 양화로 15길 20 마인드월드빌딩 5층

대표전화 • 02) 330-5114 팩스 • 02) 324-2345

등록번호 • 제313-2006-000265호

홈페이지 • http://www.hakjisa.co.kr
페이스북 • https://www.facebook.com/hakjisabook

ISBN 978-89-6330-411-3 93180

정가 22,000원

역자와의 협약으로 인지는 생략합니다.
파본은 구입처에서 교환하여 드립니다.